固原年鉴

GUYUAN YEARBOOK

固原市地方志研究室 编

2021

——总第18期——

方志出版社
Publishing House of Local Records

图书在版编目（C I P）数据

固原年鉴. 2021 / 固原市地方志研究室编. -- 北京:
方志出版社, 2022.5
ISBN 978-7-5144-5157-3

Ⅰ. ①固… Ⅱ. ①固… Ⅲ. ①固原－2021－年鉴
Ⅳ. ①Z524.33

中国版本图书馆CIP数据核字(2021)第273796号

固原年鉴（2021）

编　　者： 固原市地方志研究室
责任编辑： 陈　菁

出 版 者： 方志出版社
地址　北京市朝阳区潘家园东里9号（国家方志馆4层）
邮编　100021
网址　http://www.zgfzcb.cn
发　　行： 方志出版社图书营销中心
电话（010）67110500
经　　销： 各地新华书店
印　　刷： 宁夏固正印刷有限公司

开　　本： 889×1194　1/16
印　　张： 24.75
字　　数： 794千字
版　　次： 2022年5月第1版　2022年5月第1次印刷
印　　数： 001～500册

ISBN 978-7-5144-5157-3　**定价：** 196.00元

《固原年鉴（2021）》撰稿人

（以姓氏笔画为序）

丁　正	丁永强	于海军	马　强	马一平	马小龙	马天东
马六一	马玉龙	马玉明	马成贵	马金凤	马学明	马宝龙
马建红	马媛媛	马德功	常　晨	丰　楠	王　龙	王　涛
王永鹏	王龄松	王路路	毛作鹏	文佐东	方　雪	尹正兴
甘　强	田育林	冯　刚	冯　荣	兰永锋	师淑莲	朱鸿禧
伍贵生	刘　军	刘　茜	刘万恩	刘智峰	齐佩佩	关凌月
安金国	许　军	许　杰	孙　特	孙文升	孙有平	孙海江
孙润阳	杜　强	杜玉斌	杜年强	杜晓东	李　莉	李　强
李　荣	李双美	李兴民	李志明	李宏钰	李国栋	李玲莉
李晓燕	李翔鹰	杨　军	杨　杰	杨　洁	杨　莉	杨　健
杨　超	杨　智	杨平梅	杨占辉	杨代军	杨宁香	杨华厚
杨应锋	杨宏伟	杨彦平	杨意河	连廷鹏	吴　璇	吴红红
吴春贵	吴婧卓	何　明	何学山	何学花	余　轩	余　慧
余效福	余景波	宋　平	宋掌玺	张　开	张　明	张小燕
张永奎	张红香	张治军	张学举	张莉红	张海彪	张筱淳
张蕾蕾	陆世龙	陈宇青	陈雪霞	虎永军	尚锐军	罗　诚
金　琳	金晓明	单海君	郎凤鸣	赵　锐	赵生献	赵宝娣
赵星辰	郝晓湖	柳　丽	姚志俊	贺　文	袁　伟	袁正斌
贾世国	柴慧娟	倪金栋	徐　鹏	徐向臣	郭建国	郭满贤
姬彩云	曹　祥	崔国强	崔建设	蒋建荣	韩秉忠	黑金豹
程耀东	谢　静	强　兵	摆贵珍	蒙永彬	褚广宏	褚治福
赫　程	蔡文刚	裴国强	裴京斐	鲜重达	撒金东	薛　强
戴小维	魏广泱	魏继祖				

编辑说明

一、《固原年鉴》于2004年首次出版，本卷卷号为2021，是由固原市地方志研究室编纂出版，具有政府年度公报性质的地方资料性工具书，面向国内外公开发行。

二、《固原年鉴（2021）》以马克思列宁主义、毛泽东思想、邓小平理论、“三个代表”重要思想、科学发展观、习近平新时代中国特色社会主义思想为指导，坚持辩证唯物主义和历史唯物主义的立场、观点和方法，求真务实，与时俱进，全面、系统、翔实地记载固原市2020年各项事业发展状况、重大事件和各行业各领域最新成就，为社会各界了解固原提供基本资料。

三、《固原年鉴（2021）》收录的文字、图片资料时限为2020年1月1日至2020年12月31日。使用“宁夏回族自治区”称谓时简称“自治区”“全区”；使用“固原市”称谓时，简称“全市”“市”。

四、《固原年鉴（2021）》采用分类编辑法。以类目、分目、条目组成框架结构的主体部分，少数分目增设子分目，条目作为记述的基本形式。不同层次的标题，通过字体、字号和版式设计加以区别，条目标题统一用黑体字加【 】标示，便于读者查找。

五、《固原年鉴（2021）》设特载、专载、大事记、固原综览、中国共产党固原市委员会、固原市人民代表大会、固原市人民政府、中国人民政治协商会议固原市委员会、中国共产党固原市纪律检查委员会 固原市监察委员会、民主党派、群众团体、法治、军事、经济管理、市场监管与公共服务、农业、工业、商贸服务业、金融业、开发区与园区建设、交通·邮政·通信、城乡建设、房地产业、脱贫攻坚、自然资源管理与生态建设、科学技术、教育·体育、文化·传媒、旅游、卫生健康、社会生活、应急管理、县（区）概览、人物·荣誉、附录共35个类目。

六、《固原年鉴（2021）》所刊载的文字和图片资料由固原市直各部门（单位）、县（区）及驻固中央、自治区部门（单位）和企业提供，经各供稿单位主要领导审核，编辑时按照年鉴编辑体例和要求进行编辑整理。获得2020年度省部级以上及市委、市政府表彰的先进集体和个人，根据各供稿单位提供的表彰文件进行收录，先进集体及个人排名不分先后。所列领导任职情况（机构和组成人员）根据固原市直各部门（单位）、县（区）及驻固中央、自治区部门（单位）和企业上报资料与中共固原市委组织部《固原市副处级以上干部名册（2020年度）》收录。

七、《固原年鉴（2021）》条目所涉数据来源众多，相关数据或有差异，遇此情况当以《固原市2020年国民经济和社会发展统计公报》为准。计量单位采用国务院公布的公制和国际单位制，少数非统计意义的计量单位仍用市制。数字用法执行国家标准《出版物上数字用法》（GB/ 15835—2011），标点符号用法执行国家标准《标点符号用法》（GB/ 15834—2011）。

八、《固原年鉴（2021）》卷首图片设政治建设、经济建设、文化建设、社会建设、生态文明建设专辑及脱贫攻坚、疫情防控、国家卫生城市创建集锦，对全市重要会议、重要成就、重大活动等社会各领域的年度亮点工作加以反映。

固原数字（2020年度）

总 面 积：10541.40平方千米
市区面积：52.33平方千米
户籍户数：44.00万户
户籍人口：145.86万人
常住户数：37.63万户
常住人口：114.21万人

地区生产总值：352.46亿元
第一产业增加值：71.95亿元
第二产业增加值：69.13亿元
第三产业增加值：211.38亿元

地方一般公共预算收入：14.49亿元
一般公共预算支出：254.03亿元
地方财政收入：22.40亿元
地方财政总支出：272.20亿元

社会消费品零售总额：120.82亿元
金融机构存款余额：519.28亿元
金融机构贷款余额：446.71亿元
保险保费收入：13.92亿元
劳务总收入：71.57亿元

城镇居民人均可支配收入：30052.10元
农村居民人均可支配收入：11950.70元
城镇居民人均消费支出：21041.40元
农村居民人均消费支出：9699.20元
城镇登记失业率：3.26%

农林牧渔业总产值：76.74亿元
粮食播种面积：314.94万亩
粮食总产量：91.31万吨

境内等级公路里程:10566千米
旅游景点:14个
国家AAAA级旅游景点:6个

普通高等院校:1所
中等职业教育学校:5所
特殊教育学校:3所
幼儿园:436所

普通中学:70所
高中:14所
初中:56所
小学:424所

艺术表演团:8个
博物馆:9个
公共图书馆:6个

卫生机构(包括村卫生室):1172个
卫生技术人员数:8347人
基本医疗保险参保人数:134.08万人
基本养老保险参保人数:65.99万人

工业增加值:38.80亿元
规模以上工业企业:53家
工业园区入园企业:178家
具有资质等级的建筑企业:68家

(固原市统计局　国家统计局固原调查队)

"十三五"期间固原荣誉

▶▶▶ 2016年

3月，固原市被人力资源和社会保障部确定为全国第二批社保卡综合应用试点市。

6月，固原市成为京东全国电商扶贫试点城市。

是月，六盘山红军长征纪念馆被确立为中央国家机关爱国主义教育基地。

11月，固原市彭阳县被评为全国休闲农业和乡村旅游示范县。

12月，固原市荣获"2016中国最具魅力宜居宜业宜游城市"称号。

是月，固原黄牛、固原马铃薯、固原胡麻油、彭阳红梅杏和彭阳朝那鸡获评国家地理标志保护产品。

▶▶▶ 2017年

1月，固原市六盘山红军长征纪念馆、将台堡红军长征会师纪念碑、单家集革命遗址、老龙潭革命烈士纪念亭4处景区入选全国红色旅游经典景区名录。

6月，固原市西吉县被交通运输部确定为全国城乡交通运输一体化示范县。

是月，固原市彭阳县被中国发展研究基金会评为"2017年度全国阳光校餐示范县"。

8月，固原市被交通运输部评为"十三五"期间全面推进公交都市建设第一批创建城市。

9月，固原市原州区被交通运输部评为全国首批"四好农村路"示范县。

是月，固原市荣获最美中国"全域旅游创建典范城市"称号。

是月，固原市原州区荣获"全国平安建设先进县"称号。

10月，固原市被住房和城乡建设部命名为2017年国家园林城市。

12月，固原市原州区、彭阳县被国家民委命名为第五批"全国民族团结进步创建示范区"。

是月，固原市清水河国家湿地公园通过国家验收，正式成为国家湿地公园。

▶▶▶ 2018年

1月，固原市泾源县荣获"全国十佳生态旅游城市"称号。

3月，固原市成功入选全国旅游标准化试点单位。

7月，固原市原州区文物管理所被人力资源和社会保障部、国家文物局授予"全国文物系统先进集体"荣誉称号。

8月，固原市彭阳县城阳乡杨坪村被农业农村部、住房和城乡建设部命名为全国最美休闲乡村。

9月，固原市原州区被交通运输部、农业农村部、国务院扶贫办联合命名为"四好农村路"全国示范县。

10月，彭阳县被国家卫生健康委员会办公厅、国务院扶贫办命名为健康扶贫先进县。

是月，固原市彭阳县姚河塬遗址荣获中国考古学会田野考古奖二等奖。

12月，国家民委命名固原市为"全国民族团结进步创建示范市"。

是月，彭阳县被国家民委命名为"全国民族团结进步创建示范区(单位)"。

是月，国家民委命名固原市原州区南关街道宋家巷社区为第六批"全国民族团结进步创建示范区(单位)"。

▶▶▶ 2019年

1月，固原市隆德县被文化和旅游部评为2018—2020年度"中国民间文化艺术之乡"。

4月，固原市西吉县"全赠半返+返租代养"产业扶贫模式入选第二届中国优秀扶贫案例。

5月，固原市泾源县入选2019中国最美县域榜单。

7月，固原市西吉县龙王坝村，隆德县新和村、红崖村入选"全国乡村旅游重点村"。

9月，固原一中、原州区和润村荣获"全国民族团结进步模范集体"称号。

11月，固原市被全国普法办公室授予"'七五'普法中期先进城市"称号。

是月，固原市西吉县被农业农村部命名为"国家农产品质量安全县"。

是月，固原市彭阳县被水利部命名为第二批节水型社会建设达标县。

是月，固原市彭阳县县委党史和地方志研究室被中国地方志指导小组办公室评为全国地方志工作先进集体。

是月，固原市原州区寨科乡蔡川村（肉牛养殖）、西吉县田坪乡大岔村（马铃薯）和彭阳县孟塬乡小石沟村（中华蜂）跻身全国"一村一品"示范村行列。

是月，六盘山红军长征纪念馆、将台堡红军长征会师纪念园被国家民族事务委员会命名为全国民族团结进步教育基地。

是月，"固原黄牛""西吉马铃薯"喜获中国农产品区域公用品牌。

12月，固原市被国家体育总局授予"'薪火传承 中国健康跑'薪火传承奖（银奖）""最美赛道奖""传播贡献奖""优秀组织奖"。

是月，固原市隆德县风岭乡李士村、泾源县大湾乡杨岭村获评全国乡村治理示范村。

是月，固原市隆德县城关镇红崖社区被命名为2019年度全国综合减灾示范社区。

是月，固原市彭阳县城阳乡长城村被美丽乡村博鳌国际峰会组委会评为2019年中国最美乡村。

▶▶▶ 2020年

1月，固原市隆德县博物馆被中国博物馆协会评为国家三级博物馆。

是月，固原市泾源县被住房和城乡建设部评为"国家生态园林县城"。

4月，固原市隆德县被国家信访局评为信访工作"三无"县。

是月，固原市隆德县被农业农村部评为第二批全国农村集体产权制度改革典型单位。

是月，固原市泾源县被国家信访局评为信访工作"三无"县。

是月，固原市彭阳县被国家信访局评为信访工作"三无"县。

5月，固原市彭阳县被中国发展研究基金会评为"2019年度全国阳光校餐示范县"。

7月，固原市原州区被中央宣传部、财政部、文旅部、国家文物局列入第二批革命文物保护利用长征片区（红一方面军）。

是月，固原市隆德县被全国爱国卫生运动委员会评为"国家卫生县城"。

是月，固原市泾源县被生态环境部评为2019年度县域生态环境保护管理较好县。

是月，固原市泾源县泾河源镇冶家村和大湾乡杨岭村被文旅部评为第二批全国乡村旅游重点村。

是月，固原市彭阳县被全国爱国卫生运动委员会评为"国家卫生县城"。

8月，固原市西吉县将台堡镇毛沟村被文旅部和国家发改委评为第二批全国乡村旅游重点村。

9月，固原市原州区被交通运输部确定为全国深化农村公路管理养护体制改革试点示范县（区）。

是月，固原市原州区被中国诗歌学会授予"中国诗歌之乡""诗教校园"荣誉称号。

是月，固原市西吉县卫健局被中国卫生监督协会授予新冠肺炎疫情防控工作先进集体称号。

是月，固原市西吉县农业农村局被全国畜牧总站授予中国青贮饲料质量评鉴大赛组织奖。

10月，固原市西吉县"将台堡红军长征会师纪念园红色旅游发展典型案例"入选全国60个红色旅游发展典型案例。

是月，固原市西吉县图书馆入选"2019年全民阅读先进单位"。

是月，固原市西吉县承办中央广播电视总台"心连心"艺术团慰问演出精编版实况，并在CCTV-3播出。

是月，固原市泾源县方棋（七路八）入选2020年中华体育优秀项目。

是月，固原市彭阳县被全国拥军优属拥政爱民工作领导小组评为"全国双拥模范县"。

11月，固原市隆德县进入"中国最美县域"榜单。

12月，固原市原州区被水利部评为全国节水型社会建设达标县。

是月，固原市隆德县被文旅部评为全国旅游标准化示范单位。

2020年5月15日，中国共产党固原市第四届委员会第七次全体会议在市会议中心召开（崔一波　摄）

2020年8月11日，中国共产党固原市第四届委员会第八次全体会议在市会议中心召开　（崔一波　摄）

2020年1月7日，固原市第四届人民代表大会第四次会议在市会议中心开幕　　　　（张军　摄）

2020年1月6日，中国人民政治协商会议固原市第四届委员会第四次会议在市会议中心开幕（张军　摄）

2020年4月3日，中国共产党固原市第四届纪律检查委员会第五次全体会议在市会议中心开幕

（固原市委宣传部　供图）

2020年5月13日，固原市第一次民族工作联席会议在市会议中心开幕　（固原市委宣传部　供图）

固原市六盘山热电厂　　（固原市委宣传部　供图）

固原市西电东送工程　　（邵军　摄）

黄河水调蓄工程建成通水

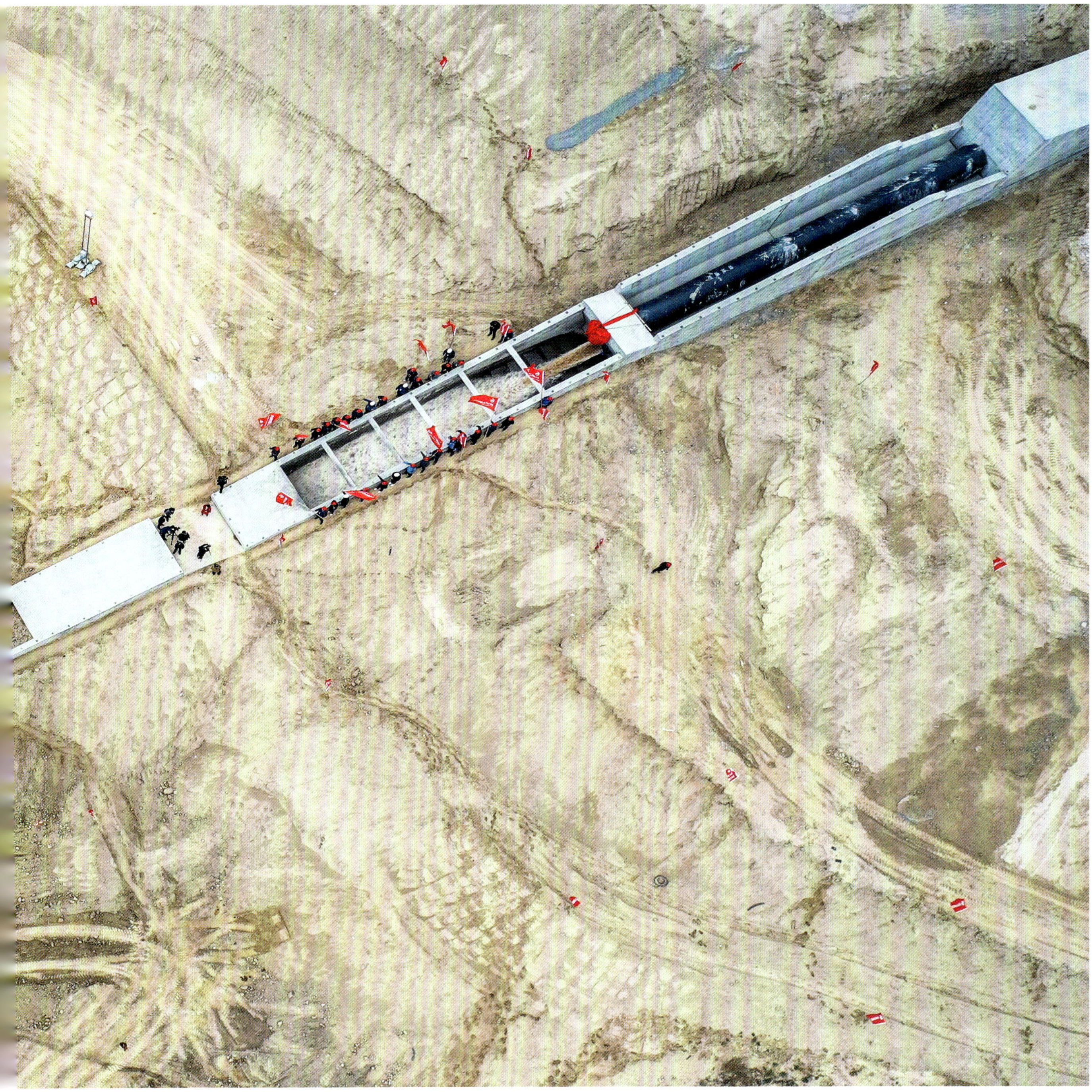

（固原市水务局　供图）

固原市经济开发区新材料产业园一隅

固原市经济开发区宁夏丰源纺纱生产车间　　（固原市经济开发区管委会　供图）

（固原市经济开发区管委会　供图）

西吉县工业园区制衣车间

（西吉县工业园区　供图）

泾源县肉牛产业园　　（泾源县轻工产业园区　供图）

隆德县六盘山工业园区人造花生产车间　（隆德县六盘山工业园区　供图）

彭阳县轻工产业园区煤矸石烧结新型建材生产车间　　（彭阳县轻工产业园区管委会　供图）

固原市开通固原—银川—北京航线航班　　（固原市六盘山机场　供图）

国道309线固原—西吉段　　（固原市委宣传部　供图）

2020年1月17日，固原市“六盘儿女奔小康”主题春节联欢晚会在市会议中心开幕 （段文学 摄）

2020年12月26日，固原市“铸就小康路 奋进新时代”首届本土音乐会在市会议中心开幕 （段文学 摄）

固原市新闻传媒中心中央厨房

（固原市新闻传媒中心　供图）

2020年11月7日，固原市"晒文旅 晒优品 促消费"——文化旅游宣传形象大使总决赛在固原市红宝宾馆举行
（固原市文旅局 供图）

2020年9月29日，固原市文化惠民"送戏下乡"文艺演出在彭阳县古城镇皇甫村文化广场举行
（固原市文化馆 供图）

2020年1月11日，宋家巷社区群众现场观看扶贫剧目《倒水湾》演出　（段文学　摄）

2020年8月11日，由西吉县文化旅游广电局和固原宁红艺术剧院创排的现代眉户剧《丁香花开》在固原市泰和酒店上演　（段文学　摄）

校企合作成果交流　　　　（固原市职业技术学校　供图）

2020年4月23日，第26个“世界读书日”，固原市中级人民法院开展读书会活动
（固原市中级人民法院　供图）

国家级“非遗”传承项目——杨氏家族泥塑　　（固原市委宣传部　供图）

自治区级“非遗”传承项目——泾源民间剪纸　　（固原市委宣传部　供图）

2020年1月10日，共青团固原市委员会组织志愿者开展春运暖冬活动　　（海晓枫　摄）

2020年1月12日，第四届“六盘山旅游杯”大众健身滑雪邀请赛在固原市开赛　（固原市文旅局　供图）

2020年3月8日,固原市妇女联合会慰问疫情防控一线医护人员　　（固原市妇女联合会　供图）

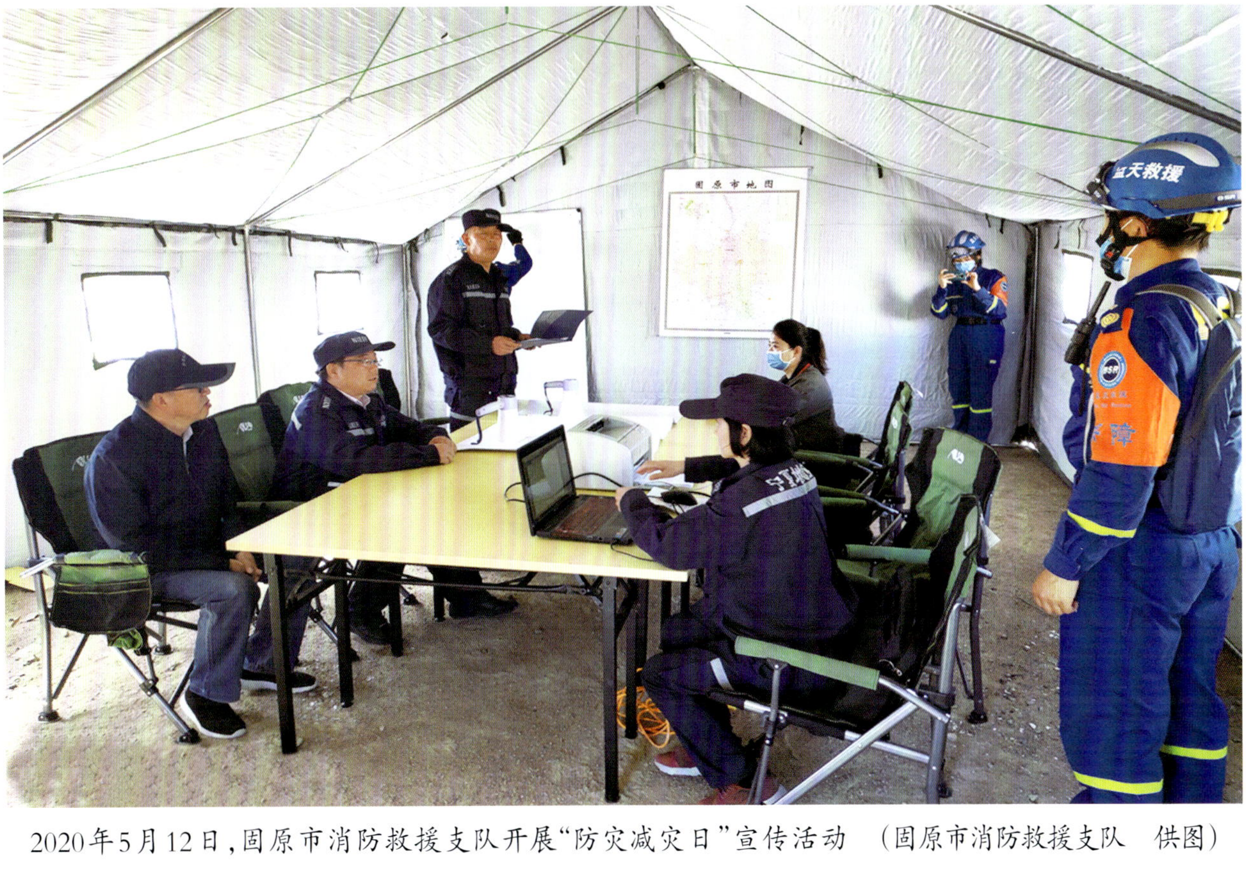

2020年5月12日,固原市消防救援支队开展“防灾减灾日”宣传活动　（固原市消防救援支队　供图）

2020年5月19日，固原市人民医院走进市职业技术学校开展“科技促民生 科普惠健康，身心和谐健康生活”科普知识进校园活动（固原市人民医院 供图）

2020年6月2日，“重振引擎 助商惠民 嗨翻固原”消费惠民活动在市区新时代购物中心举行（中国邮政储蓄银行固原市分行 供图）

2020年8月6日，固原市交通运输局举办首期全市交通运输综合执法人员培训班

（固原市交通运输局　供图）

2020年9月20日，第三届宁夏体育大集（固原市分会场）在体育馆广场开幕

（固原市教育体育局　供图）

2020年9月25日，固原市举行“宁盾-2020”全区人民防空实战化演习

（固原市人民防空办公室　供图）

2020年9月26—30日，第八季“网络达人浪固原”采访活动在固原市举行　（固原市委网信办　供图）

2020年10月21日，民进固原市委员会邀请固原爱尔眼科医院专家在西吉七中开展青少年近视防控公益讲座　（民进固原市委员会　供图）

2020年11月23日，宁夏师范学院附属中学参加市直中学工业研学活动　（宁夏师范学院附属中学　供图）

原州区清水河治理

（陈佳文　摄）

西吉县葫芦河治理 （安磊 摄）

隆德县渝河治理 （陈佳文 摄）

泾源县泾河治理　　（陈佳文　摄）

彭阳县茹河治理　　（陈佳文　摄）

中庄水库饮用水源地保护工程

（潘江　摄）

世界第二大地震湖——西吉震湖

国家级爱国主义教育基地——六盘山红军长征纪念馆　　（李玉　摄）

（固原市委宣传部　供图）

国家级自然保护区——西吉火石寨国家森林公园　　（固原市委宣传部　供图）

彭阳梯田花海

原州区须弥山石窟　　　　（固原市委宣传部　供图）

（固原市委宣传部　供图）

泾源老龙潭中华龙文化博览园

（固原市委宣传部　供图）

隆德县好水川小流域　　（固原市委宣传部　供图）

出现在六盘山国家级自然保护区的金钱豹　　（六盘山林业局　供图）

田韵 （李东海 摄）

云卧山乡 （强继周 摄）

西吉县脱贫退出市级初审动员培训会
（固原市扶贫办　供图）

固原市金融支持决战决胜脱贫攻坚暨金融运行形势分析工作会
（固原市银保监局　供图）

固原市扶贫开发领导小组会议　（固原市委宣传部　供图）

原州区彭堡冷凉蔬菜基地　　（固原市委宣传部　供图）

西吉县葫芦河流域蒜苗种植　　（固原市委宣传部　供图）

隆德县中药材种植园　　（固原市委宣传部　供图）

泾源县青贮玉米　　（固原市委宣传部　供图）

彭阳县孟塬乡赵山庄万寿菊种植基地　　（固原市委宣传部　供图）

珍珠鸡　　（固原市扶贫办　供图）

中蜂养殖　　（潘江　摄）

林草产业　　（固原市委宣传部　供图）

西吉县将台堡镇小城镇建设　　（固原市委宣传部　供图）

彭阳县勾圈村移民新居全貌　　（固原市委宣传部　供图）

2月2日,固原市公安局抽调机关警力支援疫情防控一线　　（固原市公安局　供图）

心理危机干预队伍在隔离点了解隔离人员心理状况　　（固原市精神康复医院　供图）

1月28日,固原市人民医院援湖北第一批医疗队出征（固原市人民医院　供图）

2月21日,固原市人民医院援湖北第二批医疗队出征（固原市人民医院　供图）

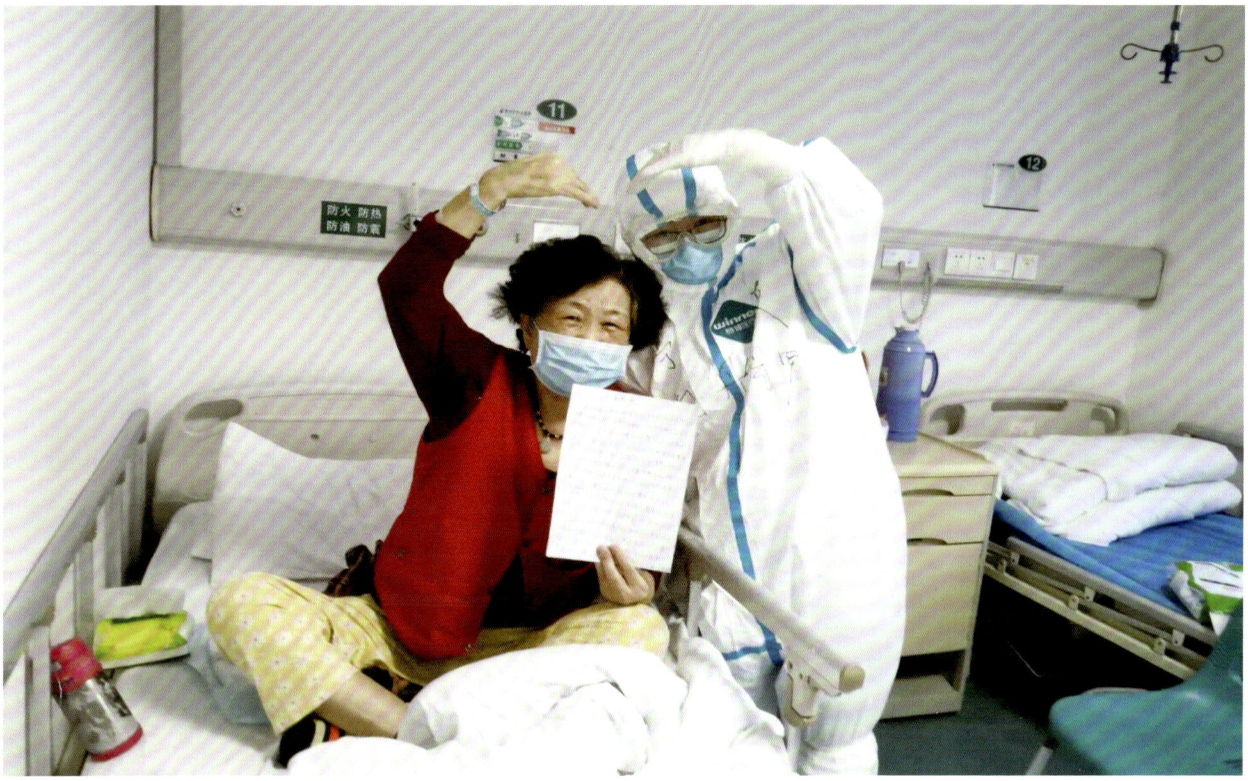

援湖北第二批医疗队与患者合影留念　　（固原市卫健委　供图）

援湖北第一批医疗队员相互加油打气　　（固原市卫健委　供图）

一线防疫人员　　（潘江　摄）

抗疫英雄归来　　（固原市卫健委　供图）

高速路口防疫监测站　　　　（固原市文联　供图）

城市路口防疫检查站　　　　（固原市卫健委　供图）

固原市援助湖北物资运送

（潘江　摄）

预检分诊工作人员自我防护培训　　（固原市人民医院　供图）

学校开学疫情防控　　（固原市卫健委　供图）

超市定时消毒　　（固原市卫健委　供图）

固原市疫情防控临时留观点
（固原市卫健委　供图）

社区疫情防控（固原市中级人民法院　供图）

乡村路口疫情防控检查点　　（固原市卫健委　供图）

固原市开展复工复产劳务输出包机服务　　（固原市六盘山机场　供图）

企业复工复产　　（潘江　摄）

固原市创建国家卫生城市转段动员会
（固原市卫健委　供图）

固原市创建国家卫生城市问题整改工作会
（固原市卫健委　供图）

固原市卫生健康系统创建国家卫生城市工作推进会　（固原市卫健委　供图）

创卫主题足球赛　（固原市卫健委　供图）

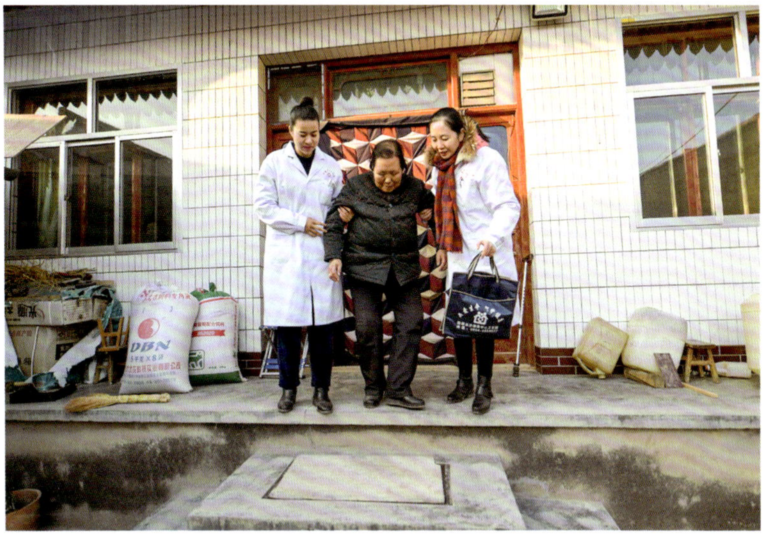

家庭医生上门服务
（固原市卫健委　供图）

市民休闲广场舞　（固原市卫健委　供图）

景观绿化带卫生巡查 （固原市卫健委 供图）

修剪树枝 （固原市卫健委 供图）

环卫工人街道清扫（固原市卫健委 供图）

裸露土地覆盖 （固原市卫健委 供图）

街道绿植浇灌 （固原市卫健委 供图）

超市食品安全检查
（固原市市场监管局 供图）

公交车消毒（固原市卫健委 供图）

垃圾填埋　　（固原市卫健委　供图）

污水处理（固原市卫健委　供图）

原州区中山街停车泊位划分
（固原市卫健委　供图）

总目

目录

特载

专载

大事记

固原综览

中国共产党固原市委员会

机构编制

市直机关党建

信访工作

党校工作

固原市人民代表大会

综述

重要会议

立法工作

监督工作

代表工作

工作委员会

固原市人民政府

中国人民政治协商会议固原市委员会

中国共产党固原市纪律检查委员会
固原市监察委员会

民主党派

农 业

综述

农林科技

种植业

养殖业

重点农业项目建设

工 业

综述

电力工业

王洼煤业

商贸服务业

综述

房地产业

脱贫攻坚

自然资源管理与生态建设

科学技术

科技服务

科技创新

地震预报

气象监测

水文水质勘测

教育·体育

教育

体育

文化·传媒

公共文化服务

“非遗”传承和文物保护

文博工作

地方志工作

新闻传媒

旅　游

综述

全域旅游创建

旅游管理

卫生健康

综述

疾病防控

医疗保障

医疗机构

社会生活

居民生活

劳动就业

人才服务与管理

社会保险

社会组织管理

婚姻家庭

老龄事业

殡葬管理

退役军人事务

住房公积金管理

应急管理

综述

条例及决定

机构和组成人员

统计资料

文件目录

特载

“十三五”时期固原市经济社会发展

“十三五”时期，是六盘儿女齐心协力誓拔穷根的决战决胜期。面对历史重任、人民期盼，在以习近平总书记为核心的党中央集中统一领导下，固原市委、市政府以习近平新时代中国特色社会主义思想为行动指南，以习近平总书记视察宁夏重要讲话精神为根本遵循，统筹推进“五位一体”总体布局，协调推进“四个全面”战略布局，坚持以新发展理念为引领，纵深推进供给侧结构性改革，紧紧围绕自治区党委、自治区政府系列决策部署，凝心聚力抓落实、同心同德促发展，丝路古城展现新气象，六盘大地焕发新活力。

坚持思想指引，经济发展取得阶段性成效

习近平总书记四年内先后两次视察宁夏，特别是2016年到宁夏第一站就深入固原访贫问苦，做出了“缅怀先烈、不忘初心，走好新的长征路”①的伟大号召。总书记的亲切关怀、真情关爱，为固原市做好新时代各项工作指明了前进方向，注入了强大动力。“十三五”规划确定的34项指标绝大部分被完成，“三大攻坚战”成果丰硕，地区生产总值年均增长7.2%，全面建成小康社会目标实现程度达到97%以上。农业“接二连三”，肉牛、草业、马铃薯被纳入国家产业建设体系，肉牛良种比例增加至90%以上，“固原黄牛”“西吉马铃薯”获得中国农产品区域公用品牌称号，融侨肉牛深加工、水发现代果蔬等一批创新引领项目落地建设，主要农产品加工转化率58%。纺织业“无中生有”，投产宁夏丰源一期5万锭、在建宁川置业一期10万锭等建设项目，引进华人礼服等延链项目；金昱元盐化工循环经济产业链项目全面达产，新增9家产值亿元以上工业企业。组建产业技术研究院，培育国家级高新技术企业8家，建成各类创新平台40家，成立国家肉牛改良中心固原试验示范站，示范推动中药材种苗繁育、有机肥料加工等一批科技成果转化应用。国家马铃薯产业技术体系在西吉创建。

坚持精准方略，脱贫攻坚取得决定性胜利

全市上下全面贯彻习近平总书记关于扶贫工作的重要论述，以脱贫攻坚统领经济社会发展，改造农村危房7.8万户，自来水入户率达到95%以上，实现农村危房全清零、安全饮水全普及。5个贫困县（区）全部摘帽，624个贫困村全部出列，26.7万名农村贫困人口全部脱贫，消除了市域绝对贫困和整体贫困，彻底撕掉了西海固“苦瘠甲天下”的历史标签。闽宁对口扶贫协作持续深化，福建省真心实意结对、真金白银投入、真抓实干帮扶，共同开创了山海携手、摆脱贫困的生动实践，闽宁对口帮扶成为全国东西部扶贫协作典范。闽宁对口扶贫协作援宁群体被中宣部授予“时代楷模”称号。“十三五”期间，建成金融扶贫示范村410个，建档立卡贫困户贷款覆盖率达到85%，“财政+金融+产业”金融扶贫模式成为脱贫致富的源头活水、全国典范，原州区金融扶贫“蔡川模式”入选联合国扶贫案例。

坚持绿色发展，生态环境发生根本性转变

全市上下坚定践行习近平生态文明思想，森林覆盖率由22.2%提高到30.1%，大气环境质量综合排名连续五年领跑全区，五河（原州区清水河、西吉县葫芦河、隆德县渝河、泾源县泾河、彭阳县茹河）水质全面达标，隆德渝河水环境治理被生态环境部在全国通报表扬，林草产业工程得到国家领导人充分肯定并在全区推广。建立政府引导、市场运作、全民参与的国土绿化机制，实施400毫米降水线造林绿化、“三北防护林”、退耕还林还草、小流域综合治理等重点生态工程，新增造林绿化面积206万亩。全力打好蓝天、碧水、净土保卫战，PM_{10}、$PM_{2.5}$浓度比“十二五”期末分别下降30.3%、20%；五河流域，5个国控断面水质优良比例由20%提高到80%；土壤环

①载自《习近平：缅怀先烈、不忘初心，走好新的长征路》，新华网，2016年7月19日。

境质量总体良好，污染防治攻坚战赢得了翻身仗。破题实施林草产业示范工程，因地制宜试验示范40多种林草花苗，引进陕西海升等39家企业，带动建设示范园104个、面积229万亩，推广泾源幸福农家“123”工程，发展庭院经济5万亩。自治区党委、自治区政府对固原市保护改善生态环境的做法给予“成绩值得肯定、经验值得推广、精神值得学习、作风值得发扬”的高度评价。生态建设、文化旅游融合发展，创成第四批全国旅游标准化示范市，六盘山红军长征景区被列入国家AAAAA级旅游景区创建名单，西吉将台堡红军长征景区升格为国家AAAA级旅游景区；建成旅游环线，完善旅游服务设施，培育冰雪游等新业态，打破“冬季闲”。全市游客数、旅游社会收入年均分别增长18.2%、27.6%。培育农村电商企业97家，冷链物流企业17家，发展电商示范村20个。

坚持基础先行，水网路网实现历史性突破

固原市建成的宁夏中南部城乡饮水安全工程，黄河水调蓄工程及水库联调联蓄工程，让甘甜的泾河水、黄河水在固原“相会”，圆了百万群众安全饮水梦想。彭阳“互联网+人饮”模式得到水利部肯定并在全国推广。连通四条省际高速路网，实现了县县通高速、村村通硬化路，老百姓出行更方便，致富有通道。原州区荣获全国“四好农村路”示范县称号。

坚持团结奋斗，社会治理得到系统性提升

固原市持续深化平安固原建设，深入推进扫黑除恶专项斗争，社会乱象治理“五项机制”得到中央督导组肯定。食品药品安全监管全面加强。安全生产、应急管理体系和能力建设明显提升。成功创建全国民族团结进步示范市，原州区、泾源县、彭阳县被命名为全国民族团结进步示范县（区）。民族、宗教工作得到中央统战部充分肯定，民族团结、宗教和顺的局面持续巩固。公众安全感连续8年位居全区五市第一。常住人口城镇化率从33.35%提高到42.4%，城乡环境的巨大变化得到社会认可、群众点赞。城市建设既有面子、更有里子。推进国家新型城镇化综合试点，完善城市路网78千米，新建污水处理，供水、供热、供气管网243千米。市区试点海绵城市建设，有效解决了雨污合流、管网老化、逢雨内涝等“城市病”。顺民意，竭力改造棚户区，3.6万户居民喜迁新居；新增城市绿地1900余亩。基础改善、机械清扫、环卫保洁齐发力让城市干净美丽，相继创成国家园林城市、国家卫生城市和自治区文明城市。5个县（区）承载能力、服务功能持续提升。建成美丽小城镇39个、美丽村庄171个，改造农村卫生厕所近9万座，农村生活垃圾和污水治理率分别达到65%、35%，乡村面貌焕然一新。隆德县被列入全国农村生活污水治理示范县。培育农村“两个带头人”7290名，带动25.9万人走上致富路。乡村文明实践积分卡泾源“兴盛模式”面向全国全区推广。

坚持政治统领，服务效能得到整体性加强

全市重大改革接续落地，营商环境持续优化。“放管服”改革破茧成蝶。“163”政务服务模式市县一体化运行，“跑一次”“网上办”占比90%以上，真正实现“一窗办理”。建立领导干部担任重点企业联络员等五项制度，帮助企业纾困解难，市场主体数量增长1.5倍。重点改革破局成型。金融创新成效明显，引进中国银行、津汇村镇银行等金融机构12家，全口径金融存贷比达到96.1%，比“十二五”期末提高36.6个百分点。“租金保底+盈余分红+打工收入”农民增收长效机制、农村集体产权制度和农村土地“三权分置”改革，为农村发展、农民增收开辟新路径。工业园区体制机制改革初见成效，园区单位投入强度和产出效率大幅增长，居民就业增收平台、城市经济发展载体功能明显增强。综合医改、供水价格改革等深入推进，让百姓受益、企业降本。开放环境破题成势。开通固原到北京、天津、上海、福州、重庆的航线航班，连通了开放前沿。成功举办陕甘川宁经联会等系列商贸活动，持续开展“高质高效招商引资年”行动，累计到位资金762.8亿元，比“十二五”期间增长48%。“331”涉农惠农项目监管平台获评“中国网络理政十大创新案例”。法治政府建设有新成效，获评全国“七五”普法中期先进城市。

坚持成果共享，社会事业取得突破性进展

固原市坚持以人民为中心的发展思想不动摇，累计办理民生实事79件，高质量办复牵动民心的人大议案建议141件、政协提案689件，民生投入占财政支出80%以上。教育均衡普惠利民。实施城乡幼儿园建设、中小学校全面改革、职业教育产教融合等系列基础改善工程，新建固原八中。学前教育毛入园率比“十二五”期末提高20个百分点，全市域义务教育基本均衡发展通过国家评估认定，高中阶段教育毛入学率提高3.5个百分点，实现普及目标。中等职业教育就业率保持在98%以上。宁夏师范学院成为硕士学位授予单位。医疗提质扩面便民。实施市中医医院、市妇幼保健院改扩建项目，建成优势重点科室15个、名医工作室20个，“互联网+医疗健康”远程诊疗网络初步形成。居民住院实际报销比例达到76.2%，老百姓看病更方便、预付费更低。人均寿命达到76.8岁，提高3.5岁。文化繁荣普及惠民。创成国家公共文化服务体系示范区。建成各类文化大院256家,创建经验在西部12个省区推广,原州区获“中国诗歌之乡”殊荣。全市开展新时代文明实践中心试点工作,隆德县被纳入全国试点。社会保障提标富民。培育创新实体6330个,新增城镇就业3.7万人,城镇登记失业率3.53%,农村劳动力转移就业年均保持在30万人以上,稳定创收60亿元以上。城乡居民收入分别是“十二五”期末的1.5倍、1.8倍。实施全民参保计划,60岁以上城乡居民全部享受基本养老金补贴,与全国3.7万家医疗机构实现异地就医直接结算。固原市被纳入第四批中央财政支持开展居家和社区养老服务改革试点。

(固原市委办公室供稿)

脱贫攻坚

固原是宁夏唯一的全域贫困市,也是国家集中连片特殊困难地区。党的十一届三中全会以来,在中共中央、国务院领导的关心和支持下,固原市开始实施大规模扶贫开发行动,“三西”农业建设、“双百”扶贫、千村扶贫、脱贫攻坚、精准扶贫等中长期扶贫工程相继展开,生态移民、易地扶贫搬迁等措施接续不断。

中共十八大以来,固原市认真学习贯彻落实习近平总书记关于扶贫工作的重要论述和视察宁夏重要讲话精神,把脱贫攻坚作为最大的政治任务、民生工程,以脱贫攻坚统领经济社会发展全局,坚持精准扶贫方略,带领全市各族群众自力更生、艰苦奋斗,脱贫攻坚取得重大历史性成就,固原从“贫困标签”转变为“脱贫样本”。

打好扶贫政策组合拳。固原市建立“户申请、两评议、一比对、两公示、一公告”识别程序和标准,每年开展“回头看”,逐村、逐户、逐人“过筛子”,进行动态调整,确保精准扶贫。坚持因人、因村制宜、逐年调整扶持项目,建立基础设施、公共服务、产业发展、生态环境、智力提升5类项目库,涉及危房改造、道路建设、产业培育、技能培训、金融扶贫、资产收益等到村、到户、到人项目1.3万多个。建立健全财政专项扶贫资金稳定增长机制和“多个渠道引水、一个龙头放水”涉农资金整合机制,执行“5万元以下、3年以内、免担保免抵押、基准利率放贷、财政贴息”小额信贷政策,投入各类涉农扶贫专项资金158亿元,发放小额信用贷款115亿元。建立精准扶贫产业项目、培训转移、小额信贷、帮扶措施、扶贫保险“五到户”机制,发展生产脱贫14.71万人、易地扶贫搬迁脱贫5.65万人、生态补偿脱贫2.18万人、教育扶贫脱贫2.22万人、社会保障兜底脱贫1.96万人。

奏好措施精准协奏曲。固原市把发展生产扶贫作为主攻方向,大力发展粮食和草畜、马铃薯、冷凉蔬菜、特色种养“1+4”特色农业,贫困户产业覆盖率达到93%,有劳动能力的贫困户实现户均有1~2个脱贫产业。年均劳务输出30万人,户均1人,劳务总收入30亿元。建成运行175个扶贫车间,吸纳农村劳动力7256人,月收入1000~3500元。固原市把易地搬迁扶贫作为重要补充,县外搬迁与县内安置结合,累计完成易地扶贫搬迁1.3万户、5.65万人;完善后续扶持政策,做到了搬得出、稳得住、能致富。固原市把生态补偿扶贫作为双赢之策,在造林绿化、林业产业、生态旅游、生态公益性岗位等方面优先支持和安排贫困村、贫困户,累计苗木收入达到2.82亿元,劳务收入达到0.9亿元。把发展教育扶贫作为治本之计,累计投入64亿元实施薄弱学校改造等项目,全面改善乡村办学条件;全面实施农村义务教育“三免一补”政策和营养改善计划,年均减轻家庭经济负担1120元/人;率先在全区实施“9+3”免费中等职业教育,农村中职学生年均享受“两免一补”政策1700元/人。2016年以来,落实各类贫困学生免补政策资金24.68亿元、207.04万人次,大学生生源地信用贷款7.23亿元、11.62万人次。把社会保障兜底脱贫作为基本防线,8.08万名建档立卡贫困对象被纳入低保。固原市推广“社会保障+产业扶持”的“双兜底”做法,统筹项目资金,设立产业发展基金,通过入股分红、合作社托养等办法,保障“三类特殊群体”(残疾户、单老双老户、患有大病和长期慢性病);推行“先住院、后付费”“先诊疗、后付费”模式,贫困人口住院实际报销比例达到91.16%。实现建档立卡贫困人口基本养老保险参保、建档立卡贫困户家庭医生签约率达到100%。深化闽宁对口扶贫协作,市、县层面结对帮扶实现全覆盖,延伸乡村结对帮扶、村(户)企共建;开展“携手奔小康”行动,援建闽宁示范村151个、学校119所、医院(卫生室)137所;推进企业交流合作,有福建省在固原市的企业115家,带动脱贫就业1.8万人。2016年至2020年,福建省累计为固原市投入各类帮扶资金23.74亿元。育新风良俗,蓄基层治理动能。固原市通过开展新时代文明讲习活动,建立“一约四会”,推广乡村文明实践积分制“135”模式,选树表彰“脱贫光荣户”“文明家庭”“脱贫致富带头人”,制定推进移风易俗、促进脱贫攻坚奖励扶助等办法,激发内生动力,引导贫困群众勤劳致富。

截至2020年年底,5个贫困县(区)全部摘帽,624个贫困村全部出列,26.72万名农村贫困人口全部脱贫。固原市在经济社会发展、贫困群众生产生活改善、党员干部队伍建设、乡村治理等方面成效显著。经济社会发展面貌彻底改变。2020

年,全市地区生产总值为352.46亿元,年均增长5.6%;人均生产总值29462元,年均增长13.2%;地方财政收入22.41亿元,年均增长0.76%。三次产业结构由2015年的20.8∶27.2∶52调整为2020年的20.4∶19.6∶60,经济结构趋于合理。林草覆盖率达到89.8%,森林覆盖率提高到28.4%,水土流失治理程度达到76.2%,环境空气质量优良天数达341天,生态环境持续向好。粮食总产量提高到87万吨以上,农牧业综合机械化水平达到61.4%,主要农产品加工转化率达到58%,建成百万头肉牛养殖基地、百万亩马铃薯种植基地、百万亩特色种植基地、50万亩供港蔬菜基地,实现了特色产业优化升级。六盘山机场开通9条航线,县县通高速公路,村村通沥青水泥硬化路,乡镇和行政村通客车率达到100%,交通条件显著改善。贫困群众生产生活面貌彻底改变。全市农民年人均可支配收入突破万元大关。农村自来水入户率达到95%,安全饮水保障率达到100%;累计改造农村危窑危房16万户,农村居民全部住上了安全住房;农民平均预期寿命71.87岁,农村劳动力人均受教育年限为6.8年;农民的主要生活耐用品实现现代化、智能化、个性化,贫困户生产生活质量显著提高。行政村沥青水泥路、光纤、动力电,农户生产生活用电、4G网络达到全覆盖,户户通广播电视;所有行政村都建有综合服务中心、标准化卫生室、文化小广场、农家书屋等基本公共服务设施,贫困村基础设施和基本公共服务显著改善。党员干部队伍得到锤炼。全市2万多名党政机关、国有企事业单位的干部职工结对帮扶贫困群众。分3批选派驻村第一书记2300多人次、工作队员3800多人次,从职责上拓展、从管理上加压、从保障上给力,推动第一书记真正当好"五大员"。选派112名市、县机关年轻干部到乡村挂职,选派21名市直科级干部挂任乡镇党委副书记(副乡镇长),让年轻干部在抓脱贫中"蹲苗"成长。注重把在脱贫攻坚中实绩突出、表现优秀的干部提拔到重要岗位,先后提拔重用处级领导干部19名,提拔任用第一书记107名。5名个人和1个中央定点帮扶单位先后获得全国脱贫攻坚奖,12名个人和10个集体在全国脱贫攻坚总结表彰大会上获得表彰。乡村治理体系更趋完善。固原市全面提升党支部书记、村委会主任和农村党员的组织管理能力,从严落实村民代表会议、村务监督等制度,及时向村民公开村级事务。村级集体经济不断壮大,使村"两委"班子有能力、有资金为群众排忧解难办实事。整顿软弱涣散村党组织,建立基层党组织"评星定级"正向激励、反向监督机制,提升基层党组织整体水平,农村基层党组织凝聚力和战斗力明显增强。推行积分卡制度管理,走出了一条以文明实践"小积分"撬动基层治理工作的新路子。

(固原市扶贫开发办公室供稿)

疫情防控

2020年1月22日,宁夏通报首例输入型新型冠状病毒感染肺炎确诊病例,自治区防控小组启动突发公共卫生事件Ⅳ级应急响应,固原紧急备战疫情防控,将市人民医院等6家医院确定为新型冠状病毒感染肺炎医疗救治定点医院。固原市委、市政府高度重视、迅速行动,按照党中央、国务院和自治区党委、自治区政府的统一部署,坚决贯彻"坚定信心、同舟共济、科学防治、精准施策"的总要求,经过33天艰苦卓绝的努力,实现市辖区疫情全面清零。同时,固原市委、市政府立足中长期疫情防控需要,在做好严密防控工作的同时,积极推进复工复产,战疫情、促发展取得显著成效。至2020年年底,全市累计确诊病例5例,累计治愈出院5例,治愈率100%,疫情防控向好态势持续巩固。固原抗疫历程分为全面布控抗击疫情和疫情防控常态化两个阶段。

全面布控抗击疫情阶段自1月下旬起,至3月初固原市降为低风险地区为止,累计确诊病例5例,其中,原州区2例,1月24日确诊1例,1月30日确诊1例,2月7日均痊愈出院;隆德县3例,2月10日确诊,2月26日痊愈出院。至此,固原市疫情实现社会面清零,客运班线逐渐恢复,社会生产生活开始迈入正轨。

3月初,固原市疫情防控工作由应急状态转向常态化,疫情防控常态化阶段开始。固原市委、市政府下发《关于健全常态化疫情防控机制保持正常生产生活秩序促进经济社会稳定运行的通知》等3个文件,在推进常态化疫情防控的同时,抓紧复工复产。截至2020年年底,固原市辖区无新增新冠肺炎确诊病例,社会发展各项指标均达到年初既定目标,全年全市实现生产总值352.46亿元,增长5.6%;实现地方财政收入22.4亿元,增长0.76%;全体居民人均可支配收入16708.4元,增长9.0%。

固原市疫情防控所取得的成绩,得益于固原市委、市政府牢牢坚持人民至上、生命至上的理念,把宗旨意识转化成为民行动,用党建引领凝聚起磅礴力量,取得了疫情防控的重大成果。持续完善领导指挥,成立市委应对新型冠状病毒感染肺炎疫情工作领导小组和市应对新型冠状病毒感染肺炎疫情工作指挥部,研究推进防控策略、协调解决重大防控问题。全面掀起宣传攻势,做到疫情防控政策形势、传染病防治法规及防护知识必须推送手机信息、必须进行广播宣传、必须发送宣传资料、必须张贴信息公告。坚持抓牢三级防控，市、县（区）、街镇各级党组织守土有责、守土尽责，各防控网络纵向到底、横向到边，坚决堵住了所有可能导致疫情反弹的漏洞。严把“十个关口”，落实属地、部门、单位、个人“四方责任”，把牢基层社区关、公共场所关、封闭管理关、院感防控关、核酸检测关、交通运输关、冷链食品关、寄递物流关、会议活动关、企业管理关，坚决做到严防死守。有效加强能力储备，全面提升应急处置、医疗救治、基层动员、科技支撑、核酸检测、疫苗接种“六项能力”，做到平战结合，高效应对。快速推进复工复产，制定《固原市企业复工复产流程图》，加强应急监测，开展调研服务，出台分类补贴政策，支持企业信贷需求，落实降本减负政策。强化督导检查，成立综合督导检查组，定期督导重点任务，跟踪督查突出问题，严肃处理贯彻落实决策部署不力问题，把“防疫+”理念和措施落实到群众生产生活的各个方面。及时提供法治保障，依法查处涉疫情案件49起，核查处置价格类投诉96起，查处涉嫌哄抬医用口罩价格的药械经营单位3家，保障社会稳定有序。

在全民抗疫的背后，固原还演绎了一幕幕有温度的情境，凝聚起抗击疫情的强大力量。筑成最坚抗疫堡。危难关头，固原在防控一线设党组织1097个，30907名共产党员冲在最前面。固原共派出5批、61名医护工作者支援湖北，先后进驻襄阳市航空工业364医院等4家医院和2家疾控机构，奋战在抗疫一线守护湖北人民生命的安全防线。完成最“土”爱心捐。2月初，当固原的土豆等优质蔬菜承载着全市、全区人民的爱心一批批驰援武汉时，更有许多企业、社会组织、爱心人士出钱出力、捐款捐物支援固原市的疫情防控工作，截至2020年年底，固原市累计接受社会捐赠资金约529.57万元。形成最优接种案。疫情来袭时，医务、防疫、快递、道路运输、运行保障等一线人员不惧风雨、敬业坚守，守护了固原群众的安全；疫苗接种时，固原人民配合大局，让27492名奋战在一线的工作人员于春节前先行完成接种。

（固原市卫生健康委员会供稿）

专 载

“闽宁模式”的24年固原实践

1996年，中共中央确定福建对口帮扶宁夏。1997年4月，福建省对口帮扶宁夏领导小组到宁夏调研东西协作对口帮扶工作，被西海固的贫困所震撼，做出了将西海固不宜生存地区的贫困群众搬迁到银川河套平原待开发的地区、建设新家园的战略决策，开启了闽宁对口扶贫协作的伟大实践。24年来，闽宁两省（区）按照习近平总书记指引的方向、明确的路径，始终遵循“优势互补、互惠互利、长期协作、共同发展”的原则，逐步将单向扶贫拓展到两省（区）经济社会建设全方位、多层次、全领域、广覆盖的深度协作，探索出东西部对口扶贫协作帮扶的“闽宁模式”。

固原是革命老区、六盘山集中连片特困地区、民族地区，素有“苦瘠甲天下”之称，是我国首批开启规模性扶贫开发的地区之一。闽宁对口扶贫协作启动后，固原市所辖四县一区（原州区、西吉县、隆德县、泾源县、彭阳县）与中卫市海原县，吴忠市同心县、红寺堡区被称为“西海固”地区，成为“闽宁模式”的重要实践地。据统计，经过24年合力攻坚，福建累计援助固原各类资金12.94亿元，扶持建立西吉、隆德闽宁产业园区，援建闽宁示范村（新村）158个、固原闽宁实验小学等中小学校和幼儿园118所、固原市妇幼保健院等市县医院及乡镇卫生院315所；结成帮扶对子245对，其中乡镇62对、村（社区）158对、学校15对、医院9对、部门1对。先后派出11批、114名干部，20批、489名教师、医生支援固原建设。扶持建设126个村级闽宁扶贫车间。2018年10月，福建省援宁工作队被授予“宁夏回族自治区60年感动宁夏人物”称号。2020年7月，闽宁对口扶贫协作援宁群体被中宣布授予“时代楷模”称号。

中共十八大以来，特别是银川东西部扶贫协作座谈会召开以来，两地深入学习贯彻习近平总书记关于扶贫工作的重要论述和东西部扶贫协作的重要讲话、指示批示精神，推动建立“联席推进、结对帮扶、产业带动、互学互助、社会参与”五项机制，聚焦帮扶重点，强化精准施策，创新工作举措，高质量完成东西部扶贫协作各项任务，携手打赢脱贫攻坚战，固原市5个县（区）如期脱贫摘帽，40余万名贫困人口实现脱贫。坚持联席推进。始终把联席推进作为固原市闽宁对口扶贫协作的重要抓手，两地高层领导定期会晤，协调部署工作，共同制定印发了《“十三五”闽宁扶贫协作规划》和《闽宁对口扶贫协作三年行动计划（2019—2020年）》，突出构建多层次帮扶体系，从资金、项目、技术、人才、服务各领域深化合作，推进体制机制不断完善，确保闽宁对口扶贫协作24年持续不断推进。坚持精准结对帮扶。始终保持“一对一”结对帮扶，帮扶力量不断从党政机关单位延伸到村（社区）、企业、社会组织和港澳台同胞及海外侨胞，帮扶重心不断向基层民生、深度贫困村和建档立卡贫困人口倾斜，帮扶领域拓展到项目、资金、技术、人才等多个方面，帮扶效果越来越好，群众得到的实惠越来越多。坚持强化产业带动。始终把做大做强主导产业、特色优势产业作为闽宁扶贫协作的工作重点，通过共建扶贫产业园筑巢引凤、承接东部产业梯度转移，通过精准招商引导主导产业补链、延链、强链并推进集群发展，通过培育龙头企业、消费扶贫引导特色优势产业做大、做优、做强，通过大力建设乡村扶贫车间引导富余劳动力就近就业，走出了一条产业扶贫的“造血”式扶贫成功路子。坚持注重互学互助。始终把互派干部挂职作为互学互助、人才交流的有力抓手，引导福建援宁干部带着项目资金发挥东部优势的同时，也给固原带来了先进的发展理念、管理技术和创业精神，有力地促进了固原经济社会的发展；固原干部带着“改变家乡贫困面貌”的心愿和“肯吃苦”的优良作风到福建挂职锻炼，不仅开拓了眼界、转变了观念,也积蓄了创新实干的巨大热情。坚持扩大社会参与。始终把调动社会力量广泛参与作为闽宁对口扶贫协作的有效渠道,充分发挥政策的引导、撬动、聚合作用,出台完善各类优惠政策举措,积极引导社会各界,开展形式多样的扶贫协作公益活动,培育多元社会扶贫主体。

“十三五”时期,福建省财政共投入固原市帮扶资金7.87亿元,组织实施帮扶项目374个,涉及基础建设、特色产业、工业发展、科教文卫等多个领域,为促进固原经济发展、社会进步、民生改善、民族团结发挥了积极作用。走出一条先富带后富、共同发展之路。福建用先行经验带动固原借力攀登,用发展资源激活固原基础资源,用创新活力释放固原潜在活力,把“马上就办”作风、“网格管理”模式、“精细精准”服务等先进经验植入宁夏大地,鼓励福建企业到固原发展特色果品、肉牛产业、马铃薯、冷凉蔬菜等特色产业,群众增收致富有了源头活水,形成了先富带后富、实现共同发展的良好态势。走出一条东部扶西部、共同繁荣之路。闽宁对口扶贫协作注重以东部之长补西部之短,以先发优势促后发赶超,推动闽宁两地互补性、双向性、联动性发展。24年来,闽宁两地坚持党委政府、市场企业、社会各界相结合,不断扩大“融”的领域、丰富“扶”的形式、拓展“合”的平台,通过“福建技术+宁夏转化、福建市场+宁夏产品、福建企业+宁夏资源”等形式,推动闽宁对口扶贫协作从单向扶贫解困到经济合作、产业对接、商贸往来互利共赢,从单一经济援助到教育文化、医疗卫生、人文科技多领域全面合作,闽宁对口扶贫协作已成为东西扶贫协作的典范。走出一条“多数”帮“少数”、共同进步之路。闽宁对口扶贫协作长期聚焦西海固地区尤其是少数民族贫困群众,调动社会各方资源、集中各方力量开展帮扶,坚持项目、资金、政策向贫困地区、贫困群众倾斜,形成了汉族帮少数民族、多地帮西海固一域、多数人帮少数人的局面。走出一条外力促内力、共同奋斗之路。24年来,闽宁两地把扶贫与扶志、扶智结合起来,坚持生产奖补、劳务补助、以工代赈相结合,大力宣传福建人民“敢拼才会赢”的精神,大力弘扬宁夏人“不到长城非好汉”的革命精神,大力推广脱贫致富的典型经验做法,引导贫困群众从“要我脱贫”向“我要脱贫”转变,靠勤劳双手摆脱贫困、发展致富。

（固原市扶贫开发办公室供稿）

固原市林草产业工程

立足于“宁夏是西北地区重要生态安全屏障”的定位,固原市深入贯彻习近平生态文明思想,以全国生态文明示范工程试点市建设为契机,努力践行“绿水青山就是金山银山”发展理念,坚定不移走生态优先绿色发展之路,在全市实施“四个一”林草产业试验示范工程,着力选准适宜固原的“一棵树、一枝花、一棵草、一株苗”,按照“一屏一带一线三区五城”总体布局,将条件成熟的试验成果,分类布局到绿化造林、城市园林、美丽乡村、全域旅游、庭院经济等领域,把大生态与大扶贫、大旅游统筹结合起来,走出了一条促进经济社会发展全面绿色转型、实现山绿民富共赢的好路子。

2017年以来,固原市共建成“四个一”林草产业试验示范园39个,总面积2.1万亩,共引种149个树(草)种、303个品种进行试验示范,其中,“一棵树”包括25个树种、72个品种,“一株苗”包括46个树种、71个品种,“一枝花”包括47个花种、74个品种,“一棵草”包括31个草种、86个品种。至2020年年底,固原市林地用地面积达44.2万公顷,草原综合植被覆盖度达89.8%,森林覆盖率达到29%,水土流失治理程度达到76%,年降水量达到716毫米,沙尘天气减少到5天,环境空气优良天数达到313天。生态建设惠及全市80%以上的农民,户均林业生态经济增收约550元。

“四个一”林草产业试验示范工程的主要做法有科学规划布局、突出试验示范引领、创新投融资机制、融入农村综合改革。自“四个一”林草产业试验示范工程建设以来,全市坚持一盘棋思想,打破行政区域界限,统筹区域、环境、气候、海拔及土壤条件,规划“一屏一带一线三区五城”发展布局,因地制宜,分类推进,宜树则树、宜苗则苗、宜花则花、宜草则草,差异化、特色化发展。其中,“一屏”是建设以六盘山为主体的森林生态屏障,在绿的基础上增加色彩和蜜源植物;“一带”是围绕五河流域美丽乡村建设和村庄绿化建设高标准农田防护林带;“一线”是沿旅游环线建设的林灌花草景观带;“三区”是在低海拔的河谷川道区及移民迁出区建设以苹果、梨、杏、李子、榛子、枸杞为主的林果产业区,在土石质山区建设以六盘山特色花灌木为主的花卉苗木产业区,在黄土丘陵沟壑区建设优质牧草和观赏草产业区;“五城”是以固原中心城区为主干,四个县城为基础的城市建设规划。全市围绕攻关一个品种、发展一个产业,努力构建“产学研”一体化的林草产业科技服务体系。固原市与福建农林大学、福建省农业科学院、西北农林科技大学展开合作,引进人才,组建专家团队,进行“1+1”专家团队指导,开展“产学研”协同合作,组织实施优良特色种质资源筛选、标准化种植、农林产品深加工、草畜循环生态养殖、林下经济发展等一批重大科技创新项目,建设了一批高水平、规模化的县(区)级试验示范推广基地,加快品种引进、驯化、试验、示范和推广。按照政府引导、社会参与的原则,发挥财政资金引导作用,突出企业主体作用,按照"企业+合作社+农户+市场"的模式,建成市场化运作发展试验示范基地。发挥财政资金引导作用,固原市财政每年筹措2000余万元用于全市发展"四个一"林草产业试验示范推广项目,各县(区)整合相关涉农资金5000余万元,用于"四个一"林草产业在基础设施建设与土地流转、示范基地建设、引种苗木、融合产业发展等环节。固原市配套出台金融扶持政策,鼓励金融机构加大对"四个一"林草产业的信贷支持,形成多元化投融资机制。全市把实施"四个一"工程融入实施乡村振兴战略和脱贫攻坚,与深化农村土地"三权分置"改革、农村土地股份制改革、农村集体产权制度改革等有机结合起来,统一规划、统一部署、统筹推进。合理引导土地流转价格,加大土地流转,通过土地股份合作、土地托管、代耕代种等多种方式,赋予经营主体更有保障的土地经营权。固原市将荒山荒沟、生态移民迁出区土地以及闲置农耕地优先承包、流转和租赁给企业或合作社引种、推广、示范"四个一"林草产业;鼓励和引导农户自愿调整承包地块,开展土地互换归并,扩大规模。探索建立土地流转履约保证保险、政府出资建立风险补偿基金等土地流转风险防范机制,加快构建"四个一"林草产业土地流转风险防控体系。"四个一"林草产业试验示范用地与种植其他农作物用地享受同等用地政策,对符合土地利用总体规划的"四个一"林草产业新增建设用地项目,优先安排在年度新增建设用地计划指标中。

"四个一"工程,促进固原大生态与大扶贫、大产业、大旅游有机融合发展,实现了山绿与富民共赢。固原市将"四个一"工程融入产业培育发展,根据固原境内不同区域、不同海拔、不同立地条件和土壤土质等自然条件,试验引种的苹果、梨、大果榛子、黑果花楸等经济果林,已培育出高产值生态林业产业。"四个一"工程的林果和花草产业区,大都布局在不同的小流域内,配套有水保林草、生产道路、小型水保、沟道等重点工程,做到了山、水、田、林、路、草等系统规划治理与建设,在绿水青山中凸显色彩斑斓的美丽景观,形成高收益型生态环境建设小流域,打造了一批果园花海型的高档生态建设小流域。"四个一"工程实施过程中,固原坚持旅游与生态建设融合发展,在主要景区、景点周边,国省道干线,旅游环线和清水河、葫芦河、渝河、泾河、茹河五大流域,布局打造了一批具有较大规模和视觉冲击力的花卉观光园、梯田观光和观光采摘、农事体验、休闲游憩等乡村景区、景点,挖掘、拓展乡村旅游潜力,带动乡村旅游组织方式创新、合作模式创新,使农民依托乡村旅游走上脱贫致富路。固原市将脱贫攻坚融入"四个一"示范工程建设,建立以企业投资为主体的"四个一"工程发展投资机制,广泛吸纳农民以土地、资金入股和务工,形成"龙头企业+合作社+基地+农户"的生产经营模式,建立"租金保底+盈余分红+打工收入"的农民增收长效机制,形成了确保农民长期稳定脱贫致富的新机制。

(固原市委政研室供稿)

彭阳县绿色生态治理模式

固原市彭阳县地处黄土高原干旱丘陵沟壑残塬区,是宁夏中南部生态脆弱典型区,境内山多川少,沟壑纵横。彭阳县自1983年建县以来,始终围绕脱贫攻坚改土治水、治贫致富,特别是中共十八大以来,深入贯彻落实习近平生态文明思想和"绿水青山就是金山银山"理念,以小流域为单元,山水田林路统一规划,乔灌草种植相互结合,沟坡梁峁塬综合治理,抓点带面、整体推进,使彭阳山川面貌发生了翻天覆地的变化,取得了明显的生态效益、经济效益和社会效益,走出了一条建设经济繁荣的民族团结的环境优美的人民富裕的彭阳路径。37年累计治理小流域134条、1625平方千米,水土流失治理程度由11.1%提高到76.3%;森林资源保存面积由27万亩增加到203.87万亩,森林覆盖率由3%提高到28.5%。彭阳县先后荣获全国绿化模范县、经济林建设示范县、生态建设先进县、退耕还林先进县、园林县城、国家卫生县城和国家水土保持生态文明县等荣誉称号。

彭阳经验为黄土高原综合治理树立了样板和典范。20世纪80年代,面对恶劣的环境和"苦瘠甲天下"的贫困状况,彭阳县确立了"生态立县"战略。37年来,围绕"生态立县"这一工作总基调,11任县委书记"一本经",10任县长"一道令",一任接着一任干,一张蓝图绘到底,保证了小流域综合治理和生态建设的稳定性与连续性。彭阳县在认识到贫困的根子在山、潜力在林,建县伊始就制定了实施小流域综合治理、改变生产条件、改善生态环境的目标,并一以贯之、从不动摇。1992年提出山、水、田、林、路综合治理,1999年推动小流域综合治理开始步入快车道,2006年实施重点流域提升工程,2009年推动"大花园、大果园"建设。中共十八大以来,围绕打赢脱贫攻坚战,强化"绿水青山就是金山银山"的理念,结合国家重点生态功能区建设和国家生态文明示范县创建,在整山头、逐流域巩固造林成效的基础上,大力发展绿色产业、特色种养业和生态旅游,提高生态建设的经济效益。彭阳县把生态建设纳入效能目标管理考核,不断完善责任、投入、服务、管理“四种机制”,在农田建设上实行到户申报制度,业务部门规划测设,施工单位优质作业,多部门联合验收,乡镇落实后期管理;在林木资源上全面推行封山禁牧,退耕还林由农户自己管护,荒山造林由护林员长年看守,森林派出所、草原警察和禁牧稽查工作组巡回检查;在水利上组建了农民用水者协会,用好、用活机井、扬水站等小型水利工程;在流域道路上实行民办公助、以奖代补,加强维修养护,保障通畅。彭阳县坚持系统思维,每条小流域既是一个水土治理单元,又作为一个经济开发单元,山水田林路一体推进。坚持问题导向,针对“单家、单户劳力分散难组织、规划施工难统一、工程质量难保证、出工受益难平衡、远近利益难兼顾”的实际,制定出政策调动、机制促动、科技引动、实践带动、利益驱动的“五动”措施,实现了分片治理、轮流受益。坚持大兵团作战,采取集中领导、集中时间、集中劳力、集中地块,打破地界、村界、乡界,统一组织、施工和质量,全方位、立体式推进生态治理。经过不断实践探索,彭阳县结合实际,探索制定了一系列技术标准、工程标准,如“88542”隔坡反坡水平沟整地造林技术,“等高线、沿山转、宽适度、长不限、大弯就势、小弯取直”梯田改造标准,“宽、大、平”机修梯田标准,和“二合一”“三合一”“三合二”等农田建设措施,以高标准保证了高质量。彭阳县因地制宜,先后探索出“山顶林草戴帽子、山腰梯田系带子、沟头库坝穿靴子”的立体治理模式,“1335”家庭单元模式,“坝、池、窖(井)联用,以水定业”的农业产业经济开发模式,大流域道路网络模式等治理模式,“上保、中培、下开发”的生态经济开发治理模式,并不断在创新创造中更新升级治理模式,成为彭阳县小流域综合治理和生态建设的独特“配方”。彭阳县坚持水土综合治理,连续实施了农村饮水安全、水源工程、防洪工程、节水灌溉、水土保持等项目。2016年起,依托自治区“政务云”,试点建设“互联网+人饮”,建成“水利云”和“水慧通”公共平台,应用水联网新技术,实现了主管网、支管网和全部设施24小时自动运行、精准管控;建成集调度、运行、监控、缴费、应急于一体的供水管理服务数字化平台,实时自动采集、传递、分析和处理供水数据,工程事故率、管网漏失率大幅下降;组建县水务投融资平台,由专业公司承担农村供水工程3年建设、12年运维服务,推动实现城乡供水“同源、同质、同网、同价”。彭阳县小流域综合治理的成绩单是全县干部群众一年一年、一锹一锹挖出来的,在与恶劣的自然环境旷日持久的较量中,形成了“勇于探索、团结务实、锲而不舍、艰苦创业”的“彭阳精神”,而这种实干精神集中体现在领导苦抓、部门苦帮、群众苦干的“三苦”作风上。

截至2020年年底,彭阳县生态治理成效显著,初步实现了“山变绿、水变清、地变平、人变富”的目标。通过多年小流域综合治理,累计治理水土流失面积1625平方千米,水土流失面积减少76%,土壤侵蚀模数降到2000吨/平方千米以下,水不下山、泥不出沟,河里的水变清了。通过植树造林、退耕还林、封山禁牧,生态持续向好,山上植被茂密,山桃、柠条等灌木郁蔽,山鸡、野兔随处可见,消失已久的野猪、狐狸、豹等野生动物也到固原安家落户。通过小流域综合治理,“三跑田”(跑水、跑土、跑肥)变成了“三保田”(保水、保土、保肥),截至2020年,全县基本农田面积达到92.3万亩,粮食总产量2.17亿公斤(是建县初期的5.4倍),从种到收基本实现了机械化作业。农民住进了宽敞的砖瓦房、砖窑洞,安全住房保障率、农村饮水保障率、供水水质达标率均达到100%,自来水入户率达到99.8%,家家户户通了电。小流域综合治理和生态建设为农民增收致富带来了巨大潜力,家家发展庭院经济,房前屋后种果树,建设标准化牛棚羊圈,来钱的路子越来越多。全县农民人均纯收入由建县初期的73元增加到2020年的12232元,增长了近168倍。彭阳县大力发展生态经济,努力把绿水青山变成金山银山,形成了百万亩桃杏花海、百万亩旱作梯田、百条生态示范流域等独特景观,打造了一批精品旅游景点、经典旅游线路、精彩旅游体验,“周末经济”“假日经济”形势喜人,彭阳县因此成为固原市首个财政收入过亿元的县。

(固原市委政研室供稿)

国家卫生城市创建

固原市认真贯彻习近平总书记关于新时代深入开展爱国卫生运动的重要论述和指示批示精神,认真落实自治区党委和自治区政府关于创卫工作的部署要求,坚持用战略眼光谋划、系统思维部署、全局视野推进。经过不懈努力,市容、市貌焕然一新,人居环境极大改善,社会文明程度和市民素养显著提高,城市综合实力不断增强。

自2018年国家卫生城市创建工作开展以来,固原市成立创建国家卫生城市领导小组,建立领导小组联席会议制度、领导干部分片包抓机制、定期督导督查机制、曝光整改机制、投诉监督机制、周末环境卫生大扫除等系列工作机制,把创建工作列入“十三五”规划和效能目标管理考核。出台《固原市人民政府关于加强新时期爱国卫生工作的实施意见》《固原市爱国卫生管理办法》《固原市创建国家卫生城市工作总体方案(2018—2020年)》《固原市创建国家卫生城市责任清单》等一系列规范性文件和任务分工、督查考核等系列配套文件,将创建国家卫生城市8个方面、115项指标细化分解到近300多个部门(单位),形成由党委统领、人大监督、政府落实、政协助力、纪委问责、市区共创、上下联动、多方参与的创卫工作格局,推进全社会参与的创建机制落地生根。

固原市坚持以创建促脱贫、以创建惠民生、以创建增活力、以创建促发展,形成了创建与发展互促共进、相得益彰的良好局面。累计投入近300亿元,实施一批卫生城市创建工作重点项目,高质量办结南河滩市场提标改造、城区公厕垃圾中转站建设、市精神卫生中心诊疗设备改善、社区卫生服务中心建设、全民健身中心建设等民生实事49件。改造棚户区7295户、老旧小区76个,新建公厕143座、垃圾中转站43座,城市基础设施不断健全。创建无烟党政机关64个,无烟医院、学校实现全覆盖。组建150余人的健康科普专家库,建成1000余个健康教育场所,行政村、社区体育健身设施覆盖率均达到100%,经常性参加体育锻炼人数占常住人口的40.2%。每年投入6000余万元,采取政府购买服务的方式,引入中国天楹股份有限公司实施城市保洁,实行城区街道网格化管理,城区主要街道保洁时间达到16个小时以上,一般街道保洁时间达到12个小时以上,城市道路及公共场所装灯率达到100%,亮灯率达到98%。建成区绿化覆盖率达到39.45%,人均公园绿地面积26.1平方米,城市道路及公共场所装灯率达到100%,亮灯率达到95%以上。将市区划分为28个片区、252个责任区域,组织开展全国每年1次的“爱国卫生月”活动和自治区每月1次的“爱国卫生日”活动。固原市实施“四尘”同治,$PM_{2.5}$保持在35微克/立方米以下,近三年空气优良天数达到90%以上,居全区地级市首位。创建自治区级食品安全先进县4个、食品安全先进乡镇(街道)50个、食品经营示范店340家。公共用品用具抽检合格率达到89.5%,卫生监督覆盖率达到99%,卫生知识合格率达到98%,从业人员健康证持证率达到100%,量化分级管理率达到98%。全市各类疫苗预防接种率均达到95%以上,临床用血100%来自自愿无偿献血。建成高标准“健康主题公园”2个和健康步道20余条,彭阳县、原州区先后被确定为自治区级慢性病防控示范区,彭阳县、隆德县、原州区成功创建成为国家卫生县城(乡镇),泾源县创建成为自治区卫生县城。

固原市坚持一手抓创建达标,一手抓长效机制,在坚持中完善制度,在坚守中创新机制,推动创建工作步入制度化、规范化、常态化轨道。创出一条党政主抓,全民参与的路子。凝聚组织、群众、社会“三股力量”,有力推动创卫工作在创新中不断向前、取得实效,实现改善城市环境、提升市民满意度、增强群众获得感的“三赢”效果。创出一座干净整洁、美丽和谐的城市。结合市区旧城改造和海绵城市建设,先后实施一大批道路升级、市场改造、环卫设施完善、城市绿化亮化等工程,全心全意为人民群众创造更加幸福的美好生活。创出一种改变落后,开创新生的精神。坚持把满足人民日益增长的美好生活需要作为根本目标,克服“等、靠、要”思想,共治共管、共建共享,讲文明、讲卫生、讲科学的健康生活方式蔚然成风。创出一股一线工作,注重实效的作风。坚持领导垂范、干部攻坚,带动各级干部战斗在创卫工作的第一线,在苛求与细节中锻炼队伍,为各项事业发展打下坚实基础。

固原市的生动实践,探索出一条贫困地区“不到长城非好汉”的创建之路,为全国西部,特别是集中连片贫困地区创建国家卫生城市提供宝贵了经验。

(固原市卫生健康委员会供稿)

大事记

1月

1 日,固原市在市行政中心广场举行升国旗仪式。张柱、马汉成、罗永红、马玉芳、杨刚等区市领导与市直、原州区千余名干部职工及驻固部队官兵参加。

3 日,固原市以“登高望远览山川 贺岁迎新促健康”为主题,举办2020年“宁夏 奔跑”固原市新年登高新年健身跑活动。市直各部门职工代表以饱满的精神迎接新年。

6 日,固原市原州区人民政府与伊利集团签订战略合作框架协议。该次签约是原州区委、原州区政府贯彻落实乡村振兴战略、推进奶业高质量发展的重要举措。

6—8 日,中国人民政治协商会议固原市第四届委员会第四次会议在市会议中心召开。会议通过政协固原市第四届委员会第四次会议政治决议、政协固原市第四届委员会第四次会议关于常务委员会工作报告的决议、政协固原市第四届委员会提案委员会关于四届四次会议提案审查情况的报告和政协固原市委员会2020年协商工作计划。

7—9 日,固原市第四届人民代表大会第四次会议在固原市会议中心召开。市人大常委会主任罗永红向大会作工作报告。会议表决通过市第四届人民代表大会社会建设委员会组成人员名单、《关于市人民政府工作报告的决议》、《关于2019年固原市国民经济和社会发展计划执行情况》、《2020年固原市国民经济和社会发展计划的决议》;表决通过《关于2019年全市及市本级财政预算执行情况》和《2020年全市及市本级财政预算草案的决议》;表决通过《关于市人大常委会工作报告的决议》《关于市中级人民法院工作报告的决议》和《关于市人民检察院工作报告的决议》。

8 日,自治区2020年文化科技卫生“三下乡”暨“我们的中国梦”——文化进万家集中示范活动在固原市彭阳县草庙乡分会场启动。

8—9 日,固原市第四届人民代表大会第四次会议在固原市会议中心召开。市人大常委会主任罗永红向大会作工作报告。会议表决通过市第四届人民代表大会社会建设委员会组成人员名单、《关于市人民政府工作报告的决议》、《关于2019年固原市国民经济和社会发展计划执行情况》、《2020年固原市国民经济和社会发展计划的决议》;表决通过《关于2019年全市及市本级财政预算执行情况》和《2020年全市及市本级财政预算草案的决议》;表决通过《关于市人大常委会工作报告的决议》《关于市中级人民法院工作报告的决议》和《关于市人民检察院工作报告的决议》。

10 日,固原市新闻传媒中心整合固原日报社、固原市广播电视台资源正式挂牌,标志着固原开始进入融媒体时代。

是日,固原市公安局110指挥中心开展“不忘初心 110 共建共享保安宁”宣传活动,向群众推广“指尖警务”模式。

11 日,中宣部、中央文明办到固原市彭阳县白阳镇慰问第七届全国孝老爱亲道德模范郭彩利。

12 日,第四届“六盘山旅游杯”西北地区大众健身滑雪邀请赛在六盘山周沟滑雪场开赛。来自区内外的滑雪健儿、滑雪爱好者100余人参加比赛。

13 日,固原市开展打通“生命通道”集中整治行动。行动通过播放公益广告和消防安全提示语等方式动员市民不堵塞、不占用消防通道,自觉避让,还消防车以畅通通道。

14 日,自治区公安机关表彰在社区警务改革中有亮点、特点的派出所。西吉县公安局将台堡派出所被命名为“多元排查化解矛盾纠纷”特色派出所,泾源县公安局六盘山派出所被命名为“党建引领社区警务”特色派出所。

16 日,固原市政府召开城市安全工作会议,通报1月13日青海省西宁市街区道路塌陷事件,安排部署市区范围内地下管网安全隐患排查工作。

是日，宁夏义工联合会固原工作站启动“快乐雷锋工程——雷锋饺子计划”新春慰问活动，为全市1300户困难家庭送去价值26万元的爱心礼包。

是日，固原市原州区组织召开2019年度党政负责人履行推进法治建设第一责任人职责述法专题会议，标志着原州区在全区率开展先试点述法工作。

17日，固原市举办“六盘儿女奔小康”2020年春节联欢晚会。

是日，固原市原州区官厅镇举办“2020迎新春第二届沈家河文化艺术旅游节”。旅游节吸引千余名群众观看特色民俗文化活动表演、“非遗”文化艺术作品展、美丽乡村花灯展，参与百味饺子宴、书画交流、送春联等活动。

18日，自治区党委书记、人大常委会主任陈润儿到西吉县偏城乡高崖村、隆德县社会福利院慰问生活困难群众、老党员、优秀教师、特困老人，调研脱贫攻坚工作，向群众送上春节的祝福。

是日，2020年“我们的中国梦”——文化进万家摄影培训班在固原市彭阳县开班。

是日，由固原博物馆与贵州省博物馆联合举办的“白石丹青——齐白石画展”在固原博物馆开展。

19日，固原市召开“不忘初心、牢记使命”主题教育总结大会。自治区党委常委、市委书记张柱出席会议并讲话，强调要深入学习贯彻习近平总书记在“不忘初心、牢记使命”主题教育总结大会上的重要讲话精神，贯彻落实中共中央和自治区党委主题教育总结大会各项部署，坚定担当新使命，奋力展现新作为，夺取脱贫攻坚全面胜利，确保与全国全区同步建成全面小康社会，奋力描绘好建设美丽新宁夏的固原画卷。自治区党委主题教育第四巡回指导组组长蔡珺出席会议并讲话。

是日，固原市与中国燃气集团签订深化战略合作框架协议，双方将在天然气、液化石油气、热电、集中供热、售电等领域展开合作。

20日，固原市原州区文化馆举办“过大年剪窗花”春节手工体验活动。文化馆积极发挥公共文化服务职能，多方位举办免费开放活动，丰富中小学生假期文化生活，弘扬中华传统文化。

21日，固原市泾源县泾河源镇举办“扶智扶志促脱贫 文明乡风助振兴”、“五个一”文明实践活动。镇村干部、群众及驻村工作队员共同参加拔河、篮球、象棋、绑腿跑等比赛。

22日，固原市卫生健康委员会印发《关于成立新型冠状病毒感染肺炎防控领导小组、医疗救治专家组及确立定点医院的通知》，确定市人民医院及各县（区）人民医院为新型冠状病毒感染肺炎医疗救治定点医院。

是日，固原市安全生产委员会成立督查组，督察检查原州区经济技术开发区道路交通、消防安全、森林草原防灭火、危险化学品及烟花爆竹等8个领域的安全生产工作。

25日，固原市发布应对新型冠状病毒感染肺炎疫情工作指挥部公告（第1号），确保一级响应措施落实，明确新型冠状病毒感染肺炎疫情防控工作。

是日，固原市新型冠状病毒感染肺炎领导小组办公室发出《致全市人民的一封信》，要求全面做好全市新冠肺炎联防联控工作，落实疫情防控五项措施。

27日，固原市委组织部发出《致全市各级党组织和广大共产党员的倡议书》，要求切实做好新冠肺炎疫情防控工作，进一步发挥各级党组织的战斗堡垒作用和党员干部的先锋模范作用。

28日，自治区党委常委、市委书记张柱主持召开全市新冠肺炎疫情防控工作视频会议。会议传达学习习近平总书记有关重要讲话精神和自治区党委常委会（扩大）会议精神。自治区副主席、市长马汉成安排部署全市疫情防控工作。

是日，自治区副主席、市长、市应对新冠肺炎疫情工作指挥部指挥长马汉成主持召开市应对新冠肺炎疫情工作指挥部会议，研究《固原市应对新型冠状病毒感染肺炎疫情工作指挥部公告（第1号）》和指挥部各工作组职责。

是日，固原市援湖北第一批医疗队出征，市委副书记杨刚等前往送行。医疗队由固原市人民医院选派的15名医护人员组成，并成立固原市人民医院援湖北医疗队临时党支部。

是日，固原市委网信办向全市网民和各类网站、新媒体从业者发出《中共固原市委网信办致全市网民的倡议书》，要求共同做好严防疫情传播、开展群防群控、规范信息发布等工作。

29日，自治区党委常委、市委书记张柱先后到机场、火车站、高速路口、市区派胜小区、官厅镇沙窝村等地现场督查全市新冠肺炎疫情防控工作落实情况。

是日，自治区副主席、市长马汉成在市区景园小区、朝阳欣居小区、市疾控中心和市人民医院督查全市新冠肺炎疫情防控工作。

30日，自治区党委常委、市委书记张柱深入原州区、隆德县、泾源县部分乡镇、社区、村组、检查站、医院，暗访督查疫情防控工作。

是日，自治区副主席、市长马汉成在彭阳县督导检查新冠肺炎疫情防控工作。

31日，固原市召开应对新冠肺炎疫情工作指挥部会议，传达学习自治区应对新冠肺炎疫情工作指挥部有关会议、文件精神，听取疫情防控各工作组工作推进情况汇报，研究突出问题,协调解决具体困难,安排部署下一步工作。

是月,固原市六盘山林业局联合陕西省动物研究所展开六盘山野生兽类动物摸底排查。通过户外红外线相机等监测设备记录到包括金钱豹、麝等在内的国家级野生保护动物64种。

2月

1日,固原市召开应对新冠肺炎疫情工作领导小组会议,传达学习习近平总书记对当前新冠肺炎疫情防控工作重要批示精神和《中共中央关于加强党的领导、为打赢疫情防控阻击战提供坚强政治保证的通知》精神;传达学习自治区党委应对新型冠状病毒感染肺炎疫情工作领导小组会议精神,听取市委应对新冠肺炎疫情工作指挥部及各工作组、各县(区)疫情防控工作情况,研究部署防控工作。

是日,固原市发布应对新型冠状病毒感染肺炎疫情工作指挥部公告(第2号),对重点地区到(返)固原人员的集中隔离,宾馆登记测温,超市、商场、药店、农贸市场的病毒消杀,各类政务服务大厅管理,居民小区的出入管理,婚丧嫁娶等活动进行具体规范。

2日,自治区副主席、市长马汉成到市区部分超市、蔬菜批发市场、个体商户、零售药店暗访检查应对疫情市场管控和物资保障工作落实情况。

是日,自治区第四督导检查组在固原市召开督查反馈疫情防控工作会,会议反馈督查情况,安排部署防控工作。

是日,固原市发布应对新型冠状病毒感染肺炎疫情工作指挥部公告(第3号),明确市内各级行政事业单位、各类企业、各类学校等单位上班与复工时间。

是日,固原市发布应对新型冠状病毒感染肺炎疫情工作指挥部公告(第4号),规范经营性商业场所管控事宜,有效防止新冠肺炎疫情扩散。

是日,固原市向全社会发出《“万众一心抗击疫情”——固原市爱心募捐倡议书》,号召全社会向疫情严重区、当地医院、疾控部门等捐助防疫物资。

3日,自治区副主席、市长马汉成在原州区暗访检查居民小区疫情防控措施落实情况。

是日,固原市发布应对新型冠状病毒感染肺炎疫情工作指挥部公告(第5号),明确对医疗废弃物、卫生防护用品、医疗污水、城镇污水、生活垃圾的处理和监管事宜,严防二次污染。

4日,固原市制定应急救治措施,征用设立全市疫情防控医学隔离留观场所,调配并采购病床132张,组织安装部分医疗设备,提高应对传染病能力和救治水平,加强传染源预防工作。

是日,被固原市紧急征用的市养老综合服务中心,作为全市疫情防控医学隔离留观场所被市人民医院接管,正式投入使用。

是日,固原市援湖北第二批医疗队25名医务人员出发,医疗队由马爱民、逯璎玲、杨艳红、禹娟、杨会利等5个县(区)选派的医护人员组成。

5日,固原市召开应对新冠肺炎疫情工作领导小组会议,传达学习习近平总书记关于疫情防控重要讲话精神,中央应对疫情工作领导小组《关于进一步加强当前疫情防控工作的通知》《关于做好春节后错峰返程加强疫情防控工作的通知》精神,自治区党委应对疫情工作领导小组会议精神,听取全市及各县区疫情防控工作情况汇报,研究存在的困难和问题。

是日,固原市与全区同步实施学校空中课堂,利用“互联网+教育”建设成果,组织全市中小学生(含中职学生)开展线上教学。

6日,固原市召开应对新冠肺炎疫情工作指挥部会议,传达学习习近平总书记在中央政治局常委会研究加强疫情防控工作时的重要讲话精神、自治区党委应对新冠肺炎疫情工作领导小组第2次会议精神和市委应对新冠肺炎疫情工作领导小组会议精神。研究社区、农村重点人群和教育系统疫情防控事宜;研究疫情防控4个工作体系建设事宜;研究市集中隔离救治点设备配置和捐赠物资及资金接收分配事宜。

是日,自治区党委常委、市委书记张柱到原州区三营镇,西吉县石寨乡石山村、小川村,震湖乡李章村,县城幸福佳苑小区暗访督查乡村社区疫情防控工作。

是日,宁夏义工联合会固原工作站联合原州区民政局、原州区志愿服务联合会、原州区1+1幼儿园开展以“同心战‘疫’志愿有我”为主题的新时代文明实践志愿服务活动,为原州区中河乡高坡村、开城镇开城村等8个村的疫情防控监测点捐赠物资。

是日,固原市人大常委会向全市各级人大代表发出《固原市人大常委会致全市各级人大代表的一封信》。倡议全市各级人大代表要立足岗位、奋力担当,积极投身到打赢疫情防控这场硬仗之中,带头贯彻落实疫情防控各项措施和要求,为坚决打赢疫情防控阻击战展现代表风采与责任担当。

7日,固原市对基层党组织和党员干部做好疫情防控工作提出“九条要求”,激励引导基层党组织和广大党员干部在疫情防控一线担当新使命、展现新作为。

是日,固原市部分市属商(协)会、民营企业和非公经济人士捐款82万余元支援疫情防控工作,所有捐款由市应对新冠肺炎疫情工作指挥部统筹使用。

是日，固原市红十字会累计接收到社会各界捐款总数171万余元，为抗击疫情贡献力量。

7—8日，自治区副主席王和山到固原市调研疫情防控、春耕备耕和农业结构调整工作，强调要全面加强疫情防控，落实好疫情防控各项措施，有序做好物资供应和春耕生产。

8日，固原市发布规范新型冠状病毒感染肺炎疫情防控工作流程，明确市区、农村、社区、隔离观察等领域管控工作流程，全面保障人民生命健康安全。

是日，宁夏明德中药饮片有限公司、宁夏金昱元化工集团股份有限公司、宁夏隆德县六盘山中药资源开发有限公司3家企业被列入《宁夏防疫用品重点生产企业名单（第一批）》。

9日，固原市人民医院主任医师万忆春、固原市人民医院主任医师张志入选第三批自治区"塞上名医"。

10日，宁夏五市捐助的20车、550吨、275.5万元生活保障物资，从固原紧急发往湖北省黄冈市。

是日，自治区就业工作领导小组会议表彰全区自治区稳定和促进就业创业先进典型。固原市原州区、隆德县、彭阳县被评为2019年自治区转移就业示范县，泾源县轻工产业园区创业孵化示范基地、固原浙商国际创业孵化园被评为第五批自治区级创业孵化示范基地，固原海天物业服务有限公司、固原仁爱物业服务有限公司等被评为自治区家庭服务业"百户十强"企业。

11日，固原市召开应对新冠肺炎疫情工作指挥部会议，听取全市新冠肺炎疫情防控工作情况汇报，研究疫情防控医疗物资调配、生活物资储备等工作。

是日，自治区党委常委、市委书记张柱到明德中药饮片有限公司、南河滩市场、市现代农业综合服务中心、头营镇马园蔬菜园区、宁夏金昱元化工集团有限公司调研疫情防控、复工生产和春耕备耕工作。

是日，固原市发改委印发《固原市2020年高质量发展重点建设项目包抓推进责任清单》，向社会公布全市60个高质量发展重点项目建设。

13日，自治区第四督导检查组在固原市召开疫情防控督查情况反馈会，反馈督导检查情况，并就疫情防控工作提出意见建议。

16日，固原市制定并印发《固原市企业复工复产流程图》，指导企业复工复产。

17日，自治区党委常委、市委书记张柱到开发区味园商贸公司、固原农资城、好水川食品公司等企业，察看疫情防控措施落实，了解企业复工复产情况。

是日，固原市原州区被评为"自治区级农村劳动力转移就业工作示范县"，并获得100万元奖励。

是日，固原市召开应对新冠肺炎疫情工作指挥部会议，传达学习习近平总书记在中央政治局常务委员会会议上的重要讲话精神和中央全面深化改革委员会第十二次会议精神，传达全区卫生健康系统新冠肺炎疫情防控工作视频会议精神，通报全市疫情防控工作情况，听取全市学校新冠肺炎疫情防控工作情况汇报以及市应对新冠肺炎疫情工作指挥部社会管控组、交通管控组、市场管控组、市工信局关于企业复工复产等方面工作汇报。

18日，自治区副主席、市长马汉成一行到西吉县宁夏金曜塑业有限公司和宁夏泽艾堂生物科技有限公司调研疫情防控及复工复产情况。

19日，固原市援湖北第三批医疗队13名医务人员出发，医疗队由原州区人民医院12名医护人员和市疾控中心1名流行病学调查人员组成。

20日，固原市召开应对新冠肺炎疫情工作指挥部会议，传达学习中央应对新冠肺炎疫情工作领导小组会议和自治区党委应对新冠肺炎疫情工作领导小组专题会议精神。听取重点人群"大排查、大起底"工作情况汇报，研究加强疫情防控期间人员信息实时监控和动态管理有关工作；听取全市春耕物资生产保障、重点防疫物资生产储备、重点生活及医用物资采购储备、企业流动资金需求情况汇报。研究《固原市学校开学疫情防控工作方案（送审稿）》《新冠肺炎疫情防控期间确需进场交易项目服务保障工作方案》《关于做好居家（集中）隔离解除后相关工作的通知》等事宜。

是日，固原市下发通知，通过做好慰问、先进表彰、职称评定、年度考核、适当增加公休假、子女就学、提供保险7个措施，全力做好一线医务人员及其家属保障工作。

21日，自治区党委第四督导检查组在固原市召开督查疫情防控工作第三次反馈会。

是日，固原市人民医院派出呼吸科、重症医学科、急诊科等重要科室的7名医护人员组成自治区援湖北第二批医疗队出征，是固原市派出的援湖北第四批医疗队。

是日，固原市协调组织各县区167名企业员工及部分员工家属免费乘坐银川市经济技术开发区安排的接送专车，返回银川复工。

22日，固原市首位新冠肺炎康复患者向固原市中心血站自愿捐献血浆400毫升。

23日，固原市创建国家卫生城市工作以823.5分的高分顺利通过国家暗访评估，进入国家技术评估阶段。

24日，固原市召开应对新冠肺炎疫情工作指挥部会议。会议审议《固原市应对新冠肺炎疫情分区防控工作方案》《固原市应对新冠肺炎疫情工作指挥部第6号公告》。

是日，固原市原州区组建应对新冠肺炎疫情心理干预、慰藉、情绪疏导工作志愿服务队，在疫情防控期间提供免费线上心理危机干预服务。

是日，中益老龄事业发展中心联合宁夏六盘珍坊生态农业科技有限公司共同向武汉市慈善总会捐赠价值98万元的六盘山高原亚麻籽油，保障武汉市民政局管辖的养老机构食用油供应。

25日，固原市发布应对新型冠状病毒感染肺炎疫情工作指挥部公告（第6号），调整已发布公告中禁止、限制事项。

是日，固原市市域内部分城市公交和客运班线恢复营运，餐饮企业、理发店等恢复营业。

是日，固原市向江西省南昌市经济开发区发出返岗复工"点对点"包车11辆，累计运送农民工200余名。

是日，固原市开展"同心战疫保障民生"便民服务活动。活动通过线下比价、线上订单为居民提供生活必需品代购配送等服务，累计完成线下配送1000多单。

26日，自治区副主席、市长马汉成到泾源县调研疫情防控、企业复工复产、脱贫攻坚、农业结构调整等重点工作。

是日，固原市文化旅游广电局、原州区文化旅游广电局等多部门联合组成检查组，专项执法检查市应对新型冠状病毒感染肺炎疫情工作指挥部公告（第6号）执行情况。

27日，固原市召开2020年重点建设项目推进会，通报全市2020年建设项目前期准备情况，研究解决项目推进中存在的问题，安排部署重点项目开工前期准备及有关工作。

27—28日，固原市首次以免费包机的形式，"点对点、一站式"集中向福建用工企业输送务工人员315名。

是月，固原市法院搭建互联网开庭平台25个，最大限度减少人员聚集流动和疫情对审判执行工作的影响。

是月，固原市在自治区率先设置废弃口罩收集设施、卫生防护用品垃圾收集箱，统一收集到专用回收桶并消毒密封，最后交固原市医废处置机构处理。

3月

1日，固原市召开应对新冠肺炎疫情工作指挥部会议，传达学习习近平总书记在中央政治局常委会会议上的重要讲话精神、自治区党委书记陈润儿在自治区党委常委会会议上的讲话精神，研究《关于进一步加强外防输入严防疫情管控工作的通知》。

是日，固原市召开市扶贫开发领导小组会议暨全市脱贫攻坚工作会议，分析全市脱贫攻坚工作存在的问题和受疫情影响面临的困难。自治区党委疫情防控第四督导检查组组长金万宏参加会议。

是日，固原市黄河水调蓄工程项目在原州区黄铎堡镇何家沟村正式复工。

是日，固原市审批局在宁夏率先推行工程建设项目施工图"多图一审"网上审批，加快审批进度，提升审批效率。

2日，固原市全面深化改革委员会第二次会议传达学习中央、自治区党委全面深化改革委员会有关会议精神，审议全市深化文化市场、农业、市场监管、交通运输综合行政执法改革实施方案，审议市委全面深化改革委员会2020年工作要点。

是日，自治区党委第四督导检查组在固原市召开督查疫情防控工作第四次反馈会，反馈市、县两级党政领导班子和领导干部在疫情防控工作中的表现及其他督导检查情况。

是日，固原市发布应对新型冠状病毒感染肺炎疫情工作指挥部公告（第7号），对城市社区、农村人民出行制度以及国（境）外、外省区和区内重点地区来（返）固原人员管控等规定进行重新规范。

3日，固原市召开新冠肺炎疫情对当前经济运行情况影响分析座谈会，听取疫情防控期间中央、自治区出台有关政策落实情况和市直有关部门关于重点行业领域经济运行情况，以及企业代表意见建议，安排部署统筹抓好疫情防控与经济社会发展各项工作。

4日，经自治区政府第58次常务会议研究批准，固原市原州区退出贫困县序列。

是日，自治区副主席、市长马汉成调研市区学校新冠肺炎疫情防控和复学准备工作，强调要坚持在疫情没有得到基本控制前不开学的原则，全市各级各类学校要建立疫情防控责任体系，严格落实校园封闭管理要求，确保师生身体健康和生命安全。

6日，固原市出台《2019—2023年全市干部教育培训规划》，规划对全市干部教育培训的工作目标、培训内容、具体措施作出安排。

是日，固原市面向教育体育系统广大党员干部师生开展"共抗疫情 爱国力行"主题宣传教育，推动爱国主义教育内化于心、外化于行。

9日，固原市采取阶段性减免企业社会保险费措施，减轻疫情防控期间企业社会保险缴费负担，支持企业有序恢复生产。

是日，固原市西吉县制定《脱贫攻坚网格化包抓工作组工作制度》《驻村工作队工作制度》《脱贫攻坚帮扶责任人工作制度》《脱贫攻坚督导工作制度》《脱贫攻坚"流动红旗"和"黄牌警告"制度》5项工作制度，打好脱贫攻坚组合拳。

10日，固原市垃圾焚烧发电项目35千伏送电工程复工。

是日，固原市西吉县援武汉医疗队队员逯罂玲、陈东月、何华、朱文军、周晓玲在东西湖方舱医院工作期间，因表现突出先后被中共东西湖方舱医院临时委员会和武汉东西湖方舱医院授予“先进标兵”称号。

是日，固原市11家爱心企业向湖北省武汉市武昌医院捐赠食品物资，价值26.95万元。

10—13日，人民日报社宁夏分社社长李增辉一行到原州区、西吉县、隆德县和彭阳县调研脱贫攻坚等工作。

11日，固原市组织开展“我身边的战‘疫’模范”推选活动，评选为疫情防控工作作出突出贡献的模范集体和个人。

是日，固原市发布应对新型冠状病毒感染肺炎疫情工作指挥部公告（第8号），明确全市各旅游景区景点、原州商贸城和各影院、农村集贸市场等重点场所疫情防控举措。

12日，自治区党委常委、市委书记张柱到泾源县调研脱贫攻坚、产业结构调整等重点工作。

13日，固原市召开教育体育工作会议，会议学习贯彻党中央、国务院和区市党委、政府对教育体育工作的决策部署，落实全国、全区教育工作会议精神，回顾总结2019年全市教育体育工作，安排部署2020年重点工作。

是日，固原市召开发展壮大集体经济联席会议，合力探索发展壮大集体经济新路子。

14日，固原市残疾人联合会、乐康身障者社会化服务促进会联合原州区古雁街道办小川子社区，在市区民生苑小区开展“乐康相伴 共抗疫情”公益助残爱心口罩免费发放活动。

16日，固原市彭阳县孟塬乡椿树岔线低压台区改造正式复工，标志着国网固原供电公司2020年配电网工程全面启动。

17日，固原市召开应对新冠肺炎疫情工作指挥部第九次会议，传达学习中央应对新冠肺炎疫情工作领导小组会议精神、自治区应对新冠肺炎疫情工作指挥部第八次会议精神、自治区党委应对新冠肺炎疫情工作领导小组《关于加快建立同疫情防控相适应的经济社会运行秩序的通知》精神，讨论《固原市建立同疫情防控相适应的经济社会运行秩序实施方案》。安排部署疫情防控和经济社会发展工作。

是日，固原市举行2020年建设项目集中开工仪式。集中开工项目206个，其中高质量发展重点项目39个。

是日，固原市援湖北第二批医疗队25名队员返回固原，成为固原首批撤离湖北的医疗队。

18日，中办国办复工复产赴宁调研工作组组长、民政部副部长詹成付到固原市调研复工复产进展情况。

是日，自治区副主席吴秀章到溢佳大博新材料公司、明德中药饮片公司、好水川食品公司、六盘山热电厂，调研企业疫情防控和复工复产情况。

是日，固原市人大常委会召开2020年立法项目启动会，传达学习市委2020年立法计划精神，听取《关于加强“四个一”林草产业发展的决定》《关于加强海绵城市建设管理的决议》《固原市城市环境卫生管理条例》3部法规起草情况汇报。

是日，自治区党委第四督导检查组在固原市召开督查疫情防控工作第五次反馈会，反馈扶贫车间复工复产缓慢、固原汽车站防控工作薄弱环节、特殊群体需要引起关注等问题检查情况。

19日，固原市委全面依法治市委员会第二次会议在市会议中心召开。会议学习贯彻习近平总书记在中央全面依法治国委员会第三次会议上的重要讲话精神、自治区党委全面依法治区委员会第三次会议精神，研究部署全市依法防控疫情和全面依法治市工作。审议《关于依法防控新冠肺炎疫情、切实保障人民群众生命健康安全的任务分工方案》《关于党政主要负责人履行推进法治建设第一责任人职责情况列入年终述职内容试点工作通知》《关于加强综合治理、从源头切实解决执行难问题的任务分工方案》《中共固原市委全面依法治市委员会2020年工作要点》《2020年固原市法治政府建设工作要点》。

是日，宁夏师范学院836名2020年应届毕业生获得一次性求职创业补贴125.4万元，人均1500元。

是日，固原市援湖北医疗队同辽宁省、福建省援湖北医疗队代表一起在襄阳市鱼梁洲援湖北医疗队纪念林栽下“友谊树”，铭记这份难忘的抗疫情。纪念林被设计成了爱心的形状，共栽树2020棵、1.5万平方米。

20日，固原市援湖北第一批医疗队15名队员经过53天的奋战胜利返回固原。

是日，固原市隆德县举办2020年重点项目集中开工启动仪式。新建项目66项，续建项目18项，已开工项目56项，开（复）工率66%。

是日，固原市彭阳县举办2020年重点项目集中开工启动仪式。计划实施各类重点建设项目91个，列入全市重点项目60个。

是日，宁夏师范学院联合固原市人民医院在古雁校区东一门防疫点、和苑餐厅、文科楼和九号学生公寓楼等地开展疫情防控应急演练。

22日，固原市乐康身障者社会化服务促进会联合宁夏悟启教育科技中心举办“健康科普 公益践行”活动，缓解困难家庭成员在疫情防控期间的心理困扰和健康问题。

23日，宁夏中科南山环保科技发展有限公司取得检验检测资质，填补固原地区第三方环境检测机构的空白,为企事业单位提供便捷、专业的“一站式”环保技术服务。

24日,固原市召开应对新冠肺炎疫情工作指挥部第10次会议。会议传达学习自治区党委书记陈润儿调研各级各类学校开学准备工作座谈会精神,听取全市春季开学准备情况和开学保障情况汇报,安排部署学校开学联防联控工作。

是日,固原市召开安全生产和森林草原防火工作会议,贯彻落实党中央、国务院以及区市党委、政府关于疫情期间复工复产安全防范工作部署要求与全区安全生产和森林草原防火工作会议精神,安排部署全市安全生产和森林草原防火、清明期间文明祭扫工作。

是日,固原市向城乡居民发布疫情防控期间文明祭扫倡议书,避免因集中祭祀祭扫引发输入性、聚集性疫情问题反弹。

25日,固原市采取八项“硬核”措施,开展严格的校园疫情防控工作,各级各类学校按照“因时、分类、错峰”原则陆续开学复课。

是日,固原市召开政法工作会。会议落实市委四届五次、六次全会及市委书记张柱批示精神,总结工作,研究部署2020年政法工作。

是日,国药控股宁夏固原有限公司物流中心项目开工建设。

是日,固原市原州区河川乡吕坪村高治晓作为美团外卖骑手登上美国《时代周刊》封面。

26日,共青团固原市委员会联合固原市希望公益服务中心为宁夏师范学院附属中学、固原职业技术学校、实验小学等11所市直中小学(中职)捐赠防疫物资,价值3万元。

是日,市委召开理论学习中心组(扩大)学习会暨全市领导干部廉政警示教育会。会议书面传达《习近平关于党风廉政建设反腐败斗争论述摘编》《习近平关于严明党的纪律和规矩论述摘编》,传达学习习近平总书记在十九届中央纪委四次全会上的重要讲话精神和自治区纪委十二届四次全会、全区领导干部廉政警示教育大会精神,观看《染黑的权力》警示教育片。

是日,固原市公安局开发区分局民警夏国荣与音乐人杨权、何伟推出共同创作的歌曲《永不褪色》。

26—27日,自治区党委副书记、自治区主席咸辉到西吉县闽宁产业示范园宁夏金曜塑业农用地膜生产车间、天之涯服饰生产车间调研复工复产情况,到西滩乡黑虎沟村调研脱贫攻坚工作。

27日,固原市人大常委会党组书记、主任罗永红主持召开市人大常委会党组理论学习中心组(扩大)学习会暨领导干部廉政警示教育会。会议传达学习《习近平关于党风廉政建设和反腐败斗争论述摘编》、《习近平关于严明党的纪律和规矩论述摘编》、习近平总书记在十九届中央纪委四次全会上的重要讲话精神、自治区纪委十二届四次全会精神及区市领导干部廉政警示教育大会精神,观看警示教育片。

是日,固原市政协党组书记、主席马玉芳主持召开市政协党组理论学习中心组(扩大)学习会暨领导干部廉政警示教育会。会议传达学习《习近平关于党风廉政建设和反腐败斗争论述摘编》、《习近平关于严明党的纪律和规矩论述摘编》、习近平总书记在十九届中央纪委四次全会上的重要讲话精神、自治区纪委十二届四次全会精神、全区领导干部廉政警示教育大会精神、市委理论学习中心组(扩大)学习会暨领导干部廉政警示教育会精神。

是日,固原市召开宣传部长会议。会议学习贯彻习近平新时代中国特色社会主义思想,全面贯彻习近平总书记关于宣传思想工作的重要论述,认真落实全国、全区宣传部长会议精神,总结2019年工作,安排部署2020年全市宣传思想文化工作。

29日,固原市召开全国爱卫办暗访固原市创建国家卫生城市问题整改工作动员会,动员全市上下迅速行动起来,压实工作责任,全力迎接国家技术评估。

30日,自治区党委常委、市委书记张柱到隆德县调研企业复工复产、脱贫攻坚、产业结构调整等重点工作。

是日,宁夏宁川置业有限公司20万锭纺织项目开工仪式在固原经济技术开发区举行。项目建成后将带动全市1500人就业,有力推进全市纺织服装产业发展。

是日,固原市逾九成餐饮店恢复营业。市场监管领域69家农(集)贸市场全部营业,11家专业市场全部复工营业,全市4562家持证餐饮单位恢复营业4343家,复工营业率达到95.2%。

是日,固原市人民医院产科成功为双胞胎孕妇顾某实施保留胎膜囊剖宫产手术,为宁夏实施的第一例双胎保留胎膜囊剖宫产手术。

31日,固原市召开2020年消防工作会议。会议总结2019年度全市消防工作,安排部署2020年主要工作任务。

是月,固原市出台《固原市关于推动国家工作人员旁听庭审活动常态化制度化的实施方案》,将国家工作人员旁听庭审活动开展情况列入年度普法与依法治理目标考核及法治政府示范单位创建指标体系。

是月,彭阳红梅杏、朝那鸡入选国家知识产权局第352号公告公布的全国一批地理标志产品名单。彭阳县首次获得国家地理标志产品专用标志。

4月

1日，固原市委、市政府召开座谈会迎接援湖北第二批医疗队25名医务人员，为抗疫英雄们的辛勤付出和平安归来表示感谢和欢迎。

是日，固原市税务局举行以“减税费优服务 助复产促发展”为主题的第29个税收宣传月启动仪式暨政策解读会。会议指导企业享受政策优惠套餐，帮助企业知政策、会操作、能享受，全力助推有序复工复产。

2日，固原市召开应对新冠肺炎疫情工作指挥部第11次会议。会议传达学习习近平总书记在3月27日中央政治局会议上的重要讲话精神、中央应对新冠肺炎疫情工作领导小组会议精神、自治区党委常委会扩大会议暨应对新冠肺炎疫情工作领导小组第9次会议精神，研究防范境外输入新冠肺炎疫情工作和完善无症状感染者防控措施、固原机场恢复重庆—固原—银川航线、学校开学等事宜。

是日，固原市出台《农业结构优化调整指导意见（2020—2022年）》。意见主攻农业调优种养结构、调大经营规模、调强加工能力、调长产业链条“四大任务”，加快调整、优化农业产业结构，推进特色产业转型升级。

是日，固原市隆德县、泾源县、彭阳县被国家信访局通报表扬并授予2019年度全国信访工作“三无”县荣誉称号。

3日，中共固原市第四届纪律检查委员会召开第五次全体会议。会议书面传达学习十九届中央纪委四次全会和自治区纪委十二届四次全会精神。市委常委、纪委书记、监委主任纳冰代表市纪委常委会作题为《坚守初心使命 忠诚履职尽责为决胜脱贫攻坚全面建成小康社会提供坚强保障》的工作报告，会议还部署了2020年纪检监察工作的主要任务。

是日，固原市委、市政府召开援鄂医疗队凯旋座谈会，迎接援湖北第一批医疗队15名医务人员平安归来，并对他们的辛勤付出表示感谢。

是日，六盘山国家森林公园正式恢复开放。并出台措施为全国（含港澳台地区）医护人员、公安干警、现退役军人免除门票。

3—8日，固原市举办“第十六届宁夏六盘山山花节暨‘梯田花海 魅力彭阳’网络山花节”，50万亩山花竞相开放，花开满屏，游客足不出户便可赏山花。

7日，固原市人大常委会党组书记、主任罗永红主持召开市人大常委会党组（扩大）会议。会议学习中共中央办公厅关于印发《党委（党组）落实全面从严治党主体责任规定》的通知；传达学习中央、自治区纪委全会精神及市纪委四届五次全会精神，研究《市人大机关2020年党风廉政建设和反腐败工作安排》。

7—10日，固原市人大常委会对贯彻实施《中华人民共和国传染病防治法》《中华人民共和国野生动物保护法》和《宁夏回族自治区人大常委会关于防控新型冠状病毒性肺炎疫情 坚决打赢疫情防控阻击战的决定》情况进行执法检查。

8日，固原市召开援湖北医疗队凯旋第二次座谈会，为第三批19名援湖北医疗队队员表示热烈欢迎和崇高敬意。

是日，固原市启动“凝聚青春力量 决战脱贫攻坚”志愿服务活动。

9日，固原市召开2020年食品安全工作会议。会议贯彻落实中央和自治区关于食品安全工作的决策部署，总结食品安全工作，部署相关工作。

10日，福建省副省长郑建闽到西吉县闽宁产业示范园、宁夏泽艾堂生物科技有限公司、吉强镇水岔村等地，实地调研企业复工复产、艾草产业发展及经营规划、脱贫攻坚等情况。

是日，固原市城管局、固原市公安局原州区分局、原州区综合执法局等8家单位联合开展市区文化巷乱点整治。

11日，固原市启动须弥山石窟壁画修复保护工作。须弥山文管所争取国家文物局专项资金220万元，计划对窟中185.47平方米的壁画进行抢救性保护，为清代以来数百年间首次对石窟壁画进行修复保护。

13日，自治区爱卫办调研组到固原调研创卫工作并召开反馈会。

14日，固原市党的建设领导小组召开2020年第一次会议。会议传达学习习近平总书记关于全面从严治党的重要论述，全面落实自治区党的建设领导小组2020年第一次会议精神，听取全市党建工作情况汇报，研究部署2020年党建工作。审议《固原市党的建设领导小组2020年工作要点》等文件。

是日，固原市扫黑除恶专项斗争领导小组召开2020年第一次会议。会议贯彻习近平总书记关于扫黑除恶专项斗争重要指示批示精神，全面落实全国、全区扫黑除恶专项斗争有关会议精神，审议《全市扫黑除恶专项斗争2020年重点任务及分工方案》《固原市扫黑除恶专项斗争长效机制建设方案》《固原市扫黑除恶专项斗争领导小组关于2020年督导工作安排的通知》，安排部署疫情防控常态化下全市扫黑除恶专项斗争工作。

是日，固原市召开四届市委第九轮巡察工作启动会。会议学习贯彻习近平新时代中国特色社会主义思想和中共十九大、十九届四中全会精神，全面落实中央和区、市党委关于巡视巡察工作的新部署、新要求，安排部署四届市委第九轮巡察工作任务。

15日，中国商飞公司党委副书记、董事长谭万庚到固原市西吉县调研脱贫攻坚工作。谭万庚走访了西吉县将台堡镇火家沟村和韩塬村、宁夏源升服饰有限公司、县文学馆等地,了解定点帮扶项目的实施情况,并与西吉县签署了2020年扶贫框架协议。

是日,固原市召开政银企农融资对接暨金融扶贫会。会议了解企业融资需求、主要困难,摸清症结、解决困难,并开展融资服务、金融扶贫和金融风险防控、复工复产等工作。

是日,固原市举办"4·15"全民国家安全教育日警示教育活动。活动听取国家安全工作现场宣讲,观看国家安全警示教育宣传视频,并召开警示教育会。

16日,固原市召开扶贫开发领导小组会议。会议传达学习中共中央政治局常委、全国政协主席汪洋在脱贫攻坚约谈会议上的讲话精神,中办、国办脱贫攻坚成效考核情况通报精神,国务院扶贫开发领导小组脱贫攻坚成效考核和专项巡视"回头看"发现问题整改工作会议精神。听取全市脱贫攻坚"四查四补"情况汇报,审议全市开展脱贫攻坚督导工作方案。

17日,固原市政协召开2020年民主监督员工作会议。会议安排部署2020年民主监督员工作,各民主监督小组围绕2019年工作开展情况及2020年工作计划进行交流发言。

是日,中国国家铁路集团有限公司董事、党组副书记甄忠义带领调研组到固原市原州区开城镇柯庄村养鸡扶贫车间、肉牛养殖园区、彭堡镇姚磨村调研国铁集团公司帮扶项目建设、带贫机制及"铁路扶贫+龙头企业+村集体经济+贫困户"帮扶模式运行等情况。

是日,重庆大学产业技术研究院功能马铃薯研究中心固原工作站正式成立,固原市天启薯业与重庆大学产业技术研究院签订"重庆大学产研院功能马铃薯研究中心固原工作站"框架协议。

是日,新时代文明实践志愿者活动日启动仪式在固原市隆德县城关镇竹林社区举行。活动共组织300余名志愿者开展环境卫生整治、义务植树、义诊等各项志愿服务。

是日,宁夏农科院固原分院在原州区中河乡曹河村举办2020年宁夏科技扶贫青贮加工与肉牛养殖技术现场培训会。来自西吉县平峰镇李营村的46名养殖户进行了现场观摩学习。

18日,宁夏大学科技扶贫团分别到原州区寨科乡马渠村、大台村和湾掌村3个深度贫困村开展科技扶贫工作,发放扶贫物资。

20日,固原市组织市委、人大、政府、政协领导班子成员和法院院长、检察院检察长,到自治区廉政警示教育中心接受警示教育。

21日,固原市市场监管局召开2019年知识产权补助专项资金发放暨固原市知识产权试点单位工作座谈会。会议评定宁夏西北药材科技有限公司、宁夏明德中药饮片有限公司等6家企业为全市首批知识产权试点单位,并签订任务合同。

22日,固原市原州区开城镇和泉村、张易镇大店村,彭阳县城阳乡杨坪村等15个乡村入选第二批国家森林乡村。

是日,固原市召开青年讲师团2020年理论宣讲启动会。讲师团按照党的创新理论、党史国史团史、党的惠民政策、青年榜样故事、固原发展历程、战"疫"先进事例6个课题备课,通过宣讲增强全市广大团员青年打赢疫情防控阻击战和脱贫攻坚战的信心。

是日,固原市兑付疫情防控一线人员补助金69.76万元。

23日,固原市人民政府与宁夏旅游投资集团签订《固原市与宁夏旅游投资集团文化旅游产业战略合作框架协议》和《托管合作协议》。根据《托管合作协议》,六盘山旅游集团及其资产整体移交宁夏旅游投资集团经营、管理,托管期10年。

是日,固原市西吉县文化市场综合执法大队开展2020年度春季文化市场"护苗"专项整治行动,维护未成年人合法权益,营造健康良好的社会文化环境。

是日,"书香助力战'疫'阅读通达未来"等系列"世界读书日"活动在固原市西吉县图书馆举办,图书馆依托移动图书馆和免费开放数字资源,推出网上文雅慕课、网络微展等,将公共文化服务阵地从"线下"转到"线上",充实疫情期间读者的精神文化生活。

23—25日,自治区党委书记、人大常委会主任陈润儿到西吉县督战脱贫攻坚工作,在泾源县、彭阳县调研生态建设和扶贫产业发展情况。

24日,固原市召开原州区中河乡硝口村挂牌督战协调会暨原州区非公企业助力脱贫攻坚座谈会。10家非公企业现场捐助12万元和12辆三轮环卫电动车,并提出捐资助学、产业扶持、提供就业岗位、人居环境改善等方面的帮扶措施。

是日,宁夏西北药材科技有限公司、宁夏明德中药饮片有限公司、宁夏隆德人造花工艺有限公司、西吉县勇兴三粉加工有限公司、宁夏新汇德工贸有限公司、固原小丘山庄生态旅游有限公司6家企业获评固原市首批知识产权试点单位。

是日,自治区财政厅、住房和城乡建设厅组织开展2020年自治区城镇污水处理提质增效项目补助资金竞争性评审工作,固原市城镇污水处理提质增效项目在全区14个项目中获得第二名。

是日,宁夏老区建设促进会首场"消费扶贫 精准帮销 直播带货"活动在宁夏碧蜂源蜂产业有限公司开展,邀请快手网红以直播带货的方式,帮助蜂农销售产品。

24—25日,自治区党委书记、人大常委会主任陈润儿到泾源县、彭阳县调研六盘山区域生态环境。强调要坚决贯彻落实习近平生态文明思想,牢固树立"绿水青山就是金山银山"的理念,保护六盘山生态屏障,守好生态环境生命线。

25日,由共青团固原市委员会、固原市青年联合会主办,共青团彭阳县委员会协办的第三届"青春有约 缘聚固原"单身青年交友联谊活动在彭阳县城雷泽公园举办。

27日,固原市召开统战部长会议。会议总结回顾了2019年全市统战工作,安排部署了2020年的工作任务。

是日,固原市召开2020年全市道路交通安全管理工作电视电话会议。会议贯彻落实了自治区道路交通安全管理工作电视电话会议精神,总结了2019年全市道路交通安全工作,安排部署了2020年全市道路交通安全工作。

28日,固原市召开应对新冠肺炎疫情工作指挥部第十二次会议。会议书面传达学习中央全面深化改革委员会第十三次会议精神、中共中央政治局常务委员会会议精神、中央应对新冠肺炎疫情工作领导小组会议精神,自治区应对新冠肺炎疫情工作指挥部第十次、第十一次会议精神,审议《关于健全常态化疫情防控机制保持正常生产生活秩序促进经济社会稳定运行的通知》,研究关于举办2020"五一"房车展等有关事宜。

是日,自治区党委常委、市委书记张柱,自治区副主席、市长马汉成察看市区"三馆一中心"、青少年示范性综合实践基地等重点场馆建设情况。

是日,"激发消费活力 促进消费回补"——"五一"消费促进活动在固原市新华百货广场启动。活动引导消费回流,拉动社会消费品零售总额回升。

29日,固原市召开文化旅游行业"五一"疫情防控暨安全生产工作部署会议,会议通报"五一"长假前疫情防控和安全生产工作督查检查情况,安排部署节假日期间相关工作。

是日,固原市彭阳县召开2020年民兵应急连组织整顿点验大会。会议通过集中点验,提升基干民兵队伍应急应战能力和支援保障能力。

是日,民盟固原市委会"盟员之家"揭牌仪式在固原六盘珍坊公司举行。自治区政协副秘书长、民盟宁夏区委会专职副主委田桦出席揭牌仪式。

30日,在全区庆祝"五四"青年节暨表彰大会上,固原市9个先进集体和28名优秀个人荣获自治区团委表彰。

是日,固原市召开创建国家卫生城市业务培训班,学习掌握《国家卫生城市标准》,对标提升全市创建国家卫生城市整体水平。

是月,共青团固原市委员会在全市范围内开展"凝聚青春力量 决战脱贫攻坚"志愿服务活动。

是月,固原市人民医院神经外科团队成功为一名右侧后交通动脉瘤支架辅助栓塞术后复发患者完成颅内复杂动脉瘤血流导向装置植入手术,为固原市首例采用该术式治疗的病例。

5月

2日,自治区文化和旅游厅督导组到须弥山石窟、火石寨、龙王坝等景区督导调研固原市景区疫情防控工作。

6日,宁夏金田阳光城在市区西兰银物流园举行揭牌仪式。项目建成后,预计提供3万多个就业岗位,拉动全市经济发展。

是日,固原市第六中学吴亚茹等4名学生获第十四届宋庆龄奖学金。

7日,固原市召开创建国家卫生城市转段动员会。会议观看全国爱卫办暗访专题片,书面通报全国爱卫办暗访报告,并安排迎接全国爱卫办技术评估工作。

是日,自治区文旅厅调研组到隆德县老巷子景区、六盘山红军长征纪念馆等地调研文化旅游工作。

是日,固原市卫生健康委员会发布《关于做好2020年春季学期学生返校复课有关工作的通知》。通知指出,宁夏高等学校和区属中等职业学校经评估合格,5月8日后学生错时、错域、错峰、安全、有序返校。

是日,两辆满载50吨苹果的卡车从西兰银物流园发往青岛港口,并经由海运抵达孟加拉国。该订单是固原市2020年首批农产品对外贸易订单。

8日,固原市委农村工作领导小组和市生态建设领导小组召开会议。会议传达学习《中国共产党农村工作条例》,审议《固原市三个示范区建设实施方案》等相关文件,通报全市农业农村、"四个一"林草产业、沿旅游环线示范点建设等工作落实情况,安排部署农业农村、生态建设、乡村旅游等重点工作。

是日,共青团固原市委员会召开各界青年学习贯彻习近平总书记"五四"寄语座谈会,传达学习习近平总书记"五四"寄语和团中央常委(扩大)会议精神、全区庆祝"五四"青年节暨表彰大会精神等相关会议精神。

是日,民航西北地区管理局党委书记梁世杰到固原市调研脱贫攻坚、民航事业发展等基本情况。

是日,由中科同创网络科技股份有限公司与宁夏善易购农业科技发展有限公司合作创建的中国消费扶贫生活馆(宁夏馆)项目到固原市开展消费扶贫企业招商活动。

是日,国务院办公厅发布通报对2019年落实有关重大政策措施真抓实干、取得明显成效的地方予以督查激励。隆德县河湖长制工作被表扬。

9日,固原市召开双拥领导小组会议暨退役军人服务保障体系建设推进会。会议传达自治区双拥工作领导小组会议暨退役军人服务保障体系建设推进会议精神,介绍《固原市退役军人公共服务优待办法(试行)》有关内容及任务分工,通报全市退役军人服务保障体系建设督查"回头看"情况,各县区和市教育体育局有关负责人围绕双拥工作和退役军人服务机构建设等进行交流发言。

9—12日,"决战西海固——脱贫攻坚看宁夏"主题采访活动首站走进固原。《人民日报》、新华社、《光明日报》等11家中央驻宁媒体和自治区主要媒体记者大力宣传固原市脱贫攻坚亮点工作,为全市脱贫攻坚营造良好氛围。

11日,固原市召开市委财经委员会第四次会议。会议传达学习中央财经委员会第六次会议精神,审议《固原市国土空间总体规划编制工作方案》等相关文件,听取2020年全市重点水利项目情况汇报。审定《中共固原市委财经委员会2020年工作要点》《固原市财政性资金规范管理暂行办法》和《关于拟安排重大项目资金的请示》。

是日,固原市召开市委审计委员会第三次会议,会议传达学习习近平总书记对审计工作重要指示精神、全国审计工作会议以及自治区党委审计委员会第四次会议精神,安排部署2020年全市审计工作。会议还审议了《2020年审计项目计划》。

是日,固原市初二、高二年级1.1万余名学生正式返校复课。

是日,固原市西吉县人民政府与宁夏水务投资集团签订农村水务一体化合作协议,深化水务合作,扩大水务一体化成果,协议覆盖285个村,30多万人受益。

11—13日,全国政协委员、自治区政协副主席洪洋带领调研组到固原市调研"长城、长征国家文化公园建设"情况并召开座谈会。

12日,固原市召开纪念国际护士节座谈会。会议宣读自治区卫健委《致全区卫生健康战线广大护士的一封信》,部分医护代表作表态发言。

是日,固原市地震局联合固原地震台、固原蓝天救援队和固原仡仡软件公司举行2020年"防灾减灾日"地震演练。

是日,固原市应急管理指挥部在市区新时代购物广场举行以"提升基层应急能力 筑牢防灾减灾救灾的人民防线"为主题的防灾减灾消防宣传活动。

是日,固原市召开文化旅游系统文明行业创建动员部署会议。会议安排部署全市创建工作。

是日,固原市正式启动向阳花青少年成长驿站,由市团委负责运营。启动会现场向具备法律学、心理学等方面专业知识的12名"关爱大使"颁发聘书,为青少年免费提供倾听心声、法律服务、心理疏导、困难救助、犯罪预防等公益服务。

13日,2020年第1次民族工作联席会议暨民族团结进步创建活动领导小组会议在固原市召开。会议听取关于对西吉县、隆德县创建民族团结进步示范县初验工作情况汇报,审议《关于全面深入持久开展民族团结进步创建工作铸牢中华民族共同体意识的实施方案》和第六批全市民族团结进步创建活动示范单位拟命名名单。

14日,固原市规划委员会召开第二十三次会议。会议审定原州区文化馆和图书馆设计方案,原州区第二十、第二十一、第二十二小学设计方案及原州区第十一、第十二幼儿园设计方案等事宜。

15日,固原市召开中国共产党固原市第四届委员会第七次全体会议。全会认真学习贯彻了自治区党委十二届十次全会精神,审议通过《中共固原市委员会关于贯彻落实自治区党委〈完善基层治理体系提高基层治理能力的若干意见〉的意见》,讨论《固原市决战脱贫攻坚决胜全面建成小康社会考核办法》《固原市高质量发展综合绩效考核办法》。

是日,固原市公安局交警分局举行"一盔一带"安全守护行动启动仪式,警企联动劝导外卖骑手佩戴安全头盔。

是日,固原市司法局在原州区彭堡镇司法所举行律师参与乡村公共法律服务体系试点建设启动仪式。全市累计建立司法所示范点5个,为群众普及法律知识,开展公益性法律及咨询、辩护等法律服务。

16日,全国民族团结进步教育基地挂牌仪式在西吉县将台堡红军长征会师纪念园举行。

是日,国网固原供电公司顺利完成110千伏中河变516中河线不停电迁改作业。为宁夏首次成功开展不停电线路迁改作业。

18日,固原博物馆通过快手、抖音等平台展播馆藏精品文物,迎接国际博物馆日。

19日,自治区党委常委、市委书记张柱审定固原市脱贫攻坚成就展有关工作,宁夏社科联、固原市地方志研究室负责人员受邀参加审定。

是日,第十届西吉火石寨丁香花节开幕。活动首次通过网络直播的方式,吸引超过116万名粉丝线上参观、游览景区。

是日,固原市成立见义勇为协会,为区域性的公益性社会团体。

19—21日,自治区副主席赖蛟带领文化旅游厅、商务厅负责人到固原调研文化旅游、商务等工作。

20日,西吉县第一小学联合河南省实验小学举行协同共建云上签约暨捐赠仪式。河南省实验小学为西吉县第一小学捐助信息化教学设备，并从硬件、软件及师资培训等方面进行全方位共建。

20—21日，自治区政协副主席郭虎带领调研组到固原调研创新素养教育评价体系建设工作并召开座谈会。

21日，宁夏交通运输综合执法监督局固原分局以“防疫情 守安全 保畅通 优服务”为主题，在市区人民广场、高速路口等地，开展形式多样的路政宣传月活动。

是日，固原市隆德县入选“2020中国百佳富氧县市”榜单。

是日，固原市彭阳县被中国发展研究基金会评为“2019年度全国阳光校餐示范县”。

22日，自治区党委常委、市委书记张柱在西吉县慰问民族团结进步先进个人和脱贫攻坚光荣户代表，向全市回族群众表达开斋节的美好祝愿。

是日，全国人大代表、自治区副主席、市长马汉成做客直通北京，就“缩小东西部间的差距对于西部大开发的意义是什么”“产业协作如何在闽宁对口扶贫协作中发挥重要作用”进行作答。

是日，固原市委党校（市行政学院）与国网宁夏电力有限公司党校签署交流合作框架协议并举行现场教学基地揭牌仪式。

是日，固原市第一小学联合广州华南师范大学教授穆肃团队共同开展网络教育培训和研讨。固原一小及其他学校教师1535人次参与培训。

是日，首届志愿服务项目暨青年社会组织公益创投大赛在固原市举行。复旦大学研究生支教团“西部学子励志游学”专项计划、宁南爱心公益社传播传统文化等项目入选“十佳项目”名单。

27日，固原市区2020年老旧小区改造项目集中开工暨第一次推进会召开。市区55个老旧小区被纳入2020年集中改造范围，涉及133栋楼、4127户居民、35.44万平方米，概算投资1.99亿元。

28日，自治区党委常委、市委书记张柱会见到固原考察的中国林业产业联合会副会长封加平、中国化学建设投资集团副总经理辛登高等林业产业专家和企业领导，就开展林业产业合作等内容进行交流。

是日，宁南区域中心市场建设暨冷凉蔬菜百店惠民直供直销启动仪式在固原市嘉泰农副产品批发市场举行。项目着力解决群众买菜贵的问题。

是日，固原市召开工程建设项目审批制度改革领导小组2020年第一次会议。会议总结、回顾了全市工改工作进展及成效，审定了2020年工作要点及相关制度文件。

是日，固原市召开2020年城市安全和排水防涝工作会议。会议总结2019年度市区排水防涝工作情况，安排部署2020年工作。

是日，固原市检察院召开落实最高人民检察院“一号检察建议”新闻发布会，通报固原检察机关落实最高人民检察院“一号检察建议”工作有关情况，并发布典型案例。

是日，固原市科协举办“全国科技工作者日”活动。活动邀请心理健康讲师，为科技工作者讲解健康知识，促进良好生活方式和健康行为的养成。

29日，固原市政务网正式发布《六盘山片区中卫—平凉—庆阳铁路环境影响评价信息第一次公示》，标志着该项目进入初步设计阶段。

是日，宁夏师范学院科技扶贫指导员团队、宁夏农林科学院固原分院研究员程炳文、固原市人民医院主任医师屈文慧、隆德县凤岭畜牧兽医工作站高级兽医师陈解入围第二届“宁夏创新争先奖”获奖名单。

是日，自治区党委常委、市委书记张柱督察全市创建国家卫生城市工作。

是日，固原市委组织部就全市党员干部在脱贫攻坚中做到“五带头一展现”发出倡议书，确保如期打赢脱贫攻坚战。

30日，马振文书法作品展暨群鸿书法院开院仪式在原州区群鸿书院举行。

是月，北方民族大学生命科学与工程学院团队在六盘山发现百年橡树群。

是月，固原市开展以“消防第一课 我来学消防”为主题的消防宣传教育进校园活动。

6月

1日，固原市交警联合市、县两级教育部门，在全市范围内各小学开展“知危险 会避险”2020年“六一”线上交通安全体验课活动。

是日，固原市职工活动中心开馆。

是日，基层健康服务智能云平台启动仪式在原州区卫健局举行。微医集团向原州区移交8辆云巡诊车，标志着“互联网+医疗健康”模式落户原州区。

1—2日，中国商飞公司党委书记、董事长贺东风到固原市西吉县调研脱贫攻坚工作并召开定点帮扶工作推进会。

2日，由固原市政府主办，中国人民银行固原市中心支行、市商务和投资促进局、中国银联宁夏分公司承办的“重振引擎 助商惠民 嗨翻固原”消费惠民活动在市区新时代购物中心举行。通过惠民消费券和千余万元优惠折扣券同发激活消费市场。

3日，固原市召开脱贫攻坚普查领导小组第一次会议暨脱贫攻坚普查工作动员会。会议深入学习贯彻习近平总书记关于脱贫攻坚重要指示精神、自治区脱贫攻坚普查专题会议精神和市委第十二次常委会

(扩大)会议精神,安排部署全市脱贫攻坚普查各项工作。

4日,固原市举办市直机关党组织“我来讲”——理论政策业务学习研讨第一期集中展示交流活动。活动组织基层党员登上讲台分享党建经验。

5日,教育部党组书记、部长陈宝生一行到固原市西吉县将台堡镇西坪小学、将台堡镇中心幼儿园等学校进行实地调研,走访劝返复学学生家庭,并召开座谈会。

5—7日,福建省莆田市湄洲湾职业技术学院负责人随考察团到西吉县开展职业教育调研交流,并与西吉县教体局负责人签订合作办学协议。

8日,固原市委理论学习中心组(扩大)学习会传达学习全国两会精神。

是日,由中国社会福利基金会暖流计划公益基金会捐建的“暖流教室”在西吉县西滩小学建成并举行揭牌开班仪式。该教室是暖流计划公益基金会在宁夏建成的第一个“暖流教室”。

9日,全市生态建设及“四个一”工程现场推进会在彭阳县举行。自治区党委常委、市委书记张柱,自治区副主席、市长马汉成参加活动。

是日,固原市2020年“文化和自然遗产日”宣传展示系列活动在市区东岳山文化广场举办。活动以“‘非遗’传承 健康生活”和“文物赋彩 全面小康”为主题,重点围绕传统技艺、传统医药、传统餐饮类“非遗”项目及固原文物参观等内容进行展示。

10日,固原市召开扶贫领域腐败和作风问题专项治理纪委书记例会暨部门联席会议。会议安排部署全市开展集中整治扶贫领域腐败和作风问题专项行动。

是日,固原市安委办制定《2020年全市“安全生产月”和“安全生产万里行”活动方案》,线上线下互动开展“安全生产月”活动。

是日,原州区人民政府与宁夏六盘山水务有限公司签订农村供水一体化合作协议,标志着原州区农村供水一体化建设项目正式进入实施阶段。

11日,固原市发布《固原市区发展“地摊经济”实施方案》。方案通过科学合理设置摊位、“一摊一证”管理服务、严格落实“门前三包”、建立安全防护机制4项举措保障地摊经济平稳有序发展。

是日,固原市律师行业新的社会阶层人士统战工作实践创新基地挂牌成立。

是日,固原市科技局、宁夏中药材产业协会等相关负责人拜访中华中医药学会和中国工程院院士、天津中医药大学校长张伯礼,为固原中药材产业高质量发展“求医问药”。

是日,固原市团委联合西吉县团委、西吉县汇农电子商务有限公司,在西吉县新营乡电商运营中心举办以“固”有佳品 抱“团”助农为主题的公益助农直播活动。

12日,固原市委组织部召开2019年赴闽挂职干部总结座谈会。

是日,固原经济开发区工会第一次代表大会召开,固原经济开发区总工会同时成立。

是日,团委固原市委员会在固原市第八中学启动“阳光照心间 健康伴成长”心理健康进校园活动,并开展第一场心理健康讲座,缓解返校复学后中小学师生的心理压力。

13日,固原市召开创建国家公共文化服务体系示范区工作推进会。

13—14日,中宣部举办“走向我们的小康生活”主题采访报道活动走进固原。

14—17日,福建省妇联党组书记、主席徐姗娜一行到固原市考察,并召开闽宁妇联互学互助对口扶贫合作交流座谈会。会议签订了《2020年闽宁妇联互学互助对口扶贫合作交流协议书》。

15日,自治区党委常委、市委书记张柱主持召开市委网络安全和信息化委员会第二次会议。会议传达学习中央和自治区有关会议精神,研究部署全市2020年网信工作。听取2019年全市网信工作情况汇报,审议《2020年全市网信工作要点》和相关文件。

16—17日,自治区政协副主席马力带领调研组到泾源县大湾乡杨岭村、泾河源镇冶家村、兴盛乡新旗村和隆德县城关镇红崖社区、人造花工艺有限公司、杨河乡串河村等地,就如何全面深入持久推进全区民族团结进步创建工作进行专题调研。

是日,自治区政协副主席李彦凯带领调研组到固原市,就全市各级政协工作和生态建设、农业产业化发展情况等进行调研,与市县(区)政协主席围绕政协委员界别优化设置等问题进行交流与探讨。

17日,“中国移动爱‘心’行动”——贫困先心病儿童救助计划宁夏三期项目西吉县回访筛查活动在西吉县震湖乡蒙集村启动。

18日,固原市召开应对新冠肺炎疫情工作指挥部第十三次会议。会议传达学习习近平总书记在宁夏视察期间关于疫情防控重要讲话精神、习近平总书记在专家学者座谈会上的重要讲话精神、中央应对疫情工作领导小组会议精神、国务院联防联控机制会议精神和国务院联防联控机制、自治区应对新冠肺炎疫情工作指挥部有关文件精神,听取市应对新冠肺炎疫情工作指挥部办公室工作汇报。

是日,固原市扶贫开发领导小组召开2020年第三次会议,学习宣传贯彻习近平总书记视察宁夏重要讲话精神,传达全区脱贫攻坚重点工作推进会精神,听取五县(区)“四查四补”、挂牌督战、反馈问题整改、脱贫攻坚普查准备等重点工作汇报,研究并通过西吉县剩余100个贫困村脱贫出列事宜。

19日,固原市委、市政府在隆德县举行全市扶持发展壮大集体经济现场观摩推进会。自治区党委组织部、农业农村厅业务处室相关负责人受邀参会。

19—20日,自治区小麦育种专项团队到原州区中河乡、彭阳县玉洼村区农科院固原分院冬小麦试验示范基地、彭阳县长城塬等国家和自治区冬小麦区域试验示范基地进行观摩交流和技术指导。

20—21日,自治区爱卫办有关领导带领自治区创卫专家,现场督导、评估固原市创建国家卫生城市工作进展情况并召开反馈会。

22日,固原市人民政府与西藏宝弘农牧科技有限公司签订产业园项目。项目概算投资2.5亿元至3亿元,建设期限两年。

23日,自治区副主席、市长马汉成一行先后到头营镇大疙瘩村、马庄村和大北山村以及寨科乡湾掌村肉牛养殖园区,实地调研督战脱贫攻坚挂牌督战及开展“四查四补”、产业扶贫等重点工作进展情况。听取原州区开展“四查四补”及2019年脱贫攻坚成效考核反馈问题整改情况汇报。

是日,市委“担当新使命、展现新作为”学习实践活动领导小组召开工作推进会。会议学习贯彻习近平总书记视察宁夏重要讲话精神,听取学习实践活动工作开展情况汇报。

24日,自治区副主席、市长马汉成主持召开市政府贯彻落实习近平总书记视察宁夏重要讲话精神专题会议。会议听取市直有关部门围绕聚焦“六稳”工作、“六保”任务所承担的具体工作职责、工作进展及完成目标采取的措施等情况汇报,市政府各副市长对照《市委、政府2020年重点工作任务落实清单》逐项汇报落实情况,并就贯彻落实习近平总书记视察宁夏重要讲话精神谈工作思路和举措。

是日,固原市召开新冠肺炎疫情常态化和重点传染病防控工作会议,研究新冠肺炎疫情常态化防控、流行性出血热防治、地方病防治专项三年攻坚行动复查复验等工作。

是日,固原市启动整治扶贫领域腐败和作风问题专项行动暨“抵制腐败 共享和谐”警示教育宣传周活动。

是日,原州区“诗书原州”大讲堂系列讲座首场讲座在华祺伯爵饭店开讲。复旦大学中文系教授梁永安作题为“城市化背景下的乡土文学变革”和“文明变迁中的中国青年文化”的讲座。

25日,固原市医保局联合六盘山干部学院,举办全市医疗保障系统2020年服务能力提升集中培训班。

29日,固原市启动2020年公共机构节能宣传周教育系列活动。活动引导干部职工养成绿色低碳的生活和工作方式,引领全社会形成勤俭节约、绿色低碳的浓厚氛围。

是日,固原市举办学习贯彻《中国共产党宣传工作条例》专题培训班。邀请自治区党委讲师团讲师宋丽萍对条例进行深入解读。

是日,固原市隆德县举办“筑梦六盘”新媒体营销大赛直播专场。直播借助抖音、快手及小程序进行直播“带货”,邀请多名网红达人现场直播,助力隆德土特产走向全国。

30日,以“汲取榜样力量 争做文明先锋”为主题的道德讲堂活动在固原市人民检察院举办。活动邀请全国第七届道德模范提名奖获得者孙连忠作先进事迹报告。

是日,固原市人民政府联合国网宁夏电力有限公司举办固原市2020年地震破坏电力线路引发森林草原火灾应急处置联合实战演练。

是日,固原市公安局交警分局法宣大队联合原州区交警二大队在固原体育馆举办出租车行业安全带使用示范引领活动,固雁、荣丰等7家出租车公司的70余名出租车司机代表参加活动。

是月,2020年“全民健身”线上网络视频大赛在固原市举办。市直各体育单项协会、健身俱乐部等组成65支健身队、300多名运动员通过网络视频录像的形式向公众展示体育爱好者的精气神。

是月,固原市启动“防疫有我 爱卫同行”主题的城乡人居环境整治百日攻坚三年行动。行动推进爱国卫生运动,整治城乡人居环境,巩固拓展疫情防控工作成果。

是月,固原市研究制定《全面落实“六保”任务工作方案》,出台23条措施牢牢守住“六保”底线。

是月,固原市启动实施自治区人力资源和社会保障厅、财政厅下发的《关于阶段性实施失业补助政策的通知》要求。陆续为截至12月31日前符合条件的参保失业人员发放失业补助金。

是月,原州区建成“天空地”一体化智能监测系统,实现对14个国有林场的24小时全天候、全方位、立体化、智能化监管。

7月

1日,隆德县六盘山红色书院在城关镇峰台社区新时代文明实践站挂牌。

1—3日,固原市西吉县举办首届扶贫助农直播节,当日农产品销售额为558万元。

2日,“最美风景在固原”——“四个一”林草试验示范工程直播活动在市区西南新区“四个一”林草产业示范园举行。活动当天,在线浏览量达到1000多万人次。

是日，自治区农业农村厅组织农业专家到西吉县马莲乡张堡塬村国家现代农业马铃薯产业技术体系科研成果展示基地进行技术交流指导。

2—3日，自治区副主席杨培君带领自治区教育厅、卫生健康委、宁夏中医医院负责人，到宁夏明德中药饮片有限公司、市中医医院、宁夏师范学院等地调研卫生健康及教育工作并召开座谈会。

3日，固原市委举办全市领导干部专题学习研讨班第一次集中学习研讨会。会议学习贯彻习近平总书记视察宁夏重要讲话精神，贯彻落实自治区领导干部专题研讨班精神。

4日，西夏醇麦·2020“中国好声音”固原赛区启动仪式暨新闻发布会在固原举行。40名选手报名参加当日海选。

5—6日，河南省人大常委会副主任李文慧到原州区、隆德县实地调研水土保持、农村集体经济发展情况。

是日，固原市举办以“决胜小康 快乐康养”为主题的残疾人文化进家庭“五个一”活动，即读一本书、游一次园、参观一次展览、参加一次文化活动、观看一场电影。

5—8日，福建农林大学校长兰思仁与福建省农业科学院副院长余文权带领15名专家教授到固原市调研“四个一”林草产业发展，对接产业技术研究院建设相关工作。

6—7日，自治区党委书记、人大常委会主任陈润儿到固原市西吉县、隆德县督战脱贫攻坚、调研移民搬迁工作。在西吉县主持召开全县乡镇党委书记座谈会，听取西吉县脱贫攻坚情况汇报，4名乡镇党委书记进行发言。

7日，固原市团委举办2020年青年电商集训营培训班。全市待业青年、个体经营者、实体店主、电商创业青年等50余人报名参加培训。

8日，固原市原州区、西吉县、隆德县、彭阳县入选国家第二批革命文物保护利用片区分县名单。

是日，固原市全面开展2020年退休人员基本养老金调整工作。全市5.1万名退休人员受益。

是日，固原经济开发区联合宁夏金凯信置业有限公司在六盘山电商创业园举办2020创业发展论坛。

9日，固原市举办全市领导干部专题学习研讨班第二次集中学习研讨会。会议学习贯彻习近平总书记视察宁夏重要讲话精神。

是日，固原市泾源县泾河源镇冶家村、隆德县温堡乡新庄村、隆德县神林乡辛平村等8个村庄入选全国第二批乡村旅游重点村名单。

10日，自治区党委常委、市委书记、市委统一战线工作领导小组组长张柱主持召开市委统一战线工作领导小组2020年第一次会议。会议学习贯彻习近平总书记视察宁夏重要讲话精神，传达学习自治区党委统一战线工作领导小组会议精神，听取宗教领域突出问题治理情况汇报。

是日，中国商飞公司四川分公司党委书记、副总经理李同军到西吉县将台堡镇开展扶贫帮扶调研暨捐资助学活动，为将台堡镇火家沟村小学捐赠现金1.5万元学习用具。

是日，固原市农村电商公用品牌建设暨“红绿六盘”电商节启动仪式在原州区举行。固原市商务和投资促进局与中石化易捷便利、西藏宝弘农牧等平台签订合作协议，促进固原农村电商公用品牌传播。

是日，宁夏义工联合会秘书长朱静茹带领5个市的工作站站长到原州区参观学习新时代文明实践中心的经验和做法。

是日，平凉市各旅游景区旅游推介活动在固原市举行。活动在天水、庆阳、宝鸡、咸阳、固原等地派送12万张平凉市景区通票电子免费券，总价约3300万元。

10—11日，中国侨联副主席、福建省侨联党组书记、主席陈式海带领福建省侨联闽宁对口协作访问团到固原市开展扶贫项目帮扶捐赠活动，慰问农村困难侨眷，实地考察固原融侨丰霖肉牛生态产业园情况。

11日，自治区党委常委、市委书记张柱在西吉县、隆德县、泾源县调研重点项目建设情况。市领导杨刚等参加调研。

13日，固原市巡察干部集中学习培训班在市委党校多功能厅开班。

13—14日，自治区副主席吴秀章带领自治区政府办公厅、科技厅、国资委相关负责人到隆德县宁夏中药配方颗粒工程技术研究中心、泾源县大湾乡何堡村乡村振兴科技惠民示范点等地调研国资国企改革发展和科技创新工作。

14日，自治区党委常委、市委书记张柱，自治区副主席、市长马汉成在彭阳县、泾源县调研生态建设项目情况。

是日，固原市召开2020年中考备考工作会议。会议听取各县区中考备考工作进展情况，并安排、部署全市备考工作。

是日，固原市应急管理局举办救灾物资使用实操演练。全市62个乡镇、3个街道办分管领导，防灾救灾信息员，各县区应急管理部门分管领导、业务工作人员参加演练。

14—16日，固原市组织部分市直离退休干部到彭阳县实地观摩百里绿色长廊生态建设情况、400毫米降水线造林绿化工程及其他县区经济社会发展重点工作。

15日，固原市委常委会召开以“作风攻坚决战决胜脱贫攻坚”为专题的民主生活会。自治区党委常委、市委书记张柱代表市委常委会作对照检查，并带头作个人对照检查，其他市委常委逐一开展个人对照检查。会议书面通报全市脱贫攻坚工作、全市扶贫领域腐败和作风问题专项治理工作情况。

是日，固原市原州区首部民修村志《蒋口村志》付梓出版。该书重点记录了1949年新中国成立以来，蒋口村人改变贫困落后面貌的奋斗历程。

是日，固原市召开创建国家森林城市启动会。会议解读《固原市创建国家森林城市方案》，相关部门及县区负责人进行表态发言。

是日，须弥山封存38年之久的5处石窟重新向游客开放，分别是54号窟、62号窟、67号窟、69号窟、70号窟。

16日，全国政协副主席、交通运输部党组书记杨传堂到西吉县硝河乡新庄村、偏城乡下堡村艾草扶贫车间、闽宁产业园，就"两不愁三保障"落实和"两通"成果巩固情况、扶贫车间、家门口便民服务站、劳务就业和"交通+产业"发展情况进行调研。自治区党委常委、市委书记张柱，自治区副主席刘可为陪同调研。

是日，自治区党委常委、宣传部部长李金科到泾源县调研学习宣传贯彻习近平总书记视察宁夏重要讲话精神情况。

是日，自治区副主席刘可为调研清水河固原城区段治理情况，了解治理前后变化。

是日，固原市召开离退休干部先进集体和先进个人表彰大会暨情况通报会。会议宣读区、市两级关于表彰离退休干部先进集体和先进个人的决定，并向受表彰的"双先"代表颁奖。

是日，固原市泾源县2020年创建国家公共文化服务体系示范区专场文艺演出在县人民广场举办。

是日，固原市出租车行业2020年集体协商会议在市交通运输综合执法支队召开，这是固原市出租车行业的首次集体协商。

17日，自治区宣讲团到固原市宣讲习近平总书记视察宁夏重要讲话精神，自治区宣讲团成员张廉以"深入学习宣传贯彻习近平总书记视察宁夏重要讲话精神"为主题作宣讲报告。

是日，固原市气象局在2020年自治区气象行业职业技能竞赛中获团体一等奖。

18日，彭阳县在全区2020年无集中供热区域煤改电（清洁取暖）试点示范竞争性评审工作中获得第一名。

19日，民盟宁夏区委会第三届生态研讨会暨建设黄河流域生态保护和高质量发展先行区议政建言会在固原市召开。全国政协委员、民盟中央常委、自治区人大常委、民盟宁夏区委主委冀永强及自治区自然资源厅、水利厅负责人，宁夏社科院及民盟宁夏各市委会、工委、各专门委员会的盟员专家参加会议，市委副书记杨刚出席会议并致辞。

20日，固原市县处级干部学习贯彻习近平总书记视察宁夏重要讲话精神专题培训班在市委党校开班。

是日，固原市举办第七次全国人口普查综合试点业务培训班，安排部署综合试点人口普查工作。

20—21日，"消费扶贫暨助力西吉县脱贫攻坚农校产销对接活动"在西吉县举办。自治区商务厅、发改委、教育厅等相关负责人，吴忠市、固原市、中卫市及辖区商务主管部门负责人200人参加活动。

是日，自治区文旅厅非遗处检查组到固原市跟踪指导创文档案资料整理工作，察看原州区、泾源县部分乡镇文化站整改落实情况。

21日，固原市举办宁夏高血压健康管理项目启动会。会议探索建立基层高血压防治管理有效机制，邀请中国工程院院士、营养与食品安全专家陈君石及其团队就"健康管理在慢病防控中的应用"进行专题讲座。

是日，固原市举办党外人士、市直统战系统干部学习贯彻习近平总书记视察宁夏重要讲话精神专题学习会。

是日，自治区副主席、市长马汉成主持召开市政府专题会议，听取全市汛期自然灾害风险隐患排查情况汇报、全市农村危房危窑改造及住房安全情况汇报。

21—23日，自治区政协副主席冯志强带领4个调研小组到固原市围绕"加强健康宁夏建设 提高人民健康水平"课题中的"全方位干预健康影响因素"子课题开展三级联动调研。

22日，人民网党性教育六盘山基地在六盘山干部学院正式挂牌成立，人民网"党建创新课程体系"全国招生正式启动。人民日报社副总编辑许正中，自治区党委常委、市委书记张柱分别在北京和固原两地通过视频连线的形式出席挂牌仪式。

是日，水利部副部长陆桂华带领调研组到彭阳县白阳镇大沟湾流域、城阳乡刘河村、红河镇柴沟"四个一"林草产业基地，茹河河道白阳镇段、彭阳县农村人饮调度中心等地，就黄河流域生态保护和水土保持工作进行调研。

是日，固原市市场监督管理局食品安全监督所举办市区大中型餐饮服务单位食品安全暨创卫工作培训班。市区各餐饮单位负责人、库管、厨师长及部分从业人员参加培训。

是日，原州区举行人居环境整治垃圾转运车辆发放仪式，为原州区公路管理段和11个乡镇配备垃圾转运车140辆。

22—23日，自治区第三方测评工作组在西吉县对第十批全区民族团结进步示范区及示范单位开展测评。

23日，人民日报社宁夏分社党支部联合西吉县西滩乡林家沟村党支部开展"担当新使命 展现新作为”主题党日活动。

24—25日,自治区党委副书记、自治区主席咸辉到固原市调研脱贫攻坚工作。

24日,《国家相册》第三季第十二集《告别隐没地》,通过影像图片讲述西海固地区生态移民搬迁前后的变化。

25日,自治区党委常委、市委书记张柱,自治区副主席、市长马汉成与中国化学建设投资集团有限公司董事长郑江举行座谈会,双方就加快推动元宝枫、杜仲等高品质林业产业项目落地交换意见,并就产业前景、合作事宜等展开深入交流。

26日,西吉县召开全县决战决胜脱贫攻坚县乡村千名干部大会。会议通报脱贫攻坚各级各类巡视、检查、督查、普查发现的问题。

是日,固原市原州区冷凉蔬菜节在彭堡镇姚磨村举办,现场同时举行“中共中央党校经济学部精准扶贫实验室教学科研基地”揭牌仪式,发布原州区农产品及原州冷凉蔬菜区域公用品牌标识,表彰“原州区2020年冷凉蔬菜十大种植销售能手”,为原州区冷凉蔬菜专家团队授牌并颁发聘请证书。

27日,湖南省政协文教卫体和文史委员会副主任杨湘川带领调研组到西吉县,就“挖掘红色文化资源,丰富精品红色旅游内涵”进行专题调研。

27—28日,原州区举办“才聚六盘 智汇原州”企业家原州行活动。宁夏驻外商协会、固原籍企业家及通过他们牵线搭桥的外地籍企业家、原州区部分企业家代表等百人参加活动。

28日,中央农办、农业农村部在北京召开全国乡村治理中推广运用积分制视频会议。会议充分肯定固原市乡村文明实践积分制“135”模式,自治区党委常委、市委书记张柱在宁夏分会场就“135”模式进行推广交流。

是日,固原市召开政务公开和“互联网+监管”工作推进会。会议通报市本级政务公开试点领域标准指引编制工作和“互联网+监管”应用工作开展情况。

是日,第五届中国创新挑战赛(宁夏)现代生态产业需求专场对接会暨中药材产业发展论坛在固原市举行。论坛帮助企业迅速提升技术实力,推出更贴合市场需求的产品。

28—29日,自治区党委常委、市委书记张柱,自治区副主席、市长马汉成,市政协主席马玉芳等,分别带队开展走访慰问活动,向全市广大回族等少数民族群众送去古尔邦节的祝福。

31日,固原市召开市安委会第三次全体(扩大)会议。会议认真贯彻落实习近平总书记和李克强总理关于安全生产重要指示批示以及全国、全区安全生产电视电话会议精神,安排部署全市第三季度重点工作。

是月,固原市组建学习宣传贯彻习近平总书记视察宁夏重要讲话精神宣讲团,在市直部门(单位)、县直部门(单位)、乡(镇)、村(社区)等地开展集中宣讲活动。

是月,中国邮政固原分公司分别与中通、圆通、申通、韵达、百世、顺丰等9家民营快递企业签订协议,标志着固原市“邮快合作”正式起步。

是月,固原市邮政管理局组织西吉县邮政分公司、韵达、中通3家公司在西吉县将台堡镇7个行政村开展“快递进村”先行试点工作,标志着固原市“快递进村”工程正式拉开帷幕。

8月

4日,固原市召开应对新冠肺炎疫情工作指挥部第14次会议。会议传达国务院联防联控机制7月31日电视电话会议精神和自治区党委书记陈润儿8月2日调研常态化疫情防控工作座谈会精神,通报全国、自治区及固原市疫情防控情况,听取指挥部办公室工作汇报。

是日,大原古建书画院“八一”拥军笔会在固原军分区举行。柴培科、袁希俊、齐国旺等多名书画家挥毫泼墨,为官兵送去书画作品。

6日,固原市举办市直机关党组织“我来讲”——理论政策业务学习研讨第二期基层治理专题集中展示交流活动。

是日,固原博物馆与市文联联合举办“默戏与机趣”——王成国画作品展、“野性西部”——张玉林野生动物摄影展。

7日,固原市委巡察工作领导小组召开四届市委第十轮巡察工作动员部署会。会议学习贯彻习近平总书记关于巡视巡察工作的重要论述和视察宁夏重要讲话精神,贯彻落实全国巡视工作和全区巡视巡察工作会议精神,安排部署四届市委第十轮巡察工作任务。

是日,固原市文明委召开2020年第一次全体会议。会议学习宣传贯彻习近平总书记视察宁夏重要讲话精神,贯彻落实区、市相关会议精神,研究部署全市文明城市创建工作。

是日,中国地质调查局呼和浩特自然资源综合调查中心向固原市人民政府移交原州区土地质量地球化学图集。经调查,原州区有富硒土地资源10.9万亩。

是日,2020年中国流动科技馆宁夏固原巡展在固原市青少年示范性综合实践基地启动。

8日,中国铁路文工团赴原州区慰问演出暨2020年原州区广场文化惠民演出活动在原州区头营镇杨郎文体广场开幕。

8—9日,固原市举办“军魂杯”乒乓球邀请赛,来自甘宁两省区的12支代表队80余人参赛。

10日,彭阳县第二届梯田节暨

"梯田百合 美丽彭阳"文化旅游节在彭阳县金鸡坪梯田公园开幕。

是日，以"筑梦新时代 唱响幸福歌"为主题的2020脱贫攻坚暨创建国家公共文化服务体系示范区专场文艺晚会在彭阳县举行。

是日，深圳博磊达新能源科技有限公司创始人及董事长王荣安向固原市捐款100万元，用于支持贫困地区教育事业发展。

10—11日，创建国家卫生城市自治区级技术评估组召开反馈会，对固原市创建国家卫生城市进行自治区级技术评估。

是日，由国家监委驻中国商飞监察专员、中国商飞党委常委、纪委书记赵九方带领的调研组一行到西吉县调研对口帮扶工作。

10—12日，聚焦"六稳""六保"暨推动高质量发展集中采访活动走进固原，人民日报社、新华社、《华兴时报》、中卫市传媒集团等11家媒体参观采访。

是日，遇见宁夏第二季网络媒体行活动走进原州区姚磨万亩冷凉蔬菜基地、西吉县火石寨及龙王坝、隆德县老巷子、六盘山红军长征纪念馆等地。来自区内外的30余位媒体记者、网络达人参加活动。

11日，中国共产党固原市第四届委员会第八次全体会议在固原市召开。全会坚持以习近平新时代中国特色社会主义思想为指导，深入学习贯彻习近平总书记视察宁夏重要讲话精神，全面贯彻落实自治区党委十二届十一次全会精神，审议通过《中共固原市委员会关于深入学习贯彻习近平总书记视察宁夏重要讲话精神，全会全面落实自治区党委十二届十一次全会〈决定〉的实施意见》《中共固原市委员会关于建设黄河流域生态保护和高质量发展先行区美丽新固原实施方案》。自治区党委常委、固原市委书记张柱代表常委会讲话。自治区副主席、市委副书记、市长马汉成分析上半年全市经济形势，安排部署下半年经济工作。

11—12日，第四届"中国创翼"创业创新大赛宁夏赛区固原选拔赛在市电商创业孵化园举办。大赛以"创响新时代 共圆中国梦"为主题，分主体赛（创新组和创业组）和扶贫专项赛两个环节。

11—13日，固原市人大常委会举办人大代表履职培训班。学习贯彻习近平总书记视察宁夏重要讲话精神。市人大常委会组成人员、部分市人大代表、各县区人大常委会负责人及部分乡镇人大主席等110人参加培训。市人大常委会主任罗永红参加培训班。

11—16日，宁夏大学新闻传播学院2019级卓越新闻传播人才班的12名宁夏籍学生到原州区、西吉县，开展"脱贫攻坚在行动"主题采访实践活动。

12日，平凉市委领导到固原市对接六盘山片区中卫—平凉—庆阳铁路项目。自治区党委常委、市委书记张柱与甘肃省政协副主席、平凉市委书记郭承录召开座谈会，并展开交流。

13日，自治区党委常委、市委书记张柱，自治区副主席、市长马汉成先后会见到固原市考察的双汇投资发展股份有限公司副总裁万子豪、锐捷网络股份有限公司副总裁黄海滨、阿里巴巴战略发展部大区总经理李瑞华、中国农业发展银行行长助理朱远洋等企业家。

是日，原州区举办第五届全国"万步有约"健走激励大赛，营造全民健走、全民健康的积极氛围。

是日，固原市规划委员会召开第二十四次会议。会议审定丽景城B区项目、华城壹品项目、红宝汉韵苑E区项目、绿洲公馆项目、宁新国际C区项目等设计方案和原州区牛羊定点屠宰场选址方案等事宜。

是日，固原市隆德县桃山水厂入选全国农村供水规范化水厂。

13—14日，固原市举行福建院士专家宁夏行活动。16位院士专家就闽宁协作及科技合作交流、固原市产业技术研究院建设等工作进行考察，听取固原市产业技术研究院建设情况并展开座谈交流。

是日，第三届宁夏巾帼创业创新大赛暨2020年宁夏巾帼家政服务技能竞赛固原赛区初赛在固原市举行。全市23名参赛选手取得决赛资格。

14日，自治区党委常委、市委书记张柱，自治区副主席、市长马汉成会见到固原考察的水发集团有限公司党委书记、董事长王振钦，双方开展交流研讨。

是日，全区肉牛产业发展座谈会在固原市召开。会议专题研究全区肉牛产业发展情况，部署全区肉牛产业发展政策、思路和措施。五县（区）分别就肉牛产业发展情况进行汇报，自治区农业农村厅、扶贫办和固原市代表分别围绕肉牛产业发展进行发言。

是日，固原市启动"宁夏 奔跑"线上线下系列赛暨固原市全民健身跑活动，600余人参加比赛。

是日，自治区副主席、市长马汉成在市区调研海绵城市建设、创建国家卫生城市、旧城改造和"三化"治理工作。

是日，固原市首批冷凉蔬菜、胡麻油、黄牛肉等优质农产品运往西藏，标志着固原市优质农产品供应到西藏群众的餐桌。

15日，宁夏老科协会长王冰，名誉会长戈敢、崔永庆，农业委员会主任高万里，农业委员会副主任李学明等老专家到固原市调研生态产业发展情况并召开座谈会。

是日，固原市全面实行生育保险"一站式"结算模式。参保职工可就近在全市14家分娩定点医疗机构"一站式"完成生育医疗费用报销和生育津贴申领，实现“让数据信息代替群众跑腿”的全新经办模式。

16日，自治区副主席、市长马汉成与到固原市考察的国家开发银行总行党委委员、副行长周学东一行进行座谈交流。

17—22日，原州区人社局在福建省福州市举办原州区基础公共就业服务能力提升专题培训班。原州区各中学及各乡镇劳务站负责人、原州区就业创业中心相关业务人员等33人参加培训。

18日，全国人大常委会执法检查组先后到原州区新时代文明实践中心、市两馆一中心检查全市《中华人民共和国慈善法》贯彻实施工作并召开座谈会。自治区党委常委、市委书记张柱，自治区副主席、市长马汉成陪同调研。

是日，固原市总工会举办“劳动筑梦”全市职工演讲比赛，各县（区）总工会、开发区总工会、各直属基层工会20名职工参加全市决赛。

是日，“2020年宁夏防范邪教宣传月”暨原州区“科技为民 奋斗有我”科普宣传活动在固原市博物馆广场举办。启动会设立科普大篷车车载展品讲解演示环节，激发孩子探索和学习科学的兴趣。

是日，银川至昆明高速公路太阳山开发区至彭阳段正式开工建设。

19日，中共十九届中央委员，全国人大常委会委员、全国人大民族委员会副主任委员，西藏自治区党委副书记、自治区人大常委会主任、党组书记洛桑江村，全国人大民族委员会副主任委员丹珠昂奔带领调研组，到固原市专题调研民族团结进步创建、脱贫攻坚、生态文明建设工作。

是日，中卫市考察团到固原市彭阳县察看生态城市建设、流域综合治理、林草产业发展等情况。

是日，中国诗歌协会会员考察组到原州区考察采风。对原州区创建“中国诗歌之乡”提出要求和建议，并与原州区本土诗人进行交流座谈。

是日，固原市卫健委组织召开庆祝医师节座谈会。市直各医疗机构医师代表屈文慧、徐万忠、韩刚、马晓宁、周凤围绕“弘扬抗疫精神，护佑人民健康”主题，结合自身实际工作进行交流发言。

是日，自治区卫生健康委员会举办2020年中国医师节庆祝活动，通报表扬优秀医务工作者。固原市人民医院徐万忠等12名优秀医务工作者获得表彰。

20日，第九届中国创新创业大赛（宁夏赛区）暨“中国银行杯”第五届宁夏创新创业大赛复赛在固原举行。自治区副主席、市长马汉成与中国银行宁夏分行党委书记、行长王仁堂一行就推动政银企合作进行座谈交流。

是日，固原市市场监管局召开“阳光药店”创建工作推进会，标志着固原“阳光药店”工程建设工作全面启动。

21日，自治区党委常委、市委书记张柱会见到固原考察的广东省中山市华人礼服有限公司董事长陈文铸，双方就深化合作开展交流。

是日，固原市召开创建国家卫生城市技术评估重点工作落实会议。会议安排部署创建国家卫生城市宣传、自治区反馈问题整改、技术评估样本点的确定、创卫等11个自评报告撰写工作。

是日，固原市人民政府举办《中华人民共和国民法典》专题讲座。市政府党组成员及厅级领导，市政府部门、直属事业单位、市属国有企业等主要负责人听取讲座。

是日，固原市交通运输局举办首期全市交通运输综合行政执法人员培训班，邀请交通部交通干部管理学院张柱庭等专家进行授课。

24日，央视《焦点访谈》专题报道泾源县大湾乡杨岭村产业脱贫故事。

是日，固原市召开2020年冬季供暖协调会。会议听取相关部门2020年冬季供暖准备情况，分析存在的问题及原因，提出相应工作建议。

是日，固原市启动科技活动周活动。活动引导市民树立“学科学、爱科学、讲科学、用科学”的良好风尚，提升全民科学素质。

24—25日，自治区政协副主席王紫云带领自治区十三届政协委员观摩团到固原市就脱贫攻坚、生态建设、产业发展等工作进行观摩并座谈交流。自治区党委常委、市委书记张柱，市政协主席马玉芳参加座谈。

25日，固原市第三届青年创新创业大赛决赛落幕。大赛涉及生态农业、文化旅游、软件开发、新兴产业等领域的24个项目。

26日，自治区党委常委、市委书记、市委审计委员会主任张柱主持召开市委审计委员会第四次会议。会议学习贯彻习近平总书记关于审计工作重要讲话精神，研究审议《2019年度市本级预算执行和其他财政收支情况的审计工作报告》。自治区副主席、市长马汉成，市领导李志达参加会议。

是日，自治区草地贪夜蛾等秋粮作物重大病虫害防控现场会在固原市召开。来自全区各市、县区农技推广部门的90多人到原州区中河乡丰堡村马铃薯、玉米种植基地，现场观察病虫对农作物的破坏情况，安排部署防控工作。

是日，固原市召开公共机构节能暨生活垃圾分类工作推进会。会议贯彻落实习近平总书记视察宁夏重要讲话精神和关于垃圾分类工作重要指示批示精神。

是日，固原市离退休干部工作者暨党支部书记培训班开班，市直分管离退休干部负责人、党支部书记、党建工作联络员，各县区离退休干部党工委专职副书记、党建工作者、党支部书记代表等近200人参加培训学习。

是日，华为2020年“数字政府展车中国行”巡展活动在固原市举行。市审批服务管理局、市应急管理局、中国移动固原分公司等多家单位和企业代表参观巡展。

26—27日，自治区党委常委、市委书记张柱在泾源县兴盛乡黑果花楸种植基地、泾河源镇底沟村生态移民迁出区、彭阳县古城镇挂马沟万亩彩叶树苗木种植基地、高庄村“四个一”工程示范园、柴沟流域“四个一”苹果基地、孟塬乡千亩高产优质紫花苜蓿示范基地、白阳镇阳洼流域调研生态建设工作。

27日，中国马铃薯专业委员会会长、国家马铃薯产业体系首席科学家、中国农科院蔬菜花卉研究所研究员金黎平带领农业专家到固原市调研。

是日，福建省福州市马尾区人社局联合原州区人社局，以深化闽宁劳务协作、持续发展马尾、原州两地间劳务合作关系为主题，在福州市马尾区召开闽宁劳务协作座谈会。

是日，自治区政府办公厅专题调研固原市“数字政府”建设和“放管服”改革工作情况并召开座谈交流会。

是日，以“扶智扶贫促脱贫 文明乡风促振兴”为主题的文明实践微宣讲红色经典诗文朗诵比赛在原州区新时代文明实践中心举办。

是日，固原市召开创建国家卫生城市技术评估工作部署会。

是日，固原市举办基层共青团少先队干部培训班。全市基层共青团少先队干部以及市直部门单位团委负责人、全市少先队大队辅导员代表、青年网络文明志愿者、各县区团委负责人和工作人员等160人参加培训。

28日，固原市第四届人民代表大会常务委员会第二十九次会议通过《固原市人民代表大会常务委员会关于加快推进“四个一”林草产业发展的决定》《固原市人民代表大会常务委员会关于加强海绵城市建设的决定》。

是日，自治区党委宣传部、农业农村厅联合宁夏黄河出版集团、市委宣传部、市农业农村局开展“携手奔小康”图书捐赠活动，为原州区张易镇黄堡村、中河乡庙湾村、头营镇圆德村农家书屋捐赠图书300多册，价值2万元。

是日，“学习强国”学习达人挑战赛决赛在固原市会议中心举行。市直机关、教育和卫生系统的14名选手参加决赛。

28—29日，固原市西吉县举行国家马铃薯产业技术体系助推西吉县精准扶贫成果发布会。会议发布重要科研成果27项。中国农业科学院蔬菜花卉研究所研究员金黎平代表国家马铃薯产业技术体系与西吉县人民政府签订《国家现代农业马铃薯技术体系助推西吉县脱贫攻坚技术帮扶协议》，打造马铃薯产业“一县一业”成功样板。

30日，大型纪实文学《六盘山上高峰》创作启动仪式在西吉县将台堡镇毛家沟村红军寨举行。该书由自治区党委宣传部指导，自治区文联策划创作，主要反映宁夏西海固脱贫攻坚奔小康的故事。

31日，固原市安委会办公室举办全市应急管理和安全生产监管能力提升培训班。

9月

1日，自治区“千年黄河上高原 脱贫富民展风采”网络媒体看发展暨2020年宁夏青年讲师团培训班在固原市举办。自治区团委、固原市委有关领导，全区各市青年讲师团成员180余人参加开班仪式。

是日，宁夏休闲农业提升年暨2020年固原美丽休闲乡村观光旅游文化节宣传活动在原州区三营镇刘姥姥农庄举行。活动以“相约最美乡村 奏响田园情韵”为主题，设置文艺演出、特色农产品展销、民俗文化特色体验等内容。

2日，宁夏肢残人协会与固原美年大健康联合举办“爱无疆 善无界”活动，为全市100名肢残人士提供免费体检服务。

是日，市委退役军人事务工作领导小组召开学习推广新时代“枫桥经验”创建全国示范型退役军人服务中心(站)工作推进会。

是日，固原市召开全市文化市场管理工作领导小组第一次会议。会议安排部署全市文化市场管理工作。

是日，“出发六盘山 重走长征路”活动在六盘山红军长征景区启动。

是日，固原市隆德县中药材国家农村产业融合发展示范园入围第二批100个国家农村产业融合发展示范园。

是日，六盘山林业局工作人员在距离不到10米处拍摄到国家一类重点保护动物金钱豹的照片，为六盘山自然保护区首次近距离拍摄到金钱豹。

3日，铸牢中华民族共同体意识主题文艺会演在市区人民广场开演，标志着固原市2020年“民族团结月”活动正式启动。

是日，甘肃省宁夏商会人员到固原市就特色农产品产销合作事宜进行考察对接。固原市六盘山生态农产品联盟和甘肃省宁夏商会签署战略合作协议，固原市六盘珍坊、瑞春杂粮和福宁广业分别与甘肃企业签订代理销售合作协议。

4日，“两癌”贫困妇女救助金发放仪式在西吉县举行。仪式为6名符合救助条件的妇女发放救助金6万元。

5日，宁夏足球协会在固原市设立青训分中心并签约挂牌。

是日，单髁置换学术沙龙暨固原地区首届单髁置换高峰论坛在固原市人民医院举办。论坛为固原市及中卫、同心和甘肃庆阳等地医疗机构的骨科医生提供相互学习交流的平台。

5—6日,莆田市委书记刘建洋带领莆田市党政代表团到西吉县考察脱贫攻坚工作。

7日,固原市召开创建国家卫生城市技术评估汇报会。国家卫生城市技术评估组组长,河南省卫生健康委员会党组成员、副主任刘延军安排评估工作。自治区副主席、市长马汉成主持会议并汇报固原市创建国家卫生城市工作情况。

是日,自治区党委常委、市委书记张柱会见到固原出席活动的融侨集团董事林开启,双方就进一步加强合作深入交流。

是日,"银耀六盘"离退休干部志愿服务"三关爱"活动启动仪式在原州区官厅镇举办。启动仪式邀请"六盘金秋"宣讲团成员、固原市委党校退休教师费玉莲宣讲习近平总书记视察宁夏重要讲话精神。

8日,固原市人民医院风湿免疫科主任、主任医师罗江云获全国抗击新冠肺炎疫情先进个人称号并到北京接受表彰。

是日,自治区党委第三生态环境保护督察组督察固原市动员会召开。督察组组长王杨宝作动员讲话,督察组副组长李彬就相关工作提出要求。自治区党委常委、市委书记张柱参加动员会,自治区副主席、市长马汉成就全面配合开展自治区生态环境保护督察工作进行表态和动员部署。

是日,固原市基层人大代表工作推进会在泾源县召开。会议传达学习自治区党委纪念自治区人大设立常委会40周年暨人大工作座谈会精神和自治区党委常委、市委书记张柱在市委2020年第八次常委会(扩大)会议上关于人大工作的讲话精神。

是日,首届肉牛美食文化节暨融侨丰霖(宁夏)肉牛生态园开园仪式在固原市举行。

8—9日,中宣部组织的"未摘帽贫困县脱贫攻坚"主题采访团到西吉县开展脱贫攻坚主题采访活动。

9日,固原市举行庆祝第36个教师节座谈会。自治区党委常委、市委书记张柱出席会议并讲话。座谈会前,张柱、马汉成、罗永红、马玉芳对15所学校和25名教师进行集中慰问。

是日,"青创10万+"中国青年创业大讲堂(宁夏站)在固原市开班。来自吴忠市红寺堡区、盐池县、同心县和固原市5个县(区),中卫市海原县9个县区的200余名青年致富带头人、创业青年参加培训。

9—10日,全国人工影响天气技术与方法交流会在固原市召开。中国气象局、中国科学研究院大气物理所、兰州大学等科研院所和高校及全国19个省、自治区、直辖市气象部门专家、学者参加会议。

10日,固原市建设黄河流域生态保护和高质量发展先行区观摩研讨会在隆德县举行。自治区党委常委、市委书记张柱参加观摩研讨并讲话,自治区副主席、市长马汉成作小结讲话。

是日,第四届"中国创翼"创业创新大赛宁夏赛区选拔赛决赛在石嘴山市闭幕,两名隆德县选手的计划书分别获得一等奖和二等奖。

是日,"善行六盘 军民共建 助力脱贫"资助困难学生物资暨六盘山"圆梦"爱心助学活动在西吉县将台中学举行,福建省军区为固原市捐赠60万元。

11日,《人民日报》头版头条刊登《"云"解塬上渴》,宣传彭阳智慧水网的经验做法。

是日,陕西省中医医院与原州区人民医院举行"医联体"签约揭牌仪式暨大型义诊活动。

11—13日,2020年彭阳县"体彩杯"乒乓球邀请赛在县悦龙山体育馆举行,来自全区的23支代表队、114名运动员在固原开展精彩较量。

12日,固原市与国开行宁夏分行、农发行宁夏分行两家银行就建设黄河流域生态保护和高质量发展先行区美丽新固原签订合作协议。自治区党委常委、市委书记张柱,自治区副主席、市长马汉成参加签约仪式。

12—17日,中央广播电视总台"心连心"慰问演出与"我们的中国梦"文化进万家系列活动走进固原市西吉县。

14日,自治区党委副书记姜志刚一行到西吉县马莲乡张堡源村、将台堡镇牟荣村、硝河乡隆堡村和新庄村,实地调研优质菜心标准化种植基地建设、"四个一"林草产业和农业综合开发项目建设、脱贫攻坚薄弱村挂牌督战、发展肉牛产业带动群众增收等情况。

是日,固原市审批局在原州区古雁街道办事处长城社区开展"您的满意 我的使命"——"163"政务服务模式进万家集中宣传活动,进一步提高"163"政务服务模式的知晓率。

是日,"共享芬芳 共铸小康"中国残疾人艺术团"我的梦"百县百场公益演出在隆德县举办。

是日,固原市第11期中青年干部培训班在市委党校开班。

是日,固原市新闻传媒中心新媒体作品《你的样子》,先后被"学习强国"、中新网、《宁夏日报》、宁夏电视台、宁夏广电、《中国日报》等媒体转载,《中国日报》(海外版)将作品翻译成英文版对外进行推介。

15日,"固有佳品 抱团助农"之"丰收隆德 爱心助残"电商助残扶贫活动在隆德县举行。活动邀请中国残疾人艺术团团长、《千手观音》领舞邰丽华为隆德助残助农品牌"隆隆薯"代言,8名网红在直播间推介固原优品。

是日,固原市2020年新兵入伍欢送仪式在固原火车站举行。新兵分别奔赴甘肃、新疆、四川、西藏等省、自治区开启军旅生涯。

15—16日,自治区建设黄河流域生态保护和高质量发展先行区第二次推进会在固原市召开。自治区党委书记、人大常委会主任陈润儿出席会议并讲话,强调要深入贯彻落实习近平总书记视察宁夏重要讲话精神,以更高政治站位、更强战略定力、更实工作举措,坚决扛起保护和改善生态环境的重任,加快建设黄河流域生态保护和高质量发展先行区,持续建设天蓝、地绿、水美的美丽宁夏。

是日,自治区政协副主席李彦凯带领区政协重点提案督办调研组到固原市就自治区政协十一届三次会议第249号重点提案——《关于支持建设六盘山生态经济区建设》进行督办调研。市政协主席马玉芳参加调研。

16日,自治区党委书记、人大常委会主任陈润儿到西吉县督导脱贫攻坚、调研自发移民工作并召开座谈会。座谈会上陈润儿听取西吉县脱贫攻坚和自发移民返乡情况汇报,与会人员围绕解决自发移民的脱贫致富、户籍迁转、服务保障问题以及推进脱贫攻坚与乡村振兴衔接等问题进行交流探讨,提出意见建议。自治区领导赵永清、张柱参加调研座谈。

是日,福建省总工会助力脱贫攻坚职工志愿服务活动组到固原市开展结对帮扶工作,并与宁夏师范学院附属中学签订教育结对帮扶协议。

是日,固原市职业技术学校正高级教师安启刚、固原市第二中学正高级教师杨佰智、固原市第一中学高级教师何成江获评自治区第三批"塞上名师"称号。

16—17日,自治区党委副书记、自治区主席咸辉到固原市彭阳县调研"互联网+城乡供水"示范区建设。自治区副主席马汉成参加调研。

17日,自治区党委常委、市委书记张柱调研固原市脱贫攻坚展示馆布展情况。

18日,隆德县中药材国家农村产业融合发展示范园入选第二批100个国家农村产业融合发展示范园名单。

是日,固原市召开国家第四批旅游标准化试点城市创建迎检工作推进会。会议安排部署全市创建全国旅游标准化试点城市迎检工作。

是日,固原市原州区第一届苹果采摘暨农民丰收节活动在黄铎堡镇矮化密植苹果种植示范基地举行。

18—20日,固原市原州区新时代文明中心"志智双扶助促脱贫 文明乡风助振兴"实践慈善项目,作为全国唯一以新时代文明实践为主题的参展慈善项目亮相第八届中国公益慈善项目交流展示会。

19日,固原市泾源县杨岭村亮相全国"比一比谁的家乡美"网络直播。

19—20日,2020第三届宁夏体育大集(固原市分会场)在固原市体育馆广场举行。观众与参展企业、协会积极交流,并通过体验、活动等形式进行互动。

20—25日,自治区党委常委、市委书记张柱带领固原考察团赴福建考察学习、对接项目,进一步深化闽宁对口扶贫协作。福建省委书记、省人大常委会主任于伟国,省委副书记、厦门市委书记胡昌升,省委常委、副省长、福州市委书记林宝金分别与考察团一行座谈交流,副省长郑建闽全程陪同。

21日,固原市举办深化"放管服"改革优化营商环境专题培训班。培训班邀请自治区政府办公厅政务服务改革办公室主任陆生宏、自治区发展改革委优化营商环境和法规处处长景兆东作专题讲座。市县(区)相关部门(单位)300余人参加培训。

22日,固原市召开全市推行行政执法"三项制度"电视电话会暨市委全面依法治市委员会执法协调小组会议。会议安排部署全市深入推行行政执法"三项制度"工作。

是日,2020年宁夏农民丰收节固原分会场活动在彭阳县红河镇红河村举行。30名种植养殖大户获得2020年"彭阳最美农民"荣誉称号。

是日,"牛劲隆德 丰收六盘"——庆祝2020年中国农民丰收节活动暨隆德县肉牛产业发展大会在隆德县举办。

是日,2020年中国农民丰收节暨美丽乡村健康跑活动在泾源县举办。

是日,"庆丰收迎小康"2020年中国农民丰收节活动在西吉县举办。活动通过文艺演出、邀请当地网红现场直播带货等方式,展示西吉县特色农产品。

是日,固原市西吉县举行"宁夏大学研究生支教基地"和"宁夏大学师范生教育实习基地"授牌仪式。旨在充分发挥高校科研、人才等优势和"帮扶—引领—带动"作用,助力西吉教育脱贫攻坚。

22—23日,固原市召开草畜产业发展高层论坛。论坛围绕"草畜融合发展 助力乡村振兴"主题,以主旨报告、技术培训、座谈交流、现场观摩的形式,重点讨论新形势下固原市草畜产业融合发展、肉牛产业发展等问题。

23日,固原市召开应对新冠肺炎疫情工作指挥部第15次会议。会议传达学习习近平总书记在全国抗击新冠肺炎疫情表彰大会上的重要讲话精神、国务院联防联控机制秋冬季疫情防控专项督查宁夏见面会会议、自治区党委常委会会议暨应对新冠肺炎疫情工作领导小组第15次会议精神和《自治区应对新冠肺炎疫情工作指挥部关于严防聚集性疫情做好秋冬季防控工作的通知》精神;通报国际国内疫情形势,听取全市新冠肺炎疫情工作汇报,安排部署全市秋冬季疫情防控工作,审定《进一步推进新冠病毒核酸检测能力建设实施方案》和重点人群核酸检测及实验室建设事宜。

是日,自治区人大常委会副主任彭友东带领督办组到固原市督办自治区十二届人大三次会议上7名代表提交的《关于加大泾源县森林草原防火基础设施建设的建议》。

是日,自治区副主席、市长马汉成与到固原的中国农业发展银行党委委员、副行长张文才一行就如何发挥政策性金融优势,推动服务脱贫攻坚工作开展进行座谈交流。

24日,固原市人民政府与中广国际传媒(北京)有限公司举行战略合作签约仪式,共同签署战略合作框架协议。

是日,中央广播电视总台财经节目中心大型融媒体行动《走村直播看脱贫》走进固原市西吉县偏城乡涵江村,直播涵江村脱贫故事的历程。自治区副主席、市长马汉成接受专访。

是日,固原市审批局在全国政务服务"软实力 新发展"敦煌论坛中被评为最具创新力政务服务大厅。

24—25日,福建省莆田市涵江区委副书记、区长连向红带领党政代表团到西吉县考察,双方就精准扶贫、产业发展、项目建设及闽宁协作等相关事宜进行交流。

25日,固原市原州区举办第一届"清河杯 千名职工万步走"竞赛活动。原州区机关及企事业单位的1000余名干部职工参加。

是日,固原市首次开展律师行业2020年工资集体协商现场观摩会。观摩会为与会人员提供相关业务培训。

是日,固原市秋季大型现场招聘会在博物馆广场举行,自治区内外91家企业提供就业岗位5821个。

是日,由自治区商务厅主办的宁夏高效智能绿色家电惠民行动在西吉县举办。活动通过"启动仪式+展销会"的形式推广高效智能绿色家电产品。

是日,福建省福州市马尾区人社局在原州区与福建省飞毛腿技师学院原州分校举行共建闽宁劳务技能人才输送基地签约仪式。

是日,"宁盾-2020"全区人民防空实战化演习固原区域人员紧急疏散行动在市人防指挥所和原州区派胜金街广场举行。

是日,第八届群众广场舞大赛在博物馆广场举行。大赛以"六盘儿女奔小康 同心共筑中国梦"为主题,来自各县区的13支代表队参加比赛。西吉县文旅局代表队表演的《九儿》获得第一名。

26日,"《诗经》——'清平乐·六盘山'"主题诗歌系列活动在原州区举行。中国诗歌学会授予原州区"中国诗歌之乡""中国诗教校园"称号。中国诗歌学会会长、北京大学中国诗歌研究院常务副院长黄怒波,中国毛泽东诗词研究会原副会长郑德兴,北京大学中国诗歌学会研究院院长蒋朗朗,《北京大学学报》主编程郁缀,首都师范大学燕京讲席教授赵敏俐等文学艺术家出席活动。

26—30日,第八季"网络达人浪固原"采访活动在固原市举行。60余位网络达人参加活动。

27日,固原市召开招商引资推进会。会议传达全国、全区深化"放管服"改革优化营商环境电视电话会议,宁夏召开建设黄河流域生态保护和高质量发展先行区第一、第二次推进会,固原市建设黄河流域生态保护和高质量发展先行区观摩研讨会精神,通报1—8月全市招商引资工作情况,听取各县区及开发区经济管委会招商引资工作进展情况汇报。

是日,固原市推广彭阳"枫桥式派出所"经验,提升基层治理能力现场会在彭阳县召开。会议总结推介彭阳"枫桥式派出所"经验,推动完善全市基层治理体系,提高基层治理能力。

是日,2020全国特色农产品经销商宁夏行第二季暨固原市特色优质(扶贫)农产品金秋品鉴推介会在固原市举办。市农业农村局相关人员面向全国重点省市客商推介固原市特色优势农产品。

是日,2020年闽宁协作暨农民工专场招聘会在原州区三营镇举办。福州捷飞商业设备有限公司等区内外10多家企业参加招聘会,提供就业岗位1200多个。

是日,西吉县开展网络新媒体走基层活动。活动邀请区市县新闻媒体及西吉县新媒体、自媒体,通过网络媒体平台,全方位、多维度深入挖掘西吉县脱贫攻坚的鲜活亮点,展示西吉县脱贫攻坚的生动实践。

28日,中国移动红色文化教育基地揭牌仪式在六盘山干部学院举行。市委常委、组织部部长、六盘山干部学院院长、市委党校(市行政学院)校(院)长余剑雄参加揭牌仪式,并为中国移动红色文化教育基地揭牌。

是日,固原市举行"弘扬伟大抗疫精神 激发强大奋斗力量"主题宣讲报告会。邀请全国抗疫英雄集体和个人代表罗江云、周莉薇、李静宣讲抗疫故事。市直各部门、各单位负责人,市直和五县(区)医疗卫生单位职工代表270人聆听报告会。

28—29日,第四批国家旅游标准化试点城市验收组到六盘山红军长征景区、隆德县老巷子乡村旅游景区等地验收国家旅游标准化试点城市创建工作。

29日,宁夏抗击新冠肺炎疫情表彰大会隆重举行。固原市人民医院邢崴宏等63人获得全区抗击新冠肺炎疫情先进个人称号;固原市公安局开发区分局西兰银物流园区派出所李德武等10人获得全区抗击新冠肺炎疫情优秀共产党员称号;固原市新闻传媒中心党委等17个集体获得全区抗击新冠肺炎疫情先进集体称号;固原市疾病预防控制中心党支部等10个基层党组织获得全区抗击新冠肺炎疫情先进基层党组织称号。

是日,固原市人大常委会就《固原市城市环境卫生管理条例(草案)》召开立法听证会,专题听取社会各界人士的意见建议。

是日,固原市扶贫开发领导小组召开2020年第5次会议,传达学习自治区有关会议精神,听取各县区“四查四补”、国务院督查反馈问题整改完成情况、西吉县脱贫退出市级初审有关事宜。

是日,“助力脱贫攻坚 金融一路向前”——固原市金融助力脱贫攻坚网络直播活动在原州区头营镇马园村举行。该活动为固原市首次通过网络直播形式展示全市金融扶贫成效。

是日,平安固原建设协调小组第一次会议在固原市召开。会议审议相关文件,研究部署平安固原建设工作。

30日,市人大常委会主任罗永红、市政协主席马玉芳等市领导和各界代表一起,在固原革命烈士纪念碑前向人民英雄敬献花篮,深切缅怀革命先烈。原州区领导、市直各部门单位干部职工代表、驻固原部队官兵、消防救援人员、援鄂医疗队人员代表、模范退役军人、师生代表等参加敬献花篮仪式。

是日,固原市举行西南新区南平街延伸段道路建设项目听证会。市人大代表、政协委员代表、社会公众代表等30余人参加听证会。

是月,固原市启动2020年网络安全宣传周活动。各县区同步举行宣传周活动启动仪式。各县区通过悬挂横幅、设立咨询台、发放宣传单和小礼品的方式,向现场群众分享个人信息保护、金融安全、防范电信诈骗、手机防病毒等网络安全知识和技能。

是月,固原市4个参赛节目在2020年宁夏职工群众“劳动者之歌”文艺会演评选活动中取得好成绩。歌曲《故乡有话告诉你》《将台堡记忆》和舞蹈《白衣长城》分获二等奖,《扶贫对象》荣获创作奖,固原市总工会获得优秀组织奖。

10月

1日,固原市在行政中心广场举行升国旗仪式,共祝新中国成立71周年。市直机关及原州区数百名干部职工参加升国旗仪式。

4日,隆德足协斩获2020年固原市第二届“我爱足球”青少年足球邀请赛U10组、U12组双冠。

9日,自治区党委常委、市委书记张柱到六盘山热电厂、正祥供热公司和山城名邸换热站、西南新区惠泽供热公司燃气锅炉换热站调研城市供热准备情况。

10日,固原市召开国家安全委员会第二次会议,传达学习自治区党委国家安全委员会第二次会议精神,通报有关工作情况,审议通过有关文件。

是日,固原市召开退役军人事务工作领导小组第二次全体会议,传达学习全国退役军人事务系统学习推广新时代“枫桥经验”现场会、自治区党委退役军人事务工作领导小组第二次全体会议和全区贯彻落实《关于加强新时代退役军人工作的意见》推进会精神,听取全市退役军人事务工作汇报。

11日,自治区副主席、市长马汉成会见红星美凯龙集团股份有限公司执行总裁芦婧一行。

12日,西吉供电公司震湖供电所所长、第四党支部书记苏俊鹏在国家电网有限公司抗击疫情表彰大会上获得国家电网抗疫先进个人称号。

12—13日,吴忠市政协主席孙瑛到原州区头营镇姚磨村蔬菜一二三产融合示范园、开城镇柯庄村等地调研生态建设、乡村振兴等工作。

12—15日,2020年“庆丰收 迎小康”——全区农耕健身大赛在彭阳县城阳乡杨坪村举行。来自全区各市县(区)的22支代表队、160多人参赛。

13日,自治区党委常委、市委书记张柱到三十里铺至大马庄水库段、市区清水河过境段、毛家沟水库、何家沟水库调研清水河城市段水资源利用工程。

是日,“小小减灾官”宁夏科普短视频大赛颁奖典礼在原州区第十一小学举行。大赛以提高青少年及儿童防灾减灾意识为目的,最大限度减少自然灾害带来的风险。

13—14日,自治区副主席、市长马汉成一行到隆德县观庄乡阳洼村南山生态修复造林点、原州区黄铎堡镇何沟村生态治理等项目区调研生态建设工作。

13—16日,自治区政协主席崔波一行到五县(区)及市政协机关就政协工作开展情况进行实地调研并召开座谈会。自治区党委常委、市委书记张柱和市政协主席马玉芳,市委副书记、西吉县委书记王学军陪同。

14日,全国政协副主席刘奇葆带领全国政协考察团到固原市开展“推进长征国家文化公园建设和革命文物保护”工作专题调研。向中国工农红军长征将台堡会师纪念碑敬献花篮。自治区政协主席崔波陪同考察。

是日,西吉县将台堡红军长征会师纪念园入选全国“红色旅游发展典型案例”。

是日，第二届宁夏苹果大赛暨沙坡头苹果节在中卫市举行。固原市原州区选送的苹果“蜜脆”品种获评为金奖。

是日，网约车“万顺叫车”入驻固原，固原市民有了打车新模式。

15日，“固原来回答——决战决胜脱贫攻坚问政与展望”电视问政在固原市举办。特邀宁夏社科院院长张廉、宁夏社科联主席杨占武到问政现场为全市脱贫攻坚工作把脉问诊、建言献策。

16日，全区美丽河湖建设观摩会暨河湖管理工作座谈会在固原市召开。由自治区水利厅、自然资源厅、生态环境厅等部门组成的观摩团，先后到泾源县泾河龙潭村段、清水河固原城区段，实地察看河道综合治理情况。

是日，自治区党委常委、市委书记张柱听取市产业技术研究院建设及运营方案汇报，强调要准确把握功能定位，建立科学运营机制，加快建设进度，为推动固原重点产业高质量发展搭建创新驱动服务平台。

是日，固原市召开生态建设、“四个一”林草产业发展及森林草原防灭火工作会。会议传达学习有关文件及领导批示精神，通报2020年全市生态建设和“四个一”林草产业发展情况。

是日，由广西壮族自治区文化和旅游厅、宁夏回族自治区文化和旅游厅主办的“文化扶贫 桂沁西吉”——2020年“春雨工程”广西文化和旅游志愿服务宁夏行系列活动在西吉县体育中心举行。

是日，2020年世界粮食日和粮食安全宣传周固原分会场启动仪式暨集中宣传活动在市区博物馆广场举行。活动以“端牢中国饭碗 共筑全球粮安”为主题，向群众宣讲我国粮食法律法规，普及粮食安全、节粮减损、科技兴粮等方面知识。

是日，固原市召开健康固原建设工作推进。会议研究分析前三季度健康固原建设情况。会议宣读《关于命名固原市健康“细胞”的决定》和《关于命名固原市无烟党政机关的决定》。

16—17日，福建省福州新区管委会副主任、长乐区委书记何杰民带领党政代表团到固原就强化闽宁协作、加强产业合作进行交流。

17日，固原市委、市政府举办全市脱贫攻坚先进事迹报告会。该报告会是固原市2020年全国扶贫日系列活动之一。

19日，固原市扶贫开发领导小组召开2020年第6次会议，传达学习习近平总书记对脱贫攻坚工作重要指示精神和李克强总理批示精神，听取西吉县脱贫退出市级初审工作组初审工作情况汇报，审议《关于通过西吉县脱贫退出市级初审的请示》。

是日，固原市委理论学习中心组召开（扩大）会议，邀请中国政法大学民商经济法学院副教授王雷，围绕《中华人民共和国民法典》作专题讲座，解读民法典。

是日，固原市开通“一件事一次办”网上智能导服申报通道。首批10个“一件事一次办”主题事项实现线上打包一次性办理。

20日，中国人民志愿军抗美援朝出国作战70周年之际，自治区党委常委、市委书记张柱看望慰问抗美援朝出国作战老战士李文义、高明仁和秦仲贤，并为他们佩戴“中国人民志愿军抗美援朝出国作战70周年纪念章”。

是日，全国双拥模范城（县）命名暨双拥模范单位和个人表彰大会在北京召开。彭阳县被命名为“全国双拥模范城”称号，固原市弘文中学获评全国爱国拥军模范单位称号，宁夏固原进元驾驶人培训学校校长聂广进获评全国爱国拥军模范个人称号。

是日，全市教育体育系统第二届中小学生校园足球联赛在固原市第五中学开幕。比赛为全市选拔、储备青少年足球人才。

是日，马铃薯全程机械化现场演示观摩会在原州区举行。观摩会加快推进原州区农业机械化和农机装备产业转型升级。

是日，固原市文化旅游广电局和固原市文化馆选送的《花花尕妹》和《山花儿烂漫》，分获第十七届中国西部民歌（花儿）歌会大赛金奖和优秀奖。

21日，2020年新时代文明实践活动暨创建国家公共文化服务体系示范区书画联展活动在泾源县三馆一中心文化广场举办。联展展出陕甘宁三省区书画作品共计300余幅。

22日，固原党史第三卷编委会召开第一次会议，传达市委办公室关于印发《〈中国共产党固原历史第三卷（1978—2012年）〉编纂工作方案》的通知，审议《〈中国共产党固原历史第三卷（1978—2012）〉编纂提纲（征求意见稿）》。

是日，“服务‘六稳’‘六保’护航民企发展”检察开放日活动在固原市举办。活动邀请市工商联负责人及企业家代表观摩市检察院案管大厅、“12309”服务中心、未成年人办案区等地，零距离了解检察院检察职能。

是日，固原市老年大学在新址举办2020年秋季开学典礼。

是日，由宁夏文学研究中心、市文联、市评论家协会、市作家协会举办的“火仲舫长篇作品研讨会”在固原市文联召开。

22—24日，第四批国家公共文化服务体系示范区验收组对固原创建国家第四批公共文化服务体系示范区工作进行实地验收。

23日，固原市国资委召开2020年市属国有企业党建工作推进会，通报市属国企党建工作完成情况及存在问题，安排部署推动市属国有企业党建工作与生产经营等业务工作深度融合、双促双赢等工作。

24日,2020年全国消费促进月暨固原市“宁夏高效智能绿色家电惠民行动”在市区新华百货广场启动。

25日,固原六盘山机场开通“固原—银川—北京”航线航班。

是日,固原市老一辈书画家作品巡回展暨重阳节雅集笔会在固原群鸿书法院举行。巡回展邀请柴培科、王维德、沈克斌等知名书画家,现场为全市广大书画爱好者挥毫泼墨。

26日,2021年度城乡居民基本医疗保险征缴集中宣传活动在市区博物馆广场举行。

27日,自治区党委常委、市委书记张柱主持召开全市总河长第四次会议,深入学习习近平总书记黄河流域生态保护、高质量发展座谈会、视察宁夏重要讲话精神,认真落实自治区党委十二届十一次全会和自治区总河长第四次会议精神,听取固原市河湖长制工作落实情况汇报,审议有关文件,安排部署全市河湖长制工作。

是日,固原市举办房地产行业经纪人培训班。培训邀请中国房地产营销协会专家委员会委员、建设部干部培训学院特聘讲师岳娜,就房地产市场最新动态和发展趋势、《中华人民共和国民法典》在中介管理中的“知”与“行”、房地产销售管理、营销人员职业道德规范等内容进行授课。

28日,固原市举办全市青年创业研讨会暨青年电商扶贫人才培训班。培训班邀请宁夏大学电子商务专业客座教授、宁夏猩球时代短视频直播电商基地运营总监刘峰等为学员授课。原州区籍创业就业有志青年、宁夏师范学院青创社团代表等100余人参加培训。

是日,固原市泾源县方棋(七路八)在国家体育总局文化发展中心组织评选的2020中华体育文化优秀项目中入选中华体育文化民俗民间项目。

28—29日,2020年全市首届民间美食大赛暨固原十大民间文旅小吃名菜评选活动在固原市福苑饭庄举行。来自全市的105名厨师、160多道菜品参加专业组和民间组的角逐。

29日,固原市举办党委系统党内法规和信息工作培训会。培训会邀请自治区党委办公厅法规室副主任赵睿就为什么要做好党内法规和规范性文件备案审查工作、如何做好党内规范性文件报备等内容进行授课。

是日,南开大学调研团到西吉县调研“非遗”产业发展情况,并与西吉县文化馆签订校地合作共建就业创业实践基地协议书。

是日,固原市原州区三营镇孙家河村等4个村入选第六届全国文明村镇,固原市消防救援支队等6个单位入选第六届全国文明单位,咸国平家庭等2个家庭入选第二届全国文明家庭,隆德县第二中学入选第六届全国未成年人思想道德建设工作先进单位。

30日,固原市召开2020年三季度金融运行分析暨政银企农项目对接会。会议通报三季度金融运行分析、金融监管及风险防控等领域对接情况,安排部署四季度工作。

是月,固原市原州区金融扶贫案例作为联合国中国扶贫经典案例在联合国网站展示,并成为联合国对发展中国家扶贫开发的课程。其中,“蔡川模式”入选中国普惠金融助力脱贫攻坚典型案例。

是月,厦门大学光电混能采暖实验项目落户隆德县沙塘镇张树村。

是月,固原本土音乐人、固原一中音乐教师周建军先后在央视戏曲频道CCTV-11《一鸣惊人》国庆特别节目和央视CCTV-17农业农村频道丰收节特别节目亮相。

是月,固原市首个“无人警局”在泾源县投入使用。

11月

2日,由固原市国资委组织的市属国有企业风险管控专题培训班在四川成都西南财经大学开班。培训班邀请国内财税金融等方面知名教授围绕企业风险管理与法律实务、企业财税策划与风险防控等8个方面进行专题辅导。

是日,西吉县图书馆入选全国“2019年全民阅读先进单位”。该馆成为宁夏唯一入选的“2019年全民阅读先进单位”。

3日,固原市召开疫情防控工作电视电话会议。会议贯彻落实全国、全区疫情防控工作电视电话会议精神,安排部署秋冬季疫情防控工作。自治区副主席、市长、市新冠肺炎疫情工作指挥部指挥长马汉成参加会议并讲话。

4日,固原市委财经委员会召开第五次会议。会议传达学习中央财经委员会第八次会议精神,听取固原市“十四五”规划编制进展、固原市本级2020年政府债务化解情况汇报。

是日,固原市获批全国区域点数法总额预算和按病种分值付费试点城市。固原计划用1~2年的时间,将医保总额预算与点数法相结合,实现住院以按病种分值付费为主的多元复合支付方式。

是日,固原邮政举办首场“极速鲜”寄递项目推介会,助力地方生鲜特产走向全国。

5日,固原市黄河水调蓄工程顺利实现通水,何家沟水库正式蓄水,标志着干旱的西海固山区正式通上黄河水。何家沟水库每年可蓄黄河水0.48亿立方米,可把原州区和西吉县30万亩旱田变成水浇地。

是日,2020银川国际智慧城市博览会圆满落幕,固原市"163"政务服务模式市县一体化项目参展并被评为"智慧成果"奖。

6日,自治区党委常委、市委书记张柱主持召开《固原扶贫志》编委会会议。自治区副主席、市长马汉成,自治区社科联主席杨占武,市领导罗永红、马玉芳等与编委会成员单位负责人一同参加会议。

是日,城市总体规划审查会在固原市召开。会议听取《固原市城市总体规划(2018—2035)(修编)》编制情况汇报,杭州市规划研究院就《固原市城市总体规划》《中心城区控制性详细规划》和重要区段城市设计进行汇报。

是日,固原市举行庆祝第21个中国记者节座谈会。自治区驻固原新闻单位,市、县(区)新闻工作者参加座谈会并发言。

是日,固原市启动西北片区秋冬季交通安全"百日会战"联合整治行动。联合整治行动为期3个月,重点对跨省长途行驶的"两客一危一货一面"5类重点车辆开展源头联治。

是日,自治区"互联网+医疗健康"推进会在固原市西吉县召开。

7日,"晒文旅 晒优品 促消费"——2020固原市文化旅游宣传形象大使评选活动在固原红宝宾馆举行。活动以文化旅游形象大使评选为桥梁向全国集中推介全市特色旅游资源。

9日,固原市"119"消防宣传月暨习近平总书记授旗训词两周年系列纪念活动启动仪式在市区六盘完美乐园举行。启动仪式上,市消防救援支队对优秀社区消防宣传大使和优秀消防志愿者进行表彰。

9—10日,全国"扫黄打非"第一督导组先后到西吉县吉强镇龙王坝村、火石寨乡及原州区中河乡丰堡村对"扫黄打非"进基层工作进行督导检查。

9—12日,2020年度"戏曲进校园"活动陆续在原州区4所小学举办,旨在丰富学生校园文化活动,培养学生传承中华优秀传统文化品质。

10日,自治区政协副主席冯志强带领自治区党委第四督查组到固原市,督查贯彻落实中央及自治区党委政协工作会议精神情况和党委《关于新时代加强和改进人民政协工作的实施意见》情况并召开座谈会。

是日,自治区人大常委会副主任、总工会主席左军到固原市调研市工会工作并召开座谈会。市政协副主席、市总工会党组书记、主席呼延俊杰参加会议。

10—11日,水利部黄河水利委员会河湖局副局长郑春宝带领验收组到隆德县验收渝河示范河湖建设工作。隆德县渝河示范河湖建设顺利通过验收。

11日,原州区爱佑慈爱残疾人就业创业电商孵化园开园。孵化园为入驻基地的残疾人就业、创业者提供手工制作、"非遗"创作、广告设计等职业技能培训和政策咨询服务。

12日,固原市召开"第四季度消防工作联席会暨今冬明春火灾防控工作动员部署会"。会议通报全市火灾形势和社会面消防工作情况,部署全市冬春火灾防控工作。

是日,固原市住房和城乡建设局在市区博物馆广场举办固原市《关于加强海绵城市建设的决定》立法宣传活动。

是日,"'隆隆薯'扶贫助残项目"在第四届"中国创翼"创业创新大赛上获评"全国优秀创业创新项目"称号。"隆隆薯"是隆德县残疾人托养中心的残疾人共同创立的电商助残品牌,销售总额已突破2500万元,为全县2390名贫困重度残疾人分红186万元。

13日,固原市召开中央宣讲团中共十九届五中全会精神宣讲报告会。会议邀请中央宣讲团成员、工业和信息化部党组成员、副部长王志军作中共十九届五中全会精神专题报告。

是日,固原市召开流行性出血热疫情形势分析及防控工作会。会议传达自治区党委常委、市委书记张柱对全市流行性出血热疫情防控工作的批示。

是日,固原市面向全区率先推出全流程电子化"不见面"公共资源交易方式。

是日,固原市启动以"决胜全面小康 践行科技为民"为主题的科技助力精准脱贫暨生态产业发展论坛活动。启动仪式上成立了固原市新时代文明实践科普专家讲师团和中国科协海智专家高继明工作站。

是日,固原市原州区乡村科技馆、杨郎村科普教育示范基地、杨郎村史馆建成揭牌。

15日,中国文物保护基金会理事长励小捷到隆德县魏氏家族砖雕传承保护基地调研"非遗"传承工作。市领导马玉芳、吴会军和自治区文化和旅游厅负责人陪同。

16日,经自治区政府第七十八次常务会议研究,自治区人民政府正式批复同意西吉县退出贫困县序列。至此,宁夏全区9个贫困县全部实现脱贫摘帽,标志着宁夏区域性整体贫困问题基本得到解决,历史性地告别绝对贫困。

是日,固原市召开2019年度党管武装工作述职暨2020年度市委议军会议。会议传达学习自治区党管武装工作会议精神,听取各县区人武部党委第一书记党管武装工作述职,听取驻固原部队全面建设情况汇报,研究解决部队建设中存在的困难和问题。

是日,新时代文明实践暨首届社会文艺团队优秀节目展演活动在原州区举办。活动集中展示原州区优秀社会文艺团队的风采，为文艺爱好者提供交流、展示、学习平台。

16—18日，固原市召开“今冬明春生态建设现场推进会”。与会组织观摩团分别到西吉县水发集团黄金蜜冠梨示范点、隆德县神林乡大果榛子示范点等17个示范点观摩学习、交流经验。

17日，全国妇联党组书记、副主席、书记处第一书记黄晓薇带领全国妇联调研组，到西吉县硝河乡新庄村闽宁协作扶贫车间、西吉工业园区宁夏继民手工编织有限公司调研妇女就业增收致富情况，并与当地巾帼扶贫车间女带头人和妇女代表召开座谈会。

是日，固原市与中国农业科学院饲料研究所就广泛开展院地合作签订框架协议。并在固原产业研究院设立博士流动工作站。

是日，福建省莆田市委副书记齐凤瑞带领莆田市人大常委会、市委办、市农业农村局等部门负责人到西吉县工业园区国投食品产业园、闽宁服装产业园等地进行调研。

是日，市委理论学习中心组召开（扩大）学习会，邀请中国农业科学院研究员戴小枫围绕“现代农业精准营养与个性化健康未来”作专题讲座。

18日，国务院教育督导委员会督查市政府履行教育职责工作汇报会在固原市召开。会议听取市政府履行教育职责工作情况汇报。国务院教育督导委员会督查组副组长、国家督学、四川省教育厅总督学傅明参加会议并反馈督查情况，自治区副主席、市长马汉成参加会议并进行表态发言。

19日，市委理论学习中心组召开（扩大）学习会，深入学习贯彻党的十九届五中全会精神，讨论《中共固原市委员会关于制定国民经济和社会发展第十四个五年规划和二〇三五年远景目标的建议》。自治区党委常委、市委书记张柱主持会议并讲话，自治区副主席、市长马汉成参加。

是日，“海风山骨”——福建昙石山遗址与昙石山文化特展在固原博物馆展出。展览为期40天，展出文物125件（组）。

20日，固原市召开中共十九届五中全会精神宣讲动员备课会，启动全市中共十九届五中全会精神宣讲工作。

是日，志愿者协会第三次会员代表大会、中国少年先锋队固原市第二次代表大会和固原市学生联合会第一次代表大会在会议中心召开。

是日，全国精神文明建设表彰大会在北京举行。固原市4个村镇、6个单位、2个家庭分别获得全国文明村镇、文明单位和文明家庭称号；隆德县第二中学荣获第五届全国未成年人思想道德建设工作先进单位称号。

是日，固原市原州区教育体育局发布通告，将人杰幼儿园、阿波罗幼儿园两所私立幼儿园移交原州区人民政府，办成普惠性幼儿园。

是日，固原市彭阳县平安大桥建成通车。平安大桥成为彭阳县首座横跨茹河的景观拱桥。

23日，自治区道德模范巡讲团首场宣讲活动在固原市举行。第七届全国道德模范提名奖获得者曹君、杨晶岚、孙连忠、杨泽良，第六届自治区道德模范桂涛进行先进事迹报告。

24日，隆德县新何养牛专业合作社理事长齐永新获得全国劳动模范称号，市农业技术推广服务中心主任、农业技术推广研究员王峰获得全国先进工作者称号。

是日，固原市教育系统举办以“办人民教育 争当教书育人楷模”为主题的演讲比赛。

是日，固原市学前教育公共服务平台正式上线运行。

25日，第三届家政服务企业及员工星级评定活动在固原市举办。全市28家协会成员单位的314名从业人员展开星级评定。

是日，固原市召开全域创建“食品药品安全区”动员会。会议明确建成“以落实‘四个最严’为引领，以互联网智能监管为支撑，提升保障水平为核心”的食品药品安全区。

26日，自治区副主席、市长马汉成与到固原考察纺织项目的青岛惟淘悟利国际贸易有限公司董事长周朋举、总经理田永生召开座谈会，渗入洽谈有关项目投资事宜。

是日，固原市召开深入学习贯彻习近平总书记视察宁夏重要讲话精神理论研讨会。会议推动习近平总书记视察宁夏重要讲话精神落地落实。

是日，由固原市委宣传部主办、市委讲师团承办的固原市第三届“微宣讲”大赛在固原泰合酒店举行。

是日，健康固原建设领导小组会议在固原市召开。会议成立健康固原专家咨询委员会、健康固原专项行动工作组、固原市健康科普专家库等。

27日，固原市召开应对新冠肺炎疫情工作指挥部第十六次会议。会议传达学习党中央、国务院、自治区关于做好新冠肺炎疫情防控工作有关文件精神，审定《固原市冬春季新冠肺炎疫情防控工作责任分工方案》，通报全市流行性出血热疫情防控进展情况。

是日，固原市人民政府办公室面向广大市民发布关于公开征集2021年民生实事意见建议。

是日，固原市战国秦长城原州区段入选第一批国家级长城重要点段名单。

是日，固原市原州区冷凉蔬菜产业“绿色银行”入围全国“2020年民生示范工程”候选案例。

是日，S60西会（宁甘界）高速公路建成通车。S60西会（宁甘界）高速公路是自治区“三环八射九联”高速公路网“九联”中的一联。

29日，以“邻里守望 阳光助残”为主题的“国际残疾人日”宣传活动在固原市举办。活动为55户困难残疾人每人发放慰问金500元，共计2.75万元。

30日，自治区副主席、市长马汉成与国家开发银行宁夏分行行长唐力就推动政银合作进行座谈交流。

是日，贵州省医保局、卫健委会同第三方机构的专家组成飞行检查组到固原市开展医保基金检查工作。

是日，2021年度全市党报党刊发行工作会议在固原市召开。会议宣读《中共固原市委办公室关于做好2021年度党报党刊发行工作的通知》，市新闻传媒中心、中国邮政集团有限公司固原市分公司相关负责人围绕提升办报办刊质量、如何做好党报党刊发行工作等内容进行交流发言。

是月，固原市致富不忘他人、捐资助学传播社会正能量的好村民杨治刚荣登10月“中国好人榜”——助人为乐好人榜单。

是月，固原市原州区开通未成年人保护救助热线“0954-2075460”。

是月，固原市顺利通过国家卫生城市技术评估。

是月，固原市新合配售电有限公司为宁夏新鑫盛建材有限责任公司开具10月份供电电费发票，是宁夏出具的首张增量配电电费发票。

是月，中国商飞第三批大飞机支教团走进西吉兴平中学开展“双十一”空军节科普活动，并在兴平中学成立航模队。

12月

1日，中国流动科技馆区域常态化巡展启动仪式在固原市青少年示范性综合实践基地举行。仪式展出各类农耕主题的科技前沿展品。

是日，固原市原州区杨郎村入选第十批全国“一村一品”示范村镇。

2日，固原市原州区和西吉县入选第三批节水型社会建设达标县（区）名单。

是日，固原市中级人民法院审判管理办公室荣获“全国法院信息化工作先进集体”称号。

3—4日，自治区党委副书记、自治区主席咸辉先后到原州区古雁街道小川子社区、“816小区”、中河乡小沟村、固原新华百货、闽宁合作建设的融侨（丰霖）肉牛生态产业园、原州区头营镇杨郎村调研脱贫成果巩固拓展和民生保障工作，并在社区乡村宣讲中共十九届五中全会精神。自治区领导张柱、马汉成参加调研座谈。

4日，自治区宣讲团到固原市宣讲中共十九届五中全会精神。自治区宣讲团成员、自治区党委统战部常务副部长、自治区民委党组书记陆军作宣讲报告。

是日，市司法局、市律师协会举行固原律师教育培训基地挂牌仪式暨2020年度固原市新执业律师宣誓活动。

4—5日，福建省厦门市采访团先后到彭阳县古城镇艾蒿产品加工扶贫车间、泾源县闽宁纺织园、闽宁电商扶贫产业园等地，开展“决战决胜——聚焦东西部扶贫协作”主题采访活动。

5日，宁夏农林科学院固原分院胡麻科研团队自主选育的胡麻新品种“宁亚23号”“宁亚24号”通过国家非主要农作物品种登记。

6日，中央组织部、中央宣传部公布“最美公务员”评选结果，原州区东峡村第一书记海萍入选“最美公务员”。

7日，由自治区党委宣传部、自治区残疾人联合会主办的“小康路上、奋斗有我”——全区自强与助残脱贫典型事迹宣讲团到固原市巡回宣讲。

8日，自治区党委常委、市委书记张柱会见长江医药集团党委书记、董事长罗明。固原市人民政府与长江医药集团签订合作框架协议。

是日，固原市召开司法体制改革专项小组会和全市政法领域全面深化改革推进会，学习贯彻全国、全区政法领域全面深化改革工作会议精神，听取政法部门工作汇报。

9日，中国国防大学教授李兵在固原市委理论学习中心组（扩大）学习会上，作题为“中国国家安全面临的挑战和对策”的专题讲座。

是日，六盘山红军长征旅游区被列入国家AAAAA级旅游景区创建名单。

10日，自治区党委常委、市委书记张柱到西吉县震湖乡李章村宣讲中共十九届五中全会精神和自治区党委十二届十二次全会精神，调研脱贫攻坚工作。

是日，固原博物馆联合固原一中举办“复华夏霓裳 扬民族之魂”汉服展演活动，向青少年弘扬传统文化。

11日，“上下联动，精准扶医”闽宁协作双边座谈会在固原市召开。会议深化闽宁对口帮扶合作，密切两地医院“精准扶医”关系，促进全市医疗服务能力和水平高质量发展。

是日，残疾人自强脱贫先进典型宁夏隆德电商创业者辛宝同在国新办记者见面会上介绍其创业脱贫的经历。

11—12日，眼科学术会议暨西部眼科联盟宁夏固原行活动在固原市人民医院举办。来自陕西省西安市第四人民医院的知名专家开展专题讲座和病例讨论。

14日，固原市青少年示范性综合实践基地入选第三批全国法治宣传教育基地。

15日，自治区党委常委、市委书记张柱督办市政协《关于加强社区建设，规范小区物业管理，提升管理水平的建议》办理工作。

是日，固原市城市管理局等5个单位入选"2019—2020年节约型公共机构示范单位"，西吉县人民法院获得"2019—2020年公共机构能效领跑者"称号。

16日，自治区党委常委、市委书记张柱主持召开市委专题会议。会议听取全市"十四五"规划编制专题研究成果汇报，各县区主要负责人汇报县区"十四五"时期工作谋划情况，市分管领导汇报纺织服装、生态经济、特色农业、文化旅游发展等15个重大主题专题研究成果，相关部门负责人汇报部门工作思路。

17日，固原市被文化和旅游部确定为第四批全国旅游标准化示范单位。

18日，西北最大蜂产品加工企业——宁夏众天蜂业生物科技有限公司在泾源县试投产。项目年设计产量5000吨。

是日，宁夏中南部城乡饮水安全连通工程分别在原州区、彭阳县受水区竣工验收。

22日，固原市人民政府与福建省漳州市明锋金银丝有限公司生态轻纺产业园项目签约仪式在固原举行。项目计划在固原经济开发区分期建立明锋生态轻纺产业园，总投资6亿元。

24日，固原市新闻传媒中心特别策划全媒体系列报道——《固原向党中央报告》，从"脱胎换骨新固原""脱贫攻坚固原'经'""总书记来过我们村"3个方面，全角度呈现固原脱贫攻坚成效。

26日，"铸就小康路 奋进新时代"——2021迎新年固原市首届本土音乐会在固原市会议中心上演。

26—27日，以"促进课堂教学改革 提升教育教学质量"为主题的固原市第七届基础教育论坛在市青少年活动中心举行。活动由市教育体育局主办，深圳城市学院和宁夏师范学院协办。

27日，自治区青少年高山滑雪锦标赛暨宁夏固原·泾源第二届冰雪文化体育旅游节在泾源县娅豪国际滑雪场开幕。

28日，以"崇德向善 德耀隆德"为主题的隆德榜样发布活动在县体育馆举办。活动表彰在脱贫攻坚、闽宁协作、抗击疫情等方面涌现出的先进集体和个人。

是日，固原市原州区荣获全国第五批率先基本实现主要农作物生产全程机械化示范县称号。

30日，固原市应对新冠肺炎疫情工作指挥部召开第十七次会议。会议安排部署"两节"期间疫情防控工作。

是日，固原市召开学习宣传贯彻《中华人民共和国退役军人保障法》座谈会。

是月，泾源县黄花乡上胭村发现黄嘴白鹭，属于国家二级野生保护动物。

是月，固原市医保电子凭证激活人数突破21万人，实现一码通办、无卡就医，使看病就医更加方便、快捷。

是月，福建省飞毛腿技师学院原州分校上新4条产学生产线，投入运营后年产值将达1500万元左右，能为当地提供近500个就业岗位。

（李　荣）

自然概貌

【地理位置】 固原市位于宁夏南部六盘山区，地处北纬35°14′~36°31′，东经105°19′~106°57′。东部与甘肃庆阳市、平凉市为邻，南与平凉市相连，西部与白银市分界，北与宁夏中卫市、吴忠市接壤。总面积1.05万平方千米，市区面积52.33平方千米。

固原是陕甘宁革命老区振兴规划中心城市，宁夏南部区域的政治、经济、文化中心，是国家179个公路交通枢纽之一。固原是丝绸之路东段北道必经之地，是历史上西北地区的经济重地、交通枢纽和军事重镇。

【地形地貌】 固原市位于中国黄土高原的西北边缘，境内以六盘山为南北脊柱，将固原市分为东西两壁，呈南高北低之势。海拔大部分为1500~2200米。受河水切割、冲击，形成丘陵起伏，沟壑纵横，梁峁交错，山多川少，塬、梁、峁、壕交错的地理特征。属黄土丘陵沟壑区。有六盘山高山丘陵区，葫芦河西部黄土梁、峁丘陵地区，葫芦河东部黄土梁状丘陵地区，茹河流域黄土梁、塬丘陵地区，清水河中上游洪积—冲积平原区，清水河中游西侧黄土丘陵、盆、塆区，清水河中游东侧黄土丘陵区等类型。

【地质土壤】 固原市在地层上处于华北地层和祁连地层区内，两区以龙首—六盘深断裂为界。华北地层区的次级单元为陕甘宁盆缘分区，彭阳县、泾源县、原州区的部分地区位于陕甘宁盆缘分区的平凉小区内，其余大部分地区位于河西走廊—六盘山分区的六盘山小区和北祁连分区的靖远—西吉小区内。平凉小区内地层分布特点是：下元古界、寒武系、奥陶系、石炭系至侏罗系均较为发育，但因黄土大面积掩盖，仅零星见于残山或沟谷中；下白垩统广泛分布，厚度较大；新生界较发育，遍布全市。固原在早白垩世接受了巨厚的河湖相碎屑岩沉积，砂岩中具铜矿化。靖远—西吉小区出露最老地层为下元古界，古生界只有中—下泥盆统；新生界分布最广，缺失古新统。大部分地区为第四系黄土覆盖，构成黄土丘陵。

【气候概况】 固原市地处黄土高原暖温半干旱气候区，属大陆性季风气候，气候特征为冬季漫长寒冷、春季气温多变、夏季短暂凉爽、秋季降温迅速，昼夜温差大，春季和夏初雨量偏少，灾害性天气多，区域降水差异大。2020年，全市平均气温在6.4℃~8.4℃，与历年同期值相比，各县（区）偏高0.2℃~0.8℃。月平均气温与历年同期值相比，7、8、10、12月偏低0.3℃~1.3℃，其他各月偏高0.2℃~2.3℃。全市年降水量在445.4~890.8毫米，与历年同期值相比，各县（区）偏多13.9%~44.1%，其中，原州区488.4毫米，偏多14.8%；西吉县445.4毫米，偏多13.9%；隆德县648.3毫米，偏多31.8%；泾源县890.8毫米，偏多44.1%；彭阳县561.5毫米，偏多26.8%。从各月来看，全市3、4、5、7、10月偏少，其他各月偏多，年蒸发量1753.2毫米，大于10℃的活动积温2000℃~2700℃，无霜期152天，绝对无霜期83天。

【河流湖泊】 固原市主要水系有清水河、泾河、葫芦河、祖厉河、颉河、乃河、红河、茹河等，地表水主要以清水河、泾河、葫芦河、祖厉河几大河流为主，年平均径流量7.28亿立方米。地下水总储量约3.24亿立方米，其中有0.8亿立方米因埋藏太深或矿化度高于5克/升而难以开采利用，真正能开发利用的有2.44亿立方米。

【主要山脉】 固原市六盘山呈南北走向，主峰美高山（米缸山）海拔2942米，为固原市最大、最高山脉。

月亮山海拔2633米,云雾山海拔2148米。另有黄峁山、太白山、九龙山、香炉山、马东山、白马山、米缸山、须弥山、五峰山、峁山尖山、灯盏山等山脉。

【矿产资源】 截至2020年年底,固原市已发现矿种29种,其中开发利用的有8种。主要有煤炭、水泥灰岩、石膏、建筑用砂、建筑石料、砖瓦黏土、矿泉水、地下水等。已探明的矿产有石油、天然气、煤炭、岩盐、石膏、石英砂、水泥用石灰岩、芒硝、磷、硫铁、花岗岩、闪长石、陶土等。其中石油储量4.9亿吨,煤炭储量7亿吨,已探明岩盐储量26.38亿吨(预测储量100亿吨),石英砂储量20亿吨,石灰岩储量2.2亿吨。共有持证非煤矿山企业49家,其中原州区23家(建筑用石料企业13家,建筑用砂企业2家,砖瓦用黏土企业8家),西吉县26家(砖瓦用黏土企业21家,建筑用砂企业5家)。

【动植物资源】 固原市现有野生植物和名贵珍稀动物:六盘山自然保护区经济价值较高的植物蕨菜、沙棘、发菜和国家重点保护的黄芪、桃儿七和北方少见的窝儿七、暴马丁香等。珍贵的树种有云杉、油松、华山松和水曲柳等。野生药材植物有530种,临床使用的有贝母、刺五加、三七、党参和当归数十种。林区还栖息着国家一类保护动物金钱豹,三类保护动物林麝、金雕、红腹锦鸡。六盘山区昆虫极为丰富,其优势类群有尺蛾、夜蛾、天蛾、常蛾、十二羽蛾、长角蛾、天蚕蛾和流萤等。其中,波水蜡蛾在北京农业大学仅有雌雄各一只标本,而在六盘山区却极为常见。褐纹十二羽蛾仅存于六盘山,国内其他地方尚无记录。

【环境质量】 2020年,固原市区环境空气质量良好以上天数355天,优良天数占比例97%,同比增加14天,环境空气质量连续12年位居全区第一。PM_{10}平均为52微克/立方米,与2019年同期(71微克/立方米)相比下降26.8%;$PM_{2.5}$平均值为25微克/立方米,较2019年同期(26微克/立方米)相比下降3.8%。泾河、渝河、茹河、葫芦河出境国控断面水质均为Ⅱ类,清水河出境国控断面水质均为Ⅳ类,水质优良比例达80%。12个集中式饮用水源地水质全部达到Ⅲ类饮用水水质标准。

【区域交通】 固原市处于西安、兰州、银川三省会城市所构成的三角地带中心。截至2020年,全市形成了以"567"(5条高速公路、6条普通国道、7条普通省道)为主骨架所构成的"5纵5横1环18联"路网结构。公路通车总里程达到10714千米,其中,高速公路327千米、一级公路142千米、二级公路902千米、三级公路1305千米、四级公路8038千米。公路密度77.27千米/百平方千米,高于全国和全区平均值。全市建有等级客运站60个,农村客运招呼站646个,公路载客汽车达到4661辆,开通客运班车485条,日均发班842次,道路客运辐射周围6个省45个城市。中(卫)宝(鸡)铁路、福(州)银(川)高速公路、312国道、309国道、101省道等纵横全境,四县一区全部通高速公路,交通便利。六盘山机场开通固原—银川、固原—西安、固原—上海、固原—天津、固原—福州、固原—重庆、固原—北京航线。

【重大天气气候事件及主要气象灾害】 2020年全市降水明显偏多、气温偏高。年内出现霜冻、冰雹、暴雨、连阴雨等气象灾害,对农业生产、人民生活、交通运输等造成一定影响。

霜冻。2020年4—5月,全市最低气温低于0℃,出现霜冻或轻霜冻,正处花期或幼果期的杏、苹果、梨等果树不同程度受灾,对产量造成一定影响。

冰雹。2020年5—9月全市共出现冰雹天气7次。

暴雨。2020年6—8月,全市出现暴雨天气4次。全市普降大雨,部分乡镇出现暴雨,累计降水量在11.4~150.4毫米,全市178个自动站累计降水量超过50毫米的站点有57个,其中12个自动站累计降水量超过100毫米;最大降水量和最大小时降水量均出现在隆德县张程乡,分别为150.4毫米、38.1毫米。

连阴雨天气。2020年8月,全市出现连阴雨天气,各县(区)累计降水量42.6~201.3毫米,最大降水量出现在泾源县黄花乡,为201.3毫米。其中隆德、彭阳两站8月中旬降水量为建站以来历史最大值。2020年夏季全市各县(区)降水量为289.5~587.98毫米,较历年同期偏多22.2%~71.1%。其中隆德、泾源两站降水量为1961年创建以来历史最大值。

(马成贵)

区划人口

【行政区划】 固原市辖四县一区,“四县”即西吉县、隆德县、泾源县、彭阳县,“一区”即原州区。2020年,固原市各县(区)共辖62个乡(镇),3个街道办事处,814个村委会,68个社区居委会。市人民政府驻地原州区。

【人口概况】 2020年,固原市常住人口114.21万人,其中,汉族人口60.59万人,占53.05%;其他少数民族人口0.15万人,占0.13%;回族人口53.47万人,占46.82%,是全国主要的回族聚居区之一。全市常住人口中,居住在城镇的人口为49.79万人,占43.60%;居住在乡村的人口为64.42万人,占56.40%。总人口性别比为103.40。

(杨平梅)

历史人文

【建置沿革】 秦朝时最早的行政建置始于秦惠文王时期(前337—前311)的乌氏县(在今原州区南)。秦昭王三十五年(前272)秦灭义渠戎,建朝那县,时乌氏、朝那皆属北地郡。

汉初沿秦旧制。西汉元鼎三年(前114),析北地郡置安定郡,郡治高平县(今原州区),共辖21县,属现固原的有高平、朝那、乌氏3个县和月氏道(今隆德县境)。东汉永初五年(111)三月,因羌族起义,安定郡寄理美阳(今陕西省武功县境)。东汉永建四年(129)四月,还治高平。东汉永和六年(141)十月,复徙扶风(今陕西省兴平市)。东汉建安十六年(211),郡治迁临泾(今镇原县)。

西晋仍属安定郡,郡治临泾。新置都卢县。

东晋有高平、朝那、乌氏、都卢四县。

南北朝时先后为北魏、西魏、北周属地。

北魏太延二年(436)置高平镇,北魏正光五年(524)改高平镇置原州,并置高平郡、高平县,郡治高平。原州领高平、长城两郡,高平、里亭、黄石、白池四县。北周置原州总管府,仍领两郡、四县。

隋开皇二年(582)废长城郡。开皇三年(583),废高平郡。隋大业三年(607),原州改平凉郡,郡治平高(今固原)。大业六年(610),废原州总管府,置牧监。

唐武德元年(618)废平凉郡复置原州。唐贞观五年(631)复置原州中都督府,唐至天宝元年(742)复改原州为平凉郡。唐乾元元年(758),废平凉郡复改原州。安史之乱陷吐蕃。

五代十国时,为吐蕃所据。

北宋至道三年(997)以故原州城设镇戎军(今原州区)。北宋咸平六年(1003)置彭阳城、笼竿城。北宋庆历元年(1041),镇戎军改属渭州隶泾源路。庆历三年(1043)以笼竿城建德顺军(今隆德县)。北宋绍圣四年(1097)置平夏城。北宋大观二年(1108)以平夏城置怀德军(今原州区黄铎堡镇)。金贞祐四年(1216),德顺升防御州,十月升节镇名陇安。

固原市行政区划一览表

表1

县(区)名称	乡(个)	镇(个)	街道办事处(个)	所辖乡、镇、街道办事处
原州区	4	7	3	三营镇 头营镇 官厅镇 张易镇 开城镇 彭堡镇 黄铎堡镇 寨科乡 炭山乡 中河乡 河川乡 南关街道办事处 古雁街道办事处 北源街道办事处
西吉县	15	4		吉强镇 兴隆镇 平峰镇 将台堡镇 新营乡 红耀乡 田坪乡 马建乡 震湖乡 兴平乡 西滩乡 王民乡 什字乡 马莲乡 硝河乡 偏城乡 沙沟乡 白崖乡 火石寨乡
隆德县	10	3		城关镇 沙塘镇 联财镇 陈靳乡 好水乡 观庄乡 杨河乡 神林乡 张程乡 凤岭乡 山河乡 温堡乡 奠安乡
泾源县	4	3		香水镇 泾河源镇 六盘山镇 黄花乡 大湾乡 兴盛乡 新民乡
彭阳县	8	4		白阳镇 王洼镇 古城镇 红河镇 新集乡 城阳乡 冯庄乡 小岔乡 孟塬乡 罗洼乡 交岔乡 草庙乡

金时升军为州，改镇戎军为镇戎州，德顺军为德顺州，废怀德军和西安州。现泾源县属平凉府安化县。

元至元七年（1270）镇戎、原州合并置镇原州。元至元十年（1273），安西王废原州，在开元堡建造王宫和官邸，置开成府路。元至治三年（1323）降开成府路为州。

明朝降开成州为县。明正统十年（1445）置固原巡检司，以“故原州”之名，“讳故而改固”得名。明景泰二年（1451），修古原州废城驻军戍守。明景泰三年（1452）闰九月，设固原守御千户所。明成化二年（1466），开成县迁固原千户所。明成化五年（1469）千户所升固原卫。明成化十年（1474）在固原增设陕西三边总制府。明弘治十五年（1502）复升开成县为固原州，州、卫同治一城。

清代顺治初，固原州属陕西省平凉府，后改固原道，连同三边总制府，固原卫均驻固原城。康熙初年，迁镇、设平凉道，治固原。雍正初年废固原卫，乾隆初年固原设平、庆、泾道，同治时改为平、庆、泾、固、化道，移治平凉。清同治十二年（1873）固原设直隶州，领硝河州判。

民国2年（1913），废固原州设固原县，属甘肃省泾源道，后属陇东行政公署。

民国25年（1936），中国工农红军自陕北西征入固原县境，在以庙儿掌为中心地带，成立固北县苏维埃政府。1938年，固北县撤销。

民国29年（1940），在固原设甘肃省第二区行政督察专员公署。

民国31年（1942），甘肃省在固原、海原、隆德、静宁、会宁5县边界地区设置西吉县，划固原的硝河、张易等乡村归西吉县。

1949年7月29日，化平县解放；1949年8月2日，固原县解放；1949年8月3日，隆德县解放；1949年8月9日，西吉县解放；1948年8月11日，海原县解放。

1949年10月，固原县、隆德县、海原县、化平县属甘肃平凉专区，西吉县属定西专区。

1950年9月18日，化平县更名为泾源县。

1953年10月，甘肃省西海固回族自治区（专区级）成立，辖西吉、海原、固原3个县。

1955年11月18日，经国务院批准，西海固回族自治区改名为固原回族自治州。

1958年10月25日，宁夏回族自治区成立，撤销固原回族自治州，成立固原专区，辖西吉、海原、固原、隆德、泾源5个县。

1970年11月14日，固原专区改为固原地区行政公署，行署驻固原县，辖固原、海原、西吉、隆德、泾源5个县。

1983年7月29日，经国务院批准，划固原县东南、东北部共15个公社置彭阳县。当年固原地区置固原、海原、西吉、隆德、泾源、彭阳6个县。

2002年7月，固原撤地设市，改固原地区为固原市，固原县改称原州区。固原市辖海原县、西吉县、隆德县、泾源县、彭阳县和原州区。

2003年12月31日，经国务院批准，中卫市成立，划固原市海原县为中卫市管辖。固原市辖西吉县、隆德县、泾源县、彭阳县和原州区。

2004年年底，固原市下辖西吉县、隆德县、泾源县、彭阳县和原州区。共辖65个乡（镇）、1个街道办事处、27个居委会、1047个行政村。

2008年2月，划原州区北部的黑城镇、七营镇、甘城乡归中卫市海原县管辖。

2009年7月，固原市政府批准将原州区所属的1个街道办事处重新划分为3个街道办事处，居委会由15个调整为23个。

2014年8月，经宁夏回族自治区人民政府批准，撤销彭阳县红河乡改红河镇。

2017年2月，经宁夏回族自治区政府常务会议审议通过，固原市西吉县将台乡撤乡建将台堡镇。

【文化名胜】 固原市积淀了深厚的文化底蕴，所辖原州区被命名为“中国民间文化艺术之乡”，隆德县被命名为“中国书法之乡”，西吉县被命名为“中国文学之乡”。截至2020年，全市共有旅游景区14个，其中国家AAAA级旅游景区6个，国家AAA级旅游景区6个，国家AA级旅游景区2个。境内分布有颇具特点的自然景观和人文景观，南端是国家级自然保护区和森林公园，其中六盘山是中国工农红军长征翻越的最后一座大山，毛泽东的壮丽诗篇《清平乐·六盘山》名扬中外。老龙潭、二龙河、鬼门关、凉殿峡、野荷谷、白云山六大景区的70多个景点以奇特的高山峡谷地貌、流泉瀑布和特有的植物资源在群峰环抱中大放异彩。中部是以固原博物馆为中心的固原古城、战国秦长城、安西王府遗址等构成的文化旅游区，其中固原博物馆是第一批国家一级博物馆，馆藏文物1万余件，其中，国宝级文物3件，一级文物123件（组），二级文物2008件（组），三级文物3816件（组）。北部以中国十大石窟之一的须弥山石窟为中心，有火石寨丹霞地貌构成的云台山、石城、扫帚林及红军长征途中毛泽东参观过的单南清真寺、红军长征会师的将台堡，震湖和地震遗迹。

【名人俊彦】 固原，古称大原、高平、萧关、原州。西汉元鼎三年（前114）建城，位于宁夏回族自治区南部，是宁南区域中心城市，地处黄土高原六盘山北麓清水河畔，是丝绸之路必经之地，也是北方游牧文明与中原文化交汇处。史书记载其"左控五原，右带兰会，黄流绕北，崆峒阻南，据八郡之肩背，绾三镇之要"，历史文化底蕴深厚，地理位置十分重要，自古就是兵家必争之地。名人辈出，涌现出众多杰出人物，引领时代，推动社会进步，为固原的建设和发展作出了历史性贡献。

翻阅华夏历史，有无数帝王将相都与这片土地结下了不解之缘。秦昭襄王修筑长城，汉武帝六出萧关，东晋时匈奴首领赫连勃勃于高平创业，唐太宗亲临瓦亭观看牧马，宋朝范仲淹修筑城寨拒西夏，成吉思汗避暑六盘山，明代杨一清等人不遗余力开拓牧场……都显示了历史对这块土地的极大关注。

固原历史悠久，钟灵毓秀，名人辈出。自古至今，涌现出众多杰出人物和先进典型。乌氏倮谷量牛马，史列货殖首富；皇甫谧研究医理，针灸《甲乙经》传播中外；北周开国勋臣李贤，拥节巴湘敦煌；隋代著名循吏梁彦光，政惠岐下中州；曲端坚决抗金，不甘偏安，遭遇可歌可泣；张中彦开六盘道、创"鼓子卯"，才能亦智亦巧。近代，豆斌血溅北疆，绘像紫光阁；马彪发奋自雄，誓践提督位；董福祥金戈铁马，抗击侵略者；张赞绪为陇上开拓学校教育第一人；李淑芳是县内自学成才女学者。现代，赫光组织"平定兵变"，打响华北革命第一枪；孙寿名献身民主革命，面对敌特凶焰，义无反顾；抗日英雄陈良璧，孤胆赤心，以身报国；爱国将领韩练成，出入虎穴，效忠革命；王兆璜坚持地下斗争十年。众多英豪，皆使山河生辉，足激后来奋进。当代更是英杰辈出，王振举、路小固等，他们是固原"三苦"精神和"激情固原"的杰出代表，是山区建设的宝贵精神资源。

【革命遗址】 截至2020年年底，固原市共有红色遗址69处，其中，新民主主义革命时期的革命遗址26处。1935年8月15日，中国工农红军第二十五军在军长程子华、副军长徐海东、政委吴焕先的率领下，进入西吉县兴隆镇单家集一带，宣传党和红军的民主抗日主张及各项方针政策，制定和执行党的民族宗教政策，团结和争取广大回族群众一起参加革命，产生了重大影响。10月22日，中国工农红军一、二方面军在西吉县将台堡胜利会师，宣告国民党反动派消灭红军的图谋彻底失败，标志着中国共产党和红军北上抗日战略转移胜利实现。1936年5月，中央决定组织西方野战军，由彭德怀任司令员兼政治委员，向国民党军事力量薄弱的甘肃、宁夏进军。先后在固原七营（今中卫市海原县辖内）、黑城（今中卫市海原县三合镇）、杨郎一带活动。红军长征、西征期间，在固原地区建立中共固北县委、中共固原县工委，是固原党的

表2 固原市革命遗址一览表（26处）

县（区）名称	革命遗址	革命遗址总数	国家级文物保护单位	国家级爱国主义教育基地
原州区	张易堡红军长征毛泽东宿营地旧址 红军长征固原青石嘴战斗纪念碑 固原革命烈士纪念碑 韩练成将军故居遗址	4	0	0
西吉县	单家集红军长征纪念地 公易镇红军长征纪念碑 中国工农红军长征兴隆镇纪念碑 平峰镇红军长征纪念亭 中国工农红军将台堡长征会师纪念碑 海固起义主要领导人马国瑞策划起义窑洞旧址 海固起义主要领导人马思义故居	7	1	0
隆德县	六盘山红军长征纪念馆 红二十五军军部遗址 中央红军翻越六盘山小水沟遗址	3	0	1
泾源县	龙潭革命烈士纪念亭	1	0	0
彭阳县	小含沟毛泽东长征宿营地旧址 乔家渠毛泽东长征宿营地旧址 中共红河地下党支部旧址 中共小园子地下党支部旧址 中共峁堡地下交通站旧址 中共麻子沟圈地下党支部旧址 中共固北县草庙区委旧址 安家川乡苏维埃政府旧址 中共固原县委草庙旧址 中共固北县二龙山区委旧址 彭阳县任山河烈士陵园	11	0	0
合计		26	1	1

历史上抗日民主建政的红色标志，1939年成立宁夏最早且坚持到解放的中共红河地下党支部。

（薛　强）

城市地标

【六盘山红军长征纪念馆】 六盘山红军长征纪念馆位于隆德县境内的六盘山上，是国家AAAA级旅游景区，总面积12平方千米，海拔2832米，距固原市区50千米，距隆德县城14千米，312国道、101省道、银(川)平(凉)公路从山下通过。2005年9月18日落成，由纪念馆、纪念碑、纪念广场、纪念亭、吟诗台5个部分组成。其中，纪念馆由1986年所建的六盘山红军长征纪念亭改扩建而成，占地面积2159平方米，由展厅、纪念碑、红旗造型的影壁墙、青铜雕塑等部分组成展览内容包括“红军不怕远征难”“红旗漫卷西风”“三军过后尽开颜”“不到长城非好汉”4个部分，展示了红军长征中的上百件遗物、文物、图片资料，仿制了毛泽东主席住过的窑洞等，再现了中国工农红军长征3次经过六盘山区时的斗争历史以及六盘山儿女在长征精神的鼓舞下建设家园的情景。2005年以来，六盘山红军长征纪念馆先后被评为“爱国主义教育示范基地”“全国青少年教育基地”“国防教育示范基地”和“全国干部教育基地”。

【六盘山国家级森林自然保护区】 六盘山国家级森林自然保护区位于312国道以南六盘山脉南段，境内有六盘山主峰——美高山，海拔2942米，自然保护区总面积4.2万公顷。保护区内有高等植物118科、382属、788种，其中，种子植物86科、337属、729种，经济价值较高的植物48科、150种，有国家保护植物胡桃、黄芪、桃儿七、水曲柳4种，特有植物紫穗鹅冠草、四花早熟禾、六盘山棘豆3种，党参、贝母、黄芪、窝儿七、红毛七、五味子、六叶三七、六黄、鹿蹄草等贵重药用植物39种。栖居的脊椎动物有24目、54科、213种，国家一级保护动物有金钱豹、林麝、红腹锦鸡、勺鸡、金雕等14种，在“中日候鸟协定”中受到保护的鸟类有草鹭、绿翅鸭、青头潜鸭、白尾鹞、大杜鹃、白腰雨燕、金腰燕等34种。有昆虫17目、123科、905种，属珍贵的有金蝠蛾、丝带凤蝶、黑凤蝶、波纹水蜡蛾、褐纹十二羽蛾等。还有20科、41种苔藓植物。“十三五”期间，六盘山林区共有天然林和人工林40920公顷的水源涵养林基地，森林覆盖率由33.8%上升到74.2%，林木总蓄积达218万立方米，价值7.2亿元，随着林木面积的增长，林区形成迥然不同的自然景观，被称为黄土高原上的“绿岛”“湿岛”和“天然植物园”。保护区一次可调蓄降水8700万立方米，具有为附近地区蓄水、供水，防洪、减少泥沙、净化空气、调节气候、防风固沙等作用，有效维持了生态平衡。保护区周边6个县、18个乡、93个自然村，居住人口20万人，林区每年为群众提供价值100万元以上的烧柴4000万公斤，农民从林区采集野草、野果、药材，割箭竹等的收入达130多万元。1988年，经国务院批准六盘山为国家级自然保护区。

【西吉火石寨国家森林公园】 西吉火石寨国家森林公园位于西吉县城以北15千米的火石寨乡，东距六盘山140千米，须弥山景区28千米，总面积98平方千米，是我国北方面积最大的丹霞地貌分布区，也是我国迄今发现的海拔最高的丹霞地貌群。2002年12月，自治区人民政府常务会议原则同意建成自治区级自然保护区。保护区具有生物的多样性，其中天然林面积达0.2万公顷，板石窑是保护区的中心区域，天然林面积达1286.6公顷，植被茂盛，种类繁多，有高等植物54科、148属、216种，其中蕨类植物5科、5属、6种，裸子植物1科、3属、3种，被子植物48科、140属、207种。公园的天然林面积为西吉之最，覆盖率达80%。同时具有重要的水资源涵养功能和生态旅游功能，其内的云台山石窟、禅佛寺石窟等人文景观历史悠久。西吉火石寨国家森林公园是国家AAAA级旅游景区，被誉为“中国最壮美丹霞地貌”“中国的科罗拉多大峡谷”。

【彭阳姚河塬西周文化遗址】 姚河塬遗址位于彭阳县新集乡姚河村北部，是宁夏南部泾水上游地区首次发现的大型西周遗址。遗址面积62万平方米，分为晚商、西周、东周3个时期，以西周为主，东周其次，晚商遗存最少。遗址分居址区、墓葬区和作坊区。居址区位于遗址中部，其内发现水网、路网、壕沟、墙体、灰坑等，其中水网系统包括蓄水池、输水渠、出水渠和引水渠4个部分。墓葬区位于遗址东北部，面积约5万平方米，共钻探出墓葬、马坑、车马坑、祭祀坑50余座。遗址东区的东北部勘探发现高等级墓葬50余座，出土文物种类非常丰富，有陶器、瓷器、青铜器、玉器、骨器等，是发现甲骨文最西北的边地。作坊区位于墓葬区西南侧，勘探出道路、窑址、灰坑、水渠、蓄水池等，其中灰坑多为圆形和椭圆形，灰坑中出土有陶片、动物骨骼、陶范、铜工具、玉石器等。遗址自2017年5月发现后，宁夏文物考古研究所持续开展红河流域区域系统考古调查，先后在此发现仰韶晚期、齐家文化、西周、战国秦汉及宋元时期遗存。姚河塬遗址的发现证明西周王朝对西部疆域的管理采用的是“分封诸侯，藩屏王室”模式。遗址为了解西周国家的政治格局、周王朝与西北边陲地区的关系提供了珍贵的新资料,对研究先周文化的起源和形成、西周王朝建立后对西部边缘地区控制管理模式等具有重要研究价值,同时为研究3000年以前的西周早期历史提供了丰富的实物资料,填补了西周历史研究的空白,也填补了宁夏地方史研究的空白。2018年4月10日,彭阳姚河塬遗址入选“2017年度全国十大考古新发现”。2019年10月7日,被国务院确定为第八批全国重点文物保护单位古遗址项目。

(李　强)

国民经济和社会发展

【经济结构】　2020年,固原市实现生产总值352.46亿元,按可比价格计算,比上年增长5.6%。其中,第一产业增加值71.95亿元,增长4.1%;第二产业增加值69.13亿元,增长12.3%;第三产业增加值211.38亿元,增长3.9%。经济结构由上年的18.5∶19.3∶62.2转变为2020年的20.4∶19.6∶60,第一产业比重提高1.9个百分点,第二产业比重提高0.3个百分点,第三产业比重下降2.2个百分点。

【居民消费价格指数】　2020年,固原市居民人均消费支出12680.4元,比上年增长9.7%。按常住地分,城镇居民人均消费支出21041.4元,增长6.6%;农村居民人均消费支出9699.2元,增长11.4%。

【固定资产投资】　2020年,固原市固定资产投资(不含农户)下降9%。地方固定资产投资中,第一产业投资比上年增长2.6%,第二产业投资下降31.9%,第三产业投资下降23.6%。工业投资下降31.9%,占固定资产投资(不含农户)的比重为19.2%。基础设施投资下降29.4%,占固定资产投资(不含农户)的比重为22.4%。民间固定资产投资下降44.5%,占固定资产投资(不含农户)的比重为9.8%。

【国内贸易】　2020年,固原市社会消费品零售总额120.82亿元,比上年下降5.3%,按经营地统计,城镇消费品零售额下降5.3%;乡村消费品零售额下降5.4%。按行业类型统计,批发业下降11.7%,零售业下降1.9%,住宿业下降6.2%,餐饮业下降15.6%。在限额以上单位商品零售额中,粮油、食品类零售额比上年增长51.7%,饮料类下降8.3%,烟酒类增长1.0%,服装、鞋帽、针纺织品类下降18.7%,化妆品类下降35.1%,金银珠宝类下降73.5%,日用品类下降20.7%,家用电器和音像器材类下降增长7.0%,中西药品类增长18.6%,文化办公用品类增长27.9%,石油及制品类增长24.7%,汽车类增长0.7%。

【农业与农村经济】　2020年,固原市实现农林牧渔业总产值76.74亿元,同比上年增长3.8%。全市粮食种植面积314.94万亩,比上年增加12.04万亩。其中,小麦种植面积60.32万亩,增加0.21万亩;玉米种植面积125.01万亩,增加0.15万亩;马铃薯种植面积94.86万亩,增加8.34万亩。蔬菜种植面积44.86万亩,减少2.84万亩。全年全市粮食总产量91.31万吨,比上年增加4万吨,增长4.6%。其中,夏粮产量12.58万吨,增长1.1%;秋粮产量78.73万吨,增长5.2%。全年全市小麦产量11.59万吨,增长3.4%;玉米产量43.4万吨,下降0.9%;马铃薯产量31.93万吨,增长11.7%。全年全市蔬菜产量197.20万吨,比上年下降0.58%。全年全市肉类总产量7.62万吨,比上年增长0.5%。其中,猪肉产量1.57万吨,增长6.3%;牛肉产量4.14万吨,增长1.6%;羊肉产量1.42万吨,下降0.8%;禽肉产量0.49万吨,下降18.2%;禽蛋产量1.26万吨,下降28.3%。年末,全市生猪存栏17.92万头,增长12.2%;生猪出栏19.35万头,增长3.6%;肉牛存栏57.26万头,增长25.9%;肉牛出栏26.35万头,增长4.0%;羊存栏78.49万只,增长3.9%;羊出栏76.59万只,下降4.6%;活家禽存栏154.63万羽,下降3.1%;活家禽出栏220.19万羽,下降22.5%。固原市坚持“调减过剩、低效作物种植,扩大短缺、高效作物种植”的原则,调优产业结构。制定《固原市农业产业结构优化调整指导意见(2020—2022)》,全市马铃薯加工转化率、小杂粮加工转化率、畜禽加工能力、果蔬加工能力分别要提升到60%以上、40%以上、10%以上和30%以上。固原市新增以籽粒苋、油菜为主的观光农作物3万亩,新培育农业特色产业观光点10个,打造田园综合体5个、三星级以上农家乐35家,发展农业物联网应用示范点5个、特色农产品电商经营主体20家,新加盟全国性知名农产品批发市场5家,新开拓外埠销售市场5个,创建农产品营销推广网点10个,打造中国驰名商标3个、自治区著名商标10个,认证绿色食品40个、有机食品5个。

【工业和建筑业】　2020年,固原市全部工业增加值38.8亿元,比上年增长8.4%;规模以上工业增加值增长8.3%。在规模以上工业中,按照轻重工业分,轻工业增加值增长7.7%,重工业增长8.4%;按照经济类型分,国有控股企业增加值增长5.8%,股份制企业增长8.5%,国有企业增长5.2%,外商及港澳台商投资企业下降2.4%,私营企业增长41.5%,非公有制工业增长11.5%;按照门类分,采矿业增加值增长5.6%,

制造业增长16.7%,电力、热力、燃气及水生产和供应业增长0.8%。全年全市规模以上工业中,化学原料和化学制品制造业增长21.9%、医药制造业增长33.9%、农副制品加工制造业增长20.9%、水的生产和供应业增长56%、煤炭开采和洗选业制造6.4%、非金属矿采选业下降2.7%、食品制造业下降8.2%、纺织制造业下降0.2%、文教工美体育制品制造业下降36.7%、橡胶和塑料制品制造业下降6.1%、非金属矿物质制造业下降7.5%、电力热力生产和供应业下降3.5%、燃气生产和供应业下降2.4%。工业产品销售率为97.7%。全年全市规模以上工业企业实现利润7.8亿元,比上年下降30.7%。按照经济类型分,国有控股企业实现利润3.0亿元,下降30.2%;股份制企业7.6亿元,下降29.6%,外商及港澳台商投资企业0.4亿元,下降20.0%。按照门类分,采矿业实现利润2.7亿元,下降33.3%;制造业3.3亿元,下降32.7%;电力、热力、燃气及水生产和供应业1.8亿元,下降18.2%。全市14个"3个100"重点项目完成投资8.5亿元,编制完成现代纺织服装产业实施方案,研究制定纺织服装产业公共政策。建立拟入规样本及重点扶持培育企业库并新增企业入库24家,新增规上企业11家;新培育"专精特新"(示范)企业13家;引进伊赛肉牛养殖屠宰加工全产业链、长江医药产业园项目签约落地;落实天楹垃圾发电固废利用示范企业等项目资金2000余万元。全市具有资质的总承包和专业承包建筑业企业68家,全年完成建筑业总产值41.9亿元,比上年增长21.7%。建筑业企业房屋建筑施工面积110万平方米,同比下降12.7%;房屋竣工面积64.3万平方米,同比下降9.1%;竣工产值15.5亿元,同比增长11.5%。全市城镇新开工项目85个,新增太阳能与建筑一体化应用面积35.53万平方米,竣工项目11个,建筑面积7.04万平方米,执行现行节能标准率100%。严格验收建筑工程新型墙体材料的使用,以节能门窗备案为抓手,推进节能外门窗的建筑应用,推广认定备案新型墙体及节能产品材料厂家20个。

【城乡建设和招商引资】 2020年,固原市人民代表大会常务委员会通过《关于加强海绵城市建设的决定》,固原市全面推广海绵城市建设。全市开工建设城市建设项目32项,其中,海绵城市续建项目25项,新建金城路等城市道路及管网5条2.37千米,改造兴康路1.07千米,实施清水河城市亮化项目1项。全市累计摸排出农村危房改造对象6289户(含2019年超计划完成的其他贫困户3114户),并全部改造完工(其中,原州区摸排改造2474户,西吉县3093户,隆德县45户,泾源县232户,彭阳县445户),完成投资4.8亿元。推进农村住房调查评估和抗震宜居农房建设工作,安排部署各县(区)利用"宁夏抗震宜居农房在线监管信息系统"App,调查评估和定位辖区所有农户住房,确保不漏一户、不漏一房,完成抗震宜居农房改造1822户。建设美丽小城镇12个,其中,原州区2个(寨科乡、炭山乡),西吉县7个(白崖乡、田坪乡、什字乡、西滩乡、王民乡、红耀乡、硝河乡),隆德县1个(张程乡),彭阳县2个(小岔乡、交岔乡)。建设美丽村庄19个,其中,原州区2个(田堡村、黄堡村),西吉县8个(民联村、二岔马、村南岔村、麻子湾村、白台村、阳庄村、羊路村、王沟村),隆德县3个(桃园村、杜堡村、清泉村),泾源县3个(先进村、下胭村、沙塘村),彭阳县3个(沟口村、中庄村、北洼村)。在美丽小城镇和美丽村庄建设中,实施公园、道路、管网、污水处理设施、路灯等基础设施工程建设。美丽小城镇完成投资16970.9万元,美丽村庄完成投资7863.91万元。固原市委、人大、政府、政协主要领导、分管领导带队外出招商18次,各县(区)主要领导招商65次,小分队招商136批次,洽谈项目200多个,签约130多个。邀请福建省长乐市、深圳纺织行业协会、上海现代服务业联合会等30多批次考察团、20多家企业高管实地考察。开展产业精准招商百日行动,推进已落地项目建设。促成在谈转协议项目9个,完善协议项目3个,推进项目18个。

【社会事业】 2020年,固原市城镇新增就业9092人,比上年减少221人。年末,城镇登记失业率为3.26%,比上年下降0.31个百分点。全市共完成劳务输出33.14万人,比上年增长4.9%;实现劳务总收入71.57亿元,比上年增长5.4%。年末,全市参加城镇职工基本养老保险人数10.3万人,比上年末增加0.63万人。参加城乡居民基本养老保险人数65.99万人,增加4.4万人。参加基本医疗保险人数134.08万人,增加5.47万人。其中,参加城镇职工基本医疗保险人数10.87万人,增加1.48万人;参加城乡居民基本医疗保险人数123.21万人,增加3.99万人。参加失业保险人数7.47万人,增加0.68万人。参加工伤保险人数10.97万人,增加1.31万人。参加生育保险人数8.26万人,增加1.74万人。2020年,固原市再次提高城乡居民最低生活保障标准,城市低保保障标准由每人每月560元提高到600元,财政月人均补差水平不低于420元,较提标前月净增40元;农村低保保障标准由每人每年3800元提高到4560元,财政月人均补差水平不低于266元,较提标前年净增760元,低保提标后全市近18万名低保对象直接受益。新建"老饭桌"

23个,原州区、西吉县、隆德县“老饭桌”已投入使用。全市累计争取自治区科技专项资金6028万元,市、县(区)安排科技项目资金4744万元(其中市本级1980万元),2019全社会R&D(科学研究与试验发展)经费投入1.42亿元,投入强度0.44%。实施科技型企业梯队培育计划,新增国家高新技术企业家3家(共8家)、自治区科技型小巨人企业3家(共7家)、自治区农高新企业1家、国家级科技型中小企业24家、自治区科技型中小企业达到72家、市级科技型中小企业133家。获批自治区工程技术中心3个,备案组建自治区技术创新中心13个。科技专家库专家达到383名,全市科技特派员达到777名。年末,全市共有各级各类学校939所,教职工21190人。全年学前教育毛入园率86%,小学学龄人口入学率100%,初中生毛入学率122.34%,小学六年巩固率98.70%,初中三年巩固率98.63%,九年义务教育完成率80.24%。全市文化系统共有艺术表演团体8个、博物馆9个。全市共有公共图书馆6个、文化馆6个、档案馆6个。全市有线广播电视在册用户数8.97万户,广播节目综合人口覆盖率为98%,电视节目综合人口覆盖率为97%。年末,全市共有医疗卫生机构1172个,其中二级以上公立医院16所;民营医疗机构190家,其中民营医院21所,个体诊所169家;基层医疗卫生机构954个,其中,卫生院68个,城市社区卫生服务机构25个,村卫生室861个;专业公共卫生机构12个,其中,疾病预防控制中心6个,卫生监督机构6个。年末,全市有卫生技术人员8347人,其中,执业医师和执业助理医师3699人,注册护士4455人。全市医疗卫生机构实有床位7350张,其中,医院5927张,基层医疗卫生机构1423张。全年全市累计诊疗人次348.52万人次,入院人数13.39万人次。

(曹　祥)

中国共产党固原市委员会

综述

【概况】 2020年,中国共产党固原市委员会带领全市广大干部群众,全力打赢疫情防控、脱贫攻坚、全面小康"三场硬仗",守好"三条生命线",生态优先、绿色发展的高质量发展新路子迈出坚实步伐,"五美融合"发展格局加快构建,全面建成小康社会取得历史性成就,决战脱贫攻坚取得决定性胜利,全面从严治党纵深推进,为开启现代化新征程打下了坚实基础。全年实现生产总值352.46亿元,按可比价格计算,比2019年增长5.6%,地方一般公共预算收入同比下降10.8%,城乡居民人均可支配收入分别增长4.6%和12.1%。

【政治建设】 2020年,固原市将学习宣传贯彻习近平总书记视察宁夏重要讲话精神作为首要政治任务,举办市委中心组学习会22次,围绕习近平总书记视察宁夏重要讲话精神、"守好三条生命线"举办专题研讨班6次、专题讲座4次,带动各级党委(党组)学习研讨1900多场次,分期分批对全市处科级党员干部、村"两委"成员全覆盖轮训。依托融媒体、新媒体、微传播等平台面向市、县区宣讲团开展集中宣讲845场次,各级领导干部带头宣讲510余场次,开展"我来讲"700余场次,市县媒体开设专栏,刊发、转发相关报道680多篇(条)。充分发挥367个文明实践中心(站所)和861名驻村(社区)第一书记宣传员作用,纵深贯彻总书记重要讲话精神。

【转型升级】 2020年,固原市聚焦调优一产、突破二产、配套协同三产,推动三次产业优化升级,对标自治区9个重点产业,召开现场推进会2次,明确纺织服装、生态经济、特色农业、文化旅游重点培育发展产业4个。建成宝发农牧等重点产业项目61个,引进华人礼服、明锋金银丝、福建长乐纺织产业园、河南伊赛、长江医药等项目,全年引进龙头企业8家,新增规上企业10家,培育新增入库限上企业13家,产业类项目占比首次突破50%,达到55.13%。制定农业结构调整实施意见,调增高效农作物105万亩,加快农业农村部农牧交错带产业结构调整,建设草畜产业、肉牛改良"示范区",固原肉牛产业集群项目被列入全国50个优质特色产业集群。

【创新发展】 2020年,固原市牢固树立越是贫困地区越要实施创新驱动战略的理念,将创新作为第一动力,整合国家、自治区各类科研院所在固原设立的试验室(站)15个,组建产业技术研究院,建成草业等国家级试验站5个、"四个一"林草产业等技术中心3个,引进中国农科院等科研团队6个,全市R&D经费投入1.42亿元,投入强度0.44%,培育国家高新技术企业9家、自治区科技小巨人企业7家。推行"政府+企业"市场化运作模式,深化与宁夏旅投战略合作,推动文化、旅游挖潜提质,全年累计接待国内游客542.3万人,接待国内游客总收入25.76亿元。形成"1+1+1+N"推进模式(每1个重点产业配有1套包抓专班、1组科研团队、N个龙头企业)。

【生态建设】 2020年,固原市开展南部水源涵养区建设,启动创建"国家森林城市",推行工程化、标准化、专业化、区域化造林模式,一体推进森林、草原、湿地、流域、农田、城市"六大生态系统"建设,实施生态建设项目47个,累计完成绿化造林64万亩,新建水源涵养林23.34万亩,森林覆盖率30.1%,和泉村等15个村入选"国家森林乡村"。实施"四个一"林草产业工程,突出抓好示范推广和产业链培育,因地制宜试验示范40多种林草花苗。推广泾源幸福农家"123"工程,发展庭院经济5万亩。固原市人民代表大会立法出台《关于加快推进"四个一"林草产业发展的决定》,成立宁夏六盘山生态产业有限责任公司,联合国开行、农发行争取授信建设资金200亿元,引进陕西海升等企业39家,建立"企业+合作社+农户"利益联结机制,示范推广"四个一"林草产业229万亩,建设示范园102个、37.14万亩;全市域推广幸福农家"123"工程,家家户户建好1个幸福大院、种好2个园子、栽活3棵树,带动发展庭院经济5万亩。

【民生服务】 2020年,固原市实施就业创业攻坚行动,出台稳就业30条,打好减负稳岗、困难补贴、定向招录等"组合拳",保障退役军人、高校毕业生、农民工等重点群体就业,全年城镇新增就业9092人,登记失业率3.26%;转移农村劳动力33.14万人,实现收入71.57亿元。深化教师素质、教育质量"双提升"行动,打造自治区级"互联网+教育"示范校5所,学前教育毛入园率86%、普惠性幼儿园占比98.9%,义务教育实现均衡发展趋势。坚持以健康固原为统领,深化医疗服务和质量"双提升"行动,城市医联体、县域医共体实现全覆盖,联合三甲医院41家建立对口帮扶关系,召开全区"互联网+医疗健康"现场会。创成国家公共文化服务体系示范区。

【重点改革】 2020年,固原市实现重点领域改革纵深推进,全面完成47类、147项改革任务。实施高标准市场体系建设行动,引导7家市属国有企业围绕市场做强主业。全面推进农业农村改革,完成承包地确权登记颁证、农村集体产权制度改革试点工作,面向全区推广集体林地"三权分置"改革经验。深化"放管服"改革,加快推进"163"政务服务模式市域一体化,"跑一次""网上办"占比分别达到90%以上;推进"证照分离""多证合一"改革,全年个体工商户增长16.8%。完成市场监管、生态环境保护、森林公安、文化市场、交通运输等6个领域综合执法改革。紧盯东部产业转移,加快推进纺织产业园规划建设,提升发展"一区四园",招引落户锐捷网络、罗普特科技等新业态。集中开展作风整治活动,持续优化政务环境、市场环境、法治环境和人文环境,开放型环境营造实现新提升。主动融入宁夏内陆开放型经济试验区建设,加强与京津冀、长三角、珠三角及周边陕甘青等地区产业合作,深化闽宁协作,实施招商引资合同项目116个、实际到位资金144亿元。

【基层治理】 2020年,固原市围绕乡村、社区、宗教、校园、企业、社团6个重点领域治理,制定出台完善基层治理体系、提高基层治理能力"1+6"意见和方案。构建严密组织体系,梳理子项43个、重点任务160项、工作措施542条。健全责任体系,实行市委统一领导,每个领域成立专班1个,由市委常委和副市长牵头,主管部门具体负责,相关部门全力配合,明确任务清单和时间表、路线图,挂图作战,清单管理,压茬推进。健全保障体系,为基层党建、社区服务、物业管理、校园环境等6个领域设立专门机构,配备专(兼)职人员,初步实现事有人干、有人管。厘清治理边界,为乡镇下放权力45项,实行基层政务服务"一网通办"。面向全国推广乡风文明积分卡模式;"家门口"服务站覆盖全市90%以上的行政村,小额取款、电费缴纳等43项事项实现办理不出村。

【从严治党】 2020年,固原市深入总结"不忘初心、牢记使命"主题教育,深化"担当新使命、展现新作为"学习实践活动,引导广大党员干部自觉做到"三个不动摇"。专题听取市人大、政府、政协、法院、检察院党组工作汇报,健全清单式责任分解、常态化责任落实、全过程责任考评"三个体系",明确市委43项责任清单和班子成员111项任务清单。落实自治区党委"三优"政策,深化"三大三强"行动,完善"双评双定"正向激励、反向监督机制,对39个基层党组织1781名党员亮黄星。开展农村基层党建"抓乡促村、整乡推进、整县提升"行动,实施扶持壮大村集体项目223个,集体经济"空壳村"全部清零,村集体经济实现10万元以上的村达535个,整顿软弱涣散和薄弱村党组织157个,全面部署村(社区)"两委"换届工作。开展"让党中央放心、让人民群众满意"模范机关创建,模范机关达到30%以上。实施"六项行动",社区党组织—网格党支部—楼栋党小组实现全覆盖,社区服务、依法治理、应急动员、居民自治"四个能力"逐步提升,非公和社会组织党组织覆盖率分别达到75%、80%。加强党员教育管理,整顿农村发展党员违规违纪问题255例。

(马六一)

重要会议

【中共固原市第四届委员会第七次全体会议】 2020年5月15日在固原市会议中心召开。全会以习近平新时代中国特色社会主义思想为指引,深入学习贯彻党的十九届四中全会精神和习近平总书记视察宁夏重要讲话精神,认真学习贯彻自治区党委十二届十次全会精神,审议通过了《中共固原市委员会关于贯彻落实自治区党委〈完善基层治理体系提高基层治理能力的若干意见〉的意见》,讨论了《固原市决战脱贫攻坚决胜全面建成小康社会考核办法》《固原市高质量发展综合绩效考核办法》。

【中共固原市第四届委员会第八次全体会议】 2020年8月11日在固原市会议中心召开。全会坚持以习近平新时代中国特色社会主义思想为指导，深入学习贯彻习近平总书记视察宁夏重要讲话精神，全面贯彻落实自治区党委十二届十一次全会精神，审议通过了《中共固原市委员会关于深入学习贯彻习近平总书记视察宁夏重要讲话精神全面落实自治区党委十二届十一次全会〈决定〉的实施意见》《中共固原市委员会关于建设黄河流域生态保护和高质量发展先行区美丽新固原实施方案》。自治区党委常委、固原市委书记张柱代表常委会作讲话。自治区副主席、市委副书记、市长马汉成分析上半年全市经济形势，安排部署下半年经济工作。

【市委常委会会议】 四届市委第一次常委会会议于2020年1月19日在市委常委会议室召开。会议通报了2019年市委常委会议定事项办理落实情况。传达学习习近平总书记"不忘初心、牢记使命"主题教育有关重要讲话精神；传达学习中央农村工作会议、全国扶贫开发工作会议精神；传达学习自治区党委书记陈润儿到固原慰问调研精神、自治区两会精神；传达学习自治区十二届人大三次会议和自治区政协十一届三次会议精神、自治区党委书记陈润儿在参加自治区十二届人大三次会议固原代表团审议时的讲话精神；传达学习自治区党委政协工作会议、《中共宁夏回族自治区委员会关于新时代加强和改进人民政协工作的实施意见》精神。审议《关于召开中共固原市第四届纪律检查委员会第五次全体会议的请示》；审议《关于全市开展"担当新使命、展现新作为"学习实践活动的实施方案》；审议《关于增补市委机构编制委员会组成人员的请示》。

四届市委第二次常委会会议于2020年1月28日在市委常委会议室召开。会议传达学习习近平总书记在中央政治局常委会会议研究新型冠状病毒感染的肺炎疫情防控工作时的重要讲话精神、自治区党委常委会（扩大）会议精神，并研究贯彻意见。审议《关于成立固原市委应对新型冠状病毒感染肺炎疫情工作领导小组和指挥部的建议》《关于加强新型冠状病毒感染肺炎疫情工作的决定》。

四届市委第三次常委会会议于2020年2月13日在市委常委会议室召开。会议传达学习中央政治局常委会会议和习近平总书记重要讲话精神，自治区党委常委会（扩大）会议暨应对新冠肺炎疫情工作领导小组第四次会议、全区新冠肺炎疫情防控工作视频会议精神，研究部署下一步疫情防控工作。

四届市委第四次常委会会议于2020年2月24日在市委常委会议室召开。会议传达学习习近平总书记在中央统筹推进新冠肺炎疫情防控和经济社会发展工作部署视频会议上的重要讲话精神、全区持续抓好疫情防控和保持经济平稳运行视频会议精神，研究贯彻意见。听取市应对新冠肺炎疫情工作指挥部关于疫情防控的工作汇报；听取全市近期重点工作汇报，研究部署持续抓好疫情防控和保持经济平稳运行有关工作；听取2019年市委巡察工作汇报。审议《固原市直各部门（单位）党组（党委）市纪委监委派驻纪检监察组线索处置、谈话函询、初步核实及审查调查工作简易流程规范（试行）》和《固原市加强党委（党组）纪检监委（纪检监察组）日常监督工作规范（试行）》；审议《固原市应对新冠肺炎疫情分区防控工作方案》《固原市应对新冠肺炎疫情工作指挥部第6号公告》。

四届市委第五次常委会会议于2020年3月2日在市委常委会议室召开。会议通报2020年第一次、二次、三次常委会议定事项落实情况；通报自治区党委办公厅《关于中卫市有效防控监测处置1例国外输入新冠肺炎确诊病例的通报》。传达学习习近平总书记在中共中央政治局常委会会议上分析新冠肺炎疫情形势、研究近期防控重点工作时的重要讲话精神；传达学习自治区党委书记陈润儿在自治区党委2020年第十一次常委会会议上的讲话精神，并研究贯彻意见；传达学习自治区党委书记陈润儿在国务院应对新型冠状病毒肺炎疫情联防联控机制综合组《关于切实做好新型肺炎聚集性疫情防控工作的紧急通知》上的批示精神；传达自治区党委组织部《关于组织党员自愿捐款支持新冠肺炎疫情防控工作的通知》；传达学习自治区党委政法工作会议精神。听取市疫情防控指挥部疫情防控工作汇报，审议《关于进一步加强外防输入严防疫情反弹的通知》。

四届市委第六次常委会会议于2020年3月11日在市委常委会议室召开。会议传达学习习近平总书记在决战决胜脱贫攻坚座谈会上的重要讲话精神；传达学习习近平总书记在中共中央政治局常务委员会会议研究当前新冠肺炎疫情防控和稳定经济社会运行重点工作时的重要讲话精神；传达学习自治区党委书记陈润儿在自治区党委2020年第十二次常委会会议上的讲话精神；传达学习全国、全区统战部长会议精神、全区组织部长会议精神。听取市人民政府党组关于全市第一季度经济社会运行情况的汇报。审议《关于应对新冠肺炎疫情影响强化政策落实促进消费升级的措施（送审稿）》《关于加大劳动力转移就业助力打赢脱贫攻坚战的若干措施（送审稿）》；审议市疫情工作指挥部《关于严格政策落实保障群众出行的通知》《固原市应对新型冠状病毒感染肺炎疫情工作指挥部第8号公告》;审议市人民政府党组《固原市养老综合服务中心公建民营实施方案(送审稿)》。

四届市委第七次常委会会议于2020年3月19日在市委常委会议室召开。会议通报2020年第四次、第五次常委会议定事项落实情况。传达学习全国宣传部长会议、文明办主任会议和全区宣传部长会议、文明办主任会议精神;传达学习自治区党委书记陈润儿在自治区党委应对新冠肺炎疫情工作领导小组第七次会议上的讲话精神。审议市疫情工作指挥部《固原市建立同疫情防控相适应的经济社会运行秩序实施方案》,听取学校开学前准备工作汇报。

四届市委第八次常委会会议于2020年4月2日在市委常委会议室召开。会议传达学习习近平总书记对四川西昌市经久乡森林火灾作出的重要指示精神,听取全市安全生产工作汇报;传达学习习近平总书记在中共中央政治局会议分析国内外新冠肺炎疫情防控和经济运行形势,研究部署进一步统筹推进疫情防控和经济社会发展工作时的重要讲话精神;传达学习自治区党委常委会议暨应对新冠肺炎疫情领导小组第九次会议精神;传达学习《中共中央办公厅关于印发〈党委(党组)落实全面从严治党主体责任规定〉的通知》;传达学习中央纪委办公厅《印发〈关于切实加强7省区2020年扶贫领域腐败和作风问题专项治理工作的指导意见〉的通知》精神;传达学习全国、全区离退休干部"双先"表彰大会,全国、全区老干部局长和编办主任会议精神;传达学习自治区党委纪念自治区人大设立常委会40周年暨人大工作座谈会精神。审议市纪委监委《2020年固原市全面从严治党、党风廉政建设和反腐败工作主要任务分工方案(送审稿)》;审议市委退役军人事务领导小组办公室、市拥军优属拥政爱民领导小组办公室《关于推荐全区爱国拥军模范单位(个人)和表彰全市双拥模范单位(个人)、优秀退役军人、退役军人工作先进单位(个人)的请示》;审议市委组织部《关于设立市社会保险事业管理中心党组的请示》。

四届市委第九次常委会会议于2020年4月16日在市委常委会议室召开。会议传达学习习近平总书记在中共中央政治局常委会会议研究部署落实常态化疫情防控举措、全面推进复工复产工作时的重要讲话精神、习近平总书记关于安全生产的重要指示精神;传达学习自治区党委决胜全面建成小康社会工作会议、全区重大项目建设工作会议精神;传达学习全市脱贫攻坚"四查四补"情况汇报;传达学习汪洋同志在脱贫攻坚约谈会议上的讲话精神,《中办、国办关于2019年脱贫攻坚成效考核情况的通报》,国务院扶贫开发领导小组脱贫攻坚成效考核和专项巡视"回头看"发现问题整改工作会议精神。听取固原市高质量发展指标体系和目标任务分解及考核办法情况汇报、2020年全市重点项目建设及重大项目储备情况汇报、2018年全市全面建成小康社会监测情况汇报。通报国务院扶贫办关于2019年宁夏脱贫攻坚成效考核情况。审议《固原市扎实开展脱贫攻坚督战工作方案》。研究固原市劳动模范评选表彰工作领导小组办公室关于2020年固原市劳动模范和先进工作者推荐评选工作的请示。

四届市委第十一次常委会会议于2020年4月27日在市委常委会议室召开。会议通报2020年第六次、第七次、第八次常委会议定事项落实情况;通报2019年度自治区效能目标管理考核固原市情况、自治区党委组织部《关于反馈2019年度干部选拔任用工作"一报告两评议"结果的函》。传达学习习近平总书记在中共中央政治局会议研究部署抓紧抓实抓细常态化疫情防控工作、分析研究当前经济形势和经济工作时的重要讲话精神,听取市政府党组一季度经济运行情况汇报,审议市疫情工作指挥部《关于落实常态化疫情防控举措全面恢复正常生产生活秩序的通知》;传达学习自治区党委书记陈润儿到固原调研脱贫攻坚、生态建设情况;传达学习自治区省级领导干部维护政治安全专题研讨班精神。听取市政府党组关于全市"大棚房"清理、违建别墅问题清查整治和农村乱占耕地建房问题清理前期工作情况汇报。审议市委宣传部《中共固原市委关于弘扬长征精神、发扬"三苦"作风的意见》《固原市深化拓展新时代文明实践中心建设试点工作实施方案》。研究市委督查检查考核领导小组《关于2019年度县(区)部门(单位)效能目标管理考核结果的请示》;研究市"我身边的战'疫'模范"推选活动办公室《关于上报自治区"我身边的战'疫'模范"初步建议人选的请示》。

四届市委第十二次常委会会议于2020年5月12日在市委常委会议室召开。会议通报"五一"期间全市纠治"四风"和领导干部值班值守督查情况。传达学习习近平总书记在4月29日、5月6日中共中央政治局常务委员会会议上的重要讲话精神;传达学习自治区党委2020年第十八次常委会(扩大)会议暨应对新冠肺炎疫情工作领导小组第十一次会议精神;传达学习全区脱贫攻坚普查工作专题会议精神。审议市政府党组《关于促进民营经济加快发展的实施意见配套五项制度(送审稿)》。研究关于召开市委四届七次全体会议事宜;研究市委组织部有关事宜。

四届市委第十三次常委会会议于

2020年6月8日在市委常委会会议室召开。会议宣布有关干部任职决定,通报2020年第九次、第十一次、第十二次常委会议定事项落实情况;通报教育部部长陈宝生西吉县调研教育脱贫攻坚工作情况;通报自治区党委宣传部《贯彻落实〈中国共产党宣传工作条例〉调研反馈问题》,并研究贯彻意见。传达学习全国两会精神;传达学习自治区领导干部守好改善生态环境生命线专题研讨班精神;传达学习《中国共产党党校(行政学院)工作条例》、全国全区党校(行政学院)校(院)长会议和全区县级党校(行政学校)建设座谈会精神;传达学习自治区党委2020年第二十次常委会会议精神;传达学习《中国共产党宣传工作条例》;传达学习全国巡视工作会议暨十九届中央第五轮巡视动员部署会、十二届自治区党委第八轮巡视工作动员部署会精神,研究贯彻意见。审议市政府党组《固原市全面落实"六保"任务工作方案(送审稿)》;审议市创建国家卫生城市领导小组《"防疫有我,爱卫同行"城乡人居环境整治百日行动实施方案(送审稿)》。听取市委党校工作情况汇报。

四届市委第十四次常委会会议于2020年6月15日在市委常委会议室召开。会议传达学习习近平总书记视察宁夏时的重要讲话精神,部署贯彻落实工作;传达学习自治区党委2020年第二十一次常委会(扩大)会议精神,研究贯彻落实工作。

四届市委第十五次常委会会议于2020年7月1日在市委常委会议室召开。会议传达学习自治区党委领导干部学习贯彻习近平总书记视察宁夏时的重要讲话精神、专题研讨班精神;传达学习《中国共产党政法工作条例》,研究贯彻意见;传达学习平安宁夏建设协调小组第一次会议暨市域社会治理现代化试点工作会议精神,研究贯彻意见;研究《关于成立平安固原建设协调小组及办公室建议名单》;传达学习全区机关党的建设暨创建"让党中央放心、让人民群众满意"模范机关工作会议精神;传达学习全区持续解决形式主义突出问题为基层减负推进会精神。审议《中共固原市委政法委员会政治督察工作办法(试行)》《中共固原市委政法委员会纪律作风督查巡查工作办法(试行)》。审议市人民政府党组《固原市创建国家森林城市实施方案(送审稿)》;审议市纪委监委《关于探索建立"三不"治理机制切实加强市管干部监督管理的实施意见(送审稿)》。听取市关心下一代工作委员会工作情况汇报;听取市人民政府党组关于创建国家生态文明城市进展情况的汇报;听取关于固原市副厅级领导干部和一级二级巡视员推荐情况的汇报。

四届市委第十六次常委会会议于2020年7月15日在市委常委会议室召开。会议传达学习习近平总书记关于进一步做好防汛救灾工作的重要批示。

四届市委第十九次常委会会议于2020年8月25日在市委常委会议室召开。会议传达学习习近平总书记对制止餐饮浪费行为作出重要指示精神,向全国广大医务工作者、全国青联学联会议及广大青少年作出的重要论述、重要指示和贺信精神;传达学习自治区党委书记陈润儿在中共固原市委员会关于市委四届八次全会专题报告上的批示。审议市委宣传部《关于成立固原市创建全国文明城市暨巩固提升自治区文明城市指挥部的建议方案》和《固原市创建全国文明城市暨巩固提升自治区文明城市工作实施方案》。听取固原市创建国家卫生城市工作情况汇报;听取市委统战部"三化"治理工作进展情况汇报;听取市县党校建设情况汇报。

四届市委第二十一次常委会会议于2020年9月18日在市委常委会会议室召开。会议宣布自治区党委有关干部任职决定。传达学习习近平总书记视察安徽、吉林、山西、陕西、浙江、湖北、北京、云南等地重要讲话精神;传达学习习近平总书记在经济社会领域专家座谈会上的重要讲话精神和对"十四五"规划编制工作的重要指示、人民警察队伍授旗时的训词;传达学习习近平总书记在中央第七次西藏工作座谈会上的重要讲话精神;传达学习全国抗击新冠肺炎疫情表彰大会精神;传达学习自治区建设黄河流域生态保护和高质量发展先行区第二次推进会精神;传达学习自治区党委书记陈润儿在督导西吉县脱贫攻坚工作座谈会上的讲话精神。听取固原市脱贫攻坚展示馆布展情况汇报。审议《固原市红十字会改革方案(送审稿)》。

四届市委第二十三次常委会会议于2020年10月27日在市委常委会议室召开。会议传达学习习近平总书记在中央政治局常务委员会会议、深圳经济特区建立40周年庆祝大会、纪念中国人民志愿军抗美援朝出国作战70周年大会、2020年秋季学期中央党校(国家行政学院)中青年干部培训班开班式、中央财经委员会第八次会议上的重要讲话精神;传达学习《中共中央关于印发〈中国共产党中央委员会工作条例〉的通知》《中共中央国务院关于印发〈黄河流域生态保护和高质量发展规划纲要〉的通知》;传达学习全国、全区扫黑除恶专项斗争第三次推进会精神,听取全市扫黑除恶专项斗争工作情况汇报,研究部署下一步工作;传达学习全国、全区政法领域全面深化改革推进会精神。传达学习《自治区党委办公厅关于印发〈党委(党组)意识形态工作责任制实施细则〉的通知》。听取市政府党组关于2020年前三季度全市经济运行情况汇报,研究部署下一步工作。通报固原市考察团赴河南省、湖北省、广东省开展招商考察和项目对接情况。

四届市委第二十五次常委会会议于2020年12月11日在市委常委会议室召开。会议通报2020年第二十一次、第二十二次、第二十三次、第二十四次常委会会议议定事项落实情况。传达学习习近平总书记在全面推动长江经济带发展座谈会、浦东开发开放30周年庆祝大会、江苏省考察、全国劳动模范和先进工作者表彰大会、中共中央政治局会议、中央全面深化改革委员会第十六次会议上的重要讲话,对推进农村土地制度改革、做好农村承包地管理工作的重要批示;传达学习习近平总书记在中央全面依法治国工作会议上的重要讲话;传达学习习近平总书记对平安中国建设的重要指示精神和平安中国建设工作会议精神,中央政法委员会书记郭声琨到宁夏调研座谈会精神及平安宁夏建设工作会议精神;传达学习十九届中央第六轮巡视工作动员部署会、中央巡视指导督导部署会、市县巡察工作西北片区调研座谈会和十二届自治区党委第十轮巡视工作动员部署会精神;传达学习中央组织部深入贯彻落实《党政领导干部考核工作条例》电视电话会议精神;传达学习自治区党委十二届十二次全会精神;传达学习全区村(社区)“两委”换届工作会议精神;传达学习全区信访工作联席会议精神。听取全市信访工作汇报;听取全市人口普查工作进展和整改情况汇报;听取全市党内法规执行情况汇报,安排部署有关工作。研究市红十字会党组《关于召开固原市红十字会第三次全市会员代表大会的请示》。

四届市委第二十六次常委会会议于2020年12月18日在市委常委会议室召开。会议传达学习习近平总书记在中央政治局会议、中央政治局常务委员会会议、中央政治局第二十六次集体学习、党外人士座谈会上的重要讲话;传达学习自治区党委、人民政府、宁夏军区《关于加强新时代党管武装工作的实施意见(试行)》。听取全市党风廉政建设和反腐败工作情况汇报;听取2020年全市意识形态工作责任制落实情况汇报;听取市人大常委会党组、政府党组、政协党组和法院党组、检察院党组工作汇报。

(齐佩佩)

综合工作

【统筹协调】 2020年,固原市委办公室配合自治区党委办公厅高质量完成自治区建设黄河流域生态保护和高质量发展先行区第二次推进会,筹备召开市委四届七次、八次全会,固原市建设黄河流域生态保护和高质量发展先行区观摩研讨会、市委政协工作会议等全市性会议12次,市委常委会27次、书记专题会13次。协调服务市委领导各类调研活动30余次。举办全市党内法规、信息调研工作培训班,切实提升办公室系统综合能力。

【督查办理】 2020年,固原市委办公室紧盯中央和区、市党委决策部署,研究制定《固原市2020年督查检查考核工作计划》,确定督查检查考核事项35项。建立健全计划统筹、督查台账、联合督办、调研督查等制度10项,围绕《市委、政府2020年重点工作任务落实清单》,组织开展中央第八巡视组反馈问题整改“回头看”、自治区党委第五巡视组巡视反馈问题整改“回头看”、疫情常态化防控等专项督查检查15次,下发督查通报5期,通报反馈、督促整改问题40余条,有效发挥督查“利剑”作用。全年跟踪督办落实市委常委会议定事项102项,办结率88.24%。扎实开展市委书记“人民网·领导留言板”网民留言跟踪办理,累计跟踪办理书记留言46件,办理率100%。制订市委、市政府年度发文开会计划,实行限额审批。截至2020年年底,市委和市政府共发文185件、开会115次,同比分别减少10.19%、26.28%。

【公文收发】 2020年,固原市委办公室严格执行《党政机关公文处理工作条例》。累计办理各类文件1841件,转办自治区领导批示件50余件,发文569件。严格落实电报办理责任制,明确电报办理流程和时限要求,做到收发及时、办理高效,确保中央和区市党委政令畅通,全年累计接收电报948份,发送电报129份,传阅办理1748份,高质量服务保障视频会议105场。编制完成《固原市安可替代工程实施方案》,面向市直分发安可终端1714台并完成安装测试。

【保密工作】 2020年,固原市委办公室加大宣传教育培训力度,举办全市保密工作专题培训班;筹备召开市委保密委员会会议,出台市委保密委工作规则和办公室工作细则;对32个重点部门开展保密专项检查,下发整改通知,并跟进抓好落实。

【备案审查】 2020年,固原市委办公室加大对是否同党章和党的理论路线方针政策、国家法律法规、党内法规和上位规范性文件相一致的审核力度,坚决剔除不合法、不合规、不符合政策的内容。累计向自治区党委办公厅报备市委出台的党内规范性文件37件,报备及时率达100%。累计备案审查部门和各县区党内规范性文件326件,纠正4件,提醒28件。

(吴婧卓)

组织建设

【概况】 2020年,固原市委组织部全面贯彻新时代党的建设总要求和党的组织路线。按照“10+2”专项整治方案,整改完成中央和自治区党委巡视反馈的问题78个。开展“五个一”(读一本党史书籍、看一部红色教育片、听一次红军在六盘山讲座、瞻仰一次革命旧址、开展一次主题突出特色鲜明的主题党日活动)初心体验活动。组织抽调市、县(区)7080名党员干部下沉到8601个村、社区参与疫情防控工作。聚焦打赢脱贫攻坚战,开展脱贫攻坚“四查四补”,制定4个方面、17项具体任务、60条措施,动员第一书记、驻村工作队和2.3万名帮扶责任人,走访农户29.3万户,排查问题30769个,全部整改落实。深化“干部作风转变年”活动,印发《关于弘扬长征精神发扬“三苦”作风的意见》,开展“优化营商环境、整治吃拿卡要”专项行动,坚决反对不正之风。

【农村基层党组织工作】 2020年,固原市委组织部深化农村党建“三大三强”行动和“两个带头人”工程,区市县累计投入党建工作经费2.5亿元,新建、改扩建村级活动场所79个,村干部年人均报酬达到3.09万元。开展基层骨干队伍和人才队伍建设专题调研,在《共产党员》《宁夏党建研究》《宁夏工作研究》刊登高质量调研报告,制定成果转化措施36条。加大选优配强力度,调整村党组织书记43名,清理、处理村干部52名,全面推广原州区“育苗工程”,培养储备后备干部2286名。派强用好驻村帮扶干部,落实待遇保障,督促发挥“五大员”(民族宗教政策“宣传员”、脱贫富民“领航员”、基层党建“组织员”、基层治理“助推员”、农民群众“服务员”)作用。市、县(区)加大教育培训力度,举办乡村干部培训班49期,培训8407人次,选派150名村党组织书记外出培训,支持39名村干部参加重庆大学学历提升教育。实施“一抓两整”示范县乡创建行动,制定任务清单、施工图、时间表,细化16项重点任务、43条推进措施,实行挂图作战、专班推进、清单管理,创建示范村553个、示范乡镇20个。市、县(区)组建70个工作指导组开展村(社区)“两委”换届工作,摸排确定157个软弱涣散及工作后进驻村党组织、51个换届重难点村,制定“一村一策”预案,提升整顿效率。印发换届工作通知和实施方案。构建“党委统领、部门联动、乡镇主导、村级落实”工作格局,建立联席协调机制,组织召开3次会议部署推进。加强党建引领乡村治理,为乡镇下放权力83项,固原市95%的行政村实现“家门口”服务站,面向全国推广乡村文明积分卡“兴盛模式”,面向全区推广泾源县幸福农家“123”工程,评选全国乡村治理示范村2个。西吉县将台堡镇明台村、隆德县城关镇杨店村被中组部确定为推动组织振兴建设红色美丽村庄首批试点。

【城市基层党组织工作】 2020年,固原市委组织部基层党建引领城市基层治理,落实“四联四化”机制。开展社区骨干队伍建设情况专题调研,建立街道办事处权力清单,构建社区党委(党总支)—网格(小区)党支部—院落(楼栋)党小组纵向到底的组织体系,调整划分社区网格419个,成立网格党支部(小组)348个、院落(楼栋)党小组202个,设楼栋长2771名、单元长5220名。向社区选派第一书记66名,协调新建扩建活动阵地7个。落实机关和企事业单位党组织、在职党员到社区“双报到、双报告”制度,党员干部联系困难家庭3200户,认领“微心愿”520个。

【学校和医院党组织工作】 2020年,固原市委组织部加强对教育卫生工作的领导,调整校(院)长10名,确保7所中小学开展党组织领导下校长负责制试点工作,向民办学校选派党组织书记、副书记2名。实施“双培双带”行动和教师医师素质、教育医疗质量“双提升”行动,充分发挥党员的先锋模范作用,以党建引领师德师风、医德医风建设。开展“守初心、担使命、战疫情、促发展”主题党日活动,激励广大医护工作者积极投身疫情防控一线。固原市医疗卫生单位直接参与疫情防控工作医护人员5417人,支援湖北医护人员61人。固原市38名医护人员被评为全区抗击新冠肺炎疫情先进个人,1人被评为全国先进个人。

【国有企业党组织工作】 2020年,固原市委组织部制定《贯彻落实〈国有企业基层组织工作条例(试行)〉的若干措施》任务清单,明确11项重点任务、26项推进措施。出台《固原市属国有企业党委研究讨论重大经营管理事项清单示范文本》《固原市属国有企业党建工作责任制实施办法》,规范国有企业议事决策机制,建立权力清单和责任清单。扎实有序推进国企退休人员社会化管理工作,完成288名国有企业退休党员组织关系转接工作。深入开展国有企业党建“质量提升”和“问题检视集中整治”两项活动,加强党支部规范化建设,推动党建工作与生产经营互促共进。

【非公有制经济组织和社会组织党组织工作】 2020年,固原市委组织部实施“五强五促”行动,推行“非公工委+行业(综合)党委+支部”模式,持续优化组织设置,调整基层党组织隶属关系13个,及时清理、撤销“空壳”党组织8个,提升“两个覆盖”质量,固原市非公有制经济组织和社会组织党组织覆盖率分别达到75%与79.8%。开展“党支部规范化建设年”活动,创建党建工作示范点8个,制定发展党员政审联审、班子成员近亲属入党报告联审、档案集中管理3项制度,建立党务工作者保障激励机制,为157名党务工作者发放津贴37.68万元,发放以奖代补资金24万元。

【工作制度保障】 2020年,固原市委组织部健全完善干部教育培训“五大体系”,落实《2019—2023年固原市干部教育培训规划》,拓展“干部素质提升年”活动成果,推进教育培训项目化管理,统筹市直各部门(单位)培训需求,围绕理论武装、提升专业能力、强化党性教育、全面从严治党4个专题,系统、精准开展培训。在成都、长沙、厦门等地举办“固原市领导干部推进高质量发展”“实施乡村振兴战略推进农业农村高质量发展”等专题培训30期,培训处科级干部3600余人次;选派112名干部参加自治区党委组织部举办的各类培训班。拓宽干部培养、锻炼渠道,选派28名优秀年轻处科级干部到福建省、自治区厅局、团市委、市信访局挂职锻炼。制定“九条措施”,加强支部管理规范化建设,设定5大类、28项指标,实行量化评分、以分定级。严格落实《党的领导干部选拔任用工作条例》,树立鲜明的选人用人导向,调整任免县处级干部(含职级晋升)13批次、440名。建立督促换届工作台账和党委(党组)书记联系党支部工作制度,联系党支部362个。开展领导干部个人有关事项报告专项整治工作,印发《领导干部个人有关事项报告政策汇编》200册,制定《领导干部报告个人有关事项易错易漏40点》,完成523名处级领导干部个人有关事项报告的填报审核,如实报告率同比2019年增加16.1%。落实“三个区分开来”和容错纠错及受处理处分干部教育管理使用办法,晋升受处理处分期满且表现优秀的处科级干部47名。制定《关于全力做好一线医务人员及其家属保障工作的通知》,多方面给予一线医务人员倾斜和保障。面向全区率先兑现乡镇公务员津贴,调整后乡镇工作人员收入高于县直机关同职级人员20%以上。坚持把选人用人视野聚焦到基层和脱贫攻坚主战场,注重提拔表现优秀的县(区)党政班子成员,脱贫攻坚一线、疫情防控一线和承担急难险重任务的干部。

【党员及党务工作者管理】 2020年,固原市委组织部制定发展党员指导性计划,全年共发展党员1347名,发展农村党员663名,在疫情防控一线发展党员11名。制定第一书记和驻村工作队疫情防控工作任务清单,明确7项任务,倡导脱贫攻坚工作队就地化为疫情防控工作队。落实党内关怀帮扶政策,向127名生活困难党员、老党员、因公殉职和牺牲党员等家庭发放专项资金27.2万元。开展党员信教和参与宗教活动整治“回头看”工作,原州区实施党员教育管理“12311”模式(规范化建设一本台账,切实摸清底数;流出流入两地双重管理落实责任;视频会议、微信群和学习强国3个平台抓活管理教育;一年开展一次走访慰问,加大关怀力度;一年进行一次民主评议,开展正向激励反向监督),彭阳县开展农村领域违规违纪发展党员排查整治工作,核查认定违规违纪发展党员255例。分层级、分行业开展党务工作者专业能力素质培训,举办党组织书记、党务工作者培训班75期,累计培训9588人次。

【公务员管理】 2020年,固原市委组织部贯彻实施公务员法,规范招录、选调、登记、培训、考核等步骤,实现科学化管理。完成疫情防控常态下公务员考试固原考区笔试工作,10474名考生圆满完成笔试,招录公务员197人,招录“985”“211”“双一流”高校选调生28人,为市直部门(单位)一次性选调 “80后”公务员64名,优化固原市公务员队伍年龄、学历、专业等结构。健全公务员考核奖惩机制,推行公务员平时考核,突出“两个把关”(单位党委党组把好工作实绩关、派驻纪检监察组把好廉洁自律关),按时兑现发放季度考核奖,激发干事创业积极性。分类管理专业技术类、行政执法类公务员,组织重新认定参公单位,完成“两项改革”人员过渡登记工作。

【人才工作】 2020年,固原市委组织部坚持党管人才原则,落实《关于进一步深化人才工作改革发展助推打好创新驱动攻坚战的实施意见》等人才政策,人才资源总量占人力资源总量12.5%,人才密度7.4%,同比2019年增长0.3%。实行人才工作领导小组实体化运作机制,实施“五大人才工程”(重点产业人才工程、名师名校名校长培养工程、医疗人才“双优”工程、“六盘文化名家”提升工程、农村实用人才培养工程)。争取自治区党委组织部、农业农村厅资金支持1080.9万元,开展林草、马铃薯、冷凉蔬菜、特色小杂粮等培训384期,培训各类专业技术人员、农村实用人才和高素质农民等2万余人次。制定《固原市“名师名校名校长”培育工程实施方案》《固原市名师工作室管理办法》等文件,重点培养新确定的“六盘名师”100名、“六盘名校长”30名,推进51所“六盘名校”建设,筛选新建“名师工作室”15个。开展文化助推脱贫攻坚行动,组织20多位国家级和自治区级骨干作家,深入脱贫攻坚一线,采写报告文学20篇,举办“弘扬黄河文化”2020宁夏文学周固原站活动,举办文化人才培训班

3期,培训各类文化文艺人才111名,举行研讨会4场次、文学讲座13场次,表彰“六盘山”文学奖获奖作家4名,文学新人2名。依托自治区农村实用人才培训示范基地建设,结合“1+4”特色农业产业发展,制定《固原市农村实用人才培(实)训基地管理办法(试行)》《固原市农村实用人才评价管理暂行办法》等办法,构筑农村实用人才示范培训基地21个(累计95个),开展农业特色产业实用人才培训201期、10079人,培训草畜产业农民42期、2108人。

(倪全栋)

宣传工作

【概况】 2020年,固原市委宣传部为固原市经济社会发展构筑强大的思想根基。制定的乡村文明实践积分卡——《文明实践“小积分”兑出乡风文明新时尚》被中宣部列入2020年宣传思想文化工作案例、被中央农村工作领导小组办公室秘书局和农业农村部办公厅评为第二批全国乡村治理典型案例。固原市“扫黄打非”办公室荣获2020年全国“扫黄打非”先进集体称号。荣获自治区党委宣传部“我的国防观——全媒体互动观点分享活动”优秀组织奖。

【理论学习宣传】 2020年,固原市委宣传部坚持以全面推动习近平新时代中国特色社会主义思想、中共十九届五中全会精神和习近平总书记视察宁夏重要讲话精神落地见效、走深走实为主线,建立理论学习中心组成员包抓分管领域理论学习机制,理论学习中心组成员巡听旁听实现全覆盖。依托新时代文明实践中心(所、站),组建社科理论、六盘巾帼、“五老一新”等8支宣讲队,常态化开展面向基层群众的宣讲1800余场次。健全宣讲队伍“纵深推进学”,市直部门党组织结合实际明确专兼职宣传人员,为固原市62个乡镇和3个街道办事处全部配齐宣传委员,为861个行政村(社区)全部配备宣传员。

【《中国共产党宣传工作条例》学习调研】 2020年,固原市委宣传部将《中国共产党宣传工作条例》纳入各级党委(党组)理论学习中心组学习重要内容,固原市各级党委(党组)理论学习中心组普遍组织传达学习2次以上。市委理论学习中心组和市委宣传思想工作领导小组多次召开会议,对《中国共产党宣传工作条例》《贯彻落实〈中国共产党宣传工作条例〉监督检查办法》反复学习,研究贯彻落实意见。举办固原市学习贯彻《中国共产党宣传工作条例》专题培训班,邀请自治区党委讲师团专家围绕“贯彻落实习近平总书记关于宣传思想工作重要思想的重大制度成果”,对固原市各部门(单位)分管领导、市直宣传文化系统干部等200余人进行辅导讲解。固原市宣传系统开展《中国共产党宣传工作条例》专题培训。制定《关于认真贯彻执行〈贯彻落实《中国共产党宣传工作条例》监督检查办法〉的通知》,组织开展固原市条例学习贯彻情况调研和意识形态工作责任制落实情况专项检查。调研督查24个市直部门党委(党组)、5个县(区)和10个乡镇、15个县直部门。结合市委三轮巡察对20个市直部门(单位)意识形态工作责任制落实情况进行专项检查。

【主流媒体宣传】 2020年,固原市委宣传部聚焦决胜全面小康、决战脱贫攻坚、疫情防控、学习贯彻习近平总书记视察宁夏重要讲话精神等市委重点工作,刊播发稿件1.2万多篇(条),央视播发稿件11条,央视新闻联播头条播发《西海固:从苦甲天下到告别贫困》;《人民日报》头版头条刊发《宁夏西吉“四查四补”发力脱贫攻坚》《“云”解塬上渴》稿件2篇;《新华每日电讯》头版头条刊发《春天里的5个“战贫”瞬间》《六盘山下的誓言来自宁夏的脱贫故事》稿件2篇,对外宣传稿件总量和质量实现历史性“双突破”。围绕自治区党委和市委重大决策部署与中心工作,开设《深入贯彻落实十九届五中全会精神》《小康之年看固原》等专题专栏,围绕“生态安全屏障”“绿色产品基地”“文化旅游城市”“美丽宜居家园”四张名片精心谋划重大主题宣传,展示固原发展成果。协调中央和自治区媒体开展主题采访活动,中央和自治区媒体分别刊(播)发稿件2039篇(条)、3412篇(条),数量与上年相比分别增长36%和43%。挂牌成立固原市新闻传媒中心和五县(区)融媒体中心,全面完成中央厨房项目建设。完成彭阳县融媒体中心建设任务并被自治区党委宣传部确定为县级融媒体改革试点。完成原州区、西吉县、隆德县、泾源县融媒体中心人员配备,整合广播、网站、“两微一端”等媒体力量,推进传统媒体与新媒体融合发展,完成中央厨房和App新闻客户端等平台软硬件建设。

【精神文明建设】 2020年,固原市委宣传部深化模范选树和群众性精神文明建设,开展第五届固原十大道德模范评选宣传,67个单位和个人获得国家和自治区文明创建荣誉称号。强化未成年人思想道德建设,制定《固原市未成年人思想道德建设工作联席会议制度》。组织固原市大、中、小学校学生参加“美育云端课堂”活动,推选自治区“新时代好少年”4名,组织新建乡村学校少年宫15所,覆盖15个乡镇。“六一”儿童节之际,组织2名“中国好人”开展寄语青少年活动。加强乡风文明建设,结合新冠肺炎疫情防控,协调组织固原市各行政村(社区)红白理事会加强辖区群众操办红白事排查监管和事项报备,固原市农村共劝导丧事简办、婚事延办1823场(次),取消节日期间群众聚集活动810余场(次)。印发《固原市"移风易俗深化年"活动的实施方案》,开展2020年移风易俗树立文明乡风行动,排查固原市599个行政村,各县(区)对发现的问题列出整改清单。

【新时代文明实践中心建设】 2020年,固原市委宣传部深化新时代文明实践中心建设,五县(区)建成新时代文明实践中心5个、乡镇(街道)实践所58个、行政村(社区)实践站385个。组织志愿者2.8万余人开展各类文明实践志愿服务活动4217次,服务群众12.7万余人。开展全国文明城市创建和巩固提升自治区文明城市工作,成立创城指挥部,印发工作方案和责任分工表。推荐新申报第六届全国文明村镇4个、全国文明单位6个、第二届全国文明家庭2户、全国文明校园1所、新一届全国未成年人思想道德建设工作先进单位1个、第二届自治区文明家庭6户,建设新时代公民道德建设主题公园和新时代爱国主义教育主题公园各1个。

【文化惠民工程】 2020年,固原市委宣传部参与建设的国家公共文化服务体系示范区顺利通过国家验收。固原市54个乡镇建成面积达300平方米以上的综合文化服务中心,市图书馆、文化馆、美术馆全部投入运营。814个行政村的村级综合文化服务中心实现全覆盖,创建规划落实率达到100%,实现市有五馆、县有三馆、乡有文化站、村有综合文化服务中心的目标,实现市、县、乡、村四级公共文化场所全覆盖。8个村进入第二批全国乡村旅游重点村名录。"长征、长城国家文化公园"建设项目全面启动,组织调研固原市长城、长征文化资源,制定《关于固原市长城长征国家文化公园建设工作方案》,初步拟定并上报自治区长城、长征公园建设项目30个。六盘文化文艺人才提升工程顺利实施。实施"3+1"文艺助推脱贫攻坚行动,结集出版《脱贫攻坚报告文学专号》,出版长篇报告文学《翻阅最后一座"高山":固原脱贫攻坚纪事》,在银川举办作品研讨会。原州区成功创建"中国诗歌之乡"。全国旅游标准化试点城市和国家公共文化服务体系示范区创建通过国家验收。六盘山长征旅游区进入国家AAAAA级旅游景区创建名单。围绕脱贫攻坚、抗战胜利75周年等重大活动,创作书法、绘画、摄影等文艺作品3000余件。创排以脱贫攻坚为题材的大型跨界舞台剧《六盘山下花正红》。

(郝晓湖)

统一战线

【民族工作】 2020年,固原市委统战部开展"拥护核心感党恩 同心携手奔小康"教育活动,印发《关于全面深入持久开展民族团结进步创建工作 铸牢中华民族共同体意识的实施方案》。表彰命名第六批固原市民族团结进步创建活动示范单位25个;隆德县被命名为全区民族团结进步示范县;表彰命名全区民族团结进步示范单位15个。突出铸牢中华民族共同体意识主线,开展马克思主义民族观宗教观"百场万人"大宣讲教育活动990场次,5.65万人次参加。筹办"民族团结月"宣传教育活动,面向固原市开展民族团结月启动仪式暨广场文艺会演、民族团结知识竞答活动等文体活动。

【宗教工作】 2020年,固原市委统战部坚持宗教中国化方向,开展"五进"宗教场所活动,实现习近平新时代中国特色社会主义思想、社会主义核心价值观教育全覆盖。完成"三化"问题治理。开展佛教、道教商业化问题治理,排查场所748处。严格开展宗教领域疫情防控工作,10月前严格执行"两个暂停",10月开始严格落实常态化疫情防控工作措施,宗教活动场所有序恢复开放。

【民主党派工作】 2020年,固原市委统战部联合民主党派领导班子制定学习制度,增强民主党派成员合作共事的自觉意识,夯实合作共事的思想基础,提高合作共事的素质能力。深化"党委出题、党派调研、政府采纳、部门落实"专题调研机制,协调各民主党派紧紧围绕脱贫攻坚、"互联网+教育"、基层治理等固原市中心工作开展调研。新冠肺炎疫情防控期间,引导民主党派发挥人才荟萃、智力密集优势,开展捐款捐物,主动参与新冠肺炎疫情防控宣教工作。

【其他领域统战工作】 2020年,固原市委统战部同党外知识分子、新的社会阶层人士、民营经济人士建立谈心交流制度,成立固原市律师行业新的社会阶层人士统战工作实践创新基地。履行社会责任,引导非公有制经济企业和人士投身光彩事业、"感恩行动"和捐资助学等社会公益活动。发挥职能优势,联合浙江新华爱心教育基金会资助固原一中建成"珍珠班"2个,牵头福建省侨联为西吉县捐赠福建侨心图书室等项目,捐赠资金共计70万元;"六盘山红军长征纪念馆"被中国侨联确认为第八批"中国华侨国际文化交流基地"。

【履职引导】 固原市委统战部联合固原市伊斯兰教协会在隆德县举办以“六盘儿女一家亲 同心携手奔小康”为主题的文化大赛，有130余名宗教人士和寺管会成员参加。联合固原市伊斯兰教协会举办“书香固原 读书年”活动启动会，为市伊协常委、各县（区）伊协宗教人士赠阅《中华人民共和国宪法》《中国共产党简史》《平易近人·习近平的语言力量》《伊斯兰教中道思想研讨会文集》《宁夏新编卧尔兹演讲集》等9类书籍共420册。固原市委统战部组织宗教人士50余人参观固原市脱贫攻坚成就展和科技馆。斋月和开斋节期间，联合自治区伊斯兰教协会、固原市伊斯兰教协会深入各县（区）走访慰问困难宗教人士，了解基层宗教工作动态。

（马玉龙）

政策研究

【概况】 2020年，固原市委政策研究室坚持贯彻落实习近平新时代中国特色社会主义思想，引导党员干部增强“四个意识”，坚定“四个自信”，做到“两个维护”。开展“担当新使命、展现新作为”教育实践活动，组织集中学习43次，交流研讨12次。配合完成市委第九轮巡察，为市委实施科学决策提供服务。

【调查研究】 2020年，固原市委政策研究室创新部门联合、市县（区）政研联合调研方式，围绕疫情防控、脱贫攻坚、春耕备耕、复工复产、经济社会发展、全面从严治党等主题开展调查研究，撰写《新冠肺炎疫情对脱贫攻坚的影响及对策》《固原市民营经济发展情况调研报告》《固原市深化改革开放专题研究报告》《固原市基本公共服务便利共享调研报告》等专题调研报告20多篇，其中，《让贫困劳动力端稳就业“饭碗”》在中央政策研究室主办的《学习与研究》刊发；另在由中共宁夏区委主办的《宁夏工作研究》刊发2篇文章，在由自治区党委政策研究室主办的《政研工作专报》刊发3篇文章。

【决策服务】 2020年，固原市委政策研究室完成市委四届六次、七次、八次、九次全会审议的重要文件起草工作；牵头起草《中共固原市委关于贯彻落实自治区党委〈完善基层治理体系提高基层治理能力的若干意见〉的意见》《中共固原市委员会关于深入学习贯彻习近平总书记视察宁夏重要讲话精神 全面落实自治区党委十二届十一次全会〈决定〉的实施意见》等文件；担纲起草《固原市脱贫攻坚工作总结报告》《固原市扶贫教育基地展陈大纲》《固原市决战脱贫攻坚决胜全面小康社会考核办法》等文稿；参与起草《中共固原市委员会关于制定国民经济和社会发展第十四个五年规划和二〇三五年远景目标的建议》及说明。组织编印《关于“十三五”期间经济社会发展政策汇编(2018—2019)》国家篇、自治区篇。

【深化改革】 2020年，固原市委政策研究室牵头制定《固原市委全面深化改革委员会2020年工作要点》，安排部署47大项、147小项改革任务，年内全部完成。在提升基层治理能力、推进生态文明建设、深化农村集体产权制度改革和综合医改等方面，形成改革创新亮点。召开市委全面深化改革委员会会议1次，开展改革调研督查1次，挖掘总结典型经验撰写改革动态130余期。

【财办工作】 2020年，固原市委政策研究室制定《市委财经委员会2020年工作要点》，筹备召开市委财经委员会会议2次，听取固原市重点水利项目、“十四五”规划编制、市本级2020年政府债务化解、市属国有企业审计等情况汇报，审定国土空间总体规划编制方案、政府债务偿还方案、重大项目资金安排、财政性资金规范管理办法等相关文件，加强党对经济工作的集中统一领导。

（虎永军）

网络信息

【概况】 2020年，固原市委网信办坚持贯彻习近平新时代中国特色社会主义思想，深入学习习近平总书记视察宁夏时重要讲话和重要指示批示精神，准确把握网信工作新形势、新任务，加强网上正面宣传，维护网络安全，协调推进信息化建设，固原市网络安全形势总体实现良好局面。

【网络宣传】 2020年，固原市委网信办以宣传习近平新时代中国特色社会主义思想为主线，围绕市委中心工作，组织辖区各类媒体平台开展“防控疫情——固原在行动”“决胜2020小康有我”等正面宣传活动。成功举办第八季“网络达人浪固原”活动，微博话题阅读量超3亿次。疫情防控期间，组织新媒体平台，推送抗击疫情相关稿件3.4万余篇（条），编发抗击疫情相关视频信息300余条。

【网络意见办理】 2020年，固原市委网信办受理网民咨询、投诉、意见建议等有效诉求335条，办结322条，办结率96%以上。疫情防控期间，开展线上答复网民咨询、投诉、举报290余条（次），组织公开回应社会关切问题12次，及时发布疫情防控系列公告。

【网络安全维护】 2020年,固原市委网信办压实主体责任,全力维护网络空间安全。加强网络安全风险防范与应急管控,压实属地管理责任和网站平台主体责任。牵头邀请国家计算机网络与信息安全管理中心宁夏分中心提供技术支撑,落实各县(区)、市直各部门网络安全工作责任制,开展网络技术安全工作专项检查督查工作。

【网络普法教育】 2020年,固原市委网信筹办网信普法进网站、国家网络安全宣传周等活动。开展"校园、电信、法治、金融、青少年、个人信息"主题日活动及志愿者进社区、进农村、进企业"三进"活动,增强各部门(单位)和网民的网络安全意识及依法上网、用网意识。举办活动317场次,发放宣传资料10万余份,受益群众10万余人次。

【干部业务培训】 2020年,固原市委网信办修订完善《市委网信办工作制度》。组织干部职工参加自治区党委网信办和市域内组织的各类培训,努力提升干部业务能力水平。举办固原市网信业务能力提升培训班,提高各部门应对和处置突发事件的能力。开展业务知识专题讲座8次,主题党日活动12次,线上集体学习和现场集体学习共30次,交流发言34人次。

(刘智峰)

党史研究

【概况】 2020年,固原市委党史研究室深入贯彻落实习近平新时代中国特色社会主义思想,围绕中心、服务大局,积极履行"以史鉴今,资政育人"工作职能,扎实推进党史征编、宣传教育、资政和队伍建设各项工作,较好地完成各项工作任务。

【党史书刊汇编】 2020年,固原市委党史研究室启动固原党史第三卷编撰工作,联合市委办公室印发《〈中国共产党固原历史第三卷(1978—2012)〉编撰工作方案》,成立固原党史第三卷编撰委员会,召开固原党史第三卷编委会第一次会议,审定编撰提纲,确定编撰人员,分解工作任务。指导各地各部门扎实高效推进固原党史第三卷编撰工作,印发《撰写行业改革开放史专题需要注意的问题》,确保专题撰写任务保质保量完成,累计征集资料60余万字,完成15个专题编写任务。编辑出版《宁夏固原纪检监察工作改革与发展史专题研究》《宁夏固原宣传思想文化工作改革与发展史专题研究》《宁夏固原组织工作改革与发展史研究(上、下)》,为固原改革开放再出发提供资政借鉴。出版《中国共产党固原历史大事记(2019)》书稿。收集记录2020年市委重大决策部署、重要活动和重大工作进展情况,留存地方党的历史新篇章。

【党史资政研究】 2020年,固原市委党史研究室主动适应党史工作新常态,开展服务大局、贴近现实的资政服务。组织安排干部参与《固原扶贫志》书稿资料征集有关工作,为展示固原扶贫成就提供人才支持。组织协调市委办、扶贫办、档案馆和固原各县(区)党史部门征集《闽宁扶贫协作重要文献资料》(固原部分),为展示闽宁扶贫协作的伟大历程提供史料支持。挖掘疫情防控进程中的育人元素,在《固原党史研究》(内刊)编发了5期疫情防控专题,收集整理疫情防控文献资料和抗疫先进典型事迹材料,系统梳理和记录地方疫情防控的重要活动、重大事件,记录党中央疫情防控的重大决策部署在固原的具体实践,记录固原抗疫的生动故事。依托各级各类征文活动,组织撰写《习近平论延安精神的时代特征与重大意义》等理论文章6篇。

【党史宣传教育】 2020年,固原市委党史研究室拓宽宣传渠道,促进党史成果转化,面向广大党员干部和人民群众开展理想信念及爱国主义教育。开展固原市常态化"五个一"初心体验活动和"四史"学习教育活动,启动"固原改革开放史系列丛书"和"固原红色历史读物"进机关活动,免费向市直6个党工委和市、县直相关部门赠送"固原改革开放史系列丛书"和地方党史书籍6360本。面向固原市营造学习党史、宣传党史、增强党性的良好氛围,教育引导党员干部坚定理想信念,增强思想自觉、政治自觉和行动自觉。发挥现代传媒和党史内刊在党史宣传中的独特作用,创办固原党史网和《固原党史研究》。累计编发《固原党史研究》24期,更新固原党史网站12期。完成"红色固原"宣传工作,为陕西志丹县党史研究室、平凉市崆峒区大寨回族乡政府等部门和个人提供党史资料,持续扩大地方红色教育基地在周边地区的影响力与吸引力。拓宽党史宣传教育链条,配合自治区党委党史研究室开展"微党课、微宣讲、微故事"评选活动,调动党史干部宣传宣讲的热情。

【革命遗址保护】 2020年,固原市委党史研究室配合宣传、文化旅游部门开展市辖区革命遗址遗迹的保护与利用工作,进行固原市红色革命历史展示内容审核校准工作,助推红色文化资源向红色旅游文化精神产品的转化,提升固原红色文化的知名度和影响力。配合自治区党史研究室、自治区党校专题调研固原市红色遗址遗迹,组织人员摸清家底、掌握现状。认真总结固原市红色革命遗址遗迹基本现状和存在问题,为固原市红色革命遗址遗迹保护积极建言献策。以"五个一"初心体验活动和"四史"学习教育活动为契机,深入挖掘具有时代意义的红色文化内涵,开展地方党史进机关活动,加大红色文化宣传力度,面向广大党员干部开展理想信念及爱国主义教育,营造继承革命传统、弘扬红色文化的良好氛围,为推动经济社会发展凝聚强大合力。

【党员干部培训】 2020年,固原市委党史研究室以"担当新使命、展现新作为"学习实践活动为契机,历练党史队伍、提升研究能力。树立"党史主业"意识,用课题研究带队伍,让骨干成员传帮带,通过交任务、压担子鼓励年轻干部参与专题研究,开展"征学研"实践锻炼。

(杨宁香)

老干部工作

【概况】 2020年,固原市委老干部局坚持以习近平新时代中国特色社会主义思想为指导,以习近平总书记关于老干部工作重要论述为遵循,深入贯彻落实习近平总书记视察宁夏重要讲话精神和中央、区市党委重要会议精神,紧紧围绕市委和市政府中心工作,以推动离退休干部工作高质量发展为主线,积极推进信息化建设,加强制度建设和调查研究,强化精准服务,深化增添正能量活动,加强阵地建设,依托"三银"品牌为载体搭建平台,促使广大离退休干部老有所学、老有所乐、老有所为,圆满完成全年工作任务。

【思想建设】 2020年,固原市委老干部局通过邀请区、市专家开展专题辅导、召开通报会、宣讲会等形式引导离退休干部进行思想政治建设。面向离退休老干部开展"我来讲——理论政策业务学习研讨"活动,组织市委分管领导讲党史、离退休工委书记讲业务、党支部书记讲党课、老党员忆初心和老年大学微党课"五堂课"。组建"六盘金秋"宣讲团,围绕学习习近平总书记重要讲话精神深入基层宣讲80余场次,受益群众近万人,引导离退休干部做贯彻落实的促进者。开展"担当新使命 展现新作为"学习实践活动,突出"五个一"初心体验活动。组织市直65名离退休老领导、党组织书记观摩五县区特色产业、"四个一"林草产业、脱贫攻坚成效、壮大村集体经济等重点工作,召开情况通报,引导老同志感受固原市经济社会发生的巨大变化。开展"我看脱贫攻坚新成效"畅谈建言座谈活动,将离退休干部的思想和行动凝聚到市委、市政府的中心工作上来,在推进固原市经济社会高质量发展上出谋划策,充分发挥参谋助手作用。

【党组织建设】 2020年,固原市委老干部局调整充实市离工委委员,督促五县(区)配齐离工委专职副书记,建立《离工委委员包抓联系点制度》等五项制度。通过合并、撤销、新建、联建等方式,组建固原市离退休干部党支部达到151个、"三缘型"党组织20个。发挥离退休干部党支部主体作用,通过"三会一课"、专题讲座、送学上门等形式,开展多层次、全覆盖的学习教育。探索"组织部门统一部署,机关工委和离工委联合督导,市直部门(单位)互学互鉴"的责任体系,形成责任明确、部门协同、整体联动的工作合力。创建示范"离退休干部先进党支部"10个。

【服务管理】 2020年,固原市委老干部局建立干部职工"一对多"联系离退休厅级干部、离休干部遗孀工作制度,每季度因人施策,开展精准化、亲情化联系服务,形成联系工作台账,全年共联系服务400余人次,解决反映困难问题16件,协调督促彭阳县老干部局化解2起离休干部家属遗产纠纷。精心做好厅级干部分赴区、市医院健康体检46人次。开展离休干部医疗保障情况专题调研,践行固原市离休干部医疗保障经验做法,为全区离退休干部医疗保障提供实践参考。主动协调社保、医保等部门,为6位异地居住离休干部通过"绿色通道"及时报销医疗费用;逐一核查市直36名离休干部档案信息,报送参加过抗美援朝战争的离休干部情况12名。

【待遇保障】 2020年,固原市委老干部局落实党内关怀机制。建立并落实"支部对党员开展常态化慰问关怀、离工委对困难党员进行党内关怀帮扶、老干部部门对家庭生活困难离休党员扶助帮困"三级党内关怀机制。各离退休干部党组织共看望慰问党员2000余人次,为市直14名老党员落实党内关怀资金1.5万元,临终关怀离退休干部7人。"两节"期间,走访慰问117名离退休干部、离休干部遗孀,发放慰问金23.4万元。在纪念中国人民抗战胜利75周年之际,看望慰问2名抗战老战士,送去慰问金1.0万元。

【文化养老】 2020年,固原市委老干部局组织老同志参加全区"牢记初心使命 脱贫攻坚"等主题活动,推荐优秀作品90余篇(幅),13名离退休干部作品获奖,其中火仲舫《浅岔河不浅了——西吉县硝河乡关庄村扶贫见闻》荣获一等奖。征集优秀文艺作品,建立"银霞满天"优秀文艺作品库,诗朗诵《我们在一起》

入选全区“梦圆小康 情暖重阳”诗会现场展演。发挥老年书画协会等老年文艺团体带动作用。开展为广大市民、群众送春联、福字1000余副;文联举办“火仲舫长篇作品研讨会”,解读“宁夏文学火仲舫现象”,挖掘离退休干部传承地域文化、演绎红色经典、讴歌时代进步的正能量。坚持“大型活动主题化、小型活动常态化”工作思路,开展以庆祝建党99周年、尊老敬老等为主题的书画作品展、文艺演出、体育交流等活动,引领固原市“文化养老”新时尚。

【信息化养老】 2020年,固原市委老干部局推进信息化建设,开设固原市离退休干部党支部书记暨党务工作者培训班,开展“宁夏离退休干部服务管理信息平台”培训,及时更新、录入数据,实现动态管理。开通“六盘金秋”微信公众号,设立学习平台、银耀六盘、银色先锋等栏目,形成“一网一号一刊”宣传格局,实现线上交流与线下服务优势互补、信息化宣传与传统工作深度融合。

【公益活动】 2020年,固原市委老干部局持续深化“三银”品牌(“银色先锋”品牌、“银耀六盘”品牌、“银霞满天”品牌)建设,持续拓展离退休干部发挥余热新途径。开展志愿服务“十百千万”系列活动和“三关爱”活动,组织离退休干部党员围绕生态环境保护、扶贫帮困、基层治理、关心下一代、延安精神传承等主题开展志愿活动100余场次,受益群众近万人。组织实施“留心守爱、相伴成长”困境儿童服务项目、“山窝窝助学圆梦行动”公益项目、“爱起航”项目,累计落实项目资金500余万元。开展腾讯“9·9公益日”募捐活动,固原市共募捐89.3万元,为困难儿童健康成长营造良好社会环境。开展第四届“关爱明天 普法先行”活动,为培养德智体美劳全面发展的中国特色社会主义事业建设者和接班人贡献余热。固原市关工委被中国关工委、中央文明办评为“全国关心下一代工作先进集体”,范继武等5人荣获“全国关心下一代工作先进个人”称号。召开固原市离退休干部先进集体和先进个人表彰大会,对疫情防控中涌现出的积极落实疫情防控要求、主动作为的隆德县西苑社区离退休党支部等10个支部授予先进集体称号,对史春义、张明芳、张兴贵等20人授予先进个人称号。

【退休干部活动中心建设】 2020年,固原市委老干部局依托改造后的老干部活动中心,建成以“党建引领示范、志愿团队管理、组织活动服务”为主要功能的开放式“老党员驿站”,开展组织生活、主题党日、重阳敬老等活动10余场次。推进老年大学建设,做到教学设备、师资力量、疫情防控、制度建设、教学管理“五到位”,确保老年大学如期开学;开设器乐、舞蹈、美工、摄影等7个专业15个初、中级教学班,聘请11名专业教师授课,招收学员340余名。遵循“功能齐全、布局合理、一室多用、节俭集约”原则,合理规划活动室功能定位,争取各方支持,盘活资源、调拨设备、筹措资金,购置适合老年人活动的健身、文化、娱乐设备,打造开放、共享老干部活动中心。

【党务工作者培训】 2020年,固原市委老干部局把“担当新使命,展现新作为”学习实践活动融入日常,以“三强化三提升”为抓手,强化岗位培训,提升能力素质,举办固原市离退休干部党务工作者培训班,集中培训固原市老干部工作分管领导、联络员和党务工作者120名。召开离工委委员经验交流暨学习研讨会议,为推动离退休干部工作高质量发展总结经验、探讨好做法、好举措。开展“读经典书 做追梦人”读书活动,集中交流研讨6次,干部队伍作风明显转变,整体素质明显提高,工作效率明显提升,工作干劲明显增强。修订完善25项制度,形成《中共固原市委老干部局制度汇编》,织紧管人管事制度体系。加强调查研究,对标机构改革后新问题、新情况,深入各县(区)、市直部门调研离退休干部党建、活动阵地建设、关心下一代工作、志愿服务开展情况等40余次,撰写调研报告4篇,为破解难题、推动高质量发展探索新方法、新路径。

(罗 诚)

机构编制

【机构编制法治化建设】 2020年,中共固原市委机构编制委员会办公室以贯彻落实《中国共产党机构编制工作条例》(以下简称《条例》)为契机,推进机构编制工作法治化建设,市委编委会议专题传达学习《条例》精神,将机构编制执行情况和纪律要求纳入巡视巡察、党委督促检查、选人用人专项检查、党政主要领导干部经济责任审计等监督范围,在“固原机构编制”公众号开设《条例》释义专栏,编发推送《条例》解读文章33期。严格执行《市直机关事业单位工作人员调配编制审核办法》有关规定,严把人员入口关,分两批次严格审核53个用人单位申报使用231名空编报告,开具控编单,对97名调配干部按规定程序办理入编手续,坚持实行用编计划审核,杜绝超编进人。

【机构改革成果深化】 2020年,中共固原市委机构编制委员会办公室调整理顺市委党校(六盘山干部学院、市行政学院)管理体制,加挂原州区委党校(行政学校)牌子,增加促进开放式办学、加强对外合作交流相应职责,调整市委党校内设机构,原10个内设科室压减为7个,设立职能科室3个,打造面向全国干部"党性教育+'三同'锻炼"特色基地。原市退役军人事务局拥军优抚褒扬科更名为双拥优抚褒扬科,市交通运输局运输服务科加挂法制科牌子,向自治区争取1名副处级干部任固原市政府教育督导室副主任。整合划转职能承接确有困难的个别部门,适度调剂行政编制保障工作,分别为市应急管理局和自然资源局各增加行政编制1名,专项用于加强森林草原防灭火指挥机构力量和林草部门防火机构力量。为住建局增核行政编制1名,增设建设工程消防监督科,确保建设工程消防设计审查验收职责由原公安消防部门顺利划转住房建设部门。立足市情实际,加强基础性、前瞻性、对策性研究,总结经验成果,形成高质量调研报告,《深化和巩固机构改革成果》理论文章被《中国机构改革与管理》(2020年第5期)刊发。

【机构体制重点领域改革】 2020年,中共固原市委机构编制委员会办公室持续深化重点领域体制机制改革,加大"调、控、改、减"落实力度,最大限度盘活机构编制资源。

行政体制机制改革。完成市纪委监委派驻机构改革,为纪委派驻纪检组增加行政编制23名,增核领导职数副处级4名、正科级4名。原市人大内务司法工作委员会更名为监察和司法工作委员会,增加配合深化监察体制改革、完善监察制度体系、推动实现党内监督和国家机关监督有机统一等职责。组建市政协农业和农村委员会,核增专职副主任领导职数1名(正处级),更名设立教科卫体委员会、文化文史和学习委员会。调整市残联内设机构,将市红十字会机关列入机构编制管理的群团机关序列,重新核定市红十字会机构编制,调整规范领导职数,增加全额预算事业编制2名,增设业务科室。优化调整司法局内设机构。按照属地化原则,将原市林业局、市六盘山林业局分别管理的2个森林公安分局划归市公安局直接管理,理顺森林公安机关管理体制。

事业机构属性改革。优化教育行业师资配置,建立中小学教师编制动态管理和教师补充"周转池"制度,为市直中小学校周转编制81名,用于招录引进高层次人才、公费师范生,优化教师队伍结构。整合经济技术开发区、圆德慈善产业园、清水河工业园区党工委、管委会,设置经济开发区党工委、管委会,重新审定印发"三定"规定,最大程度释放改革活力,为开发区高质量发展提供体制机制保障。整合固原日报社、固原市广播电视台,组建市新闻传媒中心,进一步提升全媒体宣传能力。配合上划路灯管理所、文物管理所,审核印发机构编制方案。调整六盘山红军长征纪念馆等22个事业单位机构编制进行事项,理顺体制机制,增强公益服务属性。

【行政审批改革】 2020年,中共固原市委机构编制委员会办公室依托中央编办机构编制云平台权责清单管理系统,对照《自治区行业系统权力清单指导目录》,对市本级政府部门权责清单进行修订完善,上传中央编办机构编制云平台并在固原市政府网站进行公示。制定《关于定期调整权力清单工作实施计划》,印发《关于做好政府部门权力清单动态调整工作的通知》,根据中央、自治区统一规范要求,及时取消行政许可事项4项,承接下放行政许可事项1项,完成市直32个部门(单位)权力清单的修订完善。根据"权责一致"原则,结合固原市工作实际,联合原州区委编办,对辖区内古雁街道、南关街道、北塬街道3个办事处、62项权力事项进行全面清理规范,经征求市(区)相关部门意见后形成《固原市辖区街道办事处权力清单(送审稿)》报自治区党委编办审议及合法性审查。清理规范地方层面规定的目录、备案、计划等事项,提出简化400万元以下政府投资项目招投标方式等3项具体管理措施,打造审批更少、流程更优、服务更好、监管更严的营商环境。

【事业单位改革】 2020年,中共固原市委机构编制委员会办公室通过自查自评、调研评估、总结测算3个阶段环节,完成市直103个事业单位评估,明确各事业单位职责配置、机构编制执行、管理制度落实及单位运行情况,对事业单位整合、职能调整、编制规模、领导职数调整等情况进行模拟测算。提请市委编委会议审议通过《市直涉改事业单位调整意见》,审核印发市新闻传媒中心等10个处级事业单位"三定"规定,完成职能调整、内设机构整合、人员定编定岗等工作,调整市自然资源执法监察支队等8个科级事业单位机构编制事项,整合职能相近的事业单位,为全面深化事业单位改革"瘦身"。

【综合行政执法改革】 2020年,中共固原市委机构编制委员会办公室制定印发《固原市深化交通运输综合行政执法改革实施方案》等4个改革方案和相关机构编制方案。以"提高执法效率、精简执法队伍"为切入点,采取"执法职能回归机关,执法权部门内集中,行业内执法资源整合"三项举措,对五大领域承担执法职能事业单位进行整合重组,实现"一支队伍"管执法。摸底分析市区13家执法队伍的执法职能、办案数量等工作进行情况,列出执法机构清单,梳理执法事项1237项,结合工作实际,对有关执法事项责任主体适当调整。施行“文化领域市级直接执法,生态环境、市场监管、交通运输领域派驻执法,农业领域辖区属地执法”三种执法模式,有效解决执法缺位漏项问题,推动执法层级和执法重心下移,构建市区权责统一、权威高效的行政执法体系。

【基层整合审批服务执法改革】 2020年,中共固原市委机构编制委员会办公室成立市推进基层整合审批服务执法力量改革试点工作领导小组,召开领导小组会议,在全区率先审议批准市级实施方案和彭阳县试点改革方案。按照市级主推、县级主抓、乡镇主责的要求,建立党委、政府统一领导,机构编制部门牵头协调,相关部门分工明确、各负其责、密切配合、整体推进的工作机制,明确市本级督促指导试点县工作的主要任务、改革步骤和组织领导。指导试点县融会贯通推进改革措施,对标对表落实规定动作,高质量完成改革试点5个方面、15项具体任务。

【机构编制信息化建设】 2020年,中共固原市委机构编制委员会办公室依托固原党建网平台、固原机构编制微信公众号窗口,宣传机构编制工作动态,积极向中央、自治区和市级相关新闻媒体投稿,固原市机构编制工作信息被中央级媒体转载5期、自治区级媒体转载5期、市级媒体转载8期,固原机构编制微信公众号编发工作动态105期,阅读转发量达8000余次,关注用户达500余人。

(蒙永彬)

市直机关党建

【概况】 2020年,固原市直机关工委深入贯彻习近平总书记在中央和国家机关党的建设工作会议上的重要讲话精神和视察宁夏重要讲话精神,全面落实新时代党的建设总要求,认真贯彻落实市委各项决策部署,坚持以党的政治建设为统领,不断夯实抓机关党建组织体系和责任体系,持续深化“三强九严”工程,边提升、边巩固,机关党的建设取得新成绩。

【思想政治建设】 2020年,固原市直机关工委制定《2020年固原市机关党建工作要点》,在“固原市党建网”微信公众号发布《一图读懂》,坚持“边提升、边巩固”的总体思路,夯实“书记抓、抓书记”组织体系和责任体系。开展政治建设督导,市直机关各级党组织贯彻落实《中共中央关于加强党的政治建设的意见》、自治区党委《关于加强党的政治建设的具体措施》和市委《关于维护党中央集中统一领导的规定》。开展理论政策业务学习研讨活动600余场(次),成功举办基层党建理论专题和基层治理专题两期“我来讲”集中展示交流活动,460余名党员参加活动。落实意识形态工作责任制,开展马克思主义民族观宗教观“百场万人”大宣讲活动。按照《关于做好市直机关流动党员定期摸底排查和教育管理工作的通知》要求,建立工作台账,切实加强党员思想教育与监督管理。

【组织建设】 2020年,固原市直机关工委压实党组(党委)书记领导责任、机关党委书记直接责任、党支部书记主体责任,形成分层抓落实责任体系,市直机关各级党组织制定年度党建工作计划和落实举措,推进党建与业务同谋划、同部署、同落实。落实党组织设置规定,指导24个市直机关党组织完成调整、合并划转和改选补选工作。疫情防控期间,指导市直机关及时成立临时党支部14个,筑牢疫情防控党建阵地。

【纪律和作风建设】 2020年,固原市直机关工委落实市委《弘扬长征精神,发扬“三苦”作风的意见》和《关于深化“双评双定”活动推动机关作风建设实施方案》,抓实党员“承诺践诺”和“亮牌上岗”。开展“党员领导干部警示教育周”活动,组织市直机关2600余名党员观看《国家监察》《叩问初心》等专题片,筑牢拒腐防变思想防线。联合市纪委监委举办“固原来回答——决战决胜脱贫攻坚问政与展望”电视问政,助推固原市脱贫攻坚工作打开新思路、再上新台阶,市直部门(单位)副处级以上领导干部350余人参加活动。落实《贯彻〈党组讨论和决定党员处分事项工作程序规定(试行)〉实施细则》等,及时上报从严治党“三个清单”,建立科级干部廉政档案。落实“三重一大”事项报告制度,按规定邀请市纪委监委派驻纪检监察组负责人列席工委“三重一大”会议,报备月清单11次,决策事项事先报告5次。

【制度规范化建设】 2020年,固原市直机关工委贯彻落实中央和自治区党委关于创建“让党中央放心、让人民群众满意的模范机关”部署要求,科学制定市直机关创建方案,努力创建出“固原特色”。联合市新闻传媒中心推出“市直机关党组(党委)书记‘我来讲’——创建‘让党中央放心、让人民群众满意的模范机关’”电视、新媒体访谈节目,形成部门齐心联动、党员干部积极参与的创建氛围。健全完善党建工作责任、任务“月清单”制度,挂图作战,坚持重点任务项目制推进、项目制落实。及时对历年党员组织关系介绍信、党员年报等资料进行装订立卷,整理装订档案156盒。巩固"九项基本制度",印发《固原市机关党建工作实务》1200册。遵循发展党员和党组织关系规定,发展党员16名,转接党员组织关系127名。指导市直机关党组织设置个性化、简便化评定内容和流程,及时把疫情防控等重点工作纳入评定,总结提炼好经验,好做法,推进得"红星"正向激励成果转化,严肃亮"黄星"反向监督警示,激励党员发挥先锋模范作用,促进党建与业务工作深度融合。2020年,市直机关党组织亮"黄星"党员30名,持续深化了反向监督作用。

【精神文明建设】 2020年,固原市直机关工委落实《固原市党内关怀帮扶专项资金使用管理办法(试行)》,帮扶困难党员23名、6.8万元。开展自治区文明单位创建和申报工作,市直机关工委等11个部门(单位)被自治区文明委授予"2020—2023年度自治区文明单位"荣誉称号。完成2019年度市直机关党组织书记抓党建述职评议考核工作,结合平时督导调研及年底综合考评,对工作成效明显的13个党组织给予11.5万元的党建经费奖励支持,对工作滞后的3个党组织负责人进行约谈提醒。

【党员和党务工作者培训】 2020年,固原市直机关工委举办市直机关党组织书记、党务干部、党员发展对象和入党积极分子培训班,培训480余人;在湖南大学举办市直机关党组织书记、党务干部素质能力提升专题培训班2期,培训100余人。坚持用好"机关党建之窗"学习交流信息平台,认证党员2600余名。加强督导调研,巩固观摩交流机制,建立党建工作联系点制度,每位党员联系2个后进党组织,定时、不定时参加和督导党组织活动,推进党组织书记抓"九严"成效,督促后进赶先进。坚持把常态化督导调研作为夯实"书记抓、抓书记"组织体系和责任体系的重要举措,点对点书面督导77个市直机关党组织上报的党建工作资料,对30个市直机关党建工作开展情况进行了"回头看",实地督导调研市直机关47个,延伸督导机关党委21个、党总支下属党支部35个。组织90余名党建工作分管领导和党务干部开展走进党支部、总结支部工作法分片交叉"互学、互查、互鉴"活动,观摩党建工作好经验、好做法,达到相互学习交流、相互督促整改、相互借鉴提升的目的。践行推优树优,巩固考核奖惩机制,开展"我身边的战役模范"评选活动,推荐模范集体19个、模范个人105人,宣传模范事迹,弘扬抗疫精神。

【学习实践活动】 2020年,固原市直机关工委成立领导小组和组织机构,抽调专人组成专班,负责日常工作。对标市委实施方案,立足工作实际,制定固原市实施方案,及时启动学习实践活动。开展学习研讨;通过支部学习、个人自学,结合常态化开展"我来讲"活动,开展集中学习11次,围绕学习宣传贯彻习近平总书记视察宁夏重要讲话精神、中共十九届五中全会等主题开展研讨活动5次。班子成员结合习近平总书记视察宁夏重要讲话、马克思主义民族观宗教观开展宣讲4次。常态化推进"五个一"初心体验活动,"七一"建党节联合庙儿岔村党支部开展"听党话、跟党走"主题党日活动,重温入党誓词,践行初心使命。组织党员干部选读《中国共产党的九十年》等党史书籍,观看《开国大典》等红色教育片。开展调查研究,形成高质量工作报告4篇,在《宁夏工作研究》《新时代先锋》刊发2篇文章。

(安全国)

信访工作

【概况】 2020年,固原市信访局共接待来访群众316批、2900人次,同比批次和人次分别下降21.2%与29.5%。市本级信访总量累计448批、3032人次,同比批次和人次分别下降14.3%与28.5%。初访233批、1198人次,占来访批次总量的73.7%,重访83批、1702人次,占来访总量的26.3%。收到群众来信累计23件。固原市网上投诉平台共接到投诉392件。办理人民网网友留言176件。

【重复信访、信访积案集中治理和化解】 2020年,固原市信访局印发《固原市信访工作联席会议开展集中治理重复信访、化解信访积案专项工作方案》,引导各县(区)、各部门对2019年以来登记受理的重复信访事项进行全面排查梳理,建立工作台账,逐案明确包案领导、责任单位和责任人。各级交办重复信访积案共191件,办结134件,办结率为70.2%。

【信访事项办理提速提质】 2020年,固原市信访局贯彻自治区信访局《关于做好信访事项办理提速提质工作的通知》精神,持续强化"马上办、简易办、就地办"的服务理念,落实"重要事项限时办、简明事项简易办、普通事项缩时办"和信访事项办理"日接收、周落地、月办结"的工作要求,压缩信访事项登记、受理、办理工作时间,切实提高初信初访办理效率和质量。

【信访服务保障】 2020年,固原市信联办在全国两会、中共十九届五中全会和固原市重大活动期间,印发信访保障工作通知,施行信访信息"零报告"制度。

【信访突出问题解决】 2020年,固原市信访局印发《固原市信访工作联席会议关于落实部门和地区责任解决当前信访突出问题的工作方案》,安排部署固原市市直部门和县(区)解决当前信访突出问题相关工作,排查梳理房地产、金融、劳动社保等8个重点领域信访突出问题,明确部门和属地责任,强化措施,推进固原市信访突出问题有效解决。

(李双美)

党校工作

【概况】 2020年,固原市委党校(市行政学院)坚持以习近平新时代中国特色社会主义思想为指导,统筹推进疫情防控和办学治校,坚持党校姓党,在推动院(校)事业高质量发展上担当新使命、展现新作为。承办区内外各类培训班165期,培训干部11234人次,六盘山干部学院被人民网确定为党性教育六盘山基地,被中国移动集团公司确定为中国移动红色文化教育基地。

【体制改革】 2020年,固原市委党校遵循"用新体制机制管理,新理念思路办学"原则,单独增设六盘山干部学院账户,实行六盘山干部学院与市委党校(市行政学院)分开办学。继续推进"组织化管理、开放式办学、社会化服务"运行模式,大幅度提高对外办学管理服务水平。

【教学培训】 2020年,固原市委党校面向全国范围建设党性教育加"三同"锻炼特色教学基地。对外承办各类培训班132期,培训干部7937人次。完善提升"四大教学体系"和"六个一"特色教学模式,打磨提升"长征和长征精神""不忘初心、牢记使命、走好新时代的长征路"等核心专题,持续提升"走好新的长征路""回汉兄弟亲如一家"2个现场教学专题。增设红色故事会及其他教学专题,规范将台堡红军长征会师纪念园、六盘山红军长征纪念馆、单家集革命旧址等现场教学专题课。编辑多个现场教学基地简介,悬挂现场教学基地牌子,选聘配齐讲解员队伍,实现27个现场教学基地科学化规范化管理。对内举办各类培训班33期,培训3297人次;培训主体班采用2个月学制,增设1个月学制进修班,培训实行封闭式管理,开展"三同"实践锻炼和延伸培训,实现市直部门(单位)1932名科级以上领导干部网络培训全覆盖。

【教师素质提升】 2020年,固原市委党校队伍建设采取教师素质提升"123"做法:"1"即搭建一个平台(六盘山干部学院施教平台);"2"即坚持实施两个制度(每周二公开讲课制度、青年教师定向培养制度);"3"即坚持实施三大工程(名师培养工程、教师培训工程、课程开发提升工程),倒逼教师提升业务能力。安排18名骨干教师开展教职工作专题辅导23场次;选派教研和管理人员10人次赴外培训学习。积极优化队伍结构,招聘引进各类人才4名。

【教学成果】 2020年,固原市委党校坚持用学术讲政治,坚持科研为教学服务。制定出台决策咨询奖励办法,健全科研决策激励机制,着力加强科研管理,制定年度院(校)教学专题提升方案和科研课题安排,确定校级课题(专题)14个,配备科研和课题经费44万元,扎实推进教研咨一体化。组织完成各类理论征文,理论征文荣获全区党校系统优秀组织奖。举办固原市深入学习贯彻习近平总书记视察宁夏重要讲话精神理论研讨会。重点推进新型智库建设,向市委、市政府呈报《调研咨询专报》9期。编辑刊发《六盘山论坛》4期。教科研人员发表各类理论文章36篇,其中,国家级1篇,省部级3篇,地厅级22篇,内刊10篇。

(杨　超)

固原市人民代表大会

综述

【概况】 2020年，固原市第四届人民代表大会常务委员会制定地方性法规3件；作出决议决定5项；组织常委会组成人员、市人大代表检查法律法规实施情况5部，听取审议“一府两院”工作报告20个，组织代表视察2次，开展专题询问2次、专题调研7项，提出审议意见46条；依法任免国家机关工作人员56人次。督办人大议案2件、代表建议15件，支持和保障代表依法执行职务，发挥代表作用。

2020年固原市第四届人民代表大会第四次会议代表部分议案和重点督办建议一览表

表3

事项	领衔代表	具体内容
议案	张　佐	关于建议制定出台加强“四个一”林草产业发展法规的议案
	马国明	关于建议制定出台海绵城市建设管理方面地方性法规的议案
重点督办建议	王统一	关于扩大六盘山贫困片区（原州区）优质特色农产品外销宣传渠道的建议
	杨生俊	关于建设葫芦河上游段生态治理工程的建议

【工作制度保障】 2020年，固原市第四届人民代表大会常务委员会坚持常委会党组理论中心组学习制度。加强组织机构和工作制度建设。积极推进市人大及其常委会机构改革，新设立市人大社会建设委员会。内务司法工作委员会更名为监察和司法工作委员会。修订完善人大常委会工作、人大机关管理“一揽子”制度，及时将实践创新成果上升到制度层面，切实强化人大工作制度保障，机关效能全面提升。常委会机关被自治区文明委继续确认为“自治区文明单位”。密切工作交流联系，保障全国人大常委会领导在固原开展的执法检查等活动，协助自治区人大常委会在固原开展执法检查和视察工作。

【依法履职】 2020年，固原市第四届人民代表大会常务委员会严格执行立法法、监督法和常委会议议事规则，确保每一次会议、每一项议程、每一件议案都符合宪法法律规定和法定程序。坚持集体行使职权、集体决定问题，合理安排全体会议、分组会议，发扬民主，集思广益，形成共识，把民主集中制贯穿履职全过程。贯彻落实习近平法治思想，尊法、学法、守法、用法，认真学习《中华人民共和国民法典》并开展学习研讨。从履行法定职责的高度严肃会风会纪，严格落实人大会议“八不准”，常委会会议出席率保持在95%以上，确保人民赋予的权力得到有效行使。

【对外交流】 2020年，固原市第四届人民代表大会常务委员会切实保障全国人大常委会领导在固原开展的执法检查、预算监督、就业创业、特色农业等工作，形成高质量的考察报告。落实与福建省人大常委会办公厅对口交流合作协议，由常委会负责人带队赴福建进行考察回访,落实代表履职培训、立法指导、经验交流等工作。注重人大理论研究和宣传工作,完善固原人大网站,在《宁夏人大》等省级杂志发表理论文章5篇。重视县乡人大建设,在泾源县召开固原市基层人大工作推进会,对特色、亮点工作进行总结推广,推动形成县乡人大工作创新发展、完善提高的良好局面,固原市乡镇(街道)人大工作规范化、制度化水平进一步提升。

(张治军)

重要会议

【固原市第四届人民代表大会第四次会议】 会议于2020年1月7日至9日在固原市会议中心召开。276名市四届人大代表出席会议,会议听取和审议自治区副主席、固原市市长马汉成所作的政府工作报告、固原市人大常委会主任罗永红所作的市人大常委会工作报告、固原市中级人民法院院长董军所作的市中级人民法院工作报告、固原市人民检察院院长樊百安所作的市人民检察院工作报告。审查和批准2019年固原市国民经济和社会发展计划执行情况与2020年固原市国民经济和社会发展计划草案的报告,批准2020年固原市国民经济和社会发展计划;审查和批准2019年固原市及市本级财政预算执行情况和2020年固原市及市本级财政预算草案的报告,批准2020年市本级财政预算,并作出相关决议、决定。表决通过关于设立固原市第四届人民代表大会社会建设委员会的决定和市第四届人民代表大会社会建设委员会组成人员名单。

【市人大常务委员会会议】 四届人大常务委员会第二十七次会议于2020年4月28日在固原市会议中心召开。会议传达学习自治区十二届人大三次会议、自治区党委纪念自治区人大设立常委会40周年暨人大工作座谈会、自治区十二届人大常委会第十九次会议期间召开的5个地级市人大常委会负责人座谈会精神,听取和审议市政府关于《中华人民共和国传染病防治法》《中华人民共和国野生动物保护法》《宁夏回族自治区人大常委会关于依法防控新型冠状病毒肺炎疫情坚决打赢疫情防控阻击战的决定》贯彻实施情况的报告和市人大常委会执法检查组的检查报告,审议并表决《固原市人大常委会关于加强检察机关公益诉讼工作的决定(草案)》《关于固原市人大常委会内务司法工作委员会更名的决定(草案)》,补选一名自治区十二届人大代表,通过相关人事任免议案。

四届人大常务委员会第二十八次会议于2020年7月23日在固原市会议中心召开。会议传达学习习近平总书记视察宁夏重要讲话精神,听取和审议市政府关于固原市脱贫攻坚工作和县域义务教育均衡发展情况的报告,审议市人大常委会视察组关于固原市脱贫攻坚工作的视察报告和调研组关于固原市县域义务教育均衡发展情况的调研报告,听取和审议《固原市人民政府关于提请批准2020年固原市本级财政收支预算变动调整的议案》,通过相关人事任免议案。

四届人大常务委员会第二十九次会议于2020年8月27日在固原市会议中心召开。会议听取和审议《固原市人民政府关于提请审议〈关于加快推进"四个一"林草产业发展的决定(草案)〉的议案》《固原市人民政府关于提请审议〈关于加强海绵城市建设的决议(草案)〉的议案》《固原市人民政府关于提请审议〈固原市城市环境卫生管理条例(草案)〉的议案》,听取和审议关于2020年固原市国民经济和社会发展计划上半年执行情况、2019年固原市和市本级财政决算草案、2020年固原市和市本级预算上半年执行情况的报告和《固原市人民政府关于提请批准2020年固原市本级财政收支预算变动调整的议案》,听取和审议2019年度市本级财政预算执行和其他财政收支情况的审计工作报告、市人大常委会财经委关于2019年市本级财政决算草案审查结果的报告和市政府关于2019年度固原市行政事业单位国有资产管理情况的专项报告,通过相关人事任免议案。

四届人大常务委员会第三十次会议于2020年10月29日在固原市会议中心召开。会议听取和审议市政府关于固原市黄河流域生态保护和高质量发展重点项目建设、特色农业发展、公共就业服务工作和《中华人民共和国道路交通安全法》贯彻实施情况的报告,审议市人大常委会视察组关于固原市黄河流域生态保护和高质量发展重点项目建设情况的视察报告、调研组关于固原市特色农业发展情况和公共就业服务工作的调研报告、执法检查组关于《中华人民共和国道路交通安全法》贯彻实施情况的检查报告,听取市扫黑办关于固原市扫黑除恶专项斗争情况通报,听取和审议市中级人民法院关于刑事审判工作及市人民检察院关于践行"绿色检察"发展理念工作的报告,审议表决《固原市城市环境卫生管理条例(草案)》和《关于补选固原市第四届人民代表大会代表的决定(草案)》,通过相关人事任免议案。

(兰永锋)

立法工作

【概况】 2020年,固原市第四届人民代表大会常务委员会坚持把立法质量摆在首要位置,围绕固原市改革发展大局和民生需要,深入推进科学立法、民主立法、依法立法,制定地方性法规3件。《固原市城市环境卫生管理条例》于2020年11月25日经宁夏回族自治区第十二届人民代表大会常务委员会第二十三次会议批准。

【完善立法机制】 2020年,固原市第四届人民代表大会常务委员会把党的领导贯穿立法工作全过程,及时向市委请示报告立法工作中的重大问题和重要事项,围绕市委关于"四个一"林草产业发展、全国卫生城市创建、海绵城市建设等决策部署,制定立法计划,确定立法项目,开展立法工作。健全人大主导立法工作机制,完善立法专家咨询库制度。组织常委会组成人员开展立法专题调研,邀请人大代表参加立法听证会、座谈会,公开征集立法建议项目,广泛征求社会各界的意见建议,确保制定的法规顺应群众期待、突出地方特色、解决实际问题。

【立法意见征集】 固原市第四届人民代表大会常务委员会召开《固原市城市环境卫生管理条例》立法听证会,征求有关部门和社会各界的意见建议。配合自治区人大法制委、常委会法工委对《宁夏回族自治区全民阅读促进条例(草案)》《宁夏回族自治区技术市场促进条例(修订草案)》《宁夏回族自治区中医药条例(修订草案)》《宁夏回族自治区促进民族团结进步工作条例(草案)》4部法规组织召开征求立法意见座谈会,广泛征求各方面的意见建议。

【重大事项决定和人事任免工作】 2020年,固原市第四届人民代表大会常务委员会依法行使重大事项决定权,聚焦发展大局,通过法定程序,把党的主张转变成人民意志,作出《关于批准2019年度市本级财政决算的决议》《关于批准2020年市本级财政收支预算变动调整的决议》《关于加强检察机关公益诉讼工作决定》等5项决议决定。坚持党管干部原则和人大依法任免有机统一,严格执行任命人员供职报告、投票表决、宪法宣誓等制度,任免国家机关工作人员56人次。

(田育林)

监督工作

【概况】 2020年,固原市第四届人民代表大会常务委员会坚持依法监督、正确监督、有效监督,围绕行政权、监察权、审判权、检察权的依法正确行使,认真履行监督职责。检查法律法规实施情况5部,听取审议"一府两院"工作报告20个,组织代表视察2次,开展专题询问2次、专题调研7项,提出审议意见46条。

【依法行政与公正司法工作监督】 2020年,固原市第四届人民代表大会常务委员会为助力防控新冠肺炎疫情,及时对"两法一决定"(《中华人民共和国传染病防治法》《中华人民共和国野生动物保护法》《宁夏回族自治区人大常委会关于依法防控新型冠状病毒肺炎疫情坚决打赢疫情防控阻击战的决定》)实施情况进行执法检查,提出加强宣传教育、落实监管责任、提高防治水平、维护生物生态安全等审议意见,为常态化疫情防控夯实法治基础。执法检查《中华人民共和国道路交通安全法》《固原市烟花爆竹燃放管理条例》,配合全国人大、自治区人大执法检查《中华人民共和国慈善法》《中华人民共和国公证法》实施情况,促进上述法律在固原市的正确实施。深入开展国家宪法日系列活动,推动宪法及相关法律法规的学习宣传和贯彻实施。紧扣让人民群众在每一个司法案件中都感受到公平正义的目标,听取审议固原市中级人民法院关于刑事审判工作的报告、市人民检察院关于践行"绿色检察"发展理念工作的报告,促进司法机关更高质量、更加公平地开展刑事审判和检察监督。听取市扫黑办关于固原市扫黑除恶专项斗争情况的通报,坚决支持政法机关和行政执法部门重拳扫黑、除恶、治乱。改进固原市人大信访工作,努力维护群众合法权益和社会和谐。

【重点项目建设监督】 2020年,固原市第四届人民代表大会常务委员会认真贯彻新发展理念,组织代表视察固原市黄河流域生态保护和高质量发展重点项目建设,提出抓好项目建设、做大投资增量、补齐投资缺口、做好项目储备等审议意见。审议上半年国民经济和社会发展计划、财政预算执行及审计工作等报告,重点关注预算支出及政策落实情况,着力推动扶持实体经济、做好"六稳"工作、落实"六保"任务。听取审计查出问题整改落实情况的报告,提升审计成果运用转化水平,强化审计整改刚性,更好发挥审计监督作用。认真落实《市人民政府向市人大常委会报告国有资产管理情况的意见》,对行政事业性国有资产管理情况开展调研,推动政府及有关部门加强国有资产管理,促进国有资产保值增值。固原市人大常委会对固原市优化营商环境、特色农业发展等工作进行专题调研,开展以土壤污染防治为主题的环保世纪行活动,结合听取和审议相关工作报告,提出有针对性的审议意见。

【脱贫攻坚工作监督】 2020年,固原市第四届人民代表大会常务委员会紧盯脱贫攻坚底线任务,通过法律法规的实施推动法治扶贫,通过审议决定重大事项助力脱贫，强化监督确保各项扶贫政策落实。组织代表对脱贫攻坚进行视察并听取审议工作报告，提出多渠道解决贫困户就业难题、高质量发展村集体经济、全面巩固提升脱贫成果、紧密衔接乡村振兴等意见并督促落实。常委会领导以身作则、全力以赴做好脱贫攻坚挂牌督战及“四查四补”、贫困村脱贫出列市级复查复审、脱贫攻坚普查督导等工作。各级人大代表充分发挥联系人民群众的桥梁纽带作用，主动投身脱贫攻坚主战场，带领群众脱贫致富。在固原市人民的共同努力下，交出高质量的脱贫答卷，如期完成脱贫攻坚任务。

【民生工作监督】 2020年，固原市第四届人民代表大会常务委员会持以人民为中心，针对事关群众切身利益的事项开展监督。对固原市县域义务教育优质均衡发展、公共就业服务、2020年民生实事办理等工作进行专题调研并听取审议专项报告。对县域义务教育优质均衡发展、公共就业服务工作分别进行专题询问和满意度测评，推动政府及相关部门均衡配置义务教育资源，优化师资队伍结构，提升教育教学水平，办好人民满意的教育；持续推进各项就业政策落实，实现更高质量和更加充分就业。

（马学明）

代表工作

【概况】 2020年，固原市第四届人民代表大会常务委员会坚持代表主体地位，把拓展代表工作作为做好人大工作的重要基础，健全完善代表工作机制，支持保障代表依法履职，代表主体作用得到更好发挥。

【代表履职渠道拓宽】 2020年，固原市第四届人民代表大会常务委员会围绕固原市工作大局和常委会监督议题，组织代表210人（次）参加执法检查、视察、专题调研、列席常委会会议等活动。邀请代表参加“一府一委两院”召开的听证会、征求意见会、政府开放日、旁听法院庭审等相关活动，拓宽代表知情、知政渠道。疫情防控中，市人大常委会发出致固原市各级人大代表的一封信，号召固原市各级人大代表积极响应党中央和区市党委号令，主动投身抗疫一线，踊跃捐款捐物，在各条战线、各自岗位上发挥积极作用，以实际行动践行代表人民、为了人民、服务人民的光荣使命。

【代表履职服务保障】 2020年，固原市第四届人民代表大会常务委员会举办代表履职培训班，培训市人大代表及人大工作者110名；人大常委会会议期间，举办十九届四中全会精神、推进国家治理体系和治理能力现代化、推动经济高质量发展3次专题讲座，提高代表履职能力。推动市人大代表就近参加“代表之家”和“代表活动室”活动。五县（区）人大建成代表活动阵地469个，实现乡镇“代表之家”全覆盖，重点村均有“代表活动室”，为代表履职搭建了立足基层、贴近群众、覆盖城乡的工作平台。深入开展常委会组成人员联系代表、代表联系选民“双联”活动。常委会领导带头走访基层市人大代表，征求代表对制订“十四五”规划的意见建议，听取代表对市人大常委会和“一府一委两院”工作的意见建议。制定《固原市人大代表活动经费管理使用的意见》，明确代表活动经费使用范围，支持和保障代表依法执行职务。

【代表议案建议办理】 2020年，固原市第四届人民代表大会常务委员会持续完善集中交办、重点督办、跟踪落实、结果反馈的议案建议办理工作机制。落实办理责任，将办理工作继续纳入固原市效能目标管理考核内容，在办理程序上力求规范，在办理效果上力求满意，在考核工作中力求严格，议案建议办理质量和效率进一步提高。市四届人大四次会议确定的2件议案高质量办结，15件建议均已办复。

（马一平）

工作委员会

【法制工作委员会】 2020年，法制工作委员会组织编制年度立法计划，将《关于加强“四个一”林草产业发展的决定》《关于加强海绵城市建设管理的决议》《固原市城市环境卫生管理条例》作为立法项目列入2020年立法计划，经主任会议和市四届人大四次会议审议，通过《固原市人大常委会2020年立法计划》。调研考察云南、广西两省区五个地级市（州）城市管理立法工作。组织常委会组成人员、代表对《固原市烟花爆竹燃放管理条例》的贯彻实施情况进行执法检查。按照市委依法治市委员会的要求，做好地方性法规的清理工作。开展备案审查工作，2020年累计收到市政府和各县（区）人大、政府报送备案的规范性文件14件，其中市政府规章1件。向自治区人大常委会和自治区政府报备固原市地方性法规3件、政府规章1件、规范性文件13件。建立完善备案审查信息平台。加强指导，把市、县（区）人大常委会规范性文件审查工作融入自治区人大四级备案审查工作信息平台。为实现固原市人大系统规范性文件备案审查电子化打好基础。为市、县（区）、乡三级人大信息平台配备了专、兼职工作人员。市人大法工委、市司法局、西吉县人大常委会实现电子报备。加强备案审查业务知识培训学习,召开市人大备案审查工作业务知识培训会,对市人大常委会各工作委员会(专委会)负责人、工作人员,县(区)人大常委会法工委负责人、工作人员,市司法局分管副局长、工作人员专门进行备案审查业务知识培训。

【财政经济工作委员会】 2020年,财政经济工作委员会组织市人大常委会部分组成人员和代表,深入原州区、隆德县、彭阳县和市直有关单位,采取听取汇报、座谈交流、实地察看相关资料等方式,对固原市行政事业性国有资产管理情况进行专题调研。组织市人大常委会部分组成人员和代表,采取听取汇报、实地察看相关资料和召开企业家座谈会、测评等方式,对固原经济技术开发区创优营商环境工作进行了专题调研。参加市人大常委会组织的对固原市高质量发展重点项目建设情况的视察和市委关于营商环境的专题调研。认真审查专项工作报告和议案,四届人大四次会议期间,对市人民政府《关于2019年国民经济和社会发展计划执行情况与2020年国民经济和社会发展计划草案的报告》《关于2019年固原市和市本级财政决算执行情况与2020年固原市和市本级财政预算草案的报告》进行了初步审查,提交审查结果的报告。在四届人大常委会第三十次会议上,对市人民政府《关于2020年国民经济和社会发展计划执行情况的报告》《关于2019年固原市和市本级财政决算草案的报告》《关于2020年固原市和市本级财政预算上半年执行情况的报告》和《关于2019年度财政预算执行和其他财政收支情况的审计工作报告》进行初步审查,提出初步审查意见,提交《关于2019年市本级财政决算的审查报告》。审查市人民政府《关于提请批准2020年度市本级财政收支预算变动调整的议案》,提出审查意见。深化预算审查监督工作,组织市人大财经代表小组和市人大常委会预算审查监督专家库的部分专家,初步审查《关于2020年固原市和市本级财政决算执行情况与2021年固原市和市本级财政预算草案的报告》,提出审查意见。加强对外交流学习,联合隆德县、泾源县人大常委会及市委办、财政局、审计局相关负责人,前往四川省成都市、宜宾市、甘孜藏族自治州和湖南省长沙市、湘潭市、衡阳市2个省、6个市学习考察人大预算审查监督和优化营商环境工作的先进经验与做法。赴福建省人大常委会办公厅对接落实合作协议并赴福州、泉州和漳州市考察学习代表工作。接待江苏省苏州市和山东省青岛市崂山区人大常委会学习考察组到固原市考察学习,进行充分的座谈交流。参加全国人大财经委举办的十三届全国人大财经干部第9期培训班。做好规范性文件的起草和备案审查工作,负责起草调研报告2份、考察报告1份、审查报告3份、审议意见5份、决议5份。对市人民政府办公室印发《固原市落实自治区持续优化营商环境相关措施细化责任分工方案》《固原市招商代理机构和招商顾问管理办法》等4件规范性文件进行备案审查。

【农业与环境资源保护工作委员会】 2020年,农业与环资源保护工作委员会联合教科文卫委对《中华人民共和国野生动物保护法》《中华人民共和国传染病防治法》和《宁夏回族自治区人大常委会关于依法防控新型冠状病毒肺炎疫情 坚决打赢疫情防控阻击战的决定》等法律法规贯彻实施情况开展联合执法检查。深入市直有关单位及各县(区)基层医疗机构、乡村等疫情防控一线及野生动物保护观测点等,听取各方面意见建议,提出3条科学合理的意见建议。组织开展环保世纪行活动,以"土壤污染防治"为环保世纪行活动主题,深入西吉、隆德两县,紧紧围绕自治区人大常委会提出的5项检查重点内容,就《中华人民共和国土壤污染防治法》贯彻实施情况进行检查;同时,委托原州区、泾源县、彭阳县对行政区域内土壤污染防治法实施情况进行检查,要求市中级人民法院、人民检察院和市发改委、市财政局等9个相关部门对照土壤污染防治法的规定对部门贯彻土壤污染防治法情况进行自查,实现对固原市5个县(区)执法检查全覆盖。专题调研固原市特色农业发展情况,常委会第三十次会议听取和审议市人民政府关于固原市特色农业发展情况的报告,向市政府及职能部门转交3条审议意见。组织部分常委会组成人员、市人大代表和市农业农村局的负责人,赴甘肃省武威市、张掖市、定西市及青海省西宁市、海东市考察学习当地在特色农业发展特别是农业产业体系、生产体系、经营体系建设方面的做法和经验。积极配合外省市人大代表到固原开展考察、调研活动,接待河南省、青岛市等人大考察组到固原对六盘山生态环境治理、特色产业发展等工作进行考察、调研。

【教育科学文化卫生工作委员会】 2020年,教科文卫工作委员会坚持围绕中心、服务大局,统筹固原市重点工作和新冠肺炎疫情防控两个大局,组织常委会组成人员、部分代表,执法检查固原市贯彻实施《中华人民共和国传染病防治法》《中华人民共和国野生动物保护法》。执法检查组深入市直有关单位及各县(区)基层医疗机构、乡村等疫情防控一线及野生动物保护观测点等,通过实地察看、听取汇报、召开座谈会等形式,听取各方面意见建议,深入检查"两法一决定"贯彻实施情况。根据检查情况提出了有针对性的意见与建议。组织调研组专题调研固原市义务教育优质均衡发展情况。人大常委会第二十八次会议上,委员和代表对市政府和教育等部门落实义务教育优质均衡发展职责任务情况进行专题询问与满意度测评。询问结束后,在《固原日报》刊发专题询问专版,回应社会对义务教育工作的关注关切问题。同时,积极协助配合全国、自治区和外省区人大到固原考察、检查、调研等活动。接待全国人大民族委员会一行到固原调研民族团结进步创建工作;接待河南省焦作市人大常委会一行到固原考察全域旅游和新业态培育发展、服务景区等工作。

【代表联络与选举工作委员会】 2020年,代表联络与选举工作委员会依法履职、主动作为,组织市人大常委会部分组成人员和部分自治区、市人大代表对原州区、西吉县、彭阳县脱贫攻坚工作进行视察。组织视察组深入到市区和5个县(区)、19个项目建设单位及建设地点,通过实地察看、听取汇报等方式,视察固原市黄河流域生态保护和高质量发展重点项目建设进行情况,全面了解常态化疫情防控条件下固原市重点项目建设情况。扎实开展代表培训,在固原宾馆举办市人大代表履职培训班,部分市人大代表、各县区人大常委会负责人、办公室工作人员及乡镇人大主席等110人参加培训。全力保障代表依法履行职权,为120名市人大代表征订《中国人大》杂志,并逐一核实工作单位、住址和电话信息,确保杂志按期投递至代表手中。在泾源县召开固原市基层人大工作推进会,90余人参会,全体与会人员到泾源县新民乡、泾河源镇庞东村、冶家村等地,通过实地察看、听取汇报、查阅资料等方式,详细了解泾源县基层人大代表工作开展情况,泾源县人大常委会、五县(区)各1名乡镇人大主席作交流发言。参照自治区人大出台的《宁夏回族自治区人大代表活动经费管理使用的意见》,印发《固原市人大代表活动经费管理使用的意见》,按照每位代表每月100元的标准向各选区拨付2019年市人大代表履职补贴。联合办公室,制定开展联系走访基层市人大代表的活动方案并印发通知,服务保障好常委会领导走访慰问代表活动。认真做好代表议案建议督办,联合政府办督查室,督办催办代表议案建议办理进行情况。组织市人大常委会部分组成人员检查代表议案建议办理进行情况,办结议案2件,检查报告提交市四届人大常委会第31次会议审议。联合办公室完成常委会会议期间人大常委会和"一府一委两院"干部人事任免,邀请代表列席区、市人大常委会会议,参加政府开放日,听证会,庭审旁听等工作,完成区、市人大代表出勤统计。配合自治区人大办公厅、代工委,完成疫情防控、脱贫攻坚中表现突出的自治区人大代表推选和材料审定工作,对固原市代表活动平台建设及代表联系群众工作开展情况摸底,开展全区代表工作座谈会材料准备、全区县乡人大换届选举工作调研等工作。陪同区人大常委会组成人员现场督办自治区179号建议,参加全区代表工作座谈会,并做交流发言。

【监察和司法工作委员会】 2020年,监察和司法工作委员会组成考察组赴劳务大省、人社部推广"回乡创业"典型经验的河南省考察学习公共就业服务工作,深入各县(区)进行专题调研,结合外出考察学习外省市在公共就业服务工作中的先进经验和做法,形成考察报告与调研报告。人大常委会第二十九次会议上对固原市公共就业服务工作进行专题询问和满意度测评,在《固原日报》刊发专题询问专版,进一步推动市政府及相关部门认真落实稳就业各项政策措施。组成执法检查组对固原市道路交通安全存在的乱象和固原市贯彻执行《中华人民共和国道路交通安全法》情况进行执法检查,进一步规范固原市道路交通安全秩序。人大常委会第三十次会议上听取和审议市中级人民法院《关于刑事审判工作情况的报告》,市人民检察院《关于践行"绿色检察"发展理念情况的报告》,根据审议情况整理形成审议意见。积极协助配合全国、自治区和外省区人大到固原的考察、检查、调研等活动。接待全国人大检查组到固原检查《中华人民共和国慈善法》贯彻执行情况,配合自治区人大常委会监察和司法工委到固原检查《中华人民共和国公证法》贯彻执行情况,接待青海省人大民侨外委到固原考察宗教事务依法管理情况。

(李志明)

固原市人民政府

综述

【概况】　2020年,固原市实现生产总值352.46亿元,比上年增长5.6%。全市粮食种植面积314.94万亩,比上年增加12.04万亩。全市粮食总产量91.31万吨,比上年增加4万吨,增长4.6%。全市全部工业增加值38.8亿元,比上年增长8.4%,规模以上工业增加值增长8.3%。全市固定资产投资(不含农户)下降9%。全市社会消费品零售总额120.82亿元,比上年下降5.3%。全市实现地方财政收入22.4亿元,比上年增长0.76%。固原市全体居民人均可支配收入16708.4元,比上年增长9.0%。

【经济建设】　2020年,固原市全面落实"六保"任务,出台"六保"23条、服务业升级"16条"、中小企业发展等6个政策文件,减税降费4.24亿元。紧盯经济运行中的薄弱环节和弱项指标,建立1名市级领导包抓1个产业帮扶机制,落实领导干部担任重点企业联络员等制度5项,累计清欠民营企业欠款4.38亿元,为2407家市场主体发放贷款44.71亿元。全市第一产业增加值71.95亿元,增长4.1%;第二产业增加值69.13亿元,增长12.3%;第三产业增加值211.38亿元,增长3.9%。经济结构由上年的18.5∶19.3∶62.2转变为2020年的20.4∶19.6∶60,第一产业比重提高1.9个百分点,第二产业比重提高0.3个百分点,第三产业比重下降2.2个百分点。

【城乡建设】　2020年,固原市树立"精明增长""紧凑城市"理念,出台促进融合政策措施"20条"。出台加强海绵城市建设的决定,实施海绵化项目25个,改造完成棚户区513套,完成老旧小区改造55个。以争创文明城市为引领,开展群众性精神文明建设,创成国家卫生城市。强化城市管理机制,推动城管执法重心下移和执法事项属地化管理。聚焦提升内涵、衔接城乡、联动工农,打造美丽小城镇12个、美丽村庄19个。开展农村人居环境整治行动,改造危房6200多户,完成农村卫生厕所改造8.8万户。

【先行区建设】　2020年,固原市出台建设先行区美丽新固原"36条",谋划项目262个。聚焦纺织服装、特色农业、生态经济、文化旅游4个重点培育发展产业,全产业链谋划、全要素推进、全方位服务,成功与伊赛等龙头企业签约,招商到位资金144亿元;成立宁夏六盘山生态产业公司,争取国开行、农发行向先行区建设授信200亿元。

【民主法治建设】　2020年,固原市制定出台加强和改进人大、政协工作的意见,支持人大及其常委会立法3件,代表议案建议、政协提案办复率均达到100%。实施县区党政主要负责人年终述法制度,深入开展"七五"普法、法律"八进"工作。纵深推进扫黑除恶专项斗争,打掉涉黑涉恶组织4个。安全生产形势总体平稳。深化"拥护核心感党恩同心携手奔小康"主题教育,举办市委理论学习中心组专题研讨促进民族团结进步工作。纵深推进民族团结进步创建,制定印发《深入持久开展民族团结进步创建实施方案》,隆德县和15个单位创建成全区民族团结进步示范县(单位)。全面加强党对意识形态工作的领导,贯彻落实党的宗教工作基本方针,扎实开展"五进"宗教场所活动。旗帜鲜明整治宗教领域"三化"突出问题。累计整改宗教场所848处、公共建筑37处。

【基础设施建设】　2020年,固原市推进交通、水利、能源、信息"四张网"建设。建成黄河水调蓄工程,年新增黄河水4000万立方米,完成水库联蓄联调21座,首次实现"双水源"保障,彭阳县"互联网+人饮"面向全市域推广,初步构建兴利除害的现代水网,原州区、西吉县被水利部评为“全国节水型社会建设达标县”。改造扩建G85固原段和7条国省道。建设“四好农村路”486千米，六盘山机场加密银川、西安航线，开通北京航线。全面运行“智慧固原”大数据平台，建成5G基站186个。

【生态治理】 2020年，固原市树立“绿水青山就是金山银山”理念。建立政府引导、市场运作、全民参与的国土绿化机制，持续实施400毫米降水线造林绿化、“三北防护林”、退耕还林还草、小流域综合治理等重点生态工程，新增造林绿化面积206万亩。全力打好蓝天、碧水、净土保卫战，土壤环境质量总体良好。编制《黄河流域固原市生态保护和高质量发展规划》，统筹推进山水林田湖草综合治理，落实“四禁”“四减”“四保”要求，面向全市域推广彭阳小流域综合治理模式，建成淤地坝38座，打造生态流域18条，治理水土流失390平方千米。整治修复三关口矿区和六盘山水泥厂。推进“四尘”同治、“五河”共治、“六废”联治，空气优良天数达到97%，PM_{10}、$PM_{2.5}$浓度分别下降26.8%、3.8%，五河水质全部达标，国控断面水质优良比例提高至80%。

【脱贫攻坚】 2020年，固原市坚持县不漏乡、乡不漏村、村不漏户、户不漏人，组织市直部门、县乡村以及第一书记、驻村工作队和2.3万名帮扶责任人，对全市62个乡镇、814个行政村逐乡、逐村、逐户开展“回头看”工作，逐条、逐项、逐个“过筛子”，走访29万户，排查并整改问题3.1万个。整合38.3亿元建设到村到户扶贫项目7060个，建成扶贫车间175个、闽宁示范村35个、金融扶贫示范村410个，发放小额贷款37.1亿元，户均5.3万元。全力推进消费扶贫，召开全区电商发展大会。完成五县(区)脱贫攻坚普查，接受省际交叉、东西部扶贫协作、第三方评估、财政绩效、媒体等各类检查暗访和考核验收。严格落实“四个不摘”要求，建立防返贫监测预警和动态帮扶机制，对边缘户、贫困残疾人实行“一户一档”“一户一策”，推广“社会保障+产业扶持”的“双兜底”模式。编纂《固原扶贫志》，编排《六盘山下花正红》舞台剧，打造扶贫教育基地，总结脱贫攻坚工作中形成的好经验、好做法。认真落实闽宁协作第二十四次联席会议精神，组织调研组到福建省对接，深化闽宁协作。全面摸排县内生态移民“三空”(空房、空棚、空圈)、务工就业、户籍迁转等问题，全面梳理移民政策落实情况，逐户落实“十三五”时期易地扶贫搬迁县内移民4.4万人的后续发展，开发公益性岗位1434个，为182个“十三五”时期就近移民安置点建立养殖暖棚或设施蔬菜暖棚4012座，39个“十三五”时期城区回购安置点依靠21个扶贫车间吸纳就业594人，解决户籍“两头跑”等问题3787户。紧盯西吉1个堡垒县、原州区9个薄弱村和剩余贫困人口7339人，开展“大干200天集中攻坚行动”，实行市县领导、市县部门、联系企业双督战、双帮扶，规范月分析、月调度制度。西吉县如期高质量脱贫，固原全域历史性地解决了绝对贫困问题。

【社会治理】 2020年，固原市新增城镇就业9092人，城镇登记失业率3.26%，全市共完成劳务输出33.14万人，比上年增长4.9%;实现劳务总收入71.57亿元，比上年增长5.4%。实施全民参保计划，60岁以上城乡居民全部享受基本养老金，全市参加城镇职工基本养老保险人数10.3万人，比上年末增加0.63万人。持续深化平安固原建设，深入推进扫黑除恶专项斗争，社会乱象治理“五项机制”得到中央督导组肯定。食品药品安全监管全面加强。安全生产、应急管理体系和能力建设明显提升。彭阳县被命名为全国双拥模范县，固原市及隆德县、泾源县被命名为全区双拥模范城(县)。

【保稳任务】 2020年，固原市针对性出台“六保”23条、服务业升级16条等政策及措施，全力稳住经济基

2020年固原市人民政府10件民生实事办理情况一览表

表4

民生实事	具体做法	完成情况
促进城乡居民就业	开展城乡劳动力职业技能培训4.32万人，实现城镇新增就业8966人，实现转移就业收入71.57亿元，培育创业实体1621个	A
办好学前教育	出台《2020年政府购买公办幼儿园保育教育服务(民生实事)工作方案》，指导各县(区)购买幼儿园保育教育服务岗位500个	B

续表4

民生实事	具体做法	完成情况
完善城乡教育基础设施	新建(改扩建)城乡中小学校校舍25所、幼儿园7所,总建筑面积18.8万平方米,新增学位19140个	B
强化食品安全监管	组织开展食品安全抽检7540批次,抽检合格率为98.66%	A
改善城乡文体生活	改造提升22家文化大院设施道具,开展送戏下乡340场次、广场文化活动260场次	B
开展法律援助工作	免费办理法律援助案件2599件	A
提升居家养老服务能力	建成市县(区)养老服务管理运营中心、社区(村)养老服务站494个,为全市7920名困难老年人提供助餐、助浴等养老服务,基本建成15分钟城市呼叫养老服务圈和农村互助养老服务圈	C
加强城市老旧小区改造提升	完成55个老旧小区改造,惠及4127户居民。新建城市公厕6座、垃圾中转站3座,购置安装移动公厕5座、小型压缩中转站设备3套	B
提高妇女儿童健康保障水平	免费开展农村适龄妇女宫颈癌筛查49042人、乳腺癌筛查32803人,为600名城镇低保适龄妇女进行"两癌"筛查。为符合条件的91名患病妇女每人发放救助金1万元。免费为12901名新生儿筛查48种遗传代谢性疾病,筛查率为98.36%	A
提升市区供热能力	实施的固原市城市集中供热热源一期工程已完成部分设备招标采购和干煤棚建设工程。因项目建设工程量大、融资困难,且受土地、环评等前期工作制约未按期完成,将于2021年继续实施	C

说明:A为超额完成;B为完成;C为基本完成

本盘。实施"返岗增岗稳岗"计划,"点对点、一站式"包车包机输送务工人员1.07万名。在全区率先复工复产复市。开展粮油高产创建行动,粮食产量达到91.3万吨,创历史新高。累计改造老旧小区55个、危房6289户。

【疫情防控】 2020年,疫情防控期间,固原市迅速成立市级工作机构,启动应急响应,自上而下建立疫情防控工作领导指挥、工作责任等4个体系,细化交通、社区、农村、学校等8个区域疫情防控工作流程,形成全市一盘棋、立体式防控的组织体系。成立临时党支部540个,组织2601个基层党组织和38277名党员干部在基层一线冲锋陷阵,内防扩散、外防输入,用时35天实现市内确诊病例、密切接触者"双清零"。统筹推进"战疫情"与"保经济",以"四促四增"为抓手,落实援企稳岗、减税降费等"一揽子"政策,推动"八大秩序"有序运转,经济增长率先在全区恢复。全力做好思想引导、物资保障、市场稳定等工作,依法处置哄抬物价、妨害疫情防控秩序等违法违纪行为25起。健全完善常态化疫情防控机制,提前部署秋冬季和2020年疫情防控工作。向全国全区推荐表彰先进集体27个、先进个人74人。

(张永奎)

重要会议

【第四届固原市政府常务会议】 2020年2月6日,第四十二次常务会在固原市会议中心召开。会议传达学习了《中共中央国务院关于抓好"三农"领域重点工作确保如期实现全面小康的意见》《自治区党委人民政府关于抓好"三农"领域重点工作确保如期实现全面小康的意见》精神。会议安排部署了自治区《政府工作报告》重点工作任务分解落实工作。

2020年2月21日,第四十三次常务会在固原市会议中心召开。会议审议了《2020年重点目标、重点任务落实清单(送审稿)》《关于清理部分规范性文件的意见(送审稿)》。

2020年3月10日,第四十四次常务会在固原市会议中心召开。会议传达学习了自治区党委2020年第十二次常委会(扩大)会议和自治区政府"加强疫情防控这根弦不能松,经济社会发展各项工作要抓紧"

座谈会精神。会议安排部署了全市项目申报工作。研究了《关于应对新冠肺炎疫情影响强化政策落实促进消费升级的若干措施(送审稿)》《关于加大劳动力转移就业助力打赢脱贫攻坚战的若干措施(送审稿)》。

2020年4月1日,第四十五次常务会在固原市会议中心召开。会议会议传达学习了习近平总书记对四川省西昌市经久乡森林火灾作出的重要指示和李克强总理批示精神,安排部署了全市当前森林草原防火工作;传达学习了中纪委《印发〈关于切实加强7省区2020年扶贫领域腐败和作风专项治理工作的指导意见〉的通知》精神;传达学习了自治区政府主席咸辉到固原调研督导脱贫攻坚工作精神,研究了贯彻意见及推进脱贫攻坚"四查四补"及扶贫领域反馈问题整改工作。审议了《固原市财政性资金规范化管理暂行办法(送审稿)》。研究了《关于开展各级各类巡视督(察)查反馈问题整改情况"回头看"工作方案(送审稿)》;研究了《固原市人民政府2020年立法工作计划(送审稿)》;研究了大额资金支出有关事宜;研究了《固原市创建国家生态文明建设示范市规划(2019—2022年)(送审稿)》《固原市创建国家生态文明建设示范市工作实施方案(送审稿)》。听取了全市"大棚房"问题专项清理整治行动情况汇报,安排部署下一步工作;听取了全市违建别墅问题清查整治和农村乱占耕地建房问题清理前期工作情况汇报,安排部署下一步工作。

2020年4月26日,第四十六次常务会在固原市会议中心召开。会议传达学习了自治区党委书记陈润儿在自治区党委省级领导干部维护政治安全专题研讨班上的讲话精神和到固原调研脱贫攻坚及生态建设工作精神。研究了《固原市高质量发展综合绩效考核办法(送审稿)》《固原市全面建成小康社会考核办法(送审稿)》《固原市脱贫攻坚"四查四补"帮扶方案(送审稿)》;研究了收回市区住宅小区规划配建幼儿园有关事宜;研究了调整固原市区公共租赁住房租金补贴标准有关事宜。听取了第一季度全市经济运行情况汇报,安排部署了相关工作。审议了《关于促进民营经济加快发展的实施意见配套五项制度(送审稿)》。

2020年6月3日,第四十七次常务会在固原市会议中心召开。会议传达学习了习近平总书记在全国两会部分团组会上的重要讲话精神和全国两会及全区贯彻会议精神。听取了各副市长围绕分管领域如何落实"六保"任务工作汇报,研究贯彻落实意见;听取了贯彻落实全国清欠工作视频会议和自治区清理拖欠民营企业中小企业账款电视电话会议精神情况汇报,安排部署了下一步工作。审议了《关于进一步加强统计基础工作的实施意见(送审稿)》。

2020年6月24日,第四十八次常务会在固原市会议中心召开。会议传达学习了《自治区党委办公厅人民政府办公厅关于印发〈贯彻落实国家统计局关于督察宁夏回族自治区防范和惩治统计造假弄虚作假情况反馈意见整改方案〉的通知》精神。审议了《固原市安全生产专项整治三年行动方案(送审稿)》。研究了固原市黄河水调蓄工程建设资金有关事宜。研究了补缴市直学校特岗教师"五险一金"有关事宜。

2020年7月27日,第四十九次常务会在固原市会议中心召开。会议传达学习了咸辉到固原调研脱贫攻坚工作情况。会议审议了《关于加快推进"四个一"林草产业发展的决定(草案)(送审稿)》;会议审议了《关于加强海绵城市建设的决议(草案)(送审稿)》;会议审议了《固原市人民政府规章制定程序规定(草案)(送审稿)》,研究了成立固原市仲裁委员会和设立北海仲裁院固原分院有关事宜。会议听取了全市危房危窑改造、住房安全情况及全市地质灾害病险点排查情况汇报,安排部署了下一步工作。会议研究了设立固原市第九幼儿园和原州区第十七小学、第十幼儿园等8所小学(幼儿园)有关事宜。会议研究了六盘山干部学院对外培训收费管理有关事宜。

2020年8月20日,第五十次常务会在固原市会议中心召开。会议传达学习了《中共中央 国务院转发〈国家发展和改革委员会关于上半年经济形势和做好下半年经济工作的建议〉的通知》精神。会议审议了《固原市关于建立健全城乡融合发展体制机制和政策体系的落实意见(送审稿)》《固原市关于建立更加有效的区域协调发展新机制的实施方案(送审稿)》;会议审议了《固原市城市环境卫生管理条例(草案)(送审稿)》;会议审议了《固原市工程费用400万元及以下政府投资项目审批改革实施办法(试行)(送审稿)》。会议研究了国有资产租赁有关事宜。会议听取了固原市创建国家卫生城市工作进展情况汇报,安排部署了下一步工作;会议听取了全国人大常委会执法检查组对固原市贯彻实施《中华人民共和国慈善法》执法检查情况的汇报,安排部署了下一步工作。

2020年9月11日,第五十一次常务会在固原市会议中心召开。会议专题研究宁夏六盘山生态产业有限责任公司组建和金融支持固原市生态产业合作协议事宜。

2020年9月25日,第五十二次常务会在固原市会议中心召开。会议传达学习了自治区建设黄河流域生态保护和高质量发展先行区第二次推进会精神。听取了各副市长关于《市委关于贯彻落实〈自治区党委关于完善基层治理体系提高基层治理能力的若干意见〉的意见》牵头任务贯彻落实情况汇报;听取了自治区党委第三环保督察组生态环保转办件办理情况汇报。听取2020年以前已竣工、未验收的政府投资项目工作进展情况汇报。审议了《固原市重点产业发展及建立市级领导同志包抓机制工作方案(送审稿)》。研究了市公安局交警支队关于增加20名警务辅助人员有关事宜。

2020年10月26日,第五十三次常务会在固原市会议中心召开。会议听取了全市前三季度经济运行情况汇报,安排部署了第四季度经济工作;听取了解决部分企业拖欠土地出让金及拆迁费问题进展情况汇报;听取了固原市本级2020年政府债务化解工作进展情况汇报,安排部署了有关工作。通报了固原市考察团赴河南省、湖北省、广东省开展招商考察和项目对接情况。

2020年11月18日,第五十四次常务会在固原市会议中心召开。会议听取了全市1—10月经济运行情况汇报。传达学习了全国扫黑除恶专项斗争第三次推进会和自治区扫黑除恶专项斗争推进会暨2020年第三次领导小组会议精神,听取了全市扫黑除恶专项斗争工作情况汇报。研究了固原市水利勘测设计院公司改制事宜。

2020年12月28日,第五十五次常务会在固原市会议中心召开。会议听取了2020年全市经济社会发展情况和2021年工作总体思路及主要任务建议汇报,研究部署了有关工作。

(关凌月)

综合工作

【统筹协调】 2020年,固原市人民政府办公室配合市委办等部门高质量完成建设黄河流域生态保护和高质量发展先行区第二次推进会,完成国务院复工复产调研组调研等重大活动的保障任务。联合市委办、人大办、政协办等部门,完成重大活动、重要会议、重点接待工作,营造良好政府工作氛围。积极协调市政府领导之间以及领导与县(区)、部门之间的工作对接和业务联络,高效推进政府各项工作。

【政务督查】 2020年,固原市人民政府办公室统筹规范督查检查考核,配合市委督查室制定印发《2020年固原市效能目标管理考核方案》,起草印发《中央、区属驻固单位2020年效能目标管理考核细则》。紧扣政府工作报告、新冠肺炎疫情防控、“六保”任务落实、重点项目、民生实事、人大议案政协提案等重点工作,及时分解任务,定期督查督办,扎实推进任务落实。对市政府常务会等议定事项,实行逐项交办、滚动督查、月督季报、全年交账。对区市领导批办事项,即时转办、限时督办、按时呈报。累计开展各类督查检查12项、126人次,承办区、市议案建议、政协提案134件,撰写督查专报13期、疫情防控督查报告26期、创卫督查报告3期、下发督查通报3期。

【政务公开】 2020年,固原市人民政府办公室形成全媒体政务公开新格局。初步形成网站、微博、微信、短信、手机App、“12345”政务服务热线“六位一体”的政务公开模式,和市、县、乡、村“四级覆盖”的全媒体政务公开格局。各级各类平台共发布政务信息70832条、政策解读115个,集中实时推送全国两会、疫情动态、防控措施、复工复产等政策文件信息11300余条,开展政府开放日活动106次。积极转派办理政务App留言,累计受理国务院“互联网+督查”留言34件、“自治区主席信箱”留言92件,办结率均为100%,固原市“331”监管平台留言3703件,办结率99%。优化市“12345”便民热线平台,实现与自治区“12345”热线诉求三级归口的统一。全年累计受理来电13.6万余条,办结13.5万余条,办结率99.3%。

【外事工作】 2020年,固原市人民政府办公室坚持党对外事工作的领导,深刻学习领会习近平总书记外交思想,认真贯彻落实中央和自治区党委外事工作会议精神,切实加强意识形态领域管理;全面做好新冠肺炎疫情防控涉外工作,按照联防联控机制要求,落实好信息收集推送、涉外政策指导等工作职责,严控境外输入风险。认真履行值班职责,2020年累计编发各类突发事件信息117条,进一步提高信息报送的准确性、及时性、规范性。

(赵星辰)

政务办理

【固原市四届人大四次会议代表建议办理】 2020年,固原市人民政府系统共承办四届人大四次会议代表建议15件;其中已经解决或基本解决的(A类)10件,占66.7%;正在解决或列入规划逐步解决的(B类)3件,占20%;因条件限制一时无法解决的(C类)2件,占13.3%。

2020年固原市第四届人民代表大会第四次会议部分代表建议办理一览表

表5

建议人	建议类型	具体建议	完成情况
王统一	A	关于扩大六盘山贫困片区(原州区)优质特色农产品外销宣传渠道的建议	在西藏自治区拉萨市、陕西省宝鸡市新建固原特产馆2家,改造升级银川闽宁特产馆,推介全市486种农产品进驻中国消费扶贫生活馆、"12306"扶贫商城等销售平台,成功举办消费扶贫暨助力西吉县脱贫攻坚农校产销对接活动,现场签约800万元
杨生俊	A	关于建设葫芦河上游段生态治理工程的建议	争取资金1200万元,2020年6月启动实施葫芦河上游段生态治理工程,截至2020年年底,完成绿化工程20%
李　聪	B	关于实施西吉县吉强镇、偏城乡生态修复及国土综合治理项目的建议	编制《固原市六盘山生态功能区山水林田湖草生态保护修复工程实施方案(2021—2023年)》,申报自然资源部入库山水林田湖草生态保护修复工程项目54个、54.36亿元,涵盖西吉县生态修复及国土综合治理方面的所有项目
王学军	B	关于建设将台堡红军长征精神教育培训学校的建议	在"长征公园建设项目"中明确提出建设"西吉县将台堡长征国家文化公园培训中心",待项目批复后将组织实施
张　佐	C	关于加强姚河塬遗址保护利用的建议	彭阳县初步完成遗址保护总体规划,仍有姚河塬遗址保护范围土地属于耕地,无法进行调整,且暂无项目建设资金支撑的问题
王淑玲	C	关于将公办幼儿园保育员和保健医生等服务岗位纳入政府购买服务,调整公办园保教费收费标准的建议	根据《政府制定价格行为规则》,综合考虑全市经济社会发展水平、群众承受能力等因素,暂不具备调整公办幼儿园保教费收费标准的条件

说明:A为已经解决或基本解决的建议;B为正在解决或列入规划逐步解决的建议;C为因条件限制一时无法解决的建议

【固原市政协四届四次会议提案办理】2020年,固原市人民政府系统共承办市政协四届四次会议委员提案103件(重点提案11件)。固原市人民政府强化责任担当,完善工作机制,增强办理实效,圆满完成提案办理工作,办复率100%。其中,已经解决或被采纳的(A类)73件,占70.87%;部分解决或列入规划逐步解决的(B类)25件,占24.27%;因条件限制或其他原因一时难以解决的(C类)5件,占4.85%。委员反馈满意度为99%。

(关凌月)

2020年政协固原市第四届委员会第四次会议部分提案办理情况一览表

表6

提案人（单位）	提案类型	具体提案	完成情况
何秀霞	A	关于规范和设立乡村道路标识牌的建议	各县（区）及时对已建成的乡村道路进行摸底排查
虎久强 陈　显	A	关于推进固原市农村火炕节能环保改造工作的建议	各县（区）年内共完成农村火炕节能环保改造1583户
民盟 固原市委会	B	关于在市区设立24小时自助图书借阅机的建议	自助图书借阅机的图书资料和数字资源依托于市图书馆统一管理,待市图书馆建成对外开放后,24小时自助图书借阅机将同步投放运行
九三学社 固原市委	B	关于对古民居进行保护和开发利用的建议	市住建局结合该项工作全面摸清全市现存古民居底数,待自治区古民居保护和管理方面的规章制度出台后,及时研究制定《固原市古民居保护管理办法》
黑晓明	C	关于试点推行冬季采暖“计量”供暖的建议	全市“计量”供热配套政策不健全、配套装置不完善、收费标准不明确,试点供热用户反响强烈,部分设备因型号、规格差异无法有效监控及远传,推行供热“计量”收费存在困难
范　红	C	关于组建成立固原市歌舞团的建议	全市各级政府的公共文化服务采取向市场主体择优购买方式解决

说明:A为已经解决或被采纳的建议;B为部分解决或列入规划逐步解决的建议;C为因条件限制或其他原因一时难以解决的建议

中国人民政治协商会议固原市委员会

综述

【概况】 2020年,中国人民政治协商会议固原市委员会以习近平新时代中国特色社会主义思想为指导,坚持团结和民主两大主题,推动双向发力,突出提质增效,积极创新实践。充分发挥全体会议协商的龙头作用,聚焦“一府两院”工作报告,围绕生态环境建设、优化营商环境等中心工作和教育、医疗、社保、养老等民生事业精准建言,提交大会发言24篇,委员联组讨论、小组讨论提出意见建议172条。班子全员参与“十四五”规划编制15个专题研究,组织委员参加市委征求意见座谈会,为奋力谱写建设先行区和继续建设美丽新宁夏的固原篇章发出了“政协声音”、彰显了“政协担当”、贡献了“政协力量”,为固原市制定“十四五”规划和2035年远景目标建议建言献策、凝聚共识。

【考察调研】 2020年,中国人民政治协商会议固原市委员会助推市委决策部署有效落实,在“创卫”工作迎检、联系重点企业等任务中积极作为。中国人民政治协商会议固原市委员会关注固原市“163”政务服务模式市域一体化推进,面向市内、广东等省开展专题视察,学习政务服务平台建设先进经验,提出“提升政务服务智能化实效、推进政务服务标准化建设”等意见建议。考察调研贵州、湖南乡村治理和网络宣传阵地先进经验,提出“进一步完善乡村治理顶层设计,提高‘三农’组织化程度,突出融媒体发展产品、功能、流程再造,建立统一高效的信息服务体系”等意见建议,为提升乡村治理和网络宣传阵地建设能力提供参考。考察学习海南等地常态化疫情防控下推动文旅产业的先进经验,提出“打造精品旅游线路、产品,充分运用新媒体开展宣传推广”等意见建议,助推固原市文旅产业挖潜提质。开展农业产业化龙头企业发展及特色农产品深加工专题调研,提出“进一步加大对龙头企业引进培育,保护好现有六盘山农产品品牌和原产地标记、农产品地理标志”等意见建议,助推“农业5个10亿元产业集群培育”。考察调研银川、平凉和原州区等周边市县(区),深入原州区小川子、文化巷等4个社区,加快解决制约社区治理瓶颈问题。

2020年固原市政协四届四次会议部分提案一览表

表7

提案人(单位)	案由
何秀霞	关于规范和设立乡村道路标识牌的建议
虎久强　陈　显	关于推进固原市农村火炕节能环保改造工作的建议
沙志花　马生礼	关于解决农村老年饭桌运行存在问题的建议
李　政　范　虹	关于保护利用固原战国秦长城遗址、北周隋唐墓地旅游资源的建议
九三学社固原市委会	关于对古民居进行保护和开发利用的建议
民盟固原市委会	关于加强社区建设、规范小区物业管理、提升管理水平的建议

【提案办理监督】 2020年,中国人民政治协商会议固原市委员会深化提案监督模式,完善"131"(一规定、三办法、一清单)提案办理和党政领导领衔督办重点提案长效机制,高质量办理重点提案11件,全部办结答复提案108件,委员满意度99%。组织市委领导亲自督办《关于加强社区建设,规范物业管理,提升管理水平的建议》提案,就推进社区减负增效,创新社区治理机制,补齐社区阵地、人员、服务、保障等短板问题提出具体措施办法。组织市政府领导现场督办《关于进一步加强和完善固原城市管理的建议》提案,提高城市管理水平,提升居民生活品质。中国人民政治协商会议固原市委员会首次对8个民主监督小组与各自派驻部门监督任务实行清单式管理,各民主监督小组围绕"四个一"林草产业重点品种推广、现代纺织工业全产业链发展、黄河水调蓄工程建设等40项重点工作积极开展协商式监督。组织委员260余人次参与政府开放日、听证会、政风行风评议等活动,有效扩大监督覆盖面。

【参政议政】 2020年,中国人民政治协商会议固原市委员会为各民主党派、工商联和无党派人士履职建言搭建平台、创造条件,各党派团体提交提案和大会发言比重分别达35.2%、25%,参与各类协商议政活动37场次,邀请党外知识分子、非公有制经济人士、新的社会阶层人士参加调研、视察等活动,主动开展谈心谈话加强团结联谊,召开民族宗教界委员座谈会,围绕"巩固和深化民族团结进步示范市创建成果"开展界别活动,引导宗教与社会主义社会相适应。邀请市政府、市纪委监委、市委政法委向常委会通报疫情防控、扫黑除恶专项斗争等工作,引导委员在界别群众中解疑释惑、化解矛盾。利用"大家来听讲"平台优势,组织专家、学者和委员深入界别群众宣讲党的创新理论,引导学习中共党史、新中国史和统一战线的历史,切实把界别群众的思想和行动统一到党委重大决策部署上来。

【协商模式创新】 2020年,中国人民政治协商会议固原市委员会发挥委员履职平台作用。立足"学习交流新载体、联系群众新纽带、协商民主新路径、团结联谊新平台"的功能定位,指导"委员界别工作室"常态化开展学习宣传、联络交友等活动。举办"委员大讲堂",邀请专家、学者就中共十九届五中全会精神和《中华人民共和国民法典》作专题辅导讲座。在原州区试点建设"委员会客室"并开展工作。建立"大家来商量""1135"模式,推动开门协商,会场与现场、线上与线下相结合,促进政协协商与基层协商相互衔接,增强协商的针对性和实效性。围绕"建设城区停车场,缓解停车难""加强社区和物业管理工作"等课题开展"大家来商量"的处理模式,有效回应和解决群众关心、关切的问题。为九龙国际祥和苑、长城社区办公楼协商加装电梯,助推解决年老体残人群前往社区活动中心"最后一步"等问题。建立提案办理协商"五步闭环"(提交—审查—办理—评议—公开)模式,优化提案办理流程,被自治区政协列为2021年向全区政协系统重点推广的"十大创新"工作之一,在全区市县(区)政协工作经验交流会上,作出《"五步闭环"提升全流程提案办理协商实效》发言。向自治区政协全会提交提案48件,其中"关于支持建设六盘山生态经济区的建议"被列为重点提案,为固原市打造生态经济新高地添薪助燃。

【对外宣传】 2020年,中国人民政治协商会议固原市委员会配合全国和自治区政协完成"长城长征主题公园建设"等13项专题调研,接待上海、广东等省市政协到固原考察12批次,在交流交往中助力提升固原市知名度和影响力。成功举办"百名自治区政协委员固原行"活动,充分展示固原市脱贫攻坚和生态建设成就。在全区三级政协农业农村委员会专题会议上提供固原市扶贫典型案例4篇,积极宣传推介固原市脱贫攻坚先进经验。在《人民政协报》《华兴时报》等媒体刊发各类宣传文章信息140余篇,启动《固原政协志》和第五辑文史资料编撰工作,讲好新时代固原文化故事。

【精神文明建设】 2020年,中国人民政治协商会议固原市委员会召开常委会议专题部署固原市政协系统"新时代新使命新样子"学习讨论活动,坚持目标导向,统一思想凝聚共识、检视问题明确方向、整改提高补齐短板。围绕"深刻理解新时代的科学内涵""深刻理解人民政协在新时代的新使命""努力干出人民政协新时代的新样子"集中开展研讨交流10场次,70余人次进行交流发言,收集理论文章43篇,实现以理论大学习、思想大解放、作风大转变促进政协工作质量大提升的明显成效。

【助推企业高质量发展】 2020年,中国人民政治协商会议固原市委员会紧扣"六稳""六保"政策落实及复商复市专题调研,建言大力实施援企稳岗、增加金融供给,助力民营企业坚定信心、共渡难关。市科技部门充分吸纳科技投入在科技扶贫方面开展对口协商,采纳强化企业自主创新能力、全面开展科技合作等意见建议。围绕快递行业规范发展开展专题协商,提出建立统一投递收寄服务平台、完善农村快递配送体系等对策建议,助力提升固原市快递物流业服务水平。

【公共服务水平提升】 2020年,中国人民政治协商会议固原市委员会围绕"健康固原"建设,开展区、市、县三级政协联动协商,形成总报告1个和分报告5个,委员提交大会发言5篇,就"重大疾病防控""公共卫生疾控体系"等5个方面提出意见建议70余条。发挥社情民意信息"直通车"作用,就物业管理、地摊经济、外卖配送等群众关心、关注的热点、难点问题,编报《社情民意信息》29期,《关于对"地摊经济"精细化管理的建议》等18条信息被自治区政协和市委、市政府采纳。

(冯　刚)

重要会议

【政协固原市第四届委员会第四次会议】 会议于2020年1月6日在固原市会议中心召开。固原市政协主席马玉芳代表政协固原市第四届委员会常务委员会向大会作工作报告。大会通过政协固原市第四届委员会第四次会议政治决议、政协固原市第四届委员会第四次会议关于常务委员会工作报告的决议、政协固原市第四届委员会提案委员会关于四届四次会议提案审查情况的报告和政协固原市委员会2020年协商工作计划。

【市政协常务委员会会议】 2020年1月8日,第四届第十七次常务委员会会议在固原市会议中心召开。会议通过政协固原市第四届委员会第四次会议政治决议(草案)、政协固原市第四届委员会第四次会议关于常务委员会工作报告的决议(草案)。审议通过政协固原市第四届委员会提案委员会关于四届四次会议提案审查情况的报告(草案)、政协固原市委员会2020年协商工作计划(草案)。

2020年4月8日,四届第十八次常务委员会会议在固原市会议中心召开。会议传达学习习近平总书记在决战决胜脱贫攻坚座谈会上的重要讲话精神和自治区政协主席崔波在全区政协"新时代、新使命、新样子"学习讨论活动动员会暨专门委员会工作视频网络会议上的讲话精神。邀请市政府分管领导通报固原市新冠肺炎疫情防控情况,并启动固原市政协"新时代、新使命、新样子"学习讨论活动,各县区政协主席、市政协机关代表、委员代表围绕政治站位、思想认识、履职尽责等方面作表态发言。

2020年6月28日,四届第十九次常务委员会会议在固原市会议中心召开。会议传达学习习近平总书记视察宁夏重要讲话精神和全国两会精神,通过有关人事任免事宜,邀请专家就《中华人民共和国民法典》作专题辅导讲座。

2020年9月16日,四届第二十次常务委员会会议在固原市会议中心召开。会议审议通过市政协四届二十次常委会议议程;审议通过《关于全力推进健康固原建设系列调研报告》和有关人事任免事宜,5名市政协常委、委员围绕主题从不同角度进行了交流发言。传达学习自治区党委十二届十一次全会和市委四届八次全会精神。邀请市政府通报健康固原工作开展情况、市委政法委通报固原市扫黑除恶专项斗争工作开展情况。

(柴慧娟)

专门委员会

【提案委员会】 2020年,提案委员会围绕市委、市政府中心工作,充分发挥委员履行职能作用,引导组织委员深入调查研究,认真撰写提案,严格审查立案,开展提案协商督办,组织开展提案办理质量和提案质量双向评议测评。严格提案立案审查,及早完成交办工作。政协四届四次会议召开后,收到委员提案201件,经归纳梳理提交审查,立案108件,并案29件,转意见建议41件,撤案23件。认真贯彻落实中央、自治区党委和市委政协工作会议精神,建立"提交—审查—办理—评议—公开"五步闭环模式,开展专题协商,促进提案办理有效落实。开展"双向评议",不断提高提案质量和办理质量水平。市政协民主评议工作领导小组到市城管局、农业农村局、自然资源局、原州区政府等9个提案办理单位,采取查阅资料、听取汇报、互动发表意见建议等方式进行测评赋分。拓展协商方式,积极配合开展重点提案督办。政协各专委会分头与市委办、政府办对接,领导到现场督办重点提案。

【经济委员会】 2020年,经济委员会按照市政协重点工作部署,充分发挥专委会基础作用,积极履职,主动作为,各项工作任务圆满完成。持续强化理论学习,组织经济界别委员专题学习2次。积极开展调查研究,按照2020年政协工作要点,围绕疫情发生以来固原市优化营商环境支持民营经济各项政策落实情况开展实地调研,认真听取中小微企业的经营状况和实际诉求,向市委、市政府提交专题调研报告。组织农业界别委员开展中蜂养殖培训界别活动,邀请泾河源镇周边村组中蜂养殖专业合作社和养殖大户参与现场培训教学,助力贫困群众脱贫攻坚、增收致富。围绕全力推进健康固原建设,赴彭阳县就"维护全生命周期健康”开展调研,向市政协常委会提交报告协商讨论。调研固原市农业产业化龙头企业(农业新型经营主体以下简称龙头企业)发展及特色农产品深加工情况。形成调研报告提交市委、市政府决策参考。围绕强化快递行业的引导和规范发展情况,深入彭阳县、西吉县、原州区部分快递企业及分支机构、村邮站点实地调研,提出“制定扶持政策促进健康发展”“提升监管能力确保寄递安全”“强化规划引领推进基础建设”“推进‘快递进村’助力乡村振兴”4条具体建议。注重发挥委员主体作用,培养委员协商精神、提升协商能力,开展委员“五个一”履职活动,积极撰写提案和社情民意,在四届四次会议上,经济界别委员个人提案26件,联名提案18件;征集大会发言6篇(2篇口头发言,4篇书面发言);撰写社情民意5篇。主动为群众办理实事好事,响应市政协机关号召,向机关脱贫帮扶村西吉县井湾村捐资助学、道路美化亮化捐款近10万元。在自治区政协农业界别克服新冠肺炎疫情影响加快农业生产协商(视频)会议、全区三级政协农业农村委员会专题协商新冠肺炎疫情对农民外出务工及收入影响问题(视频)会议上发言,结合固原市情实际,向自治区政协提出意见建议6点。向自治区政协提供固原市扶贫脱贫典型案例4篇。

【教科卫体委员会】 2020年,教科卫体委员会充分发挥政协专委会基础性作用和委员主体作用,扎实开展调研、提案督办和委员界别活动,组织委员履职尽责,深入协商集中议政,强化监督助推落实。加强学习不断凝聚共识。主动参加市政协“新时代、新使命、新样子”学习讨论活动,围绕“深刻理解人民政协在新时代的新使命”进行研讨发言,界别委员积极参加所在单位的“担当新使命、展现新作为”学习实践活动。疫情防控期间,向界别委员中宣传疫情防控政策。紧扣党政中心工作深入调研视察;按照自治区政协“健康宁夏”三级联动调研要求和市政协“健康固原”系列调研要求,专题调研固原市重大疾病防控,围绕加强重大疾病防控宣传力度、强化重大疾病预防体系建设、提升家庭医生签约服务质量、进一步提高传染病防治能力4个方面提出意见建议9条,形成《关于重大疾病防控情况的调研报告》供市委、市政府决策参考。按照2020年市政协工作要点,选取11个有科技创新项目或科技含量高的企业、合作社对固原市科技投入及科技扶贫情况进行专题调研,形成《关于固原市科技投入及科技扶贫情况的调研报告》,围绕强化企业创新主体地位、加强科技人才队伍建设、持续加大科技投入、全面开展科技合作4个方面提出10条建议供市委、市政府决策参考。在市政协四届四次会议上,3位委员在大会上作交流发言,发言中涉及的规范小区物业管理、设立“四点半课堂”解决小学生失管问题、加快科技创新推动高质量发展等内容得到了市委、市政府和政协党组的重视,被列为2020年重点工作。界别委员提交的提案被采纳23件,反映社情民意6期。疫情防控期间,委员充分发挥自身优势,组织德立信医药公司在丝路广场开展送医问诊活动。开展联合走访工作,为西吉县红耀乡井湾村争取资金支持,进行村级道路亮化、美化工程。

【社会法制和资源环境委员会】 2020年,社会法制和资源环境委员会围绕市委、市政府中心工作及市政协重点工作,聚焦法治建设、资源环境、民生关切、社会建设和社会治理等热点问题,组织委员开展调查研究、协商议政、民主监督等活动,认真履职,积极建言。结合工作实际,成立功能型党支部,召开功能型党支部“新时代、新使命、新样子”学习讨论活动,围绕“在凝聚传播共识上有更加积极广泛的新样子”撰写研讨材料,开展专题交流发言。围绕任务,深入开展调研视察。围绕“健康产业发展”课题开展调研,在做好健康产业顶层设计、找准健康产业发展方向、提升健康服务管理水平3个方面提出意见建议10条,形成《关于健康产业发展情况报告》报市委、市政府决策参考。协调县(区)政协,配合自治区政协顺利完成三级联动课题《干预健康因素》的调研任务。实地考察贵州省贵阳市、黔南州和湖南省长沙市、岳阳市,采取、座谈交流、资料查阅等方式学习湘黔两地在社会治理(含乡村治理)、网络宣传阵地建设等方面的先进经验,并形成调研报告。强化民主监督,开展民主监督员工作,召开2020年民主监督员工作会议,听取上年度民主监督工作总结,围绕市政府确定的重点项目和民生实事,协商确定2020年监督重点,并借助民主监督员工作会议,培训监督员进行。民主监督员主动作为参与政务开放日、司法公开日等各项事务性监督工作80余人次,提出意见建议20余条。以重点提案督办为契机,参加调研银川市、吴忠市、平凉市及本市小区物业管理工作。引导委员积极撰写提案和社情民意,全年征集提案26件,撰写社情民意信息6期,征集大会发言4篇,在大会上作交流发言1次。

【民族宗教和港澳台侨联络委员会】 2020年,民族宗教和港澳台侨联络委员会坚持思想政治引领和建言资政双向发力,充分发挥专委会联系界别与委员的职能作用。召开专委会主任会议,布置2020年专委会具体工作。引导宗教界委员坚持宗教中国化方向,践行社会主义核心价值观,爱国、爱教、爱民。召开宗教界政协委员座谈会,传达学习习近平总书记视察宁夏重要讲话精神。

【文化文史和学习委员会】 2020年,文化文史和学习委员会凝聚各方力量,开展文史资料征编出版。开展《固原文史资料(第五辑)》的稿件征集工作。联合《固原日报》、电视台等新闻媒体向全社会征稿。邀请同市政协主席、副主席、秘书长及专委会负责人撰稿,并面向有写作能力的政协委员、文史爱好者150余人约稿,已收集资料20余篇。面向市县(区)两级医院200余名赴湖北武汉抗疫的医生护士征集资料,收到30余篇。开展《固原政协志》资料调研收集工作。编委会开展《固原政协志编写大纲》(草稿)起草,查阅档案1200余卷次、固原市档案馆档案1000余卷次、平凉市档案馆200余卷,收集资料3万余字(张)。甄别收集到的资料,征集基本资料800万字,筛选拟用照片200张。在泾源县就"维护全生命周期健康"进行专题调研并召开座谈会,与委员、专家和相关部门负责人进行座谈交流。完成《关于维护全生命周期健康调研报告(草案)》,向有关部门从妇幼健康、青少年健康、老年健康、职业健康等方面提出建议。参与完成《关于政务服务平台建设及常态化疫情防控情况下推动文旅产业发展的考察报告》考察工作。配合举办"大家来听讲"大讲堂。联合市政协办公室共同承办市政协学习贯彻党的十九届五中全会精神大讲堂,固原市政协委员及政协机关干部100余人参加专题辅导。

(杨　智)

中国共产党固原市纪律检查委员会 固原市监察委员会

综述

【概况】 2020年,中共固原市纪律检查委员会 固原市监察委员会以习近平新时代中国特色社会主义思想为指导,深入贯彻中共十九大和十九届二中、三中、四中、五中全会,十九届中央纪委四次全会,自治区党委十二届十一次、十二次全会,自治区纪委十二届四次全会及市委四届七次、八次全会精神,全面履行党章和宪法法律赋予的职责,加强监督执纪问责与监督调查处置,全面从严治党、党风廉政建设、反腐败工作取得新成效。

【执纪督察】 2020年,中共固原市纪检监察机关查处违反政治纪律问题3人,督促整改餐饮浪费问题9个,办结自治区党委巡视移交的信访件324件,问题线索57件,整改完成反馈的问题37个方面。建立督查、研判、通报、反馈、再督导的闭环全程监督检查机制,督促固原市各级纪检监察机关开展一线检查74轮次,发出问题清单和整改通知26份,查处主体责任履行不到位等问题31起,处理党员干部60人。开展“四查四补”“四个不摘”措施落实情况监督检查69轮次,下发纪检监察建议书、督办通知书355份,督促整改问题1521个,约谈提醒、批评教育党员干部129人。固原市累计查处职务违法和职务犯罪案件15件,检察机关提前介入6件、留置6人。查处“两个责任”落实不力问题19起、23人,出台《固原市加强党委(党组)纪委监委(纪检监察组)日常监督工作规范》,推动党委(党组)主体责任和纪检监察机关监督责任贯通联动,市直部门党组(党委)依据干部管理权限给予党纪政务处分10人。

【作风建设】 2020年,中共固原市纪检监察机关严把干部政治关、廉洁关、形象关,回复廉政意见7204人次,对15名拟任用人选提出暂缓使用意见。深化运用监督执纪“四种形态”,教育帮助和处理干部2237人次,其中,第一、二种形态2127人次,占95%。严格落实“三个区分开来”要求,制定查处诬告、陷害等不实类信访举报行为暂行办法,澄清被实名举报人员21名,开展教育回访受处分干部727名,对8名在落实疫情防控措施中存在轻微违纪问题的人员给予从轻处理。开展专项督查4次,查处违反中央八项规定精神问题15起、19人,严格落实《持续解决困扰基层的形式主义问题为决胜全面建成小康社会提供坚强作风保证的通知》要求,聚焦脱贫攻坚中的责任落实、政策落实、工作落实,查处数字脱贫、重复督导、多头检查等形式主义、官僚主义问题15起、29人。运用“四种形态”教育处理干部2237人次,其中运用第一、二种形态占比95%以上,实现由“惩治极少数”向“管住大多数”拓展。

(蔡文刚)

重要会议

【市纪委四届五次全体会议】 会议于2020年4月3日在固原市会议中心召开。会议深入学习习近平新时代中国特色社会主义思想,贯彻中共十九大和十九届二中、三中、四中全会,中央纪委四次全会,自治区党委十二届八次、九次全会,自治区纪委四次全会及市委四届五次、六次全会精神。总结固原市2019年纪检监察工作,安排部署2020年工作任务。听取市纪委常委会所作的题为《坚守初心使命 忠诚履职尽责为决胜脱贫攻坚全面建成小康社会提供坚强保障》工作报告。

【党风廉政建设和反腐败工作汇报会】 2020年12月18日在固原市会议中心召开。会议简要汇报固原市党风廉政建设和反腐败工作情况。对固原市党风廉政建设和反腐败工作的下一步开展作了安排部署。

【线索处置暨派驻机构工作会议】 会议于2020年3月9日在固原市会议中心召开。会议重申案件查办时限要求，进一步压紧压实问题线索处置责任，确保实现问题线索处置、案件查办“双清零”；宣读《关于调整市纪委监委派驻机构人员的通知》，明确纪检监察组工作职责任务，安排部署纪检监察组日常监督和案件查处工作，推动派驻监督工作高质量开展。

【党员干部大会暨创建“让党中央放心、让人民群众满意”模范机关工作推进会】 会议于2020年10月24日在固原市会议中心召开。会议传达《关于同意中共固原市纪委机关委员会选举结果的批复》《关于同意中共固原市纪委机关党委第一、第二、第三、第四、第六、第七、第八党支部选举结果的批复》《关于市纪委监委干部职务、职级任免和岗位调整的通知》，对市纪委创建“让党中央放心、让人民群众满意”模范机关工作进行再安排再部署推进。新当选机关党委书记、支部书记代表和党员干部代表作表态发言。

【扶贫领域专项治理纪委书记工作例会暨职能部门联席会议】 会议于2020年10月22日在固原市会议中心召开。会议传达学习全区贫困县（区）纪委书记工作例会精神，总结分析固原市专项治理工作，对下一步做好脱贫攻坚监督工作，持续深化扶贫领域腐败和作风问题专项治理成效作出再安排、再部署。会议指出，专项治理开展以来，固原市各级纪检监察机关在自治区纪委监委和市委的坚强领导下，围绕固原市脱贫攻坚工作扎实开展监督执纪问责，查处了一批基层“微腐败”，健全完善了一批制度机制，探索出一些符合固原实际的治理模式，扶贫领域腐败和作风问题得到有效遏制，专项治理目标任务基本完成，基层权力监督体系日趋完善，乡村全面振兴基础逐步夯实，为全面实施乡村振兴战略奠定了坚实基础。

（李国栋）

腐败问题整治

【概况】 2020年，中共固原市纪检监察机关共处置问题线索1486件，初核1322件，立案426件、527人，党纪政务处分555人，比上年分别下降23%、上升0.09%、下降28.1%、下降10.3%。其中，市纪委监委处置问题线索366件，初核317件，立案66件、97人，党纪政务处分105人。固原市纪检监察机关共查处职务违法案件16起、18人，采取留置措施6人，18人因严重违纪违法、涉嫌犯罪被移送司法机关。

【扶贫领域反腐建设】 2020年，固原市纪检监察机关持续深化扶贫领域腐败和作风问题专项治理，综合运用“一县一策、一乡一策、一村一策”治理机制和“331”监管平台、直查直办、优先查办等机制，查处扶贫领域腐败和作风问题75起，处理党员干部124人。深入贯彻中央纪委加强扶贫领域指导意见，开展扶贫领域问题线索处置、案件查办“双清零”行动，梳理出问题线索1038件，已办结1016件，办结率为97.9%，腐败存量大幅削减。集中整治民生领域突出问题，查处吃拿卡要、盘剥克扣等损害群众利益违纪违法问题114起，处理党员干部191人，移送司法机关5人。

【监察体制保障】 中共固原市纪检监察机关自2018年监察体制改革以来，市纪委监委自觉对标改革要求，高质量完成派驻机构改革任务，市一级累计设置派驻机构14个、落实人员编制41名。从领导体制、工作职责、协调衔接、管理考核等方面入手，出台派驻机构定期报告、日常考核、联合巡察监督、重要情况报告等制度办法9项，完善纪律监督、监察监督制度机制7项，有效打通“四项监督”内在联系，使各类监督运行体制更加健全、衔接机制更加顺畅。市级派驻机构共处置问题线索118件，谈话函询26人次，立案20件、20人，处分19人。

（蒋建荣）

民主党派

中国民主同盟固原市委员会

【组织建设】 2020年,中国民主同盟固原市委员会深入学习贯彻中共十九届五中全会精神和习近平总书记视察宁夏重要讲话精神,全面贯彻落实民盟中央十二届三中全会精神、自治区党委十二届十次、十一次全会精神和市委四届六次、七次、八次全会精神,切实把思想和行动统一到党中央、自治区党委和市委的决策部署上来,统一到民盟中央的精神要求上来。组织盟员参加市委组织部和统战部联合举办的习近平总书记视察宁夏重要讲话精神培训班及区民盟机关思想政治建设学习会,通过学习培训教育引导盟员增强“四个意识”,坚定“四个自信”,做到“两个维护”。

【参政议政】 2020年,中国民主同盟固原市委员会坚持把参政议政摆在盟务工作首位。调动盟员积极性,鼓励引导盟员积极撰写、提交会议发言和提案,2名盟员政协委员在自治区政协第十一届三次会议提交提案5件,参与联合提交提案2件。其中《关于将部分二类疫苗接种费用纳入我区医保和新农合报销范畴的建议》提案被评为优秀提案,1名盟员被评为优秀自治区政协委员。在市政协四届四次会议上,市委会提交大会材料4篇,其中《规范小区物业管理,改善城市人居环境》被选定为大会发言,《加快城市公共交通发展,改善城市人居环境》被选为书面交流材料;会上提交提案28篇,盟员政协委员提交提案10余件。大会发言《规范小区物业管理,改善城市人居环境》《规范固原市小区物业管理的建议》《关于在市区设立24小时自助图书借阅机的建议》提案被列为市委书记重点督办提案和市政协2020年协商议题。民盟固原市委会被评为2017—2019年优秀政协提案单位,2名盟员被评为2017—2019年优秀政协提案委员。

【民意调研】 2020年,中国民主同盟固原市委员会协办宁夏民盟第三阶生态研讨会暨黄河流域生态保护和高质量发展先行区议政建言会。参加由区委会在固原市原州区、彭阳县开展的脱贫攻坚民主监督调研活动、长城国家文化公园建设调研、民盟宁夏区委会承担的国家发改委西部大开发重点项目“宁夏综合养护通道基础设施建设”前期调研。参加由区委会的老龄委开展的关于自治区老年教育发展现状的调研活动、教育委员会开展的关于宁夏中小学德育教育现状的调研。参加市政协组织的“全力推进健康固原建设”5个专题调研,盟员撰写的调研报告《关注学生心理辅导 维护生命周期健康》在市政协四届二十次常委会议上作交流发言。疫情防控期间,盟市委响应盟中央、民盟区委会的号召,积极引导盟员关注疫情防控,围绕民生、恢复经济建设等方面,提出意见建议,向民盟区委会、市政协提交社情民意11条。

【社会服务】 2020年,中国民主同盟固原市委员会开展助学助教活动。盟市委坚持“尽力而为 量力而行”的原则,积极开展教育、文化领域的社会服务活动。聘请宁夏知名心理教育专家为老师和家长举办了助学助教活动——心理健康专题讲座2场次,参加学习的师生和家长近400人,得到一致好评,提高了民盟的社会知名度,取得了良好的社会效果。加强沪宁合作,联合民盟上海交大委员会主委,为上海交大芳香植物研究中心研究固原芳香植物提供原料,实验效果较好并获得国家专利。春节前夕,看望慰问退休老盟员,不定期看望慰问生病住院的老盟员,吊唁去世盟员。市委会获得民盟宁夏区委会“2020年度社会服务先进集体”称号。

【盟员培训】 2020年,中国民主同盟固原市委员会组织机关干部和盟员参加自治区政协举办的区政协委员培训班和区组织部在浙江大学举办的“宁夏生态环境与生态建设能力素质提升”专题培训班学习。选派9名盟员参加民盟区委员会在盐池举办的反映社情民意信息员培训班、在井冈山举办的2020年度参政议政业务骨干培训班和在宁波大学举办的2020年基层组织负责人培训班;组织50多位盟员参加上海社会主义学院线上直播的骨干盟员、新盟员培训班及市委统战部举办的党外干部培训班。

【宣传工作】 2020年,中国民主同盟固原市委员会向民盟区委会、市委统战部报送工作简讯36篇,借助媒体、刊物、民盟网站宣传盟务工作和盟员事迹,《华兴时报》、《固原日报》、固原新闻网报道9篇,扩大了民盟的影响力。固原市民盟委员会获得民盟中央"思想建设和宣传工作先进集体"称号。创建了固原第一个盟员之家——六盘珍坊盟员之家,通过创新形式,丰富内容,将盟员之家建设成宣传政策、增进共识、新老传承的重要平台和基层盟务交流、展现才艺、参政议政、凝心聚力的"爱心之家"。

(师淑莲)

中国民主促进会固原市委员会

【组织建设】 2020年,中国民主促进会固原市委员会持续深化领导班子建设。贯彻落实民主集中制,认真开展"不忘初心、继续携手前进"专题民主生活会,健全完善领导班子议事规则和工作程序。修订完善会员入会审批暂行办法、会费缴纳及管理办法等;落实会员年度发展计划,规范发展程序,全年发展会员4名,其中主界别2名,会员总数达99名。开展中青年后备干部队伍情况摸底,推荐市级党外代表人士11名。健全完善社会服务工作办法、机关工作办法、基层组织工作制度,推进会员"三个一"活动、"三走访三推动"活动。

【思想建设】 2020年,中国民主促进会固原市委员会制定理论中心组学习规则,及时部署学习任务,配发《习近平谈治国理政(第三卷)》和《中华人民共和国民法典》等学习教材。召开全委(扩大)会议2次,专题研究并安排部署习近平新时代中国特色社会主义思想、十九届四中全会精神、习近平总书记视察宁夏重要讲话精神等学习宣传贯彻工作,在全会掀起理论学习高潮,为凝聚共识奠定思想政治基础。加强骨干会员思想政治培训,选派机关干部1名参加全区中青年干部培训班,组织17名会员参加固原市党外人士、市直统战系统学习贯彻习近平总书记视察宁夏重要讲话精神专题学习会,选派13名会员参加自治区党委统战部举办的全区民主党派基层组织负责人培训班和民进宁夏区委会举办的履职能力建设、新会员思想政治建设、组织建设培训班。落实机关干部参加市委统战系统联合学习机制,引导督促会员参加"学习强国"App、法宣在线、宁夏党校干部网络教育等网络学习。创建"固原民进"微信公众号,加强工作宣传、理论学习,为会员反映社情民意信息搭建交流互动平台。2020年,中国民主促进会固原市委员会荣获民进宁夏2020年度考核参政议政工作、宣传思想工作、履职能力建设主题年先进单位称号。

【参政议政】 2020年,中国民主促进会固原市委员会在市政协四届四次会议上提交提案立案29件(市委会13件、个人16件),占会议立案总数的28%,其中,《设立"四点半课堂"解决小学生失管问题》《建立社会养老服务体系 切实提高服务质量》《推进"厕所革命"改善农村人居环境》等多篇提案作大会口头发言,《关于推进固原市农村火炕节能环保改造工作的建议》被确定为2020年重点提案并由市领导领衔督办。民进市委会荣获市政协优秀提案单位称号,8名会员荣获市政协优秀提案委员称号。向民进宁夏区委会报送的《做好"四点半课堂"写实民生答卷》被自治区政协十一届三次会议选为大会口头发言,4件提案被选为书面交流发言,5件提案被立案。《关于打造我区特色店铺招牌的提案》被自治区政协立案,并被多家媒体采访报道。委员在自治区政协"完善农村面源污染治理和垃圾处理机制促进我区黄河流域生态改善"专题协商会上作题为《健全"三个"体系 实现化肥减量》的交流发言,会员作题为《科技助力乡村振兴——六盘山区农村环境治理项目集成示范初探》的书面交流发言。在市政协四届二十次常委会议上,市委会主委作题为《多措并举推动固原市基层防疫队伍建设》的发言,会员委员作题为《关注弱势群体、促进健康养老》的发言。社情民意信息《关于促进医养结合养老机构发展的建议》被自治区政协《社情民意》采用,《为参加疫情防控工作的民营医院医护人员发放临时性补助和防疫津贴》被自治区政协《社情民意》采用。

【民主监督】 2020年,中国民主促进会固原市委员会配合区委会赴西吉县开展脱贫攻坚民主监督调研活动,深入西吉县将台堡镇西坪村、火家沟村,什字乡北台村、杨庄村及兴隆镇等地,调研脱贫增收支柱产业、村集体经济、特色种植养殖、农村基础设施建设、危房改造、"四查四补"落实等情况,认真收集资料、听取群众意见及呼吁反映解决的实际问题,为西吉县顺利脱贫摘帽发挥了积极作用。组织2名会员担任市政协民主监督小组组长,1名会员担任自治区公安厅党风警风政风监督员。

【民意调研】 2020年,中国民主促进会固原市委员会改进调研方式。1篇理论文章和2篇调研报告被《六盘山论坛》刊登。组织6名会员赴原州区、西吉县就"互联网+教育"及儿童青少年健康教育工作情况开展调研工作,深入固原三中、头营中学、西吉袁河中学、西吉二小等十多所中小学校、幼儿园,现场考察了解情况,联合县区教育局开展座谈交流,形成调研报告并及时转化为提案和社情民意信息。

【社会服务】 2020年,中国民主促进会固原市委员会推荐2名会员参加全区统一战线助力决胜全面小康先进事迹专题宣传活动,联合固原爱尔眼科医院在西吉县开展"青少年近视防控公益讲座"活动,联合区委会在西吉县开展"支教助农"活动,邀请会内中药材专家开展林下经济、中药材种植培训,组织会内全国书协会员开展"春联万家"活动,书写春联400余副,号召会员为西吉县红耀乡井湾村捐资助学10000元。成立宁夏民进开明画院固原分院,为发挥民进文化界别优势,服务社会搭建平台载体。

【宣传工作】 2020年,中国民主促进会固原市委员会大力开展新闻宣传工作,稿件被中国新闻网、中国共产党新闻网、今日头条等媒体报道3篇,被《共产党人》《宁夏统一战线》《华兴时报》等期刊收录30篇,被《固原日报》、六盘山论坛等市级媒体报道5篇。会员原创的文化、文艺作品在各级媒体上刊发20篇。

(许　军)

九三学社固原市委员会

【组织建设】 2020年,九三学社固原市委员会以《中共中央关于加强中国特色社会主义参政党建设的意见》等重要文件精神为指导,发展社员2名。社市委现有基层支社6个,社员85人;在职74人、退休11人;博士研究生学历3人、硕士研究生学历11人、大学本科学历65人,大学本科及以上学历占社员总人数的92.94%,高级职称占社员总人数的71.76%。从事医药卫生、高等教育以及农林科学研究等科学技术工作的社员66人,占社员总人数的77.65%。社员中担任各级人大代表和政协委员18人。组织2019年入社新社员全部参加社区委第二十八期培训学习,1人参加市委统战部在六盘山行政学院举办的2020年党外干部培训班。完善社员档案,及时掌握人员情况,更新组织管理系统。推荐2名社员参选社中央宣传工作先进个人,推荐10名科技人才备选九三学社宁夏科普专家库。

【思想建设】 2020年,九三学社固原市委员会围绕市委、市政府工作重点开展调查研究,采用主题讨论、参政议政等形式反映社情民意信息。累计提交全国政协"新冠疫情危中之机"征稿4篇、疫情防控相关社情民意13件,提交自治区统战部"统一战线助力决胜全面小康"感悟文章4篇。在固原方志馆设立九三学社固原市委教育实践基地,组织社员开展爱国主义教育和参政履职学习观摩活动。

【参政议政】 2020年,九三学社固原市委员会完善专委会工作机制,对8个社区委课题和9个社市委课题制定年度工作责任分工。申报立项参政议政课题8件,思想建设课题1件。承办社区委重点课题"如何深入持久地推进固原市民族团结进步示范创建工作思考",联合社区委在西吉、隆德两县开展专题调研。结合社员研究领域,确定社市委参政议政课题9件。提交政协自治区十一届三次会议个人提案3件,提交固原市四届四次会议集体提案14件,其中,固原市立案11件,立案率78.6%;3件提案被列为固原市重点提案,2件建议被选为大会发言,其中1件建议作为大会书面交流发言。1件调研报告被社区委选为自治区政协会议发言素材。社市委被市政协评为优秀提案单位,1名被评为市政协优秀提案委员,2名社员被评为自治区政协2020年度履职考核优秀银外委员。

【会员培训】 2020年,九三学社固原市委员会联合市委统战部及其他各市九三组织开展调研,撰写提案报告,提高建言质量。召开参政议政工作推进会,邀请社区委参政议政处到固督导,学习好的经验做法,促进参政议政任务保质保量完成。推荐2名骨干社员参加社区委在江西省社会主义学院举办的参政议政骨干培训、3名社员参加在福建行政学院举办的"九三学社闽宁2020年骨干社员培训班",11人参加社中央骨干社员网络培训班。

【民主监督】 2020年,九三学社固原市委员会根据自治区脱贫攻坚查损补失、查漏补缺、查短补齐、查弱补强"四查四补"和实现稳定可持续脱贫要求,重点围绕隆德县脱贫重点、难点问题开展专题民主监督,促进脱贫攻坚与乡村振兴战略的有效衔接。开展新冠肺炎疫情对脱贫攻坚工作影响的调研,在隆德县城关镇调研电商运营、凤岭乡李士村集体经济、神林乡千亩冷凉蔬菜,及时提出对策建议,巩固脱贫攻坚成果。

【社会服务】 2020年,九三学社固原市委员会连续第四年开展"关爱老饭桌"社会服务活动。累计为泾源、隆德2个县、20个农村"老饭桌"、1个中心敬老院捐赠米面油生活物资,价值9.5万元。联合社区委在隆德县开展社会服务活动。

【宣传工作】 2020年,九三学社固原市委员会加强对外合作交流,做好宣传服务工作。联合固原市方志办在固原市方志馆设立教育实践基地。承办九三学社宁夏区委市级组织社务工作观摩研讨会。接待九三学社郑州市委主委郑高飞到固原交流社务工作,协助开展"关于打造黄河流域生态文明区高质量发展创新主引擎的对策研究"课题调研。

(朱鸿禧)

群众团体

固原市总工会

【组织建设】 2020年,固原市总工会组建固原经济技术开发区总工会,重新厘清市属基层工会、原州区工会、开发区工会组织关系和日常组建责任。固原市新建工会组织660家,发展会员9213人,发展会员工作完成全年任务的184.3%。培育市级"会站家"示范点12家,模范职工之家20家,申报自治区总工会并命名表彰区级模范职工之家(小家)5家。新建工会户外劳动者服务站11家。搭桥福建省教科文卫体工会与固原回中签订教育结对帮扶协议,促使更多东部优势教育资源与固原市教育单位共享。

【协商制度落实】 2020年,固原市总工会紧盯企业民主管理、和谐劳动关系构建和企业工会组织覆盖三项工作重点,深化企业民主管理、集体协商制度落实,面向固原市461家建会企业开展工资集体协商"要约行动"。面向固原市工会组织开展"聚合力、促发展"职工代表提案征集活动,固原市共签订集体合同90份,工资专项集体合同292份,覆盖企业652家。开展固原市集体协商专题培训1场次,举办工资集体协商观摩活动2场次,打造行业、区域集体协商示范点36个,覆盖企业390家,覆盖职工1428人。建会国有企业厂务公开、职代会制度实现全覆盖,非公企业厂务公开、职代会动态建制率达到85%以上,向区总工会推荐上报优秀职工代表提案3份。

【职工服务阵地建设】 2020年,固原市总工会完成固原市第三届劳动模范、先进工作者评选表彰工作,宣传报道新评选的60名市级劳模事迹。建设市级职工书屋10家、设置电子阅览设备2个,组织职工积极参加全区"劳动筑梦"演讲比赛、"阅读经典好书·争当时代工匠"、"网聚职工正能量·争做中国好网民"等主题实践活动。市县两级职工活动中心已全部建成并投入使用,市职工活动中心日均服务职工达到200余人次。深化固原市劳模致富带头人工程,组织6个劳模服务分团深入贫困村,开展"传帮带",培训困难群众生产技能600余人次,解决基层生产技术难题10余项,巩固提升劳模和技能人才创新工作室6个。完善普惠性服务平台,市本级搭载服务项目保持在10项以上,参与职工医疗互助活动工会组织达到127家,参保职工9696人。

【职工就业保障】 2020年,固原市总工会持续推进"六稳"工作,落实"六保"任务。围绕保居民就业任务,加大职工就业指导力度,推动用人单位落实劳动法律法规实施,固原市完成农民工技能培训工作800人次,联合市人社等部门举办招聘会2场次。围绕保基本民生任务,贯彻执行《保障农民工工资支付条例》,建立工会预防相对困难职工返贫常态化帮扶工作机制,持续推进送温暖常态化,完成对困难职工的核查工作。围绕保障市场主体任务,助力企业全面复工复产,面向重点行业开展劳动和技能竞赛,带动复产达产,引导广大职工群众参与消费扶贫工作,举办行业技能竞赛4场次。围绕保障基层运转任务,加大劳动关系矛盾纠纷排查力度,劳动争议调解组织组建率保持在85%以上,切实维护职工队伍稳定,接访职工128案次,信访案件办结率达100%。采取深入企业一线、入户调查、电话回访等措施对固原市城市困难职工(农民工)解困脱困工作进行全面摸排和核查整改,累计投入帮扶资金700余万元,开展临时救助和慰问2000多人次。

(余　慧)

共青团固原市委员会

【青年思想建设】 2020年,共青团固原市委员会开展"担当新使命·展现新作为""六盘儿女一家亲 同心共筑中国梦"等主题活动,引导青年团员感党恩、听党话、跟党走。采取“一对一”方式摸排团员6.07万人,引导团员牢固树立马克思主义民族观、宗教观。结合“青年大学习”活动,及时跟进学习党的十九届四中、五中全会,习近平总书记视察宁夏重要讲话,习近平总书记关于青年工作的重要思想,自治区党委十二届十二次全会和市委四届九次全会精神,青年讲师团开展理论宣讲225场次,覆盖团员青年1万余人。开展“青春心向党 建功新时代”“争做新时代好队员”等青少年制度自信教育和社会主义核心价值观培育工作。制作防疫宣传MV《勇者无畏》、十九届五中全会宣讲视频《青春愿景2035》等文化产品。利用“六盘青声”发布“青年大学习”90期、“青e学”3期。团市委获“2020年度固原市网络安全宣传周先进集体”称号,“六盘青声”获固原市“十佳政务微信”称号。《中国青年报》、《宁夏日报》、宁夏电视台等媒体共计宣传报道固原共青团工作30余次。选树区级以上青年先进集体和典型个人57个。

【青少年服务】 2020年,共青团固原市委员会贯彻党管青年原则,市、县(区)全部建立青年联席会议制度,按节点要求推动规划分工方案任务落实,形成党委领导、政府负主要责任,共青团协调,各方齐抓共管青年事务的工作机制。聚焦青少年的烦心事、操心事、揪心事,市、县(区)团委争取资金800余万元,慰问特困青少年家庭5500余户、资助贫困大学新生1059人、发放爱心眼镜5577副,举办青年交友联谊活动3次。发布招聘信息34期,提供就业岗位1050个,开展“千校万岗”、“返家乡”假期实践,畅通大学生就业渠道。举办青年创客沙龙、青年创业发展研讨会、电商扶贫人才培训班、青年创新创业大赛、“青创10万+”培训等13场次活动,覆盖创业青年1500余人次。开通线上“12355”青少年维权服务平台,成立线下向阳花青少年成长驿站,聘请13位“关爱大使”开展“阳光照心间、健康伴成长”心理讲座32场次,覆盖青少年3000余人。开展面对面活动2次,做好青少年利益诉求协商代言。结合“双零”社区创建,加大调研指导,确保取得实效。

【志愿服务】 2020年,共青团固原市委员会开展“学雷锋志愿服务月”“四点半课堂”“七彩假期”活动,建立“志愿者+困难青少年”结对帮扶模式。开展“凝聚青春力量·决战脱贫攻坚”“创卫有我 青年先行”等志愿服务活动,推动志愿服务成为新时尚。举办固原市首届志愿服务项目大赛暨青年社会组织公益创投大赛,通过政府购买方式培育公益项目10个。

(杨 洁)

固原市妇女联合会

【概况】 2020年,固原市妇女联合会坚持以习近平新时代中国特色社会主义思想为指导,按照全国妇联和自治区妇联的统一部署,成功举办闽宁两省(区)妇联互学互助对口扶贫协作座谈会,两省(区)妇联签订《2020年闽宁妇联互学互助对口扶贫合作交流协议书》,两省(区)妇女儿童发展基金会签订《闽宁合作资助贫困女学生项目协议》,两省(区)女企业家协会签订新一轮合作框架协议。人民网专题刊载《“巾帼脱贫行动”书写脱贫攻坚最美华章》,宣传固原市巾帼脱贫经验做法,巩固妇女脱贫成果。

【妇女组织建设】 2020年,固原市妇女联合会改革基层组织运行活力、创新基层妇联工作方式,扎实推进妇联改革“破难行动”,定制“破难”方案。开展“担当新使命、展现新作为”学习实践活动。结合《自治区妇联关于建立“大走访大排查+关爱帮扶”常态化工作机制的通知》要求,带领各级妇联组织扎实开展“下基层 访妇情 办实事”基层大调研活动。举办固原市妇联系统基层组织建设和妇女儿童“两规划”工作互观互学活动。面向新领域、新群体、新组织创建女性组织,吸引各行业、各领域、各层面妇女进入妇联组织。固原市112个女性社会组织中建立妇联(妇委会)44个。完成村(社区)妇联组织换届准备工作。

【妇女思想建设】 2020年,固原市妇女联合会以保持和增强政治性、先进性、群众性为目的,认真贯彻新时代党的建设总要求,把旗帜鲜明讲政治融入妇联工作全过程。依托“百千万巾帼大讲堂”,深入宣传习近平新时代中国特色社会主义思想特别是习近平总书记视察宁夏重要讲话精神,市、县两级累计开展理论政策宣讲100余场次,线上线下辐射妇女群众1.5万余人。深入学习中共十九届五中全会精神,市、县两级举办党的十九届五中全会精神专题辅导12场次,覆盖5000余人,开展“三八红旗手(集体)”、巾帼建功标兵等选树表彰活动。5人荣获全国、自治区“三八红旗手”称号,3个单位荣获自治区“三八红旗集体”荣誉称号,另获市级表彰“三八红旗手(集体)”、巾帼建功先进个人和先进(集体)等称号50个。联合市新闻传媒中心,征集展播“致敬固原最美巾帼奋斗者”、“最美家庭”故事54期,讲述最美巾帼抗疫事迹和最美抗疫家庭故事。积极筹集物资开展疫情防控一线医护人员及家庭慰问活动,组织编写《脱贫路上的巾帼故事》,集中讲述固原市各行各业、各条战线80余名女性在脱贫攻坚中的感人故事,同时在“固原妇联”微信公众号展播。

【妇女就业创业】 2020年,固原市妇女联合会开展各类实用技能培训,为妇女创业、就业创造条件。举办固原市妇女手工制品带头人创业能力提升培训班,培训妇女43名。在原州区建立一个以手工制品为主的巾帼扶贫车间,宣传、展示、推介销售妇女手工制品。在市职工活动中心筹建闽宁妇女手工制品交流展室,展出手工编织、刺绣、砖雕、草编、传统服饰、麦秆画等妇女手工作品7大类、700余件。举办固原市巾帼家政职业技能大赛,共11家企业、86名家政从业人员参加育婴员、养老护理员、家政服务员、保洁员四大项目的比赛。举办巾帼家政培训班5期,开展育婴师、老年人护理照料培训班,培训妇女250人。市县两级累计开展各类技能培训35期、1797人,扶持发展巾帼电商,联合市商务局等开展农村电商公用品牌建设暨"红绿六盘"电商节系列活动。开展"我为农产品代言"活动,选派3名妇联干部、女企业家参加全国脱贫带货主播示范培训班,在义乌市农贸城百县万品展销中心巾帼巧手专区展出固原市特色手工产品,展销产品全部抢售。实施农村妇女小额担保贷款项目,发挥妇女创业担保贷款在"巾帼脱贫行动"中的撬动作用,全年发放贷款5亿元,扶持5275名农村妇女创业。发放"双培双带"项目资金35万元,培育村级组织带头人和农村致富带头人7名,打造巾帼脱贫示范基地。西吉县震湖乡鑫佳肉羊养殖专业合作社、隆德县常鲜果蔬专业合作社被命名为全国巾帼脱贫示范基地,组织妇女参与农村人居环境整治行动。推荐自治区"最美庭院"40户,命名市级"最美庭院"50户。

【妇女儿童合法权益维护】 2020年,固原市妇女联合会贯彻落实男女平等基本国策,维护妇女儿童合法权益。实施全国妇联农村贫困母亲"两癌"救助项目,救助农村"两癌"患病妇女11名。争取2020年自治区民生实事城乡贫困妇女"两癌"救助项目资金91万元,救助固原市城乡贫困"两癌"妇女91人。联合卫健委、工会、中国人寿保险固原分公司,对16~60岁"两癌"患病的妇女进行投保,每人每年保费100元,保险保额5万元,固原市2786名妇女投保,承保金额27.86万元;全年理赔5人,赔付31万元。争取"春蕾计划"助学款62万元,资助贫困女生500人。实施自治区妇联"两癌"患病及特殊困难妇女关爱项目,把党的关怀送到弱势困难妇女身边。拓宽维权服务渠道,组织各县区开展妇女法律法规大讲堂活动,举办《中华人民共和国民法典》《宁夏回族自治区妇女权益保障条例》等涉及妇女权益法律法规知识宣讲48场次,4000余人参加学习。开展"反家庭暴力 抑制高消费彩礼"专题讲座49场次,辐射群众近5000余名。开展"送法到家""护航春蕾"宣讲活动10场次。发挥"12388"热线作用,市县两级共受理妇女来电、来信、来访件118件。发挥婚调委、妇女维权工作联席会议、家庭暴力报警中心等维权服务机制作用,认真开展排查化解。扎实推进妇女儿童"两规划"实施,市级"两规划"指标基本达标。

（陈雪霞）

固原市科学技术协会

【科技助农】 2020年,固原市科学技术协会组织通过《农业科技报》、"强农"App、"大农圈"微信公众号、点点帮农平台,向农民推广农业科技知识,指导农民进行春耕生产。依托固原市科协试验示范的基础,推广优质牧草品种及种植技术,助力固原牧草产业的发展。示范推广蚯蚓养殖有机循环农业技术、发酵床养殖技术、适宜于干旱农村地区的旱厕改造技术。联合西北农林科技大学研究团队向群众普及小麦病虫害草防控技术和早春的蜂群管理技术。联合固原市老科协,进行微生物农业的试验示范,利用微生物技术改良土壤。联合云南生物研究院推广专利产品农产品诱导剂(那氏齐齐发)提高农产品的产量和品质。疫情防控期间创建"互联网+农业科普"创新服务平台,通过数据精准匹配发挥共享农市场作用。建立马铃薯晚疫病监测预警系统指导防治示范基地5个,示范面积4255亩。在西吉县红耀乡井湾村进行马铃薯地下害虫统防统治示范工作,免费提供马铃薯地下害虫防治药剂,示范面积1000亩。在西吉县硝河乡隆堡村、将台镇牟荣村、官厅镇王堡村、头营镇马园村设置黄瓜示范园,安装自清式太阳能杀虫灯10台,发放黄篮板3000张及黄瓜霜霉病、灰霉病和黑星病防治药剂等。举办草地贪夜蛾、马铃薯病虫害防治技术、马铃薯晚疫病监测预警系统指导防治、蔬菜病虫害防治等农业实用技术培训班8期,服务种植大户12家,开展田间指导、技术培训81次,培训技术干部230人次,培训农民5300人次。发放材料3780份,带动周边农户5300户开展病虫害防治,促进农业部"农药使用量负增长"行动的顺利实施。累计建立示范基地16个,落实统防统治面积10665亩。

【科技合作交流】 2020年,固原市科学技术协会邀请大连市计算机学会赴固原市开展大连固原"一带一路"智慧城市创新创业培训及合作论坛,签订战略合作协议,成立大连市计算机学会固原专家工作站。搭建"互联网+银会合作"模式,与固原邮政储蓄银行合作落实涉农科技项目贷款1.13亿元,有效缓解了基层农村专业技术协会融资困难。面向全国专家智库,以固原市"互联网+农业科普"创新服务平台(点点帮农)为载体,立足固原市农业产业发展痛点及需求,从专业协会和产业示范村切入,紧盯农技站长、农技推广员、乡土专家及新型农业经营主体等"关键人物",面对面开展"手机新农具"技能培训,实现专家和农民在线"握手"。

【全民科学素质提升】 2020年,固原市科学技术协会围绕"3·23"世界气象日、"5·12"防灾减灾日期、"6·5"世界环境日、中国学生营养日、全国母乳喂养日等节点开展线上线下科普宣传活动以及以"科技强国 气象万千"为主题的科普宣传活动,发放各类主题宣传资料10000册,咨询人数达5000余人。引导固原市科技馆举办短期科技展览1次、科普讲座2次。开展科学文化交流活动2次、科普公益活动1次,招募科技志愿者25名,服务观众7.1万人次。开展科普大篷车项目20周年主题年活动37场次,活动天数37天,行驶5650公里,受益人数50500人次。发放《科学防护 战"疫"必胜》《城镇劳动者科学素质知识手册》《食物金字塔的秘密》《科技梦 中国梦》等书籍和宣传彩页共5万余册,覆盖人群1.8万余人。深入各县(区)中小学校,组织策划展品互动体验、前沿科技展品体验、现场科普知识竞答等科普巡展活动15场(次),受益学生2.5万人次。联合市科技馆利用周末开展"我要做科学家"科普培训活动6期,展出科普大篷车科普展品28套,丰富学生校外实践生活,培养学生的科学素养和实践能力。

【科普志愿服务】 2020年,固原市科学技术协会主动与新时代文明实践站对接,利用科普大篷车流动强的特点,开展新时代文明实践科普志愿服务活动。组织开展健康养生、青少年科普、应急安全技能培训、实用技术推广、食品安全、卫生健康服务等科技志愿服务,将科学家精神,反伪科学、反封建迷信宣传等相关资源融入新时代文明实践站,累计开展活动10场次,受益群众5000人。固原市人民医院科技志愿者服务队和德立信医药企业科技志愿者服务支队累计开展医疗志愿服务活动6场次,现场义诊600余人次,健康宣教150余人次,发放各类健康宣教材料1500余份。固原市民族职业技术学院科技志愿者服务支队到泾源县、西吉县、隆德县、原州区养殖场进行技术指导和现场培训工作。六盘山草业协会科技志愿者服务支队到彭阳县荣发农牧有限公司、泾源县军盛草畜专业合作社、隆德腾发草畜专业合作社开展草畜种植培训。固原市气象局科技志愿者服务支队深入冷凉蔬菜基地,就实用技术推广、气象灾害防御进行宣传。

【科技人才培养】 2020年,固原市科学技术协会为促进青少年科技创新和人才培养,依托"青年人才托举工程"托举青年科技人才2人,成立企业科协5家,组织40人参加线上高校科学营活动,组织科技人才参加第35届宁夏青少年科技创新大赛获"一等奖"8项,组织科技人才参加第七届全区中小学校科普剧竞赛并获一等奖2项,组织科技人才参加创意编程活动并获区级三等奖10项,组织参加自治区级青少年科技辅导员培训30人次。成立"中国科协海外智力为国服务行动计划"高继明专家工作站。开展由固原市委宣传部等15家市、县(区)单位承办,自治区科协、固原市委、市人民政府主办的"科技专家脱贫攻坚固原行活动";在活动主场上举办科技助力精准脱贫暨生态产业发展论坛,在活动分场上同步举办原州区乡村科技馆建设暨乡村振兴现场会、隆德县扶贫助农直播带货、彭阳县科技助力新时代文明实践、西吉县黑山羊养殖联合会农民百科知识竞赛暨科技志愿服务、泾源县科协健康卫生及种养殖培训班暨县科协"三长"讲堂等活动,邀请宁夏青少年眼健康教育协会、宁夏药学会、宁夏医学会、宁夏消防协会、自治区人民医院等行业协会专家围绕"健康教育"开展讲座,充分发挥科技人才"传、帮、带"作用。联合市文明办成立固原市科普专家讲师团,面向全国范围招募24位科普宣讲专家。组织科技人才参与宁夏科协"塞上学术月"活动、最美科技人才评选表彰活动和青年人才托举工程。发挥科协联系科技工作者的优势,邀请区内外专家开展产业论证、项目论证、科技培训、人才服务等。借助互联网和传统媒体,大力宣传报道科技工作者创新创业先进事迹和精神风貌,营造"尊重劳动、尊重知识、尊重人才、尊重创造"和"大众创业、万众创新"的浓厚氛围。

(贾世国)

固原市工商业联合会

【组织建设】 2020年,固原市工商业联合会以构建"亲""清"新型政商关系,促进"两个健康"为目标,持续推进"五好"县级工商联创建,原州区、西吉县、彭阳县工商联被评为全国"五好"县级工商联,固原市"五好"县级工商联覆盖面达80%。持续推进工商联所属商协会改革发展,开展"四好"商会建设,积极推进商(协)会规范化建设。组建成立直属市商(协)会14个,固原市女企业家协会、原州区头营商会被评全区"四好"商会。探索创新"以党建带会建、以会建促党建、以共建求发展"的党建工作模式,成立固原市工商联直属商协会综合党委,促进党建会建融合发展。

【思想建设】 2020年,固原市工商业联合会持续推进非公经济人士理想信念教育主题实践活动,组织学习中共十九大及十九届三、四中、五中全会精神,全国两会精神,习近平总书记视察宁夏重要讲话、在民营企业座谈会上和企业家座谈会上的重要讲话等系列讲话精神。采取网络培训与集中专题培训、自我提升相结合的模式,实施非公经济人士素质提升工程,推动理想信念教育主题实践活动常态化、制度化。成功举办固原市民营企业高质量发展(重庆大学)培训班1期,组织参加全国工商联和教育培训合作院校网络培训6期,参加自治区工商联全国两会精神辅导培训班1期,邀请全国工商联农业产业商会在彭阳县举办全联农业产业商会"农商智行"走进彭阳——生态农业与品牌培训班1期。定期或不定期组织和开展"中国梦与民营企业梦"等一系列主题教育活动,积极引导非公有制经济企业和人士投身光彩事业、"感恩行动"、捐资助学等社会公益活动,开展形式多样的送温暖、献爱心活动。组织市属商(协)会、民营企业和非公经济人士为疫情防控捐款83.86万元,光彩事业捐助捐物300余万元。

【参政议政】 2020年,固原市工商业联合会聚焦非公有制经济发展中的融资难、创新难、维权难、用工难、信息难等问题,深入基层和民营企业开展集中专题调研,摸底数、查实情、理思路,形成《固原市民营经济发展情况调研报告》,被市委信息专报采用。定期或不定期组织工商联界非公经济人大代表、政协委员开展视察和调研工作。反映社情民意,向市政协四届四次会议和自治区工商联提交《关于破解民营经济融资难融资贵"老大难"的建议》《关于支持固原民营经济高质量发展的建议》《关于制定出台扶持固原民营企业发展差异化政策的建议》等提案9件,被市政协四届四次会议列入办理提案3件,被政协固原市第四届委员会评为"优秀提案单位"。配合全国和自治区工商联完成基层工商联建设、民营企业复工复产、融资难等专项调研任务,为各级党委和工商联科学决策,推动民营经济健康持续发展提供可靠数据和参考依据。

【政策制度保障】 2020年,固原市工商业联合会开展"送政策 进民企"活动,印发《送政策进民企政策汇编》《优化营商环境资料》《应对新冠肺炎疫情相关惠企政策汇编》和《疫情防控复工复产风险应对法律指南》,及时向企业传达中央、区、市党委和政府的各项政策。联合自治区工商联、宁夏银行在西吉县举办"送政策进民企"和消费扶贫活动,固原市各县(区)工商联与企业家150人参加活动。配合市工信局制定出台《领导干部担任重点企业联络员制度》《涉企检查罚款登记备案制度》《企业评价部门服务优劣制度》《优秀企业家绿色通道制度》《选树表彰优秀企业家制度》5项制度,为服务民营企业高质量发展起到保驾护航作用。

【经济联络服务】 2020年,固原市工商业联合会坚持服务兴会,持续优化营商环境,创新服务手段,搭建服务平台,建立和打造好"企业之家"。围绕市委四届五次全会提出的"十大产业链",开展招商引资,邀请福建省和苏州市工商联带领民营企业家考察团分别到固原市开展对口协作交流考察,重点宣传推介"十大产业链"招商项目,在推动苏州与固原在产业开发上的深度合作达成协议。邀请全国工商联农业产业商会带领会员企业家在彭阳县开展农业项目对接考察,就彭阳农产品开发达成合作意向。赴江苏、浙江等地开展招商引资和宣传推介,与江阴市大昌纺织有限公司、青岛惟淘悟利商贸有限公司达成相关合作意向。联合市检察院、司法局建立法律服务民营企业长期合作机制,持续开展法律进企业、进商会活动。积极参与市协调劳动关系三方工作,开展劳动关系和谐企业创建活动和"企业关爱职工、职工热爱企业""双爱"活动。固原福苑实业有限公司被人力资源和社会保障部、中华全国总工会、全国工商联评为全国模范劳动关系和谐企业。

(杜　强)

固原市文学艺术界联合会

【文艺惠民工程】 2020年,固原市文学艺术界联合会开展2020年文化科技卫生"三下乡"暨"我们的中国梦"——文化进万家集中示范活动,为群众送"福"字送春联。启动第三期"共筑中国梦·温暖农村娃"新农村少儿舞蹈美育工程,为偏远山区学校支援舞蹈志愿者3名。参加"欢乐宁夏"全区群众性文艺会演活动,丰富群众的文化生活。开展"文艺进企业 颂歌感党恩"活动1场次,"送戏下乡 进军营"演出活动50场次,"戏曲进校园"演出活动12场次,"书法进校园"活动30场次,"文艺进社区"活动2场次,"文艺进乡村"8场次。固原市书协被中国书法家协会授予2020年"同心同书 祖国新春好——书法家送万福进万家"公益活动先进集体称号。

【文艺创作】 2020年,固原市文学艺术界联合会推出优秀文学作品,固原市作家的文学作品在《诗刊》《民族文学》《长江文艺》《小说月报》《朔方》等国内重量级刊物发表,1人获《黄河》2019年度诗歌奖,1人获"放歌新时代、诗润石嘴山"全国散文诗征文大赛优秀奖和“蓝田种玉”杯全国散文诗大赛优秀奖,1人获“第二届郦道元山水文学大奖”二等奖,1人获第五届全国微型小说征文二等奖。小说集《白衣秀士》入选中国作协全国少数民族文学之星,长篇小说《数星星的孩子》获中国出版协会优秀图书奖。网络玄幻小说《决皇》在酷匠中文网连载完结,悬疑小说《你该还这笔账了》在起点中文网连载。原州区被授予“中国诗歌之乡”称号,“文学固原”品牌影响力持续提升。固原市7件文艺作品入选“最美小康路——中国西部民间工艺主题创作展暨第十五届中国民间文艺山花奖 优秀民间工艺美术作品”初评。4人获宁夏第十届摄影艺术展金奖,6人获银奖,4人获铜奖。1人获第十七届中国西部民歌(花儿)歌会金奖。1人入选文化和旅游部“2020年度乡村文化和旅游能人”。

【文艺人才培养】 2020年,固原市文学艺术界联合会举办“花儿漫六盘 颂歌献给党”宁夏文联第15期文艺(花儿)研修班,推动非物质文化遗产六盘山花儿艺术的传承与创新发展。选派11人参加自治区文联第二期新文艺群体培训班,52人参加“圆梦工程”文艺培训志愿服务行动书法舞蹈培训班,10人参加自治区党委宣传部文艺骨干理论培训班,8人参加宁夏青年作家创作会议,30人参加“宁夏文学周——决胜脱贫攻坚与宁夏文学创作”座谈。

【文艺交流平台创建】 2020年,固原市文学艺术界联合会承办“弘扬黄河文化”2020宁夏文学周固原站活动,邀请《人民文学》《收获》《花城》《民族文学》等国内知名文学期刊编辑和国内著名作家到固原传经送宝。为艺术成就高、社会影响大的文艺工作者举办个人书法、绘画、摄影作品展览4场次。为有创作潜力的本土作家举办个人作品研讨会4场次,举办文学讲座13场次。举办“弘扬黄河文化”2020宁夏文学周固原站活动,推介固原作家和作品,提升“文学固原”知名度。

【民间文艺保护】 2020年,固原市文学艺术界联合会围绕国家重大文化工程“中国民间文学大系”出版工程与国家社科基金特别委托项目“中国民间工艺集成(宁夏卷)”的编纂出版工作,摸底排查固原市泥塑、刺绣、剪纸、篆刻、古建、砖雕、高台马社火、绣香包、纸质画等传统民间手工工艺及传承人。中国文联与自治区文联为固原市花儿艺术学会揭牌,参与固原市第三届“长城故里 铸魂守正”研展传学活动,参观固原市民间艺人创作的工艺作品,确定13个艺术门类、48件艺术作品入选“中国民间工艺集成(宁夏卷)”,400首原生态花儿歌曲入选“中国民间文学大系”出版工程(中国民协花儿卷)。

(丁 正)

固原市残疾人联合会

【概况】 2020年,固原市残疾人联合会以强弱项补短板为重点,全面提升残疾人基本民生保障和基本公共服务水平,统筹推进疫情防控、脱贫攻坚、公共服务、关爱帮扶等重点工作,较好地完成了年初确定的各项目标任务,推动固原市残疾人工作在高质量发展上取得新进展。

【残疾人康复服务】 2020年,固原市残疾人联合会审核落实2.85万人享受困难残疾人生活补贴、3.13万人享受重度残疾人护理补贴。帮助283名0~6岁残疾儿童进入机构内接受康复训练。开展辅助器具供应服务受益1034人,贫困精神残疾人救助926名,假肢、矫形器、助听器适配服务70人。立项建设隆德县残疾人康复服务中心,实现县级残疾人康复、托养、综合服务设施“三者有其二”目标,建成规范化残疾人社区康复服务站12个。

【残疾人民生保障】 2020年,固原市残疾人联合会为38名未入学适龄残疾儿童落实随班就读、送教上门等安置措施,资助贫困残疾学生68名,其中,大中专学生34名、学前教育儿童34名。实施“阳光家园计划”,为1120名智力、精神和重度肢体残疾人提供居家或机构托养服务,在西吉县启动贫困重度残疾人居家邻里照护服务试点工作。开展残疾人入户走访探视活动,慰问困难残疾人55人,为34名7~14名困难残疾儿童开展上门服务408次。

【残疾人就业创业】 2020年,固原市残疾人联合会出台《政府残工委工作规则》《政府残工委成员单位职责》,建立残工委成员单位年度述职和为残疾人办实事“两项制度”,推动固原市残疾人事业高质量发展提供制度保障。开展就业援助月、残疾人网络就业推广等活动,新增残疾人就业964人,其中,公益性岗位安置残疾人就业120人,为38名残疾人个体工商户缴纳个人养老保险补贴7万元。安排1.7万元对受疫情影响较大的17个盲人按摩机构予以专项补贴,安排6万元帮助固原市最大的残疾人就业基地——隆德人造花工艺有限公司稳生产、稳就业,公司40名集中就业残疾人和300多名居家就业残疾人实现稳岗保收。开展残疾人技术培训,举办残疾人家政服务、编织刺绣、保健按摩、手工制作、电子商务、烹饪技术、汽车驾驶等职业技能培训班30期,培训残疾人1165名,完成实用技术培训1220名,帮助残疾人掌握1至2种生存技能。

【残疾人公益宣传】 2020年,固原市残疾人联合会围绕全国助残日、国际残疾人日、国际盲人节等重要节点,开展残疾人事业宣传活动,邀请中国残疾人艺术团开展“共享芬芳 共铸小康”大型公益演出3场,联合固原市新闻传媒中心在固原电视台自办节目开设手语栏目。创新宣传渠道,组织开展残疾人“文化周”和残疾人文化“五个一”活动,参与残疾人达1000多人(次),印发宣传材料5000多份。面向社会营造关注、关心、关爱残疾人的浓厚氛围,扩大残疾人事业社会影响力。联系中国扶贫开发协会“健康助残”公益项目为固原市捐助305万元残疾人辅具器材,联系宁夏三泰园林景观工程有限公司为固原市捐款1万元,联系鹤翔养生健身公益团队为固原市捐款0.6万元,联系固原美年大健康医院为100名重度肢残人进行免费体检,联系海南中信化工有限公司为固原市捐资图书300册、衣服150件,联系电信、移动、联通等通信企业为残疾人提供电话通话、上网流量、有线宽带、短信套餐优惠。建成“爱心接力、循环使用”县级辅具免费维修借用服务站5个,为残疾人提供服务1700余人次。

【残疾人帮扶】 2020年,固原市残疾人联合会紧盯残疾人脱贫攻坚目标任务,带动固原市2047名建档立卡贫困残疾人实现稳定脱贫。开展残疾人脱贫攻坚“四查四补”行动;针对3481名未脱贫、脱贫不稳定、边缘易致贫3类重点人群,逐人、逐户开展影响稳定脱贫问题和需求入户调查,协调各相关部门抓好整改落实,排查出的3个方面、14个问题全部整改到位。推进残疾人产业扶贫基地建设,按照“公司+基地+残疾人”就业扶贫模式,在固原市建立残疾人就业创业扶贫基地1个、产业扶贫基地4个、辅助性就业机构1个、扶贫车间2个,扶持残疾人从事电子商务、产品包装、服装加工、卫生香制作和家庭植养殖业,集中安置残疾人就业84名,辐射带动残疾人居家就业398名。开展残疾人网络扶贫工作,培育建立残疾人电商中心3家,实现销售收入520余万元,稳定解决残疾人就业36名;发展残疾人电商大户11个,实现销售收入340余万元,带动40多名残疾人居家就业。实施“阳光助残小康计划”,扶持原州区、西吉县1300户建档立卡贫困残疾人家庭发展特色产业,每户扶贫资金4000元。推进残疾人家庭无障碍改造,完成1686户建档立卡贫困残疾人家庭无障碍改造。

(吴 璇)

固原市红十字会

【应急救护培训】 2020年,固原市红十字会联合市直机关工委下发《关于在市直机关普及红十字应急救护知识技能的通知》(以下简称《通知》),制定未来3年培训规划,规定利用3年时间实现对固原市各机关单位和国有企业的应急救护知识技能培训全覆盖,累计组织培训市直机关单位5家、237人。建立长效应急培训机制,拓宽救护培训覆盖面,推动市红十字救护培训“五进”(进社区、进农村、进学校、进企业、进机关)工作迈上新台阶。完成固原市红十字会应急救护培训基地建设,开展救护员培训10期、433人,组织普及性培训19期、1975人。国庆节期间,组织志愿者在六盘山红军长征景区救护站开展志愿服务,为游客提供安全保障。

【扶贫救助】 2020年,固原市红十字会为14岁以下患有白血病、先天性心脏病患儿的贫困家庭发动大病救助,帮助14名白血病和先天性心脏病患儿所在的贫困家庭申请到中国红十字基金会“红十字天使计划”项目资助。2019年上报的9名患儿成功获得救助资金14万元。联合各扶贫单位向部分贫困村发放大米、棉被、毛巾被、羽绒服、运动鞋和家庭箱等物资共计41.2万余元。发动宁夏润宇塑业有限公司、长江设计院、宁夏东海房地产开发有限公司等6家爱心企业为泾源县大湾乡、彭阳县罗洼乡155户贫困家庭筹资帮扶(慰问)资金(物)共计69.82万元。积极为企业搭建奉献爱心平台,八一建军节前夕,联合宁夏金曜塑业有限公司慰问固原市贫困退伍军人112人次。

【备灾救灾】 2020年,固原市红十字会筹措资金维修宁夏红十字会固原备灾库院落、围墙、大门,保障备灾库的正常运行。红十字会以固原市蓝天救援队为依托建立第一个志愿服务队伍——固原市红十字应急救援队。在自治区红十字会指导下,帮助包括西吉县马建乡大坪村在内的8个村申请香港红十字会“博爱家园——社区为本减灾项目”,进一步增强固原市农村社区的减灾及应变能力。委派救援队队长樊文参加“中国红十会西北五省区红十字赈济救援队2020年(陕西)重大公共卫生事件演练”,进一步提升备灾救灾业务能力。

【无偿献血·遗体与人体器官捐献·造血干细胞捐献】 2020年,固原市红十字会持续开展“三献”(无偿献血、遗体与人体器官捐献、造血干细胞捐献)宣传活动,为群众普及“三献”理念,推动“三献”工作有效开展。招募初次配型成功并同意捐献的志愿者34名,通过再动员程序招募志愿者11名。1月和5月共实现

2例造血干细胞志愿捐献。通过设置静思期和回访确认等形式对新招募的造血干细胞志愿捐献者提高准入门槛,共招募志愿者350名、高质量志愿者300名,入库有效率高达100%。联合固原市中心血站,在固原市武警支队、彭阳县王洼煤矿开展无偿献血暨"三献"宣传活动,发放宣传资料400余份,动员119人无偿献血40000余毫升,有效缓解用血紧张局面。

【公益宣传】 2020年,固原市红十字会坚持主责主业,结合"5·8"世界红十字日、"5·12"防灾减灾日、"6·14"世界献血者日、"12·1"世界艾滋病日等重要时间节点,通过广场大屏、微信平台等媒介,多次开展器官捐献、造血干细胞捐献、心肺复苏等业务知识宣传活动。以《宁夏回族自治区眼角膜捐献条例》专项宣传为契机,在各医疗机构、社区、街道张贴器官捐献海报800余张,动员工作人员、会员、志愿者通过微信朋友圈推荐"中国人体器官捐献"公众号等方式,传播器官捐献理念。"99公益日"活动期间,有针对性地向市内部分企业、商家递送自治区红十字会印制的《99公益日·一起爱》宣传手册,通过"固原发布"微信公众号、彭阳县人民政府网站等平台发布"99公益日"活动倡议书,动员社会各界广泛参与红十字会公益项目捐赠,为公益事业献出爱心。

【助力疫情防控】 2020年,固原市红十字会依托"固原发布""固原大城小事"微信公众号向社会发出"固原市红十字会接受社会捐赠公告",及时将固原市急需的疫情防控物资种类、捐款账户信息等向社会进行公告,动员社会各界勠力同心、齐心抗疫;依法向社会公开发布接受社会捐赠款物公示公告13期,面向西北地区首次开通疫情防控捐款电子证书查询功能。疫情防控期间,固原市红十字系统共接受捐赠款物753.31万元,捐款金额679.61万元,物资价值73.70万元。组织工作人员和志愿者将赠款物第一时间拨付发放至定点救治、检测机构以及防控一线;组织应急救护志愿者分别在线上、线下对普通群众开展疫情防控和应急救护知识培训,帮助群众提高防范意识、了解防治知识;动员志愿者对社区违反疫情防控措施的群众开展劝导工作,降低疫情传播风险;发动志愿者对部分公共区域、住宅小区、营用车辆和私家轿车进行免费消杀,疫情防控期间消毒面积超过10万平方米,消杀车辆5000余辆;组织参与志愿活动40余场次,参与志愿者达300人次。

(姚志俊)

法 治

人大立法

【概况】 固原市第四届人民代表大会常务委员会召开2020年立法项目启动会,明确2020年立法工作任务。依法推进三部法规立法任务,《固原市人民代表大会常务委员会关于加快推进"四个一"林草产业发展的决定》和《固原市人民代表大会常务委员会关于加强海绵城市建设的决定》两个决定于2020年8月28日经固原市第四届人民代表大会常务委员会第二十九次会议通过,并公布施行。《固原市城市环境卫生管理条例》于2020年10月30日经固原市第四届人民代表大会常务委员会第三十次会议审议通过,2020年11月25日经宁夏回族自治区第十二届人民代表大会常务委员会第二十三次会议批准,自2021年1月1日起施行。

【科学立法】 2020年,固原市第四届人大常委会审议通过地方性法规9部,出台市人民政府规章1部。严格落实行政规范性文件"三统一"和有效期、合法性审核及备案审查制度。固原市政府制定的行政规范性文件全部向自治区政府及市人大报备并通过政府网站向社会公开,报备率、公开率均为100%。结合"放管服"改革、民法典实施等开展行政规范性文件专项清理6次,修订各类红头文件242件,宣布失效文件43件,废止文件146件。

【推进地方立法】 2020年,固原市第四届人民代表大会常务委员会制定的《固原市城市环境卫生管理条例》,于2020年11月25日通过自治区人大常委会审查批准,为创卫奠定法律基础,为加强城市环境卫生管理提供法律支撑。2020年8月审议通过的《关于加快推进"四个一"林草产业发展的决定》,践行"绿水青山就是金山银山"理念,落实自治区"生态立区"战略,为将生态资源转化为富民资本,力促实现山绿与民富双赢、生态美与百姓富有机统一提供法律保障。2020年8月审议通过的《关于加强海绵城市建设的决定》,使海绵城市建设管理迈入法治化轨道,进一步推进固原海绵城市建设。配合自治区人大组织召开征求立法意见座谈会,征集对《宁夏回族自治区全民阅读条例(草案)》等4部法规的修订意见。按照区市党委的安排部署,认真开展地方性法规清理工作。

【备案审查】 2020年,固原市第四届人民代表大会常务委员会坚持"有件必备、有备必审、有错必纠"原则,增强审查刚性,加大纠错力度,进一步加强报备、审查、反馈、纠正等环节工作。建立完善备案审查信息平台,开展备案审查工作专项检查,召开备案审查工作培训会,提高备案审查工作水平。对固原市人民政府报送的《固原市人民政府规章制定程序规定》《固原市落实自治区持续优化营商环境相关措施细化责任分工方案》等14件规范性文件进行合宪性、合法性审查,并提出审查建议。

(赫　程)

政法委与综治

【重大决策落实】 2020年,固原市市委常委会组织学习《中国共产党政法工作条例》2次。结合《中国共产党政法工作条例》,印发市委政法委政治督察工作办法、纪律作风督查巡查工作办法,开展纪律作风督查巡查。落实重大事项请示报告制度,建立完善请示报告事项清单,开展政法委员述职,列席政法单位班子民主生活会,确保政法工作正确方向。举办全市乡镇(街道)政法委员培训班和国家安全宣传教育暨政法新媒体工作培训班。57项政法领域改革举措取得阶段性成果。

【国家政治安全维护】 2020年,固原市政法各部门对标固原实际,稳抓宗教领域,统筹推进维护民族团结和政治安全两条生命线。建立健全维护国家安全工作制度,强化责任落实。各县(区)各重点领域牵头单位定期分析研判形势,消除各类隐患。建立健全信息共享机制,及时预警预防。

【扫黑除恶专项斗争】 2020年,固原市政法委员会抓紧综合治理等任务,围绕"六清"(线索清仓、逃犯清零、案件清结、伞网清除、黑财清底、行业清源)行动,成立案件办理和综合治理特派督导组2个,专项督导5个县(区)重点案件、重要线索的办理情况以及市相关成员单位行业治理工作。全市累计打掉涉黑涉恶犯罪团伙26个,抓获犯罪嫌疑人367人,查封、扣押、冻结涉案资金2.77亿元;受理涉黑涉恶腐败和"保护伞"案件134件、291人,给予党纪政务处分239人,移送司法机关审查起诉7人。围绕依法严惩、铲除土壤、行业监管和人民满意4个方面,建立45项制度机制,专项斗争群众满意度为92%。

【平安固原建设】 2020年,固原市成立以市委书记为组长的协调小组,制定市域社会治理现代化试点工作实施方案,分年度确立目标,明确任务,细化措施,压实责任,确保试点效果;坚持"五个一"路径(一组作战图、一根引领针、一套组合拳、一张积分卡、一列预警表),深化平安建设。围绕"四好"目标(布局优化好、阵地建设好、作用发挥好、统筹结合好),筑牢社区治理根基;聚焦人民群众反映强烈的突出问题,狠抓社会治安重点地区和突出治安问题排查整治;组织开展命案防控、打击"两抢一盗"、"云剑"等系列专项行动。八类主要案件同比下降2.41%,命案同比下降29%,人民群众安全感显著增强。

【矛盾纠纷化解】 2020年,固原市政法委员会紧盯"矛盾不上交、平安不出事、服务不缺位",正确化解矛盾纠纷。西吉县创新机制推进"交所合一"警务改革,泾源县以智慧先行、科技支撑推动矛盾纠纷防范化解,原州区注重人口基础管理,打牢矛盾排查化解基础,隆德县创建"一包四化"机制提升化解效果。彭阳县创建"枫桥式派出所"经验得到自治区批示要求推介。全市矛盾纠纷化解成功率保持在98%以上。

【服务保障先行区建设】 2020年,固原市政法委员会主动服务脱贫攻坚和经济社会发展大局,出台服务保障决战决胜脱贫攻坚和先行区建设实施意见,生态环境、资源保护和食品药品安全等领域公益诉讼案件立案同比增长51.2%。为148名因案致贫家庭困难人员发放司法救助资金430万元,办理法律援助案件2640件。

(韩秉忠)

法治政府建设

【司法体制机制改革】 2020年,固原市成立市委全面依法治市委员会。制定《中共固原市委全面依法治市委员会工作规则》《中共固原市委全面依法治市委员会协调小组工作规则》及《中共固原市委全面依法治市委员会办公室工作细则》,建立党全面领导法治工作体制机制。召开市委依法治市委员会第一、第二次会议,按年度制定依法治市工作要点。履行推进法治建设第一责任人职责,印发《关于党政主要负责人履行推进法治建设第一责任人职责情况列入年终述职内容试点工作的通知》,在市委全面依法治市委员会办公室第二次会议上,市直45个部门进行现场述法。原州区、隆德县积极申报完成全区党政主要负责人,履行推进法治建设第一责任人职责情况被列入年终述职内容试点工作。开展法治工作实地督察4次,印发整改通知,明确厅级领导责任、牵头单位、责任单位和完成时限。推行领导干部学法用法制度。支持人大、政协、法院、检察院依法依章程履行职能。推进人大在立法、监督、决定、任免等方面发挥的作用,支持人大成立社会建设委员会。推动政协履行政治协商、民主监督、参政议政职能。支持法检两院依法履行职责。深入一线调研督导指导扫黑除恶专项斗争、社会治理、"七五"普法等工作13次。

【法治社会建设】 2020年,固原市委全面依法治市委员会依法开展疫情防控,出台《关于依法防控新型冠状病毒感染肺炎疫情、切实保障人民群众生命健康安全的任务分工方案》等多项依法防控疫情措施。组建由47名律师组成的"应对疫情律师法律服务团"和30名党员律师组成的"党员律师先锋队",为中小微企业提供"一对一""一对多"的专项"法律体检"。编写《中小微企业疫情防控复工复产风险应对法律指南》1.5万册,组织全市20家律师事务所实地走访企业,收集、排查企业法律风险70余条,提供线上线下法律咨询1470人次。为70余家中小企业审查合同120余份,出具法律意见书72份,代理案件237件。印发《新型冠状病毒感染肺炎疫情当前防控工作有关法律知识》宣传手册4万册,录制《疫情防控有关法律法规25问》音频资料,采用流动宣传车、大喇叭等方式宣传疫情防控有关法律法规。抽选5名律师在电视台开辟"阻击疫情、法治在线"栏目,制作"以案释法"3期。密集宣传疫情防控形势、政策,传染病防治法等法规及群众自我防护知识。

【文明执法】 2020年,固原市完成市、县(区)、乡镇三级政府行政权力清单、责任清单制定工作,厘清各级政府权限、职责边界,推动全市行政权力规范高效运行。清理规范行政审批中介服务,注销“红顶中介”性质行业协会12家。非行政许可事项全部“清零”,市本级保留证明事项18项,全部向社会公开。执行《重大行政决策程序暂行条例》,落实公众参与、专家论证、风险评估、合法性审查和集体讨论决定的重大决策机制。选聘10人担任市委法律顾问,20人组成市政府法律咨询委员会,2所律师事务所5名律师担任市政府法律顾问,组织法律顾问参与重大决策、重要规范性文件的起草和论证,切实提高决策的合法性、合规性。市司法行政部门审核各类文件186件,项目投资合同协议等政府重大决策事项163件,出具合法性审核意见书152份。推行行政执法公示制度、执法全过程记录制度和重大执法决定法制审核制度。建立完善行政执法调查取证、告知、罚没收入管理等制度及行政执法权限协调机制。各行政执法单位普遍建立行政执法“三项制度”实施细则、行政裁量权基准和适用规则、执法文书范本、重大执法决定法制审核流程图4类程序文本,制定行政执法事项清单、行政执法人员清单、随机抽查事项清单、音像记录事项清单、重大执法决定法制审核事项清单5项。完善行政复议工作流程,规范行政复议。强化行政复议层级监督,加大对违法或者不当行政行为的纠错力度,提高行政复议办案质量和公信力。执行行政机关负责人行政诉讼出庭应诉制度。全市各级行政复议机关办理行政复议案件339件。

【法治化营商环境优化】 2020年,固原市组织律师组成民营企业律师服务团,走进各类民营企业开展免费“法治体检”。落实涉企执法“双随机、一公开”制度,制定《固原市涉企行政执法检查登记备案制度》,明确涉企执法检查依据、备案内容,执法部门就同一事项对同一企业执法检查一年不超过两次,并向同级司法行政部门备案。

(张筱淳)

公安

【概况】 2020年,固原市公安局全面落实改革举措5个方面、36项重点工作任务,制定“1521”工作思路,全年累计接处有效警情85237起,日均处警量233.53起;刑事案件立案4434起,破案率为46.7%,侵财类案件占刑事案件总量的74.9%,八类主要案件立案81起,同比减少2起,下降2.41%;查处违反治安管理案件6362起,同比上升24.43%。市公安局荣立集体二等功1次,市公安局党委被评为全区抗击新冠肺炎疫情优秀基层党组织;市公安局看守所荣立集体二等功1次,市公安局出入境管理处被公示为全国“三八”红旗集体,西吉县公安局、泾源县公安局分别被评为全区抗疫先进集体,彭阳县公安局被评为全国执法示范单位,彭阳县公安局车管所被评为全国一等县级车管所,1名民警被公安部公示为全国二级英雄模范候选人,1名民警被公示为全国公安机关抗疫先进个人。

【社会维稳】 2020年,固原市公安局聚焦“六保”“六稳”任务,建立全警情报信息会商研判机制,搜集上报各类情报信息988条,被公安厅采用445条。

【扫黑除恶专项斗争】 2020年,固原市公安局聚焦“六清”目标,推动扫黑除恶专项斗争,打掉黑恶犯罪团伙26个,抓获犯罪嫌疑人362人,破获案件310起,查封、冻结、扣押涉案资产、资金2.648亿元。持续开展“净边”“净网”“昆仑”“云剑”等专项行动,严厉打击各类违法犯罪,成功侦破了公安部挂牌督办的“3·28”特大跨境网络电信诈骗案和“6·18”等一批重特大案件。命案在上一年度下降7起的基础上又下降了3起,11起命案全破,攻克了3起命案积案,抓获5名命案逃犯,人民群众安全感不断提升。

【打击刑事犯罪】 2020年,固原市公安局组织开展命案侦破、打击多发性侵财犯罪和“云剑-2020”专项行动,依法严厉打击各类违法犯罪活动。全市打掉涉黑犯罪组织3个、涉恶犯罪团伙23个、村霸4个;刑事案件立案4434起,同比增加459起,上升11.55%,破2073起,破案率46.75%(其中八类主要刑事案件立案81起,同比减少2起,破案率96.3%);发生命案11起,同比发案减少3起,下降21.43%;侦破多发性侵财案件1043起,抓获多发性侵财犯罪嫌疑人640人。

【打击经济犯罪】 2020年,固原市公安局组织开展打击涉众型经济犯罪专项行动,移送起诉2017—2019年非法集资案件25起,移送起诉率76%;开展“打虚打骗”专项行动,立涉税案件3起,破案2起,移送起诉1起(任务数4起);推进打击传销“端点”集中行动,抓获传销犯罪嫌疑人8人,移送起诉6人;深化打击涉企经济犯罪“护航行动”,破获案件20起,挽损金额676万余元;持续推进“猎狐2020”专项行动,抓获逃犯8名。累计受理各类经济犯罪案件74起,立案52起,破案41起,抓获犯罪嫌疑人73人,挽回经济损失1.6亿余元。

【打击毒品犯罪】 2020年,固原市公安局组织开展“净边2020”专项行动和禁毒大受戒。梳理排查涉毒有价值情报线索40余条,破获毒品案件4起,抓获犯罪嫌疑人9人,批捕9人,缴获毒品海洛因124.5克。侦破"9·17"贩卖、运输毒品案,抓获犯罪嫌疑人4人,缴获毒品海洛因20克;强化"三品"管控工作,检查重点场所164处,发现违法违规问题3个,责令限期3家企业整改。审检各类易制毒化学品购买5300余吨。

【户籍管理】 2020年,固原市公安局统筹部署人口统计工作,结合第七次全国人口普查,面向全市组织开展为期3个月的户籍集中清理整顿工作,排查整治死亡未注销、结婚未迁移、无户、不按规定分户等问题,确保数据的精准性和科学性,为脱贫攻坚提供准确的户籍数据支撑。

【交通安全管理】 2020年,固原市公安局持续开展1至10号"风雷"系列交通整治行动,依法加大对酒驾醉驾、超速超员、涉牌涉证、乱停乱放整治力度,排查整治交通安全隐患423处,查处各类交通违法行为36万起,交通事故起数、死亡人数、受伤人数和经济损失同比分别下降40.00%、32.59%、45.60%、16.02%,在全国文明城市和国家卫生城市创建中贡献公安力量。不断加强对危爆物品全领域、各环节的安全监管,持续开展缉枪治爆行动,实现"不打响、不炸响、不流失"的目标。

【基层治安管理】 2020年,固原市公安局以市域、县域治理为契机,结合固原农村地域广大人员居住分散、农村地区治安防控薄弱的实际,建立党建引领、共建共治、科技支撑、长效推动"四项机制",强化政治保障、警力保障、警务保障、培训保障"四项保障",督促各县(区)积极构建多元化、差异化基层治安治理工作新格局,深入开展"枫桥式派出所"创建活动,在彭阳县公安局召开固原市政法机关现场观摩会,在固原市命名12个社区(农村)警务示范单位,创新推出了矛盾纠纷"三色"预警机制、庭审式调解、律师调解工作站、5G智慧社区、社区警务"一点通"和"交所合一"模式等一批工作亮点,基层治理和法治扶贫经验做法被《法治日报》《法治内参》和《人民公安报》等重要媒体刊登报道。

【干部素质培养】 2020年,固原市公安局以党的政治建设为统领,大力实施筑魂工程,深入组织习近平总书记视察宁夏重要讲话精神,依托六盘山、将台堡红色革命资源,组织民警开展重走长征路、向革命烈士纪念碑献花、清明祭扫等活动,传承红色基因,大力培育固原市公安机关"不到长城非好汉"的革命精神,苦干实干的脱贫攻坚精神和领导苦抓、干部苦帮、群众苦干的"三苦"精神,进一步铸牢忠诚警魂。组织开展"坚持政治建警 全面从严治警"教育整顿,有效解决了执法不规范,执法不作为、慢作为和纪律作风"松懒散软"的问题。推动落实从优待警措施,先后提拔交流科级领导干部3批、125人次,晋升执法勤务和警务技术职务7批、424人次。

(戴小维)

检察

【概况】 2020年,固原市人民检察院坚持以人民为中心,自觉接受人大依法监督和政协民主监督,向市县两级人大常委会专题报告检察工作10次,主动邀请和配合政协视察调研检察工作8次。市人大常委会专题听取审议固原市检察机关践行"绿色检察"发展理念工作报告,认真落实人大及其常委会审议意见。邀请代表、委员、人民监督员参与公开听证、送达宣告、庭审观摩、检察开放日等活动550人次。公开案件信息和法律文书5300余件,发布检察工作信息31500余条,聚焦社会关注热点召开新闻发布会3次。制定固原市检察机关《关于推进检察监督高质量发展保障服务决战决胜脱贫攻坚的意见》《关于服务保障建设黄河流域生态保护和高质量发展先行区美丽新固原的意见》等服务中心工作意见,充分履行检察监督服务职能。

【刑事检察】 2020年,固原市人民检察院累计受理提请批准逮捕案件368件、685人,审查批准逮捕案件254件、420人,受理移送审查起诉案件1267件、1676人,提起公诉案件867件、1158人。依法快捕快诉、严厉打击故意杀人等有重大影响的恶性刑事犯罪案件。起诉故意杀人、抢劫等严重暴力犯罪57人,毒品犯罪10人,起诉抢夺、盗窃、诈骗等多发性侵财犯罪145人。完善监察与刑事司法衔接机制,办理监察委移送审查起诉贪污贿赂、渎职侵权等职务犯罪案件16件、20人,决定逮捕3人,提起公诉18人。

【刑事诉讼监督】 2020年,固原市人民检察院监督立案21件,撤案59件,依法追捕46人、追诉25人,纠正遗漏罪行21起,提出刑事抗诉案件18件,书面纠正侦查和审判活动违法情形案件30件。严把审查逮捕、审查起诉关,依法决定不批准逮捕268人、不起诉325人。在公安机关执法办案管理中心设立检察室8个,完善巡回检察工作机制,审查监狱提请减刑、假释、暂予监外执行和法院裁定减刑案件382件,纠正不当提请减刑案件21件,纠正刑罚执行和监管活动违法案件31件,纠正财产刑执行违法案件案件2件,纠正社区矫正脱管漏管5人。适用认罪认罚办结案件1205人,适用率80.8%,提出确定型量刑建议率83.8%,量刑建议法院采纳率97.5%。

【民事和行政检察】 2020年,固原市人民检察院受理审查民事检察监督案件281件、行政监督案件39件,审查提请上级院抗诉案件13件、提出抗诉案件5件,发出再审检察建议23件,对审判程序中的违法情形提出检察建议36件。办理民间借贷和涉黑涉恶等案件中涉及的民事虚假诉讼22件,提出再审检察建议27件,提出抗诉案件3件,改判案件2件,移送违纪违法线索1件。强力推进案件公开听证工作制度化、常态化,办理行政争议实质性化解案件34件,联合西吉县检察院督促用工企业为西会高速40名农民工支付被拖欠工资30余万元。

【公益诉讼检察】 2020年,固原市人民检察院贯彻落实市人大常委会《关于加强检察机关公益诉讼工作的决定》,争取市委支持将配合公益诉讼检察工作纳入市直部门效能目标管理考核。开展"联手治乱象 合力护资源""公益诉讼守护美好生活"等专项行动,拓展公益诉讼监督范围,优化办案结构。受理生态环境、资源保护和食品药品安全等领域公益诉讼案件线索210件,立案192件,同比增长51.2%。其中,行政公益诉讼案件189件,刑事附带民事公益诉讼案件3件,启动诉前程序案件192件,发出诉前检察建议189份、诉前公告3件,提起公益诉讼案件4件。受理各类领域公益诉讼案件41件,立案39件。联合甘肃平凉市检察院建立跨区域协作服务保障丝绸之路经济带甘宁交通大动脉联席会议机制。联合彭阳县检察院办理的自动售水机过度消耗水资源案入选宁夏检察机关提起公益诉讼十大典型案例。

【控告申诉检察】 2020年,固原市人民检察院受理群众来信来访486件,同比上年下降18.8%,七日内程序性回复、三个月内实体性答复率100%,涉检信访量全区最低。起诉制售假药劣药、有毒有害食品等犯罪案件2件、3人。不批捕轻微犯罪并认罪认罚的未成年人11人,附条件不起诉13人。批捕侵害未成年人犯罪23人,起诉37人。原州区检察院建成全区首家未成年人司法保护教育中心,两级院领导担任法治副校长37人,常态化开展法治进校园活动。联合法院、公安机关完善醉驾案件执法司法标准。通过办案向有关行政执法单位发出检察建议295份,被全部采纳并整改落实。疫情防控期间,开展公民个人信息保护、保障农村食品安全、消除窨井盖问题隐患、违规对服刑人员发放养老金等问题专项监督检察。

【"三大攻坚战"】 2020年,固原市人民检察院围绕防范化解重大风险,起诉危害国家安全及邪教组织等犯罪案件3件、4人,起诉危害公共安全犯罪694人。联合西吉县检察院成功办理特大跨境电信网络诈骗集团犯罪案件,涉案79人、金额1600余万元,依法批准逮捕犯罪嫌疑人47人。配合有关部门清理注销"六类"公司381家,关闭涉嫌利用互联网非法放贷公司19家,移送涉"洗钱"犯罪线索5条。围绕服务精准脱贫,起诉侵吞扶贫资金等扶贫领域犯罪10人,向因案致贫、因案返贫的刑事被害人等56人发放国家司法救助金132.7万元,通过"支持起诉"等多种措施,帮助农民工等弱势群体讨薪240余万元。围绕污染防治,起诉破坏生态环境资源犯罪16人,督促行政机关移送案件8件,向法院提起刑事附带民事公益诉讼案件5件,联合生态环境部门认真落实环境公益诉讼与生态损害赔偿衔接机制,办理涉及生态环境领域行政公益诉讼案件112件,督促修复被破坏的林地、耕地、水域1500余亩。

【民营经济发展检察】 2020年,固原市人民检察院坚持依法惩治与平等保护并重,批捕各类破坏市场经济秩序犯罪14人,起诉38人。依法对非公企业单位人员经济犯罪积极适用认罪认罚从宽制度,"少捕慎诉",依法不批捕41人、不起诉8人,建议适用缓刑13人。开展涉民企刑事诉讼"挂案"及刑事申诉积案专项清理工作,监督立案1件、撤案21人。依法提前介入、从严从快办理涉嫌妨害公务罪、危险驾驶等涉疫情案件3件、3人。

【扫黑除恶专项工作】 2020年,固原市人民检察院受理移送审查批捕涉黑涉恶犯罪案件26件、274人,批准逮捕案件26件、232人,提起公诉案件25件、257人。依法监督立案21人,追诉31人,抗诉案件5件、83人。成功办理多件黑社会性质组织犯罪案,涉黑涉恶案件及问题线索全部结清。通过办案向纪委监委移送涉黑涉恶"保护伞"线索45条。调查核实国家司法工作人员相关职务犯罪线索17件,立案侦查、移送起诉2人,移送纪委监委案件1件,参与社会乱象治理,形成健全依法严惩、行业监管等23项长效机制。

【司法改革】 2020年,固原市人民检察院开展司法责任制综合配套改革,紧盯办案提质增效,构建以"案—件比"为核心的案件质量评价指标体系。抓实业务数据分析研判,加强案件质量评查,优化监管机制,压紧压实司法责任。全程监控黑恶案件工作做法和检察委员会委员评查工作机制被最高人民检察院推介交流。落实领导干部带头办案、检察长列席审委会制度,市、县两级院领导带头出庭支持公诉、办理重大疑难案件425件,占总办案数的16.7%。开展“以案示警 以案为戒 以案促改 以案正风”集中教育整顿活动。盯紧落实中央防止干预司法“三个规定”,如实填报过问或干预、插手司法办案等重大事项118人(次),常态化、制度化开展约谈问责。

(马小龙)

法院

【概况】 2020年,全市法院受理各类案件40605件,审结38669件,同比上年分别上升1.48%、3.25%,结案率95.23%,居五市法院第一。市中院受理各类案件2459件,审结2414件,同比分别上升1.32%、2.77%,结案率98.17%,居五市中院第一。

【刑事审判】 2020年,全市法院受理各类刑事案件1419件,审结案件1385件,同比分别下降17.5%和15.96%。判处十年以上有期徒刑、无期徒刑、死刑56人,判处缓刑475人,对28名未成年罪犯、罪行较轻的初犯、偶犯依法从轻、减轻处罚。严惩故意杀人、强奸、故意伤害等暴力犯罪,审结该类案件179件、247人。严惩抢劫、盗窃、诈骗等侵财犯罪案件149件、190人。依法打击多发性犯罪,审结危险驾驶罪等案件383件、383人。严惩涉枪涉爆、涉毒涉黄等犯罪,审结该类案件25件、77人。审结屠国军等职务犯罪案件14件,判处罪犯23人。

【民商事审判】 2020年,全市法院受理各类民商事案件25535件,审结24934件,同比分别上升6.25%和6.93%。倡导诚实守信,审结金融借款、买卖、租赁等合同纠纷案件5104件。依法保护产权,审结物权纠纷案件773件。保护民生权益,审结医疗、教育、物业、供电气水热力等案件1263件。增强规则意识,审结侵权、交通事故等案件795件,为受害人挽回损失4694.05万元。发挥家事审判法庭作用,审结家事案件3679件。

【行政审判】 2020年,全市法院受理各类行政案件545件,审结499件,同比分别下降19.14%和18.46%。保护公民、法人和其他组织合法权益,监督行政机关依法行使职权,撤销、变更行政行为案件19件,确认行政行为违法或无效案件17件,判决责令履行法定职责案件5件。支持行政机关依法履职,认定行政行为合法,判决驳回行政行为相对人诉讼请求案件111件。采取撤诉或和解方式化解行政争议案件52件。推进行政机关负责人出庭应诉,解决“告官不见官”“出庭不出声”等问题,西吉县法院行政审理案件中,行政机关负责人出庭率达到87.32%,同比提升6.07个百分点。市中院连续5年发布行政审判白皮书,剖析问题,提出建议,助力法治政府、法治社会一体化建设。

【法制营商环境建设】 2020年,全市法院践行“法治是最好营商环境”理念,制定服务保障性意见10个。倡导善意文明司法,慎用、活用、查封、冻结、扣划措施,寻求依约履行替代性解决方案,为26家中小微企业纾困解难。规范民间借贷行为,审结民间借贷案件4298件。鼓励企业投资、保障企业发展,保护实体经济,审结涉民营企业民商事纠纷案件4497件,为招商引资和项目建设营造公正、透明、可预期的法治化市场环境。中院和市发改委牵头与17个部门建立企业破产工作协调联动机制,规范和优化强制清算与破产程序。彭阳县法院审理阳成服装厂破产案,淘汰落后产能,盘活不良资产,为释放生产要素提供“法院方案”。

【法治社会建设】 2020年,全市法院落实市委、市政府“1+6”意见和方案,制定固原市《关于进一步完善多元解纷机制加强诉源治理的实施方案》,探索诉源治理实质化措施。隆德县法院深度融入“125”和“411”诉源治理机制,受案数下降25.79%,首次实现负增长。各基层法院发挥人民法庭地处乡村、贴近群众的优势,联合司法所、派出所、人民调解组织化解危房改造、邻里矛盾等纠纷,及时审结相关案件582件。西吉县法院震湖法庭建立法庭“珍史馆”,泾源县法院设立“史有明法官工作室”,开展法治宣传,推动创建“无讼乡村”。宣传民法典在社会治理中的重要作用,市中院在微信公众号编发77期“天天学一‘典’”,营造民法典实施固原氛围。

【扫黑除恶专项斗争】 2020年,全市法院受理一审涉黑恶案件29件、264人,二审涉黑恶案件25件、236人,全部依法审结,判处五年以上有期徒刑49人。强力“打财断血”,严格落实“四节点”工作法,对涉案158人判处财产刑1258.9万元,责令退赔和追缴、没收违法所得3746万元,没收个人财产5500余万元。总结提炼市中院“1+1+1+X”包案监督指导、“三个办法”等成功经验,转化形成长效制度16项。

【案件执行】 2020年,全市法院受理执行案件12908件,执结11657件,同比分别下降3.48%和0.04%,为当事人实现胜诉权益10.26亿元。建立健全制度15项,保持“3+1”核心指标高标准运行,市中院执结率连续5

年位居五市中院第一。开展“涉民生案件”“涉金融案件”等专项执行行动,集中执结“骨头案”“钉子案”151件。强化联合信用惩戒,全年发布失信被执行人名单3652人,限制高消费7275人次,以拒执罪移送审查起诉25人,判处2人。提起网络司法拍卖442次,成交标的额1667.17万元。

【司法改革】 2020年,全市法院健全审判权运行、约束和常态化监督制约机制,动态跟踪、实时预警财产保全、审限审批等重要节点26个。强化院庭长监督管理,修订院庭长对“四类案件”行使监督管理职责规定,明确识别和监督方式。深化以审判为中心的刑事诉讼制度改革,落实“三项规程”,推进庭审实质化,召开庭前会议26次,“四类人员”出庭17人次,为842名被告人指定辩护律师。按照审判监督程序改判8件再审案件。完善法官单独职务序列管理制度,全市法院退出员额法官8名,遴选新增入额法官19名,实现法官员额“能进能退”。推进司法公开,网上“晾晒”裁判文书14267份,直播庭审3206场。

【司法保障】 2020年,固原市中级人民法院在全区法院率先出台《关于为建设黄河流域生态保护和高质量发展先行区美丽新固原提供司法服务和保障的实施意见》等3个文件。围绕“三山五河”生态保护,服务“四个一”林草产业工程,筑牢生态安全屏障,审结环境资源行政、民事案件95件,审结的刑事案件追究刑事责任16人。泾源县法院审理非法占用农用地案件1件,推进三关口涉案林地修复144.8亩。保障城乡建设高质量,审结建设工程合同纠纷案件874件;选派法官参与处置宁新国际城项目等专项工作组,化解城乡区域一体化进程中的矛盾纠纷。鼓励市场主体创新,推动技术、资本良性循环,审结知识产权案件12件。

【智慧法院】 2020年,全市法院6个诉讼服务中心一体推行调解、速裁、快审“一站式”多元解纷,诉前调解案件4914件,速裁快审案件14786件,占一审民商事案件总数的71.38%,速裁案件平均审理周期较一般民商事案件缩短25.9%。建设“一站式”诉讼服务中心,将文书送达、诉讼保全、涉诉信访等15类事项集中到诉讼服务中心集约办理,实现“一站式”通办。原州区法院配置诉讼服务自助一体机、云柜等智能设备,建成固原首家24小时自助立案服务站。推广跨域立案、网上立案、云审判、网上调解,跨域立案139件,网上立案2384件,“云庭”审理案件265件,“人民调解平台”调解案件7282件,网上执行案件190件。

（孙有平）

司法行政

【概况】 2020年,固原市司法行政系统全面推行行政执法三项制度,各行政执法单位普遍建立行政执法三项制度实施细则,制定行政执法5项清单。提请市人大常委会审议通过地方性法规3部,出台市人民政府规章1部。加强规范性文件审核备案工作,审核各类文件76件,完成规范性文件备案19件,开展行政规范性文件清理工作,梳理、甄别2003年以来固原市政府印发的所有文件目录,初步清理行政规范性文件239件。加强行政复议和行政应诉工作,组织全市行政机关工作人员旁听庭审130余人次。强化行政复议层级监督,市本级共办理市政府行政复议案件30件,行政应诉案件15件,无败诉案件。

【公共法律服务】 2020年,固原市整合律师、公证、司法鉴定、仲裁、人民调解等法律服务资源,建成公共法律服务网络。建成以市级公共法律服务中心为首,5个县级法律服务中心为中枢,65个乡镇公共法律服务工作站为骨干,860个村(社区)法律服务工作室为基础的四级公共法律服务平台。全市累计建立52个行业性法律援助工作站,专业性、行业性及其他调解组织39个。县级平台拓展“3+X”服务内容,实现司法行政各项业务进驻公共法律服务中心,五县(区)实现公证业务全部进驻大厅。全市办结各类法律援助案件2800余件,为4000余名困难群众挽回或避免经济损失3000余万元。刑事法律援助案件值班律师提供法律帮助覆盖率和法律援助机构指派律师提供辩护的比例达到100%。全市办理各类公证5166件,其中,国内公证5074件,涉外公证92件。办理司法鉴定1236件。律师代理诉讼案件4800余件,担任281家党政机关、人民团体、企事业单位的法律顾问,有20人以上律所1家。组织律师参与社区人民调解试点工作,形成以县(区)、乡(镇)、村(社区)、组(楼院)四级调解组织为基础,专业、行业性调委会和维稳信息员为触角的人民调解组织网络。建成乡(镇)人民调解委员会65个、村(社区)调委会1248个,专业性、行业性人民调解委员会12个,村(社区)、组(楼院)调解小组579个。专兼职人民调解员3586名,纠纷信息员3423人,十户调解员10826人,政府购买法律服务调解员数137人。全市各级调解组织共调处化解矛盾纠纷4304件,调解成功4163件,成功率96.7%。依托“3·15”消费者权益保护日、“6·26”国际禁毒日、民法典颁布等时间节点,开展法治宣传活动,发放宣传资料12.5万余份,发放宣传品3万多份,制作展板1000多块。全市建设法治主题公园13座。发挥"网站+手机App+微信+微博+触屏终端"的"五合一"网络宣传平台功能,营造法治固原建设浓厚氛围。印发《关于推动国家工作人员旁听庭审活动常态化制度化的实施方案》,加强领导干部日常学法和以案释法。组织行政机关工作人员旁听庭审130余人次。

【人民调解工作】 2020年,固原市组织律师参与社区人民调解试点工作,畅通居民诉讼等法律服务通道。发展新时代"枫桥经验",建立健全"1(专职人民调解员)+X(社区居委会干部、派驻公安干警、业主委员会主任、社区五老人员、网格员等)"的社区(村、居委会)人民调解组织,推进"两排查、一分析"等矛盾纠纷排查调处制度,做到"早排查、早发现、早调处"。全市排查化解各类矛盾纠纷5062件,调解成功4897件,成功率96.7%。

【社区矫正工作】 2020年,固原市争取自治区司法厅派驻13名监狱戒毒警察协助开展社区矫正工作,市、县(区)聘用配备兼职社区矫正工作人员141名。协调民政部门筹集临时救助资金6万元,为60名家庭困难的社区矫正对象每人发放救助资金1000元,落实27名社区矫正对象最低生活保障,落实社会保险321人次,帮助17名在校学生完成学业。全市在册社区矫正对象625人,其中,缓刑618人,暂予监外执行6人,管制1人。

【扫黑除恶专项工作】 2020年,固原市严格落实律师事务所办理涉黑涉恶案件接案审查、请示报告、集体研究和检查督导四项制度,全市律师报备涉黑涉恶案件报告247份,律师参与承办涉黑涉恶案件316人次,涉及犯罪嫌疑人280人次,对涉黑涉恶案件派员现场庭审指导18场次。建立8项长效机制。

【司法宣传】 2020年,固原市依托"3·15"、"6·26"国际禁毒日、民法典颁布、国家宪法日等时间节点开展各类法治宣传活动132场,组织法治文艺演出21场,发放宣传资料32.5万余份,发放宣传品3万余份。建成固原市青少年法治教育基地,被全国普法办命名为第三批全国法治宣传教育基地。配合自治区党委全面依法治区委员会完成实地评估验收,"七五"普法圆满收官。

(张筱淳)

军 事

中国人民解放军固原军分区

【概况】 2020年,固原军分区坚决贯彻党中央、中央军委和习近平总书记决策指示,认真落实中央军委国防动员部、西部战区和宁夏军区党委扩大会议精神,担当尽责,主动作为,一手抓疫情防控,一手抓工作推进,圆满完成年度各项工作任务,军分区全面建设稳中有进。

【思想政治建设】 2020年,固原军分区严格落实党委理论学习中心组和政治教育制度,分3个阶段深入学习贯彻中共十九届五中全会精神,持续深化“不忘初心、牢记使命”和“传承红色基因、担当强军重任”主题教育,组织“强军思想进百连”理论宣讲6场,紧跟疫情防控和国内外形势开展理想信念及形势政策集中教育9次。

【军事战备】 2020年,固原军分区贯彻民兵调整改革目标要求,完成全市应急、专业、特殊三支力量和普通民兵编建任务。依托武警营区,组织全市民兵分队分批进行基地化轮训,提升民兵队伍遂行应急应战任务能力。组织原州区和西吉县民兵应急分队参加自治区纪念海原大地震100周年抗震救援军地联合演练活动。形成训练秩序正规化资料1套、总结经验做法1份、制作专题录像片1部,在宁夏军区组织的“四个秩序”观摩活动中进行展示。采取“狠抓示范、统一标准、辐射带动、整体推进”方式,面向全市65个乡镇基层武装部开展全面调研。

【国防动员】 2020年,固原军分区按照“制定计划、分配任务、开展调查、核对数据”步骤,开展国防动员潜力数据调查工作,在宁夏军区潜力数据审核中被评为“宁夏自治区错误率最低(仅0.09%)的市级单位”。

【军队正规化建设】 2020年,固原军分区依托条令法规和军委国防动员部“6个规范性文件”,开展“条令法规学习月”“安全行车教育整顿”“军营网络安全宣传周”和“百日安全活动”,开展安全大检查和保密工作集中整治,选派工作组逐单位、逐人员、逐库室、逐装备进行督导检查2次,实现“五无”目标。围绕宁夏军区“一点两线三区”总体布局,完成全市基干民兵和普通民兵编建任务。贯彻《中国共产党军队党的建设条例》,着眼“抓班子、带队伍、促发展”,严抓党风廉政建设,真抓巡视巡察反馈问题自查检视整改,紧抓师级干部落实有关待遇清理整顿,实抓后勤“三个专项任务”,全年落实党纪大课教育14次。

【兵员征集】 2020年,固原军分区以自治区人民政府、宁夏军区《关于2020年征兵的命令》为依据,面向全市落实征兵工作。采取广播、媒体、微信终端等多种措施,全方位宣传发动,18周岁适龄青年兵役登记率居全区第一。严把体检政审关口,对标全市各县(区)审批定兵中出现的新情况新问题,深入各县(区)检查指导15次。制定《2020年固原市审批定兵实施办法》,细化标准,规范流程。面向社会公开廉洁征兵监督电话,发放廉洁征兵纪律规定卡、签订各类廉洁征兵承诺书,突出廉洁征兵工作重点。

【后勤装备保障】 2020年,固原军分区牵头固原市中医医院为军分区官兵进行定点医疗服务,为机关人员建立健康信息档案,定期进行健康检查。自查自纠存在问题,组织各单位财务人员在军分区机关集中办公,全面开展财务检查和资产清查,健全完善资产台账。投入经费进行营房屋面治漏、公寓楼整治、营区绿化美化、旱厕改造及锅炉更换等工作,营区生活环境得到改善。

(崔建设)

中国人民武装警察部队固原支队

【概况】 2020年,中国人民武装警察部队固原支队(以下简称武警固原支队)面对新形势,坚决贯彻习近平强军思想,按照总队党委决策部署,担负看押、看守、城市武装巡逻及处置突发事件等任务。

【思想政治建设】 2020年,武警固原支队采取"十学"方式,突出"三个注重",常态化开展党委中心组带机关、基层理论学习活动。坚持"守正创新",开展"深入学训词、奋斗决胜年"开年教育和"传承红色基因、担当强军重任"主题教育。紧扣"三真"教育理念,探索"四式"教育模式,打造"五个课堂",开展心理服务下基层活动。贯彻"金华会议"精神,打造"一队一品"特色文化队伍,完善军史场馆、图书流通站建设。舞蹈《特种侦察兵》在武警部队"强军风采"群众性文化活动创演中荣获三等奖,支队被总队表彰为"文化建设先进单位"。机动中队被自治区表彰为"第十批民族团结进步示范军营",西吉中队被自治区表彰为"全区拥政爱民模范单位"。

【练兵备战】 2020年,武警固原支队落实执勤制度,投入资金90余万元开展"智慧磐石"工程建设,排查治理隐患12处,连续37年执勤安全无事故。制定《关于聚力备战打仗的决定》等文件,精准落实遂行任务编携配装。建立健全"情报动态共享、社情互通协同、灾情高效联动"军地协同机制,完成临时勤务21起。履行党委抓训主责,精心组织各类集训培训,重点突出首长机关、干部、教练员"三个弱项",探索学练用"五步法",开展"四比四看"活动,实战化训练水平显著提升。机动中队被总队表彰为"军事训练一级单位"。

【基层建设】 2020年,武警固原支队科学制定"一队一策"精准帮建计划,明确党委常委挂钩帮建责任,严格"三帮一带"、季度考评和"双争"评选,部队全面建设水平整体跃升。隆德中队进入先进行列。依托武警部队13项专项整治活动,严格落实安全工作"八个规范"。开展"条令年"活动和"暑期百日安全竞赛",突出对重点问题的教育管控。坚持"支队建设大家干,大家事情党委办",协调办理好官兵子女入学入托和家属工作调动,配置家属临时到队住房6套,为3名家庭困难官兵申请补助1.5万元。支队被武警部队表彰为"暑期百日安全竞赛"活动优胜单位。

【城市武装执勤】 2020年,武警固原支队年出动120人次圆满完成武装押解勤务。出动兵力担负固原城区武装巡逻勤务。出动兵力担负全国两会期间固原城区武装巡逻。在中共十九届五中全会召开期间,出动兵力担负固原城区武装巡逻。

【重要会议】 武警固原支队党委一届四次全体(扩大)会议于2020年1月17日召开。会议传达学习武警部队、宁夏总队两级党委全会和基层建设会议精神,总结分析2019年部队建设形势,研究部署2020年工作任务,党委常委会作题为"举旗铸魂攻坚克难、真抓实干接续奋斗,努力推动支队建设开创新局面谱写新篇章"的工作报告,围绕"不忘初心 担使命 不负韶华敢作为 为决胜全面过硬先进支队而努力奋斗"主题作讲话。

武警固原支队党委一届五次全体(扩大)会议于2020年7月22日召开。会议传达学习宁夏总队党委全会精神,总结讲评党支部班子和干部队伍履职尽责情况,分析部队建设形势,安排部署下半年工作任务,明确工作要求。党委围绕"聚力强班子,持续抓干部,为支队建设提供坚强组织保证和人才支撑""依法抓建设,聚力打基础,为建设全面过硬先进支队接续奋斗"主题分别作讲话。

【后勤装备保障】 2020年,武警固原支队修订应急保障方案,完善战备物资储备和"一组三队"实案化编组,分批次组织炊事员、卫生员、驾驶员业务集训培训。对标全军和武警部队后勤装备领域政策法规,及时整改落实近5年来反馈的工程建设、物资采购和住房管理领域存在的问题。累计投入资金685万元解决官兵"住宿条件差、饮水费用高、洗澡难保障、私车乱停放、训练缺场地"等难题。

(甘　强)

人民防空

【人防工程审批服务】 2020年,固原市人民防空办公室按照"减、放、并、转、调"要求,将人防工程建设项目从立项到竣工验收、公共设施接入服务全流程等工作全部纳入宁夏回族自治区工程建设项目审批管理平台。完成市区城市战略价值统计数据核对。上报固原市重要经济目标防护建设试点方案和防护试点单位。

【人防监管】 2020年,固原市人民防空办公室坚持人防工程"事前、事中、事后"监管服务协调统一,事前做好培训,举办人防工程技术规范培训会4期,事中做好重点节点、重点环节的把关,协调住建等部门,邀请质监部门加大对工程质量的监督检查,确保工程质量,事后做好长期监管工作,定期检查已建成并开发利用的人防工程,确保人防工程维护管理到位,主体完好率达95%以上。

【人防应急保障体系建设】 2020年,固原市人民防空办公室重建治安、通信、心理防护等人防专业队8个,人防志愿者专业队1个。现场踏勘市区现有疏散基地、疏散场所,确认交通路线、各类保障设施,规范疏散基地标识标志牌。全面完成市区警报器变频升级和警报加装二次供电设施的改造任务。印发《固原市人民防空指挥部编成方案》《固原市人民防空指挥所编组方案》《固原市人民防空动员方案》。

【人防宣传教育工作】 2020年,固原市人民防空办公室开展《中华人民共和国人民防空法》和防空知识宣传教育4次,发放宣传品、资料10000余份。结合"5·12"防灾减灾日、"9·15"全区防空警报鸣放日、"12·4"宪法宣传日,开展《中华人民共和国人民防空法》和防空知识宣传教育。在"9·15"全区防空警报鸣放日,组织市区学校、机关单位及部分居民小区开展防空防灾疏散演练。配合市区中小学举行应急疏散演练活动4次。在市区建设人防社区(小区)工作站5个,为2所学校设置人防宣传设施。

(杨华厚)

经济管理

宏观经济调控

【概况】 2020年，固原市奋力夺取疫情防控阻击战和经济社会发展保卫战“双胜利”，经济社会发展加速回归正轨，经济活跃度不断提升，发展动力明显增强，经济社会发展稳中向好。全市地区生产总值同比增长5.6%，全社会固定资产投资同比下降9%，地方财政一般公共预算收入下降10.8%，社会消费品零售同比下降5.3%，城乡居民人均可支配收入同比分别增长4.6%、12.1%。

【国民经济和社会发展计划】 2020年，固原市发展和改革委员会坚持“三个一线”工作法，定期调研基层一线、企业工地一线，着力找准问题症结，及时回应群众关切，扎实帮助企业解决发展中的问题。建立经济运行分析部门协同会商机制，关注先行指标，月分析、季研判，发现苗头性、倾向性、趋势性问题，撰写经济运行分析报告10篇，有针对性地提出政策建议。起草《固原市高质量发展综合绩效年度考核办法》《关于贯彻落实自治区〈建立更加有效的区域协调发展新机制〉及〈建立健全城乡融合发展体制机制和政策体系〉任务清单》，牵头制定《建立市级领导包抓产业工作机制方案》。全面落实《自治区应对新型冠状病毒肺炎疫情影响促进中小微企业健康发展的若干措施》，出台《应对新冠肺炎疫情影响强化政策落实促进重点服务业升级的措施》，市场活跃度积极回暖。印发《关于一手抓疫情防控一手抓项目建设工作的通知》《固原市2020年高质量发展重点建设项目问题落实清单》《固原市2020年高质量发展重点建设项目包抓推进责任清单》《固原市2020年建设项目包抓推进责任清单》，充分发挥项目促进经济社会发展关键作用。全面落实稳价保供任务，充分发挥价格调控管理职能，密切关注市场价格波动，保障市场价格基本稳定。

【“十四五”规划前期研究】 2020年，固原市结合党中央和自治区党委谋划“十四五”时期规划的新要求、新部署，深入基层一线，围绕《固原市“十四五”特色农业发展规划》《固原市“十四五”现代服务业发展规划》等14个专题，面向全市开展“十四五”发展规划专题调研，形成高质量调研成果，编制《国民经济和社会发展第十四个五年规划》。推进“十四五”规划、黄河流域生态保护和高质量发展规划等规划编制，夯实项目谋划储备，形成《“十四五”重大项目》《固原市黄河支流生态保护和高质量发展项目册》等项目册6个。完成《黄河流域固原市生态保护和高质量发展规划（征求意见稿）》。聚焦公共卫生领域、应急保障体系、“两新一重”等重点，初步谋划“十四五”规划项目880个、5544亿元。规划提出黄河支流生态保护和高质量发展项目166个，总投资928.1亿元。全市固定资产投资同比下降9%，降幅较上年收窄2.3个百分点。

【重点项目实施】 2020年，固原市围绕公共卫生、市政基础设施、老旧小区配套基础设施、应急物资储备四大重点领域，争取项目资金，录入国家重大项目库433个，总投资280亿元，初步落实项目15个，总投资63667万元，申请中央预算内投资49542万元。争取到老旧小区改造、保障性住房配套基础设施项目中央预算内统筹资金、自治区统筹内预算资金项目16个，投资1.98亿元。申报重大科技基础设施项目4个，投资1.2亿元。争取农村人居环境专项整治、美丽村庄建设等项目35个，投资2.99亿元。争取服务业引导资金项目14个，投资3093万元，成功申报自治区级工程研究中心1个。有序推进项目竣工验收。按照市政府第52次常务会议精神要求，印发《关于加快推进2020年以前已竣工未验收政府投资项目竣工验收工作的通知》，明确项目验收责任，各科室对2020年以前已竣工、未验收项目进行梳理，梳理出未验收项目106个，截至2020年年底完成验收68个，验收率64%。

【产业体系构建】 2020年,固原市发展和改革委员会聚焦自治区确定的重点产业发展目标,结合全市产业发展特色和实际,研究制定《关于建立市级领导包抓产业工作机制方案》,明确产业发展定位、发展方向、发展重点,明确产业发展时间表、路线图,提出全产业链条发展保障措施和机制,为全市重点和鼓励产业发展提供科学依据。对标自治区九大重点特色产业,根据固原市产业发展实际,持续推进肉牛、绿色食品、生态经济、文化旅游、现代纺织和服装加工五大产业发展,确立能源及新材料、电子信息、现代服务及物流为鼓励发展产业,加快产业转型升级。不断实现产业优化,经济结构更趋合理,明晰产业发展方向、发展路径、发展措施。

【营商环境优化】 2020年,固原市发展和改革委员会起草《优化营商环境2020年专项行动计划》和《落实自治区持续优化营商环境132项措施责任分工方案》,联合市政府督查室和审批局督查全市优化营商环境工作开展情况,组织开展优化营商环境培训3场次。推动政府采购、工程建设项目实现全流程电子化"古雁不见面"交易模式,举办固原市全流程电子化"不见面"交易评标专家培训班,起草《优化营商环境2020年专项行动计划》《落实自治区持续优化营商环境132项措施责任分工方案》《关于新型冠状病毒肺炎疫情防控期间加强信用监管的通知》,靶向解决企业复工复产面临的资金困难等问题,累计发放贷款14.54亿元,担保贷款2.04亿元,拨付援企稳岗补贴836万元,减免缓征各类税款1.1亿元,减免、退缴、缓缴社会保险1.5亿元,降低用电成本、落实电费补贴3933.48万元,减收企业水、电、气费2150.5万元。

【市场价格调控】 2020年,固原市发展和改革委员会制定《固原市政府定价目录》《行政事业性收费经营服务收费项目目录清单》《固原市涉企收费目录清单》。调整民办学校收费价格,加强收费管理,落实国家各项减免政策,做好行政事业性收费、经营服务收费、中介收费清理整顿清理。落实涉企收费政策,开展价格监测及价格认证工作,加强节假日市场价格检查和各类专项检查。疫情防控期间,紧急监测民生商品35种、医用品15种,抽调12名干部分成4组定点到市场、超市和药店检查物资储备供应,形成价格信息专报,累计开展市场价格监测600余次,上报监测数据近3万条,分析上报监测专报40余篇,在"固原发改"微信公众号发布价格监测信息30余期,将哄抬防疫物资价格等7种失信行为纳入失信黑名单信用监管。加强监测电力、成品油、天然气供需情况,牵头开展能源行业专项检查3次,强化天然气、成品油运行调度。联合商务、市场监管等部门开展市场专项检查10余次,指导企业拓宽采购渠道、加大储备力度,收储冻猪肉200吨,储备生猪活畜100吨,投放市级储备冻猪肉70吨,鲜牛、羊、鸡肉30吨。启动物价补贴联动机制,联合相关部门,足额发放价格临时补贴16240889.88元,惠及困难群众587926人次。构建价格认定综合业务平台,开展"存量案卷数字化、增量案件电子化"工作,线上价格认定117个涉案标的物,累计金额346万元。

（马天东）

国有资产监督管理

【概况】 2020年,固原市市属国有企业资产总额197.99亿元。其中政府划拨的公园、道路等资产77.48亿元,占资产总额的39.13%;用于生产经营的货币资金为6.78亿元,占资产总额的3.42%。市属国有企业"两金"(应收账款、存货)总额50.5亿元,占流动资产比重36.1%。全市资本总额(净资产)49.91亿元,按行业投向划分,主要涉及建筑、交通、旅游、融资性担保、投资、物业管理、人力资源等行业。投向生产经营类行业19.5亿元,其中公益类2.06亿元(包括公交、供热、公共房屋租赁行业),社会服务类1.11亿元(包括人力资源服务、市场管理、物业服务、殡葬服务行业);投向传统工程项目建设施工行业1.95亿元(包括市政工程建设、公路工程建设、公路工程设计、水利工程设计行业);投向融资性担保对外投资行业12.01亿元;投向生产制造业0.36亿元;投向旅游行业2.01亿元。

【国有资产监管】 2020年,固原市国资委制定《固原市属国有企业重大决策事项管理暂行办法》《市属国有企业发展战略规划管理办法》《固原市属国有企业投资管理办法》等制度,厘清国资委监管权责边界10个方面、35项权责事项。实施目标监管和预算管理,制定"一企一策"差异化考核指标清单,开展财务整顿工作,制定2020年市属国有企业经营业绩综合考核指标,指导企业实行全面预算管理。落实市委财经委2019年第三次和2020年第五次会议精神,成立工作专班扎实做好企业风险防范化解工作。下发《关于加强企业财务风险管理的通知》,举办企业风险防范专题培训班。修改完善《关于深化固原市属国有企业改革的实施方案》,起草《固原市国资国企改革三年行动方案》。深入推进现代企业法人治理结构改革和"三项制度"改革,稳妥推进混合所有制改革,主动探索与区属国有企业合作发展新模式,做好国资国企"十四五"规划编制工作。

【金融营商环境优化】 2020年,固原市国资委实施延期还款政策,扩大无还本续贷范围,提高贷款覆盖面,通过加大信贷投放、延长还本付息期限、降低贷款利率、无还本续贷、展期等措施,支持“三农”发展,实施金融扶贫提标扩面工程,满足产业发展需要。落实疫情防控和稳企保岗各项金融政策,全力支持疫情防控和企业复工复产,制定《民营企业和小微企业融资纾困帮扶实施方案》《固原市优化金融营商环境2020专项行动计划》等制度,整治金融乱象,全市摸排整治“六类公司”、网贷公司、金融机构共计532家,清理注销投资、典当、小贷、担保和网贷公司398家,依法查处并移交涉嫌非法集资案件24起、8.51亿元。积极化解民间借贷登记中心挤兑风险,民间借贷风险得到有效控制。

【国有企业监管】 2020年,固原市国资委监管国有企业10家,其中:集团公司4家(九龙集团、交通集团、旅游集团、扶贫集团),开发区投资发展公司1家,其他监管企业5家(国资公司、保安公司、水利勘测设计院、白马山陵园公司、宁夏六盘山生态产业有限公司)。市属国有企业资产总额197.99亿元;净资产51.74亿元,较上年同期增加5%;营业收入6.06亿元,较上年减少22.2%;负债总额146.25亿元,较上年增加8.3%;资产负债率73.09%,较上年增长2.3个百分点;已缴税费4849万元,较上年减少2750万元。有市属国有企业从业人员2068人。建立企业党组织19个,其中,企业党委2个,党支部17个,党员230人。

(连廷鹏)

财政

【概况】 2020年,固原市地方一般公共预算收入完成14.49亿元,同比下降10.78%(市本级收入完成6.6亿元,同比下降13.38%)。全市全年争取各类资金191亿元,保障重大政策落实和重点项目建设。继续落实好国家各项减税降费政策,推动实体经济降本增效,助推企业复工复产、稳住经济基本盘,全市全年累计新增减税降费4.24亿元。深化服务保障,筹措资金0.6亿元用于清理拖欠民营企业中小企业账款和支持重点服务业升级,促进企业增产增资,助推经济发展。

【财政创新改革】 2020年,固原市推进财政电子票据改革,中小学教育收费财政票据全部通过“宁夏财政电子票据系统”申请、领用、发放、使用;医疗收费电子票据管理改革正在积极推进。实施预算绩效管理,首次建立绩效评价报告评审机制、预算绩效评价考核奖惩机制和绩效评价报告公开机制,对市本级156个预算单位2020年预算和绩效实行“双批复、双公开”,提升预算绩效管理水平。推进财政预决算信息公开,市直部门预决算单位公开率为100%。推进“互联网+监管”,公开财政监管事项9项。深化财政事权与支出责任改革,制定《固原市与辖区财政事权和支出责任划分改革实施方案(送审稿)》等方案,推进市级与辖区财政事权和支出责任划分。规范和创新政府性资金存放管理,招选7家金融机构定存社保基金6.33亿元,动态调整18个单位银行账户,引导金融机构支持地方经济发展。

【财政项目保障】 2020年,固原市强化重大政策落实,压减一般性支出和非急需、非刚性支出,除疫情防控及另有规定外,一律不出新的增支政策;清理盘活结转结余资金,统筹用于落实“六保”任务。统筹安排资金18.5亿元,重点支持脱贫攻坚、“四个一”林草产业发展、生态环保、老旧小区改造、公共卫生、黄河水调蓄等领域项目支出。

【财政民生保障】 2020年,固原市安排资金22.36亿元,用于稳就业、劳动力转移、城乡养老、医疗、困难群体救助等支出,逐步构建和完善多层次、可持续的社会保障体系。安排资金5.17亿元,推动“互联网+教育”、职业教育、公共文化服务示范区建设、科技研发等支出,落实教育、文化、科技强国战略。安排资金2亿元,用于清水河市区段综合整治、再生水利用、城镇污水处理提质增效等项目建设,全力打好蓝天、碧水、净土保卫战。

【财政收支管理】 2020年,固原市强化政府债务管控,多渠道落实化解债务措施,本级政府债务余额64.91亿元,未超出自治区核定限额,隐性债务实现只减不增。全市全年“五项经费”支出0.89亿元,同比下降12.63%(市本级“五项经费”支出0.26亿元,同比下降30.34%)。印发《固原市本级预算单位银行账户管理办法》,规范预算单位银行账户管理。印发《关于加强直达资金常态化监控的通知》,建立直达资金台账,跟踪管理直达资金分配、下达、支付等环节。规范市本级行政事业单位国有资产管理和政府采购工作,落实国有资产向人大报告制度,推行采购信息化建设,依法处理政府采购举报投诉案件,全年受理政府采购举报投诉案件20起,处理20起,依法处罚采购单位1家、代理机构1家、评审专家6名。监督检查市直156个行政事业单位2019年度内部控制制度、会计制度执行情况,继续扩大会计集中核算试点,提升单位内部控制和财务管理水平。实现网上动态监管7992笔,资金6.8亿元。全年完成招标控制价项目评审90个,审减造价0.57亿元,完成竣工结算审核86个,审减造价0.45亿元,全过程跟踪监管

2020年老旧小区改造、市幼儿园迁建等项目9个。

（褚广宏）

税务

【概况】 2020年,固原市税务局坚持依法依规征税收费,组织税费收入54.59亿元,其中,税收收入25.17亿元,完成目标任务的101.5%。中央级收入11.69亿元,地方级收入13.48亿元。入库社保费及其他非税收入29.44亿元,其中,社保费入库26.52亿元,同比增长3.9%。固原市税务局为各类纳税人缴费人减免税费9.9亿元,其中,减免税9.5亿元,占税收总量的37.7%。新增减税降费4.75亿元,其中,减税2.4亿元,占税收总量的9.5%。为24家企业留抵退税3299.63万元。

【税收营商环境优化】 2020年,固原市税务局落实"非接触式"全程网办事项120个,网办率为100%。纳税人选择电子税务局网报占比达到97.35%。全面上线政务服务"好差评"系统。纳税人对固原电子税务局全年11.6万次评价中,"好"评率为100%,"非常满意"率为99.29%。在全国纳税人满意度调查中,市局连续蝉联全区第一,参评的3个县局稳居前六。

【非接触式办税】 2020年,固原市税务局实行全覆盖式纳税辅导3轮,印发宣传资料2万余份,举办税收政策"云课堂"38期,培训纳税人1.3万户次,运用"微信平台"精准推送税收政策5万余条。发挥非接触式办税主渠道作用,引导纳税人、缴费人通过电子税务局、手机APP、电话、微信、24小时自助办税等"非接触式"办税10.2万件,线上配送发票13.6万份,解决纳税人疑难问题237条,减免缓征税款8032.74万元。成立复工复产分析工作团队,依托税务部门"发票先端数据"优势,客观反映复工复产总体走势,透视税收优惠促进复工复产政策效应。

【税收法治】 2020年,固原市税务局联合固原市中级法院起草出台《关于企业破产处置涉税问题的实施意见》,制定《固原市税务系统公职律师管理办法》,成立公职律师办公室。开展"法宣在线"平台学法用法,举办《中华人民共和国民法典》专题讲座和培训,普法考试通过率达到100%。开展新录用公务员执法资格考前培训,考试通过率达到99%。全面推行行政执法"三项制度",配发执法记录仪33个,建立约谈室7个,编制公布权利与责任清单3类、8项、147条。法制审核一般行政处罚决定179个,审核稽查案件18件,重大税务案件法制审核4件。

【税务稽查】 2020年,固原市税务局持续加强税务稽查,全年立案检查45户次,实现查补收入3811万元。办理"打虚打骗"案件69起,涉案金额7467.40万元,查补入库税款32.5万元。抓好"黑名单"联合惩戒工作,加大重大税收违法失信案件公布和曝光力度,全年公布重大税收违法失信案件9起。深度推进稽查信息化,全面建成指挥会商室、查账室、接举接待室、纳税人询问室以及案件检查团队包和单兵包。有力、有序抓好扫黑除恶专项斗争,向固原市扫黑办推送虚开发票等案源4户,配合开展涉税案件检查1户,调查核实案件11户,严厉打击涉税违法行为,维护公平有序的税收秩序。

（杜年强）

审计

【概况】 2020年,固原市审计局累计安排审计项目29个,其中重大政策措施跟踪审计项目1个、民生审计项目5个、财政审计项目6个、政府投资审计调查项目1个、领导干部经济责任审计项目16个,自然资源资产离任审计项目1个,应对新冠肺炎疫情防控资金和捐赠款物专项审计项目1个。新增财政资金直达市县基层直接惠企利民情况专项审计项目1个。

【重大政策措施落实跟踪审计】 2020年,固原市审计局配合审计署、审计厅完成市本级部门(单位)、国有企业、县(区)人民政府落实重大政策措施贯彻落实情况跟踪审计,重点关注减税降费实施效果、财政支出结构优化、地方政府债券发行使用、财政资金统筹盘活等情况,投资审批简化、企业税费减负、政务效能提升等情况,拖欠民营企业中小企业账款情况,金融机构落实小微企业融资政策、支持民营企业信贷政策等情况。推动提高财政支出的公共性和普惠性,优化营商环境,着重解决创业贷款担保落实方面存在超额贴息、超额代位清偿贷款本息以及跟踪服务不到位等问题。

【经济责任审计】 2020年,固原市审计局聚焦权力运行和责任落实,严格落实"三个区分开来"重要要求,客观反映问题,准确界定责任,审慎作出评价,促进领导干部担当作为,依法依规确定审计内容,促进权力规范运行和反腐倡廉。党政领导干部经济责任审计安排离任审计10个、任期审计6个。重点执行中央和自治区、固原市重大决策部署、重大改革任务推进、预算执行和财政财务管理情况,调整贯彻落实中央八项规定精神、厉行节约反对浪费执行情况,关注网络安全、机构编制、正版软件使用、三公经费、科技专项经费使用等情况,遵守廉洁从政有关规定等情况,揭示国家财政政策执行、公共财政管理、项目建设和民生保障等政策执行方面存在的突出问题,促进领导干部守法守纪守规尽责、廉洁用权、干净干事。

【财政审计】 2020年,固原市审计局对市本级66个一级预算单位实现预算执行审计全覆盖。重点关注预算执行和决算草案、转移支付、资金统筹整合,紧盯财政资金绩效、政府债务风险,揭示变相举债、无序举债、违法违规融资担保等问题,防控隐性债务风险积累可能引发的连锁反应。完成市本级2019年度预算执行及其他财政收支审计、市本级一级预算部门(单位)2019年度预算执行审计。

【政府投资审计】 2020年,固原市审计局完成中庄河流域水环境综合治理项目及资金管理使用情况的审计调查,重点关注项目建设程序、招投标管理、合同签订执行、资金来源及使用、概算等情况,揭示建设过程中存在的突出问题,分析控制环节上存在的漏洞缺陷,为项目的规范管理、运行提供建设性意见和建议,充分发挥项目的效益。

【民生审计】 2020年,固原市审计局围绕如期完成脱贫攻坚任务,开展扶贫和乡村振兴等专项审计。围绕防范化解重大风险,始终关注财政"保工资、保运转、保基本民生"、政府性债务、金融等方面存在的薄弱环节和风险隐患,守住不发生系统性风险底线。委托隆德县审计局开展2019年度保障性安居工程资金投入和使用绩效审计。完成市本级扶贫资金、固原市"四个一"工程项目、固原市住房公积金、固原市医疗保险基金等审计项目。

(李翔鹰)

统计

国家统计

【概况】 2020年,国家统计局固原调查队累计撰写各类统计分析148篇,采用128篇,调查信息134篇,采用61篇,完成重大信息57篇,工作动态123篇,向地方党政领导上报专报40期。自治区、市县领导批示4篇,《疫情影响生猪压栏严重 养殖效益下降》被自治区批示。《中国信息报》采用7篇,国家统计局内网采用8篇,《宁夏调查》微讯采用6篇。

【基础数据质量督查】 2020年,国家统计局固原调查队开展自查与"双随机"检查相结合,规范基层基础工作。由分管领导带队,以现场核查为主,结合电话访问,重点查询调查对象是否如实、及时完成统计调查数据填报,依法建立原始记录、统计台账等基础资料保存情况。列清单、定任务,限期改正检查过程中台账记录不规范、所附凭证不全、存档不及时问题,督促调查对象正确理解和掌握方法制度。围绕住户调查基础工作,抽取30%调查样本中随机的记账户,系统检查制度落实、样本管理、数据真实性、记账质量、现场核实五个方面问题,并逐一整改落实。价格调查科撰写《食品价格采集工作经验交流》《衣服类价格采集方法》《药品带量采购探讨》,在全区消费价格调查经验交流视频会上作交流发言。《带量采购对固原药品价格影响调研》在宁夏调查总队内网"工作交流"栏目刊登。

【统计调查流程规范】 2020年,国家统计局固原调查队修订完善质量管理规范、各专业制度流程规范、调查风险点示意图等数据质量管理制度,形成"求真、认真、较真"的工作作风",编发价格调查科《流通和消费价格规范化工作流程图》。联合固原市人力资源和社会保障局、原州区人力资源和社会保障局,争取固原市公益性岗位人员10名、原州区公益性岗位人员5名,充实到月度劳动力调查工作。

【统计法治建设】 2020年,国家统计局固原调查队审议《国家统计局固原调查队上半年"两个责任"落实情况的报告》,各班子成员就上半年"两个责任"落实情况进行书面报告。印发《国家统计局固原调查队2020年纪检工作要点》。执行"三重一大"决策机制,严格重大事项报告制度,驰而不息纠治形式主义、官僚主义等"四风"问题,抓住关键节点加强教育提醒,坚决防止"四风"回潮复燃。开展违规公务接待、违规发放津补贴整治,重点整治超标准接待、出差绕道旅游等问题,充分利用《驻在部门党员干部易发常见的60个纪法风险点》和《驻在部门党员干部违反中央八项规定精神典型案例汇编》及上级纪检监察机关和局党组通报的典型案例开展警示教育。

【脱贫攻坚普查】 2020年,国家统计局固原调查队统筹协调,组织实施国家脱贫攻坚普查第一批现场登记和集中审核验收工作。明确人员抽调的总体原则和要求,会同市委组织部、市扶贫办抽调具有较强的计算机操作能力,了解农村情况,熟悉扶贫开发工作和脱贫攻坚政策的业务骨干开展普查工作。挂牌设立集中办公场地,根据承担普查任务量及人员配备情况,采购脱贫攻坚普查专用电子设备,提前完成安装调试。印发《固原市脱贫攻坚普查领导小组办公室工作规则》,制定《数据审核验收人员主要工作职责》,围绕工作纪律、保密纪律和廉洁纪律,明确工作要求,确保依法普查。

地方统计

【概况】 2020年,固原市统计系统开展统计管理体制改革,重视高统计数据质量,加强统计基础工作、强化统计分析监测能力,提高统计人员综合素质,提升统计服务质量,常规工作扎实推进,专项监测科学推进,数据核查稳步推进,能力建设高点推进。按照国家、自治区的统计报表制度规定,完成农业、投资、房地产、工业、服务业、人口与劳动力、从业人员劳动报酬、城市与农村居民收入,以及GDP核算的统计月报、季报、年报报送工作。

【统计管理体制改革】 2020年,固原市、县统计部门认真履行主体责任,建立各专业统计数据全程质量管控体系、统计违纪违法案件移送办法等多项制度,市委办公室、市政府办公室联合下发《固原市开展统计造假弄虚作假专项整治工作方案》。围绕全面建成小康社会和"十三五"规划目标,紧盯小康社会14项短板指标,代拟《固原市决战脱贫攻坚决胜全面建成小康社会考核办法》制定工作。

【经济预警分析】 2020年,固原市、县统计部门健全重点企业经常联系和重点行业定点观察制度,监测评价重要经济发展指标,监测分析重点行业基础指标及协调匹配指标,累计报送《固原统计》127期。定期或不定期在《固原日报》、市政府网等主流媒体以及"固原统计"微信公众号发布全市经济运行新闻通稿,实现对经济动向的跟踪监测和快速反应。疫情防控期间,固原市统计局撰写《图解疫情影响下的固原经济》《疫情影响不容低估 紧盯目标不可动摇》等综合性分析;撰写《疫情面前经受考验 担当面前一马当先》,助力工业生产恢复;撰写《林草工程推动发展 蔬菜产业助力回升》等专项统计分析,助力农业发展;提出"保生产、疏流通、活市场、抑下行、稳就业"建议,解决一季度一产大降、二产放缓、三产停摆等不利情况。

【统计数据质量审核】 2020年,固原市、县统计部门健全数据质量追溯机制,强化企业在线逻辑审核、分层级人工平行审核、分指标综合比对审核和分专业关联趋势审核的"四分审核法",提高能源统计源头数据质量。严控入库、规范采集、严格审核,夯实固定资产投资、社会消费品零售总额、重点工业企业、限下抽样调查统计工作基础;加大基本单位名录库管理工作力度,建立"准四上"企业备用信息库。加强部门协作配合和信息共享,完善部门统计联系会议制度,做好业务指导、答疑解惑、进度调度、审核把关、分析跟踪,提高"四上"企业入库率。及时清出达不到"四上"标准的在库"僵尸企业"。全市共有入规联网直报企业245家。

【第四次经济普查工作】 2020年,固原市统计局如期发布第四次全国经济普查数据公报第一、二、三号,完成四经普课题1项。人口普查工作通过一年的前期准备工作,完成普查员、普查指导员"两员"选聘和培训,其中,全市选聘"两员"6305人,普查指导员1350人,普查员4955人。涉及普查区876个、普查小区5850个,购买PDA 1311部,每个普查区至少1台,4955名普查员用智能手机进行摸底和登记。10月10日入户开展摸底工作,实现市、县摸底全覆盖,做到区不漏户、户不漏人、人不漏项、完整规范,10月底摸底工作通过区、市、县(区)质量抽查验收。11月1日零时为正式普查登记,11月15日开展数据排查、部门数据比对,12月下旬完成入户登记并通过国家质量验收。

【统计法治建设】 2020年,固原市统计局加大对意见、办法、规定的宣传力度,严格落实自治区统计局出台的统计法治各项规定和办法等,着力推动"双随机"监管常态化、制度化,在固原市政府网上及时更新执法人员库。向社会公布统计违纪违法举报电话和举报邮箱,形成防范与惩治统计造假弄虚作假的制度体系和惩防网络。严格执行违规干预统计工作记录制度,按照自治区统计局要求,逐季填写上报领导干部违规干预统计台账3期。组织市、县(区)统计执法人员对全市"四上"企业开展"全覆盖"式数据核查,通过入户核查和数据验收的方式,对被查单位的统计资料及核算的相关账册资料进行核查,现场查改,限期整改数据不实、工作不规范等问题。执行《统计执法证管理办法》,做好统计执法人员资格考试考核工作,建立统计执法监督人才库。协助县级统计部门建立执法监督岗位,提高全市统计执法水平。深化《关于深化统计管理体制改革提高统计数据真实性的意见》《统计违纪违法责任人处分处理建议办法》《防范和惩治统计造假、弄虚作假督察工作规定》等方面学习提升,在统计系统学习平台组织培训方面建立通报制度,确保年人均在线学习不少于40课时。

(常 晨、何学花)

市场监管与公共服务

市场监督管理

【概况】 2020年,固原市市场监管局聚焦疫情防控,抽调19名执法人员驻点监督服务28家大型超市和农贸市场。检查超市、便利店1.2万家次,检查农贸市场882家次。督促关闭综合交易市场、活禽销售店、个体水产店265家,劝退婚宴283次,取消集体聚餐3254桌。排查住宿类企业944家(次),排查重点省市到(返)固入住人员201人。查办疫情相关违法案件32件,查封不合格口罩4995个、护目镜173副。建议市疫情防控指挥部梯次放开经营性场所5次,督促指导27家商超成立防控工作机构。为25家企业办理动产抵押登记25件,融资1.56亿元;安排专项补助资金147.3万元支持13家企业开展标准化、品牌化建设和知识产权开发,为10家企业减免衡器检定装置费用1.3万元。

【食品安全监管】 2020年,固原市市场监督管理局实行食品安全“网格化”监管机制,全市监管区域被划分为9片区、31大块、75个网格,聘请协管员信息员900余名,实现乡镇(街道)“两员”(信息员、协管员)全覆盖。立案查处各类食品违法案件176起,罚款47.89万元。责令下架退市、停止销售不合格砖茶经营单位291家、3936.4公斤。全力完成政府民生实事,完成各类抽检7410批次,完成目标任务计划(5534批次)的133.9%,合格率99.38%。完成重大活动食品安全保障51场(次)、保障24752人(次),创建自治区级放心肉菜超市1家,高标准启动全域创建“食品药品安全区”工作。

【药械安全监管】 2020年,固原市市场监督管理局集中开展高风险药品(疫苗、特殊药品及含特殊药品的复方制剂)、中药饮片、执业药师挂证、“两小一院”(小药店、小诊所、民营医院)、网络违规销售药品等专项整治。检查涉药单位1468家,特管药品经营使用单位790家,督促上报执业药师自查报告220余份,完成药品抽样260批次,上报药品不良反应病例报告382份,医疗机构占比55%,创建“阳光药店”58家,办理药品类案件34起。检查医疗器械经营、使用单位512家(次),核查处理医疗器械投诉举报7起,查处医疗器械违法案件1起,罚没款5万元。

【化妆品安全监管】 2020年,固原市市场监督管理局检查化妆品经营企业使用单位528家,立案查处5家,完成医疗器械、化妆品抽检任务109批次。

【特种设备安全监管】 2020年,固原市市场监督管理局制定2020年特种设备监督检查计划,举办特种设备作业人员培训班4期、培训329人。开展气瓶充装企业、旅游景区及游乐场所特种设备专项治理,检查特种设备相关单位530家(次),抽查各类特种设备980台(部),立案查处案件5起(办结2起),罚没款9万元。

【消费市场集中整治】 2020年,固原市市场监督管理局开展妨碍统一市场和公平竞争的政策措施清理工作,修改涉及市场主体经济活动的文件4件,废止文件29件,保留适用例外规定文件2件。强化价格监管,督促涉企收费单位严格落实“减税降费”有关政策,查办价格违法案件25起。开展互联网广告整治行动,规范广告经营秩序,专项整治网络直播带货,举办6场公平竞争审查制度培训班,培训人员268人(次)。查处质量违法案件31起,罚没款16.51万元。受理各类投诉举报案件4090件,为消费者挽回经济损失72.48万元。检定各类计量器具、表具8751台(件),对31家检验检测机构开展分类评价及备案。开展工业产品生产企业摸底调查,检查获证企业12家。开展防疫用品、儿童和学生用品、安全防护产品、车用汽柴油、危险化学品生产储存等领域安全专项检查,全市共抽样工业产品751批次,不合格88批次,合格率88.3%。查处质量违法案件31起,罚没款16.51万元。受理各类投诉举报案件4090件,已办结4037件,办结率98.7%,为消费者挽回经济损失72.48万元。

【知识产权保护】 2020年,固原市市场监督管理局兑现2019年度知识产权补助经费13.3万元(市辖区),给予被评定为市级知识产权试点单位的企业每家4万元的补助。推动5家企业分别获得固原胡麻油、彭阳红梅杏、彭阳朝那鸡地理标志专用标志的使用权。全市共有有效发明专利51件,每万人口发明量为0.41件,同比增长率为50%,查办侵犯知识产权案件14件,罚没款3.9万元。

【市场监督考核】 2020年,固原市市场监督管理局汇集市场监管领域各相关部门随机抽查事项67项,指导15个部门制定执法人员名录库、检查对象名录库及随机抽查事项清单。全市企业年报率达到97.98%,位居全区第一。完成部门“双随机一公开”内部抽查55项、跨部门联合抽查22项,清理吊销“僵尸企业”249家。召开质量工作考核部署会,安排部署县(区)、各成员单位考核重点内容、考核资料收集整理等事宜。组成督查组实地指导各县(区)、各单位质量考核材料的准备情况。召开全市质量强市建设工作暨公共服务质量满意度监测推进会,通报2019年度满意度监测结果,下发《关于进一步明确全市公共服务质量满意度提升工作任务的通知》,明确各单位存在的问题,要求限期整改。组织开展“质量月”活动,联合27家成员单位参加启动宣传活动,设置拱门1个,悬挂横幅门头电子屏循环播放“质量月”活动宣传标语346条(次),摆放展板163块,发放宣传材料1万余份。依托创建国家卫生城市、全国文明城市、全国食品安全示范市等示范创建工作,优化监管资源配置,提升监管效能。

【扫黑除恶专项整治】 2020年,固原市市场监督管理局围绕营造公平公正的市场环境,整治商贸集市、批发市场、餐饮酒店等场所垄断经营、欺行霸市等问题。累计移交涉黑涉恶线索64件,查办各类扰乱市场秩序案件1107件,罚没款805.5万元,2次集中销毁价值22.1万元的假冒伪劣产品12126千克,建立和完善各项制度20余项。

(柳　丽)

公共资源交易

【概况】 2020年,固原市公共资源交易中心完成公共资源交易项目1072个、2138个标段,预算金额75.72亿元,中标金额72.51亿元,节约资金3.21亿元,资金节约率4.24%,抽取专家5943人次。其中:工程建设项目437个、1038个标段,预算金额54.72亿元,中标金额52.29亿元,节约资金2.43亿元,资金节约率4.44%,抽取专家2500人次;政府采购项目635个、1100个标段,预算金额21亿元,中标金额20.22亿元,节约资金0.78亿元,节约率3.71%,抽取专家3443人次。

【公共资源交易流程改革】 2020年,固原市公共资源交易中心率先推行评标专家自助式随机抽取,公开专家抽取全过程,强化监督评标专家抽取工作,推进公共资源交易“放管服”改革,全面提升固原市公共资源全流程电子化“不见面”交易工作质量。安装电子显示大屏,设置公开监督台。将开标、评标、专家抽取等所有公共资源交易流程置于行业主管部门、招标人、投标人和社会公众的监督之下,拓宽公共资源交易公开监督范围,进一步提升公共资源交易工作的透明度。单独设立视频见证室,实行见证与监督相分离。市交易中心业务人员通过视频见证,及时发现交易过程中发生的问题,及时纠正处理。

【市级规范化交易服务平台示范点建设】 2020年,固原市公共资源交易中心按照自治区公共资源交易管理局建设“市级规范化交易服务平台示范点”的工作要求,以“布局合理、功能齐全、设施完善、便捷高效、公开透明”为原则,科学合理设计交易场所改造方案和标准化配置“不见面”交易开评标室、见证监督平台等设备,争取财政资金607万元,将民生大厦附楼建成集全流程电子化“不见面”开标、电子化评标、招标(采购)人自助式随机抽取专家、视频见证、开评标现场视频公开监督、评标专家就地食宿、交易主体与评标专家专设通道分离为一体的功能相对齐全、设备配置标准、规范化的交易服务平台。全面实行全流程电子化“不见面”交易,市级规范化交易服务平台示范点建设完成。

【“不见面”交易软件系统研发】 2020年,固原市公共资源交易中心联合国泰新点股份有限公司成功研发固原“不见面”交易软件系统,率先在全区实行政府采购、工程建设所有项目全流程电子化“不见面”交易。实现交易项目“无范本”全流程电子化“不见面”交易,研发移动端投标人App“标证通”,首次实现“指尖上的交易”,在西北属首创、全国领先,先后被人民网、中国新闻网、《宁夏日报》、《固原日报》等多家新闻媒体采访报道。实行电子化“不见面”交易后每年可为企业节省招标文件购买费38万元、标书印刷费92万元、差旅费305万元。“不见面”交易使企业彻底摆脱地域限制,投标企业可在固原同时参与多个地区的投标活动,为市场主体营造出更加公开透明、简捷高效的营商环境。设计开标能力每天为27场次,18个评标室每天至少可安排27个项目。全市完成“不见面”交易项目487个、977个标段,预算金额40.39亿元,成交金额38.49亿元,节约1.9亿元,节约率为4.7%,抽取专家2657人次,项目数、标段数及成交金额分别占全年的48.99%、49.19%、54.58%。实现“文件无纸化、标书在线传、开标不见面、结果快递送、过程全留痕”的改革成果。

【“两个通道”管理模式】 2020年,固原市公共资源交易中心开设脱贫攻坚、重点工程、生态环保工程等重点项目进场交易“绿色通道”,确保第一时间安排场地交易。开通“专家通道”,通过实施专家与招标人、投标人以及其他人员的隔离、监督人员对专家通道的巡查等措施,规范对评标专家及评标区域的管理。

【投标保证金监管】 2020年,固原市公共资源交易中心联合第三方(中投集团)担保机构共同打造“电子保函服务系统”,投标人通过电子保函系统在线申请保函和缴纳费用,办理手续更简便、办理周期更短。电子担保保函开通以来,累计使用电子保函项目31个,开具电子保函56单,累计释放保证金483.92万元。

【创新投标办法】 2020年,固原市公共资源交易中心推行投标人使用“标证通”移动投标办法。结合“不见面”交易系统与新点“标证通”移动端,研发移动端“不见面开标大厅”投标人App,将CA证书嵌入手机客户端,使“不见面”交易PC端与移动端无缝切换,改变原来电子开标必须使用计算机的方式,实现固定开标与移动开标互补,进一步优化参与投标的方式,实现“指尖上的交易”,满足企业在一地实现多地投标的需求,极大降低投标成本。

(马德功)

审批服务管理

【概况】 2020年,固原市审批服务管理局推进政务服务事项“应进必进”,将市本级40个单位、985个事项纳入“163”政务服务平台,338项业务通过政务服务中心一窗综合受理窗口办件,将市自然资源、运政、通信管理、生态环境局4个单位、87个事项集中进驻市政务服务中心分类综合受理。市本级45个单位、1255项政务服务事项中,1092项事项实现网上申报,占比87.01%;可不见面审批912项,占比72.67%;即办件396项,占比31.55%。

【政务服务标准化建设】 2020年,固原市审批服务管理局起草《固原市政务服务中心标准化建设实施方案》《固原市政务服务事项清单》《固原市政务服务标准化体系》,确定通用基础、服务提供与保障、岗位工作实施内容和通用基础标准分、服务提供标准分、管理保障标准分、岗位工作标准分等体系。初步设定政务服务标准91项,其中国家标准22项,地方标准3项,自定标准65项。完成了对政务中心561项进驻事项和335项审批局办理事项的汇总、分类工作。

【政务服务便利化建设】 2020年,固原市审批服务管理局完成市本级“四级四同”政务事项的二次派发、指导录入、流程绑定、流程测试和二次审查工作。重新绑定市本级36个单位(部门)、996项政务服务事项流程,完成流程测试件1464个。梳理汇总市本级高频政务服务事项244项,休眠政务事项233项。动态调整事项审批权限16个。推进“一件事一次办”改革,以单个政务服务事项“一窗受理、一次办成”为基础,重点梳理企业和群众眼中涉及两项或两项以上政务服务事项的“一件事”,整合优化申报材料和办理流程,对开餐厅、开服务店等34项“一件事一次办”事项提供一套资料、一次办成服务。借助网上办事大厅布设“一件事一次办”网上智能导服专栏,首批10项主题事项实现网上打包办理。

【审批项目智能化建设】 2020年,固原市审批服务管理局面向全区率先推行工程建设项目施工图“多图一审”网上审批,为39个建设项目提供网上“电子图审”服务。模拟审批建设项目53个。抽离重大项目前期推进阶段所涉及的可行性研究报告、节能评估、环境影响评价、水土保持方案等评估评审报告中的关键性指标55个。面向全国建立审图机构库,引进区内外信誉好、服务优、技术强的综合图审机构12家,建立固原市市本级建设项目“多图一审”图审机构库。依托宁夏工程建设项目审批管理系统和固原市“163”政务服务系统建成“网上中介超市”,通过线上线下宣传引导建设单位比选资质高、业务强、服务优、信用好的中介服务机构。落实重点项目联系人全程跟踪服务制度,分类梳理市直重点项目及实施单位118个,明确立项审批、评估评审、选址用地预审、工程规划许可、工程施工许可各审批阶段联系人,主动联系对接掌握项目前期申报进度,为项目单位提供业务咨询、政策指引、审批代办等全程跟踪指导服务。通过“多评一表”“多勘一踏”“多图一审”“多验一联”审批模式的运行和完善,将工程建设项目全流程审批时限由“7090”无差别压减到65个工作日完成。

【“163”政务服务】 2020年,固原市审批服务管理局指导县(区)推行“163”政务服务模式。将在全市范围内推行“163”政务服务模式列入2020年全市政务服务工作要点,组织召开“163”政务服务模式市县互观互学推进会,全市各级政务服务大厅事项进驻率达到80%以上,县(区)普遍推行一窗综合受理和窗口分类受理并行的模式办理政务服务事项。市县执行企业开办和注销措施,市本级工程建设项目实施“多评一表”“多验一联”“多勘一踏”“多图一审”措施。指导县(区)工改工作启动网上图审系统。市县(区)好差评系统上线运行,按照“163”政务服务模式落实便民服务措施,监督管理等措施。

【助力企业发展】 2020年,固原市审批服务管理局助力企业融资解困,为资金困难企业办理股权出质设立登记17笔,出质股权数额13480万元,担保债权融资24120万元。下沉市场准入领域事项办理,分别在原州区政务服务中心、经济开发区设立“就近办”窗口,为市场主体登记、变更、注销提供服务,降低制度性成本。降低企业开办成本,协调市区内4家印章刻制企业将印章刻制费降低50%。建立企业注册登记、公章刻制、银行开户、发票申领、社保入户等“一体化”办理机制,实现企业开办1个工作日完成。制定《优秀企业家绿色通道服务规程》,在市政务服务中心设立“优秀企业家窗口”,为58家重点企业提供免叫号和代办等政务服务,为89位优秀企业家提供“绿色通道”服务。放宽登记经营场所限制,对农副产品和符合条件的日常用品、零售业个体经营者暂时予以豁免登记。采取电子化登记、开辟绿色通道等多种方式,对依法需要取得许可、登记的经营者,实行住所(经营场所)申报登记制;推行市场主体住所(经营场所)登记承诺制,允许企业“一照多址”“一址多照”;实施个体户“口头申报、当场取照”的“口述办”模式,实现个体工商户审批“快准入”、登记“零材料”。

【审批营商环境优化】 2020年,固原市审批服务管理局起草《固原市2020年政务服务工作要点》《固原市落实全国和全区深化“放管服”优化营商环境电视电话会议工作任务分工方案》《2020年优化政务服务行动计划》《固原市政务服务标准化试点建设实施方案》《政务服务“一件事一次办”改革方案》等重点文件,制作《固原市审批服务管理局2020年政务服务改革作战图》《政务服务改革任务清单》,实行挂图作战、对账销号,配合政法、民政、工信等部门起草完善有关职能工作。制作《审批局手把手教你网上办审批》申报流程和操作指南。配合自治区发改委、市政协分别完成开展优化营商环境调研和固原“163”政务服务模式全市一体化的调研工作。组织完成一窗(北京)互联网科技研究院举办的云游政务大厅微直播活动。

(李兴民)

机关事务服务

【制度规范化建设】 2020年,固原市机关事务管理局制定《固原市机关事务管理局党组议事规则》《固原市机关事务管理局工作规则》《固原市机关事务管理局“三重一大”议事制度》《关于加强局领导班子建设有关事项的通知》《固原市机关事务管理局中层干部管理制度》《固原市机关事务管理局工作执行制度》《固原市机关事务管理局工作督查制度》《固原市机关事务管理局财务管理制度》等制度,实现用制度管权、管财、管事、管人,形成“有权必有责、有责要担当、失责必追究”的廉政风险制度体系。严格落实公务接待管理、财务管理、公车管理、办公用房制度,加大制度执行力度,认真执行民主集中制,凡涉及“三重一大”事项问题,始终坚持集体研究解决,切实规范“三公”经费管理。

【服务保障】 2020年,固原市机关事务管理局制定机关事务标准化建设目标,落实《关于推进新时代机关事务工作的指导意见》。登记来访人数10万余人次,验证50万余人次,办理证件1000余张。疫情防控期间每天测温1200人次,共计测温人数达24万人次。加强信访工作,为信访人员解决问题。原会议中心21个会议室改造整合为7个多功能会议室,接待各类会议670余场次、8万多人次。落实公务用车管理办法,完成各项大型会议、公务接待、市委和市政府及市直相关单位各项活动的车辆保障任务。坚持社会化服务导向,公开引进物业服务公司4家,为行政中心、民生大厦、文广大厦、会议中心等61个部门(单位)提供保洁、秩序维护等后勤保障服务。制定固原市行政中心物业及维保服务监督考核办法(试行)共计十二章六十八条,固原市行政中心区域物业管理监督考核细则、固原市行政中心区域安保管理监督考核细则等8个规章制度。维修水泵6台、循环泵3台,更换排污泵6台、DN50阀门18个、DN50以下阀门300个、蹲便器40个、坐便器8个、洗面盆13个、面盆水嘴40个、角阀60个、上下水软管320个、坐便器盖23个、水箱洁具16套,更换毛巾架和浴巾架13个、晾衣架5个,补贴地板150平方米,办公大楼屋面防水90平方米,搬家具30次,维修更换暖气片19组、管道60米。

【公务接待】 2020年,固原市机关事务管理局实施“4D+”管理模式,优化服务流程。挖掘民族饮食文化特色,制定出一套具有地方特色、不同标准的公务接待食谱。完善原材料采购与定点配送、批发、零星采购的验收核对机制,适时降低部分菜品的价格。指导机关食堂参与“学先进、争创新”你争我赶创新菜品活动。接待来宾257批、2730人(次),做到全年公务接待“零”失误。机关食堂服务保障就餐职工1.9万人(次),疫情防控期间,保障防控人员就餐3.1万份。为“建设黄河流域生态保护和高质量发展先行区第二次推进会”提供高效保障服务。发挥机关服务引领示范作用,以“六个到位”,坚决制止餐饮浪费。

【节能降耗】 2020年,固原市各级公共机构单位建筑面积能耗、人均能耗、人均用水量较“十二五”末期分别下降21.64%、14.37%和14.45%,市本级行政机关、事业单位节水型公共机构创建率分别为98.68%和74.56%,各项指标完成率均高于既定的目标任务。市本级建设垃圾分类驿站1座,配备脚踏不锈钢双分桶垃圾箱1041组,静音脚踏分类垃圾桶63组,普通标准垃圾分类垃圾桶55组,机械四分类垃圾桶10组,智能分类设备2组,餐厅厨余垃圾桶20只,其他垃圾箱10个,建立二维码扫码信息数据统计分析平台,实现各单位各办公室垃圾分类数字化管理。

【公务用车管理】 2020年,固原市机关事务管理局推行公务用车“互联网+公车管理+公务出行”信息化技术,实现大屏幕演示车辆跟踪信息实时传输。完善公车编制、配备更新、使用和处置等流程,全市纳入“全区一张网”的车辆168辆,安装北斗定位系统116辆,用于行政执法车辆17辆。实行“一车一档一卡”管理,用车单位通过手机App网上申请,配车单位网上受理,实现配车“不见面、一站式”网络服务的工作模式。为公务用车张贴统一标识和监督电话公告,实行“一车一卡一账”管理,推行定点、定流程、定范围的“三定”车辆维保管理。

(马　强)

农 业

综述

【概况】 2020年,固原市农业农村局克服新冠肺炎疫情影响,坚持农业结构调整,转变农业发展方式,补齐产业短板,打通产业链条,推动特色产业全产业链高质量发展。固原市实现农林牧渔业总产值76.74亿元,同比增长3.8%。全年实现农业增加值58.5亿元,增长3.5%,农村居民人均可支配收入达到11950.7元,同比增长12.1%。

【特色农业示范点建设】 2020年,固原市新增以籽粒苋、油菜为主的观光农作物3万亩,新培育农业特色产业观光点10个,打造田园综合体5个、三星级以上农家乐35家,发展农业物联网应用示范点5个、特色农产品电商经营主体20家,新加盟全国性知名农产品批发市场5家,新开拓外埠销售市场5个,创建农产品营销推广网点10个,打造中国驰名商标3个、自治区著名商标10个,认证绿色食品40个、有机食品5个。

【产业结构优化】 2020年,固原市坚持"调减过剩、低效作物种植,扩大短缺、高效作物种植"原则,调优产业结构。制定《固原市农业产业结构优化调整指导意见(2020—2022)》,全市马铃薯加工转化率、小杂粮加工转化率、畜禽加工能力、果蔬加工能力分别要提升到60%以上、40%以上、10%以上和30%以上。

【固原市草畜产业发展高层论坛】 2020年9月21—23日,固原市农业农村局筹办由宁夏回族自治区农业农村厅和固原市人民政府共同举办的固原市草畜产业发展高层论坛大会,邀请国家牧草产业技术体系和国家肉牛产业技术体系专家为固原市草畜产业建言献策。国家牧草产业技术体系首席科学家张英俊教授作了"固原市草畜融合发展"、国家肉牛牦牛产业技术体系岗位专家万发春教授作了"固原市肉牛产业发展战略"、孟庆翔教授作了"农牧交错带农业结构调整"的主旨报告。杨青川研究员作了"优质苜蓿品种选择"、王德成教授作了"牧草全产业链机械介绍"、梁学武教授作了"肉牛生产体系及围栏式育肥场建设"的专题讲座。

【"国家马铃薯产业技术体系研发成果发布会"】 2020年,固原市农业农村局在西吉县举办"发布体系科研成果、推动产业绿色发展、打造'一县一业'样板、助力西吉全面脱贫"活动。开展专家大联合、大协作,转化国家马铃薯产业体系的新品种、新技术、新装备、新成果,促进国家马铃薯产业体系研发成果在西吉县落地开花,打造"一县一业"样板,助力西吉全面脱贫。

(孙文升)

农林科技

【概况】 2020年,宁夏农林科学院固原分院申报项目52项,获批20项,承担各类科研、示范和推广等项目66项,全年到位科研资金1756.34万元。获批成为国家自然科学基金依托单位,拓宽国家项目申报渠道。

【科技创新】 2020年,宁夏农林科学院固原分院获自治区科技进步三等奖2项(分别为第一、第二完成单位),取得登记成果3项;引进种质资源643个,登记胡麻新品种2个;申请专利30项,获得授权专利19项;获软件著作权6项;申报地方标准16项,发布4项;发表论文42篇(核心期刊14篇)。

【产业服务】 2020年,宁夏农林科学院固原分院建立示范基地79个,示范推广新品种39个,示范新技术47项,示范面积4.65万亩,辐射推广面积135.4万亩。组织现场观摩会5场,举办培训班84期,培训新型经营主体技术员、科技致富带头人、新型农民5449人次。有偿转让科技成果4项,获转让费29万元。

【学科体系优化】 2020年,宁夏农林科学院固原分院在持续巩固马铃薯、小杂粮、胡麻、冬小麦新品种选育及旱作栽培等传统优势学科,通过上项目、补人才等措施,加强草畜和冷凉蔬菜2个薄弱学科,林业与生态学科保持平稳发展,拟培育的中药材和食用菌2个新学科得到新发展。

【人才梯队拓展】 2020年,宁夏农林科学院固原分院通过招聘的方式补充硕士研究生1名、本科生1名,1名科技人员攻读博士学位,1名科技人员攻读硕士学位,拟引进博士研究生1名。6名科技人员分别取得初级、高级职称任职资格,8名科技人员晋升专业技术岗位等级。1名科技人员入选"宁夏青年科技人才托举工程"。1名科技人员受聘"全区小杂粮油料产业首席专家"。"宁夏小杂粮创新团队"获批组建。

【基础设施保障】 2020年,宁夏农林科学院固原分院科研实验楼开工建设,完成主体工程和部分室内外装修,科研实验楼项目被认定为2020年度自治区级安全标准化示范工地和2020年度自治区级质量标准化示范工地,被固原市评为2020年市级建筑施工安全文明标准化示范工地。维修位于头营基地的日光温室耳房1座;维修日光温室后屋面5栋;维修组培楼的墙面、大门、电路。在观庄基地新建晒场1170平方米;平整土地5.8亩;维修改造损坏的温网室顶部,安装防虫网3036平方米;场院南墙毛石砌护维修改造33平方米;扩展出的场院混凝土硬化36.5平方米;维修改造后院化粪池、下水井、屋顶排水及地下排水管道;铺设暗管560米;开挖排水沟330米。新购置仪器设备39台(套),其中办公设备17台(套),科研仪器22台(套)。

【学术合作交流】 2020年,宁夏农林科学院固原分院加强与中国农业科学院、中国林业科学研究院、福建省农业科学院等科研院校合作,签订合作协议2项,人员交流100余人次。分院以常务理事单位加入北方林水多功能协调管理国家创新联盟,协助联盟在固原市承办"北方林水多功能协调管理国家创新联盟成立大会暨学术研讨会";加入国家马铃薯良种科研联合攻关小组,协助国家马铃薯产业技术体系在西吉县举办"国家马铃薯产业技术体系助推西吉县精准扶贫成果发布会"。开展学术交流会7次,3名特邀专家及分院14名研究员和3名新入职硕士研究生进行专题报告。

(撒全东)

种植业

【粮食】 2020年,固原市粮食播种面积为314.94万亩,比上年增加12.04万亩。其中,小麦种植面积60.32万亩,增加0.21万亩;玉米种植面积125.01万亩,增加0.15万亩。夏粮产量12.58万吨,增长1.1%;秋粮产量78.73万吨,增长5.2%。全年全市小麦产量11.59万吨,增长3.4%;玉米产量43.4万吨,下降0.9%。压减籽粒玉米等低效作物面积105万亩,增加经济作物面积5万亩、饲草作物面积100万亩,新发展优质谷子10万亩。累计建设小杂粮集中规模种植示范点95个,种植各类小杂粮46.4万亩,其中优质张杂谷8万亩。

【蔬菜】 2020年,固原市根据市场需求和种植效益,减少芹菜、辣椒等大宗蔬菜品种面积3万亩,增加"宁夏菜心"等具有产地优势的新特优蔬菜面积5万亩,打造冷凉蔬菜标准化生产示范点36个,引进辣椒、芹菜、西兰花、甘蓝、西瓜等蔬菜36种266个新品种,开展工厂化育苗、绿色高产栽培、水肥一体化技术、秸秆生物反应堆技术、蚯蚓生物技术、病虫害绿色防控、富硒产品试验研究20多项。各类蔬菜种植面积累计44.86万亩,减少2.84万亩,蔬菜产量197.20万吨,比上年下降0.58%。马铃薯种植面积94.86万亩,增加8.34万亩,马铃薯产量31.93万吨,增长11.7%。

【病虫害防治】 2020年,固原市农业技术推广服务中心继续承担黄瓜霜霉病、灰霉病、美洲斑潜蝇、菜青虫等9个测报对象系统调查和大田普查工作,累计开展各种病虫害普查76次,上报重大病虫系统观测调查信息51期。发送蔬菜病虫害、马铃薯病虫害、草地贪夜蛾、28星瓢虫及工作照等交流图片40余张,发布《植保情报》14期,制作可视化预报5期。长期预报准确率94.1%,中短期预报准确率98%;上报《马铃薯晚疫病周报》7期,《蔬菜病虫害普查》17期。设立苹果蠹蛾、黄瓜绿斑驳花叶病毒、甜瓜果斑病等重大农业植物检疫性有害生物疫情监测点4个,累计开展系统调查监测77次,出动执法人员260人次,出动车辆48次,发放各类宣传资料2160份。全市农作物病虫害防控资金累计支出16.5551万元。其中,农作物病虫害预测预报及统防统治资金支出6.779933万元,植物检疫支出0.8759万元,历年农作物病虫防控结余资金支出8.899267万元。

【病虫害统防示范点建设】 2020年,固原市农业技术推广服务中心建立小麦、玉米和马铃薯病虫草害、地下害虫统防统治示范区16个,面积1.12万亩。其中马铃薯地下害虫统防统治示范区1个、面积1000亩,玉米草地贪夜蛾监测防控示范基地2个、面积260亩,玉米病虫草害防治示范基地4个、面积3310亩,马铃薯晚疫病专业化统防统治示范区5个、面积4255亩,小麦病虫害"一喷三防"农药减量技术飞防示范区1个、面积500亩,蔬菜绿色防控技术服务基地5个、面积1350亩。

【农资管理】 2020年,固原市农业技术推广服务中心检查农资经营门店130家(个),出动农业执法人员135人(次),出动执法车辆22辆(次),整顿市场20多(次),培训农资经销商和农民1000人次,发放植物检疫宣传品及宣传资料5000份,接受群众咨询1220余人(次),检查从事粮油批发和豆类经营的个体和大中型超市共10家。开展农药市场专项检查活动4次,抽查农药店68户。在隆德县好水乡后海村、原州区张易镇陈沟村、头营镇马园村开展检疫性病虫害识别与防治、农药安全用药等技术培训3期,培训农民260人,发放技术资料600份。

【有机肥替代应用】 2020年,固原市建设有机肥应用示范园区3个,招标采购有机肥2075吨。完成有机肥施用面积1.45万亩,其中西吉县1.0万亩(马铃薯5000亩、小杂粮3500亩、冷凉蔬菜1500亩),原州区0.45万亩(青贮玉米2000亩、小杂粮2500亩),建立马铃薯、冷凉蔬菜、小杂粮核心示范园区4个,开展有机肥应用试验1组,示范区内化肥施用量减少10%,带动全市化肥施用实现零增长;土壤理化性状改善明显,有机质含量提高0.5%,耕地地力明显提升。

(孙文升)

养殖业

【畜禽养殖】 2020年,固原市新增基础母牛2万头,育肥牛2万头,西门塔尔和安格斯肉牛比例调整到90%以上。培育提升国家级龙头企业2家,自治区级龙头企业60家,市级龙头企业66家,规范提升市级专业合作社200个、家庭农场100家、专业大户1000户,全市新型农业经营主体总数达到3000个。全市肉类总产量7.62万吨,比上年增长0.5%。其中,猪肉产量1.57万吨,增长6.3%;牛肉产量4.14万吨,增长1.6%;羊肉产量1.42万吨,下降0.8%;禽肉产量0.49万吨,下降18.2%;禽蛋产量1.26万吨,下降28.3%。年末全市生猪存栏17.92万头,增长12.2%;生猪出栏19.35万头,增长3.6%;肉牛存栏57.26万头,增长25.9%;肉牛出栏26.35万头,增长4.0%;羊存栏78.49万只,增长3.9%;羊出栏76.59万只,下降4.6%;家禽存栏154.63万羽,下降3.1%;家禽出栏220.19万羽,下降22.5%。

【肉牛养殖示范点建设】 2020年,固原市累计建立草畜产业示范点45个,其中,西门塔尔肉牛标准化养殖示范村13个,黑安格斯肉牛繁育示范村7个,现代化肉牛育肥场5个,固原黄牛新品种(系)培育示范场2个,大型现代化肉牛屠宰加工企业1个,青贮玉米种植示范点10个,"一棵草"试验示范点6个,苜蓿制种基地1个。

【动物疫病防控】 2020年,固原市动物卫生监督所印发《关于进一步加强非洲猪瘟防控工作的通知》,督促全市屠宰场落实非洲猪瘟病毒自检制度和官方兽医派驻制度。开展生猪跨省调运专项整治、"百日打击行动"、屠宰行业"安全生产月"等活动。设立公路动物检查站6个,检查过往车辆8834辆,消毒车辆8834辆,立案查处"点对点"违规跨省调运生猪违法案件4起,罚款12540元,其中彭阳2起罚款6540元、原州区1起罚款3000元、市属1起罚款3000元。开展家畜禽屠宰场实地检查4次,印发《畜禽屠宰企业新冠肺炎防控指南》,联合原州区动物卫生监督所,摸底检查原州区城区及城乡接合部、原州区中河乡硝口村、三营镇等活禽销售摊点,联合公安部门取缔活鸡私屠滥宰点37个,收缴白条鸡340公斤,收缴罚款7900元。

【肉牛疫病防控技术研究】 2020年,固原市畜牧技术推广服务中心开展犊牛腹泻类疾病防控技术研究,研究给药方法2种,采取2种方法综合施治,犊牛腹泻发病率降低14%,因腹泻死亡率降低10%,平均每头犊牛治疗费降低20%,养殖场效益提高23%。发表论文2篇,编制《肉用犊牛饲养管理技术手册》一部,发明《一种犊牛颗粒料下料装置》实用新型专利一项。查清引起母牛繁殖障碍性疾病的7大类主要原因,开发预防保健饲草配方及产品3个,试验母牛不孕率下降7.1%,治疗成本下降25.4%,母牛产犊间隔期平均缩短32天,提高母牛养殖效益21.9%,开发多媒体培训课件1套,发表论文1篇。

【畜禽粪污综合利用】 2020年,固原市畜禽养殖废弃物综合利用以粪污覆土堆积厌氧发酵还田、有机肥加工为主。全市畜禽粪污综合排放703.19万吨,综合利用693.44万吨,综合利用率98.61%。累计建成畜禽养殖废弃物有机肥生产加工企业13家,生产有机肥13.07万吨(其中原州区1.6万吨、西吉县3.8万吨、隆德县5万吨、泾源县1.17万吨、彭阳县1.5万吨),用于设施农业基地和标准化蔬菜基地和部分高标准农田,商品有机肥利用率达31.2%。

(孙文升)

重点农业项目建设

【项目资金争取】 2020年,固原市农业农村局对接农业农村部、农业农村厅,争取农业农村部支持固原市草畜产业、农牧交错带产业结构调整、肉牛品种改良“三个示范区”建设项目,资金到位1亿元,其中:苜蓿制种基地项目建设资金1000万元、高产优质苜蓿示范建设项目资金3000万元、北方农牧交错带“粮改饲”项目资金5000万元、肉牛改良项目资金340万元、草畜产业人才链培训等项目资金660万元。争取财政部、农业农村部2020年优势特色产业集群项目(六盘山地区肉牛产业集群建设项目)资金1亿元。

【固原市草畜产业示范区建设项目】 2020年,固原市制定《固原市草畜产业示范区建设项目实施方案》《固原市肉牛品种改良示范区建设项目实施方案》《固原市农牧交错带产业结构调整示范区建设项目实施方案》,争取农业农村部新增项目资金2亿元,用于苜蓿制种基地、高产优质苜蓿示范创建、玉米“粮改饲”、草畜产业人才链培训等方面。

【福建融侨固原丰霖公司现代生态肉牛产业园项目】 2020年,肉牛产业园建成并开始进牛,完成8000头的肉牛补栏任务,完成一期年屠宰量6万头标准化屠宰加工厂建设,计划完成肉牛产品科技研发中心、肉牛大数据信息管理中心、有机肥生产车间、饲料加工流水线建设,项目总投资10亿元。

【山东水发集团现代农业高科技示范园项目】 2020年,现代农业科技示范园项目计划投资5.3亿元,项目规划建设高标准现代智能化玻璃日光温室1栋、智能连栋日光温室1栋、新塑料大棚38栋、寿光9代温棚78栋、新材料大棚182栋,种植20多个品种蔬菜,为全市及周边市场提供蔬菜种苗,项目总投资18亿元。速冻脱水蔬菜项目计划总投资2.55亿元,新建蔬菜深加工冷链物流综合性工厂三座,建设规模4万平方米,年生产速冻蔬菜11万吨,达产后年产值2.3亿元。西吉县建设马铃薯循环产业园,项目计划总投资10.8亿元,2020年9月开工,预计2021年下半年建成。通过项目投资建设,可实现年产值20.2亿元,上缴利税1.4亿元。

(孙文升)

工 业

综述

【概况】 2020年,固原市工业和信息化局全力推进工业和信息化高质量发展,实现工业增加值38.8亿元,同比增长8.3%,占GDP比重11%,其中:规模以上工业增加值29.6亿元,同比增长8.3%;规模以下工业增加值9.2亿元,同比增长6.7%。

【降低企业成本】 2020年,固原市工业和信息化局落实自治区"中小企业18条"等政策,出台《关于应对新冠肺炎疫情影响强化政策落实促进重点服务业升级的措施》,组建政策落实专班,公开发布政策落实情况14期,确保国家及区、市惠企政策及时兑现到各市场主体。

【产销衔接保障】 2020年,固原市工业和信息化局推进全市420家工业企业及时完成复工复产395家,复工率94%,解决2万余人就业。突出重点产业链企业上下游衔接配套,协调自治区工信厅对金昱元5000万元纾困基金展期半年,为38家以马铃薯、小杂粮、禽类为原料的绿色农副产品加工企业安排技改奖补等资金1000余万元。

【产业链供应链稳定】 2020年,固原市工业和信息化局建立市级领导包抓"3个100"重点项目机制,协调解决企业重大困难问题11件,全市14个"3个100"重点项目完成投资8.5亿元,编制完成全市现代纺织服装产业实施方案,研究制定纺织服装产业公共政策。建立拟入规样本及重点扶持培育企业库并新增企业入库24家,全年新增规模以上企业11家;新培育"专精特新"(示范)企业13家;引进伊赛肉牛养殖屠宰加工全产业链、长江医药产业园项目签约落地;落实天楹垃圾发电固废利用示范企业等项目资金2000余万元。

【助推民营企业发展】 2020年,固原市工业和信息化局出台《2020年固原市清理拖欠民营企业中小企业账款工作实施方案》,累计偿还欠款4.75亿元,偿还比例98.1%,全面完成自治区下达的无分歧欠款清零目标任务,出台《固原市领导干部担任重点企业联络员制度》等五项制度,58名包抓领导干部实地走访、电话联系企业138次,帮助解决困难问题30个,优化营商环境。

【培育壮大新动能】 2020年,固原市工业和信息化局组织申报两化融合贯标试点企业3家,推动50家规上企业上云,建成数字化车间2家,机器人推广应用示范项目3个,大数据试点示范企业1家,促进罗普特军民融合高端制造基地项目落地建设,完成锐捷网络股份公司的注册流程。

【园区承载力提升】 2020年,固原市工业和信息化局完成各园区总规修编及批复,下放园区行政审批事项42项,新增专职审批人员12名,加快推进园区低成本化改造进程,全市"一区四园"完成工业总产值77亿元,同比增长6.9%。

【智慧固原建设】 2020年,固原市建成雪亮工程综治平台,市级大数据服务平台与自治区平台实现互联互通,云计算中心建成投入运行,建成5G基站286座。

（王路路）

电力工业

【概况】 2020年,国网固原供电公司完成固定资产投资5.12亿元,其中电网基建3.41亿元。完成售电量39.72亿千瓦时,同比增长11.82%。综合线损率3.93%,同比降低0.11%。电费回收率100%。营业收入净额15.43亿元,同比增长10.33%。连续累计安全生产2336天。

【安全生产】 2020年,国网固原供电公司开展反违章专项行动,督查现场4056个,奖励435万元、5564人次。创建公司标准化作业现场47个,其中9个获评国网宁夏电力遵章现场。开展电网“三道防线”核查,有效管控七级及以上电网运行风险118项。开展安全生产专项整治三年行动“一下一上”和施工安全大检查,排查问题455个,整改完成90%以上。年内未发生新发触电案件,实现触电防治三年压降50%的目标。完成12条线路“三跨”治理,加装2万套防鸟装置,率先试点应用国产化二次设备,改造256套老旧设备,实现变电设备、330千伏线路零跳闸,输电线路跳闸压降62.5%,10千伏线路跳闸压降21.3%。整改信息网络漏洞765个,完成国家和自治区两级网络安全专项演习。

【重点电网项目建设】 2020年,国网固原供电公司修订配电网高质量发展行动计划,“十四五”配电网规划被纳入国网宁夏电力及地方总体规划。投运2项35千伏基建工程,推进2项35千伏基建工程。投资740余万元实施7个区域电力物联网建设。开展多规合一和新能源并网两个“网上电网”示范建设。全面完成3.04亿元60项农配网工程。2018年至2019年中央预算项目通过自治区发改委验收。观庄变10千伏513姚套线线路改造等3项工程被国网宁夏电力评为优质示范工程。完成古城、玉桥新建供电所等9项小型基建项目建设,推进三营、西吉公司生产综合用房项目建设。改造生产调度楼和培训中心,实施智慧食堂和智能化门禁系统建设。

【供电服务】 2020年,国网固原供电公司落实国家电网实施“获得电力”服务水平九项举措,推行“阳光业扩”服务品牌,优化用电营商环境。“零投资”接入低压动力电2万余户,高、低压客户平均办电时长分别压减至14.93天、2.9天。执行国家及自治区各项降价政策,落实国网宁夏电力营销服务30条举措,累计降低企业电费6769万元。梳理转供电主体59家,38家电价降至0.6元/千瓦时及以下。完成111个住宅小区配电资产移交,组建“一班一队一组”不停电作业梯队,投入运行1611台智能开关和269条自动化线路,非故障区域复电时间缩短至3分钟以内,投诉压降11.06%。完成7座充电站、14个充电桩建设。绑定“网上国网”用户14.5万户,位列国网宁夏电力第一。

【产业审查】 2020年,国网固原供电公司推进内控及合规专项行动,制定修订制度9项,加强重大项目合法合规性审查,完成问题整改54项。完成国家电网交叉互查和国网宁夏电力财务收支综合审计问题整改。调整管理人员和技术骨干支持产业单位工作,成立县配电管理中心,打造设计柔性团队,“一体化”管理稳步实施。开拓用户市场,年内签订用户工程7028万元,外部市场占有率89.09%,位列各地市产业单位第一。加大“双清零”工作力度,2019年及以前年度应收账款回收率99.99%,2020年应收账款回收率98.72%。完成营业收入4.61亿元、利润总额561万元,分别实现年度计划的131.71%、102%。

【经营管理】 2020年,国网固原供电公司强化提质增效6个方面、25项重点措施,非生产性费用较上年同期降幅34%。完成新装(增容)用户3.38万户,售电量增长率位居国网宁夏电力第一。替代电量4677万千瓦时,完成年度目标的155.89%。电费回收实现月结月清。运用大数据追补电费及违约电费642万元,完成年度任务的247.27%。治理高负损台区293个,推广应用计量采集新设备,台区同期线损率降低至3.4%,台区线损合理率提升至98.92%,2419个精品台区创建达标率99.6%。推进“检储配”一体化基地建设,高效推进清仓利库专项行动,处置废旧物资550万元。“双一流”创建分别完成三年总体计划的77.3%、79.59%。开展任期经济责任、工程及“三公”经费等专项审计,问题整改完成率100%。

【改革创新】 2020年,国网固原供电公司深化“三项制度”改革,完成内设机构优化调整,开展空缺岗位竞聘,对219名员工进行薪档调整,选派1人到国网宁夏电力本部挂岗,41人参与公司内部挂职(岗)。承接国网宁夏电力第三批“放管服”事项清单。新合公司开展线上交易45户,完成市场化电量代理4266万千瓦时,建成10千伏增量配电网,出具区内第一张增量配电网项目供电发票。申报专利28项,获得授权16项,申报科技进步奖16项。17项QC成果分获中国电力行业、宁夏电力行业及国网宁夏电力质量管理一、二、三等奖。3项管理创新成果分获国网宁夏电力二、三等奖。

【扶贫帮扶】 2020年,国网固原供电公司成立扶贫工作领导小组,确定10个方面、30项重点任务。加强农村电网建设,农村供电可靠率99.86%,电压合格率99.97%,户均配变容量2.24千伏安,“两率一户”指标优于国家标准。完成农村动力电接入2.02万户。结算205个光伏电站电费2583万元,转付补贴3896万元,为170家扶贫车间降电价达0.25元/千瓦时。投资108万元用于定点扶贫村产业项目支持,助力固原市54个扶贫农产品入驻国网电商“慧农帮”平台,完成扶贫农产品采购63万元,电力扶贫经验做法被《固原扶贫志》收录。

（王　龙）

王洼煤业

【概况】 2020年,宁夏王洼煤业有限公司原煤产量完成750万吨,掘进进尺完成19934米,巷道返修完成8876米,平均售价232.86元/吨。三矿一厂同向发力,单月最高销量突破100万吨,银洞沟煤矿单日最大销量突破1万吨。

【安全环保管控】 2020年,宁夏王洼煤业有限公司强化安全风险辨识,采用LEC法辨识评估,对14项重要危险源施行"源长"责任制管理。量化考核业务副主管级及以上管理人员。开展安全隐患排查治理,专项安全检查各矿(厂)"一通三防"、机电运输、顶板管理等36次,下发通报21期,包括日常安全督察在内累计查出安全隐患问题2593条,整改完成2525条,隐患整改率97%。强化精准体系建设,分析2019年CAHSE管理体系审核存在的问题。开展环保检查20次,查出隐患101条,整改完成100条,整改率99%。水质在线设备运行正常率98%,推进王洼二矿和银洞沟煤矿固废处置场建设,危险废物全部合规处置。

【营销范围拓展】 2020年,宁夏王洼煤业有限公司开展大范围调研10次以上,分析研判行业发展趋势,全面掌握重点煤企、重点客户运行现状,销售区域覆盖宁夏、甘肃、陕西、四川、湖北和安徽等区域,终端电厂存量客户数量拓展为18家。拓展大唐陕西公司、神华四川能源公司、华能甘肃公司等数个百万吨级战略客户,加强深化合作。全年外部电煤价格由市场最低谷240元/吨提升至当前350元/吨。

【技术创新提质】 2020年,宁夏王洼煤业有限公司探索锚网索主动支护方式,锚网索支护巷道占比63%以上,按期完成王洼煤矿中央采区主斜井改为回风井工程施工。实施"王洼二矿+1370米运输斜巷(改造)"工程,解决21采区二级提升问题。实施21采区变电所回风巷工程,解决采区变电所无专用回风巷的问题,消除矿井安全隐患。开拓银洞沟煤矿二煤组巷道,解决矿井采掘接续紧张的问题。开展防治水重点工程,配齐配全地测防治水装备,联合西安煤炭科学研究院研究王洼二矿210508综放工作面水害情况,开展物探、钻探工作,疏放水量33.7万立方米。采用"物探+钻探"方式完成王洼煤矿110504工作面机巷疏放水,施工疏放水孔6个、252.7米,累计疏放水量约10.3万立方米。

【重点项目管理】 2020年,宁夏王洼煤业有限公司优化选煤厂扩建项目施工设计,引入市场机制,选择价格合理单位,节省投资5926万元。按期完成现末煤系统、粗煤泥系统带水、带介、带煤联合调试、带水联合调试和带介带煤调试。王洼煤矿600万吨/年改扩建项目完成投资19.9亿元,完成概算总投资的93%。完成项目环保、水保、职业卫生、档案专项验收。完成需要质量认证的单位工程100个。

【媒体宣传】 2020年,宁夏王洼煤业有限公司坚持正确导向,开展正面宣传,弘扬劳模、工匠精神,讲好王洼故事、传播王洼声音。采取"线上、线下""引进来、走出去"模式,在《中国煤炭报》《中国铝业报》《宁夏日报》《固原日报》及"中铝宁夏能源"微信公众号刊发宣传报道稿件230余篇。

(陆世龙)

商贸服务业

综述

【概况】 2020年,固原市落实产业精准招商百日行动,协同工信、教育、农业农村、开发区等单位开展产业专题招商,对接企业,达成现代纺织、马铃薯全产业链、特色农业等合作意向。在拉萨市建成固原特产馆。建成固原市家政服务业信用体系,举办首届民间美食大赛暨固原十大民间文旅小吃名菜评选活动,打造食在固原地方美食名片。全市实施招商引资区外项目119个,总投资303.97亿元,实际到位资金142.14亿元,完成自治区130亿元指导性目标任务的109.3%。

【销售渠道拓宽】 2020年,固原市商务投资促进局引导企业举办"惠民生 促消费""券送百万 乐购固原""重振引擎 助商惠民 嗨翻固原""2020年春季房车和新能源电动汽车惠民联展"、汽车下乡、固原首届民间美食大赛暨固原十大民间文旅小吃名菜评选活动等促销活动,拉动消费市场升级。完成200吨冻猪肉储备收储工作和1000吨冬春蔬菜储存工作,元旦、春节期间向市场投放牛、羊、鸡及冻猪肉,保障市场供应,稳控肉品价格。建成固原市家政服务信用体系,培训家政服务人员500名。加快城乡居民"菜篮子"建设,实施现代物流业发展项目,提振市场消费活力。开展"光盘行动"和文明餐桌行动,制止餐饮浪费行为。加强二手车交易市场和成品油销售监管,规范市场交易秩序。委托第三方开展社销业务统计工作,强化企业统计人员业务培训。实现社消总额120.82亿元,同比下降5.3%,相对增速位居全区第一,高出全区1.7个百分点。

【项目跟踪服务】 2020年,固原市投资促进服务中心紧盯在谈项目30个,促成在谈转协议项目9个,完善协议项目3个,推进项目18个。为锐捷网络西部网络运营中心、罗普特军民融合高端制造基地、网龙网络"互联网+教育"等签约项目全程代办落户手续,协调解决企业生活、办公用房、生产车间等困难问题50多项。疫情防控期间,为天楹集团、金田阳光等15家企业提供防疫口罩2000个,协助晨光实业、浙商国际等企业职工返岗,解决企业复工难问题。主动协调银行与企业达成贷款意向。

【外贸市场扩展】 2020年,固原市商务投资促进局组织外贸企业参加2020年"金融+"联席会议视频培训会、"2020年全区外经贸形势分析及政策解读网络培训会",帮助企业全面掌握商务、海关、出口退税、外汇管理、出口信保相关扶持政策。开展外贸订单及金融服务需求调查统计,及时了解企业存在的困难问题,帮助企业进行项目申报,最大限度降低企业成本。动员企业参加线上交易会,组织10家取得对外贸易备案登记的企业参加第127届广交会,帮助企业免除展位费。

(杨应锋)

招商引资

【概况】 2020年,固原市商务投资促进局印发《固原市招商代理机构和招商顾问管理办法》《关于聘任招商代理机构和招商顾问的通知》,聘任招商代理机构2家和招商顾问34名,开启市场化招商模式。成立"十大产业链"招商小组,开展专业化招商。克服疫情影响,市委、人大、市政府、市政协主要领导、分管领导先后带队外出招商18次,各县(区)主要领导招商65次,小分队招商136批次,洽谈项目200多个,签约130多个。邀请福建省长乐市、深圳纺织行业协会、上海现代服务业联合会等30多批次考察团,20多家企业高管实地考察。开展产业精准招商百日行动,推进已落地项目建设。

【招商企业库建设】 2020年,固原市投资促进服务中心围绕"十大产业链"建链、延链、补链,联合产业部门、县区实施高质量发展招商项目库建设,编制招商项目100个,概算总投资315亿元。制作全新的《固原投资指南》《创新永固宜商之原》宣传片、项目电子书等宣传资料。紧盯重点区域和龙头企业,筛选整理招商目标企业150多家,建立招商企业库。

【招商方式创新】 2020年,固原市印发《固原市招商代理机构和招商顾问管理办法》,聘任招商代理机构2家和招商顾问34名,面向长三角、珠三角、东南沿海和京津冀地区开展招商活动。疫情防控期间,采取网络招商、视频招商、电话招商等灵活有效的方式开展"不见面"招商,保持与目标企业联系"不间断"。制作招商电子报、电子宣传册等开展宣传推介,加强信息沟通和项目资料交流,切实提升成效。赴河南、福建、浙江、湖北、深圳等地开展小分队招商14次,其中,外出招商4次,考察企业130多家,对接达成重点产业项目合作意向30个,成功签约项目4个。邀请到固原考察企业和商协会50多批次,召开项目对接会40多场次,成功签约网龙网络"互联网+教育"、中广传媒文旅等项目5个。

(杨应锋)

批发零售

【社会消费品销售】 2020年,固原市城乡市场同步发展,大类消费符合预期,全市消费品市场呈现加快复苏势头,社会消费品零售总额120.82亿元,比上年下降5.3%,按经营地统计,城镇消费品零售额下降5.3%;乡村消费品零售额下降5.4%。按行业类型统计,批发业下降11.7%,零售业下降1.9%,住宿业下降6.2%,餐饮业下降15.6%。粮油、食品类零售额比上年增长51.7%,饮料类下降8.3%,烟酒类增长1.0%,服装、鞋帽、针纺织品类下降18.7%,化妆品类下降35.1%,金银珠宝类下降73.5%,日用品类下降20.7%,家用电器和音像器材类下降增长7.0%,中西药品类增长18.6%,文化办公用品类增长27.9%,石油及制品类增长24.7%,汽车类增长0.7%。

【零售业运行】 2020年,固原市零售业实现消费额87.91亿元,同比下降1.9%,高于社会消费品零售总额3.4个百分点,按规模统计,限额以上实现10.14亿元,同比增长10.2%,限额以下实现77.78亿元,同比下降3.3%;按县区统计,原州区零售业实现销售额55.72亿元,销售额占零售业总额的64%;西吉县零售业实现销售额9.96亿元,销售额占零售业总额的11%;隆德县零售业实现销售额7.28亿元,销售额占零售业总额的8%;泾源县零售业实现销售额3.29亿元,销售额占零售业总额的4%;彭阳县零售业实现销售额11.66亿元,销售额占零售业总额的13%。

(张海彪)

电子商务

【电商交易类型】 2020年,固原市采取多种电商交易类型全面促进电商发展。采取企业与合作社、村搭档,由合作社、农户负责种植供货,企业负责收购农货、加工、包装、销售,企业保障稳定货源,并带动周边合作社村民就业。采取电商销售运营外包模式,生产企业将电商运营方面承包于专业运营团队。采取自产自销或代销模式,企业自产自销,通过自身优势带动村民致富。借助网红直播带货模式,依托专业网红公司、网红个人搭建的带货平台拓宽农产品销售渠道。采取村级电商和企业合作模式;村电商服务站联合电商企业合作,销售本村村民农产品。

【农村电商】 2020年,固原市制定《固原市农村电商提升工作实施方案》《固原市农村电商公用品牌建设暨"红绿六盘"电商节活动实施方案》,配合自治区商务厅举办"鉴优品 阅宁夏"成就"20·20"全民电商节,启动固原市农村电商公用品牌建设暨"红绿六盘"电商节系列活动,完成"十大网货""十大网红""固原十大民间文旅小吃名菜"评选活动,打造固原特色产品名片。举办固原市"推进网络扶贫、助力脱贫攻坚"农村电商人才培训班,培训电商技能人才和电商带头人100人。配合自治区商务厅在彭阳县召开全区电商现场会,全年实现网络零售额10亿元。

【固原市首届网货大赛】 2020年,固原市遵循"主导产业优先、网货标准优先、企业主体优先"原则,通过县区推选、专家评审、网络海选和线下决赛等四个阶段,设置4大评选模块,制定17项评分标准,评选出具有代表性和市场前景的"十大网货",并授予"固原十宝"荣誉称号。对"固原十宝"进行品牌形象综合提升,从包装设计、文案策划和营销推广等方面进行综合提升,统一网货视觉和品牌形象。

【固原市首届乡村带货网红大赛】 2020年,固原市首届乡村带货网红大赛采取初赛、复赛和决赛,综合考量粉丝数量、内容质量、传播影响、带货权重等指标,以赛代训,注重实战,征集初赛网红153名,层层选拔,评选出"十大乡村网红"和"四大流量网红"。探索乡村网红助推电商消费扶贫新的增长方式,为农村电商创业者提供更切合时代发展的成长土壤,培育乡村振兴新动能,孵化乡村创业新模式。

(张海彪)

住宿餐饮业

【概况】 2020年,受疫情影响,固原市住宿餐饮业同比下降较大,累计实现销售零售总额18.58亿元,同比下降17.06%。固原市人民政府下发《关于应对新冠肺炎疫情影响强化政策落实促进重点服务业升级的措施》,在做好疫情防控常态化下,引导住宿餐饮业开展消费促进活动,拉动消费市场升级,对受疫情影响较重的餐饮服务等企业进行补助,提振企业发展信心。

【住宿业】 2020年,固原市住宿业实现社会消费品零售总额2.24亿元,同比下降6.2%。其中,限额以下住宿企业成为主导力量,实现销售额1.65亿元,增速达2.5%,高出行业增速7.8个百分点。

【餐饮业】 2020年固原市餐饮业实现消费额16.34亿元,同比下降15.6%。以规模分类,限额以上实现0.69亿元,同比下降5.1%,限额以下实现15.65亿元,同比下降16%;以县区分类,原州区餐饮业实现销售额5.35亿元,西吉县餐饮业实现销售额6.58亿元,分别占全市餐饮业的33%和40%,成为餐饮消费的聚集区。

【固原市首届民间美食大赛】 2020年,固原市深入挖掘整理固原市民间美食和传统美食制作技艺,扩大再就业范围,借助首届民间美食大赛暨固原十大民间文旅小吃名菜评选活动,评选出"固原十大名菜"和"固原市十大文旅名小吃",打造固原地方美食名片,倡导绿色健康的大众消费理念,促进全市餐饮行业持续健康发展。

（张海彪）

粮油流通

【市场监测预警】 2020年,固原市粮食和物资储备局及时掌握粮油市场价格动态,主动调查了解各价格监测点及粮食经营者市场行情,节假日期间深入调查市场粮油价格,完成每周发布粮食市场价格监测信息周报工作,发布价格监测信息42期,向自治区粮食和物资储备局、固原市委、市政府,物价局上报价格信息、市场行情(分析)9期,依托固原市政府官方网站向社会公布。按期上报年度粮食流通统计、基础设施投资、粮食企业仓储设施、粮食产业经济统计等各类年报,上报辖区粮食加工企业流通、流向、产业月报,商品粮油收支平衡月报、季报,社会粮食供需平衡调查、农户存粮专项调查等。疫情防控期间,实施价格监测"日报"制度和"五个摸清"工作法,每天调查各县(区)大型粮油总代理、大型粮油超市、粮油经销部的库存、销售、价格、品种、质量。

【粮油应急储备】 2020年,固原市粮食和物资储备局依据《粮食流通管理条例》《宁夏回族自治区粮食应急预案》《固原市突发公共事件总体应急预案》,结合全市实际,重新修订《固原市粮食应急预案》,明确各成员单位及各应急工作组职责,应急预警监测及信息发布、应急响应及其处置措施等程序规定。指导各县(区)依据当地人口数量建立应急成品粮油储备。全市承储应急成品粮油4889吨,其中市级应急成品面粉300吨、大米200吨、食用油140吨;县级面粉2611吨、大米1265吨、食用油373吨。指导各县(区)完成10天的应急成品粮油储备任务。储备市级原粮2000吨,储备数量真实可靠。督促检查全市应急供应网点71个,抽查县(区)各应急供应网点运行情况。

【粮食安全省长责任制考核】 2020年,固原市粮食和物资储备局发挥粮食和物资储备部门考核牵头抓总作用,开展全市四县一区2020年度粮食安全省长责任制落实情况督查检查。对标近年来粮食安全省长责任制考核中反馈和自查自评发现的问题,组织开展落实情况"回头看",全面盘点,查漏补缺,逐条逐项建立问题台账和责任清单,明确整改部门、时限、措施和要求,确保发现问题全部整改落实到位。

【粮食流通监管】 2020年,固原市粮食和物资储备局根据《粮食收购许可管理办法》要求,开展辖区粮食收购许可资格年审。符合粮食经营资格的98家企业全部录入国家信用信息公示系统(宁夏)、信用宁夏、宁夏互联网+监管系统平台。规范行政执法,印发《固原市粮食和物资储备局关于做好2020年"双随机、一公开"监管工作的通知》《粮食和物资储备系统"双随机"抽查事项清单》《粮食和物资储备系统"双随机"抽查工作计划》《关于开展2020年夏粮收购监管工作的通知》《关于做好2020年秋粮收购监督检查工作的通知》等,按照"双随机、一公开"及诚信监管原则,依托元旦、春节、五一、开斋节、十一等重大节日,依法监督检查粮食收购市场、政策性粮食购销活动、放心粮油店(超市粮油销售专区),开展各类执法检查8次,出动检查人员33人,检查企业31家。

【粮食安全生产】 2020年,固原市粮食和物资储备局印发《固原市粮食和物资储备局关于2020年安全生产工作安排》《固原市粮食和物资储备局关于做好当前全市粮食和物资储备行业安全生产工作的通知》《固原市粮食和物资储备局关于做好2020年春秋季粮油安全普查工作的通知》《固原市粮食和物资储备局关于做好2020年“春节”“两会”期间安全生产工作的通知》《全市粮食和物资储备行业安全生产专项整治三年行动实施方案》等，开展春季粮油安全普查，汛期安全隐患排查，重大节假日期间粮油市场安全检查7次，出动检查人员40余人，检查各类粮食经营企业及单位20余家。发现存在问题及隐患30个，下发整改通知书2份。已整改销案27个。

【粮食库存清查】 2020年，固原市粮食和物资储备局成立粮食库存检查工作领导小组，制定实施方案，检查被纳入政策性粮食库存检查范围的3家企业，未发现发热、霉变及虫害现象，储存数量真实、三账相符。整改完成全市在政策性粮食库存数量和质量大清查中发现的问题17个。

【粮食订单工作】 2020年，固原市粮食和物资储备局深入企业、农户了解情况，因地制宜，以玉米、马铃薯等粮食为主，完善订单内容和方式，落实粮食订单数量6.49万吨，组织个体经营者、民营企业、农民经纪人、种粮农户签订订单合同105份、8.74万亩，涉及农户8093户。

【粮油流通环境】 2020年，固原市粮食和物资储备局依托“粮食科技活动周”“食品安全宣传周”“世界粮食日”等重大节日，组织干部职工采用摆放宣传展板、发放宣传资料、现场互动答疑、展示优质好粮油等多种形式向广大市民群众宣传《中华人民共和国食品安全法》《粮食流通管理条例》《粮食收购资格管理办法》《粮食质量安全监管办法》等法律法规，向广大市民百姓宣讲习近平总书记关于粮食安全和制止餐饮浪费行为的重要指示批示精神，促使更多的人了解粮食法律法规，普及粮食安全、节粮减损、科技兴粮、科学储粮、膳食营养等方面知识，切实增强“厉行节约、反对浪费”的责任感和紧迫感。

【优质粮食工程】 2020年，固原市粮食和物资储备局按照自治区粮食和物资储备局下发的“优质粮食工程”项目建设相关管理办法，指导彭阳县做好2018—2019年度“好粮油”4家和“粮食产后服务中心”7家项目验收工作，督促4家“好粮油”实施企业按计划完成2019—2020年建设任务。

【市场法制建设】 2020年，固原市粮食和物资储备局推进“放管服”改革，将“粮食收购许可证”办理纳入宁夏政务服务官网，实现网上不见面办理。落实公平竞争审查制度，印发《关于建立公平竞争审查工作机制的通知》，明确公平竞争审查基本流程及审查内容，建立清理长效机制，清理2009—2020年制定的涉及市场经济类的文件、合作备忘录、合同、协议、会议纪要，审查各类文件1194份。印发《固原市粮食和物资储备局行政执法公示制度》《固原市粮食和物资储备局行政执法全过程记录制度》《固原市粮食和物资储备局重大执法决定法制审核制度》。完善宁夏行政执法监督平台管理系统，组织6名执法人员进行网上法律知识学习培训。推行“三项制度”，实现行政许可、行政处罚、行政检查等行政执法行为得到有效规范。

【粮食购销经营】 2020年，固原市购销粮食总量7.5万吨，较上年减少18%；商品玉米1.9万吨，较上年下降0.5万吨；轮入轮出自治区储备小麦2.26万吨，较上年减少0.03万吨；出库自治区储备串换品种小麦0.22万吨、收购串换品种储备玉米0.22万吨。采取先销后购、快速收购的方式完成1.02万吨自治区储备小麦轮换采购入库任务。

（刘　茜）

供销合作

【春耕生产农资供应】 2020年，固原市供销社系统农资企业调运储备各种化肥70556吨，占全市化肥春季储备量的73.84%，其中，二胺21036吨，尿素14730吨，复合肥等34790吨。全面摸底调查春耕农资储备情况，配合农业部门查清化肥等主要农资储备情况和春季化肥需用量，协调解决周转资金困难，督促社有农资企业积极对接化肥生产企业和经销商组织货源，签订采购合同，确保农资按时到货。缓解因疫情交通管制带来的农资物流运输受阻问题，联合市、县（区）农业农村、商务行政主管部门借助绿色通道和申领通行证的办法解决区内运输问题，将云南、湖北等外省调运化肥由汽车运输调整为火车运输。督促农资经营企业和网点在做好疫情防控措施严格落实的情况下及早开门营业，确保全市供销系统227家网点全部在3月上旬恢复营业，全面开展电话、网上预约和配送服务。

【综合改革】 2020年，固原市供销合作社联合社对标中央、自治区和市委关于综合改革的决定意见方案，开展综合改革“回头看”工作，督促指导县（区）加快推进未落实或落实不到位的重点工作服务,创新线上农产品市场拓展模式,助推春耕生产、农产品进城和农民增收。依托我爱六盘品牌助农,帮助西吉百合在"固原供销"微店上线并进入银川市社区生鲜采购平台销售,销售额突破1万元。邀请山东泰山、沾化、兖州新合作采购商赴固原开展农产品产销对接活动,宣传推介固原农产品。完成营业总收入12020万元,其中农资销售收入完成3507万元,含农副产品销售收入完成2314万元;日用消费品销售收入完成908万元,再生资源销售收入完成104万元,农产品和再生资源销售收入基本持平。直属企业预计完成销售收入507万元,销售化肥4920吨,回收销售废旧塑料、废纸、废钢铁等再生资源2100余吨。

【安全生产工作】 2020年,固原市供销合作社联合社落实安全生产责任制,强化春节、自治区两会、"五一"、全国两会、汛期、"十一"期间社属企业安全生产监管,制定应急值班和领导干部带班制度,开展冬春季火灾防控工作专项整治、"安全生产月"等活动,确保连续多年无各类安全事故发生。

【信息化建设】 2020年,固原市供销合作社联合社加强信息编发报送,提升质量水平,报送信息累计26条,被市委办采用2条。完善"固原供销"微信平台稿件编发质量,提高日常管理运营维护水平,转载刊发信息及推送文件25篇,微店设有产品7种。微店总访客1.9万人次、总浏量2.9万人次,线上销售额4.1万元。策划2021年运营计划书。配合完成自治区供销社到固调研活动3次。

(张莉红)

专项经营

【烟草专卖】 2020年,固原市烟草销量36263箱,同比增长0.04%;实现税利2.14亿元,同比增长5.55%;实现商业增加值2.57亿元,同比增长3.01%;单箱收入2.85万元,同比增加615.00元;销售重点品牌35701箱,同比增长7.68%,占比98.45%;查获案件456起,其中真烟案件143起,假烟案件313起,查获涉案卷烟186.61万支,上缴罚没款16.70万元。

【盐业专卖】 2020年,固原市盐产品销售量5036吨,其中:食用盐销售量3018吨,畜牧盐销售量923吨,工业盐销售量1091吨。疫情防控期间配送食用盐170吨,安排购进食用盐390余吨,储备食盐400吨,保障民生和盐业市场稳定。

【石油销售】 2020年,固原市销售油品同比减少3.56万吨减幅16.17%,实现利润同比基本持平,油库全年油品吞吐量超过60万吨。

(冯 荣、姬彩云、杨 健)

家庭服务业

【养老服务体系建设】 2020年,固原市依托政府购买养老服务项目,争取自治区民政厅项目资金304万元,通过招标,组织11家社会组织为全市2920名高龄、低保、失能等特殊困难老年人提供助餐、助医、助行等服务。为老年人提供办理意外伤害综合保险工作业务,为全市11万名老年人购买意外伤害保险330万元。开展养老机构服务质量建设专项行动,建立以质量和效益为导向的养老服务发展机制,推动全市养老服务机构提质增效。建立养老服务专业化队伍,提升养老服务人员专业化水平,累计培训养老机构管理人才、护理、家庭照护者等专业人员400余名。

【家政服务业】 2020年,固原市通过开展家政企业及家政从业人员信用信息采集录入、信用核查、信用评价分类监管、信用修复、信用大数据开发利用等工作,建成"固原市家政服务业信用体系"。实施家政行业"评星定级",推进企业向规范化、标准化方向发展。建立家政企业信用信息档案86家,家政从业人员信用信息档案1884人,达到营造固原市家政服务业良好市场秩序,扶持优秀家政企业,打造固原市精品家政品牌的目的。培训家政从业人员500名,培训结业合格率100%。

(张海彪)

金融业

综述

【概况】 截至2020年年底,固原银保监分局辖区银行业机构总资产654.74亿元,比年初增加37.24亿元,增长6.03%,其中,各项贷款446.71亿元,比年初增加53.88亿元,增长13.72%。总负债609.20亿元,比年初增加31.33亿元,增长5.42%,其中各项存款501.48亿元,比年初增加15.30亿元,增长3.15%。

【金融风险防控】 2020年,固原银保监分局辖区银行机构不良贷款余额3.97亿元、不良率0.89%,低于全国全区同期水平。固原银保监分局加强重点领域风险防控,开展房地产融资、政府隐性债务、影子银行领域风险防控。巩固市场乱象治理成果,构建市场乱象整治长效机制。开展辖区银行保险机构案防、股东股权乱象治理、金融放贷领域突出问题、保险中介市场乱象整治、"套路贷"专项整治,规范辖区金融市场秩序。组织召开2020年辖区银行保险机构案防安保工作会议,通报近年来银行机构典型案件并进行风险提示,督促银行保险机构,依托"合规建设深化年"活动,开展合规风险排查。全年未发生重大案件。

【金融服务实体经济】 2020年,固原银保监分局全力支持复工复产,对固原市生产经营医疗器械、医药产品相关企业融资困境开展调研、摸清底数,指导银行业机构积极对接重点企业融资需求,支持固原辖区企业全面复工复产,恢复区域经济正常循环。全市银行机构新增贷款53.88亿元,贷款本金延期7.70亿元,利息延期1亿元;保险机构向涉农中小企业和农户融资0.52亿元,累计提供风险保障19680.28亿元。借助监管引领、督查评估、现场检查等多种手段推动机构落实落细各项政策,加大"三农"领域信贷投入。截至2020年年底,辖区银行机构涉农贷款余额279.95亿元,占辖区各项贷款的61.54%,较年初增加36.76亿元,增长15.12%;保险机构累计为9万余户贫困户提供各类风险保障521.27亿元,收取保费0.76亿元,累计为9852户贫困户赔付0.5亿元。主动对接固原市金融工作局、扶贫办以及税务、工商等部门,依托"百行进万企"活动,制定《固原市民营企业融资纾困帮扶工作实施方案》,重点扶持民营企业58家。联合中国人民银行固原市中心支行印发《关于进一步落实金融支持稳企业保就业相关政策的通知》《固原市"金融为民"产业链融资模式实施方案》,凝聚金融监管合力,全力支持实体经济。分3次向辖区银行机构推送2020年全市重点防疫、生活及农用物资生产经营、交通物流等企业名单156家,辖区银行机构向名单企业贷款超过27亿元。

【金融服务先行区建设】 2020年,固原银保监分局引导机构围绕固原市"三山五河"生态坐标、"一区五城"发展布局和六盘山生态屏障构筑提供金融支持。辖区银行机构在助力先行区建设中提供信贷资金超过25亿元,用于打造生态经济新高地,奋力谱写建设黄河流域生态保护和高质量发展先行区、继续建设美丽新宁夏的固原篇章。对标固原市重点建设项目60个和民生实事10件,引领政策性及大型银行发挥"头雁效应",加大信贷支持和保险保障力度,向王洼煤业改扩建、城市垃圾无害利用及环卫一体化生活垃圾焚烧发电工程等15个自治区、固原市重点项目发放贷款5.24亿元。对接固原市城市集中供热热源、固原市第三污水处理等13个项目,投放贷款12.14亿元。指导辖区银行机构向纺织服装相关企业投放贷款0.06亿元,向中药材种植、林木育种和育苗等特色农业投放贷款1.79亿元。

【小微企业金融服务】 截至2020年年底,固原银保监分局加大对小微企业金融服务监管督导和通报考核力度,确保实现"增量扩面、提质降本"目标。农村中小银行机构普惠型小微企业贷款余额38.58亿元,比年初增加8.77亿元,增长29.42%,比各项贷款较年初增速高10.45%;有贷款余额的普惠型小微企业贷款户数13325户,比年初增加4370户;督导农村中小银行机构充分发挥支农支小主力军作用,践行普惠金融,让利于民,2020年累计减收利息及手续费849.94万元。

【银行业改革发展】 2020年,固原银保监分局推动辖区农信社改制工作,完成隆德农商行改制工作,完成辖区农信社改制工作全面推动辖区法人银行机构股权托管工作,指导7家法人银行机构完成托管,推动大型银行及城商行延伸金融服务,核准设立工商银行固原西吉支行、石嘴山银行固原分行太阳城支行。推动保险公司回归保障功能,优化服务,指导建信财险工作。

【新兴金融业机构】 截至2020年,固原市共有融资性担保机构7家(原州区3家、西吉县1家、隆德县1家、泾源县1家、彭阳县1家),注册资本10.5亿元,担保余额30.63亿元,保费收入224.9万元;小额贷款公司22家(原州区16家、西吉县2家、隆德县1家、彭阳县3家),注册资本金4.2亿元,贷款余额5.5亿元,利息收入437万元;典当行10家(原州区8家、隆德县1家、彭阳县1家),注册资本金1.16亿元;融资租赁公司1家,注册资本金1.7亿元。

【金融助推脱贫攻坚】 2020年,固原银保监分局辖区银行机构累计发放农户扶贫小额信贷104.98亿元,累计支持贫困户22.59万户。指导辖区银行机构累计向51家扶贫车间发放贷款1.67亿元,吸纳劳动力4000多人,实现贫困人口就地就业、就近就业。辖区农村商业银行"整村授信"工作稳步推进,整村授信完成行政村287个,占全辖行政村的36.01%,已授信户数69908户,授信金额31.68亿元,已用信户数26865户,占授信户数的40.35%,已用信金额17.11亿元,占授信金额的54.00%;保险机构发挥风险补偿作用,累计办理农业保险16.85万户,提供风险保障35.51亿元,累积赔付农户2.73万户、0.62亿元。

(丰　楠)

银行业

中国人民银行固原市中心支行

【概况】 2020年,中国人民银行固原市中心支行落实央行三次降准政策,累计释放地方法人银行长期资金3.3亿元。深入推进贷款市场报价利率(LPR)改革,辖区新增贷款全部采用LPR定价,存量浮动利率贷款定价基准转换完成91%。截至11月末,全市各项存款余额543.2亿元,同比增长3.8%;各项贷款余额454.9亿元,同比增长14%;存贷比为83.8%,同比提高7.5个百分点。其中:涉农贷款余额282.0亿元,同比增长13.58%,较年初增加37.1亿元;普惠小微企业贷款余额69.0亿元,较年初增加13.5亿元,增长24.4%。

【两项政策落实】 2020年,中国人民银行固原市中心支行召开"两项政策落实专题座谈会""固原市金融支持决战决胜脱贫攻坚暨金融运行形势分析工作会议""固原市法人机构稳企业保就业工作座谈会",解读答疑有关政策。联合固原市银保监分局下发《关于进一步落实金融支持稳企业保就业相关政策的通知》,实施小微贷款应延尽延和信用贷款支持计划政策,扩大政策覆盖面和普及率。引导银行机构向3家全国性重点保障企业发放应急贷款3880万元,推送规上、限上重点企业5批、86家,完成授信10.2亿元。应延尽延普惠小微贷款560笔、2.87亿元,普惠小微企业信用贷款余额2.94亿元,新增小微企业信用贷款2.88亿元,新增额占比16.3%。

【风险防控】 2020年,中国人民银行固原市中心支行联合银保监局和地方金融办推行银企联动监测模式,掌握地方法人金融机构风险动态,梳理辖内法人机构应急预案9家。开展金融领域扫黑除恶专项斗争,持续做好金融公司经营活动的监测分析,配合做好互联网金融风险及非法集资专项整治。跟踪调查辖内发生的个别企业涉嫌非法集资案等违法金融活动,评估金融机构风险。配合公检法"三书一函"工作,开展反洗钱及扫黑除恶专项斗争宣传22场次,向司法部门移送重点可疑交易线索4条,发现涉嫌非法金融案件3起。周密部署"断卡"行动及账户风险防控工作,开展辖区涉赌涉诈风险账户核查,切实保障人民群众财产安全和合法权益。

【金融管理】 2020年,中国人民银行固原市中心支行深化农村支付服务环境建设。实施"五精"工作措施,提高乡村金融服务的便捷性、覆盖率和满意度,形成农村"固原模式"。全市建立便民金融服务站410个,累计交易业务笔数38.15万笔,同比增长84.21%。开展"重振引擎 助商惠民 嗨翻固原"消费惠民活动,带动消费448.56万元,拓展特约商户1120户。

【减税降费政策实施】 2020年,中国人民银行固原市中心支行主动与财税部门沟通、协商,全辖区各级国库共办理个人所得税汇算清缴退库、享受小微企业普惠性政策退库、疫情防控重点保障物资生产企业退库3.63万笔、1203.69万元。落实发行库查库制度,开展人民币发行库专项检查和发行库安全风险大排查,及时整改查出问题。将金融服务示范区创建工作与180个"3+1"反假货币网络工作站建设有机结合。联合市场监督管理局,对固原市点验钞机、CRS机等机具进行测试并强制停用不合格机具681台。

【外汇市场秩序规范】 2020年,中国人民银行固原市中心支行按照宁夏分局统一安排部署,实施非现场核查和现场核查辖内外汇银行国际收支和个人结售汇业务,督促辖内企业通过市场监督管理部门的国家企业信用信息公示系统报送年报数据,完成2020年度FDI存量权益登记工作。深入西吉、泾源、隆德3个县的涉外企业开展"一对一"现场业务辅导和政策宣传,向企业传达"越规范越便利"的货物贸易外汇服务理念,引导企业规范业务流程,争享便利化外汇服务。

【金融消保工作】 2020年,中国人民银行固原市中心支行健全金融消费者权益保护工作机制,联合固原市市场监督管理局、市委宣传部、市委网信办、公安局、文化旅游广电局、金融工作局等部门建立健全整治违法广告协作机制。落实《最高人民法院 中国人民银行 中国银行保险监督管理委员会关于全面推进金融纠纷多元化解机制建设的意见》,联合固原市中级人民法院和固原银保监分局,印发《全面推进金融纠纷多元化解机制建设的工作方案》,建立固原市金融纠纷多元化解机制。做好金融消费者权益保护监督检查,依托2020年综合执法检查,对辖区1家法人银行业金融机构开展金融消费权益保护执法检查,限期整改存在的问题。受理金融消费者咨询投诉6件,办结率100%。

【金融扶贫政策保障】 2020年,中国人民银行固原市中心支行采取"先贷后借""再贷款资金+匹配自有信贷资金"杠杆化运作等新模式,引导金融机构"线上线下"同时发力,实施"整村授信",为农户提供5万~50万元的无抵押无担保的纯信用贷款,推动产业扶贫。聚焦西吉县脱贫摘帽,将再贷款额度向西吉县倾斜。组织辖内10家银行业金融机构在全区首次举办以"助力脱贫攻坚 金融一路向前"为主题的固原市金融助力脱贫攻坚网络直播活动,通过新华"现场云""央视新闻"等全国性网络媒体平台,向全国展示固原市金融助力脱贫攻坚的显著成效。原州区金融扶贫案例作为经典案例被纳入联合国对发展中国家扶贫开发课程,"蔡川模式"在中央电视台系列专题片中播出,固原农商行信贷部经理带领团队创新金融扶贫"张易模式"荣获全国脱贫攻坚创新奖,《光明日报》《金融时报》等多家媒体对辖区金融助力脱贫攻坚案例进行多次报道。年底,全市扶贫再贷款余额14.54亿元,较年初增加5.12亿元,增长54.35%,同比多增4.5亿元。至第三季度末,全市金融精准扶贫贷款余额80.49亿元,当年累计发放50.74亿元,同比增长48.6%。

(杨　军)

中国农业发展银行固原市分行

【贷款投放】 2020年,中国农业发展银行固原市分行累计发放各类贷款5.83亿元,较上年增加2.22亿元,增幅61.50%,完成全年投放计划8.96亿元的65.07%。各项贷款余额68.13亿元,各项贷款日均余额70.07亿元。

【盈利能力】 2020年,中国农业发展银行固原市分行累计回购农发重点建设基金本年到期股权8.13亿元;上划投资收益0.3亿元,投资收益到位上划率为100%。实现拨备后利润(FTP)6440.91万元,人均利润222.10万元,完成区分行下达全年拨备后利润预算(FTP)6845万元的94.10%。

【风险化解】 2020年,中国农业发展银行固原市分行清收当年新增不良贷款1625万元,完成区分行下达新增不良贷款清收任务的100%,应收贷款5.52亿元,实收贷款7.17亿元,收贷率129.89%,全年应计利息3.23亿元,实收利息3.24亿元,综合收息率100.19%,回购逾期重点建设基金股权375万元,实现预期目标。正常类贷款672057.161万元,占各项贷款的98.65%,关注类贷款9226.51万元,占各项贷款的1.35%。

【存款管理】 2020年,中国农业发展银行固原市分行发挥当地财政偿债资金专户作用,争取相关单位提前存入贷款本金、利息、回购基金股权、投资收益合计12.79亿元。参加固原市财政局组织的社保基金间歇资金定存竞标,中标职工基本医疗保险基金、城乡居民基本养老保险基金共计6300万元。挖掘贷款客户资源,积极营销争取客户销售回笼货款、项目配套资金和上下游关联客户的资金,控制信贷资金和基金留存时限,发挥信贷资源的增存效用。新营销各类存款账户46个,新增账户日均余额0.21亿元。

【财会运营管理】 2020年,中国农业发展银行固原市分行深化财务运行分析,深入分析资产配置、资金筹措、财务收支,实现拨备后利润(FTP)6440.92万元。加强对基本户33户、专户144户、一般户148户的管理,累计发出对账单2520余份,收回2520余份。对接开通电子对账的客户29户,提高对账效率,减少对账成本。开展反洗钱工作,做好客户身份识别、大额及可疑交易数据报告、客户身份资料和交易记录保存,完成反洗钱业务客户洗钱风险等级评定、反洗钱自评等工作,上报大额交易614条,排除可疑31条,完成149家客户受益所有人识别工作。电子支付替代率增幅15%,累计绑定网银客户结算账户数量82户,占结算账户总数的38%。支付资金5492笔,涉及金额30.92亿元。排查开户企业215家,存量账户325户。累计上划基金投资收益221笔0.30亿元。

【农发建设投资管理】 2020年,中国农业发展银行固原市分行累计回购农发重点建设基金股权8.13亿元,上划投资收益0.3亿元,投资收益到位上划率为100%。

【服务精准扶贫】 2020年,中国农业发展银行固原市分行结合固原市当地实际,坚持"一企一策"原则,利用总行"三区三州"地区"28+10+10"政策、未摘帽贫困县11条政策,累计向深度贫困地区发放支农扶贫贷款5.39亿元,完成全年投放任务的129.88%。累计向西吉县投放扶贫贷款0.31亿元,完成挂牌督战工作任务及目标。围绕"两不愁三保障"重点领域,开通办贷绿色通道,对接重点民生工程中标施工单位,累计发放贫困村提升工程贷款0.8亿元,项目惠及固原市全辖,延伸辐射周边地区,填补区业务发展空白点。支持特色优势产业发展,瞄准当地马铃薯种植、中药材加工、林草产业及肉牛养殖等特色优势产业,发放产业扶贫贷款0.47亿元支持固原市6家民营企业发展,累计带动贫困人口60人。

【服务乡村振兴战略】 2020年,中国农业发展银行固原市分行结合建设黄河流域生态保护和高质量发展先行区战略实施,聚焦农村人居环境改善、贫困村提升等重点领域,累计发放改善农村人居环境项目贷款4.4亿元、贫困村提升工程贷款0.8亿元。加快已审批项目放款进程,向企业发放固原市城市垃圾无害利用及环卫一体化项目生活垃圾焚烧发电工程项目已批未放贷款资金2亿元,落实固原市海绵城市PPP项目已审批贷款资金6亿元贷前条件。对接固原市城市集中供热热源项目、固原市污水处理尾水资源化利用工程、固原市经济开发区新材料产业园大型停车场及配套服务设施工程、固原市黄河水调蓄工程、原州区互联网+供水工程、西吉县互联网+供水工程等项目,融资需求共计12.48亿元。

【服务企业复工复产】 2020年,中国农业发展银行固原市分行依托防疫应急办贷通道和支持企业复工复产绿色通道,坚持"急事急办、特事特办"原则,加大对疫情防控名单企业的信贷支持力度,投放全区首笔驰援疫情防控0.1亿元贷款。加强新客户、新项目的营销,全面展开业务对接,累计发放企业复工复产贷款4.83亿元。累计为3家企业办理延期付息手续,展期贷款本金6500万元,延期支付贷款利息19.63万元,为1家企业办理677.12万元无还本续贷业务。执行复工复产贷款、扶贫贷款和中小微企业贷款"整体优惠+首年优惠"利率定价政策,最大限度降低民营小微企业的融资成本,支持实体经济发展。

(方　雪)

中国建设银行股份有限公司固原分行

【基础业务】 2020年,中国建设银行股份有限公司固原分行一般性存款余额为71.74亿元,其中对公存款余额为26.61亿元,个人存款余额为45.13亿元。各项贷款余额为38.17亿元,其中公司类贷款余额为18.07亿元,个人类贷款余额为20.10亿元。营业收入总额为2.23亿元,营业支出0.65亿元。营业利润1.57亿元。营业外收入82.26万元,营业外支出166.44万元,净利润1.56亿元。不良贷款5792.44万元,贷款不良率1.52%。

【核心业务】 2020年,中国建设银行股份有限公司固原分行个人全量客户46万户、占比11.3%、系统排名第1,当年新增2.4万户、占比15.76%、增速系统排名第2;有资产客户35.5万户、占比11.72%、系统第1,当年新增1.9万户、占比13.4%,系统排第1;全面关系客户1.19万户,规模系统第1。个人代发有效账户12.5万户,系统占比14.28%,当年累计代发额26.33亿元,占比11.83%。对公基本账户2822户,其中代发454户,代发率14.44%,高于系统3.4个百分点;有贷户468户,其中代发86户,代发率21.1%,高于系统0.9个百分点;小额无贷户1140户,其中代发606户,代发率53.16%,高于系统19.5个百分点。

【三大战略】 2020年,中国建设银行股份有限公司固原分行疫情防控期间帮助企业迅速恢复正常生产。组织员工通过朋友圈等社交媒体,转发小微快贷办理流程等信息,加大宣传力度,提高客户覆盖度。联合隆德县、彭阳县、西吉县组织福建商会、浙商商会、陕西商会等开展普惠金融产品推介会10余场(三个县支行5场),现场指导客户通过"惠懂你”App办理小微快贷，参加企业近千家，成功测额156户、2000余万元。将“惠懂你”App嵌入隆德县人民政府门户网站、彭阳县网络信息中心、西吉县工商业联合会等网站，增加“惠懂你”App场景布局，提升客户办理小微快贷的便捷度。

【风险管控】 2020年，中国建设银行股份有限公司固原分行建立高效工作机制。通过成立团队、加强配合、沟通分析和成果考核等措施，牢固树立质量第一和可持续发展的信贷经营理念。穿透分析诊断类贷款风险状况、加大不良贷款的诉讼和执行工作力度、促成兼并重组等措施，做到应收尽收。

（丁永强）

中国农业银行股份有限公司固原分行

【概况】 2020年，中国农业银行股份有限公司固原分行各项存款余额37.55亿元，较年初净增2.87亿元，完成全年计划任务的159%；各项贷款余额26.79亿元，较年初净增1.56亿元，完成全年计划任务的104%；实现考核性中间业务收入2923万元，同比多收77万元，计划完成率102.23%；实现拨备前利润1.19亿元。

【服务实体经济】 2020年，中国农业银行股份有限公司固原分行重点推广小微e贷、普惠金融服务、精准扶贫，累计发放小微企业贷款55户、2.38亿元，央行降准口径普惠贷款较年初增加13487万元，计划完成率168.8%。监管口径普惠贷款较年初增加5914万元，计划完成率139.15%，增速高于各项贷款13.98个百分点，完成“两增两控”目标。围绕经济民生，加大个人贷款投放力度，根据客户需求推出“医护e贷”“教师e贷”“烟草e贷”“药商e贷”等系列产品，累计发放“非三农”个人贷款6916笔，共计5.4亿元。

【风险管控】 2020年，中国农业银行股份有限公司固原分行累计清收不良贷款（含信用卡）1623.1万元，五级分类不良贷款（含信用卡）余额2902.37万元、不良占比1.08%，完成区分行控制计划。开展案件防控“利箭”计划，推进安全生产专项整治三年行动实施方案，开展员工涉诉、参与非法集资、非法吸收公众存款、酒驾醉驾等行为排查，全年案件和责任事故“零发生”。

【服务精准扶贫】 2020年，中国农业银行股份有限公司固原分行牢固树立农业农村优先发展理念，新设立1个“三农”网点，增配“三农”客户经理4名。年底建档立卡贫困户贷款余额1.44亿元，较年初增长4389.95万元。开展进村入户定点帮扶28次，购置经济果木，扶持村民发展庭院经济。加快扶贫商城推广工作，优选当地特色农副产品生产、加工、流通企业入驻扶贫商城，助力贫困户脱贫增收，完成扶贫商场采购45.45万元，完成区分行下达计划任务的105.7%。

（文佐东）

中国工商银行股份有限公司固原支行

【概况】 截至2020年年底，中国工商银行股份有限公司固原支行累计发放贷款27.67亿元，其中公司贷款累放16.48亿元，公司贷款中民营企业贷款累放3.88亿元，占公司贷款累放额的23.54%，支持“宁夏六盘山热电厂2×33万千瓦热电联产”“王洼煤矿300万吨/年银洞沟煤矿改扩建”“固原宾馆改扩建”“古雁岭大饭店扩建”“华祺伯爵饭店”“西南新区九龙佳苑及安置住房二级供热管网”“西兰银物流园区国际汽贸汽配城”“荣华泰豪商贸大厦（新华百货购物中心）”“新区标准化菜市场及商网”等地方重点项目建设，加强当地小微企业信贷投放，发挥银行服务实体经济的职能。

【服务企业复工复产】 2020年，中国工商银行股份有限公司固原支行为原州区67个单位、固原市机关工委208家单位开通党费云平台，服务各政府部门党员在疫情防控期间缴纳党费。联合固原红十字会上线“工银e缴费公益捐款平台”，开通线上捐款通道。借助“抗疫贷”线上融资产品，为疫情防控相关企业提供高效、便捷的金融服务。向企业发放贷款500万元。采用电话、微信等方式摸查存量信贷企业41家，逐户制定受疫情影响较大的企业的帮扶措施。调整企业还息日期。为3家企业办理续贷、展期金额合计945万元，为线上经营快贷办理续贷12笔金额合计445万元。截至年底，投放各类贷款7.30亿元。

【行风建设】 2020年，中国工商银行股份有限公司固原支行将精神文明建设与银行经营紧密联系起来，形成银行、客户、员工共同参与的经营平台，截至10月末，支行共存各项存款17亿元、各项贷款24亿元，实行营业利润5100万元，自身和社会效益明显提升。

【服务精准脱贫】 2020年，中国工商银行股份有限公司固原支行组织工商银行员工帮助八岔村销售因疫情滞销土豆20.868万斤、27.73万元。配套电子券开展已上线商户农特产品促销活动，上线电商平台7户，帮助销售扶贫县域及扶贫村农特产品。完成分配产品直接买24.25万元、帮忙买152.4万元。捐赠八岔村7户特困户危房改造救助资金5.6万元、八岔村农机设备购置

"造血式"扶贫救助资金19.4万元。筹集资金5000多元为建档立卡户购置红梅杏树苗,开展"手拉手"植树活动,为考入本科12名大学生发放"金秋助学子、爱心助成才"捐款14448元。设立西吉支行县域网点,助力县域经济发展。

（余　轩）

宁夏固原农村商业银行股份有限公司

【存款规模】　截至2020年年底,宁夏固原农村商业银行各项存款时点余额76.29亿元,较年初增加8.44亿元,增幅12.44%,完成全年计划任务的148.07%。各项存款日均余额76.91亿元,较年初增加6.79亿元,增幅9.68%,完成全年计划任务的226.33%。个人贷款较年初增加8.86亿元,增幅22.93%,其中按揭贷款较年初增加588家、2.36亿元,各类创业贷款较年初增加469家、1.25亿元;各类小微企业贷款较年初增加2.98亿元,增幅28.38%,其中为18家小微企业展期、借新还旧5733.80万元。

【贷款投放】　截至2020年年底,宁夏固原农村商业银行各项贷款(不含转贴现、信用卡)余额50.89亿元,较年初增加9.15亿元,增幅21.92%,完成全年计划任务的101.67%。五级分类不良贷款余额4456.80万元,较年初下降11万元,五级不良贷款率为0.69%,较年初下降0.12个百分点。全口径不良贷款余额10035.21万元,较年初增加8330.36万元,增幅488.63%。

【经济效益】　2020年,宁夏固原农村商业银行实现各项经营收入44991万元,较上年同期增加3605万元,增幅8.71%;实现净利润13503万元,同比增加2493万元,增幅22.64%。完成全年计划任务目标。

【监管指标】　截至2020年年底,宁夏固原农村商业银行拨备覆盖率为451.07%,比年初减少117.91个百分点,优于监管指标351.07个百分点;资本充足率24.96%,比年初减少了0.81个百分点,优于监管指标14.46个百分点;成本收入比37.22%,比年初增加5.5个百分点,优于监管指标2.78个百分点;流动性比率53.94%,比年初增长7.12个百分点,优于监管指标28.94个百分点,各项监管指标均达到法定监管值。

【网点转型升级】　2020年,宁夏固原农村商业银行按照黄河银行打造"三个银行"战略部署,改造升级4家网点,新增布设存取款一体ATM机7台、现金循环6台、智能柜台7台,实现网点向"功能分区、业务分流、客户分层"转型。黄铎堡镇网点进入基础建设阶段。建立村级金融扶贫服务站,联合原州区财政局深化"银政"合作,完成标杆金融扶贫服务站建设51个。有机整合便民服务点与金融扶贫示范村,改善当地金融支付结算环境、提升金融服务水平。安排柜员轮值和大堂经理引导客户在现金循环机、智能柜台、自助发卡机等自助机具上办理业务,电子银行业务替代率91.68%,较年初增加5.55个百分点。

【服务实体经济】　2020年,宁夏固原农村商业银行开展存量客户增信、流失客户回访等信贷服务活动,对接优质楼盘和就业创业局,发展个人信贷业务。为企业推出调整结息方式、下调贷款利率、延期还本付息、办理无还本续贷等特殊政策。实行班子成员包片、机关部门包行责任制,逐村摸清原州区150个行政村网格管理、销号推进,逐队采集信息、逐户测试授信。截至2020年年底,涉农贷款较年初增加4823户、7.83亿元,完成75个"授信村"的验收工作,采集有效农户信息24453户,评级授信2237户、10.90亿元。其中:用信10015户、5.38亿元。联合原州区农业农村局建立"支持农业优势特色产业贷款担保基金",支持新型农业经营主体较年初增加646家、1.12亿元,支持肉牛养殖产业较年初增加5759户、4.03亿元,支持冷凉蔬菜产业2264家、1.76亿元,支持淀粉产业6户、1.2亿元。

【服务精准脱贫】　2020年,宁夏固原农村商业银行通过展期、无还本续贷等方式给予受疫情影响暂时还款困难的贫困户信贷支持。对有一定产业基础、信用状况良好、有扩大再生产意愿和发展能力的已脱贫农户,坚持"扶上马、送一程"原则,给予其他商业贷款,确保实现"脱贫不返贫""脱贫不脱政策"。截至2020年年底,各项贷款占原州区金融机构贷款存量的25.46%,位居第二,增速高于同业平均增速9.97%。

（张　开）

宁夏银行固原分行

【概况】　2020年,宁夏银行固原分行加大贷款投放力度,扩大信贷支持稳企业保就业覆盖面。截至年末各项贷款余额17.6亿元。

【服务实体经济】　2020年,宁夏银行固原分行支持小微企业和实体经济发展,完成监管部门的两增两控目标。支持市、县重大项目建设,对接当地政府,对政府招商引资的企业给予资金支持,对当地较大企业给予资金支持。结合固原市小微企业财务不健全、不规范,无抵押担保的实际困难,开发了宁科贷、税联贷等信用贷款,与担保公司开展业务合作。

【小微企业融资】　2020年,宁夏银

行固原分行落实宁夏银行总行相关政策,通过降低利率、减免收费、提高效率等办法,解决企业融资贵问题。新开发唰唰贷、信e贷、微联贷等线上融资产品,丰富融资渠道。开展“百行进万企、百名行长进园区、存量客户摸排”等活动,检视支持民营企业中的弱点和难点,强化分行信贷投放督导。

【服务精准脱贫】 2020年,宁夏银行固原分行开展“赢在春天”“百行进万企”和“百名行长进园区”等活动,开通调查、审批绿色通道等措施,助力企业脱困,推动企业复工复产。开展“担使命,抗疫情,深入企业送服务”主题党日活动,为授信客户泾源县苏堡村润源苗木专业合作社现场捐款5000元,为企业植树200余棵,助力企业开展正常经营活动。

（袁正斌）

中国邮政储蓄银行固原市分行

【经营指标完成】 截至2020年年底,中国邮政储蓄银行固原市分行各项贷款余额246660.47万元,较年初增加67889.62万元,增幅37.98%,其中个人经营性贷款168735.93万元,较年初增加33132.54万元,个人消费贷款74527.40万元,较年初增加37331.08万元。全年安全运营无事故。

【信贷服务】 2020年,中国邮政储蓄银行固原市分行围绕地方政府各项工作部署,坚持“服务社区、服务小微、服务三农”战略定位不动摇,扎根农村市场,助力决战决胜脱贫攻坚,积极调整信贷产品,实现信贷产品与客户发展需求的高度匹配,加快推进科技赋能,引进移动展业,引导客户经理走出去,现场办公。

【服务精准脱贫】 2020年,中国邮政储蓄银行固原市分行联合中国扶贫基金会成立“邮爱公益基金”,推出资助项目“邮爱自强班计划”,成立“新长城高中自强班”,资助彭阳县一中各班的贫困生(属建档立卡贫困家庭)50名。

（何　明）

石嘴山银行固原分行

【概况】 2020年,石嘴山银行固原分行坚持“和谐共生、互助双赢”发展理念,坚持“助力小微成长银行、服务百姓贴心银行”的战略定位,投入脱贫攻坚事业,支持固原市地方经济发展,累计投放各项贷款15亿元。

【服务实体经济】 2020年,石嘴山银行固原分行采取贷款展期、无还本续贷、实施利率优惠、调整还款方式及付息周期等举措为受疫情影响造成阶段性还款困难的民营小微企业缓解暂时性困难。为受疫情影响较大的授信1000万元及以下的制造业、批发零售、住宿餐饮等行业的客户给予原有贷款利率下浮10%的利率优惠。按照总行印发的《石嘴山银行关于运用支小再贷款资金支持小微企业复工复产的通知》,运用支小再贷款资金为普惠型小微企业客户提供融资支持,支持受疫情影响小微企业复工复产。累计向14家受疫情影响企业下调利率,全年减免利息477.86万元,为受疫情影响企业办理续贷、无还本续贷、展期、借新还旧7户、金额2448万元,调整还款计划及付息方式1户、金额4万元,发放支小再贷款0.91亿元、14户、平均利率4.55%,较上年同期下降3个百分点。

【小微企业信贷】 2020年,石嘴山银行固原分行针对有信贷需求但无抵押、无担保方式的企业提供信用贷款1350万元。推出应收账款质押贷款,向企业授信应收账款质押贷款1000万元,质押应收账款8982万元。疫情防控期间创新推出个体工商户信用贷款产品“小本贷”,通过线上线下方式快速支持有需求的个体工商户,实现从申请到放款24小时内完成。对小微贷款业务自申请到审批在5个工作日内完成,实现扶贫小额信贷线上化,办理效率较传统方式提高70%。

【小微企业融资】 2020年,石嘴山银行固原分行主动下调民营、小微企业贷款定价,对符合支小再贷款要求的小微企业将贷款利率控制在4.35%以内。为受疫情影响较大的授信1000万元以下的制造业、批发零售等行业的小微企业客户,给予利率优惠,减轻企业负担,累计为2家企业节省利息支出27.4万元。

【“双拥卡”服务】 2020年,石嘴山银行固原分行联合固原市退役军人事务局为军烈属、退役军人和其他优抚对象定制发放“双拥卡”。对优待对象所持双拥卡施行免工本费、免卡年费、免网上银行等电子银行转账汇款手续费、免全国任何一台银联ATM机取款、转账手续费等10项免费金融服务政策,给予持卡对象优惠的授信政策支持。

【服务精准脱贫】 2020年,石嘴山银行固原分行延长受疫情影响还款困难的扶贫小额信贷还款期限,对受疫情影响出现还款困难的贫困户采用展期或者续贷业务。完成扶贫小额贷款业务线上化作业系统的设计与开发,通过标准化线上审核、电子化渠道放款,实现扶贫贷款的无纸化、线上化审核审批,单户贷款从申请、审核、审批到拿到信贷资金超不过十分钟。截至年底,扶贫贷款覆盖2个县区、19个乡镇、134

个行政村，累计向7683户贫困户发放授信贷款，授信总额近3.5亿元。对接妇联、就业局等部门，推动农村妇女创业小额担保贷款业务的发展，担保比例由1:5扩大至1:10，贷款额度最高扩大至15万元。新增农村妇女创业贷款67户，发放金额670万元。

【服务复工复产】 2020年，石嘴山银行固原分行制定《石嘴山银行关于贯彻落实稳企业保就业相关政策措施的通知》《石嘴山银行关于进一步做好中小微企业阶段性延期还本付息工作的通知》《石嘴山银行关于进一步加大小微信用贷款投放的通知》等文件。落实不断贷、不抽贷、不压贷的信贷政策，支持企业稳定生产，稳定就业。开展制造业企业走访活动，走访授信500万元及以上制造业企业。

（张蕾蕾）

宁夏原州津汇村镇银行

【存款规模】 2020年，宁夏原州津汇村镇银行资产总额8.08亿元，各项贷款4.64亿元，累计营销小额农户贷款2686户11259万元，涉及11个乡镇、95个村组，各项存款5.62亿元，全年实现营业收入3703.45万元。宁夏原州津汇村镇银行获得中国人民银行固原市中心支行授予的金融统计"先进集体"荣誉称号。

【金融服务】 2020年，宁夏原州津汇村镇银行开展金融知识宣传教育工作，完善服务渠道，上线智慧柜台。稳定信贷供给，为生产、销售疫情防控物资和民生物资的客户开辟"绿色通道"，满足资金需求，列出清单、主动对接受疫情影响较大的行业和客户，通过调整贷款期限、优化还款方式等措施协助缓解疫情影响。上线"移动小微贷"系统，调整优化审批流程，实行网上审批，填补线上信贷业务办理空白，为客户提供安全便捷高效率的贷款受理，落实金融服务智慧化升级。

【金融文化建设】 2020年，宁夏原州津汇村镇银行充分发挥清廉金融文化引领方向的作用，开展"清廉金融文化建设月"活动，推进"不敢腐、不能腐、不想腐"。开展以"搭建平台 分享阅读"为主题的读书月活动，通过荐书、赠书、品书3个阶段推进学习型银行建设。组织全员参观雷锋纪念馆，利用革命传统教育基地开展初心体验活动，传承红色基因，筑造时代力量。组织全员学习《中华人民共和国民法典》，号召全员深入领会，使之成为处理各种日常和生活事务的准则。

（谢 静）

保险业

中国人民财产保险股份有限公司固原分公司

【经营效益】 2020年，中国人民财产保险股份有限公司固原分公司实现保费收入42889.39万元，降速7.01%；其中：车险23081.54万元，增速10.24%，农险10093.14万元，增速1.03%，商非4158.58万元，增速25.22%，社保6591.53万元，降速15.12%。普惠1035.4万元，降速125.2%。累计向固原市5个县（区）发放支农融资贷款14836万元，其中向22家企业进行了融资，融资总额13450万元，"3+N"博泰模式共计向农户放款56组、1386万元。目前，融资余额为5331万元。全险种累计赔款2.32亿元，其中，车险赔款1.05亿元、农险赔款4988.62万元、商非赔款2041.79万元、社保赔款4672.69万元、助贷赔款964.37万元。未决赔款8816.51万元。简单赔付率59.68%，综合成本率89.85%。

【服务实体经济】 2020年，中国人民财产保险股份有限公司固原分公司围绕企业复工复产需求，加大保险资金供给力度。对受疫情影响发生复工复产困难的3家支农融资企业给予延期还本金支持，金额1006万元。落实宁夏中小企业出口信用保险"全风险覆盖"项目1笔，授信金额350.33万元。信用贷款保证保险最低保费费率由1.5%下调至0.9%。为停运的货运车辆进行保险期限顺延，累计288笔保单，受益客户182人。

【农村保险提质】 2020年，中国人民财产保险股份有限公司固原分公 司借助进村入户、召开宣讲会等多种方式开展宣传，提升农户保险意识。协同农村农业局安排4名员工全天查勘理赔，及时支付农户赔款。政策性农业保险承保各类作物（林木）172.9万亩，大小牲畜6.78万头，参保农户7.12万户，覆盖5个县（区）、41个乡镇，提供风险保障14.28万元。累计赔款1611.97万元，受益群众13732户。"扶贫保"累计承保各类作物（林木）26.7万亩、大小牲畜28.52万头，参保建档立卡户6.97万户，覆盖4个县、1个区、62个乡镇，提供风险保障18.57亿元。累计赔款3279.71万元，受益群众8831户。

【民生服务保障】 2020年，中国人民财产保险股份有限公司固原分公司对接政府相关部门。推进"铁杆庄稼保"外出务工人员意外伤害保险，50元保费承担26万元高额保障，以"不盈利"为出发点，累计承保15.03万人，发生赔款104万元，未决赔款106.6万元。落实"健康中国"战略，推出"宁惠保"补充医疗保险，59元保费承担200万元保障，全辖5784人参保。

（马全凤）

中国太平洋财产保险股份有限公司固原中心支公司

【经营效益】 2020年,中国太平洋财产保险股份有限公司固原中心支公司全年实现保费4094万元,比去年同期减少保费535万元,同比降低11.55%,市场份额为5.13%;其中,车险保费完成3425万元,同比增长39万元,增长率1.15%;非车险保费完成494万元,同比增长7万元,增长率1.36%;农险保费完成176万元,同比减少580万元,减速76.75%;全年累计支付赔款2334万元。

【企业管理】 2020年,中国太平洋财产保险股份有限公司业务结构调整,加强公司内控制度建设。结合固原市场及公司的实际情况,逐一拜访客户,树立注重业务发展的质量和效益,实现速度和结构、质量、效益相统一,不断增强发展的可持续性。制定承保办法,进行控制,加大非车险、非营运车险业务政策倾斜力度,努力向精细化方向迈进。加强财务预算管理,严格控制费用支出,降低经营成本。结合监管部门及总、分公司的严管政策及措施,借助规范市场契机,强化合规经营、内部控制的意识,建立健全内部控制机制,积极从源头机制上防范合规风险。

（李晓燕）

中国人寿保险股份有限公司固原分公司

【经营效益】 2020年,中国人寿保险股份有限公司固原分公司实现总保费19661万元,较上年同比增长8.7%。实现标准保费2003万元,较上年同比增长19.5%。实现十年期及以上期交1778万元,较上年同比增长15.2%。实现保障型业务1470万元,较上年同比增长27.1%。实现短期险业务1863万元,较上年同比下降21.8%。

【创新服务模式】 2020年,中国人寿保险股份有限公司固原分公司开展业务发展、客户需求、市场导向、竞争需要服务等工作。推广中国人寿寿险、国寿E店等App,深入推进保全、理赔等可取服务。加强综合治理销售误导、反洗钱,防集资诈骗等重点工作。加强对销售人员的管理和引导,保证客户投保信息的真实性和准确性。

【金融风险防范】 2020年,中国人寿保险股份有限公司固原分公司创新建立风控队伍,实现专人专岗,在营销职场设立风控联络员,重点防控非正常退保、销售误导、非法集资、投诉、洗钱。开展"保险中介市场乱象整治工作""重点风险专项治理工作""销售风险排查整治工作""强化风险排查发现问题整改工作""2020年保险业市场乱象整治'回头看'工作"和"打击非法集资排查整治工作""扫黑除恶专项斗争""洗钱风险排查整治工作""安全生产集中整治"等系列排查工作,核查存在问题,全面整改。响应监管要求,提升公司风险管理水平,坚守住不发生系统性、区域性风险底线。开展反洗钱、防范非法集资、扫黑除恶宣传、风险排查等工作。

【服务精准扶贫】 2020年,中国人寿保险股份有限公司固原分公司调整大病补充保险家庭意外伤害保险保障和优化借款人意外伤害保险政策,提供最优质、最便捷的服务。为原州区10.09万贫困户办理扶贫保险,收取保费697万元。

（张红香）

开发区与园区建设

宁夏固原国家农业科技园区

【概况】 2020年,宁夏固原国家农业科技园区打造以马铃薯、蔬菜产业为代表的节水高效农业科技示范区;以中药材、肉牛产业为代表的生态产业科技示范区;培育以电子商务、现代物流、精深加工等科技型企业为代表的园区主体,每个产业又按核心区、示范区、辐射区三个圈层进行空间布局,建成核心区2.12万亩,示范区建成面积33万亩,涵盖五县(区)18个乡镇,辐射区涵盖了全市65个乡镇、80%以上自然村、140多万亩。

【基础设施升级】 2020年,宁夏固原国家农业科技园区在蔬菜种植核心区姚磨新建智能连栋温室1个、净菜分拣车间1个,形成完整产业链。在杨郎村建成冷库及制冰车间1个,实现农产品低温加工、贮藏、销售等冷链物流。改造提升大棚36栋,推行无土栽植、南果北种、鱼菜共生、设施果树等栽培科技成果转化。

【农业科技创新】 2020年,宁夏固原国家农业科技园区注册商标数7个,通过认定的三品一标数1个,园区当年授权专利总数64个,其中:园区当年授权发明专利数32个;园区2020年全社会R&D投入5794.2万元,其中,各级政府本级财政R&D投入2222.3万元,企业R&D投入3469.8万元。推广新品种、新技术和新设施数92个。园区入驻企业总数38家,新增1家,新型经营主体数稳定在6个。建成省级技术创新中心13家,建成省级试验基地2个、研发机构数量7家,研发人员226人。全面建设及完善各级创新平台的基础条件、主体设施、专业实验室。

【科技精准扶贫】 2020年,宁夏固原国家农业科技园区结合新型职业农民培育、新型农民培训及劳动力素质提升等培训项目,借助集中培训与实操实训、观摩交流学习相结合的形式,精准培训农业新型经营主体带头人、脱贫带头人,完成农民培训8727人(次),带动当地农民38055人。

(金　琳)

固原经济开发区管委会

【概况】 2020年,固原经济开发区管委会主动融入黄河流域生态保护和高质量发展先行区建设,推动高质量发展。实现工业总产值52亿元,同比增长10.6%,招商引资到位资金24亿元,同比增长14%,固定资产投资12亿元,同比增长18.8%,开发区地方税收1.2亿元。

【招商引资】 2020年,固原经济开发区管委会借助小分队上门招商、邀请考察洽谈、以商招商等方式,"请进来"洽谈项目31次,"走出去"开展招商活动13次,考察企业80多家,正在洽谈推进项目52个,接待福建省漳州市芗城区等考察团,引进宁夏雪锦羊绒针织衫、中山华人礼服、永春雨具制品等项目14个。

【项目建设】 2020年,固原经济开发区管委会引进投资过亿元的生产项目1个。通过主动汇报、多方协调,争取自治区成效突出重点开发区奖补资金4000多万元,建成兴工大道维修改造、园区智能化管理等低成本化改造项目4个,国家环保部督办的园区污水处理厂、固废堆场两个项目全部建成投运。围绕自治区八大产业和固原市四大产业,结合园区主导产业定位,谋划项目39个,总投资约116亿元,争取纳入国家、区、市规划"大盘子"和项目资金支持。

【园区规划】 2020年,固原经济开发区管委会争取区、市自然资源部门支持,完成"一区三园"调规扩容、各园区控制性详规、主导产业规划、规划环评和9项"区域评"项目,"十四五"规划编制基本完成。

【园区科技创新】 2020年,固原经济开发区管委会培育国家高新技术企业2家、自治区科技型企业12家、"专精特新"成长标杆企业、示范企业8家,创建自治区高新技术产业开发区。

【园区营商环境优化】 2020年,固原经济开发区管委会印发《开发区优化营商环境政策资料汇编》,举办减税降费政策宣传解读暨银企对接会。纪工委通过走访企业、个别访谈、发放问卷,对园区优化营商环境情况进行监督检查,形成《优化营商环境保驾护航行动调研报告》2篇。多次对接金融部门,通过开发区投资公司提供担保,为企业解决融资困难。推行园区"园长制"管理。制定开发区"园长制"管理办法,协调解决园区企业反映的道路、供水、供电、供气、环卫保洁等方面问题60多件。筹措13万元为园区配备垃圾集中收储箱25个,有效解决垃圾乱堆乱倒问题。指导21名科级以上干部每人联系1家重点企业,密切与企业联系,推动政策落实,助推企业发展。高标准完成审批服务大厅改造,承接区、市下放的42项审批事项,实行全程领办代办,实现"园区的事园内办、企业的事园区办"。

【企业服务】 2020年,固原经济开发区管委会化解园区拖欠农民工工资案件39件,涉及人数424人、金额783万元,办理回复12345便民服务热线投诉25件。多方拆借资金,解决民营企业欠款2014万元。成立工作专班,组织人员解决福馨园、金华园等历史遗留问题。

【安全环保】 2020年,固原经济开发区管委会开展安全生产三年行动计划,建成投运污水提升泵站在线监测系统。举办安全生产暨消防标准化建设现场观摩会,筹措5万元为50家企业、110名安全管理员进行安全生产和职业健康培训,帮助企业安监人员依法取得从业资格证书。

（杨宏伟）

西吉工业园区

【概况】 2020年,宁夏西吉工业园区完成开发建设面积1500亩,累计完成固定资产投资13.3亿元,基础设施建设实现"九通一平",建成"四纵三横"路网体系,园区一期及二期东区配套给排水、通信、供热、天然气管网等基础设施均已投入使用,绿化、亮化等附属工程均已完成。现有入园企业28家,其中,投资公司2家,农副产品加工企业10家,轻工产品制造业企业15家,电商服务企业1家。

【经济效益】 2020年,宁夏西吉工业园区总产值3.33亿元,同比增长15.1%;实现主营业务收入2.85亿元,同比增长28.9%;实现工业增加值0.95亿元,同比增长12.9%;带动就业1003人,其中建档立卡户590人,占员工总数的58.8%。

【项目建设】 2020年,宁夏西吉工业园区全面完成一般工业固废处置场建设、将台堡汇源产业园110千伏、35千伏、10千伏及以下电力迁改工程、园区消防给水和供热改造等项目建设。完成总投资3200万元西吉县文强新型保温材料生产加工项目一期厂房建设和设备安装,并投入运行。东区15号、16号、17号厂房建设项目和园区闽宁产业园厂房维修改造项目(二期)完成竣工验收。

【招商引资】 2020年,宁夏西吉工业园区外出招商5次,参加各类招商培训、活动7次,邀请莆田市国有资产投资有限公司、亲亲食品、金蛋蛋等公司负责人来园区对接考察15批次,成功引进亲亲食品、金蛋蛋、荣吉科技、绿康农业、建西供应链等企业项目。

【企业服务】 2020年,宁夏西吉工业园区在县政务大厅设立园区审批服务专区,承接园区行政审批事项,建立园区管委会,完成园区污水处理厂及集污管网建设项目可研报告编制。

（张小燕）

隆德县六盘山工业园区

【概况】 2020年,隆德县六盘山工业园区坚持边建设、边招商、边落地投产的总体思路,主要发展医药制造业、特色轻工业和农副产品加工业3个主导产业,围绕主导产业开展招商引资工作。入园企业中,工业企业54家(规上企业5家),医药制造业(中药材加工)企业7家,农副产品深加工企业19家,特色轻工业企业20家,新型建材企业8家,其他企业8家。全年实现工业总产值4.7亿元,同比增长12.2%。

【县域产业结构优化】 2020年,隆德县六盘山工业园区依托闽宁协作平台,打通东西合作通道,主动承接东部产业转移,开展园区建设、技术引进、人才培养、产品研发等诸多领域合作。对接福建能源集团、福建石化集团等单位通过消费扶贫采购黄土地粉丝系列产品,对接中石化2万多家便利店,黄土地粉丝产品上架销售,园区知名度和产品得到宣传和推广。通过以商招商,主动推介、入股联营、增资扩股等方式,推动上下游产业链条纵向延伸、横向配套,实现引进一个企业、带动一批产业的效应。

【管理模式创新】 2020年,隆德县六盘山工业园区遵循市场规律,采取“政府配套基础、企业建设运营、政企共同发展”的模式,创新发展工业地产,引入社会资本开发建设园区。引进福建康业投资公司开发建设“中小企业闽宁扶贫孵化园”暨“双创”产业扶贫示范基地。福建康业投资公司在固原市建成64栋、面积为24万平方米孵化园标准化厂房。“园区管委会+公司”模式在全区开发区体制机制改革推进会议上作交流发言,在全区推广。

【优势产业发展】 2020年,隆德县六盘山工业园区依托县域中药材、草畜、冷凉蔬菜等特色产业,联合龙头企业延伸产业链,带动农民增收。依托六盘山道地中药材资源优势,招商引进广州香雪、上药中药等企业,提升中药材加工,研发中药配方颗粒,加快中药材产业的科技含量和附加值,打造中药材“种植、加工、仓储物流、科技研发、市场销售”的全产业链发展模式。发挥六盘山区高海拔、气候冷凉等自然优势,招商引进黄土地、兴宇粗粮等企业,加大特色农产品研发及产业链延伸,使农产品加工由初级向精深拓展,形成具有六盘山区特色的纯“农”字号无公害绿色农产品加工基地。依托千年古城、文化大县、红色六盘的文化底蕴,招商引进人造花、爱丽纳地毯等企业,大力发展工艺美术品制造。

【安全环保】 2020年,隆德县六盘山工业园区秉承“绿水青山就是金山银山”的理念,园区建设坚持走“绿色、循环、低碳、可持续发展”之路,严格市场准入,严守环保红线,坚决杜绝引进污染企业。支持技改升级,淘汰落后生产工艺,解决发展工业与环境保护的矛盾,实现经济发展与生态保护的有机结合。实施固体废物处置场、一期排污管网等低成本化项目8个。

【园区营商环境优化】 2020年,隆德县六盘山工业园区结合隆德县实际,对入园企业实行标准化厂房四年免租、取暖费三年先缴后补、企业落地奖励、员工稳岗补贴、公交定额收费等一系列优惠政策,多措并举打造低成本园区。县委和政府领导定期调研、现场办公,宣传企业优势,寻找市场推介产品。建立“一企一人”包干联系制度,从企业入园建设到项目投产运营,实行全方位点对点跟踪定制服务,坚持“亲”“清”原则,增强服务意识,改进工作作风,建立新型政商关系。

(崔国强)

泾源县轻工产业园区

【概况】 2020年,泾源县轻工产业园区围绕建链、补链、延链、强链,完善园区产业集群载体功能,推动园区高质量发展。园区实现工业总产值5273.13万元,同比增长32%,利润346万元,同比增长19%。

【园区改革创新】 2020年,泾源县轻工产业园区强化规划引领,园区整合优化规划用地范围通过自治区批复,园区总体规划通过评审,完成绿色发展规划、“十四五”发展规划编制。试点社会购买服务,引进专业物业服务公司承担园区物业服务和市政设施管护。完善公共服务平台,园区创业孵化示范基地被认定为自治区级创业孵化示范基地,蜂蜜检测中心投入运行。创新土地供应方式,统一规划建设厂房,采取先租后让、租让结合等土地、厂房供应方式,提高园区节约集约用地水平。

【项目建设】 2020年,泾源县轻工产业园区立足生态型科技型轻工产业园区定位,按照“大集中、小分散”空间布局,打破“一企一厂”封闭经营模式,投资5000余万元,完成园区产业孵化车间项目建设,与企业共享配套设施,减轻企业落地成本。投资511万元,建成一般固废处置场项目。提升商贸流通配套设施,完成智慧旅游创业谷二期项目建设,宏达汽贸二期项目建成试运行,推进电商“双百”工程,培训电商学员117人,开设店铺110家,创设“泾水六盘”区域公共品牌,供园区农副产品免费使用。

【招商引资】 2020年,泾源县轻工产业园区围绕农副产品精深加工、旅游类产品加工主导产业,突出精准理念,立足县域“1+4”特色优势产业和“四个一”林草产业示范成果,对接引进黑果花楸、中蜂、小杂粮等5家农副产品精深加工企业入驻园区。提供就业岗位200个以上,增加工业总产值1亿元以上。

【安全环保】 2020年,泾源县轻工产业园区以园区安全生产专项整治三年行动为抓手,制定《园区安全生产专项整治三年行动实施方案》。落实安全生产季度例会机制,压实安全生产监管责任和企业主体责任。落实安全隐患月排查整改机制,整改销号园区内集中供热设施安全隐患,协调水务部门实施干沟河园区段综合治理项目。结合各企业行业特点、生产工艺,有针对性地开展安全生产宣传教育、隐患排查治理,筑牢安全生产基础。

【企业管理】 2020年,泾源县轻工产业园区围绕加强和改进企业治理,摸底调查园区企业相关情况,制定《关于完善企业治理体系提高企业治理能力的实施方案》,围绕六个方面重点内容,逐项推进。建立领导干部担任重点企业联络员制度，设立园区调委会，下沉调解力量，维护职工合法权益、化解矛盾纠纷。常态化开展“法律进企业”活动，为入园企业赠送民法典读本100本，举办专题讲座2次、专题学习班1次。引导企业落实安全生产主体责任，健全安全生产管理制度，推动安全生产由企业被动接受监管向主动加强管理转变。

（王永鹏）

彭阳县轻工产业园区

【概况】 2020年，彭阳县轻工产业园区布局为“一园三区块”，规划面积451.01公顷，其中区块1、区块2位于王洼镇，规划面积298.46公顷，建成区面积151.7公顷；区块3位于县城南门工业园区，规划面积152.55公顷，建成区面积65.3公顷。入园企业42家，在职员工5600余人，规上企业3家，“专精特新”企业13家，自治区科技型中小企业9家，固原市科技型中小企业15家，园区中小企业孵化园2015年被认定为“自治区级小型微型企业创业孵化示范基地”。

【经济效益】 2020年，彭阳县轻工产业园区实现工业总产值22.6亿元，实现工业增加值10.2亿元，创税收3.1亿元，完成固定资产投资3.5亿元，其中招商引资项目投资7500万元。县城工业园区实现工业产值1.5亿元，同比增长3.1%，服务业营业收入3700万元，园区实现税收390万元，同比降低11%，带动园区周边就业5600余人。

【园区规划】 2020年，彭阳县轻工产业园区完成总体规划（2020—2035年）和“区域评”改革任务，供入园企业免费共享使用。设置“四点半课堂”，解决企业部分员工下午四点半以后需要离岗照管幼儿、低年级小学生问题。成立中小企业服务中心，建立会计、律师、电商销售、经济运行、企业服务平台5个。

【招商引资】 2020年，彭阳县轻工产业园区紧盯特色资源和主导产业招商引资，引进小微企业6家。成功引进宁夏东昂冷链物流、宁夏蜀蓉科技有限公司和宁夏鑫犇纺织有限公司落户园区，填补彭阳无纺织织造的历史，为彭阳务工人员提供更多的就业平台。

【安全环保】 2020年，彭阳县轻工产业园区制定安全生产三年整治行动实施方案，编制园区风险评估报告，加强安全生产监管，对园区管辖范围内的所有生产经营企业开展安全生产隐患排查整治7次，成功举办工业园区2020年“安全生产月”应急演练活动。推进园区“四尘”同治，建立园区涉水企业排污台账，政府采购污水处理站第三方运维单位，建成王洼产业园区一般工业固体废物贮存处置场项目。园区万元工业增加值耗水5.6立方米，万元工业增加值能耗0.15吨标准煤，能源消耗控制在合理范围内。

（杜玉斌）

交通·邮政·通信

交通

交通运输管理

【公路建设】 2020年,固原市建设公路项目14个、794千米(高速公路2条、160千米,普通国省道改造提升4条、85千米,经济干线公路7条、249千米,农村公路300千米),计划投资34.57亿元(区直项目24.77亿元,地方项目9.8亿元),其中交通厅下达固原市(含各县(区))投资任务7.38亿元。截至11月底,完成交通项目固定资产投资36.31亿元,完成年度计划的105%(区直项目完成投资24.80亿元,完成计划的100%;地方项目完成投资11.51亿元,完成计划的117%),完成交通厅下达固原市(含各县(区))年度计划任务的131.1%。2020年8月中旬,85线银昆高速南坪至高寨塬段开工,进入路基、桥涵施工。S60线西会高速西吉至老君公路主体建设完工,11月底已试运行;S103线月亮山至新营公路、好兴公路建设完工;S311线经沙沟至下堡公路进入收尾,G344线青石嘴至固原公路主体建设完工,G309线硝口至西吉公路进入路基桥涵施工。农村公路建设完成65条、486千米。

【交通安全检查】 2020年,固原市制定《2020年度交通运输安全生产检查计划》,排查市辖区客运企业4家、汽车客运站车辆365辆,从业人员468名,线路122条,整改治理隐患74条。出动执法人员498人次,集中整治重点企业,排查治理隐患企业61户次,下发检查通报2份,整改通知书4份,排查一般隐患35项,整改35项,处罚企业6家,罚款2.9万元。开展道路运输行业"打非治违",出动执法人员1000余人次,执法车辆360余辆次,查处各类违法违章车辆806辆。针对6月13日浙江温岭槽罐车爆炸事故及时下发《关于深刻汲取事故教训深入开展以危化品运输为重点的隐患排查整治专项行动的通知》,排查一般安全隐患93项,完成整改90项,整改率96.8%。督促2家公司整改9项问题。排查公路水毁隐患399条(原州区10条、西吉县328条、隆德县9条、泾源县9条、彭阳县43条),其中因水毁中断或半幅中断交通157条。制定应对突发公共事件、防汛、抢险等道路应急运输保障预案,储备应急运力195辆,开展应急演练活动。

【"四好农村路"创建】 2020年,固原市建设完成农村公路65条486千米,全市农村公路通车总里程达到8714千米,实现具备条件的行政村100%通路通客车,自然村通硬化路率达到96.3%。全年完成隐患排查整治158条、828千米,修补路面病害97883平方米,路肩、边坡641千米、60550平方米,疏通边沟104880延米、清理边沟淤泥11379米,完成水毁挡土墙6681立方米,路肩、边坡打草整治任务303千米、98600平方米。推动各县(区)将职工工资和配套经费全部纳入地方财政预算,实现养护资金每年平均6.5%的增速,公路养护优良中等路率常年保持在75%以上。成立交通运输综合执法支队(大队),以市(县)交通运输局名义统一执法。全年开展路面联合治超执法30余次。健全公路安保设施,增设爆闪灯21个,减速带80.32米,更换交通标志240块、设置减速带标线550米、维修警示桩反光标识等25处,安装波型钢护栏1850米。

【管理服务优化】 2020年,固原市整合成立固原市交通运输综合执法支队,以市交通运输局名义统一执法。完善交通运输权责清单181项,健全行政执法制度15项。开展"转思想、转观念、转作风"纪律教育作风整顿轮训市、县执法人员103人次,专题辅导3场次,参加2020全国行政执法资格考试通过率100%。设置行政审批交通运输分厅,实现一个窗口、"一站式"办理。完善"四级四同"政务服务事项库,对涉及35项行政许可、行政备案等进行审批流程再造。积极培育新业态,许可"全微通"科技有限公司开通"农村版滴滴打车",推动固原天豹运输公司,深圳万顺叫车服务公司2家网约车公司合规落地。推行行政执法"三项制度",完善"互联网+监管"行政执法存量数据421条,执法人员信息50条,新增行政执法信息165条。持续开展专项检查和"打非治违"行动,出动执法人员1000 余人次,执法车辆360余辆次,查处各类违法违章车辆806辆。

【交通扶贫】 2020年,固原市排查服役到期的农村公路13条、74.2千米,排查3.5米及以下窄路面农村公路324.6千米,排查路面损毁农村公路48条,排查边沟、护坡、涵洞及路面局部损坏等79处,需要维修桥梁9座。原州区77个行政村、西吉县36个行政村存在通客车反弹的风险。根据通路排查情况,分别制定措施进行完善,整治超期服役、窄路面及路面病害严重农村公路130千米,安全隐患治理里程220千米,安装钢波形护栏83.9千米。原州区全面开展"回头看",通过推进"全微通"信息化平台实现"互联网+农村"客运模式。西吉县在现有脱贫销号村班线客车每辆车每年1.5万元的基础上提高补贴标准,扩大非贫困村范围,稳定通客车率。

（马玉明）

道路运输管理

【概况】 2020年6月3日,固原市交通运输综合执法支队举行挂牌仪式。新成立的交通运输综合执法机构全面整合公路路政、道路运政、水路运政、交通工程质量监督管理、交通安全生产监督管理等7类执法门类的交通运输执法职责,以市交通运输部门名义统一行使交通运输领域行政处罚及与之相关的行政检查、行政强制等职能,更有利于集中执法力量、理顺职能配置,有效解决原有机构重叠、职责交叉、多头执法等问题。

【道路安全监管】 2020年,固原市交通运输综合执法支队调整支队安全生产工作领导小组,印发《安全生产专项整治三年行动方案》,重新修订完善《道路运输应急预案》,规范各项运输安全管理制度,建立安全生产长效管理机制。指导企业开展应急演练活动。落实道路运输企业安全生产的主体责任、强化客运和危货车辆驾驶人的日常管理和监督、规范"两客一危"企业车辆动态监控和运行管理、完善道路运输安全隐患排查治理工作、强化"两客一危"企业的应急处置能力,加快道路运输安全生产标准化建设、强化道路运输安全监管责任落实。开展5期客运企业经理人及安全生产人员培训考试工作。

【道路应急保障】 2020年,固原市交通运输综合执法支队联合主管单位和市财政,投入30余万元建立固原市交通运输综合监管平台。扎实做好"两客一危"重点营运车辆动态监控平台监控工作。每周通报原州区所属"两客一危"企业营运车辆上线情况、违章报警车辆情况,督促企业查明车辆未上线及违章报警原因,及时限期整改。截至12月底,依托微信群累计通报未上线车辆97辆次(已整改95辆次)、存在违章行为车辆62辆次(已整改50辆次),发布通报、整改信息28条,预警提示信息9条。

【运输结构调整】 2020年,固原市交通运输综合执法支队立足农村客源、客流实际,积极推动城乡客运一体化工作,坚持"为民、惠民、便民、利民"的原则,推进城乡客运一体化,整合农村客运与公交客运,确保农村客运的安全运行。引导客运企业与网络信息公司紧密合作。以市场化运作的方式,开通"农村版滴滴打车"("全微通"平台),结合农村出行,物流需求,搭建农村"村联网"和农村物流"城乡网",为农村群众提供城乡微公交、出租车、学生班、赶集班等安全、便捷、高效的出行服务,为群众提供更为便捷的乘车服务,形成一种可复制、可推广的先进做法。推动网约车落地工作,完成两家网约车公司平台许可及线下服务能力认定工作,面向全市正式开通网络预约出租汽车服务。

【行政执法制度】 2020年,固原市交通运输综合执法支队按照区、市及自治区交通运输厅关于推行行政执法"三项制度"要求,下发《关于全面推行行政执法三项制度的通知》,结合本单位实际,印发《固原市交通运输行政执法公示制度》《行政执法全过程记录制度》《重大行政执法决定法制审核制度》,建立《重大行政执法决定法制审核目录清单》等9项配套制度,对行政检查、行政处罚、行政强制、行政许可等重点执法事项,实行执法行为全过程记录、执法全过程可回溯管理、重大执法决定法制审核全覆盖,做到执法信息公开透明、执法全过程留痕、执法决定合法有效。推行行政裁量权基准记录制度,动态调整交通运输行政执法自由裁量权基准,促进严格规范公正文明执法。全面推行行政执法信息化建设。严格执行"双公示"制度、"双随机一公开"制度。

【信息化执法】 2020年,固原市交通运输综合执法支队深入贯彻《国务院关于加强和规范事中事后监管的指导意见》,推进实施以"双随机一公开"为基本手段、以重点监管为补充、以信用监管为基础的新型监管机制,构建跨部门协同监管,推进"互联网+监管"(目前对执法目录、执法人员进行了认领),对各类监管数据归集共享。开展"宪法宣传周"系列宣传活动。依托出租车、公交车、公交站台、汽车站广场等室内室外电子屏滚动播放宪法、民法典宣传标语,营造浓厚宪法宣传氛围;以"宁夏法治"微信公众号为主要平台,组织交通运输行业人员、单位职工参加以"弘扬宪法精神,扎实推进民法典实施"为主题,以宪法、民法典为主要内容的有奖竞答活动;在第七个宪法宣传日,组织开展"服务大局普法行"宣讲活动。持续做好道路运输行业投诉受理工作,累计受理各类投诉927件次,已办结868件次,办结率96.63%;出租车驾驶员交回乘客遗失物品36件,处理维修类纠纷调解66件次,为群众挽回经济损失5万余元;受理解答群众咨询6072件次。组织驾驶员从业资格考试11场次,报名人数948人(实际参加考试人数800人),考试合格人数740人,合格率92.5%。购买执法记录仪、对讲机等执法设备,装备到一线执法人员,执法全过程记录,做到执法有痕迹,公开透明。

【行业治理体系建设】 2020年,固原市交通运输综合执法支队结合扫黑除恶专项斗争,进一步加强市场整治和行业治理。抽调骨干力量,开展客运市场秩序整顿,严厉打击非法违法经营行为,强化市场监管力度,加大对南河滩、固原汽车站、火车站、市医院等重点区域的执法力度,加强与公安、交警等部门的联动,严厉查处私家车非法经营行为,规范道路运输行业秩序,确保人民群众出行安全,道路运输市场秩序良好。通过整治,切实规范行业经营行为,净化运输市场环境,对非法营运车辆进行有效遏制,营造风清气正的道路运输发展环境。

【政务服务能力提升】 2020年,固原市交通运输综合执法支队按照深化交通运输"放管服"改革工作措施,切实落实"三减一提升"(减材料、减环节、减时限、提升群众满意度)要求,全面梳理对本单位的35项政务服务事项,累计减少申请材料22项,减少办理环节48个,压缩审批时间124个工作日;增设便民服务设施(免费WiFi无线网络、增加座椅、签字桌凳椅、查询电脑、免费复印机。推行政务微信服务"微信扫一扫,办事全明了",将办理事项信息制成二维码,促使群众通过扫码便掌握办事流程)。协调固原市审批服务局,安装好差评评价器4台,推动政务服务标准化工作快速提升。完善宁夏"互联网+监管"系统的录入、修改工作。组织工作人员逐条修改存量行政处罚行为错误数据421条,在系统中新增录入行政检查行为109条和行政处罚行为56条,录入行政执法人员相关信息50名。

(郭满贤)

公路管理

【项目建设】 2020年,宁夏公路管理中心固原分中心注重辖区路网承载能力稳提升,争取交通厅批复项目资金1.1807亿元,实施预防性养护工程、修复性养护工程和专项养护工程项目11项。发挥业主现场人员的督办作用,工程项目全部完工并完成计量支付。完成2021年项目库的申报工作;场站建设、信息化建设等项目累计2类、32项,项目投资1.417亿元。配合管理中心完成国评组对G344线普通国省道公路养护改造示范工程等5个工程项目的现场检查、考评工作。

【公路养管工作】 2020年,宁夏公路管理中心固原分中心按照国评要求,及时制定分中心迎国评方案,成立组织机构,召开迎国评专题会议5次,细化清单、明确分工、落实任务。以国评标准和资料目录为依据,按期完成近五年原始资料的整理工作,装订成册、分类归档。配合管理中心完成国评组对G312线页河桥、筛子河桥桥梁安全防护设施能力提升工程等5个备检项目247盒3类内业资料的检查工作。

【公路路况提质】 2020年,宁夏公路管理中心固原分中心投入资金3168.05万元,用于公路小修保养、桥隧维修定检和应急抢险等工作。开展路面保洁和病害集中处治工作,累计招标采购沥青混合料13870吨,采购加工乳化沥青20吨,完成路面修补10万平方米,采购道路密封胶125吨,实施路面灌缝15.1万延米。累计清理边沟900余公里、修剪树木1200余棵、抚育浇水2万余棵、整修路肩81.7万平方米。精准实施桥隧养护分类政策,按照"一桥(隧)一案、定级施策"的原则,加强桥隧涵构造物的预防性养护工作,累计投入345.95万元(含香水河桥便道201.14万元),完成辖区桥梁定期检查、集中维修、技术评定及日常维修保养工作,累计清理桥梁伸缩缝300道、构造物勾缝抹面1270平方米、梁板裂缝处治1512延米等。完成118356平方米、4座隧道的洞壁清洗,清淤、疏通涵洞313道等。

完善沿线交安设施，及时调整线型不顺、锈蚀、褪色的波形护栏行、更换和重新喷漆，及时维修和增设缺损的标志标牌，累计施划热熔标线11750平方米、热熔震荡标线1882平方米。

【公路事权维护】 2020年，宁夏公路管理中心固原分中心按照各级文件精神，组织专人专职负责认真做好涉路许可、涉路赔（补）偿的承接落实，不断加强与相关部门的联系，切实做到保护路产、维护路权。累计受理涉路许可案件6起，收取占（利）用费24.09万元，均完成现场勘验工作，转至自治区政务大厅交通运输厅窗口办理审批；办结涉路赔（补）偿案件18起，收取赔偿费用6.02万元。

【美丽公路建设】 2020年，宁夏公路管理中心固原分中心以旅游公路巩固品牌质量为依托，打造"五美"示范路段。投入资金45万元，深化提升G566线西吉至将台段、G344线泾源至什字段和G312隆德至毛家沟段35千米示范公路创建活动。投入121.17万元，完成G327线沟圈至任湾段23.16千米"路融于景、路景结合"示范路的初步创建工作，建设美丽公路发展全域旅游的作用凸显。

【公路安全保障】 2020年，宁夏公路管理中心固原分中心完善安全生产责任体系，召开安全生产例会3次。开展专项行动，制定工作方案，对辖养路段内安全隐患进行全面排查和集中整治，累计排查汛期隐患点92处，建立问题隐患和制度措施"两个清单"，确保安全整治三年行动取得阶段性实效。优化工程项目施工区域交通管制方案及安全保障措施，加强对施工、监理、试验检测单位的安全检查力度，明确业主代表、技术负责人和安全监管员的岗位职责，切实履行建设单位的安全监管职能。建立"双控"机制，完成安全生产权责清单的编制工作，及时制定安全生产风险管控和隐患排查治理双重预防机制实施方案，建立"双控"工作制度，通过网络云直播的形式开展2020年宁夏普通国省干线公路G309线黄峁山段山体滑坡应急演练。组织G312线六盘山隧道灭火消防应急演练，以实战检验预案、磨合机制、查找漏洞、锤炼能力。累计投入190万元，开展灭火器集中检修更换、养护标志服采购、公路安全及应急抢险评估和网络安全等级保护测评等项目。预算投入155.58万元，完成G312线K1905+140处路基滑坡处治工作，及时恢复交通。

【公路运营服务】 2020年，宁夏公路管理中心固原分中心财务管理科学严谨，预算编制准确率不断提高。资产清查有序推进，国有资产利用率不断提高，累计完成482.32万元、4468件办公生活设施，2602.42万元、54处土地及94处房屋和7796.4万元480台机械设备的清查工作，完成1840万元、605件资产报废处置工作，完成隆德县和西吉县所属671.12万元、11处土地，房屋资产产权证书的补办工作，指导各县开展权籍调查和房屋质检等工作。制定《固原分中心干部人事档案专项审核工作方案》。信访维稳用心用力，拓宽综合治理覆盖面，全年累计办理信访案件14件，接访问题按期办结率100%，群众满意率100%。分中心投入45万元，为结对帮扶点西吉县火石寨乡大庄村实施巷道硬化工程等民生项目，已全部完工，不断夯实脱贫攻坚基础，助力脱贫销号。

【公路运营环境优化】 2020年，宁夏公路管理中心固原分中心调整组织机构，印发工作要点，安排部署年度6个方面、15项重点工作，通过4次专题会议对各项工作进行动员、安排、部署，确保"长效常治"之年各项工作落到实处。坚持把线索摸排贯彻始终，公开群众举报线索渠道，认真落实扫黑除恶"零报告"签字背书制度。开展公路管养领域专项整治行动，以"行业清源"行动为契机，精准实施乱象整治工作，累计投入8.7万元，整治城镇过境段"脏乱差"。投入2.4万元专门用于开展宣传发动工作，营造长效常治之年的氛围。

（杨　莉）

铁路管理

【运输风险管控】 2020年，固原车务段采用"事故倒推风险、数据分析风险、现场查摆风险"等方式，深度剖析典型性、关键性及倾向性问题，精准研判安全风险，确立安全关键，明确防控重点。采取分级管理、公告警示、专业预警、安全管理诊断、定点精准帮促、"三位一体"的等方式，落实安全责任单元、具体责任人。从人员、设备和外部环境等多方面，实时进行安全风险预警通知，预先消除、规避和降低安全风险，实现安全风险的常态化预判、逐层级预报、实时性预警、全方位预控和源头整治、全面受控。开展"查问题、灭隐患、保安全"专项行动。以严肃施工"五条禁令"为统领，突出"施工开始前审核组织关"和"开通前达标放行关"关键时段卡控。采取调车"视频（录音）远程盯控和现场勾勾盯控"的方式，重点整治调车作业安全突出问题。严把"横越线路"和"动态控制"两个关键，重点整治上线作业不执行“三汇报”制度等劳动安全典型问题,采取重点补课和远程指导、天窗演练等方式,解决非正常接发列车情况下职工处置流程不清、控制台操作不熟练等问题,整治纠正重点风险环节方面存在的问题。

【运输安全保障】 2020年,固原车务段完善安全生产责任制,坚持党政同责、一岗双责、逐级负责、失职追责,加强和规范全段劳动安全工作,落实劳动安全管理责任,强化劳动安全风险管控,预防和减少伤亡事故的发生,保障作业人员的安全与健康,用行政、经济、技术、文化、法律等手段推动全段劳动安全工作开展。开展科研项目攻关,提高技防水平,研发电子占线板、防溜占线板、安全生产指挥中心调度命令管理系统,实现由“人控”到“机控”的彻底转变;加大智能铁鞋设备投入,降低车站防溜安全隐患;改造西平线CTC系统,杜绝车站值班员错误操纵控制台按钮的安全风险,提高安全保障。

【客货运营销】 2020年,固原车务段制定客货运增运增收考核办法,分别从强化营销分析报告、团体档案建立、营销工作宣传等方面入手,拓宽营销渠道、改进营销方式、提高营销意识、增强营销宣传力度,扩大铁路客货运市场占有率,开行平凉至上海K6195次全局首趟普速“点对点”复工专列,发送务工人员929人;平凉至上海K362次加挂硬座车厢2辆,发送务工人员396人。形成以全力保障固原站为核心,统筹安排平凉南、长庆桥站为重点,合理兼顾同心、中宁南、新李站为补充的“123”运输组织模式,实现“有请必装、有货即运”的高效循环,创造出装车733辆最高纪录。采取段班子成员分区域组织车间对地方政府、旅游局、旅行社、院校、重点企业进行“一对一”包保,逐一对接的办法,开展“黄金周”客货增运增量行动。紧抓春暑运、电子客票实施、小长假、阶段调图等关键运输时期,组建营销团队,深入高校、社区、商铺广场、人行街道等人流密集场所,通过“定点推介+流动宣传”相结合的方式,广泛宣传推介铁路增开列车票价、时刻、特色服务,以及铁路沿线旅游景点等信息,努力实现引流上车、增运增收。截至2020年10月31日18时全段运输总收入累计完成88786.80万元,完成年计划98990万元的89.69%;旅发完成65.80万人,完成年计划71万人的92.7%;货物发送量完成741.90万吨,完成年计划775万吨的95.73%;货运收入完成83648.30万元,完成年计划93341万元的89.62%。

【高铁接管准备】 2020年,固原车务段严格落实西银客专甘宁段联段联调联试实施及安全包保方案,安排5个科室、8名业务干部轮换与高铁车间管理人员24小时驻站全过程包保。采取委外培训、观摩交流、安排到较大客运站以及利用西平线各站CTC系统进行实践锻炼和适应性培训等方式,为接管高铁,培育专业化、高技能人才队伍。采取竞争上岗的方式,选拔优秀管理人员及高铁各岗位作业人员累计130人。整理归纳国铁集团、集团公司高铁规章制度,加强与集团公司相关业务部门联系,定期开展规章内容的有效性审查,分类建成层次清晰、结构合理、数量可控、内容规范的集团公司24个、车务段13个;制度办法国铁20个、集团公司14个、车务段8个,应急处置预案1套。制定《固原车务段西银客专精品线创建实施方案》,分解具体任务8类、58项,依托督办通知,明确责任领导、责任科室、具体负责人及完成时限,确保期到必成。深入对接施工现场与施工单位、集团公司相关部门、银西铁路公司、地方政府,确保精品线创建质量。学习已经建成精品线兄弟单位先进管理理念,从节约成本、劳动安全、设计美观、使用便利等多角度考虑,开展多项创新。组织班子成员、科室负责人就西银客专移交工作进行安排部署2次,制定移交推进实施方案,列出移交清单,连同高铁党建、高铁文化、客运服务、精品线创建以及营销宣传等方案和创建思路一并纳入交接。安排业务科室干部对高铁各站安全稳定工作进行24小时驻站包保。

（于海军）

固原六盘山机场

【安全运营保障】 2020年,固原六盘山机场组建疫情防控机场关卡,主动对接各执飞航司,根据疫情走势,动态调整航班计划,外防输入、内防扩散,成效明显。

【安全责任落实】 2020年,固原六盘山机场落实习近平总书记对民航安全工作的重要指示批示精神,坚守“安全第一”思想不动摇,严格落实“一岗双责”“三管三必须”责任,扎实开展“三项”整治与“三个敬畏”教育,深入推进“抓作风、强三基、守底线”三项整顿,从严从实从细落实“安全隐患零容忍”要求。持续推进SMS体系建设,修订完善机场使用手册、安保方案、突发事件应急处置预案,圆满完成应急救援综合演练,实现分公司安全运行平稳有序,获得民航宁夏监管局"安全生产先进单位"荣誉称号。

【运营品质提升】 2020年,固原六盘山机场冬航季协调河北航空新开固原—银川—北京航线航班,每天一班。固原至北京航班的开通,进一步完善固原机场航空运输网络,有力提升固原革命老区、贫困地区的对外开放水平。

【助力复工复产】 2020年,固原六盘山机场践行国有企业社会责任,发挥航空高效便捷优势,搭建航空公司和市政府沟通桥梁,争取厦门航空和东方航空运力,搭建点对点、一站式劳务输出通道,保障市辖县区及周边市县(平凉市、同心县)劳务输出包机13班,运送务工人员1900人次,涵盖杭州、福州、厦门、义乌、广州和深圳6个城市。减免复工复产务工人员包机起降费和旅客服务等费用近20万元。

(袁　伟)

宁夏六盘山交通集团有限公司

【项目建设】 2020年,固原六盘山交通集团有限公司续建固原市区至六盘山长征景区旅游公路附属设施等工程,项目总投资4806万元。建成固原市新区新能源公交首末站,项目规划占地面积11535.12平方米(合17.32亩),规划新建1栋业务用房,建筑面积147平方米,主体一层砖混结构,建筑高速3.85米,室内外高差0.15米,功能包含门卫室、司机休息室、公共卫生间等附属设施、充电桩遮阳软膜720平方米;围墙480米;电子伸缩门1个;室外给排水、供暖管网敷设以及室外监控系统的配套工程。

【公交运营】 2020年,固原六盘山交通集团有限公司联合固原市交通局编制《固原市城区公交发展专项规划》和《固原市区公交专用道和港湾式停靠站改造方案》。配合市交通局建成固原东岳山公交首末站和东关路公交停保场;配合市住建局在中山街、文化路和六盘山路等市区主要道路上启动公交专用道和港湾式公交站台建设,加快海堡公交首末站的建设进度。完善公共服务设施,增加公交车保有量,争取新增20辆纯电动公交车,提高公交出行分担率。推进一卡通互联互通建设,公交卡发卡量达到13.9万张,日均刷卡量达到3.6万次,占全日公交客流的49.7%。公交车辆北斗定位监测系统终端安装率实现100%,公交App来车信息实时预报服务率实现100%。

【"公交都市"建设】 2020年,固原六盘山交通集团有限公司及时对标中央、自治区"十三五"期间出台的涉及公交公司的政策,结合市国资委"制度建设年"活动,开展"公交都市"建设工作,及时与上级部门汇报衔接,争取各方面的帮助,确保公交发展政策体系建设取得新突破,公交服务质量取得新提升,公交行业改革取得新进展。

【公路设计生产经营】 2020年,固原六盘山交通集团有限公司完成已完工项目的交工验收工作。完成2020年新中标项目的施工任务。对外承揽沥青成品料加工业务,提高经营收入。参加全区范围内招投标工作,发挥资质优势(公路、建筑、市政、交安、养护)积极争取项目,提高主营业务收入。

(刘　军)

邮政

综述

【概况】 2020年,固原市邮政业业务总量累计完成1.29亿元,同比增长25%;业务收入累计完成(不含邮储业务收入)1.56亿元,同比增长27.9%。全市邮政寄递服务量累计1369.52万件,同比增长5.1%;快递业务量累计357.53万件,同比增长64.5%。全市邮政寄递服务业务收入累计完成1040.65万元,同比增长37.1%;快递业务收入累计完成7969.88万元,同比增长47.5%。全行业从业人员2000多人。

【民生服务】 2020年,固原市邮政管理局迅速响应,成立新冠型肺炎疫情防控工作领导小组,印发有关疫情防控工作文件并组织落实,为寄递企业申请发放通行证39张,确保运输渠道畅通,持续推进企业复产复工和常态化疫情防控工作,4月全市24家邮政、快递法人企业,77个快递网点,85个邮政普遍服务网点全部恢复生产,复产率100%。在《固原日报》、今日固原等媒体刊发疫情防控期间消费提示,引导广大消费者合理消费。精简审批备案手续,快递许可核查和变更时限分别压缩为11个与4个工作日,末端网点备案实现2个工作日办结。开通网络视频会议系统,适时开展各类日常监管培训,方便监管对象,提升政务效率;完善政务党务公开平台建设。

【寄递安全】 2020年,固原市邮政管理局立足全市邮政快递业发展实际,印发《固原市快递从业人员职业技能培训方案》,提升全市快递从业人员职业综合素质能力,增强快递从业人员职业技能和服务技能。开展培训514人次,争取到补贴资金1.5万元。举办邮政特邀监督员培训1次,举办邮政快递业安全培训1次、举办邮政快递业统计培训2次,举办“三品”使用单位从业人员禁毒业务知识培训1次,举办消防安全演练处置培训2次,提高从业人员安全生产意识及业务操作能力。压实企业安全生产主体责任,加强安全员、安检员队伍规范管理,开展定期备案活动。督促快递企业按照《落实企业安全生产主体责任实施意见》等制度要求,健全内部安全管理机制,抓好安检员、安全员及从业人员的日常管理和培训。发挥行业安全监管领导小组机制作用,联合相关部门开展寄递渠道涉枪涉爆隐患整治、扫黄打非、禁毒、反恐、烟草打假等专项行动检查,及时受理转办案件、依法共享监管信息,形成多部门共治的安全保障体系。狠抓日常寄递安全“三项制度”落实,认真开展重要节庆活动期间寄递安全保障工作,全面落实行业防范化解重大风险要求,妥善处置快递企业网络中断等突发性事件,确保寄递渠道安全畅通。

【市场监管】 2020年,固原市邮政管理局专项达标检查全市邮政普遍服务情况,累计检查营业场所66处,出检168人次。持续巩固建制村通邮成果,村邮站投递打卡率95%。加强机要通信安全检查力度,跟踪监督企业落实30万元机要场所改造项目。开展行业“扫黄打非”专项检查,配合做好非法出版物查封堵截工作。依法履行邮票发行销售监管职责,做好重大题材纪念邮票销售监督,检查新发邮票15套。开展邮政特邀社会监督员的指导工作,监督人数136人次,查看网点136个,走访用户269人。开展快递市场清理整顿专项行动和末端网点规范活动,查处“无证无照”、超范围经营等违法行为。推行“双随机、一公开”监管模式,开展检查18次。采取联合检查、专项检查、走访暗查等方式扎实开展各项监管工作,开展实名收寄信息异常问题整治、末端网点规范专项检查4次。检查企业293人次,出检879人次,立案处罚7起,处罚2.3万元,申诉处理满意率100%。

【创新发展】 2020年,固原市邮政管理局实施“快递进村”,巩固行政村通邮成果,引导企业持续加大对农村地区特别是贫困地区寄递设施和网络建设投入。全市已通快递的建制村增至271个,覆盖率33.92%。推动行业绿色发展,打赢污染防治攻坚战,印发2020年行业生态环保工作要点,持续开展“三不”专项治理,强化环保考评,督促企业加大可循环中转袋、绿色包装推广使用,促进胶带、包装物减量化,引导企业设置包装废弃物回收箱。

【助力精准扶贫】 2020年,固原市邮政管理局支持驻村工作队员开展驻村扶贫工作,争取扶贫专项资金10万元,支持甘岔村发展经济林果产业,组织干部多次深入甘岔村,了解民情,聚焦困难,帮助村民建立集体经济产业林,引导村民种植红梅杏、苹果等经济林40余亩。为甘岔村可持续发展特色产业、增加农民收入、巩固脱贫攻坚成果提供资金保障。全市快递企业“瘦身胶带”封装率90.3%、电商快件不再二次包装率76%、循环中转袋使用率91.5%、新增包装废弃回收装置24个。引导邮政快递企业积极参与全市“电子商务进农村综合示范”建设,推进行业助力脱贫攻坚工作,推广“寄递+电商+农特产品+农户”脱贫模式,让各县区农特产品搭乘电商快递快车,扩大农特产品输出消费,有效解决农特产品销售难和物流运输难的问题,让广大农村群众享受到了安全、便捷的快递服务,全市“邮乐购”电商服务站达245个,其中农村地区158个。鼓励邮政快递企业协同电商企业抱团发展,组建特色产业联盟,主动融入电商领域,更好服务农业生产、服务农村群众用邮。通过寄递渠道输出特色产品快递包裹66.5万件,交易近2238吨,销售产值6930多万元,带动就业1000余人。

(杨代军)

中国邮政集团有限公司固原市分公司

【概况】 2020年,中国邮政集团有限公司固原市分公司引导全市邮政集中精力加快金融、特快等高效业务发展。全年实现业务收入7232.14万元,增幅11.6%,完成区分公司预算进度的104.4%,排名全区第3位。

【寄递业务】 2020年,中国邮政集团有限公司固原市分公司推行特快、快包差异化发展策略,实现业务收入931.26万元,增幅65.99%,完成区分公司预算进度的129.34%。其中,快递包裹增幅71%,排名全区第1位。围绕“业务规模和收入增幅”两项指标,紧盯主要竞争对手,常态化开展牛羊肉寄递项目,实现规模、效益同步发展。4个县(区)分公司寄递业务收入增幅超过全区平均水平,西吉县排名全区第1位。特快专递实现高速高质量发展,增幅51%。

【代理金融】 2020年,中国邮政集团有限公司固原市分公司突出余额、保险等高效业务发展,实现收入4392.48万元,增幅9.4%,完成区分公司预算进度的102.91%。保险业务实现快速发展,累计完成607.67万元,增幅70.2%。坚持调结构、稳规模、提质效,以“引客到访”“商户收单”等项目联动发展储蓄余额,新增余额2.45亿元,排名全区第1位。新增2亿元网点1个、1亿元网点2个。西吉县分公司收入增幅(17.7%)超全区平均水平,排名全区第2位。

【普遍服务】 2020年,中国邮政集团有限公司固原市分公司狠抓普遍服务专项整治,集中整改问题317个,整改率100%。保持乡镇网点覆盖率、建制村直接通邮率、县及县以上城市党政机关《人民日报》当日见报率100%目标,给据邮件信息断点率达到万分之一之内,条码平信信息断点率保持1‰以下,用户申诉处理满意率达到100%。全市未发生监管部门案件处罚,区分公司年终普遍服务工作绩效考核得分满分,机要通信连续32年无中断。

【文传业务】 2020年,中国邮政集团有限公司固原市分公司报刊收入累计完成561万元,增幅18.9%,排名全区第1位。2021年度报刊大收订完成流转额1712万元,完成进度的104.6%,排名全区第1位。在线订阅完成流转额281万元,完成进度的120%。

【农村电商发展】 2020年,中国邮政集团有限公司固原市分公司以提升邮乐购站点质效、做优消费品下乡、助力农产品进城、搭建协同场景为抓手,建成数字化优质邮乐购站点86个。丰富线上平台商品,邮乐网地方馆上架商品达到344款。持续建设“邮政农品卖全国、买全国”项目,全市扶贫地方馆累计产生订单57184单,实现收入68.57万元。

【协同服务】 2020年,中国邮政集团有限公司固原市分公司以惠农合作项目为抓手,推动农村市场源头获客,累计走访对接农民合作社544户,两项及以上业务合作率32.78%。持续建设医药项目,建成中邮大药房1家,搭建起“金融+寄递+医药零售”协同发展新模式。助力固原市重点特色产业发展,将固原特色农土产品发往全国。联合固原市退役军人事务局签署拥军优抚合作协议,推动邮政军民融合项目发展。联合西吉县商务和工业信息化局签订县乡村三级物流配送框架协议,加快推进邮快合作,构建地方经济社会“双循环”发展新格局。

【企业改革创新】 2020年,中国邮政集团有限公司固原市分公司整合寄递事业部市场部、原州区分公司寄递事业部,设立原州区分公司寄递事业部客户营销中心,实行“市区一体化”经营管理,实现从经营支撑向经营实体职能转变。整合市运管部、原州区揽投部和网路运营中心,重建网路运营中心,实行内部处理环节的大平面作业,加大业务外包,最大限度地压降人工成本。推进邮件运输实现集中化、集约化、动态化配置,压降运输成本。推行快包集包作业模式,提升邮件全程时限。对标竞品,全面实施揽投部拆段扩部增人,充分利用社会资源补充特快揽收力量,累计新增揽投部4个、揽投人员64人。推行普邮、快包、特快分网作业,释放揽收力量。以业绩、能力为标杆,对揽投部经理开展绩效评价,调整4个重点揽投部经理人选。调整全市县域农村揽投网,提升时限管理和加强农村市场开发。加大对基层经营发展的激励力度,配套355.81万元营销费和618万元人工成本用于加快金融、特快等高效业务发展,企业效益和员工收益实现双提升。对基层单位充分放权授权,资源配置向直接创造收入、利润的经营一线倾斜,绩效激励重点向网点、揽投部和营销团队负责人倾斜,配套不同奖励政策,激发各经营单位内生动力。

(赵　锐)

通信

中国电信股份有限公司固原分公司

【通信基础建设】 2020年,中国电信股份有限公司固原分公司完成投资预算6609.3万元。建设5G基站146个,5G网络覆盖原州区主城区及各县行政中心所在地,建设4G网基站150个、800兆基站25个,拆闲补盲4G基站44个、扩频完成载扇基142个,无线网络覆盖MR达到95%,无线网物理站址1126个。扩容互联网总出口带宽180G,达到420G。建设千兆小区22个,PON口512个;新建FTTH端口2.1万个,FTTH端口数达到33.9万个。建设184个政企专线、“平安乡村”端口1848个。

【信息化建设】 2020年,中国电信股份有限公司固原分公司落实集团“云改数转”战略,面向政务、教育、医卫、现代农业、工业等八大行业开展“5G+云、双千兆、行业应用”工作。推进城市行业大脑建设,发挥“云网融合”的优势。推进“互联网+

健康医疗示范区”建设,推进医院上云。建设“平安固原”,打造公安、乡镇治安监控分平台。关注民生工程,推进物联网建设。建成自治区政务云固原节点,承接政务云建设及运营,建成本地政务云节点。

【服务能力】 2020年,中国电信股份有限公司固原分公司打造优质4G、5G网络,提升移动网络质量和用户感知,打造光网络优势,巩固宽带网络优势,实现千兆宽带网络接入,提升端到端运营能力。打造融合优势,通过核心应用实现生态圈(智能连接、互联网金融、智慧家庭、物联网、新型ICT等)之间的有效关联,带动相关业务互相促进,提供更好的服务。开展“两深入两服务”、实体渠道服务质量提升、“满意服务,十分信赖”服务主题传播等活动。累计受理用户各类越级投诉612件,较上年减少251件,区内投诉较上年下降50%,万户投诉率月均完成2.11‰,全年未发生“三强”,未发生重大服务问题和主流媒体曝光事件等服务问题,行风评议行业第一。当日装履约率全年保持在99%以上,装移机时长平均15小时,修障时长平均6.5小时,宽带装移机履约准时率平均90%,宽带重复障碍率平均3.7%,自助测速合格率平均99.5%,宽带视频客户故障率平均0.72%。CQI优良比年底达到95%,MR覆盖率年底达到95%,A/B类小区平均退服时长平均23分钟,C/D类小区平均退服时长平均37分钟,较2019年均有提升。政企客户带宽型业务开通及时率平均99%,客户带宽型业务完好率平均100%,跨域协同工单完成及时率全年100%,客户服务违规事件为0。

【通信保障】 2020年,中国电信股份有限公司固原分公司完成2020年固原社会经济重大活动通信保障工作。完成疫情的应急响应与通信保障,尤其是政府及医疗卫生系统的通信保障。完成空中课堂的延伸、2020年高考、两会及固原市各项重大活动的通信保障任务。配合政府各类保障共出动应急通信车6次,开展各类应急演练8次,进行原州区86所学校的教育网改与提速。配合民政局完成部分小区人脸识别与门禁系统的建设及保障。将全网272台OLT设备语音上联由7450割接至BRAS上;完成118台OLT双上联改造;完成西吉将台、兴隆、新营、三营等4台宽带交换机的业务割接和优化,完成22个XGPON小区的割接和整治工作。

【网络与信息安全】 2020年,中国电信股份有限公司固原分公司持续加强网络与信息网络安全工作,开展内部员工网络安全培训,全年培训398人次。开展全民网信安全宣传,推送短信120万条次,悬挂横幅10幅,制作展板、展架8块、印制发放彩页10000份,加强网站备案,执行实名制,加强防欺诈管理,严格落实“断卡”行动。加强网络基础建设,做好网络安全防护,筑牢“云网安”底座。按照“守土有责”、“守土尽责”、全覆盖、无盲区、无死角的原则,开展对“三无七边”等系统整治。全年未发生网络安全事件。

(宋掌玺)

中国移动通信集团宁夏有限公司固原分公司

【通信基础建设】 2020年,中国移动通信集团宁夏有限公司固原分公司累计建设开通5G基站158处,实现主城区连续覆盖、各县区政府及主要商业区连片覆盖。骨干传输网累计建设光缆规模369.036千米,完成固原市所有节点机房千兆传输能力的提升。积极推动5G网络建设和维护拆闲补盲,组织完成535个小区D频段软硬件设备清频,为农村网络覆盖补盲提供资源,累计建设开通73个基站。全年4G无线扩容完成203个站点。

【信息化建设】 2020年,中国移动通信集团宁夏有限公司固原分公司完成原州区校园网络服务项目、固原市原州区民政局智慧社区门禁系统技术服务项目、固原市公共安全视频监控建设联网应用项目等多个综合信息化应用项目建设。利用云视讯召开疫情调度会、脱贫攻坚调度会等助力基层政府减负。

【行风建设】 2020年,中国移动通信集团宁夏有限公司固原分公司推进提速降费,提升光纤网络接入能力,完成中小企业宽带、专线业务平均资费下降15%的目标。推进助残工作,给予残疾人移动电话通话费、上网流量、有线宽带、短信四类出账费用或用户所选套餐不低于8.5折的优惠。通过资费扶贫给予建档立卡户优惠资费。

(伍贵生)

中国联通固原市分公司

【政企创新转型】 2020年,中国联通固原市分公司落实云光慧企营销政策,聚焦政府、教育、金融及中小企业用户,主推云存储等产品,累计发展云业务177单,收入70.57万元,利用数睿广告优势,发展政府、企业等目标客户,发展大数据业务35单,收入68.2万元。结合政府信息化建设、疫情防控及农业信息化等业务需求,发展疫情防控检测平台等项目,累计实现收入638.4万元。发展43个行政村美丽乡村积分平台实现收入10.19万元。通过秋季营销活动,锁定12所学校为重点营销对象,发展用户3900户,实现收入45万元。

【客户服务】 2020年,中国联通固原市分公司借助靓号拉动,开展靓号团购活动。通过锁定异业商家聚类市场,开展厅外异业内购会。通过逍遥卡产品带动发展,利用朋友圈进行线上裂变引流,累计发展5G用户1.69万户。拓宽家庭市场,通过打造样板标杆小区不断总结、优化、升级,面向全市推广,累计发展宽带用户316户,市场份额26.2%。通过巅峰挑战赛带动发展,累计发展宽带221户,智家686户。联合BOT和广电,累计发展宽带2682户,智家发展3362户。通过渠道补盲及复活计划,新建、复活渠道34家,发展用户966户。通过强化与邮政合作,新建双边渠道16家。累计发展农村用户1.43万户。通过前置营销,责任到人,按天推进,上门交付,发展用户1316户。通过校园直销员晒单PK赛、扫宿舍等方式吸引用户入网,发展用户1197户。

【网络维护】 2020年,中国联通固原市分公司完成9个L900兆和1个L1800兆基站新建,10个基站搬迁调整。开展网络优化工作,提升客户感知。通过日常优化与专项优化相结合,开展无线网络优化工作。按期完成GSM网络设备退网下电。联合电信开展5G网络共建共享,针对已建成的106个5G网络开展单验测试工作,确保用户正常接入使用。网络线开展自主创业承包划小改革,通过维护模式的转型,自有人员与维护人员嵌入式管理,加强人员复用,提升维护效率。

【经营管理】 2020年,中国联通固原市分公司开展"双效、三基能力"提升工程,加强成本过程动态管控,不断提升成本使用效益。开展安全生产专项整治三年行动,安全生产基础管理进一步得到夯实。开展物资、采购、保密、合规等领域风险自查整改工作,风险管理体系进一步健全。行风建设评议工作较上年提升2个名次。

（贺 文）

中国铁塔股份有限公司固原市分公司

【经营效益】 2020年,中国铁塔股份有限公司固原市分公司一体业务累计完成收入9198.19万元,预算完成率95.8%,同比上升1.43%。全年,获取3家电信企业需求533个,需求满足率100%;交付站址共享率95.3%。2020年向运营商交付站址782处,4G需求257个,5G需求525个,其中移动577个,电信200个,联通5个,固原市网络信号覆盖率得到提升。

【降本增效】 2020年,中国铁塔股份有限公司固原市分公司建设成本不断降低,除宏站外,单缆室分单平米平均造价1.4元,较上年下降68.89%。坚持深化共享,拓展合作积累社会资源已全量获取四县一区灯杆11095个、资源统筹使用权监控杆1159个,获取重点小区资源使用权38个楼宇、598栋。获取政府下发的《固原市5G通信网络建设实施方案》《固原市人民政府办公室关于加强公共资源向5G网络站点建设免费开放的通知》2个文件,争取零场租或场租下降。完成续签39处,场租下降2处,传导类场租整体下降3.49%,为运营商节省成本5.2万元,为运营商节省成本31.2万元,其中转供电压降谈判25处,平均每度降价0.27元,为运营商全年节省电费13.75万元。完成转改直11处,为运营商全年节省电费8.27万元,未缴电费清理6处,通过协调,为运营商节省电费10.89万元。承接电信普遍服务站址9处,解决7个乡镇、13个行政村的网络覆盖问题,覆盖面积达367.38平方千米。

【网络运行质量维护】 2020年,中国铁塔股份有限公司固原市分公司维护铁塔1807处,维护面积达92万平方米,微站94处。各项维护考核指标值全面提升,稳居全区前列。维护服务保障能力持续提升,平均站址断电退服时长0.59分钟,断电退服率0.026%,发电及时率99.68%。

【基础管理】 2020年,中国铁塔股份有限公司固原市分公司夯实基础数据,结合日常巡检,及时更新资源数据,做到资源数据动态维护。梳理资源与资产关联,做到账实相符,铁塔、机房相符率达到100%,设备类相符率达到99.87%。联合固原移动开展2020年基础资源数据核查。集中组织安全生产培训12次,安全生产检查12次,安全应急演练2次。重点关注安全生产,针对重要区域、重点部位和重要环节,开展"地毯式"排查。加大隐患排查整治力度,坚决防范各类事故发生,完善应急预案,开展应急演练,练流程、练指挥、练队伍,推进队伍战斗力建设,确保全年无人员、资产和财产安全事故发生。清理应付账款,应付账款积压率从2020年年初的48%下降到年末的11.91%。

【通信塔应用项目】 2020年,中国铁塔股份有限公司固原市分公司配合固原经济开发区园区完成智能化管理项目,通过共享铁塔公司在固原经济开发区下辖的新材料产业园、轻工产业园、清水河工业园的塔、房、电、传输等资源,新建17处全景监管点位,实现对园区环境、火情、非法拆建、开挖、堆放垃圾等持续跟踪监控,为智慧园区后端平台提供有效监控。在新材料产业园、轻工产业园、清水河产业园园区的部分路段,新建16处监控简易杆塔,实现对园区内车辆违停、非法货运以及清运车辆上路垃圾洒落等违法行为监管。由"通信塔变社会塔",实现资源共享,减少重复建设、节约建设成本,快速助力固原市智慧城市建设。利用通信塔挂载做好隆德森林监控项目,设置17个铁塔点位,架设27路摄像头。采用热成像+烟雾识别的方式向客户提供森林火情监测、报警及处理业务,覆盖4.5万亩森林区域。解决隆德县政府对森林防火无法实现全面监控的问题,提高森林防火监管力度,降低人力物力支出成本,实现"森林防火"从人防到技防的转变。完成西吉县公安局视频维保项目,维护西吉县公安局2012至2015年建设的治安监控、电子警察、治安卡口、及机房存储、视频平台服务器。解决公安局维护人力不足的问题,对于设备保修期已过、无法维护的电子警察、摄像头等,由铁塔遍布各县区的维护队伍提供支持。配合原州区乡镇卫生院开展不间断电源保障项目。

(赵生献)

城乡建设

住房和城乡建设

【概况】 2020年,固原市住房和城乡建设局开工建设城市建设项目32项,其中,海绵城市续建项目25项,新建金城路等城市道路及管网5条2.37千米,改造兴康路1.07千米,实施清水河城市亮化项目1项。面向全市域推广海绵城市建设,2020年8月28日,固原市人民代表大会常务委员会通过《关于加强海绵城市建设的决定》,建立海绵城市建设长效机制。创新管理模式,提高监管水平,规范建筑市场秩序,优化建筑行业发展环境。固原市住房城乡建设事业平稳健康发展。

【工程质量监管】 2020年,固原市住房和城乡建设局严把竣工验收质量关,实施"双随机一公开"监管模式,压实施工方主体责任。开展检查预拌混凝土检查企业8家、检测机构11家,下发限期整改通知书6份,停产整改5份。完成固原市建设工程质量检测机构和预拌混凝土生产企业信用评价初评工作。对上东海小区68号楼、南苑府邸东区8号楼等主体结构存在安全隐患的住宅工程开展建筑质量常见问题防治。考评各县(区)15家建筑业施工企业的质量行为标准化。完成市"六盘杯"优质工程评审的资料审核、现场实体复查工作,组织专家集中讨论并提交评审会。严把消防设计审查验收关,累计受理消防设计审查办结12项,消防验收备案66项,消防验收5项。

【建筑节能】 2020年,固原市住房和城乡建设局落实绿色建筑标准,城镇新开工项目85个,新增太阳能与建筑一体化应用面积35.53万平方米,竣工项目11个,建筑面积7.04万平方米,执行现行节能标准率100%。严格建筑工程新型墙体材料的使用验收,以节能门窗备案为抓手,强力推进节能外门窗的建筑应用,推广认定备案新型墙体及节能产品材料厂家20个。

【建筑市场管理】 2020年,固原市住房和城乡建设局联合市人社局开展2020年固原市建设工程春季开(复)工综合检查及建筑领域突出问题专项整治,检查在建项目167个,市区工地280个、县(区)建筑工地5个,发现各类隐患1600余条,下发隐患整改、停工通知书260份。对扬尘管控措施不到位、治理不力的2家企业依据相关法律法规扣除信用分值200分,对存在安全隐患较为严重的2家施工企业分别扣除信用分值100分和经济处罚3万元。办理安全报监110项,起重设备备案332台,起重机械安装告知70台,拆卸告知52台,使用登记57台,制定下发规范文件15份,协调处理各类投诉7起,建筑工人安全教育培训897人次。

【住房保障】 2020年,固原市住房和城乡建设局推进城市棚户区改造,超额完成2020年自治区下达固原市棚户区改造任务。依据《公共租赁住房管理办法》,指导居委会、街道办事处、综合执法局逐层审核各县(区)申报的保障户。督促各县(区)制定出台公租房腾退方案,年审所有保障户,依法清理不符合条件的保障户,重新分配清退的公租房。按照租售并举的方式进行配租配售公租房,全年配租1584套,配售125套,回收公租房售房款1680.48万元,并全部上缴市财政专户。集中检查房地产开发公司在建、在售项目销售场所及中介公司的经营行为2次,累计40余家,下发整改通知书1份,重点监控检查中发现存在烂尾、逾期交房等乱象的项目,加强行业风险防控。市区商品房批准预售28.1万平方米(其中住宅24.74万平方米),同比下降37.96%(其中住宅同比下降12.61%)。新建商品房累计销售32.21万平方米(其中住宅销售23.76万平方米),同比上升3.33%(其中住宅同比下降6.57%)。商品房累计可售面积(库存)为118.95万平方米,其中住宅57.3万平方米(4752

套)。市区新建商品房住宅累计可售面积去化周期在18个月左右,符合固原市房地产市场规律。累计受理项目备案8件,备案《商品房买卖合同》5546份,撤销《商品房买卖合同》备案102份。配合市行政审批局办理商品房预售许可证现场查勘23次,签订《商品房预售资金监管协议》7份,配合各级法院协助执行查封、解封案件137起。受理政府门户网站、12345政府热线、电话投诉、上级转办件等涉及房地产方面的各类信访投诉件87件,办结率为100%。指导各县(区)物业主管部门建立物业管理量化考评考核工作,推动固原市物业管理由粗放型向精细化管理转变。规范住宅专项维修资金收缴管理,固原市区累计收缴住宅专项维修资金0.34亿元,累计收缴维修资金4.18亿元。化解信访矛盾纠纷,处理物业服务各种投诉10起,办结率100%。

【美丽乡村建设】 2020年,固原市住房和城乡建设局累计摸排出农村危房改造对象6289户(含2019年超计划完成的其他贫困户3114户),并全部改造完工(其中,原州区摸排改造2474户,西吉县3093户,隆德县45户,泾源县232户,彭阳县445户),完成投资4.8亿元。开展住房安全有保障核验,成立市级建档立卡贫困户住房安全有保障核验工作专班,统筹协调指导全市核验工作,确定分片包县核验专员,每个县(区)抽查2个乡镇2个村,建档立卡户按5%~10%的比例开展现场调研核验,完成全市建档立卡贫困户住房安全有保障核验工作。稳步推进农村住房调查评估和抗震宜居农房建设工作,安排部署各县(区)利用"宁夏抗震宜居农房在线监管信息系统App",调查评估和定位辖区所有农户住房,精准认定识别达不到抗震设防标准房屋,确保不漏一户、不漏一房,完成抗震宜居农房改造1822户。建设美丽小城镇12个,其中:原州区2个(寨科乡、炭山乡),西吉县7个(白崖乡、田坪乡、什字乡、西滩乡、王民乡、红耀乡、硝河乡),隆德县1个(张程乡),彭阳县2个(小岔乡、交岔乡)。建设美丽村庄19个,其中:原州区2个(田堡村、黄堡村),西吉县8个(民联村、二岔马、村南岔村、麻子湾村、白台村、阳庄村、羊路村、王沟村),隆德县3个(桃园村、杜堡村、清泉村),泾源县3个(先进村、下胭村、沙塘村),彭阳县3个(沟口村、中庄村、北洼村)。在美丽小城镇和美丽村庄建设中,实施公园、道路、管网、污水处理设施、路灯等基础设施工程建设。美丽小城镇完成投资16970.9万元,美丽村庄完成投资7863.91万元。

(毛作鹏)

城市规划

【概况】 2020年,固原市城市管理局以国家卫生城市、全国文明城市创建工作为契机,大力实施城市更新行动,不断提升城市人居环境质量、人民生活质量和城市竞争力,顺利通过国家卫生城市创建技术评估考核。

【项目建设】 2020年,固原市自然资源局严格规划建设项目设计方案审查,执行市区内重大项目选址、规划设计方案"三级审批"(即局项目审查会初审、专委会专家咨询、规委会审定)制度,组织召开规划委员会办公室项目审查会4次,审议商住小区建设项目设计方案41个。组织召开规划专家委员会3次,审定固原市区2020年公厕建设项目选址方案、东海古雁壹号设计方案变更、绿洲公馆项目设计方案等12个规划建设项目。召开规划委员会2次,审定取消地下容积率、固原市第二热源厂设计方案等10个规划建设项目。完成"一书两证"办理。认真执行《中华人民共和国城乡规划法》有关规定,严格执行"一书两证"管理制度,联合市行政审批服务局,完成"三证合一"与建设工程规划许可证核发的后台处理工作。累计审核办理涉及商品房开发、基础设施建设等项目的建设用地规划许可证(三证合一)41本,建设工程规划许可证141本,市政类建设工程规划许可证43本。完成政府投资项目、社会投资项目规划设计条件44个,完成市政道路、燃气、供热、强弱电等路由设计30个。完成固原市幼儿园迁建项目、原州区图书馆、原州区文化馆等民生项目、商业项目的放线工作,累计制发建设工程放线单(放线图)37份。

【城市绿化】 2020年,固原市城市管理局实施机场路绿化亮化、市区口袋公园改造提升、行道树栽植补植等工程,新增绿化面积630余亩,种植树木31000余棵、地被12万平方米。修剪整形市区49条街道、14个公园广场12万棵绿化树木,整形修剪7轮累计3000余亩草坪和15万平方米绿篱,不断丰富绿化层次。对市区124条街道14000余盏路灯全面开展维护、检修、除尘工作,主要街道亮灯率98%,背街小巷亮灯率95%。加强环卫一体化建设,城区主要街道保洁时间16个小时以上,一般街道保洁时间12个小时以上,机械化清扫率75%。集中开展环境卫生综合整治行动,清理生活垃圾8000余吨、建筑垃圾4600余吨。

【城市管理】 2020年,固原市城市管理局加大信息技术应用,实现数字化城管平台与国家部级平台联网,将市政公用、市容环卫、路灯监管和电信视频云等数据接入数字化城管平台,拓展相关应用子系统,完善城市部件基础数据。建立“12319”城管热线全天候接听制度,及时受理各类投诉件。依法打击城市管理乱象,清理乱贴乱画27000处,规范落实“门前三包”7000余家、落实率96%,清理流动摊点28000余次。开展违法建设集中整治行动80多次,出动执法力量1000余人,拆除违法建筑162户、2.3万平方米,有效解决“脏、乱、差、堵”等“城市病”。

【公共服务】 2020年,固原市城市管理局推进第二热源厂一期项目建设。坚持把改造设施、提升品质与满足需求相结合,完成内涝点分流改造23个,道路污水管网疏浚33条,固原市第一、二污水处理厂提质增量,6条道路污水处理提质增效以及6座公厕垃圾中转站、5座移动公厕建设工程。完成创卫拆迁工地环境整治、市政基础设施维修、明堡新村巷道硬化等工程。

【老旧小区改造工程】 2020年,固原市城市管理局将老旧小区改造作为重大民生工程、发展工程和“一把手”工程,按照“基础类应改尽改、完善类能改则改、提升类最大能力改”的原则,确定2020年市区改造老旧小区55个,面积35.44万平方米、133栋楼、4127户居民,概算总投资约2.47亿元,其中,政府投资1.99亿元,撬动社会投资0.48亿元。重点改造供水、雨污分流、供电、绿化硬化、供气、供热、安防、通信等基础设施。坚持拆危改旧,累计拆除违章建筑物2.68万平方米。为55个老旧小区配备门卫室、物业室、活动室、社区服务中心,安装门禁系统和监控系统等,规范物业管理。

【市区冬季供暖保障】 2020年,固原市城市管理局按时兑现市区提前15天供热的承诺。指导督促六盘山热电厂热网首站满负荷运行,市区178座换热站平稳运行,未出现大面积停暖或供热质量不达标的现象密切关注寒冷天气预警情况,及时调节供热水温、水压等参数,防止出现严寒天气暖气不热或室温不达标的情况。科学优化各供热企业已接收的流量,在区域内调整平衡热力,保障供热均衡。持续做好供热设施巡检巡查,畅通供热投诉电话,及时受理群众反映的问题,大力开展供热质量回访活动。坚持供热问题日报告、周通报,应统尽统当日群众投诉、分类汇总,逐条建立台账,逐项整改销号。成立供热督查工作组3个。成立供热企业技术指导组,为市区供热安全运行提供技术支撑。抽调执法支队3~5人短期充实到公共事业服务中心,加强督导力量。加强热源储备,安装6吨天然气锅炉2台,完成应急保障热源站2台20蒸吨燃气热水锅炉拆迁工作。启动40蒸吨应急燃气锅炉准备工作,提高应急保障能力。

(徐向臣)

房地产业

房地产开发

【概况】 2020年,固原市完成房地产投资40.81亿元,同比上年下降2.6%。其中,住宅完成投资30.2亿元,同比增长3.8%;办公楼完成投资0.22亿元,同比下降74.7%;商业营业用房完成投资8.5亿元,同比下降23.4%。全市共有房地产企业49个,房屋施工面积398.48万平方米(其中住宅施工面积290.53万平方米,新开工面积66.35万平方米);房屋竣工面积49.08万平方米(其中住宅竣工面积40.01万平方米);待开发土地面积32.58万平方米,土地购置面积14.02万平方米。

2020年固原市房地产开发和销售主要指标完成情况一览表

表8

指　　标	绝对数	单位
房地产开发投资	40.81	亿元
房屋施工面积	398.48	万平方米
其中:住宅	290.53	万平方米
其中:2020年新开工面积	66.35	万平方米
房屋竣工面积	49.08	万平方米
其中:住宅	40.01	万平方米
商品房销售面积	82.35	万平方米
其中:住宅	68.19	万平方米
商品房待售面积	71.98	万平方米
其中:住宅	16.18	万平方米
商品房销售额	40.95	亿元
其中:住宅	32.59	亿元
本年实际到位资金	35.64	亿元
其中:国内贷款	0.91	亿元
自筹资金	11.44	亿元
其他资金来源	23.29	亿元

【房地产项目建设】 2020年,固原市区共有54家房地产开发公司,其中二级资质4家、三级资质14家、四级资质8家、暂定资质28家。截至2020年年底,固原市区共有房地产开发在建在售项目21个,新建项目6个(固原碧桂园商住小区、古雁壹号、华祺公馆三期、秦韵苑二期、固原绿洲公馆、金田阳光城)。

(裴国强)

房地产企业

【碧桂园天宸】 碧桂园天宸位于固原市原州区主城区六盘山路与开城路交会处,总占地约104.8亩,容积率约2.5,绿地率约30%,总建筑面积约20.5万平方米,总户数约1350户,是固原市首个带装修交付的社区。2020年,项目总销售额10亿元,服务家庭454个。联合中国农业银行宁夏分行在固原市西吉县红耀乡张白湾村挂牌成立"农业银行·碧桂园红耀乡张白湾村精准扶贫乡村振兴项目部",为党建扶贫、教育扶贫、产业扶贫及美丽乡村建设捐赠55万元。

【宁夏东海房地产开发有限公司】 2020年,宁夏东海房地产开发有限公司完成太阳城项目交付和古雁壹号项目预售许可证办理工作,为固原的城市建设和改善市民居住环境,做出应有贡献。全年累计销售住宅1041套(其中太阳城520套、古雁壹号521套),销售商业房14套,其中太阳城项目住宅均价约为5580元/平方米、营业房均价约为9800元/平方米,古雁壹号项目住宅均价约为5550元/平方米。全年销售额为8.5亿元。

(裴国强)

房地产交易

【商品房预售管理】 2020年,固原市商品房累计批准预售84.34万平米(其中住宅63万平方米),同比下降37.75%(其中住宅同比下降31.53%)。固原市区2020年商品房批准预售56.04万平方米(其中住宅44.4万平方米,3502套),占全市商品房预售面积66.45%,预售面积同比下降18.14%(其中住宅同比下降6.6%)。西吉县、隆德县、泾源县、彭阳县商品房累计批准28.29万平方米,其中住宅累计批准18.91万平方米。

【商品房交易】 2020年,固原市商品房累计销售82.35万平方米(其中住宅累计销售68.19万平方米),同比上升2.4%(其中住宅同比上升4.6%)。商品房待售面积71.98万平方米(其中住宅累计16.18万平方米)。商品房销售额累计40.95亿元(其中住宅销售额累计32.59亿元),同比上升13.8%(其中住宅同比上升22.6%)。

【二手房交易】 2020年,固原市存量房(二手房)成交8.51万平方米(其中二手住宅成交7万平方米,成交套数为736套),同比下降45.34%(其中二手住宅同比下降53.96%)。市区二手房成交7.28万平方米(其中二手住宅成交5.35万平方米,成交套数为644套),同比下降36.64%(其中二手住宅同比下降50.87%)。

【住房价格调控】 2020年,固原市区和所辖四县新建商品房销售均价均有浮动。其中,市区新建商品房销售均价为5120元/平方米,同比上升13.05%;西吉县新建商品住宅均价4173元/平方米,同比下降2.29%;隆德县新建商品住宅均价3513元/平方米,同比下降4.28%;泾源县新建商品住宅均价3228元/平方米,同比下降2.83%;彭阳县新建商品住宅销售价格3246元/平方米,同比下降23.01%。

(裴国强)

物业管理

【房屋专项维修资金管理】 2020年,固原市住宅专项维修资金审批使用严格按照住建部、财政部《住宅专项维修资金管理办法》规定审批。固原市城区累计归集住宅专项维修资金6080万元,共支出专项维修资金13万元,利息收入123.9万元。住宅专项维修资金累计交存44633万元,累计收益(利息收入)598万元,累计审批使用634万元。

【物业服务质量监管】 2020年,固原市城区开展辖区内物业服务企业营业执照、税务登记、经营人员证书等合法性审查工作。审查并规范物业服务企业的物业服务合同文本47家。整改规范物业管理行为,对无业绩、无人员、无办公场所的“三无”企业将逐步劝其退出原州区物业服务市场。解决“12345”便民投诉、政府门户网站、微博、电话投诉、群众上访1200多件。

【住宅小区环境卫生整治】 2020年,固原市城区累计悬挂宣传标语共计3000余幅,发放各种创卫彩页和手册20000余页。开展小区内楼道卫生死角、绿化带隐藏物、引水渠疏通、墙面乱贴乱画、宣传栏内野广告清理不彻底等公用部位的卫生整治累计8万多平方米,修补老旧小区,对小区内的楼层墙面、围墙及地面瓷砖缺失进行累计6万多平方米,修复楼层照明设备及路灯,督导35个公共绿化破坏严重的小区进行补种补栽,及时养护23个小区内健身设施、休闲座椅、凉亭、雕塑、景观,集中拆除8个小区内绿地、公共空间、通道、顶楼及其他公用部位私搭乱建。

(褚治福)

脱贫攻坚

综述

【概况】 2020年,固原市全面完成剩余7339人贫困人口的脱贫任务。西吉县完成县级自评、市级初审、行业部门和第三方评估专项检查,退出贫困县序列。原州、隆德、泾源、彭阳四县(区)脱贫攻坚成果得到巩固提升。实现了现行标准下建档立卡贫困人口全部脱贫,贫困村全部摘帽退出,如期打赢脱贫攻坚战。加大乡村振兴战略实施力度,有序推进全面脱贫与乡村振兴有效衔接。

【“四查四补”落实】 2020年,固原市制定《固原市深入开展脱贫攻坚“四查四补”工作实施方案》,采取“查、算、商、补、建”五步工作法,动员市直部门、县乡村以及第一书记、驻村工作队和2.3万名帮扶责任人,逐乡、逐村、逐户开展“回头看”,逐条、逐项、逐个“过筛子”。走访农户29万户(建档立卡户9万多户),实现全覆盖,排查整改问题31310个。深入分析研判疫情对脱贫攻坚带来的影响,制定《固原市有效应对新冠肺炎疫情打赢脱贫攻坚战实施方案》,在贫困群众就业务工、产品销售等方面强化政策保障,统筹推进疫情防控和脱贫攻坚。

【转移就业】 2020年,固原市加快转移就业增收,深入实施“稳岗、返岗、增岗”计划。包机11架次、包车237辆次输送务工人员10706人(建档立卡户9611人)返工。全市实现农村贫困劳动力转移就业10.26万人。

【复工复产】 2020年,固原市推动86家扶贫龙头企业全部复产复工,吸纳当地劳动力4463人,其中,建档立卡户家庭劳动力1752人,占39.3%。全市实际建成运行的175家扶贫车间全部复工复产,吸纳农村劳动力近5446人,其中,建档立卡户劳动力2534人,占46.5%。大力开发公益性岗位,重点安置因疫情影响滞留在家的农村建档立卡贫困劳动力、移民村群众和边缘户劳动力8510人,其中,新增护林员1220人,新增护路员1310人,新增保洁员等5980人,累计公益性岗位达到18064人。全市认定消费扶贫供应商126家,认定568家农副产品进入国家贫困地区“832”网络销售平台,产品销售价值总量达30.2亿元,实现销售收入4.9亿元。

【扶贫帮扶责任落实】 2020年,固原市制定《固原市脱贫攻坚“四查四补”帮扶方案》和《固原市“大干200天确保西吉县脱贫摘帽”行动方案》,四套班子主要负责人和市委副书记分别督战5个县区,9名市级领导督战原州区9个薄弱村,19名市级领导干部每人包抓帮扶西吉县1个乡镇、1个贫困村、5户贫困户,30个市直部门帮扶西吉县30个贫困村、班子成员每人联系帮扶3户贫困户,39家企业帮扶西吉县39个深度贫困村。西吉县对295个行政村全部实行网格化包抓责任,其中由县级领导牵头挂牌督战基础薄弱村30个,剩余265个村分别由1名科级干部包抓。为原州区9个挂牌督战村在原包抓领导、帮扶单位不变的基础上,再安排9名县级领导、9个涉农部门、9家优秀企业包抓帮扶。下发《关于扎实做好脱贫攻坚挂牌督战及“四查四补”和挂牌督战调度工作的通知》,对挂牌督战工作进展进行月调度、月分析,及时发现问题并解决问题。固原市扶贫开发领导小组召开6次会议和2次专题会议,传达学习脱贫攻坚政策和研究部署脱贫攻坚工作议题35个,市委、市政府主要领导和挂牌督战厅级领导多次深入五县(区)贫困村,督导调研“四查四补”、挂牌督战、问题整改和年度脱贫攻坚工作任务完成情况,对发现的问题提出整改建议,督促其进行整改。固原市扶贫办选派1名副主任作为自治区派驻西吉县挂牌督战协调组成员,督战协调组常驻西吉县督促指导做好脱贫攻坚工作,解决西吉县脱贫摘帽中自身难以解决的突出困难和问题,定期向自治区党委、自治区政府,固原市党委、市政府相关领导汇报西吉县脱贫攻坚工作推进情况。

【返贫监测预警】 2020年,固原市下发《关于建立脱贫不稳定人口与边缘易致贫人口防止返贫致贫监测预警和动态帮扶机制的通知》,及时掌握全市已脱贫建档立卡户和非贫困户因病、因灾、因突发事故导致易返贫致贫的基本信息,实行动态监测、动态预警、动态帮扶,防止已脱贫人口返贫或出现新的贫困人口。按照村组日常监测、乡镇研判预警和县(区)调度帮扶等程序,排查摸底脱贫不稳定户和边缘易致贫户。按照自治区确定的"脱贫不稳定人口和边缘易致贫人口'两类人口'监测对象规模一般为建档立卡人口的5%左右"的指标及界定标准,新摸排出边缘易致贫户533户、2522人,脱贫易返贫户256户、1367人。

【动态帮扶机制】 2020年,固原市动态监测脱贫不稳定人口,根据返贫原因及时采取社会综合保障、产业就业等措施开展帮扶,防止返贫。为边缘易致贫人口建立完善"一户一档",落实"一户一策",做好动态帮扶。下发《关于认真做好扶贫对象动态管理和信息采集等工作的通知》和《固原市精准扶贫数据质量管理细则(试行)》,核查修正所有建档立卡户的家庭基本信息、成员基本情况、家庭收入情况、致贫原因、"两不愁三保障"、帮扶和脱贫措施6个方面内容。核查修正所有贫困村的基本信息、帮扶和脱贫措施、驻村工作队情况3个方面内容。严格按照脱贫退出程序,动态调整剩余贫困人口7339人。

【"两不愁三保障"落实】 2020年,固原市对照"两不愁三保障"标准,查找漏评错退、死角盲区,堵塞漏洞、填补缺项。摸排改造完成农村危房4419户(危房改造户3052户、住房面积不达标户1367户),拆除危旧房屋25696户。解决安全饮水未保障户4231户,全市安全饮水普及率100%,供水保证率达到90%以上。经排查无失学辍学学生,全市小学学龄人口入学率100%,小学六年巩固率99.83%,初中学龄人口入学率100%,初中三年巩固率99.9%。全市建档立卡贫困人口基本医疗保险参保率和边缘户参保率均达到100%,建档立卡户和边缘户家庭成员全部缴纳医疗保险,全部实现"应保尽保",全市行政村均建有村卫生室,至少配备基本药品65种,满足基本公共卫生服务和常见病、多发病的初级诊治。

【脱贫攻坚普查】 2020年,固原市第一批脱贫攻坚普查对象为原州、隆德、泾源、彭阳四县(区),涉及43个乡镇、507个村、57988户建档立卡户。市委、市政府成立固原市脱贫攻坚普查工作领导小组,制定《固原市脱贫攻坚普查实施办法》,明确普查工作职责、阶段性工作任务和具体要求,详细具体安排普查工作。选调市直有关部门(单位)40多名业务工作人员,组建综合协调组、督查检查组、数据审核处理组,按照工作进度扎实开展普查各项工作。7月15日前完成前期的工作业务培训、工作人员信息导入、普查数据审核、相关视频课程和集中面授业务培训及现场登记数据采集处理等各项准备工作。配合相关县(区)(海原县普查原州区、泾源县普查隆德县、灵武市普查泾源县、同心县普查彭阳县)对四县(区)所有乡镇、所有行政村的所有建档立卡户(包括已脱贫户和未脱贫户)实行全覆盖普查。8月10日前完成现场登记数据填报工作,8月底前全面完成市县普查和审核工作,将数据上报自治区。并对普查中发现的问题边查边改,及时进行整改落实和"回头看"。

【脱贫攻坚问题整改】 2020年,固原市扶贫开发领导小组制定下发《关于印发〈国务院扶贫办调研督导组反馈意见整改方案〉的通知》和《关于印发〈2019年脱贫攻坚成效考核反馈问题整改方案〉的通知》。全部整改完成国家2020年脱贫攻坚督查反馈的5个方面、13个问题,国务院扶贫办调研督导组反馈6条意见和国家各类抽查检查等反馈的问题。各县(区)结合"四查四补",全面整改自治区脱贫攻坚专项巡视"回头看"反馈的问题,对历年国家扶贫开发成效考核反馈的问题进行"回头看"。

【脱贫攻坚成果展示】 2020年,固原市以展示成果、推广经验、宣传典型、外树形象为目标,系统总结脱贫攻坚工作,建好外宣基地,讲好固原故事,对内激发动力,对外宣传固原。展示扶贫成就,布设固原脱贫攻坚成就展,通过影像、图片、文字等形式,全方位、系统性展示新中国成立70多年来,特别是中共十八大以来全市脱贫攻坚取得的巨大成就。推广经验做法,编辑《中国脱贫的固原实践》一书,系统展现固原脱贫攻坚具体实践和效果。坚持资治存史,编纂《固原扶贫志》。坚持深度挖掘,开展全市经验总结和亮点宣传。在《固原日报》开设"决战决胜脱贫攻坚""固原脱贫故事"等专栏,大力宣传固原脱贫攻坚。聚焦脱贫攻坚,创作舞台剧《六盘山下花正红》。积极申报国家脱贫攻坚奖,2人获得国家脱贫攻坚奖,其中固原农村商业银行股份有限公司信贷部经理袁相鼎获创新奖、隆德县扶贫办主任宋保童获贡献奖。全力开展全国扶贫日系列活动,举办全市脱贫攻坚事迹报告会,组织党员干部职工参观固原扶贫展、观看脱贫攻坚舞台剧《六盘山下花正红》和电影《迟来的告白》。

【脱贫攻坚考核治理】 2020年,固原市将脱贫攻坚工作纳入市委、市政府2020年重点工作任务落实清单和全市60个高质量发展重点建设项目之列,明确责任领导、责任单位和完成时限,清单管理、挂牌督战。印发《固原市2020年脱贫攻坚工作要点》《固原市2020年脱贫攻坚责任清单》,制定《固原市打好脱贫富民决胜战2020年作战图》。严格脱贫攻坚考核,制定《固原市决战脱贫攻坚决胜全面建成小康社会考核办法》,依据目标任务书和专项工作要求,对五县(区)的减贫成效、专项扶贫、行业扶贫、社会扶贫、问题整改及"三落实"五大方面17项指标目标任务的完成情况进行年终考核。分别考核22个市直行业部门(单位)行业扶贫目标任务完成情况,确保2020年脱贫摘帽。围绕推进"三落实",深入开展扶贫领域腐败和作风问题专项治理,深化涉农惠农项目资金"三级备案、三级审核、一个平台监管"的"331"监管机制,精准发现扶贫领域问题,保持高压态势,严查快处扶贫领域腐败问题。深化"干部作风转变年"活动,面向全市开展"担当新使命、展现新作为"学习实践活动,大力弘扬长征精神,发扬"三苦"作风,巩固"不忘初心、牢记使命"主题教育成果,改进干部作风,提振干部精气神,形成干事创业的良好局面。

(陈宇青)

扶贫开发

【农业产业扶贫】 2020年,固原市根据农民增收情况,补强薄弱环节,加大农业结构调整力度,调减过剩的、低效的,调增短缺的、高效的,提高农业比较效益。全市马铃薯稳定在100万亩,调减小麦25万亩、籽粒玉米80万亩,调增青贮玉米87万亩、蔬菜5万亩、小杂粮13万亩。针对建档户养殖产业规模小而弱的问题,为建档户补栏基础母牛82087头、羊116404只。全市建档立卡户养殖业覆盖率66%、种植业覆盖率71%。针对剩余"三类特殊人群"中有发展产业能力的推广"社会保障+产业扶持""双兜底"做法,提高兜底保障能力。整合资金38.3亿元实施到村到户精准扶贫项目7060个。开展扶贫小额信贷发放工作,累计为32219户建档立卡户发放扶贫小额信贷15.2亿元,完成下达任务17.4亿元的87.4%。

【行业扶贫】 2020年,固原市推动扶贫龙头企业86家全部复产复工,吸纳当地劳动力4463人,其中,建档立卡户家庭劳动力1752人,占39.3%。全市实际建成运行的扶贫车间175家全部复工复产,吸纳农村劳动力近5446人,其中,建档立卡户劳动力2534人,占46.53%。大力开发公益性岗位,重点安置因疫情影响滞留在家的农村建档立卡贫困劳动力、移民村群众和边缘户劳动力8510人,其中,新增护林员1220人,新增护路员1310人,新增保洁员等5980人,累计公益性岗位达到18064人。全市认定消费扶贫供应商126家,认定568家供应商的农副产品进入国家贫困地区"832"网络销售平台,产品销售价值总量达30.2亿元,实现销售收入4.9亿元。

【定点帮扶】 2020年,固原市制定《固原市脱贫攻坚"四查四补"帮扶方案》和《固原市"大干200天确保西吉县脱贫摘帽"行动方案》。市县两级加大与5个中央定点扶贫单位的联系,争取帮扶单位发挥自身行业部门优势开展定点扶贫活动。中国国家铁路集团有限公司、宋庆龄基金会、厦门大学、中国商用飞机有限责任公司、中国建筑材料有限公司5个中央定点扶贫单位为全市5个县(区)累计投入帮扶资金0.68亿元。全市共有588个区、市、县单位包村扶贫(区直部门单位113个、市直部门单位115个、县乡部门单位360个),派驻第一书记797名,工作队员1498名。累计投入帮扶资金15876万元、协调帮扶资金10453万元,其中自治区帮扶投入3325万元、协调帮扶资金3517万元;市级部门投入帮扶资金670万元、协调帮扶资金1537万元;县级部门投入帮扶资金1428万元、协调帮扶资金5399万元。

【东西部扶贫协作】 2020年,固原市落实闽宁协作第24次联席会议精神,对接闽宁对口扶贫协作,开展"携手奔小康"行动,县、乡、村企业和部门单位、学校医院等开展结对帮扶,形成多层次结对帮扶格局。固原市考察团赴福建考察学习5天、对接项目,深入对接洽谈在闽宁对口扶贫协作第24次联席会确定的7个签约项目、9个意向合作项目。福建各级累计援助固原市各类资金2.75亿元(包括闽宁协作发展资金2.66亿元),重点支持特色产业培育、闽宁示范村巩固提升、消费扶贫、贫困家庭劳动力培训与转移就业、贫困户危房改造、贫困村基础设施和社会事业建设、扶贫车间、旅游扶贫、电商扶贫、生态扶贫、残疾人帮扶、创业致富带头人培训等方面和新冠肺炎疫情防控等。

【移民搬迁后续扶持】 2020年,固原市下发《关于进一步做好移民有关工作的通知》《关于印发〈固原市政策性移民工作遗留问题整改方案〉的通知》,切实解决固原市"十二五""十三五”政策性移民工作遗留问题。针对生态移民的生产生活实际，将后续产业发展纳入县(区)产业发展总体规划。结合安置区选址与产业、就业，在全市182个就近安置点建设养殖暖棚或设施蔬菜暖棚4012座，着力发展设施养牛、设施种植和中药材、林果等优势产业，发放政府贴息小额扶贫贷款约1.2亿元用于发展壮大产业，增加移民群众收入。动员和鼓励企业、合作社在全市39个城区回购安置点建设各类扶贫车间21个，解决移民就业594人。围绕扶贫车间就业岗前培训、家政服务、刺绣编织、中式烹饪、居家养老、保洁护理等内容举办形式多样的培训班，累计培训移民1711人次，确保户均有1~2人能够熟练掌握一门实用技能。同时针对移民群众开发公益性岗位1434个，实现一人就业，全家脱贫。落实移民各项政策性保障措施，对接迁入县(区)，全力开展移民户籍迁转等相关工作，确保搬迁劳务移民与当地居民享有同等的教育、医疗卫生、基本医疗保险、养老保险、社会救助、培训就业等社会保障政策。各县(区)组织人员，按照全面普查不漏一户、完善信息台账不错一户、落实帮扶责任不落一户的要求，进行大排查、大起底，全力解决移民中的人户分离底数不清、信息不准、帮扶不实问题。积极引导群众增强内生动力，提高创业能力，通过自身努力脱贫致富。

(王　涛)

乡村振兴战略实施

【农村环境整治】　2020年，固原市以“五清两改一绿化”和“厕所革命”为重点，推进农村人居环境整治。完成农村厕所改造24450户，清理生活垃圾7.56吨、农业生产废弃物251万吨；拆除废旧房屋、残垣断壁、乱搭乱建7.8万处。绿化农村环境13万亩，植树8776万棵，提升农村污水处理设施项目24个。按照自治区《关于在全区农村开展乡村振兴“一村一年一事”行动的意见》文件精神，征集“一村一年一事”事项488项。全市完成“一村一年一事”项目475项，占全年计划任务的97.3%，居全区第二。

【农村基础设施改善】　2020年，固原市紧扣全面建成小康社会，查找和补齐公共服务、基础设施等方面的短板。新建(改建)村组道路535.6千米，硬化巷道308.3千米。解决4个村网络信号不稳定和4个村水压不稳、供水不稳定的问题。改善35所基本义务教育薄弱学校基本办学条件。通过建立发展壮大集体经济联席会议制度、专题调研解决瓶颈问题、建立绩效奖励制度、召开全市现场观摩推进会，所有村村经济集体收入达到5万元以上。借助新时代文明实践中心等平台，发挥7067名致富带头人作用，促进贫困群众比学赶超，提振精气神。

【农村改革】　2020年，固原市全面推进农村集体产权制度改革，打造农村集体产权制度改革示范点15个、提升放活土地经营权示范点10个，全市完成成员身份界定的行政村达到99.3%，成立村集体经济组织675个，新成立土地股份合作社25家，入股土地1.85万亩，农户现金入股土地股份合作社1399万元，“租金保底+盈余分红+打工收入”的常态化增收机制基本形成。

【农民培训】　2020年，固原市新认定市级农村实用人才培训基地19个，依托高素质农民培育等项目，举办农村实用人才培训383期19945人次；实施“互联网+职业技能培训”计划，开展线上线下农民技能培训班7期350人。

【乡村治理】　2020年，固原市按照“治理有效”的总要求，健全党委领导、政府负责、社会协同、公众参与、法制保障的现代乡村治理体制，创新“三治合一”乡村治理体系。对标自治区出台的《关于完善乡村治理体系提高治理能力的实施意见》，牵头制定固原市《完善乡村治理体系提高治理能力重点任务清单》和《完善乡村治理体系提高治理能力作战图》，明确全市乡村治理工作8大体系、28项重点任务、91条推进措施，完善乡村干部激励机制、提升乡镇政府治理能力、健全村民自治制度和提升乡村依法治理能力等重点任务。

【“乡村文明实践积分卡制度”推广】　2020年，固原市农业农村局面向全市180个行政村推广乡村治理积分卡模式，市委主要领导代表固原市在全国乡村治理中推广运用积分制视频会议上做了交流发言，固原市乡村治理积分卡制度作为全国乡村治理8个典型案例在全国推广。

(王　涛)

农村经济

【概况】　2020年，固原市立足肉牛、马铃薯、冷凉蔬菜三大主导产业和地方特色种养业，编制《固原市肉牛产业全产业链高质量发展实施方案(2020—2025年)》《固原市马铃薯产业全产业链高质量发展实施方案(2020—2025年)》和《固原市冷凉蔬菜产业全产业链高质量发展实施方案(2020—2025年)》。

【农村集体经济】　2020年，固原市争取自治区财政项目扶持资金1.15亿元，审核备案发展壮大村集体经济项目115个,支持贫困村整合资源、资产、资金要素,通过股份合作、投资收益、服务创收、自主经营等方式,发展壮大村集体经济。全市村集体经济年经营收入达到50万元以上的39家、10万元以上的49家、5万元以上的265家。

【草畜产业】 2020年,固原市推进农业农村部农牧交错带产业结构调整、草畜产业、肉牛改良“三大示范区”建设,实施“50·300”肉牛、肉羊补栏扩繁增量计划,推动苜蓿制种基地、高产优质苜蓿示范基地、六盘山地区肉牛产业集群建设项目实施,打造“固原黄牛”和“固原牛肉”区域公用品牌。落实“见犊补母”补助奖励政策,兑现奖补资金10450万元(其中,自治区政策资金6800万元,地方整合资金3650万元),建成草畜产业示范点50个,补栏肉牛9.6万头,种植粮饲兼用玉米163.5万亩,其中青贮玉米113万亩,调制各类饲草340万吨,新培育肉牛养殖示范乡10个、示范村20个。成功举办固原市首届肉牛文化节活动。

【马铃薯产业】 2020年,固原市推进马铃薯三级繁育体系建设,打造“固原马铃薯”和“固原淀粉”品牌。稳定淀粉加工型种植面积,压减中晚熟鲜食品种,增加中早熟品种,种植马铃薯104万亩,总产量160万吨,繁育马铃薯原原种1.5亿个;年繁育种薯30万吨;年鲜薯外销60万吨以上。打造马铃薯标准化生产示范基地10个,改造升级马铃薯淀粉加工设备2套,引进以全粉、兼顾主食、休闲食品生产线,实现加工业转型升级。

【冷凉蔬菜产业】 2020年,固原市根据市场需求和种植效益,减少芹菜、辣椒等大宗蔬菜品种面积3万亩,增加“宁夏菜心”等具有产地优势的新特优蔬菜面积5万亩,打造冷凉蔬菜标准化生产示范点12个。全年共种植各类蔬菜47万亩,年产量240万吨,产值30亿元左右。

【特色种养产业】 2020年,固原市补贴种植小杂粮,统一供种,提高新技术推广应用水平,以良种良法配套为途径、优质高产高效为目标,完善特色种养业综合增产增效技术体系。改造升级现有的加工企业进行,实现就地生产、就地加工增值,打造“六盘山”小杂粮和“固原中蜂”品牌。建设小杂粮集中规模种植示范点95个,种植各类小杂粮46.4万亩,其中优质张杂谷8万亩。中蜂养殖达到8.52万箱,朝那鸡52万羽。

(孙文升)

自然资源管理与生态建设

自然资源

【自然资源调查监测】 2020年,固原市自然资源局完成县(区)接边、权属排查、初始成果汇总统计及地类流量流向分析、自查自纠和统一时点更新工作,通过自治区调查办审核,上报国家调查办核查,完成第三次国土调查工作(以下简称"三调")。制定自然资源统一确权登记总体工作方案,全面完成辖区范围内64条河流的确权划界工作,完成境内河流、水库登记。完成权籍调查宗地数258102宗,完成登记发证宗地数171620宗,占总任务(总任务179553宗)的95.58%,完成农村宅基地"房地一体"确权登记颁证工作。

【国土空间管制】 2020年,固原市自然资源局提请市人民政府与各县(区)人民政府签订《2020年度耕地保护目标责任书》,压紧压实耕地保护职责。利用耕地保护动态监测系统,核查图斑64571个,面积6821505.89亩。完成自治区用地预审6宗、面积5648.8335公顷,涉及银昆高速、固海扩灌扬水更新改造工程、固原市官厅至原州区公路等建设项目。完成市级网上用地预审37宗,面积30.4141公顷。报自治区人民政府审批建设用地9个批次、面积992.7795亩,补充耕地503.9955亩,补充粮食产能27.0933万公斤。重新落宗建库市本级实施的2015年增减挂钩项目建新区,累计落实14个地块,面积39.7649公顷,节省报批前期费用约700万元。结合"三调"成果,核查整改2010年项目及2015年增减挂钩拆旧区,2010年项目入库19.8291公顷,2015年项目入库43.3896公顷。指导原州区开展城乡建设用地增减挂钩跨省域交易项目,拆旧区面积51.9691公顷,争取自治区自然资源厅下达跨省域交易指标28.6666公顷,可收取交易资金1.29亿元。完成2019年土地例行督察反馈6类30个问题,完成整改22个,持续整改8个。完成征收农用地区片综合地价市级平衡工作。

【国土空间规划】 2020年,固原市自然资源局起草完成《固原市国土空间总体规划编制工作方案》及《固原市国土空间总体规划编制任务书》,提请市委、政府成立市委主要领导任组长,市政府主要领导任第一副组长、分管领导任副组长,各县(区)主要领导、市直各相关部门主要负责人为成员的领导小组,印发《固原市国土空间总体规划编制工作方案》,成立编制专班,深入一区四县,完成对全市及原州区11个乡镇的调研工作,对标调研成果,初步确定专题研究11个,完成双评估、双评价及8个优先启动专题研究。同步开展现状基数转换,以现有"三调"阶段性成果为基础,完成国土空间底数底图转换工作。完成县级土地利用总体规划修改方案审查工作,组织召开专家论证会9次,审查通过市级审批的土地利用总体规划修改方案4个,报自治区自然资源厅复审17个。督促指导各县(区)在村庄调查成果数据的基础上,依据村庄分类技术指南,以自然村为最小分类单元对其各辖区内村庄进行分类,完成"多规合一"实用性村庄规划编制工作。

【土地资源应用】 2020年,固原市市辖区完成土地供应32宗,面积1695.65亩(完成全年供地目标任务1600亩的106%),收缴土地出让金5.16亿元(完成全年出让金收缴目标任务3亿元的172%)。固原市市辖区处置2009—2017年批而未供土地17宗、面积1156.17亩。2014—2018年应开工建设用地260宗,完成开工260宗,开工率100%。完成区厅下达全年闲置土地处置率100%的目标任务。完成区厅下达的全年单位GDP建设用地下降目标4.6%。涉及自然资源部动态巡查应处置686项,已处置686项,处置率100%,全部符合自然资源部处置要求。开展市辖区2020年度地价动态监测,按照区厅要求,对15个监测点进行数据核对分析,监测数据通过区厅审核。

【不动产登记】 2020年,固原市自然资源局完成不动产登记存量数据整合验收,原州区不动产登记存量数据整合项目验收工作。完成市辖区农村宅基地使用权和房屋所有权“房地一体”确权颁证工作,完成原州区66692宗外业调查工作,占可确权宗地的98.71%,资料收集66692宗,数据编辑66692宗,入库39991宗,打印发放证书39991宗。提请市人民政府出台《关于解决市区不动产登记中土地历史遗留问题的方案》,解决已购公有住房,已购经济适用住房(含棚户区改造房),符合上市交易条件的,市区各单位的集资建房,使用划拨土地的居民自建房等8类历史遗留问题。推动不动产登记融入固原“163”模式,不动产登记业务在办件速度、办件质量方面提质增速,“盘活”不动产登记业务办理。针对所有“不动产权证书”“不动产登记证明”实行零收费,减少收费中间环节,保证办证时效,减轻群众负担。依托线上线下平台,实现办事“一张网”。运用自助终端、移动客户端、微信平台等信息技术,支持网站、平台安全协议,开展网上预约、进度查询、在线查档、证书证明查验服务,提升政务服务事项网上可办率,“外网申请、内网审核”。联合固原市工商银行,开通“不动产+金融联办”模式,不见面就能实现一网通办,面向其他银行开通“政银直通”模式业务办理。

【扫黑除恶专项斗争】 2020年,固原市自然资源局安排部署扫黑除恶专项斗争会议50余次。印发《全力推进全市自然资源领域行业乱点乱象专项整治工作方案》《固原市自然资源局2020年扫黑除恶专项斗争工作计划》,深入一线指导工作开展,逐宗研究审议核查结果。累计核查或协助核查问题线索64件,办结64件,办结率100%。独立归档核查线索,所有档案资料按照统一标准分类。联合市人民检察院开展“联手治乱象 合力护资源”专项行动,发挥自然资源部门行政执法和检察机关公益诉讼监督职能,查处违法用地、违法开矿、违法破坏耕地、拖欠土地出让金等违法行为。印发《固原市自然资源局关于印发行政执法公示制度等三项制度的通知》,网上公示执法人员信息,全流程记录执法过程。

【林草产业示范工程】 2020年,固原市完成“四个一”林草产业示范推广任务229.09万亩,占总任务的130.99%,其中建设千亩以上示范点71个,完成19.3万亩,占总任务的102.93%。共示范推广40个品种。其中:“一棵树”完成30.54万亩,占任务30.06万亩的101.6%,主要推广大果榛子、苹果、山楂、梨、黑果花楸等;“一株苗”完成2.2万亩,占计划任务的100%,主要推广海棠、造型油松、大果榛子、红梅杏等;“一棵草”完成188.1万亩,占计划任务135.3万亩的139.02%,主要推广中苜1号苜蓿、宁单40青贮玉米等;“一枝花”完成8.25万亩,占计划任务7.33万亩的112.55%,主要推广芍药、百合、油菜花、格桑花等。

【安全生产】 2020年,固原市自然资源局集中开展矿产资源勘查开采领域安全隐患排查整治专项行动。下发《全市矿产资源勘查开采领域集中开展安全隐患排查整治专项行动实施方案的通知》,督促各县(区)自然资源局制定实施方案,开展拉网式排查整治辖区内矿山企业安全隐患。督导检查全市122家矿山企业的安全生产、超层越界开采等工作开展情况,推动全市安全生产隐患排查整治专项行动工作开展,规范矿产资源的开采行为。以市场方式整合相互之间安全距离不符合相关规定的露天矿山。开展安全生产督查检查,“十一”期间,派出5个督查组前往各县(区)就“双节”期间值班值守,矿山安全生产、森林防火、地质灾害防治巡查以及相关责任的落实情况进行督察检查,形成专报上报市安委办。结合“安全生产月”和“安全生产万里行”活动,加大宣传力度,增强矿山企业安全生产主体责任。严抓汛期地质灾害防治责任落实,联合气象局建立“固原市地质灾害预警信息手机短信发布平台”,累计发布地质灾害防治预警信息10期,在西吉县偏城乡涵江村举办地质灾害防治应急联合演练1次。统筹协调各方地质灾害综合治理工程项目资金1279.85万元,对地质灾害险点实施地质灾害综合治理工程。汛期安排3个专业调查队伍全方位督查指导地质灾害防治工作。全面落实森林草原防火工作措施,开展森林草原防火宣传活动,发放宣传材料9.8万余份、宣传品1.2万件、悬挂横幅600余幅,树立永久半永久宣传标识牌2200余块。加强火源管控,尤其是农事用火、祭祀用火、林业生产用火,在重点林区草原入山路口、公墓和坟墓集中区入口设立防火检查站400余处。强化 “特殊人群”管理,对景区周边的痴、聋、哑、精神病人等特殊群体进行登记造册,落实监护人责任。严格落实24小时值班值守制度,做到不缺岗、不漏岗,确保防火信息上传下达,准确及时。全年累计发生一般森林草原火灾88起,全市连续63年未发生重特大森林草原火灾。

(单海君)

林草管理

【林业项目建设】 2020年,六盘山林业局完成2019年度中央财政森林抚育项目0.5万亩、幼林抚育项目0.7万亩、中央财政良种补贴项目550万株,良种基地经营3465亩。完成华北落叶松子代测定林补植255亩、种苗生产108亩,新建华北落叶松种子园300亩。完成《北美红栎、柳叶栎引种驯化繁育试验》《2018年度天山云杉引种驯化繁育》等科研项目。联合西北农林科技大学开展六盘山生态效益评估和自然保护区生态系统服务功能评价,预出版发行《宁夏六盘山国家级自然保护区生态系统服务功能评价报告》《六盘山植物》科研成果;贯彻落实自治区党委建设黄河流域生态保护和高质量发展先行区部署要求,编制《六盘山自然保护区生态保护及修复(2021—2025)实施方案》。联合高等院校、科研单位、公益组织合作,实施"六盘山华北豹调查保护项目",收集整理大量照片和视频,为后期野生动物资源调查、生物多样性保护、野生动物受影响研究及自然保护区管理水平的提升提供重要数据支撑。

【生态安全监测】 2020年,六盘山林业局实行"三级包抓"责任制,建立"四到"防火机制,开展"五进"防火宣传,全年未发生森林火灾。完成自然保护区监测体系建设,安装前端监控设备20套、智能监测卡口19套、二级分控中心15个、气象数据采集站19套,采购无人机2套,布控野生动物监测仪120台,实现林区24小时全方位不间断监测。实施保护区能力提升项目,利用专项资金150万元采购野生动植物监测设施设备,提升野生动植物监测水平。安排资金70万元开展管护道路维修和杂草清理,确保防火道路畅通。筹措资金64.2万元,为428名管护人员制作管护服装,补充招聘天保管护人员25名。加强自然保护区能力建设,开展保护区人类活动监管。依据《自治区林草局关于开展森林督查和森林资源管理"一张图"年度更新工作的通知》要求,整合国家级公益林区划落界、生态效益补偿、自然保护区界线、天保工程落界成果,无缝衔接森林资源管理"一张图"数据库。不断提高有害生物防治、野生动物疫源疫病监测防控水平,达到"一降三提高"管理目标。

【"四个一"林草产业】 2020年,六盘山林业局按照市委关于"四个一"林草产业的总体思路和部署安排,建成"四个一"林草产业试验示范推广1200亩,其中在挂马沟林场高庄苗圃建成六盘山"四个一"特色乡土花灌木示范园300亩;在张沟林区建成造型油松展示园150亩;在小庄子林区建成华北落叶松种子园300亩;在各林场培育六盘山特色乡土林木良种300亩;在机关及挂马沟、青石嘴、卧羊川、龙潭、大雪山5个国有林场庭院绿化中种植经果林150亩;培育暴马丁香、香荚蒾、珍珠梅等56种六盘山特色花灌木,培育以华北落叶松、油松、白桦等适合六盘山气候特点的造林树种10余种。

【庭院绿化】 2020年,六盘山林业局结合"四个一"林草产业建设,改造提升机关院落环境,精心打造集试验示范、美化观赏、身心康养于一体的园林机关,栽植红梅杏、沙红桃等各类果树20种、1500余棵,美国红枫、红叶碧桃等行道树300余棵,海棠、百合等花卉5种、7600株。

【基础设施改善】 2020年,六盘山林业局采用1100万元对9个林场场部实施"煤改电"工程。开展专题调研,筹措天保资金240万元,完成33个护林点实施"煤改电"。筹措资金500万元,维修改造5个林场和9个护林点管护设施,新建钢结构用房1081平方米、房屋维修改造4401平方米;对和尚铺、峰台、秋千架、红峡、卧羊川、苏台6个林场场部进行水厕改造。

(裴京斐)

生态环境治理

【环境质量】 2020年,固原市大气环境质量:2020年1至12月,市区环境空气质量良好以上天数355天,优良天数占比例97%,同比增加14天,环境空气质量连续12年位居全区第一。PM_{10}平均为52微克/立方米,与2019年同期(71微克/立方米)相比下降26.8%;$PM_{2.5}$平均值为25微克/立方米,较2019年同期(26微克/立方米)相比下降3.8%。水环境质量:2020年1至12月,泾河、渝河、茹河、葫芦河出境国控断面水质为Ⅱ类,清水河出境国控断面水质均为Ⅳ类,水质优良率达80%。12个集中式饮用水源地水质全部达到Ⅲ类饮用水水质标准。

【环保督察反馈问题整改】 2020年,整改完成中央第八环保督察组反馈问题(涉及固原市19项问题)。整改完成中央第二环境保护督察组"回头看"及水环境问题专项督察反馈问题(涉及固原市10项问题)。整改完成自治区党委第三生态环境保护督察组转交的120个群众投诉件。

【水污染防治】 2020年,固原市五河水质优良率达到80%,水环境质量改善受到生态环境部在全国范围内通报表扬。固原市生态环境局贯彻响应疫情防控要求,严格执行医疗废物和医疗废水监管相关要求,制定《固原市应对新型冠状病毒感染肺炎疫情工作指挥部公告(第五号)》,加强全市6家定点医疗机构污水处理设施环保设施运行监管,每日取样监测水质,根据监测结果,指导调整加氯量,确保粪大肠杆菌菌群和水质总体达标,严防二次污染。坚持“控源、截污、治理、修复”系统推进水污染防治,加强6座城市污水处理厂、19个人工湿地、5个工业园区污染治理设施运行监管,完善建立52个排污口台账。争取环保专项资金6326万元,建设水资源利用、流域综合治理、水源地保护等水污染防治项目17个。推进马铃薯淀粉汁水还田研究试点。组织编制《固原市马铃薯淀粉加工废水汁水还田利用研究试点工作总结》和《固原市马铃薯淀粉加工废水汁水还田利用研究试点技术报告》,开展万吨以上马铃薯淀粉加工企业汁水还田利用研究试点19家,汁水科学规范用于农田灌溉,不直排入河。开展水环境专项规划编制。编制《固原市水生态环境“十四五”规划》,完成全市4个农村“千吨万人”集中式饮用水源地划分。

【大气污染防治】 2020年,固原市生态环境局印发《固原市加强大气污染防治和应对气候变化信息调度工作的通知》《固原市柴油货车污染治理攻坚战实施方案》《固原市煤炭消费总量控制实施方案》。开展城市建成区燃煤锅炉及散煤污染治理,淘汰燃煤锅炉7台,建成清洁煤配送中心5座,面向城中村、城乡结合部配备清洁煤炉具1208个,在重点区域城中村、城乡结合部、大型批发市场、学校等配送清洁煤9500吨。落实城区建筑、拆迁工地、裸露地面“6个100%”措施,增加城区道路清扫、洒水、保洁频次,市区机械化清扫率70%。严控重型柴油车、农用车、渣土物料运输车进入市区,禁止“黄标车”“无标车”上路,淘汰老旧车5626辆。为各县主城区安装大气微观站60个,为市区南北主要道路入口安装汽车尾气遥感监测设备3台。

【土壤污染防治】 2020年,固原市生态环境局建立重点土壤环境污染监管企业清单11家,完成1处涉重金属企业污染源调查并销号。全市固体废物安全处置率100%,5家危废重点企业规范化考核为合格等次,危废安全处置率100%。医废安全处置率100%。落实减排措施,对涉重金属公司开展强制性清洁生产审核。完成县域农村污水治理规划编制,全市农村无黑臭水体。开工建设农村污水处理项目32个。19家马铃薯淀粉加工企业废水汁水还田利用研究试点项目通过自治区专家组验收。

【生态环境机构垂改】 2020年,固原市生态环境局推进生态环保领域垂直管理改革,制定《固原市生态环境机构监测监察执法垂直管理制度改革实施方案》,完成生态环境保护综合执法和环境监测机构人员编制划转。市县生态环境机构由垂改前的5个增加到20个,增幅300%,人员编制由垂改前的74名增加到149名,增幅101%。

【环境监管执法】 2020年,固原市生态环境局印发《固原市环境行政处罚案件办理流程(暂行)》,推行行政执法“三项制度”,规范执法程序,统一执法文书。制定《固原市生态环境监督执法正面清单实施方案》,将全市34家企业纳入正面清单管理。着力提高信息化水平,建成全市生态环境信息化监管指挥平台,利用科技手段加强非现场监管,实现精准执法。加强同司法机关协作配合,联合市检察机关建立挂职交流机制选派执法人员相互挂职锻炼。累计查处环境违法案件27起,处罚金额78.4万元,查封扣押案件1起,停产整治案件1件。

【管理服务】 2020年,固原市生态环境局将企业环境违法违规纳入信用评价体系,对全市59家重点监管企业开展环境信用评价工作。实施生态环境损害赔偿,办理生态环境损害赔偿案3件,并全部完成生态修复。推进“放管服”改革,缩短审批时间,服务于企业。累计审批环评项目138个,梳理固定污染源1296家,办理排污许可证134家,完成排污登记851家。建成投运市监测站实验室及办公楼搬迁改造项目,新建大气国控站点2个、挥发性有机物监测站1个、水源地水质监测站7个,购置固定及便携式监测设备83台(套)。完成全国第二次污染源普查工作,4项减排指标全部完成。加强环境质量监测,取得有效监测数据27.3万个,定期在市政府网发布环境质量信息。疫情防控期间,每日开展监测污水处理厂、水源地大肠杆菌工作,确保水源安全。

(孙海江)

科学技术

科技服务

【科技平台建设】 2020年,固原市科技局起草《固原市产业技术研究院建设可行性方案》,紧抓产业建链延链补链,围绕完善"产学研用",深度融合搭建创新平台。宁夏回族自治区中药饮片炮制中心、宁夏回族自治区家禽肉制品中心、宁夏回族自治区中药配方颗粒工程技术研究中心获批自治区级工程技术研究中心,实现固原市依托企业组建工程技术研究中心的零突破。

【助力企业发展】 2020年,固原市科技局扩大首贷、首保覆盖面,增强"宁科贷"推广力度,累计审查推荐科技型企业"宁科贷"项目12家,其中,8家争取协议合作银行1200万元贷款支持,缓解了民营科技型中小企业融资难的问题。

【东西部科技合作】 2020年,固原市科技局坚持"政府引才"与"企业引智"并重,将引才引智作为东西部科技合作的重要内容。联合福建省开展项目建设6项(六盘山特困区小杂粮精准扶贫技术集成示范、干旱风沙区适生药材品种引进与优质种植繁育技术示范、固原红羽乌鸡的保护与扩繁、六盘山食用菌资源考察与利用、百香果等果树优良品种引进及区域试验示范、彭阳高山富钾富硒杏无添加杏干产品的研制),投入资金525万元,涉及小杂粮、中药材、食用菌、果品种植加工等领域。推进科技特派员制度,增配市级科技特派员81名,围绕马铃薯、草畜、蔬菜、中药材、花卉、小杂粮等优势特色产业信息化建设,形成技术集成示范推广、产品收购加工销售、人才和培训、社会化服务的"一条龙"产业服务链和多层次服务活动。建立和服务各类合作组织66家,引进新技术新品种83个、转化科技成果5项推广、引进粉垄耕作、透气渗水可降解地膜旱作、合理密植与精准施肥等97项先进适用技术带动农户数2300户 开展各类技术培训3020人,实现科技下乡、服务"三农"、农业增效、农民增收、特派员成才和经济社会发展的"多赢"目标。

【科技扶贫】 2020年,围绕科技环保清洁能源、肉牛高效养殖技术推广、中药材种植技术示范等方面,固原市科技局在硝河乡新庄村、吉强镇水岔村等9个贫困村,组织实施一批科技扶贫项目,助力西吉县2020年如期脱贫摘帽。

(金晓明)

科技创新

【科技创新规划】 2020年,固原市科技局启动《固原市科技创新工作"十四五"规划》和《固原市中药材产业"十四五"规划》的编制工作。2个规划坚持以科技创新驱动经济高质量发展为主线,聚焦固原市未来5年经济、社会和科技发展,结合地方经济与社会发展对科技创新的具体需求,提出地方科技创新的指导方针,明确重大战略目标和重点任务,绘制清晰的产业创新链条,制定有效的政策与措施。

【体制机制创新】 2020年,固原市科技局制定印发《固原市关于建立以需求为导向的科技项目形成机制改革方案(试行)》,形成科技局抓总,工信、文旅、农业农村、生态环境局等各相关主管部门各负其责、齐抓共管,顶层设计和需求导向并重的科技项目形成机制,构建区市县三级联动、定位清晰、布局合理、运营顺畅、充满活力的科技创新管理体系。制定印发《固原市科学技术局科技服务业发展专项管理办法(试行)》,首次设置固原市促进科技服务业发展专项科技支撑项目类别。制定印发《固原市科技成果转化专项管理暂行办法

(试行)》,面向全市首次设置固原市科技成果转化引导类和技术合同交易类项目。2020年,固原市科技局完成全市R&D经费(全社会研究与试验发展经费)投入1.42亿元,同比上年增长63.2%,增幅居全区首位,投入强度达到0.44%,年度增幅0.15个百分点。

【科技项目申报】 2020年,固原市科技局指导推荐申报国家级、自治区级科技项目97项,立项34项、获得资助2702万元。开展对2018年、2019年的87项市级科技项目的中期评价,结题验收到期项目。深入落实《固原市科技计划项目管理办法》规定,通过发布申报指南、县(区)初审推荐、专家网络评审、实地考察、科技财政纪检联合审定、网上公示等程序,安排市级科技项目9项,拟安排市级科技项目76项。结合科技型企业增长和全市产业结构转型升级需求,制定出台《固原市科技型企业培育实施方案》。联合市工信局修订完善《固原市科技型企业认定办法》,聚集创新资源,提出三年规划,实行梯型培育,分解目标任务,明确主体责任,培育一批掌握核心技术、拥有自主知识产权、具有市场竞争力的各类科技型企业。完成第五批科技型企业申报认定工作,新认定市级科技型企业25家,自治区级30家、国家级25家,全市科技型企业累计达133家。组织4家企业申报国家高新技术企业。全市共有国家高新技术企业9家,组织7家企业申报自治区科技型小巨人企业,辅导培育5家新的双创平台申报自治区级众创空间。

(金晓明)

地震预报

【地震监测预报】 2020年,固原市地震局推进地震预警体系和监测体系建设。投资700余万元,建成市级紧急地震信息发布中心1个,预警信息发布终端24个,完成8个基准站、12个基本站、70个一般站的建设任务,建立地震预警公共服务体系。建立以前兆综合观测台网和烈度实时速报网为基础,融合多学科、多手段的综合观测系统,提高地震灾害信息的快速获取能力。每日按时完成地下流体、电磁、地壳形变等55项前兆观测数据的分析研判。全市累计设置宏观观测点109个,涵盖2个县(区)的乡镇和社区。印发《关于加强固原市地震宏观观测工作的通知》和《固原市地震宏观观测员手册》,安排部署全市地震宏观观测工作,明确观测员职责和异常核实、上报流程。定期检查全市宏观观测工作,督促指导观测员认真履职尽责,开展日常观测记录、重点时段宏观观测工作,重新挂牌所有宏观观测点,强化震情监视、跟踪工作。制定《固原市2020年度震情监视跟踪和应急准备工作方案》。实施年度、年中、月会商和周震情监视、跟踪例会制度,积极与宁夏地震局、固原地震台沟通,加强业务交流,每季度开展1次联合会商。加强与中卫市海原、甘肃庆阳、甘肃平凉地震台(局)及陕甘宁川十三市(州)联防区成员单位的合作与交流,实现互通信息,监测数据、震情分析意见共享。

【自然灾害防治重点工程】 2020年,固原市地震局研究制定《固原市地震局关于贯彻落实自然灾害防治重点工程工作方案》,强化工作举措,加强与宁夏地震局、各县(区)和市直部门的沟通协调,有序推进各项任务。

【建设工程抗震设防监管】 2020年,固原市地震局开展建设工程地震安全监管检查。全面自查全市建设工程抗震设防执行情况,累计检查输变电和线路工程3项,油气储运工程3项,邮电通信、广播电视工程3项,公共建筑4项,学校类建设项目749项,医院类建设项目44项,完成设计的一般建设工程26项,均按照Ⅷ级设防,符合区划图设防要求。依法履行职能加强事中事后监管,对多家企业项目开展抗震设防检查,督促企业严格执行抗震设防要求。强化建设工程地震安全性评价,对固原市城市集中供热热源工程、彭阳县石家峡水库2项建设工程进行地震安全性评价。

(李玲莉)

气象监测

【气象社会管理】 2020年,固原市气象局印发防雷安全管理文件2份。开展安全执法检查126家。完善"互联网+监管"检查实施清单,利用"互联网+"平台开展"双随机一公开"监管工作。获批地方行业标准1项。全国两会及重大庆祝活动期间开展施放氢气球巡查,监管领域未出现重大安全生产事故。

【气象防灾减灾】 2020年,固原市气象局完成重大活动气象保障服务4次。制作气象信息专报104期、农用天气预报59期、专题服务材料12期。提供应对气候变化决策材料5份,开展气候可行性论证1项。准确预报重大天气过程,发布预警信息664次,服务58万人次。启动重大气象服务应急响应3次,开展应急响应服务15次,市县政府、应急管理部门下发气象防灾减灾通知15次。"固原天气早知道"荣获固原市十佳政务微博称号。灾害性天气预警信号准确率和时间提前量均达标。酸雨观测质量样品考核为优秀。观测设备考核指标均达标。完成人工影响天气一期建设任务。防雹保护面积2980平方公里,增雨(雪)作业影响面积7650平方千米,增加有效降水0.96亿吨。修订《固原市气象局重大气象灾害和重大气象服务应急预案》。

【特色气象现代化建设】 2020年,固原市气象局打造"四位一体"固原气象试验示范基地,引进宁夏农科院固原分院科研项目2项。申报固原科普教育基地。配合中国地形云(六盘山)野外科学试验示范基地建设,开展人工增雨(雪)技术研究项目11项。完成全市气象观测自动化建设。凝练暴雨、冰雹等灾害性天气定量化预警指标。完成隆德县气象局业务用房主体建设、观测场建设和业务验收。2个站荣获"百年气象站"称号。固原市气象科普馆荣获"自治区优秀科普教育基地"称号。

【生态气象保障】 2020年,固原市气象局开展全方位"四个一"林草产业气象服务,建设观测设备12套,调研服务11次,制作"四个一"示范园区气象条件分析材料。联合自然资源局开发建设固原市四个一林草产业平台,定期为决策层和用户提供生态气象服务信息。与应急管理等9个部门签订应急合作协议,开展应急、地质灾害服务21次。争取市政府120万元建设负氧离子观测站等监测设备,推进"中国天然氧吧"创建和"六盘山避暑胜地"国家气候标志认证。制作发布空气污染扩散气象条件预报337期。

(魏广泱)

水文水质勘测

【概况】 2020年,宁夏水文水资源勘测局固原分局发挥行业优势,不断深化水文服务,开展水文科技咨询,参与完成《西吉万亩井灌区省水节能增产综合技术示范》《固原七营倪壕村窖水微灌技术》和"九五"国家重大科技攻关子项目《彭阳坡地径流窖灌农业高效用水模式与产业化示范工程》,获得自治区科技进步二等奖2项。完成宁南山区多处人饮解困工程、病险水库除险加固、河道治理等水文水资源分析计算论证,为当地农业生产、节水示范提供技术服务,为地方工农业生产作出贡献,取得较好的经济效益和社会效益。

【汛前备汛】 2020年,宁夏水文水资源勘测局固原分局巡测队检查维护辖区25个中小河流水文站、28个水位站、15个墒情站、287个雨量站、37个水库站、27眼地下水井,搬迁雨量站18个,更换电池90块,更换RTU31块、德托28块,恢复2个仪器被盗站点,调试雨量、蒸发、水位计等30余次,做到全覆盖、无死角,不漏一站一器。设备上线率达到99%;维护和保养9个水文站中水文缆车、主副索、循环索、供电线路,重新鉴定水准仪、天平、比重瓶、秒表等测验仪器,重新校测和测量水准点、水尺零点高程、大断面。

【水情监测】 2020年,宁夏水文水资源勘测局固原分局严格执行24小时值班和领导带班制度,明确水情报汛任务书,认真做好水情值班记录、测站日志和设备运行情况记录,24小时值守遥测平台、监控视频、报讯电话,联合测站相互帮助提醒,密切关注云图变化,加强预报作业。

【水质监测】 2020年,宁夏水文水资源勘测局固原分局制定水质监测根据站、队巡测任务书,定期完成水准、水尺校核,大断面测量,流量测验,降水、蒸发观测及土含取样等基本工作任务;完成流域监测中心委托监测省界监测断面4个及5个国家重点水质站的取样送检工作;完成9个省级重点水质站、8个专用水质站每月一次共计273次的采样和209次25参数的做样分析工作;完成"2020年国家级能力验证计划水中高锰酸盐指数的测定"的考核工作;完成中心组织的"2020年5月、9月质量控制考核"工作;完成27眼监测井测绳、井深、水准点、保护桶、井盖、仪器的检查、校测及委托观测员的培训,完成辖区21眼国控井的洗井、pH值、电导率等项目的测量和采送样工作,加强国控井资料整编系统的应用,及时处理异常值,同步完成资料的在线整编工作。

【主汛期重点工作】 2020年,宁夏水文水资源勘测局固原分局观测降水87站、3990次,蒸发8站、819次,人工观测水位8站、219次,墒情9站、180次,实测流量594次,大于10立方米/秒的洪水9场,最大洪峰流量62.4立方米/秒(泾河源,8月23日),取单沙526次,最大含沙量260千克/立方米(韩府湾,8月5日),大断面测量15次,开展暴雨洪水调查3次,调查沟道10余条,各测站及分局联合测洪演练10余次,全年累计值班记录371次,发报725次,QQ短信报送413条,预报作业1次,水情简报1期;同步完成集约化用水调查,成立调查小组,合理规划调查路线,采取查、问、跑的方式掌握辖区各生产经营主体性质、经营状况、经营范围、面积分布、供水服务、灌溉收费、水利基础设施等基本情况,补充更新之前大棚蔬菜调查项目数据,辖区种植户313家,55万亩,养殖户226家,4157亩。

【水文站安全保障】 2020年,宁夏水文水资源勘测局固原分局专项整治蒿店站河道2次,改造中断面人工踏步。回土填埋黄家河右岸主索基础,修改水路,用沙浆浇灌观测房裂缝,并灌缝处理防水材料。重新设计焊接水文站备用发电机排烟装置8个,安排专人完成韩府湾站河道围栏、泾河源、沙南、杨庄水位计基础、护岸的除险加固,黑城水位计的搬迁和联财、甘城等5个水位站的河道整治,及时完成水毁修复工程和小河地下水井改建工程。完成隆德、西吉两站标准化观测场建设,泾河源等8处基本水文站24个水准点的设计、制作及布设、测量,制作操作规程、安全管理制度牌等53块,重新规范安装部分观测仪器;修订完善9个基本水文站超标准洪水防洪预案及测报方案及测洪演练和各站、队任务书,履定参数,更新水位—流量关系曲线,安排全年水情值班表。

【水文综合业务系统应用】 2020年,宁夏水文水资源勘测局固原分局按照即时整编新要求,以信息化遥测数据为主、人工观测为辅的方式,推进水文资料即时整编、及时将所有原始资料录入水文综合业务系统测验整编平台,实行原始数据电子化,实现水文资料日清月结,保证水文测报工作的顺利开展。

【安全生产常态化建设】 2020年,宁夏水文水资源勘测局固原分局召开会议部署安全生产工作,层层签订安全生产责任书,委托观测员安全协议书24份,完善安全生产应急预案。分局、各检测站开展安全生产检查25次,应急演练1次。开展“安全生产月”活动,采取电子屏、悬挂横幅和观看水利安全教育片、讲安全专题讲座、安全专项检查,测洪演练和参加全国水利安全生产知识竞赛答题、“水安将军”答题等活动,提高干部职工的安全思想意识和安全防范本领。更换备用发电机排烟装置,描绘测验断面安全警戒线,稳固安全扶梯,大修业务用车2辆。

（余景波）

教育·体育

教育

综述

【概况】 2020年,固原市共有各级各类学校938所,其中,幼儿园436所,小学424所,初级中学56所,高级中学14所,特殊教育学校3所,职业教育学校5所。全市各级各类学校在校学生267292人。其中,幼儿园46554人,包括少数民族25690人;小学116350人,包括少数民族68290人;初中61198人,包括少数民族34654人;高中31729人,包括少数民族14309人;特殊教育学校320人,包括少数民族169人;职业学校11141人,包括少数民族6514人。全市各级各类学校教职工20652人,专任教师18057人,其中,幼儿园教职工3631人,专任教师2024人;小学教职工8255人,专任教师7873人,专任教师学历合格率99.99%;初中教职工5078人,专任教师4794人,专任教师学历合格率99.92%;高中教职工2750人,专任教师2490人,专任教师学历合格率98.35%;特殊教育学校教职工163人,专任教师161人;职业学校教职工775人,专任教师715人。全市各级各类学校占地面积11130285平方米,校舍面积3322753.1平方米,其中,幼儿园校舍面积466676平方米,生均10.02平方米;小学校舍面积1138757.8平方米,生均9.79平方米;初中校舍面积864782平方米,生均14.13平方米;高中校舍面积635359.3平方米,生均20.02平方米;特殊教育学校校舍面积27868平方米;职业学校校舍面积189310平方米,生均16.99平方米。

【思政教育】 2020年,固原市教育体育局按照《关于全面加强中小学思想政治理论课建设的实施方案》要求,举办全市思政课教师培训班2期,参训教师300余人。落实学校党组织书记、校长抓思政课、推门听思政课、带头讲思政课工作机制,创新完善思政教育方式,利用学校晨会、讲座论坛等多种形式开展思政教育。全面压实学校党组织思政课建设主体责任,学校党组织书记、校长严格履行第一责任职责,召开专题会议研究解决思政课建设突出问题,党组织书记、校长每学期至少进课堂听思政课不少于4次,为学生讲思政课不少于4课时。

【素质教育】 2020年,固原市教育体育局坚持"五育"并举,落实《中小学德育工作指南》,加快构建中小幼一体化德育体系,形成全员育人、全过程育人、全方位育人的工作新格局。推进心理健康知识教育,加强学校心理健康专业教师队伍建设,组织市直中小学50名班主任赴浙江嘉兴开展心理教育能力提升培训,促进学生德智体美劳全面发展。全面推进创新素养教育,深化教学方法改革,培养学生的合作、探究、创新能力和综合实践能力。组织市直中学400余名师生赴银川、宁东等地,深入工厂车间开展工业研学旅行活动,培育学生实践创新创造素养。规范和提升学生军训工作。组织开展创客教育、电脑制作大赛和机器人大赛等学生赛事,提升学生科学信息素养。完善劳动教育课程建设,培养吃苦精神、奋斗精神。

【校园治理】 2020年,固原市教育体育局传达学习《市委关于贯彻落实〈中共宁夏回族自治区委员会关于完善基层治理体系提高基层治理能力的若干意见〉的意见》,提交市委教育工作领导小组研究制定贯彻落实市委意见的分工方案,明确各县(区)、市直有关部门校园治理的责任。制定内部任务清单,将工作任务逐项分解到科室(中心),责任到党组成员。印发《固原市实施校园治理"五大行动"任务分工方案》《关于认真做好自治区校园治理达标和示范校创建工作的通知》,开展校园治理"五大行动"和达标示范县

(校)创建工作,形成市、县(区)教育工作领导小组牵头抓总、有关部门分工负责、各学校具体负责、分阶段协同推进的工作机制。

【平安校园建设】 2020年,固原市教育体育局落实学校安全工作"一岗双责",实施重要时间节点预警部署、风险管控和督促检查。联合公安、交通运输、市场监管等部门,开展校园及周边环境综合治理。组织校园安全典型案例征文比赛活动,加强学校安全风险评估和专项治理工作。扎实开展禁毒宣传和禁毒教育示范校创建活动。

【招生入学制度】 2020年,固原市教育体育局执行"划片招生、免试入学"和进城务工人员随迁子女入学"两为主""两纳入"政策,严格执行公办民办学校同步招生制度,严格执行民办学校初中招生电脑随机录取制度。落实60%招生指标分配到区域内初中并适当向农村学校倾斜的政策,合理安排特长生招生计划。

【教育督导体制改革】 2020年,固原市教育体育局推动新时期教育督导体制机制改革,配备市人民政府教育督导室主任督学1名、副主任督学1名。加强督导队伍建设,完善督学责任区制度,严格落实责任督学每月1次进校督导制度。

【学校卫生健康工作】 2020年,固原市教育体育局落实自治区《教育、卫生健康三年协同发展实施方案》,中小学校与医疗卫生机构结对率100%,定期进校开展卫生健康咨询、研究、评估工作,指导学校做好卫生健康工作。积极改善学校卫生保障条件,落实学校卫生工作责任。

【"互联网+教育"建设】 2020年,固原市教育体育局持续加大资金投入,联合三大运营商就市直属学校网络资费统谈统付达成为期三年的合作协议,全市校园网络带宽均达到100兆以上,平均带宽达到227.55兆。市直学校平均带宽达到800兆。推进"N+1+N"网络精准扶智行动,全市490所学校建成在线互动课堂773间(其中,主课堂330个,辅课堂443个),新增560间,提前超额完成年初制定的任务目标,辐射带动百人以下农村薄弱学校343所,推动教学助手和网络学习空间应用普及。争取自治区义务教育薄弱环节改善与能力提升项目(互联网+教育)建设资金1.0396亿元。立项建设5所自治区级"互联网+教育"智慧校园示范学校,遴选确定16个名师网络工作室。开展市直各学校(幼儿园)教师教育信息化专题培训暨说课大赛活动,组织1269名、45岁以下教师及中层以上管理人员参加线上培训。联合企业签署"互联网+教育"合作框架协议。举办第二届"和教育杯"中小学电脑制作大赛,评选获奖作品625件、优秀组织奖3个、优秀团体奖14个。评选上报第四届全国基础教育信息化应用展示交流活动参展案例15件。开展第三届中小学电脑制作大赛及乐高机器人挑战赛。

【教育扶贫】 2020年,固原市教育体育局落实"双线控辍"责任制,针对疫情造成动态辍学风险,开展"四查四补",借助落实资助政策、就近入学、中职分流、随班就读、送教上门等方式全力保学,常态化开展控辍保学督导检查,义务教育阶段辍学学生实现"动态清零"。落实国家、自治区各学段教育扶贫政策,兑现各学段资助资金66609.6万元,惠及学生438965人次。开展部门帮扶工作,部门帮扶工作与其他各项工作同部署、同考核,调整加强沙岗村驻村第一书记和驻村工作队员。联合黄铎堡村、沙岗村党支部开展以"植树造林 服务群众 助力脱贫攻坚"主题党日活动,为143户建档立卡户购买化肥143袋,为两村栽种红梅杏、花椒树苗等经果林8000株。"六一"儿童节、教师节对两村小学教师和学生进行慰问。帮助改善黄铎堡村、沙岗村两委(党支部委员会、村民自治委员会)办公条件,并分别安装室外健身器材一套,累计投入部门帮扶资金46.5万元。

(强　兵)

基础教育

【学前教育】 2020年,固原市扎实开展第三期学前教育发展行动计划。建立经费投入长效机制,按照公办园生均公用经费不低于300元、普惠性民办幼儿园补助资金生均不低于160元标准拨付办园资金,结束学前教育无公用经费的历史,落实自治区政府购买学前教育服务资金824万元。市第九幼儿园建设招生,增加园位540个,进一步提高全市普惠性民办幼儿园占比,增强普惠性民办幼儿园发展能力和办园水平。开展城镇小区配套幼儿园专项治理,完成年度幼儿园回收和补建任务。开展示范幼儿园创建和观摩交流活动,扩大示范引领效应,不断提升办园水平与保教质量。完成市幼儿园、原州区第十一幼儿园等9所城乡幼儿园年度建设任务,有效化解学前教育资源分布不均和"入园难"问题,进一步提高全市普惠性民办幼儿园占比。

【义务教育】 2020年,固原市扎实推进城乡义务教育一体化发展,新(改扩)建西吉县第八中学、原州区第十九小学等城乡中小学校25所,已完工21所。统筹师资校舍资源,为存在大班额的学校增设班级,分解大班额学生。规范完善招生制度,遏制择校行为。坚持义务教育阶段学校划片、就近、免试入学原则,坚决遏制"择校"和"变相择校"行为,严格控制起始年级招生人数。严格执行学籍管理制度,把好"入学、转学"关,对已是大班额的学校年级,采取只出不进的办法,切实筑牢超标准班额招生、入学、转学防线,从源头上化解"大班额"。实行民办学校招生100%电脑派位,为"择校热"降温。

【高中教育】 2020年,固原市普及高中阶段教育工作接受自治区普及高中阶段教育评估验收。对接上报全区2020年"强基计划"报名考生综合素质评价材料。开展普通高中学生综合素质评价管理平台应用培训,做好新高考改革基础工作。编制完成固原市2019年度中等职业教育质量报告。贯彻落实《国家职业教育改革实施方案》,市职业技术学校、西吉县职业中学、隆德县职业中学新增专业10个,增强职业教育服务经济社会发展和脱贫攻坚能力。开展职业学校技能大赛、教学能力比赛等活动。固原二中教学综合楼、西吉一中、泾源县职业中学迁建、市职业技术学校提升改造等项目完成年度建设任务。

【特殊教育】 2020年,固原市教育体育局因人施策制定未入学残疾儿童就学方案,通过定向送教上门或教学开放日方式为到校学习有困难和智障儿童及少年提供教育保障,保障其接受教育的权利,确保适龄残疾儿童"应入学、尽入学"。

【民办教育】 2020年,固原市教育体育局完成两所民办学校章程审定、收费标准调整、资产管理、分类登记等工作,推动民办教育依法依规发展。

（强　兵）

职业教育

【理论宣传】 2020年,固原市职业技术学校落实立德树人根本任务,坚持把社会主义核心价值观融入教育教学,融入学生日常学习生活等各个方面。学生返校复课后开展立德树人思政课、疫情防控科普课、学生成才励志课"三堂课"的教学活动。推进马克思主义国家观、民族观、宗教观、文化观、历史观"进教材、进课堂、进头脑",增强文化自信。推进"平安校园"建设,积极推进法治教育进校园活动,严防黑恶势力对学校的威胁,把握意识形态领导权。

【教学管理】 2020年,固原市职业技术学校加强教育教学管理,落实教学管理制度,保质保量完成2018级、2019级、2020级中专和技工累计24个专业的教学计划和高职联办"3+2"19个专业的教学计划。严格执行校领导抽查、督导室巡查、教学管理人员和值周学生全面检查的三级检查制度和听评课制度,实现日常教学检查全覆盖。完成83个教学班、228名教师课堂教学满意度的测评工作,满意率92.1%。

【实践教学】 2020年,固原市职业技术学校继续开展"1+X"制度试点工作,成立工作领导小组,整体推进工作。累计申报通过试点证书12个,重点进行教师培训。针对建筑信息模型、宠物美容、失智老年人照护、网店运营与管理4个证书开展学生考评工作。继续修订完善学校专业实践教学考核方案,举办第十三届学生职业技能大赛,大赛内容包括16个大项、43个小项、近800人次参赛,349名学生获奖,9名教师获得2020年度实践教学优秀教师奖。

【人才培养】 2020年,固原市职业技术学校推进"互联网+教育"工作以信息化教学能力测评为抓手开展课堂教学改革。累计组织2个批次、72名中青年教师开展教学能力测评活动。推荐6个优秀作品参加全区教学能力大赛,取得一等奖1个、二等奖3个、三等奖2个,学校获得最佳进步奖。开展信息化互动课程的推进和试点工作,建成信息化互动示范课程14门。在公共基础课程中逐步推行试题库和无纸化考试,实行教考分离。申报立项教科研课题10个。招聘天津职业技术师范大学公费师范毕业生4名,招考编外教师19名。举办各类培训82个,共2791人参与。开展各类鉴定68批次,完成鉴定、全市工勤人员岗位晋级考核3270人次。累计在册函授生1762人。

【专业建设】 2020年,固原市职业技术学校新增专业9个,分别是市政工程施工、工艺美术、休闲体育、音乐、舞蹈、数字媒体应用技术、幼儿保育、运动训练、工业机器人技术应用,拓宽办学渠道。

【校园改造】 2020年,固原市职业技术学校提升改造项目批准投资17769万元,合同价14184.1万元。总建设面积42022平方米,包括实训综合楼1栋、22902平方米,学生宿舍楼1栋、11860平方米,风雨操场1栋、7260平方米,室外400米塑胶跑道运动场1个以及外网工程和校园绿化等附属配套工程。项目累计到位资金11906万元,项目完成工程形象进度55.2%,跟踪审计审核完成合同额8136.5万元,实际支付6545.93万元,工程款支付比例为80.45%,占合同额比例为46.2%。

【校园安全保障】 2020年,固原市职业技术学校加强安保人员建设,认真落实学校综合治理工作、突出安全工作重点,杜绝安全事故发生。加强消防安全管理,确保无火灾事故的发生。完成了普法依法治理工作。大力宣传"七五"普法,督促教职工定期进行法治宣传在线学习,邀请相关法治部门对学校师生法治教育、毒品预防知识教育、食品安全教育、交通安全教育等进行专题知识讲座。完成禁毒教育工作,充分利用校园广播开展禁毒宣传工作,在课堂教学中渗透禁毒教育,开展专题教育活动。完成校园扫黑除恶工作目标和任务。

【基础设施建设】 2020年,固原市职业技术学校组织人员排查教学楼、办公楼、餐厅、实训楼、学生宿舍楼等外墙皮松动开裂、用水、用电等情况,累计排查重大安全隐患58次,开展安全隐患排查校舍重点部位36处,对各处查出的安全隐患在每周安全例会汇报并就查出的安全问题及时进行整改。完成化粪池清理,餐厅周边下水道疏通,校园绿化养护,校园水、电、暖气管道维修,办公设备设施维护,门锁维修保养等,保障全体师生正常开展工作、学习、生活。疫情防控期间按照学校"停课不停学"的要求,派遣维修人员上门维修教师笔记本、无线网卡、键盘50余次。2020年中央专项产教融合实训基地建设建设资金700万元,完成水利与建筑工程科、护理科、经管科采购任务,合同额总计642万元,项目资金结余率8.3%。完成学校超市、餐厅运营、锅炉房、电子商务实训室改造工程、消防维保、军训服务、物业服务、学生宿舍高低床采购、餐厅大宗食材、世赛项目训练耗材、学校技能大赛耗材等20余项学校采购任务,合同额180余万元(不含超市、餐厅)。

(杜晓东)

高等教育

【理论武装】 2020年,宁夏师范学院制定《习近平总书记视察宁夏重要讲话精神宣传宣讲工作方案》,深入各学院、各单位在全校师生员工集中开展"习近平总书记视察宁夏重要讲话精神"大宣讲。制定《宁夏师范学院学习宣传贯彻党的十九届五中全会精神实施方案》,深入研讨,集中备课,认真开展"党的十九届五中全会精神"大宣讲。印发《关于在全校开展党的民族理论政策和宗教工作基本方针暨马克思主义民族观、宗教观大宣讲活动工作方案》,深入宣讲马克思主义民族观、宗教观,实现全覆盖。落实《宁夏师范学院2019—2023年干部教育培训规划》,举办中共十九届四中全会精神专题网络培训班和学习贯彻习近平总书记视察宁夏重要讲话精神专题培训班,克服疫情影响,选派科级以上干部外出参加培训135人次。为全校干部、党员、教职工配发《习近平谈治国理政(第三卷)》《习近平总书记教育重要论述讲义》等,促进理论学习成为常态。

【教学亮点】 2020年,宁夏师范学院研究生教育新增数学、物理学2个一级学科硕士学位授权点,体育、电子信息、艺术3个专业学位授权点。招收研究生173人,遴选硕士研究生导师34名。首次承担全国硕士研究生招生考试考点工作。扎实推进本科教学工作审核评估整改工作。修订2018版本科专业人才培养方案,制定、修订教学管理制度18项。数学与应用数学、英语2个专业顺利接受教育部师范类专业认证。推荐历史学等5个专业申报2020年国家一流专业建设点;组织"思想政治教育"等5个专业申报自治区一流专业;"中国古代文学"等20门课程申报自治区一流本科课程。投入280余万元建成"实验实训室管理平台""毕业论文管理平台"等教学管理平台,投入2300余万元建成28间"多类型智慧教室","电类虚拟仿真实验室"等10个实验实训室,86间标准化考场,为11间阶梯教室和6间大教室安装LED大屏,为73间教室及实验室安装记忆黑板,为150间教室安装网络巡查摄像头及智慧班牌。

【教学改革】 2020年,宁夏师范学院制定《宁夏师范学院高水平本科教育试点校建设2020年工作方案》并推进实施。全面推进"互联网+教育"、人工智能助推教师队伍建设,举办"升级版"示范课教学展示评比活动,示范性、引领性效果明显,承办全区大学生教学技能大赛决赛,评选校级"教学名师"2人、"教学良师"4人。推进专业课程教学与思政教育的深度融合,6个项目获批2020年全区大中小学"课程思政"精品项目称号,获得自治区级民族教育优秀教学成果奖3项,立项建设校级本科教学工程项目31项,资助项目经费27.2万元。完成继续教育信息化综合教学管理平台建设,设立校外成人继续教育教学点1个,修订本、专科专业人才培养方案25个。

【科研创新】 2020年,宁夏师范学院教育学一流学科一期建设通过验收并获批进入二期建设(2021—

2025年),挂牌成立教育部普通高校人文社会科学重点研究基地北京师范大学教师教育研究中心宁夏分中心。累计申报国家级项目62项、省部级项目126项、地厅级项目49项。完成各类结题验收及中期检查项目120余项。申报省级科研平台2个,申报各类人才项目19项。争取科研经费共2155.9万元。联合自治区科技厅设立1000万元“自治区自然科学基金联合基金”项目。完成自治区科技厅《中央引导地方科技发展专项》项目2019年度绩效评估工作。承办全国“多媒体数据检索理论与关键技术学术研讨会”。成功举办固原市第七届基础教育研究论坛,成立固原产业发展研究院,举办首届“六盘山论坛”。编辑出版固原历史文化研究丛书——《固原历史文化研究》第七辑。完成12期学报出版、发行工作,召开学报创刊40周年暨高质量发展研讨会。“今朝学术大讲堂”邀请国内外学者、专家30余人线上线下开展40多场学术报告和学术沙龙活动。“学人文库”资助1名教师出版著作入选中国社会科学博士论文文库。

【学生工作】 2020年,宁夏师范学院严格执行四级值班制度,全校全年值班1954人次,开展“三联七进一交友”活动,完成2020届毕业生学历电子注册1633人,开展专项学籍起底核查25324人。完成3560名国家奖学金、国家励志奖学金、综合奖学金、优秀毕业生、“三好学生”获得者的评选工作,发放奖金270万元;资助34万元组织开展学生学风品牌建设项目20项;组织实施“大学生就业创业能力提升工程项目”“大学生创新创业基金项目”20项。发放资助金近4314万元,同比净增长401.15万元,支持17.7万元立项建设校级资助育人38项。创新招生宣传渠道,开展网上填报志愿公益讲座,近万名考生及家长聆听,实现全区53所高级中学点对点、全覆盖招生宣传,生源质量越来越好。公费师范生文理科最低录取分数线分别高出一本线28分和81分,普通二本招生中有300人超出一本分数线。发布就业招聘信息600余条,提供有效就业岗位1300多个,举办2020年冬季校园招聘会40场次,毕业生初次就业率81%,居宁夏普通本科高校之首。年终就业率87.29%。通过“易班网”建设,85%的学生事务实现网上办理,利用“易班网”开展“习近平新时代中国特色社会主义思想”学习活动10余次,参与人数达20000余人次,扩建学生处学生事务中心,60%以上的日常管理事务实现“一站式”办理。

【人才培养】 2020年,宁夏师范学院印发《关于调整宁夏示范学院部分机构设置、人员编制和领导职数的通知》。引进博士7名,4名博士毕业回校工作,面向社会公开招聘事业编制人员15人、备案人员21人。制定《宁夏师范学院聘用管理办法(试行)》等5项制度,修订《宁夏师范学院2020—2023年中期师资队伍建设规划》等4个制度。推荐国务院特殊津贴人选、百千万人才工程国家级人选、脱贫攻坚专项奖励人选等43人次。争取政策支持,破解学校发展瓶颈问题。学校进入自治区人员总量改革试点建设单位,增加备案人员数245个,完成首批招聘工作。争取增加专业技术特设岗位30个。获批宁夏卓越教师发展研究人才小高地,支持经费50万元。争取增加调控线外奖励性绩效工资277万元,争取中央财政支持地方高校发展专项资金自治区财政师资队伍建设经费600万元。完成390份档案初审工作,复审档案300份。

【管理服务】 2020年,宁夏师范学院完成学校“十三五”建设总结和“十四五”规划编制纲要。全年财政下达各类资金30585.51万元。首次实施预算动态调整,两次共调整预算资金1491万元。修订完善内控制度10个,形成《宁夏师范学院内部控制管理制度汇编》。组织实施2020年高水平项目货物类采购8个标段、中央财政支持地方高校发展专项资金招标采购14个标段、校内资金27个项目的招标采购工作,预算总金额3500余万元。开工建设11号、12号学生宿舍楼,师范生教学技能实训中心项目完成招标。对18名岗位调整的中层正职干部进行了离任经济责任审计。完成2019年校园专项维修项目竣工验收、工程结算工作,完成2020年5个校园专项维修项目和16个零星维修项目。完善校园保洁、绿化养护、餐饮服务考核量化标准。“光盘行动”成效明显,餐厨垃圾减少20%以上。开展消防、生命安全等教育,“三防”能力不断提升,平安校园建设有序推进,校园及周边环境安全稳定,综合治理成效显著。续订12个中文数据库和1个外文数据库,新购2个中文数据库,采购纸质图书10081种31437册,最大化满足师生教学和科研需求。更换、升级网络老旧设备,优化学校网络结构,保障网络信息安全,完成体育场馆校园网络基础工程。继续推进与宁夏大学联合办学工作。

【校园治理】 2020年,宁夏师范学院出台《中共宁夏师范学院委员会关于完善校园治理体系提高校园治理能力的实施意见》,以健全8个体系为抓手,形成任务清单、措施清单、责任清单和2020年重点工作任务清单,梳理重点工作任务28项、工作措施134条,坚持点面结合、轻重缓急、统筹兼顾的原则,按计划分步骤持续推进校园治理。制定《宁夏师范学院完善校园治理体系提高校园治理能力建设方案》和《宁夏师范学院实施校园治理"五大行动"重点任务清单》。

【和谐校园建设】 2020年,宁夏师范学院召开三届二次教职工代表大会暨工会会员代表大会。成立宁夏师范学院青年马克思主义者学院,开展基础团务等培训,举办主题团日活动1200余场次。成功举办第五届五项全能基本功大赛等品牌活动,资助实施"学生社团活动项目基金""大学生科技创新项目基金"71个。实施"第二课堂成绩单"制度,将学生第二课堂课程活动规定为3个学分写入人才培养方案。加大网络宣传力度,全年共编发微信746篇,其中与疫情防控相关的内容198篇,在教育新媒体宣传工作综合考评中排名第一位,新华社以《传递知识拔"穷根"——记扎根西海固的宁夏师范学院师生》为题,对学校人才培养和办学情况进行了专题采访与报道,浏览量超过113万人次。接受全国文明校园复检工作,巩固全国文明校园创建成果。

(张学举)

教师管理

【师德师风建设】 2020年,固原市教育体育局加大监察监督、建立师德师风月报告制度和信用记录,完善诚信承诺和失信惩戒等相关制度,促进全员全方位全过程师德养成,实行师德"一票否决"。每季度向教育厅上报全市师德师风情况,做好调查处理师德相关信访问题,23名教师参加教育部师德师风网络培训,2名教师入选自治区师德师风专家,1名教师参加自治区师德宣讲活动。

【师资力量扩充】 2020年,固原市教育体育局加大教育高层次人才引进,招聘教育部6所直属师范大学和天津职业技术师范大学公费师范毕业生28名,市职业技术学校招聘校聘教师19名。实施政府购买学前教师服务岗位计划的民生实事,为农村公办幼儿园新增购买幼教服务岗位500个。加大优秀教师、紧缺学科教师支教力度。实施"国培计划",培训乡村教师5400名。完成2020届应届师范类毕业生和社会人员教师资格认定2个批次440人。完成市本级2009—2016年招聘的115名特岗教师五险一金及滞纳金补缴工作。

【教师教学方式创新】 2020年,固原市教育体育局创设教师业务素养提升平台,选派市直中小学学科骨干教师50名赴成都学习课堂教学改革,提升教育业务能力。丰富竞赛和评比手段,组织开展全市优秀教育教学论文、教学案例、课件、微课征集评选和教师教学技能大赛等"四评一赛"活动。经过学校初赛、县(区)复赛、市级决赛,评选出获奖作品3510份,545名教师参加教学技能大赛,获奖教师490名。

【教师减负】 2020年,固原市教育体育局科学编制《2020年督查检查考核年度计划目录》,规范整合进校开展的督查检查考核事项,规范和清理针对教师和学校开展的与教育教学无关的督查、检查、考核、评比等事务。严格落实区、市党委关于"六不发文""六不开会"的工作要求,进一步精文减会。

【"名师名校名校长"培育工程】 2020年,固原市教育体育局搭建学校及教师自我成长和专业发展平台,制定"六盘名校"评估指标体系,组织专家对名校培育对象开展进校诊断。选派50名中小学校长到湖南长沙参加为期13天集中学习和跟岗实践培训,选派10名校长赴福建进行跟岗实践,1名校长参加自治区基层之星研修。选派100名"名师"培育对象在市内55所城乡学校开展学习实践,开展名师名校长教育科研课题开题培训和结题答辩,全面提升教育教学水平与能力。认定全市第二轮学科带头人100名、第三轮第三批市级中小学骨干教师135名。对全市教育系统30个先进集体、60名先进教育工作者、241名优秀教师、32名优秀闽宁支教教师进行通报表扬。开展2016—2018年市级人才项目绩效评价工作,做好名师工作室建设的相关工作。

(强　兵)

体育

【群众体育】 2020年新冠疫情防控期间,固原市教育体育局关闭市区所有体育场馆和运动场地,暂停聚集性体育活动,防止人群聚集。制定了《科学健身十八法》手册,并及时发放到各县(区)和社区健身人群手中,通过微信、PPT和电视台编制转发了居家锻炼的小视频100多条,鼓励引导群众居家锻炼,提高免疫力,增强抵抗力。举办2020年线上花样足球活动、线上广播体操、广场舞、柔力球、线上游泳、拉丁舞等体育活动。举办固原市"军魂杯"乒乓球邀请赛、迎国庆羽毛球混合团体邀请赛活动。举办宁夏奔跑固原站活动及第三届宁夏体育大集固原分会场活动等群众体育活动。培训社会体育指导员200名、裁判员200名。

【青少年体育】 2020年,固原市教育体育局认真开展1小时阳光体育活动,加强学生课外锻炼,降低儿童青少年"小胖墩"比例。开展学生体质健康监测评估,提高监测和数据质量。举办固原市教育体育系统第二届中小学生足球联赛,举办2020年全区中学生运动会篮球项目选拔赛和全区青少年锦标赛篮球、足球、田径项目选拔赛,并组队参加了12个项目的比赛,获得9金、4银、8铜的好成绩,其中,市本级女子篮球队在全区中学生篮球运动会和全区青少年锦标赛上均获得冠军。举办2020年固原市青少年校园足球夏令营最佳阵容选拔,113名中小学生参加全区"满天星"足球精英训练营。

【体育馆项目建设】 2020年,固原市新开工建设西吉县全民健身中心、泾源县足球场等群众性体育项目。建设完成社区多功能运动场13个、健身步道30千米、拼装游泳池1个。

(徐　鹏)

文化·传媒

公共文化服务

【概况】 截至2020年年底,全市文化系统共有艺术表演团体8个、博物馆9个。全市共有公共图书馆6个、文化馆6个、档案馆6个。全市有线广播电视在册用户数8.97万户,广播节目综合人口覆盖率为98%,电视节目综合人口覆盖率为97%。

【文化惠民工程】 2020年,固原市文化旅游广电局借助各类群众文化活动、公益惠民演出、节庆活动、主题纪念活动,吸引广大干部群众积极参与,营造良好的文化氛围。完成340场送戏下乡和260场广场文化活动民生实事任务。“我们的中国梦”文化进万家系列活动与2020年中央广播电视总台“心连心”慰问演出活动走进西吉县将台堡红军长征会师纪念园,开展演出录制活动。为更好地讲好脱贫故事,展现脱贫成果,创排固原市脱贫攻坚现代舞台剧《六盘山下花正红》于第七个扶贫日首次审查演出,社会各界反响良好。配合宁夏广播电视台举办全区“5+1”春节电视联欢晚会,以“六盘儿女奔小康”为主题,展现固原人民不忘初心、牢记使命,脱贫攻坚、永远奋斗的精神面貌,活跃群众春节文化生活。组织开展广场舞大赛、秦腔展演、小戏小品等系列品牌文化活动。固原市选送的《花花尕妹》在第十七届中国西部民歌(花儿)歌会上获金奖,《山花儿烂漫》获优秀奖。完成文化大院提升改造任务22家。招募登记注册志愿者4500余人,积极参与文化服务活动。

【文化助力脱贫攻坚】 2020年,固原市文学艺术界联合会探索“文化产业+文艺带头人+贫困户”模式,引导文艺带头人立足文化艺术产业,通过带徒授艺、开班讲学等方式,带领更多的困难群众就业创业、脱贫致富,涌现出隆德泥塑、中河皮影、泾源民间刺绣等优秀文艺带头人20余名,激发脱贫攻坚内生动力。创作《在张撇》《张撇村的三个人》《走张撇》等作品被全国唯一的中央级诗歌刊物《诗刊》和《星星·诗歌原创》、《黄河》、中国诗歌网等媒体刊发。市级文学期刊《六盘山》策划“新时代”栏目,每期推出一篇脱贫攻坚题材的文学作品,全年刊发6篇。依托《六盘山》文学期刊辐射带动5家县级刊物,在头条位置设立“脱贫攻坚成果展示专栏”,常态化刊发文学作品30多篇。组织20多位骨干作家,深入脱贫攻坚一线,历时10个月采写报告文学20篇共计20万字,在《六盘山》文学期刊第5期刊发。引导固原市作家积极投身脱贫攻坚现场,创作大批精品,把脱贫攻坚固原故事讲到全国各地。脱贫攻坚纪实文学集《翻越最后一座高山——固原脱贫攻坚纪事》,得到多位作家、评论家的高度赞扬。诗歌入选《诗选刊》“决胜全面小康、决战脱贫攻坚”专号。报告文学《悸动的春天》《张撇村的三个人》和微型小说《一棵树》等作品在《滨海时报》《宁夏日报》等多家媒体刊发。脱贫攻坚歌曲《翻越》被“学习强国”平台推荐。开展“聚焦西海固 影像看脱贫”摄影会员走进宁南9个县(区)专题采风活动,在《宁夏法制报》《固原日报》开设了摄影专栏,推出作品9期。组织10名作家为《宁夏日报》脱贫攻坚专版撰写西海固作家眼中的脱贫攻坚稿件,接受新华社记者关于脱贫攻坚和家乡巨变的采访。为市脱贫攻坚展示馆提供摄影资料500余幅,组织专业人员对展出作品进行审定。2幅书法作品入展中国书法家协会主办的中国力量全国扶贫书法大展。组织干部入户帮扶26次,为张撇村建档立卡贫困户捐赠化肥价值8715元,争取社会捐助衣物三批150件,资助贫困学生6人、1.5万元,捐助摄影作品9幅。

【文化助力疫情防控】 2020年,固原市文学艺术界联合会号召文艺工作者投身抗击疫情一线。在宁夏文艺网、“万众一心 抗击疫情”专栏推出固原抗疫作品1期,刊发各艺术门类作品49篇(首、幅)。牵头创作抗疫歌曲《我们在一起》,选派3人坚守抗疫一线。动员创作疫情防控文艺作品;原州区文联以高速公路收费站、汽车站等防疫点为素材,创作摄影作品300余幅,西吉县文联通过“西吉北斗星诗社”等5个微信公众平台推出各类文艺作品10期,隆德县文联通过《固原日报》客户端、新华社、新闻头条等媒体和微信公众号推出各类文艺作品495首(件、篇),彭阳县文联在“彭阳文艺”公众号推出各类文艺作品102首(篇、幅),泾源县文联在“泾源文化”微信公众号推出各类文艺作品43首(篇、幅),市作家协会积极动员作家创作文学作品200余篇(首),作品被《人民日报》、《宁夏日报》、中国诗歌网等多家媒体刊登,通过30多个微信公众号推出。市书法家协会为固原市援鄂医疗队捐赠书法作品67幅,向身处抗疫一线的固原交警大队捐赠书法作品35幅,组织参加“万众一心 共克时艰——宁夏疫情防控主题书法、篆刻佳作展”和宁夏大学生书画联盟联合开展的“众志成城——我们用书法作品为武汉加油”的书法网络展,创作书法作品100余幅。市民间文艺家协会捐赠医疗物资近5万元,在《光明日报》、《中国民间艺术剪纸》等媒体刊登民间剪纸艺术作品12期,创作剪纸作品50余幅。市美术家协会创作美术作品100余幅。市音乐家协会创作音乐作品4首。市戏剧家协会创作地方眉户剧、秦腔等作品5部。市摄影家协会创作摄影作品500余幅。

(孙润阳、丁正)

“非遗”传承和文物保护

【“非遗”传承】 2020年,固原市文化旅游广电局依托全市项目,开展“非遗+扶贫+旅游”工作,联合自治区文化和旅游厅、扶贫办新命名固原市“非遗”扶贫就业工坊5家。组织全市220项“非遗”作品参加全区“非遗”进景区活动,获得优秀组织奖。“固原传统建筑营造技艺”“春节(六盘山区春官送福)”两个项目列入第五批国家级非遗名录公示。督促相关单位依照《中华人民共和国文物保护法》实施隋唐墓地国家保护区“四个一”工程。联合固原市消防支队对全市文博场馆进行消防安全检查。组织普查全市113处文物保护单位(点)、22件不可移动革命文物和80件可移动革命文物。开展主题为“文物赋彩 全面小康”的2020“文化和自然遗产日”活动。首次举办全市文物保护工作培训班,为文物保护一线工作人员开展工作提供理论指导和实效借鉴。

【文物保管保护】 2020年,固原市现有各级文物保护单位230处,其中,全国重点文保单位9处、自治区级文保单位52处、县级文保单位169处。有文物管理机构7家,从业人员52人,博物馆(纪念馆)11家,公共博物馆7家。其中,固原博物馆为国家一级博物馆,为自治区文化和旅游厅下属单位。文物藏品2万余件(套),馆藏一级文物123件(组),包括艺术、考古与历史、民族学与人类学、自然历史与自然科学等类别,最具代表性的是北魏漆棺画、北周鎏金银壶和玻璃凸钉碗。固原市共有可移动红色文物78件,其中,一级文物2件,分别为单兴忠烈士挽联、傅作义赠单兴忠烈士挽幛,藏于宁夏固原博物馆;三级文物32件,分别藏于隆德县文物管理所、西吉博物馆;未定级文物44件,分别藏于固原博物馆、西吉博物馆。

(赵宝娣)

表9 固原市市级以上非物质文化遗产代表性项目名录

级别	批次	项目名称
国家级(5批共6项)	第一批(2项)	杨氏家族泥塑、高台马社火
	第二批(无)	
	第三批(1项)	泾源民间故事
	第四批(1项)	砖雕(固原砖雕)
	第五批(2项)	固原传统建筑营造技艺、春节(六盘山区春官送福)
自治区级(6批共53项)	第一批(13项)	器乐(口弦)、泾源踏脚、民间绘画(隆德)、杨氏家族泥塑、剪纸(隆德)、刺绣(隆德)、草编、高马台社火、六盘山九龙莲花池祭祀民俗、砖雕(隆德)、民间篆刻、泾源方棋(扩展项目)、皮影(扩展项目)
	第二批(11项)	泾源民间故事、西吉社火春官词、泾源赶牛、砖雕(隆德魏氏家族砖雕)、砖雕(西吉民间砖雕)、木雕(西吉民间木雕)、隆德民间社火脸谱、六盘山抟土瓦塑制作技艺、纸织画、隆德民间祭山、山花儿(扩展项目)
	第三批(9项)	隆德县许川地摊戏、秦腔、吆逐、打毛蛋(打鞄牛)、阿文书法、赵氏木板雕花技艺、隆德县高跷、西吉民间回族劝力歌、民间社火(扩展项目)

续表9

级别	批次	项目名称
自治区级（6批共53项）	第四批（7项）	地摊戏、打毛蛋（打鞄牛）、吆逐、阿文书法、赵氏木板雕花技艺、固原传统建筑营造技艺、刺绣（扩展项目）
	第五批（3项）	泾源素陶烧制技艺、固原针灸（固原李氏针灸）、剪纸（泾源）
	第六批（10项）	马氏活血祛瘀膏（复元散）制作技艺、宋氏截治疗法、“南味居”传统糕点、崔氏醪糟制作技艺、原州区古城硬花活、金糜子酒酿造技艺、九碗十三花制作技艺、隆德花灯制作技艺（扩展项目）、麦芽糖制作技艺（扩展项目）、秦腔（扩展项目）
市级（4批共56项）	第一批（25项）	泾源民间故事、泾源踏脚、泾源方棋、泾源赶牛、山花儿、器乐（口弦）、民间绘画、民间篆刻、杨氏家族泥塑、砖雕（固原砖雕）、木雕（西吉民间木雕）、六盘山抟土瓦塑制作技艺、泥塑彩绘脸谱、原州区古城硬花活、剪纸、刺绣、纸织画、草编、西吉民间劝力歌、西吉社火春官词、高马台社火、皮影、戏曲脸谱、六盘山九龙莲花池祭祀民俗、隆德民间祭山
	第二批（5项）	山花儿、彭阳鼓乐、赵氏武术、固原针灸（固原李氏针灸）、民间社火
	第三批（12项）	打毛蛋（打鞄牛）、泾源素陶烧制技艺、隆德许川眉户剧、吆逐、苏家连接棍、阿文书法、玻璃画制作、赵氏木板雕花技艺、固原传统建筑营造技艺、纺线、剪纸、刺绣
	第四批（14项）	打胡墼、泾源小曲戏、麦芽糖制作技艺、泾源蒸鸡、九碗十三花制作技艺、木雕（西吉民间木雕）、宋氏截治疗法、民间知识中医药、金糜子酒酿造技艺、崔氏醪糟制作技艺、隆德花灯制作技艺、德馨楼—传统菜系、“南味居”传统糕点、秦腔（扩展项目）

固原市市级以上非物质文化遗产代表性传承人名单

表10

级别	批次	传承人	
		姓名	传承项目
国家级（6人）	第一批（2人）	张明星	山花儿
		杨栖鹤	杨氏家族泥塑
	第五批（4人）	卜文俊	砖雕（固原砖雕）
		杨佳年	杨氏家族泥塑
		马凤章	砖雕（固原砖雕）
		梁尔敦	高台马社火
自治区级（5批74人）	第一批（10人）	杨栖鹤、杨佳年	杨氏家族泥塑
		吴丽霞	草编
		张明星、李凤莲	山花儿
		靳守恭	民间绘画
		虎凤英、冯琴花	刺绣
		马荣堂	泾源踏脚
		张　炜	剪纸
	第二批（19人）	温生科	民间器乐制作
		吕秀峰、马成福、马占昌、马少云、赵福朝	山花儿
		李光辉	泾源踏脚
		安维善、谢科选、	皮影
		王玉秀	民间绘画
		姚占桂	刺绣
		杨贤龙	杨氏家族泥塑
		梁尔敦、党国智	高台马社火
		陈连科	六盘山九龙莲花池祭祀民俗
		杨志忠	木雕（西吉民间木雕）
		魏世祥	砖雕（隆德魏氏家族砖雕）
		苏维童	隆德民间社火脸谱
		张忠智	隆德民间祭山

续表 10

级别	批次	传承人	
		姓名	传承项目
自治区级（5批74人）	第三批(21人)	马志学、马得荣、张　滢	山花儿
		辛昌盛	隆德县高跷
		杜学明	秦腔
		马军文	泾源踏脚
		于明付	泾源赶牛
		马金玉	泾源方棋
		张淑芳、兰元宝、王生贵、于淑琴、张金霞	剪纸
		刘成香、卜喜兰	刺绣
		卜文俊	砖雕(隆德魏氏家族砖雕)
		马凤章	砖雕(西吉民间砖雕)
		吕具生	民间绘画
		朱小平	六盘山传土瓦塑制作技艺
		张国勤	高台马社火
		王汉军	西吉社火春官词
	第四批(7人)	于清海	泾源民间故事
		禹明江、苏正合	山花儿
		杨贤雄	杨氏家族泥塑
		赵荣	赵氏木板雕花技艺
		崔仁	原州民间古建筑技艺
		梁鸽飞	高台马社火
	第五批(17人)	施满义、叶秀丽	刺绣
		魏凤萍	砖雕(固原砖雕)
		马振仁	原州民间古建筑技艺
		杨志仓	剪纸
		杨彩兰、漆效文、姚治富、	泾源民间故事
		李治明	泾源素陶制作技艺
		杜安吉	秦腔
		马凤山	山花儿
		李　征	固原针灸(固原李氏针灸)
		胥劲军	西吉社火春官词
		吴　勇、马文付	泾源踏脚
		于全明	泾源方棋
		曹志勤	皮影
市级(3批155人)	第一批(5人)	吕秀峰	山花儿
		雷红霞	纸织画
		卜文俊	砖雕(隆德魏氏家族砖雕)
		张淑芳、于淑琴	剪纸
	第二批（共98人）	马宣祖、李玉强	阿文书法
		马成福、马志学、马凤山、丁成彪、徐爱琴、马得荣、张　滢、马占昌、禹明江、孙双玲、苏振和、李凤莲、马少云、李淑霞、吕　砾、	山花儿
		马振仁、崔　仁	原州民间古建筑技艺
		刘成香、叶秀丽、姚占桂、马　兰、白月英、马女子、安周玲、柳秀梅、卜喜兰	刺绣
		赵　荣	赵氏木板雕花

续表10

级别	批次	传承人	
		姓名	传承项目
市级(3批155人)	第二批(共98人)	朱小平	六盘山抟土瓦塑制作技艺
		唐永祥	原州区古城硬花活
		田再茂	玻璃画制作
		李　征	固原针灸(固原李氏针灸)
		梁　云、张国银、谢科选、李　岐、安维汉、曹志新	皮影
		赵　谦	纸织画
		袁金梅、刘克斌、张金霞、姚治富、王生贵、兰元宝、张丽娟、马彦莲、李银德,杨志仓、虎凤英	剪纸
		吴丽霞	草编
		于清海、李元发、马兴民	泾源民间故事
		温生科	民族器乐制作
		马金玉、于全明	泾源方棋
		于明付、王文清	泾源赶牛
		马荣堂、李光辉、马军文、吴　勇、马文福	泾源踏脚
		辛昌盛	隆德县高跷
		梁尔敦、梁鸽飞、党国智、张国勤	高台马社火
		杜学明、杜安吉	秦腔
		赵世荣	隆德打台戏
		陈　鳌	许川眉户剧
		赵世雄	赵氏武术
		李建功	吆逐
		吕　剑	叭喇鞭
		杨栖鹤、杨佳年、杨贤龙、杨贤雄	杨氏家族泥塑
		靳守恭、吕具生、李彦虎、赵志英	民间绘画
		张　玉、张喆生	民间篆刻
		苏维童	苏氏脸谱
		马凤章	砖雕(西吉民间砖雕)
		陈连科	六盘山九龙莲花池祭祀民俗
		魏凤萍	砖雕(魏氏家族砖雕)
		王常明、张忠智	隆德民间祭山
		司效堂、王汉军、胥劲军、张福荣	西吉社火春官词
		杨志忠	木雕(西吉民间木雕)
	第三批(52人)	李治俊、罗玲娜、郭霞、张岁英、柳小娟	秦腔
		张志勇、谢强军	木雕(西吉民间木雕)
		拓淑容、杨国权、李转能	剪纸
		吕　亮、杨　雪、马而利、于凤梅	山花儿
		别建军	"南味居"传统糕点
		崔振民	崔氏醪糟制作技艺
		高玉亮	德馨楼—传统菜系
		胡伟容	固原传统建筑营造技艺
		田晓宾	古建彩绘

续表 10

级别	批次	传承人	
		姓名	传承项目
市级(3批155人)	第三批(52人)	曹佰渊	金麋子酒酿造技艺
		宋　和	宋氏截治疗法
		马凌晓	民间中医知识
		姚治富、漆效文、杨彩兰、刘成才	泾源民间故事
		马发勤、田慧君、施满义、褚广兰	刺绣
		冶德玉	泾源蒸鸡
		马玉良	麦芽糖制作技艺
		马凤有	泾源踏脚
		童福成	泾源赶牛
		王小林	打毛蛋(打鞄牛)
		者喜红	泾源方棋
		李　华	泾源小曲戏
		计永平	九碗十三花制作技艺
		翟士刚、张金虎	西吉社火春官词
		杨贤麒、程建平	杨氏家族泥塑
		高银燕、魏亚龙、马覆平	砖雕(隆德魏氏家族砖雕)
		曹思鸿	泥塑
		张宏益	皮影
		陈慧敏、赵永龙	高台马社火
		苏红章、杨雪峰	隆德花灯制作技艺
		李治明	泾源素陶烧制技艺

固原市全国重点文物保护单位名录(9处)

表 11

序号	名称	地址	文物形成或建造时间	类别
1	须弥山石窟	原州区西北55千米,须弥山上	北魏—唐	石窟寺及石刻
2	开城遗址	原州区城南20千米,开城乡境内	元	古遗址
3	秦长城遗址	张易镇、中河乡、开城镇、官厅镇	战国	古建筑
4	固原古城遗址	原州区城内	汉—明	古遗址
5	大营城址	原州区中河乡	宋元明	古遗址
6	将台堡革命旧址	西吉县将台堡镇	民国25年(1936)	古遗址
7	固原北朝隋唐墓地	原州区开城镇羊坊村	隋唐	古墓葬
8	页河子新石器遗址	隆德县沙塘镇和平村北山	新石器时代	古遗址
9	姚河源遗址	彭阳县新集乡	晚商西周东周	古遗址

固原市自治区级文物保护单位(52处)

表12

序号	名称	地理位置	文物形成或建造时间	类别
1	黄铎堡古城址	黄铎堡乡政府南约20米	宋—明	古遗址
2	文澜阁	原州区城关二小院内	清	古建筑
3	城隍庙	原州区粮食局院内	明	古建筑
4	二十里铺拱北	原州区城南二十里铺	清	古建筑
5	财神楼	原州区过店街南端	清	古建筑
6	东海子遗址（原州区段）	原州区开城镇马场村	战国（秦—明）	古遗址
7	胡大堡梁城址	原州区彭堡镇石堡村北200米	隋—宋	古遗址
8	禅塔山石窟	原州区三营镇张家山村	唐—明	石窟寺及石刻
9	马园村古城址	原州区头营镇马园村	宋代	古遗址
10	大营古城	原州区中和乡	宋—明	古遗址
11	固原西郊南郊墓地	原州区西郊南郊	北周—唐	古墓葬
12	固原古城墙	固原市城区	汉—明	古遗址
13	南台上遗址	原州区开城镇郭庙村六队王家庄	元	古遗址
14	硝河古城址	西吉县硝河乡老城村	宋	城址
15	偏城古城址	西吉县偏城乡偏城村	宋	城址
16	火家集古城址	西吉县将台乡火家集村	宋	城址
17	火石寨扫帚岭石窟	西吉县火石寨乡白庄村	北魏	石窟寺及石刻
18	沙沟回教陵园	西吉县沙沟乡沙沟村	近现代	近现代重要史迹及代表性建筑
19	单南清真寺	西吉县兴隆镇单南村	近现代	古建筑
20	石寺山石窟	西吉县火石寨乡白庄村	北魏	石窟寺及石刻
21	页河子新石器遗址	隆德县沙塘镇和平行政村和平组	新石器时代	古遗址
22	德顺军古城遗址	隆德县城关镇隆泉社区	宋	古城址
23	北塬新石器遗址	隆德县沙塘镇清泉村	新石器时代	古遗址
24	车路沟新石器遗址	隆德县沙塘镇清泉村	新石器时代	古遗址
25	周家嘴头新石器遗址	隆德县神林乡双村	新石器时代	古遗址
26	何家山石窑寺石窟	隆德县城关镇金联村	宋—明	石窟寺及石刻
27	上齐新石器遗址	隆德县凤岭乡齐兴村	新石器时代	古遗址
28	石窑湾石窟	泾源县新民乡张家台村	宋	石窟寺及石刻
29	果家山遗址	泾源县县城北郊水沟村西	秦—汉	古遗址
30	凉殿峡遗址	泾源县六盘山国家森林公园	元—明	古遗址
31	瓦亭古城址	泾源县大湾乡瓦亭村	秦汉、清	古遗址
32	余羊清真寺	泾源县泾河源镇余家村二组	清	古建筑
33	三关口摩崖石刻	泾源县六盘山三关口村	明—清	石窟寺及石刻
34	岭儿遗址	彭阳县白阳镇姚河村岭儿组	旧石器	古遗址
35	古城新石器遗址	彭阳县古城镇	新石器	古遗址
36	打石沟遗址	彭阳县白阳镇双磨村寨子湾	新石器	古遗址

续表 12

序号	名称	地理位置	文物形成或建造时间	类别
37	圪垯梁遗址	彭阳县古城镇罗山村天喜湾组	新石器	古遗址
38	祁家梁遗址	彭阳县城阳乡杨坪村上河组	新石器	古遗址
39	海子遗址	彭阳县新集乡姚河村海子组	新石器	古遗址
40	东海子遗址（彭阳段）	彭阳县古城镇海口村马场组北	秦—宋	古遗址
41	小河湾遗址	彭阳县新集乡下马洼村下马洼组	秦汉	古遗址
42	城阳古城址	彭阳县城阳乡中学	宋	古遗址
43	耳朵古城址	彭阳县小岔乡耳城村耳城组	宋	古遗址
44	马岗堡城址	彭阳县王洼镇上台村上台组	宋	古遗址
45	彭阳古城址	彭阳县城老城区	宋	古遗址
46	无量山石窟	彭阳县古城镇田庄村北塬组	宋	古建筑
47	璎珞宝塔	彭阳县冯庄乡小湾村宋台组	明	古建筑
48	小岔沟毛泽东长征宿营地旧址	彭阳县古城镇小岔沟村阳洼组	近现代	近现代重要史迹及代表性建筑
49	中共红河地下支部旧址	彭阳县红河镇红河村大洼组	近现代	近现代重要史迹及代表性建筑
50	姚河塬西周遗址	彭阳县新集乡姚河村下姚河组	西周	古遗址
51	秦长城	西吉、彭阳、固原	秦（战国）	古遗址
52	乔家渠毛泽东长征宿营地旧址	彭阳县城阳乡长城村乔渠组	近现代	近现代重要史迹及代表性建筑

表 13

固原市、县级文物保护单位名录（169 处）

序号	名称	地址	类别
1	西海子	固原市原州区红庄乡大湾村	古遗址
2	固原古城墙	固原市城区	古遗址
3	秦长城	固原市城区	古遗址
4	东岳山五龙壁	固原市东岳山	古遗址
5	文澜阁	原州区城关二小院内	古遗址
6	北十里古城址	固原市原州区清河镇十里村	古遗址
7	东海子遗址（原州区段）	固原市原州区开城镇马场村	古遗址
8	上店子古城址	固原市原州区中河乡硝口村	古遗址
9	隔城子古城址	固原市原州区彭堡乡别庄村	古遗址
10	墩梁堡城址	固原市原州区开城镇冯庄一队	古遗址
11	王浩堡城址	固原市原州区三营镇白河村三组	古遗址
12	胡大堡梁城址	固原市原州区彭堡镇吴磨村	古遗址
13	红庄乡东大湾村西海子	固原市原州区张易镇红庄村	古遗址

续表13

序号	名称	地址	类别
14	马园村古城址	固原市原州区头营镇马园村	古遗址
15	黄铎堡古城址	固原市黄铎堡镇政府南	古遗址
16	中和乡大营城遗址	固原市原州区中和乡	古遗址
17	元代安西王行宫遗址	固原市原州区开城镇	古遗址
18	城隍庙	固原市原州区粮食局院内	古建筑
19	三滴水古遗址	固原市西吉县新营乡白城村	古遗址
20	将台古城址	固原市西吉县将台乡明荣村	古遗址
21	好水川古战场遗址	固原市西吉县兴隆镇姚杜村、单家集、陈田玉村	古遗址
22	袁河城址	固原市西吉县吉强镇袁河村	古遗址
23	闵家山遗址	固原市泾源县六盘山镇闵家山村	古遗址
24	米岗遗址	固原市泾源县米岗村	古遗址
25	牡丹遗址	固原市泾源县六盘山镇牡丹村	古遗址
26	苋麻湾遗址	固原市泾源县六盘山镇苋麻湾村	古遗址
27	水沟遗址	固原市泾源县香水镇水沟村	古遗址
28	堡子山遗址	固原市泾源县城东南	古遗址
29	瓦亭古城遗址	固原市泾源县大湾乡瓦亭村一组	古遗址
30	凉殿峡遗址	固原市泾源县泾河源镇六盘山森林公园	古遗址
31	安化古城遗址	固原市泾源县县城西侧1千米处	古遗址
32	黑湫龙王庙址	固原市泾源县泾河源镇老龙潭电站西800米	古遗址
33	果家山遗址	固原市泾源县香水镇城关村五组	古遗址
34	三关口遗址	固原市泾源县六盘山镇三关口村	古遗址
35	堡沟村新石器遗址	固原市隆德县沙塘乡街道村	古遗址
36	胜利新石器遗址	固原市隆德县凤岭乡冯碑村	古遗址
37	上齐新石器遗址	固原市隆德县凤岭乡上齐村	古遗址
38	阳洼山新石器遗址	固原市隆德县沙塘乡马河村	古遗址
39	李士选新石器遗址	固原市隆德县凤岭乡胜利村	古遗址
40	裴岔东山遗址	固原市隆德县温堡乡裴岔村	古遗址
41	北联池	固原市隆德县观堡乡前庄村	古遗址
42	梁堡堡址	固原市隆德县安乡梁堡村	古遗址
43	清凉寺址	固原市隆德县陈靳乡清凉村	古遗址
44	祝霖寺址	固原市隆德县城关镇竹林村	古遗址
45	岭儿遗址	固原市彭阳县白阳镇姚河村岭儿组	古遗址
46	大庄古生物化石遗址	固原市彭阳县王洼乡大庄村	古遗址
47	张化遗址	固原市彭阳县新集乡张化村	古遗址

续表 13

序号	名称	地址	类别
48	彭阳古城址	固原市彭阳县城	古遗址
49	古城城址	固原市彭阳县古城镇古城村一组	古遗址
50	小河湾遗址	固原市彭阳县新集乡下马洼村下马洼组	古遗址
51	城阳古城址	固原市彭阳县城阳乡城阳村转湾组	古遗址
52	祁家梁遗址	固原市彭阳县城阳乡杨坪村上河组	古遗址
53	海子遗址	固原市彭阳县新集乡姚河村海子组	古遗址
54	马岗堡城址	固原市彭阳县王洼镇大庄村	古遗址
55	峁头梁遗址	固原市彭阳县白阳镇余沟村杨树峁	古遗址
56	坪上遗址	固原市彭阳县红河乡十字村油坊组	古遗址
57	瓦罐梁遗址	固原市彭阳县古城镇任河村海沟组	古遗址
58	上蔡遗址	固原市彭阳县新集乡上蔡村上蔡组	古遗址
59	耳朵古城址	固原市彭阳县小岔乡耳城村耳城组	古遗址
60	打石沟新石器遗址	固原市彭阳县白阳镇双磨村打石沟组	古遗址
61	东海子遗址（彭阳段）	固原市彭阳县古城镇海口村马场组	古遗址
62	圪垯梁遗址	固原市彭阳县古城镇罗山村天喜湾组	古遗址
63	黑墩墩梁遗址	固原市彭阳县新集乡白草洼村白草洼组	古遗址
64	马河新石器遗址	固原市彭阳县新集乡姚河村马河组	古遗址
65	庙坪遗址	固原市彭阳县冯庄乡小园子村庙坪组	古遗址
66	下姚河遗址	固原市彭阳县新集乡姚河村下姚河组	古遗址
67	大庄遗址	固原市彭阳县王洼镇李岔村大庄组	古遗址
68	大峁头遗址	固原市彭阳县草庙乡周庄村堡壕组	古遗址
69	姚河塬遗址	固原市彭阳县新集乡姚河村姚河组	古遗址
70	小河口城址	固原市彭阳县白阳镇姚河村小河口组	古遗址
71	草庙古堡	固原市彭阳县草庙乡草庙村草庙组	古遗址
72	黄堡古堡	固原市彭阳县古城镇挂马沟村黄堡组	古遗址
73	东湾古堡	固原市彭阳县王洼镇李寨村叶嵝岘组	古遗址
74	马旺堡古堡	固原市彭阳县新集乡马旺堡村一组	古遗址
75	乱井子古堡	固原市彭阳县白阳镇嵝岘村后庄组	古遗址
76	乱庄洼古堡	固原市彭阳县小岔乡小岔村乱庄组	古遗址
77	庙峁古堡	固原市彭阳县王洼镇李岔村前台组	古遗址
78	杨河古墓群	固原市西吉县将台乡杨河村	古墓葬
79	张节子古墓群	固原市西吉县兴隆镇张节子村	古墓葬
80	泉沟脑墓群	固原市西吉县火石寨乡白庄村武家庄组	古墓葬
81	牡丹村清墓	固原市泾源县六盘山镇牡丹村老羊沟	古墓葬

续表13

序号	名称	地址	类别
82	米塬墓地	固原市彭阳县草庙乡刘塬村米塬组	古墓葬
83	白草洼墓地	固原市彭阳县新集乡白草洼村白草洼组	古墓葬
84	王大户墓地	固原市彭阳县古城镇王大户村王大户组	古墓葬
85	张街墓地	固原市彭阳县草庙乡张街村上山庄组	古墓葬
86	苋麻墓地	固原市彭阳县交岔乡大坪村苋麻组	古墓葬
87	韩寺墓地	固原市彭阳县新集乡白河村韩寺组	古墓葬
88	秦沟墓地	固原市彭阳县新集乡姚河村秦沟组	古墓葬
89	圪垯峁墓地	固原市彭阳县新集乡姚河村下姚河组	古墓葬
90	北山墓葬群	固原市彭阳县古城镇古城村俭沟组	古墓葬
91	石洼墓地	固原市彭阳县新集乡新建村石洼组	古墓葬
92	任氏墓地	固原市彭阳县白阳镇任湾村任湾组	古墓葬
93	海葆荣墓	固原市彭阳县古城镇乃河村石窑组	古墓葬
94	南台拱北	固原市彭阳县古城镇挂马沟村南台组	古墓葬
95	五爪山烽火台	固原市原州区头营镇马店村四组	古建筑
96	阎家墩烽火台	固原市原州区清河镇十里二队	古建筑
97	西梁清真寺	固原市原州区三营镇三营村	古建筑
98	二十里铺拱北	固原市原州区城南二十里铺	古建筑
99	财神楼	固原市泾源县六盘山镇蒿店村	古建筑
100	瓦亭烽火台	固原市泾源县瓦亭村西	古建筑
101	永丰烽火台	固原市泾源县香水镇思源村	古建筑
102	杨六郎庙	固原市泾源县六盘山镇三关口	古建筑
103	关帝庙	固原市泾源县六盘山镇蒿店村	古建筑
104	华兴清真寺	固原市泾源县黄花乡华兴村	古建筑
105	马家清真寺	固原市泾源县泾河源镇马家村西侧	古建筑
106	庞阁清真寺	固原市泾源县泾河源镇庞东村二组	古建筑
107	北伍家清真寺	固原市泾源县香水镇园子村北伍家	古建筑
108	余羊清真寺	固原市泾源县泾河源镇余家村二组	古建筑
109	米岗清真寺	固原市泾源县香水镇米岗村	古建筑
110	乔渠烽火台	固原市彭阳县城阳乡长城村乔渠组	古建筑
111	长城烽火台	固原市彭阳县城阳乡长城村乔渠组	古建筑
112	党岔烽火台	固原市彭阳县白阳镇白岔村党岔组	古建筑
113	斩刀山烽火台	固原市彭阳县白阳镇南山村斩刀山组	古建筑
114	徐沟烽火台	固原市彭阳县红河乡夏塬村徐沟组	古建筑
115	刘洼烽火台	固原市彭阳县王洼镇石岔村刘洼组	古建筑

续表13

序号	名称	地址	类别
116	前台烽火台	固原市彭阳县王洼镇李洼村前台组	古建筑
117	马岗堡烽火台	固原市彭阳县王洼镇尚台村马岗堡组	古建筑
118	庙沟烽火台	固原市彭阳县红河乡何塬村庙沟组	古建筑
119	郑庄烽火台	固原市彭阳县古城镇郑庄村郑庄组	古建筑
120	东湾烽火台	固原市彭阳县新集峁堡村东湾组	古建筑
121	璎珞宝塔	固原市彭阳县冯庄乡小湾村小湾组	古建筑
122	北洼烽火台	固原市彭阳县王洼镇北洼村北洼组	古建筑
123	阳山湾烽火台	固原市彭阳县交岔乡大坪村阳山湾组	古建筑
124	虎湾烽火台	固原市彭阳县城阳乡陈沟村虎湾组	古建筑
125	李寨烽火台	固原市彭阳县王洼镇李寨村李寨组	古建筑
126	丁渠烽火台	固原市彭阳县罗洼乡罗洼村丁渠组	古建筑
127	梁湾烽火台	固原市彭阳县白阳镇刘台村梁湾组	古建筑
128	坟台塬烽火台	固原市彭阳县红河乡韩堡村新店组	古建筑
129	战国秦长城	固原市彭阳县古城镇、白阳镇 、城阳乡、孟塬乡	古建筑
130	北象山烽火台	固原市隆德县城北象山顶	古建筑
131	金联烽火台	固原市隆德县城关镇竹林村	古建筑
132	蝉塔山石窟	固原市原州区三营镇张家山村	石窟寺及石刻
133	石寺山石窟	固原市西吉县火石寨乡武家庄	石窟寺及石刻
134	何家山石窑寺	固原市隆德县城郊乡金联村	石窟寺及石刻
135	三关口摩崖石刻	固原市泾源县六盘山三关口村	石窟寺及石刻
136	石窑湾石窟	固原市泾源县新民乡张家台村	石窟寺及石刻
137	无量山石窟	固原市彭阳县古城镇田庄村北塬组	石窟寺及石刻
138	段园子石窟	固原市彭阳县罗洼乡张湾村段园子组	石窟寺及石刻
139	常湾摩崖造像	固原市彭阳县小岔乡吊岔村常湾组	石窟寺及石刻
140	西湖公园革命烈士纪念碑	固原市原州区小西湖内	近现代重要史迹及代表性建筑
141	红军长征青石嘴战斗纪念碑	固原市原州区开城镇下青石村三队	近现代重要史迹及代表性建筑
142	干石窑拱北	固原市西吉县火石寨乡	近现代重要史迹及代表性建筑
143	火石寨黑窑拱北	固原市西吉县火石寨乡黑窑村	近现代重要史迹及代表性建筑
144	平峰镇革命纪念址	固原市西吉县平峰镇干石窑村	近现代重要史迹及代表性建筑
145	兴隆镇革命纪念址	固原市西吉县兴隆镇	近现代重要史迹及代表性建筑
146	三滴水罗家堡子	固原市西吉县新营乡三滴水村	近现代重要史迹及代表性建筑
147	西滩南角楼	固原市西吉县西滩乡西滩村道堂寺	近现代重要史迹及代表性建筑
148	老龙潭烈士陵园	固原市泾源县泾河源镇龙潭景区	近现代重要史迹及代表性建筑
149	毛李家清真寺址	固原市隆德县杨河乡红旗村	近现代重要史迹及代表性建筑

续表 13

序号	名称	地址	类别
150	前台烽火台	固原市隆德县城东南	近现代重要史迹及代表性建筑
151	马岗堡烽火台	固原市隆德县杨河乡杨河村	近现代重要史迹及代表性建筑
152	庙沟烽火台	固原市隆德县城东南	近现代重要史迹及代表性建筑
153	郑庄烽火台	固原市彭阳县冯庄乡茨湾村孙湾组	近现代重要史迹及代表性建筑
154	东湾烽火台	固原市彭阳县王洼镇路寨村路寨组	近现代重要史迹及代表性建筑
155	璎珞宝塔	固原市彭阳县冯庄乡小园子村小园子组	近现代重要史迹及代表性建筑
156	北洼烽火台	固原市彭阳县草庙乡草庙村草庙组	近现代重要史迹及代表性建筑
157	阳山湾烽火台	固原市彭阳县红河镇红河村大洼组	近现代重要史迹及代表性建筑
158	虎湾烽火台	固原市彭阳县新集乡峁堡村新红湾组	近现代重要史迹及代表性建筑
159	李寨烽火台	固原市彭阳县古城镇小岔沟村阳洼组	近现代重要史迹及代表性建筑
160	丁渠烽火台	固原市彭阳县古城镇古城村海家沟组	近现代重要史迹及代表性建筑
161	梁湾烽火台	固原市彭阳县古城镇任河村鹰鸽嘴组	近现代重要史迹及代表性建筑
162	坆台塬烽火台	彭阳县城阳乡长城村乔渠组	近现代重要史迹及代表性建筑
163	战国秦长城	固原市西吉县震湖乡党家岔村	古遗址
164	北象山烽火台	固原市泾源县黄华镇华兴村	近现代重要史迹及代表性建筑
165	金联烽火台	固原市泾源县东峡镇东峡村	近现代重要史迹及代表性建筑
166	蝉塔山石窟	固原市泾源县白面镇兰大庄村	石窟寺及石刻
167	石寺山石窟	固原市隆德县城关镇临泉村	石窟寺及石刻
168	何家山石窑寺	固原市泾源县香水镇	石窟寺及石刻
169	三关口摩崖石刻	固原市泾源县新民乡石嘴村	石窟寺及石刻

文博工作

【文物研究】 2020年,固原市博物馆组织召开学术会议,重新修订学术委员会章程,调整学术委员会成员。主持完成《中国灵武窑》初稿编撰校对工作。完成《宁夏西海固地区西夏遗址调查研究》课题资料收集工作。开展2019—2020年《宁夏固原博物馆馆刊》校稿工作。完成《文物天地》杂志职工文章的发表工作,累计发表文章9篇。在文化月刊第十一期发表名为《探索与实践——宁夏固原博物馆社会教育活动侧记》的文章一篇。组织举办“回鹘与丝绸之路”“博物馆里的丝绸之路”等讲座5次。

【文博活动】 2020年,固原市博物馆开展线上活动,在官网和微信平台发布“闭馆不闭展 线上游固博”音频讲解馆藏文物7期,在快手、抖音平台直播展览5次。组织“5·18”国际博物馆日及6月13日文化和自然遗产日线上线下宣传活动。开展“瑞鼠福到·新年挂饰DIY”等教育活动11项。开展“暑期小小讲解员”活动。开展“五进”活动11次。参加“国宝讲述人(云讲国宝)——全国文博在线讲解直播推介活动”、“追寻先烈足迹”网络短视频征集活动,录制《隐形将军韩练成》短视频,参与《博物馆说》网络短视频推广活动,录制《北周鎏金银壶》短视频。抽派讲解员协助完成固原市扶贫展览讲解工作。针对青少年开展主题为“复华夏霓裳 扬民族之魂”的汉服研学活动。

【文化展览】 2020年,固原市博物馆引进“白石丹青·齐白石画展”等展览5个,联办“迎新春2020宁夏师范学院美术学院教师作品展”等展览。推出“青铜之路——宁夏固原春秋战国时期北方青铜文化特展”赴上海嘉定博物馆、浙江嘉兴博物馆和广东鸦片战争博物馆等地展出。

【文创成果】 2020年,固原市博物馆完成改扩建前期调研课题报告的评审工作。召开宁夏固原博物馆数字化保护项目启动会,开展文物三维扫描和展厅虚拟展馆文物数据点的信息统计工作。设计具有固原博物馆文物元素的文创产品10余种。宁夏固原博物馆在第七届中原(鹤壁)文化产业博览交易会上获得最佳展览展示奖,其中杯垫入围全国文化创意产品推介终评名单。

【馆藏文物保护】 2020年,固原市博物馆完成2019年征集文物的登记上账和卡片制作,整理文物档案共计281件组。完成"勒石遗墨——固原历代碑刻展"展前准备工作。组织征集抗疫实物资料。完成2020年文物征集工作,累计征集文物657件/组。组织两件一级文物参加苏州博物馆"黄金为尚:历史 工艺 交流"展,组织3件文物参加长沙铜官窑博物馆"驼铃 远帆 丝路遗珍特展"。参与宁夏黄河文化遗产调查,负责收集整理固原境内相关文化遗产资料。完成"青铜之路——宁夏固原春秋战国时期北方青铜文化特展"展出文物的调整,为其中锈蚀严重的77件青铜器做养护,完成修复相关的200余张病变图的绘制及修复档案的整理编写。重新梳理"隋史射勿墓壁画保护修复项目"壁画表面失效材料的清洗及后续工作,提出新的方向和计划。定期对库区及展出文物开展常规巡查,填写日常养护记录,定期维护实验室设备。协助宁夏文物考古研究所完成库房文物搬移、拍照、绘图等工作。协助拍摄鎏金银壶、田弘墓五枚拜占庭金币、玻璃碗、陶尖底瓶、动物纹金扣饰等。

【安全保障】 2020年,固原市博物馆加强安全检查,强化巡查督导。更换外围周界160米对射线,红外对射报警器、库房室外监控控制箱、监控室部分灭火器等。闭馆期间,24小时轮岗,每两天对展厅全面巡查1次,确保展厅文物安全。开馆前,进行两次消防安全演练和一次疫情防控演练,组织相关部室开展消防逃生演练。开展三年安全生产隐患整治和能力提升工作。成立宁夏固原博物馆安全专项整治三年行动领导小组,确保博物馆安全生产三年专项整治行动有序推进,取得实效。邀请固原市公安、消防、特设、卫生4个部门的专家督导检查安全生产工作,全面查清安全领域存在的突出问题和重大隐患。针对检查出的隐患问题及整改落实情况进行认真梳理归档。

(宋　平)

地方志工作

【概况】 2020年,固原市地方志工作按照《全国地方志事业发展规划纲要(2015—2020年)》《全国地方志信息化发展规划(2016—2020年)》要求,开展志书编修、年鉴编纂、地方志服务和地情资料开发利用等工作。在宁夏率先完成第二轮修志工作,推动各县(区)全部编修年鉴,实现了市、县一年一鉴全覆盖。全年收集市内外地方志、年鉴、文史地情等书籍300余本。发挥地方志资政作用,向市委、市政府提交了关于保护和开发姚河源遗址建立遗址公园的报告。组织开展向全国方志系统先进工作者吴志宏学习、"志鉴作品进社区"、"5·18"地方志工作宣传日等主题宣教活动。举办《固原方言辞典(修订本)》与《丝路固原文献》等图书的首发式。

【《固原扶贫志》定稿】 2020年,固原市委、市政府将《固原扶贫志》列入全市2020年重点工作任务清单;11月,市委召开常委会专题研究《固原扶贫志》编纂事宜。固原市地方志研究室主动对接中国地方志指导小组,邀请自治区社科联、自治区方志办、宁夏大学专家、学者召开编纂纲目讨论会和审稿会3次。《固原扶贫志》编纂工作历经编写阶段、修改阶段、初纂阶段和总纂阶段,根据评审意见,总纂统稿,认真审改,年底形成送审稿,送宁夏人民出版社审校出版。

【《固原年鉴(2020)》编辑出版】 2020年,固原市地方志研究室制定《固原年鉴(2020)》编纂工作进度表,分设稿件征收、初稿编辑、审读修改和排版印刷4个阶段,高质量开展年鉴编纂工作。全年累计征集稿件140余家90余万字、图片400余张。年鉴严格执行三审三校制度,根据机构改革调整相关内容,创新固原数字、图说固原等彩页内容,以固原名片、政治建设、经济建设、文化建设、生态建设为模块收录图片。正文分设固原荣誉、特载、专载、固原综览等类目30个,全面、系统地记载固原市2019年各项事业发展状况。《固原年鉴(2020)》获宁夏社会科学2020年度优秀读本称号。

【部门志及乡村志编纂】 截至2020年年底,固原市地方志研究室认真调研市政协、市人民法院、市总工会等单位,及时了解部门修志情况、存在的问题和意见建议,参与指导《固原政协志》《固原法院志》《固原工会志》等行业志编纂工作。调研指导彭阳县《中国名村志丛书·长城村志》、西吉县《单家集村志》和原州区《蒋河村志》等志书编纂工作,其中彭阳县《崖堡村志》被国家图书馆和北京大学图书馆分别收藏,隆德县《梁堡村志》成为宁夏唯一入选首届全国名村论坛暨中国名村志丛书的村志。

【地情资源开发】 2020年,固原市地方志研究室开展地方历史文化资源整理挖掘工作,成立地情资料整理小组,收录整理3万年前旧石器时代的彭阳“岭儿文化”、新石器时代的隆德“仰韶文化”、原始社会晚期的西吉“齐家文化”等资料40份,图片100余张。加强地情资料共享,为福建省方志办、自治区社科院、自治区方志办、宁夏师范学院等单位提供大量扶贫、红色文化、家谱编修和历史文化等方面的资料。发挥地方志地情资源利用作用,完成《固原史志》(季刊)前期调研、资料收集和初稿编辑等工作。

【学习研究】 2020年,固原市地方志研究室紧扣地方志业务工作开展调查研究。在编纂《固原扶贫志》《固原年鉴》《六盘山志》等书籍时,深入扶贫、社保、医疗、教育、民政等部门和基层一线进行调研,为志书编纂做好充分准备。在《宁夏工作研究》《宁夏史志》《宁夏党史》《固原日报》《六盘山论坛》《彭阳史志》等刊物发表各类学习调研文章25篇,2人获得全市“庆祝中华人民共和国成立70周年”理论征文一等奖、1人获三等奖。

【方志馆建设】 2020年,固原市方志馆建成并投入使用,累计接待自治区九三学社、清华大学法学院、市公安局等区内外20个部门(单位)到方志馆开展主题党日、教育活动。主动对接自治区文史研究馆、宁夏社会科学院古迹研究所等单位,开展图书交换活动,丰富方志馆藏书,全面启动方志馆数字化建设,将图书资料、影像、音频、实物等资源纳入馆藏范围,借助现代信息技术手段开展电子文档整理工作,为公众提供传统纸质版书籍和资料的同时,提供高效、便捷的数字在线查阅服务。固原方志馆工作被刊载在中指组办公室刊物《方志中国》(2020年第三期)内页中,内含2个专稿、4000多字、5个页面。

【“三型”研究室创建】 2020年,固原市地方志研究室制定《市地方志研究室创建“让党中央放心、让人民群众满意的模范机关”实施方案》,推进“三型”机关创建。创建学习型研究室,坚持把学习放在第一位,确保站稳政治立场,建设业务精湛的地方志队伍,创建文明型研究室;创建卫生整洁、环境优美的工作环境,维护方志研究系统的良好形象;创建创新型研究室。履行地方志工作的监督指导、编纂、资源开发利用等职能,用“活”地方志资源。

【县(区)地方志】 2020年,原州区委党史和地方志研究室出版发行《原州年鉴(2020)》,参与完成《蒋口村志》《蒋河村志》2部村志编修工作,启动《杨郎村志》编排工作。联合原州区委办公室、疫情防控指挥部办公室征集疫情防控资料33册,分门别类,装订成册,为总结疫情防控经验、编纂《原州区抗击新型冠状病毒肺炎疫情志》积累资料。西吉县完成2007—2014年年鉴修订和重新印刷工作;启动《西吉扶贫志》编纂、疫情防控指资料整理工作。隆德县档案馆出版发行《隆德年鉴(2020)》;采取社会化购买服务方式,启动《隆德扶贫志》编纂工作。泾源县委党史方志研究室出版发行《泾源年鉴(2020)》;健全数据资料库,数字化收录《民国化平县志》、《泾源县志》、年鉴及地情书籍,征集全国各地县志、史话等资料丛书50余本。彭阳县委党史方志研究室出版发行《彭阳年鉴(2020)》,内部发行《彭阳统计年鉴(2006—2010)》《彭阳统计年鉴(2011—2015)》,刊发《彭阳史志》(季刊)2020年第1~4期(总第52~55期),启动《宁夏村志丛书·杨坪村志》《彭阳扶贫志》编纂工作。

(李 莉)

新闻传媒

【概况】 2020年1月10日,固原市报社和电视台合并,固原市新闻传媒中心正式组建挂牌。固原市新闻传媒中心起草印发32项新制度,融合业务制度占70%以上。制定重点宣传工作报道方案,高质量策划组织“脱贫攻坚”“推动黄河流域生态保护和高质量发展”“创建全国文明城市”“创建全国卫生城市”“扫黑除恶专项斗争”“闽宁协作”等主题宣传报道,安排报纸、电视、广播、新媒体等多媒体平台刊播。完成“中央厨房”建设项目招标,将新媒体人才培训纳入全市人才培训计划,结合“中央厨房”建设工作推进全媒体人才培训。

【新闻宣传】 2020年,固原市新闻传媒中心开展学习贯彻党的十九届四中、五中全会精神,自治区党委十二届七次全会精神,市委四届七次、八次全会精神等重要会议的宣传。在重要版面、重要时段,统一开设栏目,有点有面开展全面从严治党、国家治理能力治理体系现代化、推动高质量发展等主题宣传报道,及时传达中央、区、市党委的决策部署。报台网共刊发新闻稿11000余篇(条、期)。

【主题宣传】 2020年,固原市新闻传媒中心围绕“六大任务”开展主题宣传,开设“牢记嘱托·奋力谱写建设先行区和继续建设美丽新宁夏的固原篇章”栏目。在推动高质量发展方面,大力宣传建设全域旅游示范市、现代农业等特色产业发展、冷凉蔬菜生产经营体系。在深化改革开放方面,大力宣传市委、市政府出台的一系列落实中央要求、符合群众期盼的政策措施。在打赢脱贫攻坚战方面,面向基层一线,以小分队形式,蹲点调研采访,拍摄脱贫攻坚短视频,陆续推送,开设决战决胜脱贫攻坚、走向小康等栏目,讲好脱贫故事。在生态环境保护方面,大力宣传在六盘山自然保护区建设、“四个一”工程、五河流域治理。在改善民生和社会治理方面,大力宣传促进下岗失业人员、高校毕业生、农民工、退役军人等重点群体就业。在激发广大党员干部奋斗精神方面,以红色教育基地为平台,大力宣传留存红色记忆、传承红色基因。《固原“四个一”描绘山绿民富新图景》等稿件被新华社、《光明日报》等中央、区级媒体采用刊发。

【创新宣传】 2020年,固原市新闻传媒中心统筹各个平台,创新宣传形式,利用多媒体手段,融合改革重点项目建设、招商引资、生态建设、“守好三条生命线”、放管服改革等报道,呈现全新宣传效果。“今日固原”客户端装机用户1.8万人,《固原日报》微信粉丝9.6万人,固原电视台微信公众号粉丝4.6万人,抖音号用户2.8万人。

【广播电视安全播出管理】 2020年,固原市新闻传媒中心落实领导带班值班制度,建设覆盖云雾山等4个高山发射站和中心机房联结的视频监控系统,确保春节、两会及“十一”等重要保障期间的广播电视安全播出工作,实现全年安全播出零事故,完成中央广播电视节目无线数字化覆盖工程。

【外宣渠道拓展】 2020年,固原市新闻传媒中心加强新闻策划,畅通外宣渠道,实现精准推送和精准刊播。坚持每日向“学习强国”平台、宁夏广播电视台通联部上传短视频、图文和《固原新闻联播》稿签以供选择,增强在宁夏电视台播发力度。宁台累计采纳刊播新闻报道120条(次),央视刊播新闻报道9条。

【全媒体直播活动】 2020年,固原市新闻传媒中心成功举办全市两会直播、自治区建设黄河流域生态保护和高质量发展先行区第二次推进会车载移动直播活动、最美风景在固原暨“四个一”林草产业试验示范工程现场直播、元宵节直播活动、全市金融系统助力脱贫攻坚服务“三农”直播活动。协助完成新华网、人民网等中央和区属媒体栏目组在固原市各地开展的现场直播与节目回传工作。

(王龄松)

旅 游

综述

【概况】 2020年,固原市文化旅游广电局编制完成《固原市长城、长征国家文化公园建设工作方案》,谋划长城、长征国家文化公园建设项目48个,投资概算119亿元。颁布《固原市红色文化遗址保护条例》,编制形成《固原市红色旅游规划》初稿。泾源县完成全域旅游示范区验收工作,新增泾源冶家村等8个全国乡村旅游重点村,将台堡红军长征胜利会师纪念园入选全国60个红色旅游发展典型案例,被评定为国家AAAA级旅游景区,泾河源旅游度假区被评定为省级旅游度假区。六盘山红军长征旅游区列入国家AAAAA级旅游景区创建名单。截至2020年年底,固原市共有旅游景区14个,拥有国家AAAA级旅游景区6个,拥有国家AAA级旅游景区6个,国家AA级旅游景区2个。全市注册旅行社28个,注册导游33人。全年共接待国内游客542.3万人次,接待海外游客506人次;接待国内游客总收入25.76亿元,国内游客人均花费475元。农家乐接待游客119.36万人次,农家乐总收入0.37亿元,农家乐人均消费31元。

【旅游品牌建设】 2020年,固原市文化旅游广电局成功举办以“相约六盘山 欢乐冬季游”为主题的宁夏固原首届冰雪文化旅游节,全方位推介固原丰富多彩的冰雪、民俗、乡村文化旅游资源。围绕节假日,推出以“‘凉’辰美景浪固原 百元惠游六盘山”为主题的“避暑季”系列活动及“登高感悟长征精神‘粽’享胜利喜悦心情”主题系列文化活动,开展景区网络直播、代言景区、主播体验等,全媒体全方位立体式呈现了固原特色旅游资源。六盘山红军长征景区联合宁夏广播电视台等多家媒体举办“纪念工农红军长征翻越六盘山85周年直播”等系列爱国主义教育活动,被央视新闻联播以《品味美好生活 祝福伟大祖国》为题对六盘山火热的红色旅游进行报道,扩大固原市红色旅游的知名度和影响力。充分运用“互联网+旅游”的形式,成功举办以“天高云淡六盘山 山花烂漫浪固原”为主题的第十六届宁夏固原六盘山山花节。开展“5·19”中国旅游日固原活动、西吉县第十届火石寨网络丁香花节活动、第二届宁夏固原梯田花儿节暨第五届清凉隆德行“万亩花海 大美隆德”网络油菜花文化旅游节、“花开龙乡 情定泾源”第二届花朝节、彭阳县第二届梯田节暨“梯田百合 美丽彭阳”文化旅游节、秋季丰收节等活动,提升固原文化旅游的知名度、美誉度和影响力。开通固原文化旅游抖音官方号、宁夏六盘山旅游视频号,开展三季“抖音带你游固原”活动、第八季“网络达人浪固原”、“一键记录 最美固原”2020夏秋季摄影大赛线下征集线上展播、云端直播“放心游固原”等活动。开展“晒文旅 晒优品 促消费”大型文旅推介活动。按照自治区文化和旅游厅的统一安排部署,以县(区)为主体制作完成“书记(县长)两晒一促专题宣传片”和“炫彩60秒微视频”,搭建网络“云上文旅馆”,发布四县一区推介视频,面向全国集中展示固原特色旅游资源。开展“晒文旅 晒优品 促消费”暨文化旅游宣传形象大使评选大型推广活动,完成海选、100进30及半决赛、决赛相关活动。拍摄《以文载道铸魂》《非遗固原》《发展全域旅游 助力脱贫攻坚》《凝聚全市之力 描绘固原画卷》等文化旅游专题片,深度宣传推介固原文化旅游资源,全面提升固原文化旅游的知名度和影响力。

【旅游执法】 2020年,固原市文化旅游广电局制定《2020年文化旅游市场规范治理工作方案》,召开固原市文化市场管理工作领导小组第一次会议,安排部署安全生产和市场治理相关工作。通过召开专题会议、加强日常和节假日安全生产监督检查、开展常态化疫情防控工作、推行处级领导包抓主要景区机制等措施,落实安全生产企业主体责任,履行行业监管责任,及时排除安全隐患,确保文化旅游市场安全、有序、稳定。坚持日常巡查、专项检查和"双随机"抽查相结合,采用错时执法、联合执法、突击检查等手段,深入开展文化旅游行业专项整治工作。全年共出动执法人员16293人次,检查各类文化经营单位4427家次,当场责令改正隐患场所30余家次,下发责令整改通知书23份,立案调查30件,办结27件,通过司法程序强制执行案件2起,移交银川市旅游投诉案件2件,没收非法出版物789册、盗版软件10套、违法所得9411元,罚款44000元。深入开展文明行业"三创一争"创建活动,创建自治区文明景区2家、文明旅行社1家,文明旅游饭店1家,评定文明员工5名;新申报评定四星级宾馆饭店1家,拟评定三星级宾馆饭店2家。开展导游(讲解员)、饭店服务员技能大比武,推广精细化、品牌化服务,在全市AAA级以上旅游景区设置旅游志愿服务岗,提升行业整体水平和服务质量。实施"十百千万"工程,开展文化旅游行业"十大"评选活动,评定"十佳旅游景区""十佳精品民宿""十佳旅游宾馆(饭店)""十佳旅行社""二十佳农家乐""十五佳地方旅游名小吃"等活动,奖励资金59万元。成功举办固原市首届民间美食大赛暨固原十大民间文旅小吃名菜评选活动,六盘山国家森林公园、火石寨景区、金凤凰旅行社、西港饭店被评为自治区文明行业单位。

【旅游市场调控】 2020年,固原市文化旅游广电局争取落实救助补贴政策。为受疫情影响较重的六盘山红军长征景区、六盘山国家森林公园等5家涉旅企业积极争取政府补助资金100万元;争取县(区)举办文旅节庆活动补助经费50万元;为全市星级宾馆(饭店)及旅行社安排"引客入固"奖补资金150万元;暂退9家旅行社质量保证金96.6万元;发放"非遗"保护传承经费51万元;协商三大运营商减免全市69家网吧网费300多万元。实施"引客入固"行动。所有A级景区对全国医护工作者、公安民警、军人、县级及以上劳模、固原籍游客免首道门票,宁夏(除固原)、福建、湖北籍游客凭有效身份证件享受首道门票半价,全国中、高考生享受暑期免票政策。积极指导、支持受疫情影响较为严重的文旅企业拓展新业态、开发新产品,吸引游客,激发旅游市场活力。

【创新亮点】 2020年,固原市泾河源旅游度假区被自治区评为自治区(省)级度假区,泾源冶家村等8个村被文化和旅游部、国家发改委列入第二批全国乡村旅游重点村名录。西吉龙王坝旅游特色村入选100家世界旅游联盟旅游减贫案例。固原市顺利通过第四批国家公共文化服务体系示范区创建验收。固原市隆德博物馆入选第四批国家三级博物馆。将台堡红军长征胜利会师纪念园评定为国家AAAA级旅游景区,入选全国60个红色旅游发展典型案例。率先开通固原文化旅游抖音官方号、宁夏六盘山旅游视频号。开展三季"抖音带你游固原"活动,发布话题500余条,阅读量1100万次。开展"晒文旅 晒优品 促消费"大型文旅推介活动和首届文化旅游形象大使评选大型推广活动,成功举办宁夏固原冰雪文化旅游节,开发南北2条冬季游精品路线及6条子路线。节假日期间,游客接待量均居全区第二,恢复率居全区第一。固原传统建筑营造技艺、春节(六盘山区春官送福)2个项目入选文化和旅游部第五批国家级非物质文化遗产代表性项目名录,砖雕(隆德魏氏家族砖雕)传承人团队获得"第十二届薪火相传暨匠心扶贫、与爱同行——寻找匠心传承、助力扶贫杰出贡献者团队"称号。颁布《固原市红色文化遗址保护条例》,自2020年1月1日起施行,将红色遗址保护工作上升到法律层面。编制完善《固原市红色旅游规划》。

(孙润阳)

全域旅游创建

【国家旅游标准化试点城市创建】 2020年,国家旅游标准化试点城市创建工作通过专家组实地验收。国家专家组对固原市创建第四批国家旅游标准化试点城市工作进行实地验收,得到了一致认可和充分肯定,固原市被列为第四批全国旅游标准化试点城市。

【国家AAAAA级旅游景区创建】 2020年,固原市文化旅游广电局完成六盘山长征旅游区《旅游景区质量等级申请评定报告书》《服务质量与环境质量报告书》《景观质量报告书》等申报材料,经自治区文化和旅游厅评定审核后,上报国家文化和旅游部进行评定。六盘山红军长征旅游区列入国家AAAAA级旅游景区创建名单。

【旅游示范区创建】 2020年,固原市文化旅游广电局编制完成《固原市长城、长征国家文化公园建设工作方案》,谋划长城、长征国家文化公园建设项目48个,投资概算119亿元,力争进入宁夏长城、长征国家文化公园建设项目库。颁布《固原市红色文化遗址保护条例》,编制

《固原市红色旅游规划》。指导泾源县积极争取全域旅游示范区验收工作,新增泾源县冶家村等8个全国乡村旅游重点村,将台堡红军长征胜利会师纪念园入选全国60个红色旅游发展典型案例,被评定为国家AAAA级旅游景区,泾河源旅游度假区被评定为省级旅游度假区。推进彭阳县嘛喇湾梯田公园、国家长征文化公园乔渠项目等按期推进,完成新建改建旅游厕所40座,旅游标识牌设立工作,争取自治区文化和旅游厅创建国家AAAAA级旅游景区、乡村旅游、两馆运营资金累计2590万元。完成智慧旅游指挥中心搬迁和数据的建设完善,加强行业监管,确保广播电视安全播出,推动广电惠民项目顺利实施。

【第四批国家公共文化服务体系示范区创建】 2020年,固原市文化旅游广电局创建第四批国家公共文化服务体系示范区通过国家专家组实地验收,被初步评定为优秀等次。依托创建国家公共文化服务体系示范区,实施图书馆、文化馆、博物馆标准化建设等系列项目建设,完成市图书馆、文化馆装修布展方案设计。全市65个乡镇(街道)均建成平均300平方米以上的综合文化站,独立设置率达到100%。为859个行政村(社区)建成综合文化服务中心并配备专(兼)职文化管理员,实现广播电视户户通,数字宽带网络村村通。

(孙润阳)

旅游管理

【概况】 2020年,宁夏六盘山旅游集团接待游客53.1万人次,增长9.4%,实现营业收入2465万元。联合固原市人民政府签订《文化旅游产业合作框架协议》,联合市国资委签订《六旅集团托管协议》。截至2020年年底,宁夏旅游投资集团正式托管宁夏六盘山旅游集团。

【旅游项目建设】 2020年,宁夏六盘山旅游集团推进存量项目的实施和新增项目的谋划,通过争取资金,实现发展与安全并重。完成了六盘山红军长征旅游区创建国家AAAAA级旅游景区提升改造、游客中心装修和职工生活服务基地项目建设。重启六盘山长征精神研学基地项目,调整项目建议书、可研报告和规划设计,成功申请补助资金1000万元。须弥山和长征景区2个项目成功入选国家"十四五"文化传承保护项目申报。旅游厕所面貌明显改观,优先组织实施景区旅游厕所提升改造工程,通过区、市两级文旅部门的考核验收。建成A级旅游厕所1座、AA级9座、AAA级5座。

【旅游产品】 2020年,宁夏六盘山旅游集团推出"凉"辰美景仙境、红绿辉映胜景、丝路明珠探秘、18度的夏天、花儿之乡体验五大产品系列,"'凉'辰美景浪固原 百元惠游六盘山"避暑优惠季产品成为爆款。策划实施"云游大美中国"等多场直播、"出发六盘山 重走长征路"等多项活动,长征景区登上10月6日央视新闻联播。

【客源开发】 2020年,宁夏六盘山旅游集团激活宁夏本地市场,拓展陕西、甘肃等周边市场,组织小长假旅游接待,古尔邦节接待人次同比上年增长43.3%,国庆节接待人次同比上年增长48.2%。指导各景区面对假期游客人数创记录暴增的局面,做到忙而不乱、紧张有序,游客满意度明显提升。疫情防控期间,制定应急预案,储备防疫物资,落实查验措施,维护景区秩序,实现疫情防控和复工复产"两不误"。

【经营举措】 2020年,宁夏六盘山旅游集团树立"经营方为王道、盈利第一目标"的理念,首次召开经营分析会,创新建立资金平衡会机制,停止旅行社、客运公司等亏损业务,重新梳理项目资金体系,向宁夏旅投借款1500万元纾困,提前归还租赁高息融资1149万元。

(程耀东)

卫生健康

综述

【概况】 截至2020年年底，固原市共有医疗卫生机构1172个，其中，二级以上公立医院16家；民营医疗机构190个，其中，民营医院21家，个体诊所169家；基层医疗卫生机构954个，其中，卫生院68个，城市社区卫生服务机构25个，村卫生室861个；专业公共卫生机构12个，其中，疾病预防控制中心6个，卫生监督机构6个。年末，全市有卫生技术人员8347人，其中，执业医师和执业助理医师3699人，注册护士4455人。全市医疗卫生机构实有床位7350张，其中，医院5927张，基层医疗卫生机构1423张。全年全市累计诊疗人次348.52万人次，入院人数13.39万人次。固原市围绕年初既定的目标任务，抓党建促引领，抓基层夯基础，抓改革补短板，抓质量优服务，抓项目保民生，扎实开展学校传染病防控监督检查、医疗废物专项监督检查、非法行医和非法医疗美容专项监督检查、病原微生物实验室生物安全专项监督检查等专项整治工作，直管单位经常性监督覆盖率97.22%，抽检健康相关产品168件，合格率100%。按照国家卫生监督中心下达任务，完成双随机抽检任务40单，任务完成率100%。

【疾病防控】 2020年，新冠疫情发生以来，固原市抽调26名专家成立防控工作领导小组及医疗救治组，5417名医护人员参与到入户摸排、预检分诊、社区防控、流行病学调查、集中隔离点及发热门诊管理等工作，61名医护人员驰援湖北。在全市68家乡镇卫生院、25个社区卫生服务机构设置预检分诊点和临时留置区。报告新冠肺炎病例5例，均已痊愈出院。全市共报告各类法定传染病17种、2590例，报告发病率为208.51/10万人，同比上年同期相比下降35.72%。

【综合医改】 2020年，固原市卫生健康委员会学习借鉴福建省三明市医改经验，总结评估彭阳县域综合医改试点，制定《固原市全面开展县（区）域综合医改实施方案》。市人民医院、市中医医院分别与全市各县级综合医院、中医医院建立医联体，市妇幼保健院托管泾源县妇幼保健院开展紧密型医联体建设试点，市精神康复医院外引北京大学第六医院、宁安医院，内联市、县（区）综合医院，建立精神卫生专科联盟。市人民政府落实对公立医院投入政策资金11686.79万元，化解市医院债务697.83万元。

【中医中药】 2020年，固原市卫生健康委员会坚持中西医并重的方针，不断加大投入，加强基础设施建设。投资1.56亿元用于各级中医医院扩建工程。培养中医类别“六盘名医”15名。全面落实基本公共卫生服务项目中医药健康管理工作任务，全市0~3岁儿童、老年人中医药健康管理率分别72.5%、76.4%。组织开展《中华人民共和国中医药法》和中医药健康文化宣传活动。发挥中医药在疫情防控中的重要作用，为一线医护人员、密切接触者、集中隔离点隔离人员共4669人服用预防新冠肺炎中草药制剂16010剂。

【医质提升】 2020年，固原市卫生健康委员会深入开展医师素质和医疗质量“双提升”活动，深化京宁、闽宁对口帮扶，与区内外三甲医院建立对口帮扶关系，引进知名专家77人，选派280名业务骨干外出进修学习，建成优势重点科室15个、名医工作室30个，开展新技术、新项目26项。打造“互联网+医学教育”固原模式，“大专家.COM”平台注册人员6098人，通过教育基地和手机App参与远程学习97726人次。市人民医院胸痛中心通过国家胸痛中心综合评估，市中医医院引进安阿玥教授、韦以宗教授“名医工作室”，提升全市肛肠、脊柱疾病诊疗水平。

【妇幼健康保障】 2020年，固原市卫生健康委员会开展优质服务基层行活动，落实“千名医师下基层”对口支援。全市共有区、市、县30个支援单位、238名各类专业技术人员，对口支援95个受援基层医疗卫生机构。稳步推进慢性病医防融合，召开宁夏高血压健康管理项目启动会。完成产前筛查9502人，新生儿48种遗传代谢性疾病筛查10240人，覆盖率98.94%。为全市35~64岁妇女提供“两癌”免费筛查。落实农村适龄妇女宫颈癌筛查47131人、乳腺癌筛查31084人，分别完成目标任务的98.18%、112.62%；纳入城镇低保适龄妇女“两癌”筛查600人，完成率100%。筛查出宫颈癌患者5人、乳腺癌患者3人，全部接受治疗。

【职业卫生】 2020年，固原市卫生监督所开展职业卫生“双随机一公开”监管。制定《固原市煤矿企业尘毒危害联合“双随机一公开”抽查工作实施方案》，联合市市场监管局、应急管理局在全市3家煤矿企业开展了尘毒危害联合“双随机一公开”抽查工作。联合监督检查3家煤矿企业的职业病危害项目申报、职业病危害因素检测、劳动者职业健康体检等内容。

【老龄健康】 2020年，固原市卫生健康委员会建立老龄健康服务新模式，原州区、隆德县政府购买服务为失能、半失能集中供养老人开展康复护理服务。西吉县、泾源县整合医疗卫生和养老服务资源，实现部分敬老院与乡（镇）卫生院、社区卫生服务站融合发展，探索开展“医养一体，两院融合”试点工作。彭阳县在县中心敬老院探索设立康复科，为全县失能、半失能集中供养老人开展疾病诊治、康复护理、长期照护等服务。巩固提升健康扶贫工作，完成西吉县脱贫退出行业验收，脱贫攻坚实现基本医疗有保障的目标。

【公共卫生服务】 2020年，新冠肺炎疫情期间，固原市论证编报公共卫生重大建设项目74个，其中固原市人民医院省级区域医疗中心建设项目、市妇幼保健院妇女儿童健康服务能力提升项目、市疾控中心实验室能力提升项目和固原市公共卫生应急物资储备库项目等34个项目已筛选报送国家发改委进行批复立项，争取中央预算内投资建设，其余项目已进行编制论证，被纳入“十四五”规划建设。

【爱国卫生运动】 2020年，固原市卫生健康委员会大力开展爱国卫生运动、城乡环境综合整治，深入推进“防疫有我，爱卫同行”城乡人居环境整治百日攻坚三年行动，拓展提升“爱国卫生日”活动，将自治区每月一次“爱国卫生日”活动拓展为每周一次。全面开展公共场所禁烟控烟和无烟党政机关创建活动。创建国家卫生城市顺利通过全国爱卫会综合评审，固原市被命名为国家卫生城市。

【“健康固原”建设】 2020年，固原市卫生健康委员会推动卫生健康、中小学健康、全民健身和医疗保障协调发展，充实健康固原建设组织领导和工作队伍，拓展工作范畴，形成全方位、全人群、全生命周期健康保障格局。创建健康单位36家、无烟单位39家、健康促进医院4家。定期不定期深入学校、乡村、社区开展健康教育活动。借助“三下乡”、卫生健康节日、纪念日，宣传卫生健康知识，提升城乡居民健康水平素养。

【“互联网+医疗健康”服务】 2020年，固原市卫生健康系统941家医疗机构自治区电子政务外网全部接通，智慧医疗建设稳步推进，医院内实现诊间结算、自助查询、自助缴费、自助打印等。深入开展“互联网+医疗健康”便民惠民行动计划，加快推进公立医院预约诊疗服务，全面启用电子健康码，推行分时段预约诊疗、健康宁夏App网上预约服务、检验检查结果查询覆盖诊前、诊中、诊后的全流程线上服务。在原州区实施“互联网+基层综合健康管理服务”项目，购置“云巡诊”服务车8辆，为1.5万余名老年人进行免费健康体检。

【疫情防控】 2020年，新冠疫情防控期间，固原市及时成立市委应对新型冠状病毒感染肺炎疫情工作领导小组和市应对新型冠状病毒感染肺炎疫情工作指挥部，指挥部下设10个工作组。市委确定5名常委联系指导5县（区）、37名市级领导干部、116名县级领导干部包抓乡镇村和街道社区。春季疫情防控期间，派遣所有驻村（社区）第一书记和工作队全部到村（社区）开展疫情防控工作；抽调市县（区）4215名党员和干部到村（社区），形成齐抓共管、全面防控的工作格局。疫情发生后，召开市委常委会暨领导小组会议3次、指挥部会议5次，定期听取各县区、各职能部门工作汇报，分析研判全市疫情形势，研究提出应对措施。印发《固原市新型冠状病毒感染的肺炎疫情防控工作方案》《关于进一步加强新型冠状病毒感染的肺炎疫情防控工作的决定》《关于进一步加强和规范新型冠状病毒感染肺炎疫情防控工作的通知》等，完善领导指挥、工作责任、应急救治、物资保障“4个体系”，规范交通管控、农村管控、社区管控、隔离观察、公共场所管控“5个工作流程”，在相关场所分类张贴、在各类媒体专栏推出，确保各项工作落实落细。指挥部发布《应对新型冠状病毒感染肺炎疫情工作指挥部公告》6期，全面动员、全面部署、全面加强。制定《固原市学校开学疫情防控工作方案》和学校、幼儿园疫情防控流程图、晨检流程图。夏季疫情防控期间，固原市制定印发《关于健全常态化疫情防控机制保持正常生产生活秩序促进经济社会稳定运行的通知》《关于进一步抓紧抓实抓细常态化疫情防控工作的通知》《关于优化调整市应对疫情工作指挥部组织架构的通知》，优化各级应对疫情组织机构，建立长效工作机制，有序推动各项防控工作由应急状态向常态化转变。严格保持市、县（区）应对疫情工作组织领导和指挥体系，根据常态化疫情防控工作需要，优化疫情防控办公室和常设工作组职责。秋季疫情防控期间，固原市针对自治区督查反馈存在问题，抓紧、抓实、抓细常态化疫情防控工作。突出“外防输入”为主，加强入固通道管理，强化入固人员管控，排查消除风险隐患，严防疫情输入。冬季疫情防控期间，固原市加强信息监测与相关口岸信息沟通，及时推送共享入境人员信息，严格闭环管理措施。加强跨境贩运水果人员等其他重点人群排查管控，堵住所有可能引起疫情输入传播的漏洞。加大冷链食品检测工作力度，督促相关企业做好拟采购冷链食品报备工作，严格排查批发零售、掏箱入库、冷链运输等重点环节，及时掌握入固冷链食品信息，督促相关企业严格落实重点从业人员防护措施，严把索票索证、查验外包装消毒证明材料关，最大限度阻断疫情经“物”输入。针对国内中高风险地区疫情形势，及时发布紧急提醒，告知有国内中高风险地区旅居史人员及时向所属社区（村组）报备。强化中高风险地区入固人员排查、查验等工作，切实做好疫情输入风险防范应对工作。2020年年末，全市共有境外入固人员564人，其中居家健康监测9人；国内高中风险地区到返固人员620人，居家健康监测13人。2020年年末，固原市按照“属地为主、行业配合”和“精准覆盖、知情自愿”的原则，对从事冷链、运输相关工作的从业人员、抗疫一线医疗和防疫人员、入固通道查验相关人员、出国人员、城乡运行保障一线人员等开展精准摸底和接种意愿调查。2020年，固原市累计派遣5批次、61名医护人员组成援湖北医疗队先后进驻襄阳市航空工业364医院等4家医院和2家疾控机构，奋战抗疫一线，守护湖北人民生命的安全防线。固原市人民医院等6家医院被确定为新型冠状病毒感染肺炎医疗救治定点医院，紧急备战疫情防控，经过33天艰苦卓绝的努力，实现市辖区疫情全面清零，截至12月末，全市累计确诊病例5例，累计治愈出院5例，治愈率100%，疫情防控向好态势持续巩固。

（杨彦平）

2020年固原市援湖北医务人员名单

表14

序号	单位名称	姓名	职称	出发时间	返回时间	在湖北工作地点	备注	
							固原	自治区
1	固原市人民医院（22人）	屈文慧	主任医师	2020.1.28	2020.3.2	襄阳（364）医院	第一批	第一批
2		李　强	副主任医师			襄阳（364）医院		
3		李盼盼	住院医师			襄阳中西医结合医院		
4		薛　蓉	主治医师			襄阳中西医结合医院		
5		张娟娟	住院医师			襄阳中西医结合医院		
6		史晓东	副主任医师			襄阳（364）医院		
7		张志红	副主任护师			襄阳（364）医院		
8		李　婷	主管护师			襄阳（364）医院		
9		王　红	护师			襄阳（364）医院		
10		师文慧	护师			襄阳（364）医院		
11		杨丽琼	护士			襄阳（364）医院		
12		郝倩倩	护师			襄阳（364）医院		
13		邹礼丽	主管护师			襄阳（364）医院		

续表 14

序号	单位名称	姓名	职称	出发时间	返回时间	在湖北工作地点	备注	
							固原	自治区
14	固原市人民医院（22人）	陈　茹	护师	2020.1.28	2020.3.2	襄阳（364）医院	第一批	第一批
15		撒　荣	护师			襄阳（364）医院		
16		邢葳宏	副主任医师	2020.2.21	2020.3.25	武汉中心医院	第四批	第六批
17		荆晓惠	主治医师			武汉中心医院		
18		王万宝	主治医师			武汉中心医院		
19		丁奎兵	主管护师			武汉中心医院		
20		姚　丽	护师			武汉中心医院		
21		党　艳	主管护师			武汉中心医院		
22		虎彤辉	护士			武汉中心医院		
23	原州区人民医院（17人）	马爱民	主管护师	2020.2.4	2020.3.17	武汉东西湖方舱医院	第二批	第二批
24		刘　瑞	主管护师			武汉东西湖方舱医院		
25		黄　婷	护师			武汉东西湖方舱医院		
26		张　露	护师			武汉东西湖方舱医院		
27		曹　艳	护师			武汉东西湖方舱医院		
28		李　武	主治医师	2020.2.19	2020.3.25	武汉中心医院	第三批	第五批
29		牛世雄	主治医师			武汉中心医院		
30		赵　玲	护师			武汉中心医院		
31		陈艳荣	护师			武汉中心医院		
32		周　琼	护师			武汉中心医院		
33		杜佳丽	护师			武汉中心医院		
34		杨荣荣	护师			武汉中心医院		
35		叶　芳	护师			武汉中心医院		
36		牛盼盼	护师			武汉中心医院		

续表 14

序号	单位名称	姓名	职称	出发时间	返回时间	在湖北工作地点	备注	
							固原	自治区
37	原州区人民医院（17人）	朱媛媛	护师	2020.2.19	2020.3.25	武汉中心医院	第三批	第五批
38		张　艳	护师			武汉中心医院		
39		吴　霞	护师			武汉中心医院		
40	西吉县人民医院（3人）	逯翠玲	主管护师	2020.2.4	2020.3.17	武汉东西湖方舱医院	第二批	第二批
41		何　华	主管护师			武汉东西湖方舱医院		
42		陈东月	护师			武汉东西湖方舱医院		
43	西吉县中医医院（2人）	周晓玲	主管护师	2020.2.4	2020.3.17	武汉东西湖方舱医院	第二批	第二批
44		朱文军	护师			武汉东西湖方舱医院		
45	隆德县人民医院（5人）	杨艳红	主管护师	2020.2.4	2020.3.17	武汉东西湖方舱医院	第二批	第二批
46		柳　慧	护士			武汉东西湖方舱医院		
47		王亚妮	护士			武汉东西湖方舱医院		
48		蔡芸芸	护师			武汉东西湖方舱医院		
49		杨艳艳	护师			武汉东西湖方舱医院		
50	泾源县人民医院（5人）	禹　娟	护士	2020.2.4	2020.3.17	武汉东西湖方舱医院	第二批	第二批
51		兰晓娟	护师			武汉东西湖方舱医院		
52		马　英	护师			武汉东西湖方舱医院		
53		刘玉梅	护士			武汉东西湖方舱医院		
54		拜　瑞	护士			武汉东西湖方舱医院		
55	彭阳县人民医院（4人）	杨会利	主管护师	2020.2.4	2020.3.17	武汉东西湖方舱医院	第二批	第二批
56		祁彩霞	护师			武汉东西湖方舱医院		
57		韩列梅	主管护师			武汉东西湖方舱医院		
58		韩小娟	护师			武汉东西湖方舱医院		
59	彭阳县中医医院（1人）	李　晶	护师			武汉东西湖方舱医院		
60	市疾控中心（1人）	尚锐军	无	2020.2.19	2020.4.4	潜江市疾控中心	第三批	第五批
61	彭阳县疾控中心（1人）	马耀武	副主任医师	2020.2.23	2020.4.4	武汉洪山区疾控中心	第四批	第六批

疾病防控

【免疫规划】 2020年,固原市疾病预防控制中心开展疫苗出入库扫码和全程冷链运送工作,累计接收和分发免疫规划疫苗12种、344160支。按照《宁夏急性弛缓性麻痹病例监测工作督导方案》要求,加强急性迟缓性麻痹(AFP)病例的主动监测,全年累计报告10例AFP病例(西京医院报告1例、宁夏医科大学总医院报告4例、固原市医院报告1例、原州区医院报告1例、西吉县医院报告3例),按要求完成标本采集送检和随访工作。各种疫苗报告接种率继续保持在较高水平(99%以上),乙肝疫苗首针及时接种率94.18%。加强预防接种异常反应(AEFI)监测,提高监测系统敏感性。全市全年累计报告AEFI165例,其中一般反应150例(原州区69例、西吉县27例、隆德县7例、泾源县27例、彭阳县20例),异常反应11例(西吉县),偶合症2例(泾源县),待定2例(原州区2例)。1—12月全市报告麻疹风疹疑似病例11例(原州0例、西吉5例、隆德1例、泾源3例、彭阳2例),采样送检率100%,经市疾控中心麻疹实验室检测结果为阴性11例(临床诊断其他疾病10例、其他1例);排除麻疹/风疹报告发病率0.89/10万人,西吉1.42/10万人、隆德0.64/10万人、泾源2.93/10万人、彭阳县1.01/10万人。个案率录入100%、48小时内完整调查率100%、调查后48小时内个案录入率90.91%(隆德县1例个案未及时录入),监测病例分类错分率为0;监测病例血标本采集率100%,3日内送达100%,实验室4天内报告结果比例100%;采集病原学标本率100%,3日内送达100%,实验室病毒核酸检测率63.64%。按照《宁夏脊髓灰质炎麻疹等国家免疫规划疫苗查漏补种工作实施方案》要求,全市圆满完成两轮0~6岁儿童脊髓灰质炎、麻疹等国家免疫规划疫苗查漏补种活动。全市摸底调查儿童113665名,建卡率100%。应补种儿童1646人,实补种1632人。无证7人(均为丢失),补证7人。11月,全市摸底调查124021名儿童,建卡率100%。应补种儿童548人,实补种536人。及时完成受新冠肺炎疫情影响未及时接种的适龄儿童免疫规划疫苗补种工作,各种疫苗补种率均在95%以上。

【传染病管理】 2020年,固原市累计报告各类法定传染病18种3563例(甲类0例、乙类12种2404例、丙类6种1159例),报告发病率为286.84/10万人,同比上年同期(5376例)下降33.72%。死亡5例(出血热2例,狂犬病、艾滋病和肺结核各1例)。发病居前五位的是其他感染性腹泻病816例、病毒性肝炎725例、布病606例、梅毒544例、肺结核430例,占报告发病总数的87.60%。疫情报告信息质量进一步提高,综合率为99.60%,累计发出预警信号321次,涉及5个县(区)。预警病种15种,经现场调查核实排除暴发疫情304起,继续关注17起。累计发生传染病类突发公共卫生事件4起,分别为原州区新冠肺炎疫情、彭堡镇曹洼村流行性出血热死亡病例、隆德县新冠肺炎家庭聚集疫情、杨河乡玉屏村流行性出血热死亡病例,市、县两级疾控部门积极采取有效措施,防止疫情的扩散,4起事件均已按要求及时结案。

【慢性病管理】 2020年,固原市报告死亡病例5326例,报告粗死亡率5.25‰。死因顺位中居前三位的仍为脑血管病、心脏病、恶性肿瘤。固原市各县(区)加强对高血压、糖尿病、老年人管理工作,全市高血压患者健康管理任务数为70414例,管理高血压患者79632例,管理率113.09%,规范管理高血压患者66127例,规范管理率83.04%;全市糖尿病患者健康管理任务数为18053例,管理糖尿病患者19744例,管理率109.37%,规范管理糖尿病患者16190例,规范管理率为82%;全市65岁以上老年人113180人,接受健康管理的老年人数85145人,老年人健康管理率75.23%,接受健康体检的老年人为94729人,老年人体检率为83.70%。

【艾滋病控制】 2020年,固原市疾病预防控制中心按照监管场所人员逢进必检的工作方案,对市戒毒所40人、监狱414人和市看守所434人(共888人)进行HIV抗体初筛及梅毒血清抗体检测,其检测结果HIV抗体均为阴性,梅毒血清抗体阳性29例,丙肝血清抗体阳性11例。完成自愿咨询HIV检测600份,检测结果HIV抗体阴性,并进行网报和随访干预工作。根据国家哨点监测方案要求,制定固原市吸毒、长卡、性病门诊3个哨点监测方案,完成了3个哨点各400人份问卷调查和采血工作,检测结果:吸毒哨点HIV血清抗体阴性,梅毒血清抗体阳性5例;丙肝血清抗体阳性12例;长卡哨点HIV血清抗体阴性,梅毒血清抗体阳性5例,丙肝血清抗体阳性4例;性病门诊哨点HIV血清抗体阴性,梅毒血清抗体阳性24例,丙肝血清抗体阳性3例。累计报告发现AIDS/HIV共220例(HIV126例/AIDS94例),死亡34例,现存活186例,新发现HIV/AIDS共23例(HIV12例/AIDS11例),其中男性20例、女性3例。全市符合治疗人数183例,实际治疗168例,治疗覆盖率91.8%。加大艾滋病、性病宣传教育工作,对重点乡镇戒毒康复人员进行视频形式宣讲艾滋病、性病防治知识,发放性病、艾滋病宣传单1400余份。“世界艾滋病日”期间,联合有关防艾成员部门以“携手防疫抗艾 共担健康责任”为宣传主题,进学校、进社区组织开展一系列艾滋病防治知识宣传教育活动。

【麻风病防治】 2020年,固原市疾病预防控制中心加强麻风病防治和疫情监测工作,推进实施《全国消除麻风病危害规划(2011—2020年)》。完善疫情监测系统,准确掌握疫情。根据自治区疾控中心关于麻风病病例自动搜索工作内容和方法安排,指导各县(区)对麻风病病人进行全面搜索调查,全市管理存活病人5人,(西吉3人、原州1人、彭阳1人)。调查核实接触者,家族及后代身体健康,无麻风病例发生。加强县(区)麻风病疫情监测、病例发现、治疗管理、健康教育,县区级负责督导检查乡镇卫生院麻风病防治工作,落实病例发现、随访等具体防治措施,提高麻风病人早期发现和诊断的水平。加强麻风病健康教育力度,提高大众麻风病预防知识水平,促进大众出现可疑症状时能主动就诊及咨询。

【地方病、包虫病“三年攻坚”行动】 2020年,固原市疾病预防控制中心根据地方病监测任务,制定相关实施方案,开展地方病日常监测工作及克汀病、氟骨症等现症病人随访管理工作。完成地方病三年攻坚行动第二轮饮茶型地氟病市级复核抽检工作,顺利通过地方病三年攻坚行动评估考核。完成“十三五”地方病防治规划的评估验收工作,以县为单位合格碘盐食用率达到90%以上,儿童、孕妇碘营养水平达到适宜水平,全市各县(区)降氟改水率达到100%,饮用水水质均符合国家饮用水卫生标准,通过对茶叶市场有效整顿,病区居民饮用茶叶氟含量平均值均达到国家标准,2020年无新发克汀病、地氟病等重点地方病发生,基本达到消除碘缺乏病目标,饮水(茶)型地氟病得到有效控制。

【检验检测】 2020年,固原市疾病预防控制中心累计完成各类检验检测47972份。其中,完成新冠病毒核酸检测22345份,检出新冠阳性5株。学前班学生、幼儿园幼儿和教师资格人员以及特种工人员总共21185人做了肝功能和血常规化验,其中肝功化验异常者59人;高危人群艾滋病初筛2544份,艾滋病确珍27份阳性,CD4淋巴计数154份;院感样检测32份;水质检测74份;食品风险检测122份。麻疹风疹核酸、血清学检测9份,麻疹风疹均为阴性;禽流感核酸检测93份,检出H9型 1例;手足口核酸检测2份;流感核酸检测397份,检出乙型流感7份,H3型50份,培养出流感毒株35株,及时送国家流感中心。做结核菌药敏实验4例,耐药菌株3例。出血热抗体检测800份。完成盐、尿、水碘、水铜、水砷、水氟、茶氟等考核样测定工作。通过国家级流感盲样考核,参加并通过自治区临检中心新冠核酸盲样考核。完成全年五县区枯水期的水质检测任务(554份水样,检测项目15~20项不等);完成全年食品风险监测工作(65份新鲜蔬菜,检测项目36项);完成全年城市水质专项检测任务(40份水,检测项目40项)。

【健康教育】 2020年,固原市疾病预防控制中心制定年度工作计划,大力宣传疾病防控知识。借助“3·24”“4·25”“5·31”“6·26”“7·28”“12·1”等多个专题宣传日开展疾病预防控制知识宣传教育。利用新媒体开展健康教育工作,通过固原疾控微信公众号向广大网民发送疾病预防控制知识100余篇。在《固原日报》上设立疾病控制专栏,定期刊登疾病预防控制相关知识。通过联通公司短信服务平台,向社会公众发放宣传短信5万条。抽调理论知识扎实的专业人员组成巡讲团,分别在固原市职业技术学校、固原一中、固原八中进行健康知识宣讲活动,累计参加人数2000余人。对所辖五县(区)15~69岁居民开展健康素养监测,经评估,居民健康素养水平为16.58%,已达到《健康宁夏2030发展规划》中提出的2020年健康素养水平达到16%的目标要求,吸烟率25.17%。

【基础公共卫生服务】 2020年,固原市疾病预防控制中心根据《学校卫生工作条例》和《中小学健康体检管理办法》,面向所辖学前班、幼儿园10697名新生进行入园前的学生常见病健康体检,对市辖中小学入校8284名新生进行健康体检,完成健康评价工作。对辖区24940名驾驶员开展健康体检,特种工体检286名。对固原市各县(区)劳务输出人员以及新入职工作人员1261人开展健康体检。主动开展全市放射卫生监测工作,全市累计监测放射诊疗机构28家、放射工作人员616名,放射工作人员个人剂量监测合格率100%。开展固原市城区生活饮用水专项监测工作,累计监测水样40份,合格40份,合格率100%。开展食品监测工作,完成监测任务209份。监测食品样品221份,其中:化学污染物及有害因素监测样品66份,检出农药残留的样品49份,检出率74.24%,无超标样品; 微生物及其致病因子监测样品155份,检出阳性1份,检出率为0.65%。开展城市、农村饮用水监测工作,农村生活饮用水应监测水样406份,实监测406份,水质检测项目全部合格的347份,合格率85.47%。城市饮用水应监测水样148份,实监测148份,完成率100%。水质检测项目全部合格的为142份,合格率为95.95%。借助职业病与职业卫生信息监测系统,发现全市上报、审核农药中毒病例73例,生产性中毒1例,其他72例均为非生产性中毒,死亡1例(彭阳县1例),病死率1.36%。结合自治区监测工作要求,制定固原市病媒生物监测方案,各县(区)按照方案要求开展相关工作。制定《2020年固原市医疗机构消毒质量监测方案》,共监测市直医疗机构1家,监测频次1次,监测样品34份,监测覆盖率100%,合格率100%,已完成全年监测任务。按照国家《2020年公共场所健康危害因素监测方案》要求,选择原州区作为监测范围,对宾馆(酒店)、商场(超市)、理发店、候车室4类重点公共场所开展健康危害因素监测。

【新冠疫情监督】 2020年,固原市疾病预防控制中心开展重点地区返固和入境返固人员排查。在六盘山机场设置查验点,排查登记重点地区返固和入境返固人员,累计排查登记各地返固人员52641人。对入境返固的205人实施医学隔离观察和核酸检测,结果均为阴性。加强对重点场所传染病疫情防控工作督导检查,联合市疫情防控工作指挥部、市教体局和卫健委,多次督导检查市直及五个县(区)疫情卡点、医疗机构、集贸市场、超市、冷链食品结营运输企业、宗教场所以及学校、幼儿园等重点场所新冠肺炎及重点管理传染病防控措施落实情况,规范传染病监测预警的组织管理、疫情报告、登记、信息报送及常态化疫情防控措施落实等工作。落实疫情防控常态化管理工作,组织开展一起疑似新冠肺炎疫情应急处置桌面模拟演练,提高中心突发急性传染病联防联控和传染病疫情应急处置能力。主持举办全市疾控专业技术人员现场流行病学培训班。进一步提高疾控一线工作人员现场流行病学调查及流调报告的撰写水平,提升冬春季新冠肺炎疫情流行病学调查工作能力。

【新冠疫情防控】 2020年,固原市疾病预防控制中心及时成立防控工作领导小组和5个专业工作组。组织开展防控方案全员培训和演练。及时清点盘查应急物资,紧急采购新型冠状病毒核酸试剂,补充购置防护用品和消杀药品。建立24小时值班制度,工作人员24小时待命。及时组织开展流行病学调查。累计报告新冠肺炎病例5例,均已痊愈出院;报告疑似病例4例,均已排除;累计实施隔离医学观察的密切接触者329人,进行预防性消毒702940平方米。全市累计完成新型冠状病毒核酸检测111259份,其中,市疾控中心完成新型冠状病毒核酸检测22345份,应检尽检人群21518份,愿检尽检人群827份,检测结果阴性22337份、阳性8份(其中治愈病例粪便样本阳性4份)。

(尚锐军)

医疗保障

【医保政策体系】 2020年,固原市医疗保障局稳定运行职工基本医疗保障制度、大额医疗保险制度,公务员补充医疗保险、企业补充医疗保险、门诊统筹及门诊大病制度。基本医保年最高支付限额5万元,公务员补充医疗保险10万元,大额医疗保险上不封顶。城乡居民大病保险制度实现自治区级统筹。基本医保年最高支付限额13万元,大病保险上不封顶,医疗救助最高10万元。全方位保障参保人员基本、大病、慢病、生育及普通门诊方面需求。在开展医疗保障主要制度建立的同时,积极探索发展商业健康保险,出台固原市商业健康大病保险制度和固原市重特大疾病补充医疗保险制度。全市参保职工和参保居民住院医疗费用实际报销比例分别为76.4%、76.1%。

【市级统筹制度】 2020年,固原市医疗保障局面向自治区率先建立基金统收统支的职工和居民医疗保险市级统筹制度,实现两项医保全市内参保范围、政策标准、基金管理、经办服务、协议管理及信息系统的“六统一”。形成完备的政策体系、有效的筹资体系、严格的管理体系、有序的就医体系和高效的服务体系,充分体现保险的大数法则和制度的公平性,增强基金互济互助和抵御风险能力。全市职工医保和城乡居民医保均实行区级统筹框架下基金统收统支的市级统筹制度,有效保障参保职工和居民住院、普通门诊、门诊大病及生育待遇。

【异地就医结算】 2020年,固原市医疗保障局在实现区内所有定点医疗机构及定点零售药店联网即时结算的基础上,借助创新宣传方式,扩大结算范围,加强运行分析,加快系统改造,优化备案流程等举措。全市利用国家搭建的全国异地就医联网结算平台,累计维护异地居住和安置的退休人员信息6853条。实现与全国31个省、4.4万家医疗机构异地就医费用直接结算。全市累计完成区外联网直接结算2846人次,报销医保费用5974万元,市外就医直接结算率85.1%。全市推行跨省异地就医直接结算举措,大力纾缓群众就医“堵点”问题,提升群众就医费用报销获得感。

【药品招采治理】 2020年,固原市医疗保障局深化医疗服务价格改革,按照“五步工作法”,全面取消公立医院医用耗材加成,联动调整医疗服务价格,全市累计取消16家公立医疗机构耗材加成600万元。全面推进国家组织药品医用耗材集中带量采购和使用工作,全市累计采购使用国家组织集中带量采购中选药品112种,价格平均降幅达52%以上,切实减轻群众就医负担。

【职工医保】 2020年,固原市职工基本医保缴费比例为10.8%(含0.8%的生育保险费),其中,单位缴费比例为8.8%,个人缴费比例为2%。全市职工参保10.87万人,基金收入6.72亿元(其中统筹基金3.35亿元,个人账户基金3.37亿元),支出4.68亿元。

【居民医保】 2020年,固原市居民个人缴费标准每人每年为300元,各级财政普补每人每年为550元。全市城乡居民基本医疗保险参保123.22万人,其中,建档立卡人员参保36.42万人,低保对象等其他特殊困难群体参保10.37万人,基金收入11.29亿元,支出9.55亿元。

【基金监管】 2020年,固原市医疗保障局健全打击欺诈骗保专项治理工作机制,加强医疗机构警示教育,实行严重违规医疗机构总额控制指标断崖式下降,强化参保人员住院实名制管理和稽核监控,建立医疗费用专家抽审制度与提升医疗保障监管服务能力制度,组织开展医疗机构规范使用医保基金行为专项治理,通过两轮县(区)自查自纠、市级交叉复查、自治区飞检和国家飞检,规范医疗机构使用医保基金行为,提高医疗服务质量,提升了医疗保障服务水平。累计拒付、追回医保基金达2100万元,确保基金安全稳定运行。

【医保扶贫】 2020年,固原市医疗保障局聚焦脱贫攻坚"两不愁三保障"目标,通过完善城乡居民基本医疗保险、大病保险和医疗救助政策,落实健康扶贫政策,形成各类医疗保障政策叠加效应,确保建档立卡贫困患者年度内住院费用实际报销比例不低于90%或当年住院自付费用累计不超过5000元。建档立卡贫困患者住院费用实际报销比例达到91.3%,较健康扶贫政策实施前提高17.8%。

【医保支付方式改革】 2020年,固原市医疗保障局推进总额控制下以按病种和按病种分值付费为主、按人头付费、按床日付费等相结合的复合付费方式改革。通过建立病种分值库,优化完成结算系统,强化医保基金预算约束,开展117个病种单病种收付费,加强医保基金监管。提高医疗机构主动适应新方式付费意识,不断加强内部管理,遏制不合理费用上涨,参保人员就医负担逐步减轻。城乡居民住院次均费用较上年下降1.7%,医疗保险基金控制在合理区间。

【助力疫情防控】 2020年,疫情防控期间,固原市医疗保障局围绕"防、控、治、保"四项重点工作,以战时状态落实战时措施。面向全区率先分三次向医疗机构预拨付医保资金1800万元,安排医疗机构因疫情防控急需药品耗材采购,及时调整药品目录,将诊疗方案中明确使用的药品纳入结算范围。累计结算确诊、疑似病例9人次,医保支付1.07万元;发热门诊6100人次,医保支付8.56万元。

(吴春贵)

医疗机构

固原市人民医院

【概况】 2020年,固原市人民医院门、急诊累计接诊43.2万人次,住院2.7万人次,手术11863例,其中,三四级手术7002例,占比59.02%,平均住院日8.6天,医疗收入3.8亿元。

【学科建设】 2020年,固原市人民医院推进胸痛中心建设,累计接诊胸痛患者2000余例,成功开展冠心病介入手术660台,包括冠脉造影术(CAG)252例,冠脉支架植入术(PCI)376例,其中,急性心肌梗死急诊介入手术215例,冠脉内血栓抽吸术14例,临时起搏器植入术7例,主动脉球囊反搏植入术11例;成功开展第一例阵发性室上性心动过速射频消融术,填补固原市心律失常射频消融术介入的空白。抢救心源性休克、室性心动过速、心室颤动、急性左心衰等急危重症患者50余例,急性心肌梗死救治院内死亡率由之前仅用药物保守治疗的10%下降到现在的2.7%,抢救成功率98%。建设卒中中心,借助首都医科大学宣武医院重点学科优势,及时总结临床经验,建立健全救治体系,致力于脑血管病的标准化诊治。开展颈内动脉狭窄血管内支架植入术7例,颅内复杂动脉瘤血流导向装置植入术23例。稳步推进呼吸与危重症学科创建,通过召开专项协调会,统筹院内医疗资源,整合各种技术力量,组织全院人员培训,派骨干力量参加国家和区内呼吸与危重症医学科建设的相关培训等,推进呼吸与危重症医学科建设,医院被授予"国家呼吸与危重医学科规范化建设三级医院达标单位"。加强危重孕产妇救治中心建设,累计抢救早发型子痫前期重度、子痫、胎盘早剥、异位妊娠失血性休克、妊娠合并心脏病、妊娠急性脂肪肝、凶险性前置胎盘大出血等985例,危重症孕产妇抢救成功率99.9%。坚持血液透析中心运行,面向全市率先开展"连续床旁血液净化""人工肝"和"动静脉内瘘成形术"等诊疗项目。

【教育教学】 2020年,固原市人民医院开展多次线上线下继续医学教育培训,全院卫生专业技术人员继续医学教育达标率96.35%。申请自治区级一类继续医学教育项目11项,市级继续医学教育项目41项。通过华医网或掌上华医App参加远程继续医学教育学习,完成学习任务并结业人员1060人。保质保量完成下达的宁夏助理全科医生培训任务。参加高校教师师德师风建设和信息化教学能力提升等专题网络及现场培训53人,取得高等学校教师资格证书7人。开展新冠肺炎防控理论知识及技能操作培训,采用集中培训、自学和科室培训相结合的方式,开展"三基三严"培训与考核,全院医务人员"三基三严"培训完成率100%、考核合格率100%。开展以基础理论知识和应急处置、救援演练竞赛为主题的岗位大练兵活动,掀起医务人员岗位练兵热潮。

【科研创新】 2020年,固原市人民医院申报科研项目立项4项,其中宁夏自然科学基金项目1项,自治区卫健委医学重点课题2项,宁夏护理学会科研课题1项,获得科研经费4.9万元。发表学术论文53篇,其中,SCI收录期刊论文1篇,中华级期刊论文2篇,核心学术期刊论文5篇,著作4部,教材1本。修订科研奖励制度,细化奖励标准,激发医务人员参与科研热情,提高医院科研能力和水平。

【综合医改】 2020年,固原市人民医院以专项整治为抓手,规范医疗服务行为。结合自治区"三合理"专项整治行动、全市医疗乱象专项整治行动、解决群众看病就医突出问题专项整治,加强对医疗服务过程中检查、用药、治疗等方面不合理、不规范行为的检查,开展医保基金违规行为自查自纠活动,严厉打击医疗卫生领域损害人民群众切身利益的违法违规行为,保障人民群众的切身利益。优化收入结构,落实医改工作任务。根据《宁夏调整优化医疗收入结构试点工作方案》要求,成立调整优化医疗收入结构试点工作领导小组,按照不得高于上级医院收费标准的原则,通过反复测算对比,合理调整医疗服务性收费项目1367项。结合医院发展实际,补充完善管理制度。广泛征求意见,补充完善医院各项制度,提升医院管理能力和水平。累计招聘人员63名,其中,研究生7人,培养"塞上名医"2人。

【交流合作】 2020年,固原市人民医院加强与北京宣武医院、福建协和医院、空军军医大学唐都医院、西安交通大学第一附属医院和西安市第四医院宁医大总院等知名医院的院际交流与合作。累计派出34名临床骨干(其中大夫14人、护理人员20人)到北京宣武医院进修学习;安排25名中层干部分批到宣武医院进行轮训。累计选派临床骨干68名(其中医生27人、护理人员41人)和4名院领导、65名中层干部分批次到福建协和医院进修学习和观摩培训。与空军军医大学唐都医院在胸外科、神经外科、超声科、小儿科、生殖中心、感染性疾病等学科方面建立帮扶合作关系,签订帮扶合作协议,明确双向转诊、技术指导、人才培养等方面的具体帮带内容。与西安交通大学第一附属医院在产科、呼吸内科、普外科、肾内透析、放射等学科方面达成建立深度帮带合作关系。

【安全管理】 2020年,固原市人民医院以开展医疗质量提升年活动、"三合理"整治为切入点,落实《医疗质量管理办法》,严格落实首诊负责、手术分级管理等医疗质量安全核心制度,规范处方、病历书写,促进医疗质量安全管理水平和医疗风险防范能力不断提升。进一步规范抗生素、营养类、中药注射剂、补益类中成药及临床用血等重点监控类药物,及时上报药品不良事件,每月进行处方点评,全院通报不合格处方,规范医师用药行为。细化护理服务目标,加强优质护理服务管理,为卧床、行动不便和老年慢性病出院患者提供健康指导与居家护理技术延续性护理服务。定期组织"护理服务与质量提升工程"会议,总结工作中的不足,推进护理服务与质量持续改进。规范护理不良事件管理,累计组织护理不良事件讨论分析会4次,组织安全警示教育培训2次。落实护理核心制度,对标九项护理质量控制目标,对重点人群、重点环节、重点时段进行督导,借助督导、通报、整改、评价等手段,各项护理质控指标均达标。利用院感检测系统对医院感染情况进行审核、调查、收集、整理、分析,杜绝医院感染情况发生。加强对重点环节的监督、检查,重点抓医护人员规范操作、手卫生规范、消毒隔离制度、无菌技术操作规范以及医疗废物管理规范的落实,有效降低交叉感染。开展经常性的安全生产排查、消防知识轮训、应急演练等,累计开展安全生产集中检查11次,消防轮训75场次,参训人员1500余人,灭火器实操技能及消防应急训练20余次,全院消防演练2次。

【医疗服务】 2020年,固原市人民医院践行公立医院的公益性质,主动承担社会职责。积极支援基层医院和社区,履行"千名医师下基层"对口支援任务,派出内科、外科、妇科、产科、儿科及检验、影像等33名专家对11家乡镇卫生院和社区卫生服务站进行对口帮扶,通过查房、手术示教、疑难病例及死亡病例讨论等形式,提升基层医疗机构的诊疗水平。组织“世界卒中日”“全区未成年先天性心脏病救治”“健康中国”等大型义诊活动,义诊患者2000余人次。外派医务人员执行医疗保障、应急演练等政府指令性临时任务累计82人。

【“互联网+医疗健康”服务】 2020年,固原市人民医院通过开展远程医疗(会诊、培训、教学)、在线预约诊疗、健康(发热)信息咨询和远程互联网专家门诊等便民服务,开通“互联网+在线诊疗”、“互联网专家门诊”、“互联网+医学影像”、“互联网+远程协同”、电子健康卡(码)、电子医保卡(码)、医院微信公众号等便民惠民服务方式,为患者提供优质便捷的线上线下健康医疗服务。远程(影像)会诊向上27例,向下98例,远程会议及远程教育培训51次,远程影像上传52例,远程互联网专家门诊11例,心电图各县区上传105例。

【助力疫情防控】 2020年,疫情防控期间,固原市人民医院派出22名医务人员驰援湖北,同当地医务人员一道并肩战斗,实现患者零死亡、医护人员零感染、安全生产零事故的目标。切实扛起固原市新冠肺炎患者定点救治医院的重大任务,按照固原市疫情防控指挥部工作要求,第一时间启用传染病区,组建3批救治梯队入驻发热门诊和传染病区,落实全市确诊病例、疑似病例、无症状感染者、发热患者转运和诊治工作。累计诊治发热患者1948例,其中确诊病例4例,累计留观263人。累计完成的核酸检测任务28655人次,协助排查各学校发热学生50余人次。针对不同的岗位制定培训计划,对防控相关业务、技能、个人防护、消毒液配制、医疗废物规范处理等知识进行全方位、分时段、分场次培训及考核,累计培训4400余人次、177场次。

(余效福)

固原市妇幼保健院

【概况】 2020年,固原市妇幼保健院门诊接诊97743人次、住院5724人次、住院分娩3174人次,其中剖宫产1031人次,剖宫产率32.48%,住院率6.02%,转院率0.08%;临床路径入径2197人次,入径率76%;危重患者抢救109人次,抢救成功率100%。门诊次均费用251.27元、住院次均费用3085.69元、平均住院天数5.34天、床位使用率68.82%(<90%)、全年医院用药占比17.70%(<30%)、百元耗材10.28元(<20元)、医疗费用下降12.25%(受疫情影响)、医疗服务收入占比40.89%(>35%)、检查化验占比34.84%、人员支出率48.38%、管理费用率9.31%、资产负债率4.85%。

【妇幼保健】 2020年,固原市妇幼保健院制定实施《2020年固原市产前筛查实施方案》。全市活产13347人,孕产妇死亡1例,孕产妇死亡率7.49/10万;新生儿死亡39例,新生儿死亡率2.92‰;婴儿死亡65例,婴儿死亡率4.87‰;5岁以下儿童死亡95例,5岁以下儿童死亡率7.12‰。全市接受免费婚前医学检查人数13752名,婚检率94.24%;增补叶酸预防神经管缺陷项目叶酸新增应服用17272人,叶酸服用17230人,服用率99.76%;孕前优生检查人数9612对,产前筛查人数为10030人;贫困地区儿童营养改善项目营养包服用人数22172人。新生儿先天性遗传代谢性疾病免费筛查13793人,新生儿遗传代谢性疾病确诊阳性患儿17例。先天性听力障碍免费筛查13777人,新生儿听力障碍确诊18例。宫颈癌筛查完成49042人,HPV检测阳性人数5421人,完成治疗118人,得到妇联救助5人。完成乳腺癌检查32803人,乳腺钼靶X线检查436人,乳腺癌确诊7例,7人已接受治疗。辖区各助产机构分娩产妇数13745人,孕期接受三项检测孕妇数12556人,孕期检测率97.48%。固原市全年活产数13373人,辖区内孕13周之前建册并进行第一次产前检查的产妇人数13051人,早孕建册率97.59%,辖区内产妇出院后28天内接受过产后访视的产妇人数13123人,产后访视率98.13%。辖区内按照规范要求接受1次及以上访视的新生儿人数13194人,新生儿访视率为98.66%,辖区内0~6岁儿童数103642人,0~6岁儿童数管理人数98836人,儿童健康管理率95.36%。

【综合医改】 2020年,固原市妇幼保健院采用健康扶贫“一站式”结算补助救治人数142人,财政兜底补助金额36031.5元,民政救助72人,民政救助资金31062.81元;城居大病保险11人,保险金额8946.05元;城居扶贫保1人,扶贫保基金支付251.53元;医疗大病保险财政补助9人,补助金额5366.61元。建立符合医院特点的岗位薪酬制度,结合工作实际逐步完善内部分配机制。推进互联网诊疗服务,实行掌上健康宁夏App“一码通”,采用电子健康码,方便患者预约挂号、在线支付、查看检验报告、了解健康知识等方式切实增强患者的就医获得感。全年远程培训学习14次,微信预约挂号9523人次;掌上健康宁夏挂号4505人次。

【专科建设】 2020年,固原市妇幼保健院持续巩固产科和新生儿科重点专科建设成果,发挥“固原市新生儿危重症救治转运中心”作用,开展镇痛分娩、新生儿溶血病的换血、亚低温治疗重度窒息的患儿、一氧化氮治疗肺动脉高压等新技术,降低剖宫产率、会阴侧切率及危重新生儿的致死率、致残率,提高自然分娩率和出生人口素质。为补齐固原市妇儿专业领域发展短板,持续拓展中医儿科、儿童保健科(儿童康复科)、超声科(产前和新生儿头颅、肺部、胃肠、髋关节)、妇科(微创及盆底)等特色科室。

【医质监管】 2020年,固原市妇幼保健院落实委员会各项工作制度,召开会议3次,研究解决医疗质量管理运行中存在的问题,确保医疗质量和医疗安全。借助现场抽查和信息化监管方式督查各科室医疗质量。强化临床科室质量管理小组一级质控工作职能,确保医疗质量管理核心制度落实到位。建立病案质量三级质控工作机制。多渠道搭建医务人员学习平台,加强产科、新生儿科、妇科、儿童保健科、超声科人才柔性引进,实施周期内专家与科室一对一帮扶指导。累计外派7名医生分别前往银川市妇幼保健院、自治区人民医院、西安市儿童医院、河南郑州大学第三附属医院、北京儿童医院附属医院、宁夏医科大学总院、咸阳彩虹医院开展中、长期进修,派出业务骨干68人次(医生44人次、护士24人次)参加区内外举办的有关科室管理、业务知识等培训班。开展“互联网+”工作,开通电子健康码、“银社医”的预约挂号缴费检查,减少窗口排队。增设候诊区连椅、共享按摩椅,增设共享充电宝,补充便民包,整改无障碍卫生间,优化停车位。开展“爱国卫生日”活动,完成固原市创建国家卫生城市工作。改进护理服务。为医院N0~N4级98名护理人员分层级实施技能操作考核,累计开展培训16余次。评选“医德医风标兵”10名。开展满意度调查,主动发现工作中存在的不足,门诊、住院满意度达95%以上。

【基础设施建设】 2020年,固原市妇幼保健院改扩建项目被列入自治区重点项目。总改扩建面积24826平方米,其中新建15666平方米。固原市妇幼保健院妇女儿童健康服务能力提升项目立项申请、可行性研究报告已批复。

【助力疫情防控】 2020年,疫情防控期间,固原市妇幼保健院组建疫情防控组、后勤保障组、信息宣传组、督查监督组。制定下发《固原市妇幼保健院新型冠状病毒感染的肺炎防控工作预案(试行)》《固原市妇幼保健院新冠肺炎急诊孕产妇应急救治方案》《固原市妇幼保健院新冠肺炎急诊新生儿应急预案》《关于进一步加强新型冠状病毒感染的肺炎疫情防控工作的通知》《关于切实做好秋冬季新冠肺炎疫情防控工作的通知》等文件。同时,为指导预检分诊、发热门诊做好预检分诊工作,制定印发《患者就诊流程图》《急诊产妇急救流程图》《发热门诊患者信息登记册》《常态化疫情防控患者就诊流程图》等流程规范,并根据疫情发展变化及时做好更新。累计购置各类防护物资53967套(个)、消杀类物资3305公斤(瓶)、检测检验及专用设备50台(个)、其他物资110件(台)。配合上级工作抽调各类防疫人员118人,配合上级部门做好高速路口疫情查验工作。合理利用“互联网+医疗”平台,实施网上预约挂号、预约诊疗服务。

(摆贵珍)

固原市中医医院

【概况】 2020年,固原市中医医院通过自治区“三级中医医院”评估,晋升为三级中医医院。累计诊疗患者18.38万人次,其中门急诊17.29万人次,出院1.09万人次。

【学科建设】 2020年,固原市中医医院持续深化与北京望京医院、自治区人民医院、韦以宗教授“中医整脊学”团队交流与合作,提升针灸科、内科、肛肠科能力水平。累计现场指导、教学讲座36次,加入“全国心血管疾病管理能力评估与提升工程”建设单位,与中国人民解放军总医院建立协作关系,成为国家老年疾病临床医学研究中心协同网络基层单位。强化学科服务能力,脑病科完成国家级重点专科验收,制定中医优势病种诊疗方案5种,筹备建立中风病中医防治中心。骨伤科被纳入第三批京宁合作重点建设科室,完成手术763台,其中,膝关节置换18例,髋关节置换35例,“小针刀”应用水平持续提升;治未病科作为“宁夏治未病分中心”,推进“健康促进医院”建设,累计完成健康体检14092人;开展眩晕诊疗系统治疗眩晕症、四维整脊牵引等新业务新技术6项。

【医质监管】 2020年,固原市中医医院贯彻执行各种规范、指南、操作规程,加强“三基三严”培训,落实医疗质量安全核心制度18项,加大病历书写和病案首页填写质控力度。开展“三基三严”考试3次,累计考核452人次,考试合格率为100%。质控归档病历4097份,病历书写考核合格率达到95%以上,病历甲级合格率100%,无丙级病历。加强医疗技术临床应用监管,成立医疗综合监管领导小组,设立医疗综合监督科。严格落实医院感染防控分区管理要求,加强血液透析室、手术室、口腔科、胃镜室、消毒供应室等重点环节院感防控。累计监测出院患者10927人,感染率为0.16%,检测Ⅰ类手术切口763例,感染率为0.13%,Ⅱ~Ⅲ类手术切口500例,感染率为0.2%,传染病报告率100%。严格执行《医疗机构临床实验室管理办法》,顺利通过自治区临检中心专家组审核,被确认为"全区二级及以上医院检验结果互认单位"。坚持以改革护理模式为切入点,实施临床护士对患者的责任制整体护理,开展优质护理服务工作,规范护理文书书写。全年基础护理合格率93.5%,护理文书书写合格率92.7%,开展非药物治疗9410人,总治疗41.1万人次。

【医疗服务】 2020年,固原市中医医院开展"解决群众看病就医突出问题"专项行动、"进一步改善与提升医疗服务计划"等工作。推进"互联网+医疗健康",全面实现"电子健康码"预约就诊、诊间缴费、床头会诊、检查检验报告单自助查询等便捷就医功能。完成功能科、放射科电子叫号系统覆盖。实施《固原市中医医院进一步改善服务态度实施办法》,实现量化奖惩,医疗投诉、纠纷明显减少。改进门诊服务,开设节假日门诊,开展志愿者服务活动。缓解群众看病就医突出问题,制定床位优化管理制度,提升床位管理能力和利用效率,缓解住院难问题。开展43个病种的日间手术,改善手术检查时间长问题。协调交通部门增划院内外车辆泊位近100个,缓解停车难问题。

【医疗管理】 2020年,固原市中医医院制定修订《"三重一大"集体议事决策制度》等医院管理制度9项。坚持民主测评、考核、考评流程,充分调动干部、职工主观能动性。实施分配制度改革,结合实际调整急诊科、功能科等科室绩效分配。制定《固原市中医医院行政查房实施方案》,规范查房内容与处罚措施,以行政查房为契机,深入科室倾听职工和患者意见建议,实现医院运行常态化检查、整改机制。制定《固原市中医医院2020年病历书写和病案首页填写质控管理与持续改进方案》《固原市中医医院医疗保险管理制度》等管理制度。贯彻执行药品管理办法等法律法规,严格执行药品"三统一"及"两票制"政策。成立临床药学室,开展以抗菌药物为主线的合理用药工作。住院抗菌药物使用率28.82%,同比下降3.4个百分点,合理用药合格率96.41%。

【安全管理】 2020年,固原市中医医院开展安全生产三年专项治理行动,坚持自查自纠,建立长效机制,全年未发生安全生产事故。开展扫黑除恶专项斗争与医疗乱象专项整治行动,累计开展扫黑除恶集中排查12次,医疗收费、药品核查、医疗骗保集中排查3次。开展医疗检查收费专项整治、医保专项治理行动。落实创建卫生、文明城市各项工作要求,加强宣传,落实"爱国卫生日"活动,导诊台增加爱心轮椅、爱心雨伞等便民设施,完成母婴室、无障碍卫生间、广场防滑通道改造,建设环境整洁、优美、亮丽的医疗窗口。

【助力疫情防控】 2020年,固原市中医医院累计召开疫情防控工作会议10次,组织开展新冠肺炎疫情应急防控演练8次,接诊发热病人101人次,转往定点医院21人,留观治疗2人,无漏诊漏转情况。核酸检测住院患者2029人次,陪护人员1110人次。为21个社区服务中心、乡镇卫生院及医学隔离观察点提供中药预防汤剂3100余服,发放中药预防香囊1500余袋。

（杨　杰）

固原市精神康复医院

【概况】 2020年,固原市精神康复医院门诊统筹共4175人次,总费用2713330.21元;其中居民门诊大病2898人次;总费用2223982.43元;基本统筹1069873.21元。实现总收入2112.58万元,其中,财政补助收入722.89,医疗收入1250.53万元(其中:门诊收入466.85万元;住院部收入783.68万元);非同级财政拨款收入104.28万元,其他收入34.88万元。门诊次均费用0.033万元;住院次均费用1.28万元。平均住院天数75天。2020年药品总收入579.21万元,医疗服务总收入671.31;药品占医疗服务收入比例46.31%。

【医院改革】 2020年,固原市精神康复医院实施岗位管理制度,所有在编人员变身份管理为岗位管理,按需设岗,按岗聘人,实现医院人员按岗位聘用,工作按岗位职责考核,工资福利待遇按岗位兑现的用人管理机制。人事制度改革实行择优聘用,实行全员竞聘制度。

【医联体建设】 2020年,固原市精神康复医院8次派遣100余人次到宁夏精神卫生中心免费培训学习。北大六院2次邀请医院管理层人员4人次赴北大六院和无锡参加北大六院举办的全国精神医院管理培训班。联合固原市人民医院,免费培训进修年轻医生3名,为期半年。

【项目实施】 2020年,固原市精神康复医院根据自治区卫健委《2020年宁夏严重精神障碍管理治疗项目管理方案》工作要求。固原市严重精神障碍治疗项目办公室组织专业人员深入全市四县一区,采用现场查看资料、电话抽查、现场指导等方式督导检查组织机构建设、患者基础资料的真实性、随访资料填写的真实性逻辑性及数据资料管理装订、各项工作指标完成情况。组织四县一区卫建局专干深入各项工作比较突出的西吉县社区和乡镇卫生院观摩学习。召开市儿童免疫和重大疾病防控领导小组联席会议，商讨解决工作中存在的问题和困难。全市范围内建立完善的精神卫生工作网络体系和人才队伍。整合严重精神障碍管理治疗项目686项。优化免费药物发放结构、扩大服药覆盖面、提高服药依从性。提高严重精神障碍防治社会知晓率和重视程度。通过转岗医师培训，为固原市各县区配备精神科医生。协调全市基层卫生院、社区卫生服务中心64家，建立精神卫生远程诊疗系统，为不方便就诊的患者开展远程诊疗服务。全市累计建档人数5989人，在册患者5297人，报告患病率4.26‰。在管患者5040人，在册患者的管理率95.15%，规范管理率89.37%，面访率89.2%，体检率67.42%，服药率82.39%，规律服药率63.56%，精神分裂症服药率86.03%，精神分裂症规范服药率65.91%，应急处置完成88例，占全年(53例)总任务量的166%。免费发药4104人次(686项目发药3193人次，残联发药911人次)，免费复诊5000余人次，病例筛查2172人，确诊患者222人，派出专业人员136人次，车辆34辆次。

【药品采购管理】 2020年，固原市精神康复医院申请采购药品497种，实际到位410种。加强精神药品的安全管理，药房配备监控、保险柜存储精神药品，一类、二类精神药品严格按上级部门的要求，实行“五专”管理，确保临床及门诊患者需要。普通药品、耗材严格准入制度和入库验收制度，加强药品在库保管养护和出库验发，不与非法渠道和资质不全经销商发生业务关系，严格落实调剂岗位责任制，保证药品质量，杜绝差错事故发生。安全措施基本到位，药品采购按全区统一身份识别卡进行采购，加强对特殊药品临床使用与管理。

【医保管理】 2020年，固原市精神康复医院建立健全各项规章制度。设置“基本医疗保险政策宣传栏”和“投诉箱”，编印基本医疗保险宣传资料，公布咨询与投诉电话，热心为参保人员提供咨询服务，妥善处理参保患者的投诉。在医院显要位置公布医保就医流程、方便参保患者就医购药，设立医保患者挂号、结算等专用窗口，全面开展医疗保险欺诈反欺诈专项整顿，严格进行身份识别，杜绝冒名就诊和冒名住院现象，制止挂名住院、分解住院。严格掌握病人收治、出入院标准，贯彻因病施治原则，做到合理检查、合理治疗、合理用药；无伪造、更改病历现象。简化流程，提供便捷、优质的医疗服务。累计参保职工门诊大病405人次；总费用285366.27元；医保核销184705.48元；基本统筹172709.81元；职工普通门诊872人次；医疗费用203981.51元；个人账户支付189530.69元；参保患者出院545人次，医疗总费用6641784.04元；医保核销4079369.45元，基本统筹4056192.92元；补助金额23176.53元；其中居民515人次、总费用6265420.05元，医保核销3805760.13元，参保职工出院30人次，总费用376363.99元，医保核销273609.32元，基本统筹250432.79元，住院次均费用12186.8元。

【助力疫情防控】 2020年，疫情防控期间，固原市精神康复医院成立“疫情防控领导小组”“固原市心理危机干预队伍”，制定出台《固原市新冠肺炎疫情紧急心理危机干预方案》，对心理危机干预人员开展专业培训和应急演练工作。分组分县区负责不同辖区医学集中观察隔离点工作人员及隔离人员可能出现的心理问题。联合全市集中隔离点39个，建立微信群29个；下发《抗击新冠疫情心理减压手册》等宣传资料5600余份；微信群转发心理危机干预科普或专业文章百余条；发放评估量表500余份；通过电话、微信、面对面开展心理危机干预87人次；处理焦虑抑郁伴自杀行为的患者4例，面对面干预8次，对1人进行了入户心理干预。接听咨询电话327人次；微信干预550人次，发放心理评估量表2000余份，收回有效问卷682份。

（魏继祖）

社会生活

居民生活

【居民收入】 2020年固原市全体居民人均可支配收入16708.4元,比上年增长9.0%。按常住地分,城镇居民人均可支配收入30052元,增长4.6%;农村居民人均可支配收入11951元,增长12.1%。

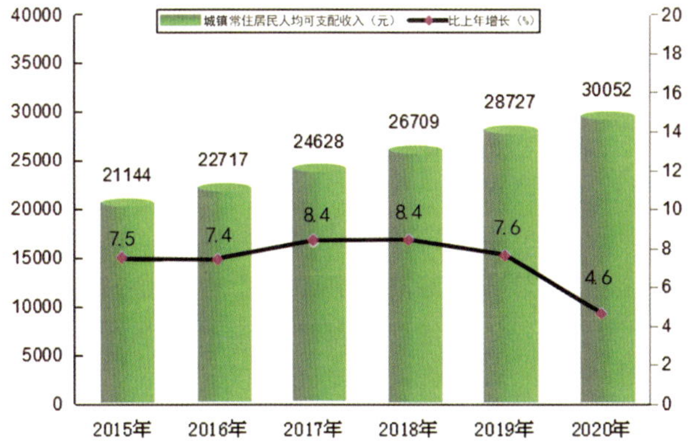

图1　2015—2020年固原市城镇居民人均可支配收入及其增长速度

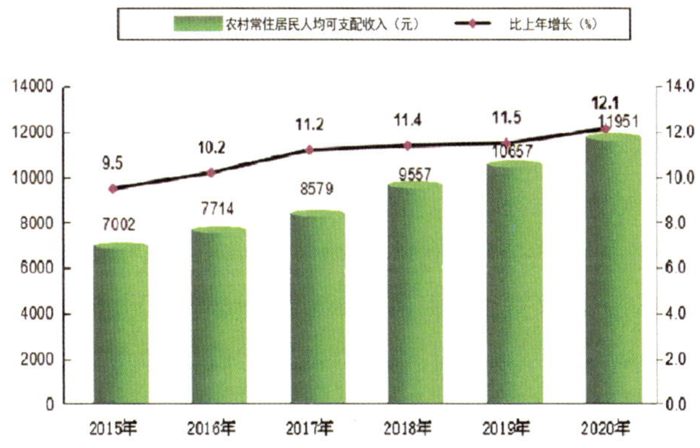

图2　2015—2020年固原市农村居民人均可支配收入及其增长速度

【居民消费】 2020年,固原市城镇全市居民人均消费支出为12680.4元,比上年增长9.7%。按常住地分,城镇居民人均消费支出21041.4元,增长6.6%;农村居民人均消费支出9699.2元,增长11.4%。

2020年1—12月固原市居民消费价格指数

表15

指标名称	环比	同比	1—12月累计
居民消费价格总指数	100.7	101.4	101.8
其中:食品烟酒	102.3	103.9	106.1
衣着	99.9	98.5	98.7
居住	100.0	100.4	100.2
生活用品及服务	99.8	100.0	100.1
交通和通信	100.3	97.7	96.4
教育、文化和娱乐	99.6	102.4	101.0
医疗保健	99.9	101.8	102.3
其他用品和服务	99.6	101.7	103.0

【居民参保】 2020年,固原市参加城镇职工基本养老保险人数10.3万人,比上年年末增加0.63万人。参加城乡居民基本养老保险人数65.99万人,增加4.4万人。参加基本医疗保险人数134.08万人,增加5.47万人。其中,参加城镇职工基本医疗保险人数10.87万人,增加1.48万人;参加城乡居民基本医疗保险人数123.21万人,增加3.99万人。参加失业保险人数7.47万人,增加0.68万人。参加工伤保险人数10.97万人,增加1.31万人。参加生育保险人数8.26万人,增加1.74万人。

【"百店惠民·配送直供"试点】 2020年,疫情防控期间,固原市嘉泰农副产品股份有限公司开展百店直供直销物流配送项目建设,从现有城区400余家经营户中择优选取142家进行合作,实施网格化布局管理。累计吸纳市区内30%以上的居民进入“嘉泰生活”网络平台,提高居民线上销售的购买力。直销点通过线上订购的方式与公司发生业务关系,由公司负责将其订单与区域内居民线上订单一并配送到直销点,最后由直销点负责居民订单配送工作的“最后100米”,居民配送费用由公司按定单数量支付给直销点,严格质量管控,确保居民吃到“新鲜食品”。

（马宝龙）

劳动就业

【概况】 2020年,固原市城镇新增就业9092人,比上年减少221人。年末城镇登记失业率为3.26%,比上年下降0.31个百分点。全市共完成劳务输出33.14万人,比上年增长4.9%;实现劳务总收入71.57亿元,比上年增长5.4%。

【就业惠民政策】 2020年,固原市落实援企稳岗补贴返还290家企业、24915人、2575.98万元,发放失业保险救济金3257人次、1301.48万元,失业补助金2132人、274万元,物价临时补贴5147人次、19.67万元,兑现就业困难人员灵活就业社保补贴3423人、1275.13万元。落实劳务经纪人(中介组织)就业服务补贴66人、31万元,固原市联合福建兑付闽宁劳务协作农村建档立卡贫困劳动力跨省就业补贴2505人、876.9万元、交通生活补助2049人、211.97万元,转移就业人员务工一次性交通补贴5963人、358.61万元;兑付62家中小微企业、扶贫载体吸纳贫困劳动力一次性补贴1471人、185.94万元。发放16家中小微企业吸纳81名高校毕业生就业补贴91.3万元。

【农村劳动力转移就业】 2020年,固原市积极应对突发的新冠肺炎疫情,实施稳岗、返岗、增岗计划,累计包机11架次、包车237辆次有组织输送务工人员10706人(建档立卡贫困劳动力2730人)。深化闽宁劳务协作扶贫,全市累计建立驻福建劳务管理机构7个,拓展巩固闽宁劳务基地33个,向福建输送务工人员4151人(建档立卡贫困劳动力1543人,完成任务800人的192.9%,其中,疫情防控期间有组织输送2063人,建档立卡贫困劳动力1175人)。实施就业扶贫行动,劳务经纪人(中介组织)带动建档立卡贫困劳动力8809人,就业扶贫示范基地吸纳建档立卡贫困劳动力2042人。建立重点企业调度保障机制,全市386个复工的重点工业企业吸纳就业1.8万余人,240家大中型商贸流通企业吸纳就业8004人,167个扶贫车间吸纳农村劳动力就业4976人,开工建设的411个重点项目吸纳就业2.45万人。

【重点群体稳定就业】 2020年,固原市启动高校毕业生就业实习见习活动,组织宣传“最美基层高校毕业生”,全市机关事业单位招考招聘高校毕业生608人,“三支一扶”、“西部计划”志愿者、特岗教师等招募1001人,选派817名高校毕业生到机关事业单位实习,发放2020届、2021届高校、中职院校毕业生一次性求职创业补贴2790人、558万元。实施公益性岗位的开发管理,托底安置就业困难人员7276人,其中,城镇公益性岗位1068人(自治区指标725人,自行购买343人),农村建档立卡贫困户公益性岗位6208人(自治区指标1404人,自行购买4804人),实现困难群体全覆盖。

【创业带动就业】 2020年,固原市将个人贷款额度由15万元调高到20万元,担保基金、贷款比例由1:5扩大到1:10,通过简程序、提速办、优服务,持续扩大创业担保贷款政策覆盖面。兑现原州区农资城、隆德六盘山工业园区创业孵化园区运营补贴60万元,落实9个大学生优秀创业项目奖补资金41万元,兑付高校毕业生、返乡农民工一次性创业补贴98人共76.87万元。拟认定市级创业孵化园区2家、自治区级创业孵化示范基地1家。

【职工技能培训】 2020年,固原市制定《固原市职业技能鉴定所(站)管理制度》,认定社会培训评价组织(鉴定机构)6家。开展职业技能提升行动,线上培训重点群体和企业职工9480人次,对97家企业、5288名职工开展以工代训。探索创新“校企合作”就业技能培训新模式,福建飞毛腿技师学院原州分校推行“1+1+1”教学模式(在教学点理论学习1年、校总部实操培训1年、企业顶岗实习1年),学生完成学业后100%实现就业。

【劳动合同备案管理】 2020年,固原市落实线上线下结合的劳动用工备案制度,严格督查用人单位劳动合同签订和责任履行情况。全市劳动合同备案人数15664人,规模以上企业劳动合同签订率98.6%,建立工会企业集体合同签订率100%,市、县(区)协调劳动关系三方委员会建制率100%。

【劳动关系维护】 2020年,固原市人民政府两次召开专题会议研究部署农民工工资支付工作,开展“送条例、进工地,稳就业、保民生”普法宣传活动。组织开展春季开复工综合执法检查、保障农民工工资支付暨迎接国务院考核专项检查整治等。受理调处各类欠薪问题116件,为1419名农民工解决被拖欠工资1175.78万元。

【劳动仲裁工作】 2020年,固原市人力资源和社会保障局按季度召开全市协调劳动关系三方会议,探索建立劳动关系动态监测预警制度,协调设立市本级劳动人事争议法律援助站,指导各县(区)建立调解服务平台,及时化解劳动关系矛盾。受理劳动人事争议案件28件,涉及金额26.87万元,结案28件,结案率100%,调解成功率83%,仲裁终结率75%。

(尹正兴)

人才服务与管理

【概况】 2020年,固原市人力资源和社会保障局开展各系列高、中级职称的推荐上报和评审工作。完成“定向评价、定向使用”高级职称评审工作。组织落实全国优秀农民工和先进集体、事业单位扶贫先进个人和先进集体等评选活动,支持部分重点企业申报自治区技能人才培养载体建设项目,开展高技能人才培训56人。

【人事制度改革】 2020年,固原市人力资源和社会保障局印发事业单位平时考核和奖金发放办法,开展全市义务教育学校实施绩效工资“回头看”,为市直12个事业单位核定调控线外奖励性绩效工资总量。开展企业薪酬调查工作,跟进国有企业负责人薪酬制度和国有企业工资决定机制改革,稳慎推进公立医院薪酬制度改革。组织实施全区公务员招录笔试、事业单位招聘笔试面试、“三支一扶”招募考试等工作,完成2020年公费师范生占编聘用相关工作,组织开展工勤人员档案整理专审行动。

【惠民服务】 2020年,固原市人力资源和社会保障局编印人社惠民政策读本,深入开展全面建成小康社会主题宣传、人社惠民政策宣传“六进”和党员干部“进企业、送政策”等活动,推行服务方式“零距离”、服务受理“零推脱”、服务质量“零差错”、服务结果“零投诉”的“四零工作标准”,落实落细人社部门利民措施和便民服务。

【关爱抗“疫”一线行动】 2020年,固原市人力资源和社会保障局,坚持公开公平公正和功绩导向,向一线医务工作者、公安民警和村组(社区)倾斜,牵头完成国家级、自治区级抗击新冠肺炎疫情先进个人、集体评选推荐工作,其中,1人被评为国家级先进个人,73名个人、27个集体被自治区党委、自治区人民政府评为先进个人和先进集体。会同卫健、财政等部门审核兑现疫情防治人员临时性工作补贴58.24万元,为市直参与疫情防控的医疗卫生单位核定一次性绩效工资492万元。

(马宝龙)

社会保险

【概况】 2020年,固原市面向全区率先解决被征地农民参加养老保险历史遗留问题,实现养老金网上集中统一发放。固原市社保扶贫经验做法被人社部列入全国社保扶贫典型案例。固原市异地就医精细化管理经验做法被国家医疗保障局列入全国医保经办典型案例。固原市被国家医疗保障局列为区域点数法总额预算和按病种分值付费试点城市。固原市被国家医疗保障局列为自助开通异地就医直接结算服务国家试点城市。全市企业职工养老保险基金收入11.52亿元,支出11.75亿元(自治区统收统支);机关事业养老保险基金收入11亿元,支出10.89亿元,累计结余2.07亿元;城乡居民基本养老保险基金收入4.56亿元,支出3亿元,累计结余10.31亿元;职工医疗保险基金收入8.02亿元,支出5.57亿元,累计结余14.26亿元;城乡居民基本医疗保险基金收入13.86亿元,支出12.26亿元,累计结余10.25亿元。

【职能转变】 2020年,固原市实行“五险合一”经办服务,将固原市社会保险事业管理局更名固原市社会保险事业管理中心。设立中国共产党固原市社会保险事业管理中心党组,切实加强党对社会保险工作领导,发挥把方向、管大局、保落实的重要作用。改革后,固原市社会保险事业管理中心加快推进经办职能转变,加强同区、市有关行政部门、经办机构的协调联系,自觉服从大局,接受工作指导,社会保险经办工作实现由管理型向服务型转变、由单一服务向综合服务转变、由线下服务向网上服务转变。

【重点领域保险改革】 2020年,固原市社会保险管理中心推进机关事业单位养老保险制度改革,全面落实中人退休待遇和军队文职人员纳入机关事业单位养老保险。推进养老保险待遇发放方式改革,率先全面实现养老金网上集中统一发放,确保安全快捷。推进医疗保险和生育保险合并实施,2020年1月1日起合并实施生育保险和职工基本医疗保险。全面推行生育保险“院端综合受理、系统自动推送、经办审核支付”的“一站式”服务模式。积极推进按病种分值付费方式改革,完善城乡居民普通门诊统筹管理制度,扩大门诊大病和职工普通门诊统筹实施范围,启动工伤保险医疗费网上即时结算工作。

【重点领域参保提标】 2020年,固原市再次提高城乡居民最低生活保障标准,城市低保保障标准已由每人每月560元提高到600元,财政月人均补差水平不低于420元,较提标前月净增40元;农村低保保障标准由每人每年3800元提高到4560元,财政月人均补差水平不低于266元,较提标前年净增760元,低保提标后全市近18万名低保对象直接受益。

【社保扶贫】 2020年,固原市社会保险管理中心全面开展社会保险扶贫"四查四补"和挂牌督战,推广"4321"工作方法,实现贫困人员应保尽保、应代尽代、应补尽补、应发尽发、应享尽享。全市社保扶贫信息平台推送建档立卡人数36.42万人。建档立卡贫困人员基本养老保险、基本医疗保险参保率实现两个100%。参加城乡居民基本养老保险25.02万人,代缴养老保险费2502万元,全市60岁以上的城乡居民15.3万人,全部领到养老金,月人均养老金达到175元;参加城乡居民基本医疗保险36.42万人,补助医疗保险费9105万元。落实自治区健康扶贫政策和全市农村居民商业健康大病保险政策、全市重特大疾病补充医疗保险政策,建档立卡贫困人员住院实际报销比例达到91%以上。坚持示范引领,打造泾源县大湾乡杨岭村、原州区开城镇郭庙村、官厅镇沙窝村等一批社保扶贫示范乡村。固原市社保扶贫典型案例和先进经验《决胜"主战场"展现新作为——宁夏回族自治区固原市社保中心积极推进社保扶贫工作》入选人社部编印的《为了消除老年贫困——城乡居民基本养老保险扶贫工作纪实》一书,并被纳入全国党员干部现代远程教育专题教材。

【社保经办服务】 2020年,固原市社会保险管理中心开展社保服务快办行动和服务事项清单制管理。探索推进网上办、掌上办、预约办、延期办、容缺办、绿色办、减免办、线下办"八办"措施,完善帮办、代办、领办服务。全市社会保险网上"不见面"办理事项达到90%,离退休人员通过"掌上12333""我的宁夏"手机App进行养老资格认证率达到90%。主动融入全市"163"政务服务模式,43项社保窗口经办业务全部进入市政务服务中心,实行"一窗受理、一网通办"和综合柜员制服务,基本实现"一门、一窗、一网、一卡(证)、一次"经办目标。加快社保信息化建设,推行社保业务档案电子化,拓展社会保障卡应用领域,加快固原"银社医"平台推广应用,推广普及电子社保卡和医保电子凭证。全市累计发放社会保障卡151万张,申领电子社保卡36万张、医保电子凭证30万张。

【社保政策改革】 人力资源和社会保障局落实建档立卡贫困人口养老保险费财政代缴政策,完善市、县、乡、村"四级联动"机制,全市建档立卡贫困人口基本养老保险参保率100%。全市企业职工基本养老保险、机关事业单位养老保险、工伤保险、失业保险参保人数分别达到9.92万人、5.21万人、11.73万人、7.47万人。在建建筑、公路、水利等226个项目、1.72万人全部按项目参加工伤保险,参保率100%。落实国家和自治区阶段性减免企业社保费政策,对企业缴纳的养老、医疗、失业、工伤等项社会保险费实行"免减缓"政策,全市2110家企业减免各项社会保险单位缴费15428万元(大型企业68家、1989万元),其中,养老保险12640万元,医疗保险1476万元,失业保险536万元,工伤保险776万元。落实国家、自治区关于企业和机关事业单位退休人员基本养老金及城乡居民基础养老金调整政策,严格落实新的工伤保险伤残津贴、失业保险金标准。全市企业退休人员3.58万人,月人均养老金3195元;机关事业单位退休人员1.57万人,月人均养老金5253元;符合领取养老保险待遇的城乡居民15.3万人,月人均养老金175元;全市被征地农民参加养老保险到龄领取养老保险待遇8815人,月人均养老金为1174元。全市核准企业职工507人正常退休,101人提前退休,认定工伤129件,开展劳动能力鉴定226人。

(郭建国)

社会组织管理

【基层社区治理】 2020年,固原市民政局全面推进村民代表会议制度"55124"村级治理和民主自治模式,继续推广村级事务"阳光工程",实施"四议两公开"制度。强化社区建设。将固原市社区建设工作领导小组调整为固原市基层政权与社区治理工作领导小组,成员单位由原来的15个增至26个,印发《固原市基层政权与社区治理工作领导小组及成员单位职责》,明确成员单位职责,压实领导责任,强化问题导向和底线思维,及时解决社区治理中的人员配备、经费保障、服务能力等难点重点问题。对标全市组织工作"1855"思路,加强村干部的日常教育监督管理,加大村级干部培养储备力度,对村干部实施激励帮扶政策,深入村(社区)开展换届调研,提前做好村(社区)"两委"换届准备工作,为决战脱贫攻坚、决胜全面小康提供人才支撑。

【社会救助】 2020年,固原市共有低保对象10.58万户、17.44万人,其中,农村9.31万户、14.91万人,占农业总人口的13.07%,累计支出农村低保资金61727.19万元;城镇1.27万户、2.53万人,占非农人口总数的

6.9%,累计支出城市低保资金16745.73万元。全年累计新增低保对象11169户、21444人,退出低保对象14070户、22268人。经自治区民政云与扶贫信息比对,纳入社会救助的建档立卡贫困人口户2530户5193人。未脱贫建档立卡贫困户纳入民政保障对象与未脱贫建档立卡贫困户总数重叠率70.75%。发放价格临时补贴2487.56万元;实施临时救助80101人(次),发放救助金7416.7086万元。落实残疾人"两项制度",发放残疾人困难生活补贴、护理补贴68823人、5465.4万元;为13636名高龄老人发放高龄补贴1424.272万元,为3487名特困供养人员发放特困供养补贴1955.7万元,为全市困难对象、服务机构发放物资共计129.5万元。

【社团治理】 2020年,固原市民政局结合宁夏基层治理"1+6"政策体系,制定社团治理专项指导性文件《固原市完善社团治理体系提升基层治理能力实施意见》,建立健全体制5项、机制33项、制度25项、能力14种,强化社团治理高质量发展的组织领导和政策支撑。依法依规抓好社会组织年检、运行、监管等日常工作,促进社会组织规范健康发展。加强社会组织党建引领,注重选优树强、落实"双向交叉任职"制度,推广"联建共育";引导激励社会组织履行责任,参与脱贫攻坚、抗击疫情等行动,不断强化加强社会组织能力建设。推进扶持政策落实、政府购买服务、孵化基地建设"三项工作",促进公益资源共享、合理配置。累计投入500余万元实施固原市社会工作和志愿服务、固原市养老服务等项目24个。全市累计登记注册社会组织612个,其中:社会团体395个,专职工作人员5680人,会员11.8万人;全市志愿者4.6万人,专业社工机构15个,持有统一的职业水平证书的社会工作师144名。

【社会事务】 2020年,固原市民政局开展殡葬执法检查,整顿殡仪市场经营秩序;落实《固原市殡葬及节地生态安葬奖励补助办法》,兑付奖补23人,兑付奖补资金9.2万元。开展清明节殡葬执法,试点开发网上祭祀平台,引导群众开展网上祭扫12.8万人次。完成市区西南新区428块街路标志牌设置及栽植工作,维修更换城区部分街路(巷)牌;全面普查市区所有门牌、无物业老旧小区、单元牌、户(室)牌,完成23899块牌子的安装工作。持续开展"寒冬送温暖""雷锋饺子计划"等活动,确保流浪乞讨人员得到有效救助。全面保障孤残儿童权益,开展孤残儿童养、治、康、教等服务,做好服务保障工作。

【民政领域扫黑除恶专项斗争】 2020年,固原市民政局主动梳理认领中央扫黑除恶第20督导组督导"回头看"反馈问题11条,自治区巡回督导组督导反馈问题4条,全部整改落实到位。推进"社区万能章"问题整治。全市取消社区组织机构21个,各类创建23项,工作任务和指标项目23项,盖章证明项目43项。推进基层党建问题整治,全市累计确定软弱涣散基层党组织157个,其中,43个软弱涣散党组织,114个薄弱党组织,完成整顿127个。

【民生实事落实】 2020年,固原市民政局再次提高城乡居民最低生活保障标准,城市低保保障标准已由每人每月560元提高到600元,财政月人均补差水平不低于420元,较提标前月净增40元;农村低保保障标准由每人每年3800元提高到4560元,财政月人均补差水平不低于266元,较提标前年净增760元,低保提标后全市近18万名低保对象直接受益。新建农村"老饭桌"23个。

【《中华人民共和国慈善法》贯彻情况】 2020年,固原市民政局推进《中华人民共和国慈善法》贯彻落实,全市实施的各类慈善项目涉及资金总计2584多万元,惠及困难群众80万人次。印发《固原市开展居家和社区养老服务改革试点工作实施方案》。通过改革试点,建立以需求为导向、政策为引领、"互联网+"为手段、企业和社会组织为支撑的养老服务体系,致力打造具有固原鲜明特色的"1+5+N"项"智慧养老"服务品牌。在西吉县、泾源县、隆德县全面展开城乡低保审批权限下放工作。

【助力疫情防控】 2020年,疫情防控期间,固原市民政部门全力开展社区疫情防控。发动全市428个驻区单位2331名党员干部设岗定责,设置居民小区入口监测卡点573个。全市社区(村)累计排查46.41万户、154.28万人,基本做到城乡社区人员摸排全覆盖。对全市养老服务机构、儿童福利机构、救助管理站等民政服务机构实施封闭式管理,暂停社区日间照料中心、老年饭桌、儿童之家等民政服务设施运行和殡仪服务集体活动。所有工作人员"舍小家""顾大家",实行全时段轮班备岗工作制,全面堵塞漏洞隐患,消除各种死角盲区,坚决有效切断疫情输入途径,实现全市民政服务机构疫情"零输入、零感染"。充分利用社会组织资源广、专业性强等优势,多渠道、多方式联系对接区内外基金会、义工联合会等组织,积极履行社会责任。全市社会组织通过捐款捐物,发动志愿者服务等方式主动参与到抗击疫情的行动,累计募集捐赠资金820万余元,接收捐赠防疫用品、生活物资折合人民币200万余元。

(马媛媛)

婚姻家庭

【概况】 2020年,固原市民政局开展县级婚姻登记集中办理试点工作,指导各县(区)的婚姻登记机关,依据民政部《关于婚姻登记机关登记评定标准》和自治区婚姻登记服务规范化标准的要求,设立结婚登记室、离婚登记室、候登室、颁证大厅、档案室、婚姻家庭辅导室等功能。在坚持群众自愿的前提下,免费开展婚姻家庭辅导服务和结婚登记颁证服务,倡导"文明向上、适度从简、内涵丰富、理性高雅"的婚俗新风,社会反响良好。集中办理婚姻登记,强化登记机关的执法地位,提高登记质量,加强了管理,保障婚姻当事人的合法权益。全年累计办理结婚登记12869对,离婚登记2697对,补领结婚1682对,补领离婚536对。

【婚姻管理】 2020年,固原市民政局严格按照《中华人民共和国婚姻法》《婚姻登记条例》《婚姻登记工作规范》和有关法律法规中规定的条件和程序开展婚姻登记工作,严格执行"五不办"规定(当事人不到法定年龄不办;当事人不到场不办;当事人不履行声明不办;当事人手续不齐或不符不办;当事人无民事行为能力或限制民事行为能力的不办),为符合婚姻登记条件的当事人及时建立婚姻登记台账。依托社会工作宣传月活动、婚姻登记现场言传、电子滚动显示屏等渠道,宣传婚姻登记程序,婚事从俭,易风易俗。借助典型案例教育引导群众进行婚姻登记和补办登记,婚姻登记合格率100%。实行婚姻登记档案集中统一管理,督促未移交档案乡镇限期移交档案局。开展以婚俗改革为目的的婚姻服务,拓展婚前教育、婚姻介绍、婚姻咨询、证件照相、婚纱出租、婚庆用品销售等服务内容,满足群众对婚事活动的需求,保障婚姻当事人的合法权益,弘扬文明、健康的婚俗新风,促进社会主义精神文明建设。

【收养登记】 2020年,固原市民政部门严格按照《中华人民共和国收养法》开展收养登记工作,保障被收养儿童健康成长率。指导各县民政部门严把受理关、审查关、鉴定关、公告关,确保收养登记工作质量。通过整理各种资料、登记存档、办理移交手续、不定期集中培训从事收养登记的工作人员等流程,规范收养登记档案管理。截至2020年年底,固原市儿童福利院、西吉县儿童福利院、彭阳县儿童福利院3个机构累计抚育"孤弃儿童"27名、临时监护的困境儿童14名。

【家庭文明建设】 2020年,固原市开展各类典型示范家庭创建评选活动,累计创评各级各类典型示范家庭220户,其中,全国"五好家庭"和"最美家庭"4户,自治区"五好家庭"、抗疫"最美家庭"最美"脱贫家庭"和其他"最美家庭"140户,市级"最美家庭"76户,培树全国家庭教育工作先进集体1个,自治区家庭工作先进集体5个,自治区家庭工作先进个人9名。开展家风家教宣传展示活动,联合市纪委、市直机关工委在固原博物馆举办"家和万事兴——家风家教主题展"、"传承清廉好家风"专题讲座。落实家庭教育支持行动,开展"爱润万家·好家庭好家教好家风"宣讲活动60场次,辐射妇女6000余人,举办"和谐婚姻家庭"专题宣讲36场(次),辐射群众6380人。依托文化阵地常态化开展"书香飘万家""守护童年 牵手共成长"暑期儿童关爱服务活动和"兰花芬芳巾帼红"巾帼志愿服务统一活动。实施"儿童快乐家园"项目,争取中国儿基会"儿童快乐家园"项目2个19.6万元,项目补充物资12万元。

(许 杰)

老龄事业

【居家和社区养老服务改革】 2020年,固原市印发《固原市开展居家和社区养老服务改革试点工作实施方案》。通过改革试点,建立以需求为导向、政策为引领、"互联网+"为手段、企业和社会组织为支撑的养老服务体系,打造具有固原鲜明特色的"1+5+N"项"智慧养老"服务品牌。有序开展居家和社区养老服务改革试点工作依照顶层方案。

【养老综合服务中心建设】 2020年,固原市印发《固原市养老综合服务中心公建民营实施方案》,引导社会力量参与公办养老服务机构改革,整合养老服务资源,激发民营资本活力,培育品牌化、连锁化、规模化的养老服务企业和组织。截至2020年年底,固原市民政局已确定市养老综合服务中心运营商,全面开展相关手续的移交工作。

(杨彦平)

殡葬管理

【概况】 2020年,固原市殡葬管理所成立清明节工作领导小组,制定《固原市关于做好2020年"清明节"祭扫服务工作的通知》,修订完善《固原市2020年清明节祭扫活动应急预案》。联合市场监督管理局、自然资源管理局和消防支队等相关部门组建联合执法组,公示白马山、双泉汉民公墓墓位价格情况,现场检查墓穴面积执行、清明节准备、疫情防控等情况,执法提示市区街道出售丧葬用品商家36家、摊点44个。配合交通四大队在4月2—4日期间,在白马山陵园疏导车辆4000多辆,保障群众祭扫交通安全。

【文明祭扫宣传】 2020年,固原市殡葬管理所组织工作人员借助春节、清明节、“十月一”等群众祭祀节点,走向街头宣传《国务院殡葬管理条例》、《宁夏回族自治区殡葬管理暂行办法》、九部委《关于推行节地生态安葬的指导意见》、中办、国办《关于党员干部带头推动殡葬改革的意见》、《固原市人民政府关于加强市区殡葬管理的通告》《固原市殡葬及生态安葬奖励补助办法》等殡葬政策法规。印制宣传彩页6万余份,在设立观察点的主要路口宣传栏张贴公告100余张,向市直和县区单位、学校、社区、乡镇发出倡议,宣传文明祭扫、低碳祭祀、平安祭祀、安全祭祀。依托“大城小事”媒介,开发网上祭祀平台试点,引导群众开展网上祭祀先烈和先人,全年网上祭扫人数累计12.8万人次。

【殡仪服务】 2020年,固原市殡葬管理所开展3月优质服务月活动,实行24小时值守服务,全面提高殡仪服务质量,全方位开展殡仪服务。免费设灵堂36次、108天;清明期间向祭祀群众赠送鲜花1400余束。严格落实《固原市殡葬及节地生态安葬奖励补助办法》,引导群众文明殡葬、生态殡葬,兑付奖补23人、9.2万元。

【殡葬领域专项治理】 2020年,固原市殡葬管理所联合相关单位、乡镇办事处,登记摸排乱买土地、非法乱建殡仪服务设施、乱建公墓并从事殡葬非法经营活动等情况,建立基础台账,并有针对性地进行集中整治。责成4家无证经营殡葬用品的店铺按规定补办营业执照。协调县区完成首次全国殡葬信息系统汇总填报,全市累计上报排查安葬(放)设施287家。

(李宏钰)

退役军人事务

【概况】 2020年,固原市退役军人事务局积极开展基层基础基本建设年活动和思想政治工作年活动,加强退役军人服务保障体系建设,为市、县、乡三级退役军人服务中心(站)全部配备专职工作人员。全市65个乡镇(街道)服务站站长中,有3个由乡镇党委书记兼任,其余均由同级人武部部长担任;860个村(社区)退役军人服务站,站长均由村(社区)党支部书记担任。

【移交安置】 2020年,固原市退役军人事务局完成自治区下达固原市的安置军转干部、随调家属、退役士官、自主择业军转干部安置任务、安置率100%。建成市军休所综合楼,筹划布置军休干部活动场地,严格落实军休干部政治待遇和生活待遇,坚持开展“四个必访”活动,努力为军休干部办实事办好事,提升军休服务质量和管理保障水平。

【就业创业】 2020年,固原市退役军人事务局开展退役军人就业培训,制作固原市退役军人就业创业和培训需求调查问卷,完成全市退役军人教育培训。新增就业退役军人,占目标任务的78.25%。推荐上报自治区级退役军人就业创业导师7名,建立固原市退役军人创业导师库。举办退役军人创业创新大赛能力培训班,推荐5家企业参加自治区创业创新大赛。评选确定市级退役军人培训承训机构9家。积极开展援企稳岗工作,上门走访退役军人创办企业16家,帮助1家企业续贷500万元,2家企业降息2.6万元/月,15家企业受理“非接触式”办税缴费服务,免税122.23万元。制定《固原市退役军人创业孵化评定管理办法(试行)》,挂牌成立固原市退役军人创业孵化基地,申请20万元市级专项扶持资金,在孵化退役军人创业项目和企业12家。

【拥军优抚】 2020年,固原市退役军人事务局整体推进双拥工作并创新发展,着力打造“固原特色国防教育品牌”“红色六盘双拥文化品牌”等品牌,为武警机动九支队五大队进行了营区道路维修、升级改造部队供暖设施、协调解决部分官兵子女入学事宜,开展“送法律、送政策、送文艺、送老兵进军营”等系列拥军活动,确定每年8月为双拥宣传月,采取新媒体平台线上宣传和传统媒介、双拥宣传阵地线下宣传相结合的方式宣传引导。出台《固原市退役军人公共服务优待办法(试行)》,为退役军人制发双拥卡。组织一等功臣及重点优抚对象参加国家、自治区组织的短期疗养。投入资金走访慰问退役军人和重点优抚对象、驻固原部队。组织开展“致敬2020清明祭英烈”网上祭扫和“2020年烈士纪念日向人民英雄敬献花篮仪式”系列活动。市、县(区)主要领导为抗美援朝出国作战老战士、老同志颁发“抗美援朝出国作战70周年纪念章”,开展光荣牌悬挂、送喜报上门等活动。开展“情系边海防”活动,走访慰问执行任务部队官兵家属。疫情防控期间,为在湖北一线防疫的现役军人家属寄去慰问信,发放慰问金,通过视频连线方式了解家属防疫和生活情况。彭阳县、固原市弘文中学和自主择业军转干部聂广进在全国第11届双拥命名表彰会上被命名表彰为“全国双拥模范县”“全国爱国拥军模范单位”和“全国爱国拥军模范”,固原市被命名为“自治区双拥模范城”,隆德县、泾源县和彭阳县被命名为“自治区双拥模范县”。

【管理服务】 2020年,固原市退役军人事务局引导退役军人关注四级退役军人事务系统微信公众号,增强退役军人对法规政策的知晓率,扩大思想教育的覆盖面。建立市、县、乡、村四级退役军人党员台账,对流动党员和“口袋”党员进行摸底排查,纳入党组织管理,定期参加党组织生活。全市四级退役军人服务中心(站)按照政治文化环境建设要求,加强政治文化环境建设。举办新兵入伍欢送、送立功受奖喜报等仪式庆典活动,营造尊崇军人的社会氛围。

【退役士兵社保接续】 2020年,固原市退役军人事务局成立工作领导小组和工作专班,建立“一门受理、协调办理”的工作机制和联席会议制度。在市政府网站、“固原发布”、“固原双拥”微信公众号上发布《固原市部分退役士兵社会保险接续工作公告》,宣传相关政策。安排专职专人,制定工作方案,摸底统计符合条件的退役士兵。召开退役士兵社保接续工作专班会2次,研究制定措施8条,解决社保接续工作中存在的问题。全市符合条件的退役士兵社保接续工作全部办结,办结率100%。

(张　明)

住房公积金管理

【住房公积金归集】 2020年,固原市新开户缴存住房公积金的单位85个,新增缴存职工3245人。全市年度住房公积金归集额新增11.43亿元,完成全年目标任务9亿元的127%。截至2020年年底,全市住房公积金归集总额突破93亿元,达到93.05亿元。

【住房公积金使用】 2020年,固原市住房公积金管理中心累计为全市1.57万名住房公积金缴存职工提取住房公积金8.31亿元,完成全年目标任务5亿元的166.2%。累计为全市1979户职工家庭发放住房公积金个人贷款8.08亿元,完成全年目标任务5亿元的161.6%。全市住房公积金提取总额达到56.8亿元,住房公积金个人贷款总额达到60.09亿元,累计受益职工家庭3万户,全市住房公积金个贷率和使用率分别达到85.24%与94.25%。

【住房公积金管理】 2020年,固原市住房公积金管理中心依托固原电视台、《固原日报》和市政府网站、单位网站等多种形式,面向社会公布2019年度住房公积金年度报告,全面落实住房公积金信息披露制度,主动接受社会各界的监督,强化监督制约机制。举办《宁夏住房公积金业务操作规范》宣传贯彻培训班,结合《宁夏住房公积金业务操作规范》,修订住房公积金缴存、提取、贷款业务服务指南,实现住房公积金业务全区通办、跨省通办。落实住房公积金廉政风险防控措施,接受市审计局的审计监督并强化内部日常审计稽核,借助电子稽查工具扎实开展住房公积金政策执行情况自查和风险隐患排查工作,确保住房公积金资金管理的零风险。

【住房公积金服务】 2020年,固原市住房公积金管理中心开展“一门一窗一网”通办业务和预约延时服务,开通住房公积金政务服务“好差评”,开展“一网通办”“跨省通办”,推进“互联网+住房公积金服务”,推动“不见面、马上办”要求落实落地,完善和升华便民利民惠民服务机制。落实应对新冠肺炎疫情期间住房公积金阶段性支持政策,为企业纾困解难,全面支持新冠肺炎疫情防控工作,切实维护广大住房公积金缴存单位和职工的利益。

【保障性住房建设】 2020年,固原市住房公积金管理中心全面支持保障性住房建设,落实城市廉租住房(公共租赁住房)建设补充资金3000万元,同比增长7.14%,累计落实城市廉租住房(公共租赁住房)建设补充资金近1.99亿元,充分发挥住房公积金对保障房建设的支持和保障作用。

(黑金豹)

应急管理

综述

【概况】 2020年,固原市应急管理局狠抓企业复工复产安全防范,突出重点行业领域安全管控,强化应急管理体系建设,有效防范化解重大安全风险,全力营造安全稳定环境。全市共发生生产安全事故12起,死亡11人,同比下降26.7%,未发生较大及以上生产安全事故,安全生产形势持续稳定。

【应急预警监测】 2020年,固原市应急管理局针对不同时段和气候变化特点,及时发布预警信息,有针对性地提醒相关部门(单位)和企业做好防范工作。重新修订、编制全市安全生产类、自然灾害类事故预案,在抓好消防救援队伍由“单一”灾种救援向“全灾种”救援转变的同时,加强宁夏王洼煤业有限公司煤矿救护中队等专业救援队伍建设和社会救援队伍建设。举办森林草原、道路交通等全市大型实战化演练活动。严格执行24小时值班和领导带班制度,确保及时处置并第一时间上报事故和灾情。

【应急管理体系建设】 2020年,固原市应急管理局完善应急管理指挥部及其办公室工作职责(防汛抗旱、森林草原防灭火、防灾减灾救灾、城市防内涝等指挥部办公室及其成员单位的主要职责),启动应急预案修订工作,在做好风险评估和应急资源调查的基础上,组织、指导相关部门(单位)修订完善固原市突发事件应急预案,包括26个专项预案、47个部门预案。

【应急物资储备】 2020年,固原市应急管理局普查建档全市应急物资装备情况。市县(区)累计储备应急物资装备1047种;市应急局、武警支队、固原物资管理站、消防、六盘山林业局、自然资源、市场监管局、水利系统、地震局、公安局、军分区、卫健委等共储备应急物资169种;市气象、公路、电信、电厂、中石油、中石化、供电、机场、天豹、公交、志力、水务公司、油库、煤矿、中燃、金昱元、采油厂、蓝天救援队等共储备应急物资装备816种。

【重点领域抗疫物资检查】 2020年,固原市应急管理局借助召开会议、下发通知、温馨提示、执法督促等形式,安排部署春运、煤矿、危化品、公共聚集场所、城市运行等重点行业领域的安全生产工作。深入重点高危企业和疫情防控物资生产企业开展安全生产指导服务,确保疫情防控关键时期企业安全生产。聘请专家对全市涉疫场所进行全面检查,现场指导整改检查发现问题隐患。争取自治区应急物资,及时调拨给医院、农村、社区、学校等设置疫情防控卡点,包括棉帐篷1120件、棉衣3089件、电暖气10个、折叠床100个、干粉灭火器104具。同时,对卡点工作人员进行消防安全培训。印发《固原市企业疫情防控和复工复产安全生产指导手册》2000本,成立5个指导服务组对口帮扶全市5个工业园区,指导企业通过网校免费开展岗前安全培训教育,不定期通过手机短信、信息系统等发送安全生产提醒信息。实行网上行政审批,优化报批审核流程,实时掌握企业安全运行动态,重点企业采取一企一策,“专业监管干部+专家”现场服务指导,及时解决实际困难,有序推进全市企业复工复产。

(何学山)

灾害防治

【森林火灾防治】 2020年,固原市应急管理指挥部办公室组织检查高火险期和特殊关键时间节点,指导各县(区)在重点林区入山路口、公墓和坟墓集中区入口设置防火检查站400余处,严格落实野外火源管理规定,执行全天候巡山制,杜绝火源入山进林。督促相关部门对林区周边的聋、哑、痴、呆及精神病人等特殊人群进行登记造册,落实监护人责任;与林区周边厂矿企业签订防火责任书。面向全市组织开展为期3个月的打击森林草原火灾违法行为专项行动,实行24小时不间断监控,切实做到火情早发现、早报告。坚持24小时值班和领导带班制度,保证信息渠道畅通。

【地质灾害防治】 2020年,固原市应急管理指挥部办公室依托专业机构开展拉网式隐患排查,全市累计排查出地质灾害隐患点570个。逐一落实防范地质灾害隐患点责任,采取针对性治理措施,严防发生人员伤亡事故。强化地质灾害监测预警,将地质灾害隐患点纳入群测群防工作体系,安排专人24小时值守重点区域、监测重点险点,借助电视、广播、网站、微信、短信等平台及时发布地质灾害预警信息。会同市自然资源、水务部门组成督查组,采取听取汇报、查阅资料、实地察看等方式,深入督查五县(区)地质灾害隐患排查治理情况。

【水旱灾害防治】 2020年,固原市应急管理局组织召开全市水旱灾害防御工作会议,安排部署防汛抗旱工作。落实192座中小型水库、760座水保淤地坝、清水河、葫芦河等重点河(沟)道和过水路面防汛责任人,并在《固原日报》等报刊、政府网站公示。督促各县(区)库坝管理部门及时修复损毁工程,加密巡查次数,重要部位实行24小时盯守。全市192座水库有164座委托固原市水利勘测设计院编制《2020年汛期调度方案》,完善《水库防汛抢险应急预案》。原州区投入资金600余万元对12座水库、30余座骨干坝和淤地坝进行水毁维修整修。维修供水管道34.5公里,维修蓄水池、检查井、闸阀井及联户表井共计240处。维修、维护山洪灾害防治非工程措施监测预警设施69处,更换预警广播系统7台/套;隆德县落实资金98万元,清除全县40座水库后坝坡树木。投入资金206.98万元,维修养护30座水库。西吉县投入资金429.57万元完成55处水毁维修工程,维护水雨情监测设施12套、雨量站18套,完成"三个责任人"警示牌制作及安装60套。拉网式检查全市112座小型水库安全运行和度汛工作,累计排查各类隐患39项,除8座水库需要申报除险加固项目外,其余31项隐患均完成整改。储备各类防汛抢险物资,制定运输工具调度方案,建立防汛抗旱物资、设备社会代储机制,签订使用合同,保障足额供给。全市库存的防汛物资有:草袋4.7万条、麻袋0.4万条、编织袋23万条,照明设备53台套,铅丝5.2吨,桩木4.8立方米,块石500立方米,砂石料200立方米,救生衣260件,救生圈210只,抽水设备29台套,物资价值143万元。储备价值200万元、36个种类的防汛物资。

【自然灾害防治八大重点工程建设督查】 2020年,固原市应急管理局结合自治区安排部署,制定全市自然灾害防治工程建设项目分工推进方案,组织5个部门牵头,24个相关单位配合,督查涉及8个方面、30项的工程建设内容。成立工作领导小组,召开推进会议,对自然灾害防治"八大工程"建设实行"月汇总、季报告、年总结"。

【防灾减灾教育】 2020年,固原市应急管理局举办全市救灾和物资保障暨基层防灾减灾示范社区创建工作业务培训班,培训各县(区)应急局、各乡镇、街道办事处分管负责人、灾情报送信息员及局机关部分工作人员150余人。举办固原市"5·12"防灾减灾日和国际减灾日宣传活动。开展线上知识竞赛,依托广播、电视、报刊、网络以及微博、微信进行宣传等形式,普及逃生避险基本技能。全市举行大型宣传活动5场(次),展出宣传展板300块,悬挂宣传横幅200余条,发放各类防灾减灾宣传资料5万余份,取得良好的社会效果。加强防灾减灾示范社区创建工作,申报2个社区参加全国减灾示范社区评选。

(单海君)

消防救援

【概况】 2020年,固原市消防救援支队接警出动1358起,出动消防车4280辆(次),出动警力16299人(次),抢救被困人员148人,疏散被困人员214人。全市发生火灾610起,无人员伤亡,直接财产损失681.6万元,火灾形势平稳。

【消防综合保障】 2020年,固原市消防救援支队新建消防站2个,训练基地1个,争取自治区消防总队专项经费为指战员购置公寓住房15套。落实温馨队站建设工作,完成基层队站红门影院、图书室等库室场所的升级改造。按照"配足常规、配好急需、配强高端"的要求,争取自治区消防总队支持,配发装备器材4600余件(套),充实一线装备实力;固原市政府投资970万元采购70米登高平台车1辆;彭阳县投资200万元采购32米举高喷射消防车1辆。组织各单位开展新版装备管理系统培训和数据录入工作。组织开展灭火救援装备评估论证工作,科学编制装备评估论证报告和2020—2022年灭火救援装备建设规划。完善《固原市消防救援支队战勤保障预案》,制定《固原市消防救援支队2020—2022年装备物资储备计划》《固原市消防救援支队战勤保障车辆编组方案》,联合固原市人民医院、市公安局交通警察分局等12家社会单位建立联勤保障机制。借助开展战勤保障训练演练、装备巡检服务下基层、邀请装备专家“五知一能”培训、举办后勤岗位比武竞赛等多种形式提升后勤岗位人员的综合业务素质。

【消防执勤备战】 2020年,固原市消防救援支队修订《全勤指挥部管理规定》,开展全勤指挥部培训和随机拉动。完善《固原消防救援队伍指挥中心信息报送工作规定》《固原消防救援队伍指挥中心日常工作考评办法》和《固原消防救援支队机关值班值守工作规定》等规章制度,明确接警调度职责,细化接警调度程序。支队党委组织比武竞赛2次、月考核12次,在总队夏训比武竞赛中获得团体第一名。制定细化指战员达标创优计划,实施“分类施训、小组分训”的训练机制;组织首批新入职消防员集训队参加总队体、技能对抗赛;组织支队在高层建筑、大型综合体和石油化工企业等重点单位和场所开展20次地震、化工以及森林草原等典型灾害实战拉动演练。修订专业队建设方案,组建森林草原火灾扑救专业队1支和扑救分队3支,组建抗洪抢险救援专业队和轻型化工灭火救援编队1支,支队轻型化工灭火救援编队以及吉强、北塬、栖凤3个站级抗洪抢险救援分队顺利通过部局和总队检查验收。全面摸排和风险评估辖区内所有化工企业,常态化举办灭火救援大讲堂,开展化工灭火救援技术现场教学、示范示教活动、作战效能测试及灭火救援演练,深化化工灭火救援技术学习应用,做好化工灭火救援事故处置准备工作。支队各级开展各专业队拉动演练和专业训练累计100余次,组织9名指战员参加绳索救援技术培训,7名指战员参加潜水技术培训并取得了相应资质。支队建立特种灾害救援专家库,健全专家会商联动机制,召开应急救援联动单位暨灭火救援与特种灾害救援专家组联席会,研究制定《灭火救援与特种灾害救援专家组工作机制》,分析研判灭火与应急救援工作形势,推动提升全市消防救援队伍应急联动能力。调研熟悉涉疫定点医院6所,完善灭火救援预案。定期检查指导专职消防队执勤训练工作,实地了解各专职消防队车辆、器材装备等基础信息,综合评估专职队实战水平,实地考核多种形式的消防救援队伍体技能训练情况。

【消防监管服务】 2020年,固原市消防救援支队坚持以人民为中心的发展理念,主动将消防工作置于经济社会发展大局中统筹谋划,开展优化消防执法营商环境专项行动,积极回应群众、企业诉求和期待。推动市城管局将消防设施改造、电动自行车充电桩安装以及消防车通道划线等工作纳入老旧小区改造范围。全面实施新型消防监管机制,完善“双随机、一公开”监管,综合运用重点监管、信用监管、“互联网+监管”等多种手段,提高监督检查和随机抽查质效。

【消防信息化建设】 2020年,固原市消防救援支队配齐配强各级应急通信保障人员和通信设备。建立巡检制度,定期日常维护、检修信息中心设备、线路、计算机及有线电话线路,确保通信畅通、网络环境良好。与多个行业部门建立联动机制,更新社会应急资源信息,建立健全资源共享机制。规范网络突发事件处置工作程序,增强网络突发事件处置工作的主动性和针对性,第一时间处理和解决问题。

【消防宣传教育】 2020年,固原市消防救援支队牢固树立“生命至上”的消防宣传工作思想,形成“党委统揽、人人参与、媒体融合、多位一体”的宣传格局。建设支队全媒体中心和应急科普教育基地,与各类媒体签订合作协议,建成并开放消防科普教育基地6处,组建宣传服务分队7支,开展消防宣传“五进”活动。整合微博、微信、抖音、头条号,搭建新媒体宣传阵地,建立粉丝群3个,普及消防常识、回应社会关注。支队在中央电视台、新华社、《宁夏法制报》、宁夏新闻网等主流媒体发稿400余篇,拍摄并制作平安119电视专栏22期,依托1000多个小网格开展日常宣传提示,发动423名消防志愿者深入全市各行业部门、企事业单位组织开展一系列消防志愿者活动,累计发放宣传资料5.8万份、培训3.4万人,发送消防安全提示信息15万条。

(孙　特)

防震减灾

【地震应急准备】 2020年,固原市地震局重新修订《固原市地震应急预案》,强化协同高效,合理设置市抗震救灾指挥部,调整优化组织机构和成员单位,细化工作职责,加强部门协作。指导、督促各县(区)、防震减灾领导小组成员单位修订地震应急预案,并及时备案,67家单位完成地震应急预案报备。加强应急救援物资和设备管理,借助实名制登记、代储或签订协议等方式落实应急救援物资装备1047种。储备液压泵、凿岩机、探照灯、液压撑顶器、欧星电话、单兵通信背包、对讲机、大应急包等救援装备设备共31类191件。

【地震应急技术保障】 2020年,固原市地震应急指挥系统实现与中国地震局、自治区地震局、各县(区)地震局互联互通,提高应对灾害性地震的应急响应和处置能力。与企业签订《技术服务合同》,每月对应急指挥大厅、应急通信设备维护1次,每季度与全区地震部门、台站开展视频会议联调测试演练1次,每半年进行全面检测检修1次,确保应急指挥系统正常运行。组织单位干部开展应急能力培训,熟悉大厅指挥系统的运行、通信设备的使用。

【防震减灾信息教育】 2020年,固原市地震局借助防灾减灾周等重要时段,采取悬挂横幅、张贴海报、印发宣传资料以及依托广播、电视、报刊、网络、微博、微信等形式发布震情信息。开展防灾减灾救灾知识"六进"活动,指导各部门(单位)、宾馆、商场、运输企业、学校、医院通过悬挂宣传横幅、LED屏幕开展防灾减灾救灾宣传。累计展出展板200余块,展示应急救援器材30余件,发放知识读本及宣传彩页5万多份(册),发放印有防震减灾知识的台历、纸杯、帽子、手提袋等生活用品3万多份(个),发送宣传手机短信40万条。强化"互联网+地震科普"新模式,利用市政府网站地震信息专栏、微博、宣传橱窗和LED屏发布震情信息,开展防震减灾科普宣传,通过"固原发布"微信公众号、"固原防震减灾"微博等新媒体举办以自然灾害预防、应急避险知识等为主要内容的防灾减灾知识竞赛,引导广大干部职工和市民积极参与,提高全民防震减灾意识。及时报送防震减灾信息,每月以《震情反映》的形式,分析汇总地震活动性、前兆资料、宏观观测。以创建防震减灾科普示范学校、地震安全示范社区(村)为抓手,切实加强对中小学生、社区(村)居民的防震减灾宣传教育工作。固原市回民中学、泾源高级中学、泾源县城关二小为宁夏回族自治区防震减灾科普示范学校。全市创建全国综合减灾示范社区1个,国家级地震安全农居示范社区1个,自治区级地震安全农居示范社区1个,市级地震安全农居示范社区2个;自治区级地震安全农居示范村3个,市级地震安全农居示范村2个;自治区级防震减灾科普示范学校6所,市级防震减灾科普示范学校4所。

【应急避难场所建设】 2020年,固原市地震局配合自治区应急管理厅、地震局开展全市应急避难场所建设调研。累计设立固定应急避难场所42个,临时应急避难场所155个,总面积超过200万平方米。除学校操场外,市区其他16个应急避难场所设立应急避难标识牌53块、疏散指示牌41块,达到城市临时应急避难场所人均有效面积不少于1平方米,服务半径500米,固定避难场所人均有效面积不少于2平方米,服务半径2~3千米的标准。

【应急救援队伍扩充】 2020年,固原市地震局发挥消防、武警和民兵预备役骨干作用,依托固原消防支队和县(区)消防大队,分级组建市、县应急救援队,配备必要的救援装备和抢险器材。住建、公安、电力、电信、交通、医疗、卫生等行业按照《固原市地震应急预案》的要求,建立地震工程抢险队、次生灾害排险队、医疗救护队、治安保卫队,配备必要的地震灾害救援设施,适时组织开展地震紧急救援技能培训。更新落实全市地震应急救援队伍,造册登记,落实队伍148支、9950人。大力支持发展民间救援力量,固原蓝天救援队发展新队员20名,总人数达到138人,组织参加各领域突发事件和公共救灾救援行动,荣获自治区抗击新冠肺炎疫情先进基层党组织和纪念海原大地震100周年军地联合应急救援演练优秀组织单位等荣誉称号。

【地震应急工作检查与演练】 2020年,固原市地震局结合全市机构改革情况和防震减灾工作实际,制定印发《固原市2020年度震情监视跟踪和应急准备工作方案》《关于进一步做好全市震情监视跟踪和应急准备工作通知》。组织各县(区)防震减灾领导小组成员单位全面自查全市抗震救灾体系建设、风险隐患排查、各类专业救援队伍建设、救灾救援物资储备、物资紧急调用配送机制和应急避难场所建设等情况,制定整改方案,明确责任主体和完成时限,确保应急准备工作落到实处。组织开展地震应急演练活动,以市消防救援支队为主体,开展全要素、综合性地震救援实战拉动演练。防灾减灾日期间,结合疫情防控实际,动员全市学校、机关、企事业单位开展以应急疏散、紧急避险为主要内容的地震应急演练活动,指导各县(区)同步开展地震应急演练。指导市地震局、固原地震台、蓝天救援队、佐佐软件公司等单位的40多名工作人员组成5个工作组开展地震系统2020年"防灾减灾日"地震应急演练。联合市教育局下发《关于加强各级各类学校防震减灾宣传教育和地震应急疏散演练工作通知》,要求各级、各类学校科学制定应急预案、演练方案,定期组织开展防震减灾宣传教育和地震应急疏散演练活动。

(李玲莉)

安全生产监管

【安全生产整治】 2020年,固原市将三年行动重点工作任务融入全市大局工作,成立以市长为组长,相关分管副市长为副组长的工作领导小组,印发《固原市安全生产监管实施方案》(1个总方案,2个专题,9个国家规定专项,8个区市增加专项)。

开展专项整治三年行动2020年度细化工作,细化具体任务309项,制定清晰时间表路线图,分月、分年、分层级明确牵头责任单位、推进措施、挂图作战。建立专项整治三年行动联席会议和联络员制度,实行月调度、季通报、年总结。坚持不定期抽查督查各县(区)、各专项行动牵头单位的工作开展情况,督导检查116次,检查单位410家,排查隐患3860项,完成整改3844项,停产整顿3家,约谈警示惩戒89家、行政处罚1200多万元。结合自治区安委办危险化学品专家指导服务,将全市106家危险化学品生产、经营、使用企业全部纳入指导服务范围。

【安全教育培训】 2020年,固原市完善安全生产责任体系,厘清市、县、乡三级政府以及市直部门安全生产责任34家,修订固原市安全生产行政责任规定和安全生产委员会工作规则,完善安委会16项工作制度。开展安全生产月、"11·9"消防日、防灾减灾日主题宣传活动,常态化开展"七进"活动。发挥各类主流媒体作用,加强全社会安全教育,加强媒体监督,引导形成全社会齐抓共管安全生产的良好氛围。发放《习近平总书记关于安全生产重要论述摘编》,通过"固原应急"向全市推送防灾减灾、安全知识30万条,印发安全防范指导手册1万份,发放事故警示教育光盘800余张。举办防灾减灾救灾业务专题培训班,全市各乡镇、街道办事处及各县(区)应急局分管负责人、灾情信息报送工作人员共150余人参加培训。举办应急管理和安全生产监管能力提升培训班,1250名市安委会有关成员单位、重点企业安全管理人员和从业人员参加培训。

【消防安全整治】 2020年,固原市消防救援支队以消防安全整治三年行动、冬春火灾防控为主线,聚焦全国两会、中共十九届五中全会、春节、国庆等20余次重大活动及重要节日消防安保任务,推动民政、教体、公安、文广、商务、邮政等行业部门开展"生命通道"、人员密集、易燃易爆、学校、仓储物流、住宅小区、农村火灾防控等专项整治行动。联合各级行业部门召开酒店、物业小区、医疗卫生机构、文博单位、养老福利机构标准化现场观摩会15次,消防安全工作约谈会5次,开展联合检查80余次,联合消除隐患161处,集中查处消防车通道停车占用行为39处,拆除、清除涉及违规堵塞消防通道障碍物52处,完成全市124处公共建筑、259个住宅小区的消防车通道划线工作。全市消防部门累计检查单位4166家,督促整改火灾隐患2320处,处罚90家,责令三停18家,临时查封42家,罚款20.4万元,挂牌重大火灾隐患单位10家。

【旅游业安全管理】 2020年,宁夏六盘山旅游集团加大督导检查和考核奖惩力度,建立完善各类应急和处置方案16项,全面实施安全生产专项整治三年行动,旅游服务、防洪防汛、消防安全、森林防火、交通运输等各个方面实现"零事故"。

(柳丽、孙润阳)

县(区)概览

原州区

【概况】 原州区隶属宁夏回族自治区固原市,位于宁夏南部,六盘山东北麓,黄土高原中西部,东邻彭阳县,南接泾源县,西连西吉县,北靠海原县、同心县,东北、西南分别与甘肃环县、隆德县毗壤。境内平均海拔1750米。年均降雨300～550毫米,属内陆暖温带半干旱区,年平均气温7.6℃。累计日照时数2193.9小时。总面积2739平方千米,辖7个镇、4个乡、3个街道办事处、153个行政村、38个居委会,是固原市委、市政府所在地。2020年,全县户籍总户数为15.47万户,户籍总人口为46.68万人,比上年增加0.24万人。其中:男性23.59万人,女性23.09万人,分别占总人口的50.5%和49.5%;乡村人口26.94万人,城镇人口19.74万人,分别占总人口的57.7%和42.3%;回族人口22.91万人,占总人口的49.1%。原州区是固原市政治、经济、文化中心和宁南区域中心城市核心区,境内有丝路遗韵之黄铎堡古城、须弥山石窟佛寺遗址、草地类自然保护区云雾山草原等旅游景点。曾先后被评为国家卫生城市、全国节水型社会建设达标县、第一批全国农作物病虫害"绿色防控"示范县、自治区转移就业示范县、全区农业特色产业良种繁育基地示范县、全区双拥模范城(县)等。原州区是宁夏首个"高效节水灌溉示范县",全国重要的绿色农产品和牛羊肉生产基地,享有"中国冷凉蔬菜之乡"和"中国马铃薯种薯之乡"的美誉。

【国民经济指标】 2020年,原州区实现地区生产总值146.92亿元,同比增长5.2%;全年全区固定资产投资同比下降15.9%;地方一般公共预算收入1.68亿元,同比下降6.3%;实现社会消费品零售总额68.44亿元,同比下降5.5%;城镇居民人均可支配收入31972.4元,同比增长4.5%;农村居民人均可支配收入12563.3元,同比增长12.5%。

【农业】 2020年,原州区以建设"西部重要的菜篮子"为目标,巩固提升4个万亩、10个千亩露地蔬菜基地和28个设施农业园区,新建旱作覆膜集雨保墒蔬菜基地2个,建立永久性蔬菜基地6个,培育杨郎瓜菜产业示范村,蔬菜瓜果种植面积达到21.4万亩,同比增长1.1%。冷凉蔬菜"绿色银行"助农增收案例入选全国"2020民生示范工程",头营镇杨郎村荣获第十批全国"一村一品"示范村称号。建成万亩优质苜蓿种植基地2个、集中连片万亩青贮玉米示范基地4个,带动全区种植玉米40.3万亩、优质苜蓿8万亩、禾草15万亩。新建肉牛养殖节本增效科技示范点2个,培育万头肉牛养殖示范乡镇2个、千头肉牛养殖示范村12个、肉牛标准化规模养殖场6家。肉牛、肉羊饲养量分别达到25万头、74万只,实现总产值11.2亿元。国家牧草产业体系"一县一业"服务原州区牧草产业发展推进会、固原市首届肉牛美食文化节在原州区举办。特色种养产业,新建千亩小杂粮集中连片示范基地11个,带动种植小杂粮5万亩。培育养鸡专业合作社4家,建设兴百业高品蛋鸡产业园,生态鸡养殖规模达到35万羽。完善马铃薯种薯三级繁育体系建设,繁育原原种5000万粒,马铃薯种植面积达到13.5万亩。中药材、蜜蜂、肉兔等特色种养业发展壮大。原州区被评为全国第一批农作物病虫害"绿色防控示范县"、全国第五批率先基本实现主要农作物生产全程机械化示范县、全国第三批农村创业创新典型县,"固原鸡"被评为全国名特优新农产品。

【工业】 2020年,原州区落实"工业发展八条意见"和"促进民营经济发展意见",培育自治区级"专精特新"中小企业3家、"小升规"后备企业4家,高新技术企业、科技型小巨人中小企业4家,规模以上工业同比增长10%。坚持"走出去""请进来",开展“高质高效招商引资年”活动，兴百业高品蛋鸡、融侨（丰霖）肉牛、双文绒业等一批大项目、好项目成功落地，实现到位资金28.34亿元。全区全部工业实现增加值15.51亿元，同比增长10.4%。

【服务业】 2020年，原州区开展全域旅游示范区建设，累计接待游客突破146万人次，旅游社会总收入达到1603.63万元，持续扩大“丝路重镇 魅力原州”旅游品牌影响力。原州区被列入国家革命文物保护利用长征片区，河川乡寨洼村被评为全国乡村旅游重点村，张易镇宋洼村被评为中国美丽休闲乡村。实施“消费回流”计划，举办大型促销活动25场次，实现销售收入1.13亿元。

【城乡经济】 2020年，原州区落实城市网格化管理和“街长制”，整治文化巷、九龙路占道经营问题。投入使用智慧环卫管理系统，机械化清扫率提高至75%，市区生活垃圾无害化处理率98%。落实物业服务企业综合考评、督查通报制度，提高物业管理水平。加强违建巡查管控，拆除违法建筑4.7万平方米。建成寨科、炭山2个美丽小城镇，张易田堡、寨科蔡川等美丽村庄8个，建成中河小沟、开城小马庄等环境整治示范村14个。开展“五清一改一绿”行动，创建自治区农村生活垃圾源头减量、资源化利用示范县（区）。开展可再生能源应用试点示范，100个村委会实现太阳能供暖，建成农村卫生厕所8157座。

【基础建设】 2020年，原州区提升“全国四好农村公路示范县”成果，完善“四纵六横六连”公路网，推行农村公路“路长制”，设立“路长”160名，新修农村道路370千米，管理养护乡村道路1599千米。原州区被列为全国深化农村公路管理养护体制改革试点示范县。建成上滩、乔家沟水库，除险加固寺口子、沈家河水库，实施清水河至毛家沟、三十里铺至大马庄河库连通工程，完成三营甘沟等7个高效节水灌溉项目2.7万亩。原州区被评为国家级县域节水型社会建设达标县（区）。

【社会事业】 2020年，原州区推进办学模式改革，组建“教育集团”9个、“城乡办学共同体”8个。加快标准化学校建设，新建小学2所、幼儿园2所，建成自治区“互联网+教育”标杆学校6所。“互联网+教育”达标县、普及高中阶段教育顺利通过自治区验收。开展全民健身活动，成功举办各类赛事活动11场次。教体局被教育部确定为“篮球校园满天星训练营”。开展爱国卫生运动，加强疾病预防控制，提升公共卫生服务。以原州区医院为枢纽，建立远程影像中心、远程门诊，初步形成“互联网+医疗健康”远程诊疗体系。完成原州区医院搬迁，建成中医康复楼、放疗中心，“三乙”创建全面推进。寨科、彭堡卫生院达到优质服务基层国家标准。黄铎堡镇被评为国家卫生乡镇。开展全民悦读朗读大会、“诗书原州”大讲堂、送戏下乡等系列活动。加大文物保护，完成文澜阁抢险加固工程。坚持依法修志编鉴，实现二轮志书、综合年鉴全出版。国家公共文化服务体系示范区顺利通过国家验收。城市、农村低保标准分别提高到每人每月600元和每人每年4560元，新增保障对象3430户、4869人，动态调出2807户、4835人。发放临时救助资金3089万元、价格临时补贴785万元。续建老年养护院，新建农村“老饭桌”5个，基础养老金标准提高至168元，城乡居民养老、医疗保险参保任务全面完成。完成退役军人养老接续工作。发放创业贷款及农村妇女小额担保贷款1.12亿元，培育533个创业实体，支持495户农村妇女创业。城镇新增就业3626人，登记失业率控制在3.8%以内。农村劳动力转移就业7.52万人，实现工资性收入18.63亿元。原州区荣获自治区农村劳动力转移就业工作示范县称号。

【重点改革】 2020年，原州区围绕推进治理体系和治理能力现代化，扎实推进重点领域改革。落实“1+9”优化营商环境行动计划，加大金融机构信贷投放，减免税费3.9亿元。建成“163”政务服务平台，90%以上事项实现“网上办”。推进工程建设项目审批制度改革，实现“一窗”受理、“一门”通办。积极办理“12345”便民服务热线转办件，群众满意度达到99%。深入推进“双随机一公开”机制，加大守信联合激励和失信联合惩戒工作力度。深化综合医改，推进分级诊疗制度，医联体建设覆盖率100%，基层医疗卫生机构门诊占比70%。推进医保支付制度改革，完善药品补偿和医疗服务价格调整机制。农村综合改革，在黄铎堡老庄、曹堡开展农村土地承包经营权抵押贷款试点。开展农村产权制度改革，认定村集体经济组织成员身份28.5万人。建立农民专业合作社596家，辐射带动农户4.2万户。

【生态环境】 2020年，原州区践行“绿水青山就是金山银山”理念，守好改善生态环境生命线。按照“一屏一带一线三区”建设思路和“四个一”林草产业规划布局，加快生态功能区修复治理，完成六盘山外围降雨量400毫米以上区域营造林木18.4万亩，绿化旅游环线和乡村道路249公里。推广种植“一棵树”“一株苗”“一枝花”10.4万亩，“一棵草”83.5万亩。成功举办首届苹果采摘节。严守“三条红线”,强化自然资源管理,创新建立网格化监管、常态化巡查耕地保护机制,完成第三次国土调查、生态红线优化调整和河湖岸线划定。严格落实“河长制”,巡查守护河道,清理垃圾10万余立方米,拆除违法建筑38处,封堵非法排污口2个,整治“散乱污”企业109家。实施清水河(北环路—沈家河库尾)水环境综合整治、市区过境段3#人工湿地项目,清水河流域水质有效改善、水生态功能稳步提高。清水河三营国控断面水质稳定达到Ⅳ类,清水河二十里铺、冬至河入清水河2个区控断面水质稳定达到Ⅲ类。何家沟水库建成蓄水,年新增4000万立方米黄河水,有效保障27万亩川台地高效灌溉用水。清水河湿地被列入国家重要湿地。推进“四尘同治”,落实建筑工地“六个100%”防控措施,关闭散煤销售点16家,配送优质煤5740吨,完成加油站油气回收改造。全区空气优良天数达到97%。完成重点行业企业地块基础信息调查、风险筛查核实及初步采样调查。畜禽养殖粪污综合利用率、粮食作物测土配方施肥技术覆盖率均达到90%以上,化肥、农药使用量实现零增长。废旧地膜回收利用率达到85%,农业面源污染得到有效控制。自治区党委第三生态环境督察组转办70件、38个问题全部整改到位。

【依法治区】 2020年,原州区巩固“全国平安建设先进县(区)”成果,打造新时代原州“枫桥经验”,完善“访调一体化”机制。深化乡村治理、工程建设等13个重点行业重点领域专项整治。落实领导干部接访和信访案件“包案”制度,主动回应群众关切。深化民族团结进步创建活动,推进基层宗教治理,守好民族团结生命线。深化司法体制改革,原州区被列为自治区党政主要负责人履行法治建设责任述法试点县(区)。树牢红线意识和底线思维,开展安全生产专项整治三年行动,安全形势稳定有序。做好防灾减灾救灾工作,宋家巷社区被评为“全国减灾示范社区”。

【脱贫攻坚】 2020年,原州区落实“四个不摘”和“三防”要求,开展系统大排查5轮,解决各类问题3261个,剩余818户、2111人未脱贫人口全部脱贫退出,顺利通过国家脱贫攻坚普查。统筹整合资金8.7亿元,继续实施产业到户项目,培育扶贫车间13家,改造抗震宜居房801套,自来水入户率99.8%。新建金融扶贫示范村30个,发放扶贫小额信贷4.51亿元,贷款覆盖率72%。金融扶贫“蔡川模式”被《瞭望》杂志专题报道,并入选联合国扶贫案例。国务院国际发展知识中心权威专家组2次到原州区专题调研脱贫攻坚与产业发展。中央党校精准扶贫科学教研基地在原州区挂牌。强化移民后续扶持,做好移民群众产业、就业、社会融入3件事情,制定“一户一策”,发展后续产业,开展精准培训,开发公益性岗位,强化兜底保障,实现移民零就业家庭动态清零、无劳动力家庭应保尽保。提升移民安置区基础设施配套和公共服务,开展户籍、社保等接转工作。持续深化结对帮扶,落实闽宁协作、中央定点帮扶资金8200万元,支持发展教育培训、特色产业等项目,开展消费扶贫。建成彭堡姚磨一二三产融合产业园净菜分拣车间、头营杨郎冷链制冰车间,70家企业的570个产品进入全国消费扶贫产品名录,实现销售收入4.08亿元,位居自治区前列。依托铁路扶贫“832”等销售平台、宁夏六盘山特产馆,34家企业的300多种农副产品进入东南沿海和铁路市场。“扶志扶智飞毛腿模式”被国务院扶贫办列为扶贫典型案例。建立防返贫动态监测和帮扶机制,紧盯因病、疫情影响等六类易返贫致贫因素,建立“一册两单三级联动”机制,监测预警脱贫不稳定户678户、2740人,边缘易致贫户936户、3356人,定期核查、及时发现、及时纳入、及时帮扶、动态清零。寨科乡蔡川村和国铁集团原州区工作队荣获全国脱贫攻坚先进集体称号。头营镇杨郎村“全面脱贫与乡村振兴有效衔接”经验做法在全自治区推广。原州区脱贫攻坚成果在《人民日报》、新华社等国家主流媒体刊登报道350余篇。

【新冠肺炎疫情防控】 2020年新冠疫情防控期间,原州区成立疫情防控指挥部和10个工作组,建立三级包抓机制,落实“三分一统”管控措施,设立防疫预检站9个、联防联控点553个,组织1万多名党员干部群众和志愿者,全覆盖、地毯式排查城乡居民179752户、576608人,处置输入性病例及密接人员2例。原州区17名医护人员驰援武汉,投身抗疫最前线。落实惠企减负政策,开展网上审批、绿色通道、特事特办等服务,制定复工复产工作指南,压实企业主体责任,实行差异化复工复产。1401家企业全部复工、复产、复效,农业生产、交通物流、教育文化等社会秩序全面恢复,稳定供应链、产业链,稳住市场,稳住企业,经济运行稳定向好。制定常态化疫情防控方案,完善常态化防控机制,做到人员、设备、设施、物资、能力“五个到位”,保持指挥体系高效运转,建成核酸检测实验室和发热门诊,强化检测能力培训,加强日常监测预警。坚持“人物同防”,做好“外防输入、内防扩散”,广泛开展爱国卫生运动各项工作。

(刘万恩)

西吉县

【概况】 西吉县隶属宁夏回族自治区固原市,位于宁夏南部,六盘山西麓,东与原州区接壤,南与宁夏隆德、甘肃静宁两县毗连,西与甘肃会宁为邻,北同海原县相依。位于北纬35°35′~36°14′、东经105°20′~106°04′。境内海拔高度1688~2633米,平均海拔2400米,分黄土丘陵、河谷川道、土石山区三类地貌。年平均气温为5.3℃,年平均降水量400毫米。境内有葫芦河、清水河、祖厉河三条水系,均属季节性河流。县境东西长67千米,南北长74千米,总土地面积3130平方千米,其中耕地242.09万亩,辖4镇15乡、295个行政村、8个居委会。2020年,全县户籍总人口474658人。其中:城镇人口70441人,占总人口的14.8%,乡村人口404217人,占总人口的85.2%。汉族人口190073人,占总人口的40.0%,回族人口284373人,占总人口的59.9%。全县常住人口315827人。西吉县是宁夏人口第一大县、少数民族聚居县、国家和自治区扶贫开发重点县,是“中国马铃薯之乡”“中国西芹之乡”“中国果菜标准化建设十强县”。“西吉马铃薯”“西吉西芹”荣获“中国驰名商标”称号。西吉县旅游资源独特,享有华夏古钱币第一县美誉,拥有毛泽东夜宿地单家集和红军长征胜利会师地将台堡红色旅游景点,国家AAAA级旅游景区——火石寨丹霞地貌国家森林公园,亚洲第一、世界第二的国家级地震堰塞湖遗址,人文环境淳厚,是中国首个“文学之乡”。

【国民经济指标】 2020年,西吉县实现地区生产总值78.46亿元,按不变价格计算,比上年增长6.5%。分产业看,第一产业增加值22.81亿元,增长5.2%;第二产业增加值10.69亿元,增长7.8%;第三产业增加值44.96亿元,增长6.7%;第一、第二、第三产业之比为29.07%∶13.63%∶57.30%。全县城镇居民人均可支配收入28975.0元,同比增长6.0%;农村居民人均可支配收入11791.5元,同比增长13.2%。

【脱贫攻坚】 2020年,西吉县研究出台产业扶持、网格化包抓、薄弱村整治、“流动红旗”、“黄牌警告”等方案15项,累计整合各类涉农资金68亿元,建设农村公路2022千米,完成农村自来水入户7.4万户、危房改造28190户,实施易地扶贫搬迁6254户、29827人,村集体收入均达到5万元以上,37372户、155581人建档立卡贫困人口全部脱贫,237个贫困村全部脱贫出列,如期退出贫困县序列,历史性告别绝对贫困。落实闽宁协作帮扶资金8800万元、企业帮扶资金1225万元,精准实施基础设施、产业发展、公共服务等扶贫项目,发放小额贷款10889户、5.15亿元,肉牛产业专项贷款25.46亿元,注入村集体经济扶持资金7280万元。新建扶贫车间22家,安排公益性岗位7438个,扶持“三类重点”群体3442户、13086人,纳入民政救助3063户、5853人,新增光伏扶贫收益1820万元。累计排查整改各类问题23636个,新改造农村危房2114户,维修加固C级住房766户,新增自来水入户2178户,义务教育阶段适龄学生入学率、基本医疗参保率均达到100%。所有行政村通硬化路、通客车、通动力电、通宽带网络,贫困户生活用电和广播电视入户率达到100%,村级文化活动场所、标准化卫生室、综合服务网点等基本公共服务领域主要指标均达到国家标准。全年减贫4244人,综合贫困发生率下降至0。2020年11月16日,自治区人民政府正式批复同意西吉县退出贫困县序列,顺利通过国家各类评估考核和脱贫攻坚普查。

【农业】 2020年,西吉县实施高标准农田9.8万亩、高效节水灌溉0.53万亩,全面完成马莲等3座中型水库除险加固,巩固提升农村饮水安全工程。沙沟至偏城水源工程竣工通水。完成水发现代农业产业园智能日光温室、拱棚建设,加快集配中心、生产车间等配套基础设施建设。推进马铃薯种薯、鲜薯、加工等多元化发展,实施陇薯7号等新品种、水肥一体等新技术和宽幅间作等新模式,脱毒种薯应用率提高到90%,种植面积稳定在80万亩,产量达到160万吨,加工转化65万吨,占总产量的40.6%,召开国家马铃薯产业技术体系成果发布会。建成标准化示范基地26个,引进菜心、莴笋等高端品种11个,种植面积增加至15万亩,亩均产值达8900元。注重小杂粮加工转化,推广种植张杂谷13号等优新品种杂粮30万亩,巩固提升杂粮加工企业8家,生产杂粮面、苦荞茶等产品1.2万吨,糜、谷、荞销售价格分别同比增长67%、48%、75%。种植青贮玉米50万亩,新建青贮池9037座,调制饲草150万吨,西门达尔等优质肉牛品种改良率达到70%以上,全县肉牛、肉羊、家禽饲养量分别增加到42万头、108万只、160万羽。全县实现农林牧渔业总产值50.59亿元,比上年增长5.7%。其中,种植业产值37.21亿元,增长6.9%,畜牧业产值10.77亿元,增长6.5%。

【工业】 2020年,西吉县坚持轻工、特色农产品加工等劳动密集型产业定位,不断提升工业园区服务功能,强化入园企业投资效益,新引进亲亲食品等企业6家,园区集聚效应逐步凸显。全面落实减税降费等惠企稳企政策,减税降费9223万元,清欠民营企业账款3.84亿元,奖补技改企业14家、832.9万元,培育"专精特新"企业1家,规模以上工业企业增加到10家。全年完成全部工业增加值38702万元,同比增长5.9%,其中规模以上工业增加值增长2.1%。

【第三产业】 2020年,西吉县出台支持服务业健康发展"13条",有序恢复商贸餐饮,成功举办首届"扶贫助农直播"活动,提升改造乡级电商服务站7个,培育村级电商示范点100个,线上线下销售额突破4.5亿元。文创园孵化小微企业17家,中国旅行社西吉营业部挂牌开业,旅游扶贫重点村等8个文化旅游项目全面建成,将台堡纪念园晋升为国家AAAA级旅游景区。全年接待游客106万人(次),实现旅游营业收入1757万元。全县社会消费品零售总额19.53亿元,比上年下降6.3%,增速逐季回升。一季度下降15.2%,二季度下降9.6%,三季度下降7.1%,四季度下降6.3%。按经营单位所在地分,城镇消费品零售额12.36亿元,下降6.1%;乡村消费品零售额7.17亿元,下降6.6%。按消费行业分,批发业零售额2.81亿元,同比增长19.9%;零售业零售额10.71亿元,同比增长15.2%;住宿业营业额0.27亿元,同比增长4.95;餐饮业营业额5.74亿元,下降35.8%。

【招商引资】 2020年,西吉县扎实推行"163"政务模式和"8+3"服务举措,"放管服"改革纵深推进,营商环境持续优化,招商引资到位资金25.8亿元,县、乡、村一体化政务服务智能管理入选全区法治政府建设示范项目,全年办理各类政务服务事项32.65万件,政务服务网办率达到90%、不见面率达到80%。

【城乡建设】 2020年,西吉县提升改造县城滨河路、团结路11.5公里,开展格兰美景等8个商住小区项目建设,完成永清湖公园提升、西三角广场工程,完成棚户区改造1018户,改造老旧小区8个。新建美丽小城镇7个、美丽村庄8个,改造农村卫生厕所3833座。常态化开展城乡环境卫生大绿化大整治,划设停车位4787个,新栽、修剪行道树36.1万棵,拆除土坯危房2.02万座。实施葫芦河等河道综合治理136公里,建成城乡污水处理厂(站)19个、垃圾填埋场16个,完成县城燃煤锅炉脱硫脱硝除尘提升改造。葫芦河玉桥国控出境断面水质、优良天数比例稳定达标。完成自然保护区321处人类活动点位和"大棚房"清理整治任务销号,完成月亮山等造林绿化89.9万亩,森林覆盖率提高到18%,治理水土流失面积257.67平方千米,水土流失治理程度达到71.9%。

【基础设施建设】 2020年,西吉县建成高标准农田41万亩,改善节水灌溉面积10万亩,除险加固中型水库4座、骨干坝84座。中南部城乡供水连通工程全面建成,城乡自来水入户率达到99%以上,结束了广大群众人挑畜驮、长期饮用苦咸水的历史。全县公路总里程达到3289千米,公路密度高于全区平均水平,实现了从"连线成片"到"基本成网"的跨越。新增商住小区18个,建成美丽小城镇14个、美丽村庄33个,创建文明村镇176个。

【社会事业】 2020年,西吉县新改建农村薄弱学校294所,义务教育均衡发展顺利通过国家评估验收,学前三年、高中阶段毛入学(园)率分别提高到86%、94%,教育教学质量稳步提升。完成县中医院迁建、乡镇卫生院改扩建和村卫生室标准化建设,县域医疗服务一体化深入推进,大幅改善群众就医条件。全面建成钱币博物馆、图书馆、文化馆,全面应用智慧乡村"六朵云"。城乡低保、养老、退休职工保障标准逐年提高,城乡居民医疗参保率达到99%。

【公共服务】 2020年,西吉县持续加大科研投入,全县R&D经费(全社会研究与试验发展经费)投入增至2235万元,新认定区市级科技企业10家。完成七小、八中等教育项目建设11个,本科上线率提高至53.74%、高职院校录取率达到97.73%。完成县人民医院"六中心"改造工程,投入使用核酸检测实验室,提升改造乡镇卫生院分院6所,县域内救治率增至90.7%。召开全区"互联网+医疗健康"推进会。图书馆、文化馆全面完工,县融媒体中心投入使用,成功举办"心连心"艺术团慰问演出系列活动,群众文化生活不断丰富。

【生态环境】 2020年,西吉县清洁配煤中心建成投用,推广石墨烯节能炕3341套,空气质量优良率98.05%。深化河湖长制,开展"清四乱"专项整治行动,葫芦河玉桥国控出境断面平均水质达到Ⅱ类,基本建成工业园区固废处理厂,新建粪污处理站4座,回收废旧农膜8647吨。发展"四个一"林草产业45.41万亩,完成月亮山水源涵养等营造林16.6万亩,完成短岔等5条小流域治理,治理水土流失82.32平方千米。西吉县在国家重点生态功能区县域生态环境质量考核中被评为"一般变好"等次。

【新冠肺炎疫情防控】 2020年,疫情防控期间,西吉县成立应对疫情工作领导小组和指挥部,科学研判疫情形势,周密部署应对措施。坚持外防输入为主,落实"四早"要求,压实"四方责任",组织开展联防联控、群防群控。设立县域入口留验站11个、农村(社区)查验点707个。号召农村(社区)党员干部、广大志愿者积极主动参与,全面开展外来人员摸排,严管场所扩散渠道,严禁人员聚集活动,织密、织牢防控网络。设立定点治疗医院1家、预检分诊点32个、集中隔离留观点20个、生活必需品采购代办点392个。全县共有5名医护人员援鄂,有全区先进集体4个、先进个人8人,推选战"疫"模范308人。

(郎凤鸣)

隆德县

【概况】 隆德县隶属宁夏回族自治区固原市,位于宁夏南部六盘山西麓、宁南边陲,东望关陕,西眺河洮,南走秦州,北通宁朔;襟带秦凉,拥卫西辅,有"关陇锁钥"之称。南北长47千米,东西宽41千米,西北毗连静宁、西吉,东南直接泾源、庄浪,东北周边与固原接界。地处北纬35°21′~35°47′、东经105°48′~106°15′。海拔高度在1900~2500米。地貌类型分为黄土丘陵沟壑区(占55.70%)、阴湿土石山区(占33.26%)、河谷川道区(占11.04%)。年均流量1.91立方米/秒,流水均值5640.5万立方米,全年产水均值5.3亿立方米。属中温带季风区半湿润向半干旱过渡性气候,年平均气温为6.4℃,年日照时数为2728.1小时。全县面积985平方公里,辖13个乡镇、113个行政村、10个居民委员会,县政府驻城关镇。2020年,全县户籍总人口154412人。其中,城镇人口42590人,乡村人口111822人。回族人口22745人。隆德县历史悠久、文化深厚、山清水秀、宜居宜业。隆德书法、绘画、剪纸、泥塑、篆刻等50多个民间民俗文化入选国家非物质文化遗产普查目录,其中杨氏家族泥塑、高台马社火、砖雕(隆德魏氏家族砖雕)被列入国家级"非遗"代表作名录,民间绘画(隆德)、剪纸(隆德)等11个项目被列入自治区级"非遗"保护名录。2020年,隆德县荣获国家卫生县城、全国百佳富氧县、全国最美县域、全国农村生活污水治理示范县、全国农村生活垃圾分类和资源化利用示范县、全国信访"三无"县、全国第一批小型水库管理体制改革样板县、全区民族团结进步示范县、全区双拥模范县等荣誉称号。隆德县河长制办公室被评为全面推行河长制湖长制先进集体,城乡客运一体化经验入选全国典型案例集,农村集体产权制度改革试点经验在全国推广交流。

【国民经济指标】 2020年,隆德县完成地区生产总值35.48亿元,按可比价计算,比上年增长7.7%。分产业看,第一产业完成增加值7.8亿元,增长4.5%;第二产业完成增加值6.8亿元,增长24.0%;第三产业完成增加值20.9亿元,增长3.6%。三次产业对经济增长的贡献率分别为12.3%、59.0%、28.7%,分别拉动经济增长1.0、4.5、2.2个百分点。全县实现城乡居民人均可支配收入14706元,比上年增长9.6%。其中:城镇居民可支配收入25972元,增长3.8%;农村居民人均可支配收入11595元,增长12.1%;城乡居民收入比为2.24(以农村居民收入为1),比上年缩小0.18。

【农业】 2020年,隆德县完成农林牧渔业总产值18.16亿元,比上年增长4.8%。其中,种植业总产值10.81亿元,增长10.9%;林业总产值1.09亿元,增长39.3%;牧业总产值5.45亿元,增长4.6%;农林牧渔服务业总产值0.81亿元,增长1.1%。实现农林牧渔业增加值8.31亿元,比上年增长4.2%。全县农作物播种面积54.00万亩,其中:粮食作物27.35万亩,在粮食作物中,冬小麦4.50万亩、玉米11.45万亩、马铃薯8.50万亩、豆类2.40万亩;经济作物15.65万亩,其中:油料4.30万亩、蔬菜3.35万亩、中药材8.00万亩;其他作物面积11.00万亩。粮食作物面积减少,经济作物和饲草面积增加,种植业结构进一步优化。全年粮油总产量达8.59万吨,其中:粮食产量8.15万吨。油料产量0.44万吨。全县生猪饲养量5.33万头(存栏2.18万头、出栏3.15万头),比上年下降10.0%;羊只饲养量5.10万只(存栏2.28万只、出栏2.82万只),增长20.9%;牛饲养量8.05万头(存栏5.33万头、出栏2.72万头),增长9.4%。全县肉类总产量0.80万吨,增长4.9%,其中猪肉产量0.24万吨,下降1.2%。截至2020年年底,全县拥有机械总动力19.85万千瓦,完成机耕田42.89万亩,机械收获32.36万亩,机械铺膜24.82万亩,耕、种、收综合机械化水平为65.84%。农机经营总收入9823万元。全县培育产业扶贫示范村10个,扶持龙头企业10家,培育扶持合作社40家,家庭农场7家。全县种植优质牧草14万亩,补栏基础母牛2812头,实施"见犊补母"2万头,建成自治区级肉牛养殖示范村2个,58个村集中发展肉牛养殖,全县肉牛饲养量达9.3万头。全县累计发展休闲农业经营主体71家,其中休闲农庄3家、休闲农业园7家、民俗村3家、"非遗"传承基地2家、农家乐56家。在隆张公路两侧、高速公路口县城段及陈靳乡新和村大田种植油菜1万亩,打造色彩农业带,国庆期间,全县累计接待游客20余万人次,同比增长18%,直接营业总收入150多万元,同比增长9%。全县建成农村集体经济组织104个,赋码登记104个,确认成员身份3.14万户、11.34万人;完成71个村(社区)完成经营性资产份额量化改革、33个村(社区)股份制改革试点,全县入股土地面积8427.43亩,其中土地股份合作社12家、6458.5亩,农民专业合作社1家、117.8亩、村经济合作社1家、1851.13亩。

【工业】 2020年,隆德县全县完成工业增加值1.4亿元,比上年增长17.1%。其中,规模以上工业完成增加值6583万元,增长24.5%;规模以下工业完成增加值0.73亿元,增长11.1%。工业经济对全县经济发展的贡献率为10.8%,拉动经济增长0.8个百分点。谋划基本建设项目84个,完成城乡供水工程县城段至好水段等工程75个,千峰兔业养殖园区建设等30个项目被列入自治区重大项目;残疾人康复中心等20个项目被列入市级重点项目;园区四期建设等3个项目被列入全市高质量发展重点项目。全县累计完成全社会固定资产投资21.6亿元,比上年下降12.6%。其中,县内500万元以上项目完成投资16.3亿元,下降3.1%;房地产开发完成投资3.8亿元,下降25.5%;厅局级完成投资1.5亿元,下降46.1%。

【第三产业】 2020年,固原市隆德县实施适当延长娱乐场所及夜市营业时间,开展电商节、助商惠民购物节,举办营销大赛等多种消费提振举措,恢复社会消费水平,全县实现社会消费品零售总额10.3亿元,比上年下降7.8%。其中,批发零售贸易业9.4亿元,下降6.9%;住宿餐饮业8615万元,下降16.7%。举办全县首届“筑梦六盘”新媒体营销大赛、“大爱隆德·丰收隆德”电商助农系列活动。借助网络平台、自媒体等多渠道宣传冷凉蔬菜、剪纸、土蜂蜜、粉丝、手工艺品、砖雕等一批适合网销的名优特商品,规划打造“塞上六盘”“六盘优粮”等一批电商品牌商标,全县农村网络零售额达到3804万元。采取网上直播形式举办“第二届宁夏固原梯田花儿节暨第五届清凉隆德行‘万亩花海大美隆德’网络文化旅游节活动”,粉丝关注量达到30万人次,游客数量达到20万人次。全年累计接待游客38.75人次,直接性营业收入460万元,旅游社会总收入1.55亿元。

【招商引资】 2020年,固原市隆德县招商引资“走出去”11次对接洽谈金誉生物科技等项目23项,“请进来”客商38批次,落地建设杏仁加工及活性炭生产、肉兔、肉牛养殖、菌菇驯化基地等一批潜力大、成长性好、竞争性强的产业项目,累计到位资金达21亿元,同比增长10%,有力推动重点产业补链、延链、强链。

【医疗卫生】 2020年,固原市隆德县累计设床位869张,每千人拥有床位5.02张,每千人拥有执业(助理)医师2.6人。全县门诊27.81万人次,住院1.39万人次,孕产妇死亡率0%,婴儿和5岁以下儿童死亡率下降到5.89‰,计划免疫接种率95%以上,传染病报告发病率34.99/10万人,突发公共卫生事件1起,及时报告率和处置率100%。

【工业园区】 2020年,固原市隆德县园区企业实现工业总产值4.2亿元,同比增长31.3%。年底实现工业总产值4.5亿元,入园企业60家,解决就业2213人,其中建档立卡户442人,残疾人63人。园区新建项目9个,总投资0.63亿元。完成园区固废填埋场、园区一期排污管网、集中供能续建一期项目、香雪换热站项目、孵化园四期I区建设等项目。为工业园区农副产品深加工项目(6家退城入园食品企业)安装墙板与屋面板。引导企业扩建彩印生产线1条;支持黄土地进行无菌化车间和湿粉生产线改造;六盘山中药切片车间建成投入使用,建成颗粒配方提取车间,新增5台人造花自动化注塑机,上市销售DIY产品;为36家企业争取闽宁协作资金910万元,支持企业技术改造和科技创新。

【基础设施建设】 2020年,固原市隆德县新(改)建农村公路7条80.9千米,实施城乡客运一体化及安全生命防护工程建设项目,计划总投资2.78亿元。新建一座车辆检测中心,面积1256.5平方米,购置公交智能化4G视频网络监控系统及机动车检测设备,建设新能源公交车充电识别系统2套、240千瓦充电桩10个。绿化、改造、翻修渝河农村客运停车场、公交车停车场。全面整治县乡道路累计231千米。完成县省道路面病害修补、边沟清理、路肩和边坡整修工作,路面病害修补5100平方米、清理边沟46千米、整修路肩边坡及清除杂草52千米,路面病害维修3000多平方米。完成乡道整修路肩和边坡工作,边沟清理完成20条、18千米,路面病害维修5000多平方米。全县13个乡镇、99个行政村全部通沥青水泥公路,全县行政村、自然村通硬化路率100%。全县农村客运车91辆,线路33条;城乡公交72辆,线路19条,行政村通客车率100%。面向全县99个行政村开通“全微通”农村客运服务平台。

【城乡建设】 2020年,固原市隆德县全面推进城镇老旧小区改造工作,推动惠民生扩内需,促进经济高质量发展。改造西海子、原工行、淀粉厂老旧小区3个。实施武装部营院围墙等改造项目,拆除及恢复围墙126平方米,路面、坡道拆除及维修40.4米;实施县三山公园彩色道路及健身广场维修工程,铺装人行道180平方米,更换维修路沿石560

米,修补破损景观石及彩色步行台阶等;完成沥青混凝土修补红崖社区东侧公路、加油站出入口等工程,累计修补2600平方米。完成交通路网、外立面改造、排水管网等项目建设,整合环境整治等项目资金,构建基础设施长效管护运行机制,推进小城镇基础设施提档升级,打造示范小城镇。完成张程小城镇通信管网敷设、电力通信管线、乡政府外立面改造及道路硬化工程。建设恒光、杜堡等美丽村庄7个。牵头制定《隆德县城乡垃圾分类和资源化利用实施方案》,探索建立"两次六分、四级联动"治理模式,99个行政村划定三级保洁网格1247个,聘用乡村保洁员1334人,投入资金1000万元,在观庄乡前庄村、凤岭乡李士村等6个村建立垃圾分类收集点,配备分类垃圾桶2400个。开展农村人居环境整治,结合城乡人居环境整治百日攻坚行动,督促各包抓部门、各乡镇深入开展村庄清洁行动,做好村庄"五清两改一绿化"工作,明确农户房前屋后"三包"责任,对各乡镇村内街巷及路边、河边、田边、坑塘沟渠等进行环境卫生整治。累计投入人力4.9万人次,机械4383台次,清理生活垃圾5995.5吨、村庄沟渠1037条,清理乱堆乱放6045.8吨。

【脱贫攻坚】 2020年,固原市隆德县严格落实"五级书记遍访贫困对象"要求,专题研究脱贫攻坚工作40余次。全县实现2761名干部帮扶贫困户全覆盖,各帮扶单位累计落实帮扶资金5957.1万元,帮扶工作群众满意度达到99.8%。积极争取项目资金4560万元,以产业合作、劳务协作、携手奔小康为重点,组织实施项目10类、15项、35个,巩固提升闽宁示范村6个,培育特色产业园区3个,扶持壮大村集体经济组织6个,贫困村基础设施巩固提升及产业培育7个,新建农村扶贫车间7个。扶持建档立卡户种植冷凉蔬菜3196亩、中药材586亩、玉米5.58万亩、马铃薯9372亩、豆类5130亩,补栏基础母牛1112头、二元母猪548头、养蜂1583箱。培育产业示范村10个、龙头企业10家、专业合作社10家、家庭农场10家、致富带头人150名,全县共有产业示范村31个、龙头企业19家、专业合作社36家、致富带头人1051名,辐射带动全县肉牛饲养量8.5万头,种植大田中药材3万亩,种植蔬菜4万亩,全县8942户贫困户通过发展产业脱贫致富。新建农村扶贫车间10个,全县扶贫车间数量49个,带动1410人农村劳动力在家门口稳定就业,其中贫困户560人;通过公益性岗位和生态护林员累计安排3088名农村劳动力就业增收。完成各类培训6560人,组织贫困户劳动力跨地区和就近就业14374人。落实"两免一贴一保"的金融扶持工程,完成小额信贷2.05亿元,累计为贫困户发放金融扶贫贷款8.03亿元,存量贷款3.16亿元。落实各级各类教育扶贫政策,实现6105名贫困户家庭学生教育资助全覆盖,全县适龄儿童义务教育入学率和巩固率均达到100%,未出现因贫辍学学生。推进农村低保制度与扶贫政策有效衔接,建成自治区首家综合性残疾人托养中心和3个乡级残疾人托养机构,累计托养残疾人208人。成立残疾人电商创业协会,通过"入股分红"模式带动特困残疾人脱贫。建立"一认定双保障多兜底"机制,保障双保障兜底户107户284人。通过农村敬老院、"老饭桌"等,妥善安置建档立卡特殊人员617名。

【社会事业】 2020年,固原市隆德县城乡低保对象13919户、19999人,其中,农村低保对象11241户、15217人,城市低保对象2678户、4782人。累计发放社会救助资金1.22亿元。投入资金改造社会福利院无障碍设施,建成"医养结合"服务中心。疫情防控期间,全县转移就业4.1万人(县外转移2.5万人,县内转移1.6万人),实现工资性收入7.6亿元。开展劳动力素质提升培训5247人(建档立卡贫困户劳动力2432人)。发放创业贷款236户、3615万元。开展创业培训210人,创业指导服务236人。为符合条件的46家企业,发放失业保险稳岗返还补贴50.98万元,惠及职工1215人。城镇职工基本养老、失业和工伤保险参保人数分别达到9348人、5096人、12960人,分别完成目标任务的98.4%、99%、108%;城乡居民基本养老保险参保70330人,完成目标任务的103%。为全县18617名建档立卡贫困人员代缴养老保险费,城乡居民基本养老保险享受待遇19374人,认证16405人,发放0.32亿元;机关事业单位基本养老保险享受待遇2484人,认证2263人,发放2.52亿元;企业职工基本养老保险享受待遇4087人,认证3115人,发放0.98亿元。

【新冠肺炎疫情防控】 2020年,固原市隆德县建立全县新冠肺炎疫情联防联控机制,实施防、控、治、保各项措施。紧急设立交通查验站9个、城乡查验点242个,抽调10678名党员、干部投身防疫一线。全面推行预检分诊,新建县医学观察隔离病房,设置沙塘公租房等集中隔离点4个,累计隔离观察重点地区到隆德人员、发热病人等2123人次。及时有效隔离、转运、救治确诊病例3例。面向全区率先建成县级核酸检测实验室,累计检测14446人次。多渠道筹集口罩等医用防护物资286万件,争取抗疫特别国债资金9427万元,接受社会捐款121万元。

(马建红)

泾源县

【概况】 泾源县隶属宁夏回族自治区固原市,位于宁夏南部,六盘山东麓,东与甘肃省平凉市毗邻,南与华亭县、庄浪县交界,西与隆德县接壤,北与原州区、彭阳县相连。地理位置介于东经106°12′~106°29′、北纬35°15′~35°38′。境内海拔高度为2200~2900米。年平均降雨量900.1毫米,年平均气温6.4℃。全县土地总面积1131平方千米,辖3个镇、4个乡、3个居民委员会、96个村民委员会,县人民政府驻香水镇。2020年,全县户籍总人口115152人、32083户,其中,城镇人口11592人、乡村人口103560人;男性60083人,女性55069人。回族人口92927人,占总人口的比重为80.70%。户籍人口城镇化率为10.07%,比上年年末下降0.26个百分点。泾源县境内群山环抱,百泉汇流,气候湿润,山清水秀,风景宜人,被列为国家级自然保护区、国家森林公园和全国第一个旅游扶贫开发试验区。境内有秦汉时期的瓦亭萧关、成吉思汗屯兵避暑的凉殿峡,还有老龙潭、弹筝峡、卧龙山、胭脂峡、野荷谷、白雾山、延龄寺等景区、景观,是一个以自然山水、森林景观、回乡风情为特色,集生态旅游、疗养避暑、野外探险、科学考察于一体的风景名胜区。主要旅游景点有老龙潭、二龙河、鬼门管关、野荷谷、胭脂峡、米岗山、五锅梁、大雪山。泾源县历史悠久,地方文化积淀深厚,人文景观有水沟秦汉遗址、制胜关、石窑湾石窟、凉殿峡、堡子山、北伍家清真寺等。全县有国家AAAA级旅游景点1个、国家AAA级旅游景点1个、国家AA级旅游景点1个。

【国民经济指标】 2020年,泾源县实现地区生产总值21.94亿元,比上年增长3.2%。其中,第一产业增加值4.14亿元,增长3.8%,贡献率为20.7%,拉动地区生产总值增长0.66个百分点;第二产业增加值3.61亿元,增长0.3%,贡献率为1.6%,拉动地区生产总值增长0.04个百分点;第三产业增加值14.19亿元,增长3.9%,贡献率为77.7%,拉动地区生产总值增长2.5个百分点。经济结构由上年15.3∶17.9∶66.8调整为18.9∶16.5∶64.6,第一产业比重提高3.6个百分点,第二产业比重下降1.4个百分点,第三产业比重下降2.2个百分点。固定资产投资同比下降35.9%。社会消费品零售总额7.96亿元,同比下降2.6%。城镇居民人均可支配收入27650.8元,同比增长4.1%;农村居民人均可支配收入10707元,同比增长10.1%。

【脱贫攻坚】 2020年,泾源县围绕"两不愁三保障",全面落实"四个不摘"要求,整合财政涉农资金3.2亿元,累计发放扶贫贷款6059户3.6亿元。深化闽宁对口协作和央企定点帮扶机制,厦门海沧区和中国建材集团投入资金6154万元,实施扶贫项目43个,惠及贫困群众13969人。开展社会帮扶活动,接受各类捐款捐物1436万元。销售各类农特产品突破亿元。开展"四查四补"(查损补失、查漏补缺、查短补齐、查弱补强),建立"3421"工作机制(在"四查四补"工作中实行三联三包抓、四方确认定、两级审核改、群众签字认的工作机制)和动态监测机制,排查整改各类问题906个。精准落实一户一策,剩余49户、152人全部脱贫,实现脱贫路上不漏一户、不落一人。脱贫攻坚圆满收官,剩余未脱贫人口全部脱贫,顺利通过脱贫攻坚普查和东西部协作考核,如期完成脱贫攻坚目标任务。

【农业】 2020年,泾源县实施草畜产业"双闯"工程,引进安格斯基础母牛2520头,补栏育肥牛1.47万头,种植优质饲草12.6万亩,肉牛饲养量稳定在8.5万头。推行"出户入园、出村入场"肉牛养殖模式,建成示范场7个,完成圈舍改造1261户。实施苗木产业"双增"工程,完成精准造林7万亩,腾退樟子松8500亩。加快"四个一"林草示范工程建设,推广种植14.9万亩,完成黑果花楸种苗繁育、特色花灌木驯化等5个育苗中心建设。大力实施中蜂产业"双强"工程,扩大"泾源蜂蜜"品牌影响力,县域10家企业获得全国名特优新农产品认证;引进中蜂6112箱,建设示范蜂场20个,安装智能蜂箱2000套,中蜂养殖稳定在2.7万群。

【工业】 2020年,泾源县全部工业增加值为4258万元,工业增加值可比增长16.8%,比上年同期提高7.2个百分点,对GDP的贡献率为11%,拉动GDP增长0.35个百分点。突出抓好复工复产,扎实做好"六稳"工作,全面落实"六保"任务,积极推行"一企一策",帮助企业纾难解困,累计兑付各类补贴758万元,减税降费2133万元,转贷纾困基金960万元,发放贷款1605笔1.2亿元。金融机构各项存款余额34.8亿元,增长6.9%,各项贷款余额27.8亿元,增长21.6%。开工建设园区产业孵化车间10栋、2.3万平方米,开展黑果花楸生产线建设,众天蜂业落地投产。大力实施电商产业园"双百"工程,培训电商学员117名,孵化电商店铺110家。

【第三产业】 2020年,泾源县第三产业增加值为14.19亿元,增长3.9%,对GDP的贡献率为77.7%,拉动GDP增长2.5个百分点。大力实施旅游产业"双促"工程,全年接待游客104万人次,实现旅游综合收入7.9亿元,泾河源旅游度假区被评定为自治区级旅游度假区,杨岭村、冶家村入选第二批全国乡村旅游重点村。香水新村二期主体完工,全面建成百花溪谷产业融合发展示范园,新时代影城、城市室内公园正式运营,宁夏娅豪国际滑雪场恢复营业,成功举办第二届冰雪文化体育旅游节和全区青少年高山滑雪锦标赛。

【招商引资】 2020年,泾源县落实招商引资项目18个、20.3亿元,"双争"到位资金20亿元,实施科技创新项目47项,培育认定技术创新中心5家、国家和自治区科技型企业9家。

【基础设施建设】 2020年,泾源县实施重点项目52个,完成投资15亿元。全面建成泾华高速公路泾河源镇至双疙瘩梁段,持续推进泾河源高速服务区和312国道维修工程。改建提升农村公路9条、53千米,硬化巷道7.3万平方米,维修农村水毁道路2.3万平方米。加快实施"双水源"工程,农村水系综合整治试点县项目进展顺利,县城南部水源连通工程全面竣工,完成河道综合治理7条、18.8千米,实施小流域综合治理4个,治理流域面积35平方千米。

【社会事业】 2020年,泾源县推进教育事业均衡发展。实施"互联网+教育"补强工程,中小学在线互动课堂超过50%,直播课堂达到100%。县内高中本科上线率达到34.2%。建成中医楼建设项目,投入使用核酸检测实验室,新民、大湾卫生院标准化改造竣工验收。完善大病慢病三级服务管理机制,救治贫困患者1643人。推进荷花新城社区全民健身中心建设,完成乡村文化阵地改造,龙脊山、环城健身步道建成使用。发放创业担保贷款2500万元,培育创业实体215个,带动就业1498人,完成职业技能提升培训3820人,城镇新增就业422人,劳动力转移就业2.64万人,实现转移就业收入5.4亿元。运行"六到家门口"服务站,全面完成县城中心敬老院维修改造工程,投入运行残疾人康复中心,城乡居民养老保险和医疗保险参保率均达到100%,规范双拥和退役军人管理服务工作,荣获"全区双拥模范县"称号。面向全区推广乡村文明实践积分卡"5223"模式,在全区交流"塑形""铸魂"两项制度。加快法治泾源和平安泾源建设,开展"法律八进"活动,推进扫黑除恶专项斗争,召开全区交通事故预防"减量控大"现场推进会。及时化解群众反映强烈的信访矛盾,荣获"全国信访三无县"称号。开展民族团结进步创建,依法管理宗教事务。

【生态环境建设】 2020年,泾源县推进蓝天行动,全县环境空气质量综合指数位居全区首位。开展碧水行动,开工建设响龙河水生态治理项目,开展泾河干流沙南段综合治理工程,推进县城污水处理厂扩容项目。建成六盘山镇污水处理站提标改造主体,召开全区河湖长制现场观摩推进会。建设高标准农田5320亩,回收残膜510吨,加工再生塑料颗粒115吨,改造升级规模养殖场10家,推广施用有机肥5万亩,完成园区一般工业固废处置厂建设。强力推进复绿行动,泾隆公路沿线生态修复稳步推进,三关口矿区生态修复四期工程全面竣工,累计修复2131亩,成为全区生态保护修复的示范样板。

【新冠肺炎疫情防控】 2020年,疫情防控期间,泾源县建立"三联三包""五户联保"责任体系,推行"网格化分区、组团式服务、巡防式排查、信息化管理"管控模式,落实"34334"("3",即:保持战时思想准备、保持应急指挥体系、保持工作责任制度;"4",即:强化应对境外疫情工作机制、强化疫情及时发现处置机制、强化医疗救治应急保障机制、强化应急物资供应保障机制;"3",即:完善城乡社区疫情防控机制、完善公共健康宣教联动机制、完善环境卫生整治工作机制;"3",即:精准管控重点人员、精准管控重点场所、精准管控入泾通道;"4",即:着力保持经济稳中回升、着力保障基本民生、着力决胜全面小康社会、着力推进高质量发展)常态化疫情防控机制,确保全县确诊病例、疑似病例零发生,实现了疫情防控和经济社会发展"双战双赢"。

(杨意河)

彭阳县

【概况】 彭阳县隶属宁夏回族自治区固原市,位于六盘山东麓,西连原州区,东、南、北分别接甘肃省镇原县、平凉市和环县,彭青高速接福银高速并连通火车站、固原机场,309、327国道东西横穿,202省道南北纵贯,具有"三省通衢、宁南门户"的特殊区位。海拔高度在1248~2418米,年平均降水量561.5毫米,年平均气温8.3℃,年日照时数1972.9个小时,年无霜期158天。属黄土高原丘陵沟壑区,典型的温带半干旱大陆性季风气候,属以农业经济为主的国家扶贫重点县。总土地面积2533.49平方千米,其中耕地面积125.5万亩,辖4个镇、8个乡、156个行政村、6个居民委员会。2020年,全县户籍户数75866户,户籍总人口247487人,其中户籍城镇人口66684人,占户籍人口比重26.94%。户籍乡村人口180803人,占户籍人口比重为73.06%。汉族169910人,占68.65%;回族77449人,占31.29%;其他少数民族128人,占0.05%。彭阳县境内红色资源丰富,先后有5支红军队伍过境(宿营)并开展革命活动,是红28军、红32军北上抗日出发地,是打响解放宁夏第一仗的主战场,属革命老区一类县,被誉为"宁夏红色堡垒第一县",2020年被评为"全国双拥模范县"。2020年,彭阳县林地面积203.87万亩,森林覆盖率由建县初的3%提高到30.6%,空气质量优良天数比例平均值为96.6%。全县"88542"工程整地带可绕地球三圈半,"梯田花儿节"让彭阳"网红"全国,彭阳梯田被称为"中国最美旱作梯田"。全国人大十届三次会议把"在黄土高原同类型地区推广彭阳经验"确定为十大重点办理建议案之一。彭阳县分别荣获全国造林绿化先进县、全国水土保持先进县、全国退耕还林先进县、全国经济林建设先进县、国家园林县城等多项荣誉称号。彭阳县以生态资源为主体,以自然景观为依托,以人文景观和红色遗址为点缀打造全域旅游,是生态旅游景区和红色旅游胜地。"彭阳辣椒""红梅杏""朝那鸡"等绿色品牌走向全国,"绿色产品基地"名片效应初显。

【国民经济指标】 2020年,彭阳县实现地区生产总值696554万元,同比增长5.1%。其中,第一产业增加值159315万元,同比增长1.6%;第二产业增加值227475万元,同比增长10.8%;第三产业增加值309764万元,同比增长3.3%。地方一般公共预算收入2.47亿元,下降13.7%;全社会固定资产投资29.30亿元,同比增长9.7%;全县全体常住居民人均可支配收入15195元,同比增长9.2%;城乡居民人均可支配收入分别达到28328元和12232元,同比增长4%与11.2%。城镇常住居民人均消费支出17143元,同比增长8.0%;农村常住居民人均消费支出9599元,同比增长9.3%。

【脱贫攻坚】 2020年,彭阳县统筹开展战"疫"战"贫"。对标"两不愁三保障",开展"四查四补",剩余185户、549名贫困人口全部脱贫,顺利通过国家脱贫攻坚普查验收。制定《全面开展"四查四补"高质量打赢脱贫攻坚战实施方案》,明确4个方面、17项任务、50条具体措施,采取"四个三"工作机制和"五步"工作法,结合各级各类巡视、督查、审计、考核反馈问题整改。高质量整改查摆问题3900个,全面完成自治区党委脱贫攻坚专项巡视"回头看"等各类反馈问题整改,所有村村集体经济收入达到5万元以上。逐户逐人逐项起底排查,边查边改、边查边补,累计排查农户59819户,其中,贫困户15173户(脱贫监测户322户、未脱贫户186户),非贫困户44646户(边缘户294户),排查各类问题3731个,全部整改清零。深化闽宁协作,全面脱贫与乡村振兴机制、政策、产业、治理有效衔接,召开自治区电商进农村现场会、光伏扶贫工作现场会。实行"三包一"捆绑包抓责任制和动态监测预警帮扶机制,对未脱贫户和脱贫不稳定户、边缘易致贫户认真分析研判,逐户逐人逐条分析研判,制定完善"一户一策"台账。整合涉农资金4.17亿元,落实扶贫重点项目72个,发展肉牛、张杂谷、辣椒、苹果和紫花苜蓿等特色种养业,确保贫困户户均有1~2个脱贫产业,顺利通过国务院脱贫攻坚普查验收。研究制定《彭阳县高质量发展综合绩效年度考核办法》,明确统计监测指标项目、目标值和责任单位,分层分类推进,精准施策补齐,自治区考核的6个方面40项指标任务,达标21项,剩余指标19项,全面小康社会实现程度达到92.88%。

【民生事业】 2020年,彭阳县完成G85银昆高速公路彭阳段征迁丈量登记,续建农村公路17条142千米,平安大桥建成通车,建成高标准农田8.06万亩(高效节水灌溉2万亩)。开展交通秩序、占道经营、违章建筑专项整治,建成美丽小城镇1个、美丽村庄8个。以"五土"共改清零为突破口,全面实施"四行动一改造",完成农村水冲式卫生厕所5000户,建成示范村13个。推进义务教育学校薄弱环节改造和能力提升项目,投资1.46亿元,新建和改扩建校舍面积达2.5万平方米。开展"互联网+教育"建设,新建在线互动课堂教室260间。开工建设县五中,建成县四小、六幼、西门体育场,"普高"顺利通过自治区验收,荣获全国阳光校餐示范县称号。开展健康彭阳建设,成立县级公立医院管理委员会,建立县乡村一体化区域信息平台,初步形成县域医疗卫生服务体系。县医院核酸检测实验室建成投用,医疗卫生信息一体化平台试运行,县域内住院就诊率达到95%。城乡居民养老、医疗保险参保率分别达到96.2%、99.9%。健全完善社会保障、养老服务、文化服务、社会救助体系,城乡低保实现应保尽保。发放各类救助资金1.63亿元。发放创业贷款1.6亿元,转移就业5.68万人,荣获全区转移就业示范县称号。筑实筑牢和谐屏障,制定基层治理"1+6"任务清单,明确重点任务166项和工作措施640项,完成2020年既定的工作措施231项,完成率88.5%。开展扫黑除恶专项斗争,办理涉黑涉恶案件6起,查结问题线索544条、查结率100%。加强安全生产和应急指挥体系建设和市场监督管理,各类安全隐患排查整改到位。开展"枫桥式"派出所改革。加强军民融合,深化双拥共建,荣获"全国双拥模范城(县)"。

【生态建设】 2020年,彭阳县开展大规模国土绿化行动、小流域综合治理。六盘山重点生态功能区降雨量400毫米,治理小流域4条、107平方千米,区域造林绿化工程16.52万亩,全县森林覆盖率达到30.6%,小流域综合治理程度达到76.3%,年入黄河泥沙减少量达680余万吨。开展燃煤污染治理、水源地保护、秸秆禁烧、农村面源污染治理和"五土"共改清零行动,农村人居环境明显改善。推进"河长制"有名有实,1月至10月,县域大气优良天数288天,优良天数比例为97.3%,同比上升4.6%,可吸入颗粒物PM_{10}平均浓度为48微克/立方米,同比下降15.8%;细颗粒物$PM_{2.5}$平均浓度为22微克/立方米,同比下降12%。生态效益转化能力不断提升。实施"企业+基地+农户""前店后场+基地+农户"等发展模式,引进培育10家龙头企业,累计筛选示范推广矮砧苹果、花椒、山楂、张杂谷等适宜品种40个、100.05万亩,打造示范园、示范点69个,发展"四个一"林草产业52万亩,林果产值达3.88亿元,彭阳苹果荣获宁夏苹果大赛"双银"奖,"四个一"林草产业"彭阳模式"在全区推广。空气优良天数比例达到96.6%。全面推行生活垃圾分类,建成养殖企业粪污处理设施49家,畜禽粪污资源利用率、残膜回收率分别达到90%和95%。召开全区建设黄河流域生态保护和高质量发展先行区第二次推进会和全市生态建设现场会。

【产业发展】 2020年,彭阳县提质扩量"四个一"林草产业,扩大高效作物种植面积,打造规范化规模化种养基地,全县发展优质饲草作物65万亩(紫花苜蓿30万亩、青贮玉米20万亩、粮饲兼用玉米15万亩),发展经济作物20万亩(林果8万亩、蔬菜5万亩、中药材4万亩、油料3万亩),存栏肉牛12万头、肉羊27万只,畜禽饲养总量达到169万羊单位。推进工业优化升级,围绕煤炭行业建链延链强链,加快推进王洼选煤厂二期改扩建项目建设。修编《王洼产业园区总体规划(2020—2035)》,实施工业技术改造项目12个,申报"专精特新"中小企业6家。培育电商标杆企业10家,线上销售额突破亿元大关,召开全区电子商务进农村现场会。完成社会消费品零售总额14.6亿元。推动旅游服务业发展壮大,完成2条旅游专线及配套设施建设,打造区、市级乡村旅游试点示范村7个,成功创建金鸡坪梯田公园、博物馆2个国家AAA级旅游景区。首次举办网络山花节,累计接待到彭阳游客38.34万人次,实现旅游社会综合收入1.73亿元。培育壮大疫情防控中催生的网络经济、快递经济等新型消费,深化电子商务进农村综合示范,成功举办全区电子商务进农村工作现场会。

【深化改革】 2020年,彭阳县推进基层整合审批服务执法力量改革试点,建立"1+5+N"责任体系,完成乡镇"五办四中心"审批服务机构设置,调整下放农、林、水派驻乡镇编制103名,配备乡镇事业单位副科级领导干部20名。持续深化农业农村综合改革,有序推进农村集体产权制度改革,全面完成156个行政村村集体成员身份认定,完成116个行政村折股量化、股权配置,指导53个村成立农村股份经济合作社。智慧水利、"互联网+医疗健康"等领域改革典型经验在《人民日报》《经济日报》《宁夏日报》等主流媒体刊登。开展"高质高效招商引资年"活动,大力扶持和引进特色农业、生态友好型工业、全域旅游和现代服务业项目,落地建设招商引资项目28个,总投资75.3亿元,到位资金22.53亿元。着力优化营商环境。持续深化"放管服"改革,全面推进"163"政务服务模式,976项事项实现"不见面、网上办",企业开办由10个工作日压缩到2个工作日,社会投资项目、政府投资项目全流程审批时限分别压减到75个和115个工作日。

【城乡建设】 2020年,彭阳县推进乡村全面振兴,围绕农业强、农村美、农民富,制定农业产业脱贫富民实施方案,因地制宜发展特色农业、乡村旅游、农产品加工、电子商务、绿色生态等产业,"五土"共改农村人民环境改善圆满收官,高标准建成美丽小城镇3个、美丽村庄8个、人居环境整治示范村13个,完成农村改厕5673户,推进罗洼、小岔、交岔美丽小城镇建设。荣获自治区实施乡村振兴战略先进集体称号。累计实施重点项目92个,其中亿元以上项目20个,重点项目开(复)工率93%,列入全区重大项目35个、市属建设项目60个开(复)工率均达100%。瞄准公共卫生领域、应急保障体系建设等方面短板问题,谋划储备项目38个,总投资9.9亿元;启动"十四五"规划编制,谋划储备项目329个,总投资359.98亿元;围绕新时代推进西部大开发形成新格局、黄河流域生态保护和高质量发展、乡村振兴、完善基层治理体系等,编制项目册5个,谋划储备项目408个。新改建市政道路4条1.46千米,完成平安大桥竣工投用,康居苑改造和棚户区征迁安置。开工建设G85银昆高速彭阳过境段,实施农村公路项目137.3千米,新增城乡公交线路3条,农村公路列养率达到100%。完成农村电网改造158千米,新建5G基站57个。除险加固病险水库2座,“互联网+农村供水”模式被《人民日报》头版头条报道。

【基层治理】 2020年,彭阳县面向全区推广新时代“枫桥式派出所”创建经验。扎实开展国防动员和民兵预备役建设,荣获全国双拥模范县称号。积极开展信访工作,推进扫黑除恶专项斗争,保持安全生产形势稳定,完成“七五”普法和第七次人口普查,发挥群团组织纽带作用,稳定维护社会大局和谐。定期向人大报告工作、向政协通报情况,人大议案、政协提案办复率100%。全面依法行政,深化政务公开,强化审计监督,严格财政管理,厉行节约、勤俭办事。

【新冠肺炎疫情防控】 2020年,疫情防控期间,彭阳县建立“6+6”网格化责任体系,成立“四包一”专班198个,开展大起底排查7.87万户25.55万人。2020年年末,全县无一例境外输入和本地确诊病例。派出6名医护人员支援湖北。严格落实“四早”举措,压实“四方”责任,抓好“四区”“四场”防控,在重点部位设置卡点,成立101个临时党支部,组织405个基层党组织和6000余名党员干部在基层一线严防严控。推进“六大秩序”全面恢复,“六大领域”全面复市。成立王洼煤业有限公司工作专班,常驻督导落实煤矿企业疫情防控和复工复产。有序推动全县73家工业企业复工复产,78家商贸流通企业、216家文化旅游企业恢复生产经营。采取“六岗”硬措施,集中输送务工人员438人,复工扶贫车间24个,带动就业810人(建档立卡贫困户410人),全县累计转移就业56820人(建档立卡贫困户12513人)。开展“我身边的战‘疫’模范”评选活动,推荐自治区和固原市先进个人和优秀共产党员、先进集体和先进基层党组织,为疫情防控表现突出的10名医护人员给予嘉奖。

(杨占辉)

人物·荣誉

2020年度省部级以上先进人物

全国脱贫攻坚先进个人

赵晓东　固原市委常委、纪委书记、监委代主任
陈宇青　固原市扶贫开发办公室党组书记、主任
魏　钊　固原市原州区张易镇党委书记
马红元　固原市原州区扶贫开发办公室党组成员、副主任
王庭孝　西吉县沙沟乡党委书记
撒风虎（回族）　原西吉县扶贫开发办公室项目股副股长
秦振邦（回族）　西吉县偏城乡涵江村驻村第一书记
李荣林　隆德县联财镇党委书记
褚月霞（女）　泾源县香水镇党委副书记、镇长
陈宗惠　彭阳县扶贫开发办公室党组书记、主任
袁相鼎　宁夏固原农村商业银行股份有限公司部门经理

第二届“全国文明家庭”

司继祥家庭　西吉县吉强镇万崖村
咸国平家庭　隆德县城关镇中关村

全国最美抗疫家庭

李　晶家庭　彭阳县中医院针灸科护士长
董武宏家庭　彭阳县罗洼卫生院院长

全国“最美家庭”

张维虎家庭　彭阳县红河镇韩堡村党支部书记
戴宝权家庭　西吉县新营乡庙儿岔村党支部

全国“五好家庭”

尚旭琴家庭　原州区人民医院
马建霞家庭　泾源县泾河源镇北营村

全区脱贫攻坚先进个人

戴铭毅　固原市原州区纪委常委、监委委员、党风政风监督室主任
别志俊　固原市原州区教育体育局党组书记、局长
杨鹏程　固原市原州区住房城乡建设和交通局副局长
何　刚　固原市原州区卫生健康局党委副书记、副局长
张玉海　固原市原州区扶贫开发办公室党组书记、主任
王　航　固原市原州区官厅镇薛庄村驻村工作队长兼第一书记、自治区财政厅机关党委四级调研员

薛　强　固原市原州区三营镇东塬村第一书记、固原市地方志研究室年鉴编辑部主任
梁学文　固原市原州区开城镇冯庄村党支部书记、村委会主任
施小红(女)　固原市原州区张易镇红庄村驻村工作队队长兼第一书记、原州区妇女联合会四级主任科员
马少龙(回族)　固原市原州区彭堡镇党委书记
沙晓平(回族)　固原市原州区彭堡镇硝沟村第一书记、中国农业银行固原分行晨光分理处主任
张世林　固原市原州区头营镇党委书记
薛立华　固原市原州区头营镇张崖村第一书记、自治区人民政府办公厅干部
苗永俊(回族)　固原市原州区黄铎堡镇和润村党支部书记、村委会主任
郝俊峰　固原市原州区黄铎堡镇白河村第一书记、固原市人民政府办公室四级调研员
冯晓明　固原市原州区中河乡党委书记
牛道平　生前为固原市原州区炭山乡阳洼村驻村工作队队长兼第一书记、原州区农村实用技术培训中心干部
王　童　固原市原州区炭山乡张套村第一书记、宁夏财经职业技术学院教师
杨生俊(回族)　西吉县委副书记、县长
陈贵祥　西吉县财政局党组书记、局长,西吉县金融工作局局长
陶志明　西吉县住房和城乡建设局党组书记、局长、四级调研员
陈晓宁　西吉县扶贫开发办公室党组成员、副主任(挂职),西吉县震湖乡党委委员、副乡长
马　雄(回族)　西吉县吉强镇党委副书记、政法委书记、工会主席
王　鹏　西吉县吉强镇杨河村第一书记、宁夏师范学院团委书记
慕　夙　西吉县兴隆镇党委书记
张林林　西吉县兴隆镇黑大庄村第一书记、自治区党委宣传部四级调研员
蒋爱珺(女)　西吉县兴隆镇王河村第一书记、自治区人民检察院案件管理办公室三级调研员
马永虎(回族)　西吉县将台堡镇党委副书记、镇长
熊志忠　西吉县红耀乡小庄村党支部书记、村委会主任
李　雄　西吉县田坪乡大岔村党支部书记
凌东哲(朝鲜族)　西吉县田坪乡燕李村第一书记、自治区社会保险事业管理局四级调研员
冯良斌　西吉县震湖乡党委副书记、乡长
温翔杰　西吉县兴平乡马沟村第一书记、固原市公共资源交易中心政府采购与产权交易科科长
刘慧成　西吉县西滩乡原党委副书记(挂职)、固原市人民政府办公室行政科副科长
王　伟　西吉县马莲乡堡子山村驻村工作队队员,固原市保密技术检查中心主任
申学科　西吉县马莲乡新堡村第一书记、固原市妇幼保健院办公室副主任
王国龙(回族)　西吉县硝河乡人民政府扶贫专干
郭荣军　西吉县偏城乡上马村第一书记、固原市生态环境保护综合执法支队四级主任科员
武延峰　西吉县沙沟乡满寺村驻村工作队队员、自治区国有资产监督管理委员会机关党委三级调研员
王　钟　西吉县偏城乡马湾村驻村工作队队员、国网固原供电公司配电运维工
王生海(回族)　西吉县火石寨乡党委书记
陈国栋　隆德县副县长
王　浩　隆德县发展和改革局党组书记、局长
辛学发　隆德县扶贫开发办公室党组书记、主任
于小勇(回族)　隆德县城关镇三合村第一书记、中国银行保险监督管理委员会宁夏监管局一级主任科员
杜　平　隆德县沙塘镇和平村第一书记、隆德县委政法委职工
马利军(回族)　隆德县沙塘镇光联村第一书记、中国人民银行银川支行科长
马彦斌　隆德县陈靳乡党委书记
张宏国　隆德县观庄乡前庄村党支部书记、村委会主任
冶文军(回族)　隆德县杨河乡党委书记、四级调研员
李　铎　隆德县张程乡党委副书记、乡长
陈小明　隆德县山河乡山河村党支部书记
拜艳丽(女,回族)　泾源县民政局党组书记、局长、四级调研员
张小飞(回族)　泾源县扶贫开发办公室党组书记、主任
陈志琴(女,回族)　泾源县香水镇人民政府扶贫专干
龚　维　泾源县香水镇沙南村第一书记、国家林业和草原局西北华北东北防护林建设局核查监督处副处长
丁继春(回族)　泾源县泾河源镇兰大庄村第一书记、自治区发展和改革委员会交通项目发展中心副主任
杨　志(回族)　泾源县泾河源镇党委书记
景永顺　泾源县泾河源镇冶家村第一书记、固原市六盘山林业局林木良种繁育中心副主任

杨　彬(回族)　泾源县泾河源镇涝池村驻村工作队队长兼第一书记、宁夏伊斯兰教经学院教务处副处长
杜　震　泾源县六盘山镇张堡村第一书记、自治区粮食和物资储备局安全仓储与科技处副处长
魏霄鹏(回族)　泾源县新民乡党委书记
朱　云　泾源县兴盛乡党委副书记、乡长
沈富裕　泾源县大湾乡苏堡村第一书记、国家电投集团宁夏能源铝业有限公司高级政工师
陆　芳(女)　彭阳县委原副书记(挂职)、自治区财政厅行政政法处处长
张彩虹(女)　彭阳县委常委、纪委书记、监委主任
郭耀武　彭阳县民政局党组书记、局长、四级调研员
曹旭平　彭阳县扶贫开发办公室干部
郑淑慧(女)　彭阳县白阳镇人民政府扶贫专干
台喜平　彭阳县白阳镇老庄村第一书记、固原市机关事务管理局机关事务服务中心主任
郭　仁　彭阳县古城镇党委副书记
李德军　彭阳县古城镇田庄村第一书记、国家税务总局固原市税务局四级调研员
白　云　彭阳县红河镇文沟村第一书记、自治区民族事务委员会教育文化处副处长、二级调研员
余长会　彭阳县新集乡党委书记
王建宁　彭阳县新集乡何山村第一书记、自治区工业和信息化厅经济运行协调处一级主任科员
张　军　彭阳县城阳乡杨坪村第一书记、宁东能源化工基地管理委员会四级调研员
王继平　彭阳县冯庄乡小寺村党支部书记、村委会主任
李　勇　彭阳县草庙乡包山村党支部书记、村委会主任
胡巧琴(女)　固原市纪委监委党风政风监督室主任
田鹏飞　固原市委宣传部新闻传媒科科长
陈军太　固原市人大常委会办公室四级调研员
马明琴(女,回族)　固原市城乡居民最低生活保障中心副主任
高　巍　固原市人力资源和社会保障局就业促进与职业能力建设科科长
王　伦　固原市社会保险事业管理中心党组书记、主任
周广阳　固原市水务局党组成员、副局长
马保金(回族)　固原市文化旅游广电局办公室副主任
张东亮　固原市卫生健康委员会老龄健康服务管理中心副主任
安希平(女)　固原市国资委党委委员、副主任,固原市金融工作局局长
王　涛　固原市扶贫开发办公室综合科科长、四级调研员
刘海军　彭阳县城阳乡杨坪村原第一书记、宁东能源化工基地管理委员会社会事务局四级调研员
王新林　彭阳县城阳乡北塬村原第一书记、宁东镇人民政府民生服务中心主任
苏　锋(回族)　西吉县马建乡同化村驻村工作队队员、宁夏老干部活动中心办公室一级主任科员
孙旭芳　交通运输部派驻固原市交通运输局扶贫挂职干部
杨治宏　宁夏广播电视台固原记者站站长
杨连碧　固原市原州区彭堡镇别庄村第一书记、自治区司法厅吴忠强制隔离戒毒所二级高级警长
国家安全厅干部1名　固原市原州区官厅镇程儿山村第一书记、宁夏国家安全厅副处级干部
康宏忠　固原市原州区河川乡上坪村第一书记、自治区煤矿安全监察局安全监察一处高级工程师
杨腾龙　西吉县吉强镇大坪村第一书记、自治区公安厅反恐总队四级高级警长
郭兰宁　西吉县白崖乡阳洼村第一书记、自治区高级人民法院银川铁路运输法院一级警长
卜军亮　西吉县兴平乡王湾村驻村工作队队员、银川海关旅检二科四级主办
陈建平　西吉县马莲乡东洼村第一书记、宁夏职业技术学院宁夏农业学校技能鉴定科科长
杨志东　西吉县兴平乡兴平村第一书记、自治区专用通信局办公室主任
高五明　隆德县联财镇太联村第一书记、自治区地震局办公室副主任
顾海波　隆德县联财镇赵楼村第一书记、自治区药品监督管理局机关党委副处长
杨　学　彭阳县交岔乡关口村第一书记、自治区市场监管厅纤维质量监测中心高级工程师
杜水锋　泾源县大湾乡苏堡村原第一书记、国家电投集团宁夏能源铝业有限公司党建部副主任
柳　维　西吉县西滩乡五岔村第一书记、宁夏英力特化工股份有限公司氯碱分公司副经理
王东宣　西吉县震湖乡蒙集村第一书记、中国移动通信集团宁夏有限公司扶贫专干
晁建军　西吉县兴平乡杨坪村第一书记、中国铁塔股份有限公司固原市分公司副总经理
韩万里　彭阳县壹珍药业有限责任公司总经理

2020年自治区劳动模范和先进工作者

全区劳动模范(19人)

王宇宏　宁夏天楹环保能源有限公司清扫队队长
王等红　宁夏泽艾堂生物科技有限公司仓库管理员
苏俊鹏　国网宁夏电力有限公司西吉县供电公司震湖供电所所长
杨永斌　固原市原州区光瑞汽车修理厂技术负责人
冶连荣　宁夏泾六盘蜂业科技有限公司技术员
虎　博　固原福苑实业有限公司店长
胡全宝　宁夏天豹固原汽车运输公司一分公司驾驶员
郭正富　宁夏云雾山果品开发有限责任公司技术员
陈中琴　黄河银行固原市农村商业银行政府路支行主管会计
于春娟　宁夏泾源县六盘山牧业有限责任公司总经理
马国虎　固原治华物流有限公司总经理
杨满福　原州区三营镇孙家河党支部书记
苏相锋　宁夏向丰家庭农场总经理
吴　杰　泾源县香水镇园子村党支部书记
张宏国　隆德县观庄乡前庄村党支部书记
陈泽恩　彭阳县山旮旯中蜂养殖专业合作社理事长
曹　辉　原州区头营镇杨郎村党支部书记
焦建鹏　西吉县心雨林下产业专业合作社理事长
熊志忠　西吉县红耀乡小庄村党支部书记

全区先进工作者(6人)

史晓东　固原市人民医院老年医学科医生
李　晶　彭阳县中医医院针灸科护士长
南　燕　固原市原州区第十一小学校长
徐　鹏　固原市体育活动中心主任
樊　磊　西吉县农村能源工作站站长
马　旭　宁夏师范学院数学与计算机科学学院院长

自治区最美抗疫家庭

卢永华家庭　固原市原州区泰合嘉园
马腾云家庭　固原市原州区头营镇大北山村
宁历雄家庭　固原市原州区东海园区
唐　瑞家庭　固原市原州区张易镇田堡村
逯盟玲家庭　固原市西吉县吉强镇丁香花园
王　靖家庭　固原市西吉县吉强镇东街
杨瑞琪家庭　固原市西吉县公安局家属楼
马秀琴家庭　固原市西吉县兴隆镇姚杜村
蔡芸芸家庭　固原市隆德县星兴广场
樊晓瑞家庭　固原市隆德县金湖兰庭
惠爱莲家庭　固原市泾源县香水镇八方隆
马晓莲家庭　固原市泾源县香水镇泾河村
韩小娟家庭　固原市彭阳县富阳花园
马耀武家庭　固原市彭阳县白阳镇海巴小区

全区“五好家庭”,家庭工作先进个人

全区“五好家庭”(14户)

李　焯家庭　固原市原州区北海社区
王宏娟家庭　固原市原州区朝阳小区
王　玉家庭　固原市原州区利民小区
王应尔家庭　固原市西吉县平峰镇中岔村
康建英家庭　固原市西吉县偏城乡偏城村
梁小云家庭　固原市西吉县吉强镇阳光福苑
杨彦昭家庭　固原市隆德县城关镇三合村
赵忠军家庭　固原市隆德县联财镇赵楼村
王雪琴家庭　固原市隆德县观庄乡观堡村
惠　瑶家庭　固原市泾源县泾河小区
于红芳家庭　固原市泾源县金水苑小区
贾明娟家庭　固原市泾源县六盘山镇和尚铺村
雅进娥家庭　固原市彭阳县海巴小区
翟红霞家庭　固原市彭阳县白阳镇康居苑小区

全区家庭工作先进个人(9人)

高丽君　固原市第五中学
杨黎明　固原市原州区古雁街道海堡社区
杨振华　固原市西吉县教育体育局
张世锋　固原市西吉县第二中学
李慧君　固原市隆德县妇女联合会
杨　娜　固原市隆德县西苑社区
于春兰　固原市泾源县妇女联合会
沈志莉　固原市彭阳县白阳镇妇女联合会

全区“五一”巾帼标兵

苏　芳　西吉县图书馆馆长
伏晓霞　中铝宁夏能源集团王洼煤业王洼煤矿机电科综合机房班长

全区抗击新冠疫情优秀党员

徐万忠(回族)　固原市人民医院老年医学科主任
李德武　固原市公安局开发区分局西兰银物流园区派出所教导员
杨佰兰(女,回族)　固原市原州区南关街道中山南街社区党支部书记
海明贵(回族)　彭阳县白阳镇崾岘村党支部委员
靳小梅(女)　固原市中医院护理部主任
褚万银　固原市人民医院副院长
杨建国(回族)　西吉县火石寨乡元咀村党支部书记
齐海军　隆德县卫健局党委书记、局长
安　旭(回族)　泾源县香水镇香水社区党支部书记
王　东　固原市卫生监督所党支部书记、所长
屈文慧　固原市人民医院重症医学科副主任、宁夏支援湖北第一批医疗队队员
杨艳红(女)　隆德县人民医院护理部副主任、宁夏支援湖北第一批医疗队队员
丁奎宾(回族)　固原市人民医院感染综合科门诊护士长、宁夏支援湖北第六批医疗队队员
张　坤(土家族)　固原市消防救援支队雁岭特勤站站长助理

全区抗击新冠疫情先进个人

任永峰(回族)　泾源县委常委、宣传部部长
杜彦远　固原市卫生健康委副主任
那崴宏(回族)　固原市人民医院呼吸科副主任、主任医师
董治全　固原市新闻传媒中心时政部副主任、主任记者
罗　锐(女)　固原市公安局国保支队副支队长、四级高级警长
马凤英(女,回族)　固原市市场监督管理局原州区分局南关市场监管所干部、三级主任科员
魏建军　固原市工业和信息化局信息产业科科长、一级主任科员
金玉龙　宁夏润宇塑业有限公司总经理
王万营　固原市交通运输综合执法支队三大队大队长
高毅平　固原市疾病预防控制中心微生物检验科科长、副主任医师
李海梅(女)　固原市人民医院呼吸科主任、主任医师
张　红(女)　固原市人民医院护理部主任、副主任护师
张　生　固原市疾病预防控制中心疾控一科科长、主任医师
朱黎明　固原市卫生监督所办公室主任、六级职员
吕国强　固原市精神康复医院副院长、主任医师
张仁祥　固原市城市社区卫生服务管理中心公共卫生科科长、主任医师
吴继荣　固原市妇幼保健院副院长、副主任医师
杨　杰(回族)　固原市中医医院副院长、副主任医师
张　平　原州区人民医院感染科副主任、主任医师
刘育松(女)　原州区三营中心卫生院护师
李云霞(女)　原州区文化街社区卫生服务中心主任、主任医师
丁成智(回族)　原州区寨科乡北塬村卫生室医生
李启杰　原州区官厅镇副镇长
马爱民(女)　原州区人民医院发热门诊护士长
李　武　原州区人民医院呼吸科副主任
李国英(女)　西吉县委副书记
刘　浩　西吉县中医院医师
陈桂英(女)　西吉县人民医院护士长
马国良(回族)　西吉县疾病预防控制中心党支部书记
海　源(回族)　西吉县妇幼保健院职工
禹丽娟(女,回族)　西吉县吉强镇副镇长
马富元　隆德县疾病预防控制中心主管检验师
赵安洲　隆德县人民医院医师
张凤萍(女)　隆德县人民医院呼吸内科护士长、主管护师
杨　婷(女)　隆德县杨河乡串河村村医、妇联主任
祁　忠　隆德县人民政府副县长
刘　勇　隆德县城关镇党委书记、四级调研员
吕彦斌　隆德县公安局指挥中心主任、一级警长
兰晓娟(女,回族)　泾源县人民医院护师
王琴琴(女,回族)　泾源县人民医院护师
马四贵(回族)　泾源县公安局缉毒大队大队长、二级警长
闫　毅　泾源县疾病预防控制中心副主任
杨咏梅(女,回族)　泾源县六盘山镇副镇长、四级主任科员
金玉锋(回族)　共青团泾源县委员会书记、一级主任科员
朱　焰　泾源县人民医院急诊科主任、主治医师
杨会利(女)　彭阳县人民医院主管护师
高　勇　彭阳县人民医院党支部书记、院长

杨登凯　彭阳县中医医院主治医师
韩晓霞(女)　彭阳县妇幼保健院副主任医师
刘　慧　彭阳县交通运输综合执法大队大队长
张彦文　彭阳县公安局副局长
刘　蕊(女)　彭阳县白阳镇友谊街社区党总支书记、居委会主任
吴汉仁　固原市市场监督管理局信用监督管理科科长
辛喜明　固原市职业技能鉴定指导中心主任
邹礼丽(女)　固原市人民医院神经内科护士长、主管护师
李　婷(女)　固原市人民医院重症医学科护士长、主管护师
逯翌玲(女)　西吉县人民医院主管护师
牛世雄　原州区人民医院重症医学科主任、主治医师
赵　玲(女,回族)　原州区人民医院护师
王万宝　固原市人民医院主治医师
陈继岩　宁夏师范学院卫生所所长、教授

全区离退休干部先进个人

韩　宏　固原一中退休干部

（马成贵）

2020年度固原市先进人物

2020年全市劳动模范和先进工作者

全市劳动模范(42人)

乔冠荣　宁夏金昱元广拓能源有限公司总经理
段军章　宁夏德立信医药有限责任公司董事长
陈福国　宁夏原州津汇村镇银行有限责任公司行长
王文涛　水发(宁夏)农业开发有限公司董事长
杨　玲　宁夏国隆药业有限公司总经理
于玉龙　宁夏龙园生态旅游观光有限责任公司总经理
扈志峰　彭阳县宏泰汽车检测有限公司总经理
马　英　固原市公共交通有限公司驾驶员
李　辉　宁夏天楹环保能源有限公司环卫工
张四化　中国电信西吉分公司震湖农村营服中心主任
余清军　宁夏六盘山旅游集团有限公司副总经理
张　开　宁夏固原农村商业银行股份有限公司招标办主任
张忠智　宁夏六盘山水务有限公司执行董事
彭丽丽　固原泰合集团办公室主任
郭小平　顺丰速运(宁夏)有限公司固原分公司收派员
杨佰兰　原州区南关街道中山南街社区工作者
邵淑莲　宁夏时迈科技集团有限公司技术部经理
施满义　西吉县吉强镇大滩村妇女促进会刺绣车间主任
王　军　宁夏吉兴建筑工程有限责任公司职工
郭长利　宁夏天下金盾保安服务有限公司安保服务部经理
梁　浩　宁夏隆德人造花工艺有限公司生产部经理
段雪峰　隆德县农田水利基建队水利技术员
秦香萍　泾源县香萍苗木绿化劳务有限公司职工
赵　栋　彭阳县城市公用事业管理所职工
柳月琴　宁夏明德中药饮片有限公司生产技术部经理
苏俊鹏　国网宁夏电力有限公司西吉县供电所职工
杨永斌　固原市原州区光瑞汽车修理厂技术负责人
王等红　宁夏泽艾堂生物科技有限公司职工
魏小林　宁夏兴旺特种纺织品有限公司车间经理
王秀玲　宁夏东昂房地产开发有限公司职工
曹　辉　原州区头营镇杨郎村党总支书记
熊志忠　西吉县红耀乡小庄村党支部书记
陈军旺　隆德县奠安乡景林村党支部书记
吴　杰　泾源县香水镇园子村党支部书记
闫生栋　彭阳县白阳镇中庄村党支部书记
殷正财　固原三鼎马铃薯制品有限责任公司总经理
海军霞　固原市原州区官厅镇军霞种植专业合作社理事长
李　雄　西吉县金鱼马铃薯购销专业合作社理事长
谢宏义　宁夏本生生态农业有限公司董事长
鲍彪虎　隆德县山河花卉苗木专业合作社理事长
伍文余　泾源县瑞和苑苗木专业合作社理事长
秦秉儒　彭阳县秉儒现代农业种植专业合作社理事长

全市先进工作者(18人)

张维江　固原市“四个一”林草产业试验示范工程特聘专家
任　皓　固原市第八中学校长

李固宁　固原市公安局交警分局原州区二大队大队长
马国霞　原州区三营镇中心小学教师
程　琳　西吉县幼儿园园长
陈解放　隆德县凤岭畜牧兽医工作站高级兽医师
禹文军　泾源县高级中学教师
王志科　彭阳县第四中学校长
高秉坤　国家税务总局固原市税务局征管科科长
安　磊　固原市新闻传媒中心新媒体记者
马　军　固原市职工维权帮扶服务中心主任
马金国　原州区寨科乡人民政府副乡长
李　强　固原市人民医院神经内科副主任医师
李　武　原州区人民医院呼吸内科副主任
逯璺玲　西吉县人民医院主管护师
杨艳红　隆德县人民医院护理部副主任
禹　娟　泾源县人民医院普外科护士
祁彩霞　彭阳县人民医院急诊科护士

固原市离退休干部先进个人

火仲舫　市文联退休干部
王玉辉　市人民检察院退休干部
王胜利　市中级人民法院退休干部
廖秉仁　市妇幼保健院退休干部
刘俊智　市老年大学志愿服务队队长
史春义　市人民医院退休干部
李永良　市六盘山林业局退休干部
张铭芳　市新闻传媒中心退休干部
马德明　原州区人民医院退休干部
张文霞　原州区卫生健康局退休干部
周玉宝　原州区人民检察院退休干部
黎金元　西吉县兴平乡人民政府退休干部
王汉军　西吉县人民医院退休干部
董耀宗　西吉县人大常委会退休干部
马明智　隆德县纪律检查委员会退休干部
柳占春　隆德县温堡乡中心小学退休教师
马克俭　泾源县人民法院退休干部
马德亮　泾源县兴盛乡党委退休干部
瓮志罡　彭阳县人大常委会退休干部
李文敏　彭阳县城乡建设局退休干部

2020年度固原市“三八”红旗手

白　梅　固原福苑实业有限公司总经理
马杨梅　固原市妇幼保健计划生育服务中心产科主任
赵爱琴　原州区卫健局妇委会主任
马志梅　原州区寨科乡蔡川村妇联主席
杨　芳　西吉县妇联科员
王海霞　西吉县委编办事业单位登记管理局局长
彭映红　隆德县城关镇党委委员、副镇长
魏红姣　泾源县香水镇人民政府副镇长
罗会云　彭阳县财政局副局长、高级会计师
韩秀琳　彭阳县第二中学妇委会主任

固原市“巾帼建功标兵”

田　霞　固原市人民医院妇科主任
杨丽娜　固原市群众艺术馆馆长
张学琴　原州区民政局办公室主任
陈会琴　原州区头营镇胡大堡村妇联主席
王晓霞　西吉县将台堡镇妇联主席
冯月新　西吉县公用事业管理所环卫工人
汪赟英　隆德县妇联干部
沙继花　泾源县香水镇沙南学校教师
王　莉　彭阳县孟塬乡人民政府副乡长
台　媛　彭阳县新集乡大火村村医、计生专干

固原市“最美家庭”名单(76户)

原州区(18户)

罗凯梅家庭　杨凤儿家庭　杨莉红家庭
杨巧宁家庭　梁玉梅家庭　鲁　蕊家庭
李菊花家庭　马香莲家庭　马学兰家庭
黄彦妮家庭　赵彩云家庭　何万梅家庭
贾彩宁家庭　杨金梅家庭　杨杏贞家庭
刘淑琴家庭　邵淑莲家庭　赵宗贵家庭

西吉县(17户)

卢霞霞家庭　摆菊花家庭　康　梅家庭
梁小云家庭　马学秀家庭　罗云琴家庭
马秀珍家庭　韩国琴家庭　马志芳家庭
苏桂芳家庭　刘素芳家庭　马小红家庭
王艳霞家庭　马芳梅家庭　马言言家庭
马存花家庭　陈凤珍家庭

隆德县(14户)

张月英家庭　罗召琴家庭　张变子家庭
彭映红家庭　周海英家庭　卜珍英家庭
柳小娟家庭　赵岁霞家庭　李晓芸家庭
王雪琴家庭　范灵霞家庭　张安珠家庭
柳改娟家庭　席巧霞家庭

泾源县(14户)

杨香子家庭　兰海英家庭　何淑娥家庭
于文香家庭　马彩霞家庭　惠　瑶家庭
陈慧霞家庭　朱岁女家庭　张　梅家庭
顾晓燕家庭　伍亚丽家庭　姬晓丽家庭
者海霞家庭　禹秀莲家庭

彭阳县(13户)

张　媛家庭　张喜玲家庭　郭秀霞家庭
翟红霞家庭　袁春梅家庭　王　燕家庭
雅进娥家庭　杨占娥家庭　韩香莲家庭
刘淑萍家庭　马云琴家庭　海国琴家庭
樊秀琴家庭

(薛　强)

2020年度省部级以上先进集体

全国脱贫攻坚先进集体

中共西吉县委员会
中国铁路兰州局集团有限公司原州区工作队
国网固原供电公司扶贫工作专班
中共西吉县红耀乡委员会
隆德县扶贫开发办公室
泾源县委组织部
彭阳县水务局
原州区寨科乡蔡川村党支部
宁夏黄土地农业食品有限公司
固原市农业农村局

全国文明单位

固原市消防救援支队
固原市人民检察院
国家税务总局固原市税务局
国家税务总局西吉县税务局
隆德县人民法院
彭阳县住房和城乡建设局

全国文明村镇

固原市原州区三营镇孙家河村
西吉县震湖乡蒙集村
隆德县沙塘镇马河村
泾源县泾河源镇冶家村

第二批国家森林乡村

原州区开城镇和泉村
原州区张易镇大店村
彭阳县城阳乡杨坪村
彭阳县王洼镇路寨村
彭阳县王洼镇李寨村
彭阳县孟塬乡玉塬村
彭阳县孟塬乡草滩村
彭阳县罗洼乡罗洼村
彭阳县交岔乡关口村
彭阳县红河镇上王村
彭阳县红河镇红河村
彭阳县古城镇乃河村
彭阳县古城镇海口村
彭阳县古城镇高庄村
彭阳县冯庄乡小园子村

全区脱贫攻坚先进集体

固原市原州区财政局
固原市原州区水务局
固原市原州区农业农村局
固原市原州区审计局驻原州区河川乡海坪村工作队
固原市原州区三营镇甘沟村党支部
固原市原州区官厅镇阳洼村党支部
中共固原市原州区黄铎堡镇委员会
中共固原市原州区寨科乡委员会
西吉县教育体育局
西吉县扶贫开发办公室
宁夏泽艾堂生物科技有限公司
宁夏西吉农村商业银行股份有限公司
中共西吉县平峰镇委员会
西吉县西滩乡黑虎沟村党支部
西吉县王民乡姚坡村党支部
中共西吉县偏城乡委员会
隆德县财政局
隆德县住房和城乡建设局
隆德县水务局
隆德县农业农村局
隆德县政协办公室驻隆德县凤岭乡薛岔村工作队
中共隆德县凤岭乡委员会
中共隆德县温堡乡委员会
泾源县公安局驻泾源县香水镇惠台村工作队
泾源县水务局
泾源县六盘山镇人民政府
中共泾源县黄花乡委员会
泾源县大湾乡杨岭村党支部
中共彭阳县委组织部
彭阳县住房和城乡建设局
彭阳县交通运输局
彭阳县农业农村局
宁夏彭阳农村商业银行股份有限公司
彭阳县城阳乡人民政府
中共固原市委组织部
固原市委统战部驻西吉县兴隆镇大岔村工作队
固原市教育体育局
固原市交通运输局
固原市住房和城乡建设局
固原市政协办公室驻西吉县红耀乡井湾村工作队
国家统计局固原调查队驻固原市原州区官厅镇刘店村工作队
中国电信股份有限公司固原分公司
固原经济开发区润泽粮油有限公司
固原市新闻传媒中心
自治区纪委监委驻固原市原州区头营镇利民村工作队
自治区党委政法委驻固原市原州区张易镇南湾村工作队
自治区党委政策研究室驻彭阳县古城镇皇甫村工作队
自治区教育厅驻西吉县震湖乡河滩村工作队
自治区水利厅驻隆德县杨河乡杨河村、玉皇岔村工作队
自治区文化和旅游厅驻泾源县黄花乡羊槽村工作队
中共宁夏区委党校（行政学院）驻隆德县奠安乡张田村、旧街村工作队
自治区人民政府研究室（发展研究中心）驻泾源县六盘山镇刘沟村工作队
宁夏农林科学院驻彭阳县古城镇丁岗堡村工作队
中国大唐集团有限公司宁夏分公司驻西吉县震湖乡毛坪村工作队
宁夏旅游投资集团有限公司驻西吉县火石寨乡新开村工作队
宁夏华祺实业集团有限公司

第十批全区民族团结进步创建示范单位

隆德县
固原市审批服务管理局
固原市特殊教育学校
固原进元驾校
西吉县市场监督管理局
宁夏向丰农牧业开发有限公司
西吉县北斗星诗社
西吉县兴隆镇大岔村
西吉县偏城乡下堡村
西吉中学
隆德县文广局
隆德县张程乡中心小学
宁夏隆德人造花工艺有限公司
泾源县黄花派出所
泾源县兴盛乡
彭阳县古城镇皇甫村

全区首批公共文化设施学雷锋志愿服务示范单位

彭阳县图书馆
固原博物馆
固原市科技馆
六盘山红军长征纪念馆
西吉县将台堡红军长征会师纪念园
原州区文化体育活动中心
隆德县青少年活动中心

全区家庭工作先进集体

原州区雨露社会工作服务中心
西吉县思源幼儿园
隆德县城关镇妇女联合会
泾源县第三小学
彭阳县妇女联合会

全区“五一”巾帼标兵岗

固原福苑实业有限公司后厨部
彭阳县住房和城乡建设局环卫队司机班

全区抗击新冠肺炎疫情先进基层党组织

固原市公安局党委
固原市疾病预防控制中心党支部
固原市交通运输综合执法支队党支部
宁夏金昱元广拓能源有限公司党总支
固原市原州区古雁街道西城路社区党支部
西吉县市场监督管理局党总支
隆德县温堡乡党委
泾源县民政局党支部
彭阳县孟塬乡草滩村党支部
固原市蓝天救援队党支部

全区抗击新冠肺炎疫情先进集体

固原市卫生健康委员会
固原市工业和信息化局
固原市市场监督管理局
固原市益家义工社
国网固原供电公司
固原市就业创业服务中心
中国电信固原分公司5G+云推进办公室
原州区卫生监督所
原州区人民医院感染科
西吉县卫生健康局
西吉县疾病预防控制中心
西吉县公安局
隆德县人民医院
泾源县公安局
彭阳县疾病预防控制中心
固原市美年大健康医院有限公司
固原市新闻传媒中心

全区离退休干部先进集体

市妇幼保健院离退休干部党支部

继续确认的自治区文明村镇、文明单位暨新命名的第十八批自治区文明村镇、文明单位和第一批自治区文明校园

继续确认的自治区文明城市

隆德县

继续确认的自治区文明村镇(4个)

原州区三营镇孙家河村
西吉县震湖乡蒙集村
隆德县白阳镇陡坡村
泾源县六盘山镇和尚铺村

继续确认的自治区文明单位(24个)

固原市纪委监委
固原市人大常委会办公室
固原市审计局
固原市市场监督管理局
固原市水务局
宁夏固原监狱
中国电信固原分公司
中国邮政固原市分公司
固原市原州区消防救援大队原州中队
固原市市场监督管理局原州区分局
固原市原州区第二幼儿园
国网固原市三营供电公司
西吉县财政局
西吉县市场监督管理局
隆德县检察院
隆德县国家税务局
中国邮政隆德县分公司
中国建设银行隆德县支行
泾源县财政局
泾源县气象局
国网泾源县供电公司
彭阳县民政局
彭阳县交通运输局
彭阳县市场监督管理局

新命名的第十八批自治区文明村镇(10个)

固原市原州区张易镇
固原市原州区黄铎堡镇和润村
西吉县震湖乡孟湾村
西吉县兴平乡
隆德县陈靳乡新和村
隆德县凤岭乡李士村
泾源县兴盛乡兴盛村
泾源县兴盛乡新旗村
彭阳县孟塬乡
彭阳县草庙乡新洼村

新命名的第十八批自治区文明单位(10个)

固原市委直属机关工委
固原市政府办公室
固原市中级人民法院
固原市人民医院
中国移动原州分公司
西吉县城市管理综合执法大队
自治区六盘山气象站
泾源县香水镇香水社区
彭阳县委组织部
彭阳县委宣传部

新命名的第一批自治区文明校园(5所)

西吉县袁河中学
隆德县第一小学
隆德县第二中学
泾源县第一小学
彭阳县红河初级中学

（李　莉）

2020年度固原市先进集体

2020年度效能目标管理考核先进县(区)、部门(单位)

效能目标管理考核先进县(区)

隆德县
彭阳县

效能目标管理考核先进单位(27个)

农业农村局
教育体育局
财政局
老干部局
扶贫办
六盘山林业局
政协办
政府办
总工会
应急管理局
市委编办
工业信息化局
市委办
组织部
统战部
文化旅游广电局
人大办
交通运输局
投资促进服务中心
公安局
纪委监委(巡察办)
审批服务局
市场监管局
政法委
社会保险管理中心
新闻传媒中心
卫生健康委(红十字会)

支持地方经济社会发展先进单位(13个)

税务局
供电公司
中国人民银行固原市中心支行
固原农村商业银行
中国移动公司固原分公司
固原市气象局
中国农业发展银行固原市分行
国家统计局固原调查队
固原市六盘山水务有限公司
邮储银行固原市支行
中国电信公司固原分公司
石嘴山银行固原市分行
固原博物馆

第六批全市民族团结进步示范单位

固原市扶贫开发办公室
固原市审批服务管理局
固原市特殊教育学校
原州区北塬街道北环路社区
原州区卫生健康局
原州区寨科乡蔡川村
原州区三营镇商会
西吉县卫生健康局
西吉县新营乡人民政府
西吉县吉强镇惠安社区
西吉县马莲乡罗曼沟村
西吉县兴隆镇大岔村
西吉县袁河中学
隆德县文广局
隆德县陈靳乡人民政府
隆德县城关镇竹林社区
隆德县张程乡中心小学
隆德县人造花工艺有限公司
泾源县税务局
泾源县黄花乡派出所
泾源县六盘山镇第一小学
彭阳县罗洼乡人民政府
彭阳县交岔乡关口村
彭阳县第二中学
宁夏东昂农业科技有限公司

2020年度固原市“三八”红旗集体

中共固原市委员会党校教研部
固原市六盘山林业局卧羊川国有林场
原州区古雁街道海堡社区
原州区官厅镇人民政府
西吉县偏城乡司法所
西吉县第一小学
隆德县联财镇人民政府便民服务中心
泾源县人民医院内科
彭阳县第三幼儿园
彭阳县妇女联合会

固原市巾帼文明岗位

固原市审批服务管理局企业登记注册科
原州区新时代文明实践中心
宁夏暖馨家政服务有限公司月嫂部
西吉县吉强镇卫生院护理科
西吉县政务服务大厅公安综合窗口
宁夏黄土地农业食品有限公司包装组
隆德县第二中学英语教研组
泾源县泾河源镇妇联
彭阳县文化旅游广电局办公室
彭阳县人民法院立案庭(诉讼服务中心)

固原市巾帼建功先进集体

固原市农业广播电视学校
固原市第一小学
原州区审计局
原州区政务服务中心
宁夏穆柯寨生态农业(集团)有限公司
西吉县偏城乡人民政府
隆德县六盘山工业园区
泾源县幼儿园
彭阳县城阳乡人民政府
彭阳县白阳镇友谊街社区

固原市离退休干部先进集体

市关心下一代工作委员会
市公安局离退休干部党支部
市医院离退休干部第二党支部
原州区官厅镇退休干部党支部
原州区政协办离退休干部党支部
西吉县吉强镇锦绣社区离退休干部党支部
西吉县门球协会“趣缘型”退休干部党支部
隆德县城关镇西苑社区离退休干部党支部
泾源县香水镇百泉社区离退休干部党支部
彭阳县发展和改革局离退休干部党支部

(李　强)

附 录

重要文献

中国共产党固原市第四届委员会第七次全体会议公报

（2020年5月15日，中国共产党固原市第四届委员会第七次全体会议通过）

中国共产党固原市第四届委员会第七次全体会议，于2020年5月15日召开。

出席这次全会的有市委委员42人，候补委员6人。市纪委常委、有关方面的负责同志，在固中共十九大代表、部分自治区第十二次党代会基层代表和市第四次党代会基层代表列席会议。各民主党派主要负责同志应邀列席会议。全会由市委常委会主持。自治区党委常委、固原市委书记张柱代表常委会作了讲话。自治区政府副主席、市长马汉成就当前全市经济工作作了安排部署。

全会以习近平新时代中国特色社会主义思想为指引，深入学习贯彻中共十九届四中全会精神和习近平总书记视察宁夏时的重要讲话精神，认真学习贯彻自治区党委十二届十次全会精神，审议通过了《中共固原市委员会关于贯彻落实自治区党委〈完善基层治理体系提高基层治理能力的若干意见〉的意见》，讨论了《固原市决战脱贫攻坚决胜全面建成小康社会考核办法》《固原市高质量发展综合绩效考核办法》。

全会指出，自治区党委十二届十次全会深入学习贯彻中共十九届四中全会精神和习近平总书记视察宁夏时的重要讲话精神，审议通过了《关于完善基层治理体系提高基层治理能力的若干意见》，系统描绘了宁夏基层治理蓝图，敏锐瞄准了“基层治理”这个靶心，精准锚定了基层治理的战略重点，有力推动了基层治理的系统变革，深刻回答了“为何治、治什么、怎么治、谁来治”的新时代宁夏基层善治之问、善治之策、善治之举，为我们进一步指明了路径、提供了方法。全市各级党组织和广大党员干部要把思想和行动统一到党中央和自治区党委决策部署上来，增强“四个意识”，坚定“四个自信”，做到“两个维护”，完善基层治理体系、提高基层治理能力，为决战脱贫攻坚、决胜全面小康提供有力支撑。

全会指出，要准确把握完善基层治理体系、提高基层治理能力的重点和要义，按照自治区党委十二届十次全会确定的6个重点领域，在细化实化具体化上下功夫，不喊空口号、不搞另一套。要坚持党的领导这个核心，突出依法治理这个根本，强化立足基层这个基础，注重基层创新这个关键，体现服务群众这个宗旨，紧扣治理能力这个要求，加强乡村治理，维护农村社会和谐稳定；加强社区治理，努力把社区建成和谐有序、绿色文明、创新包容、共建共享的幸福家园；坚持我国宗教中国化方向，全面提高宗教工作法治化水平；加强校园治理，营造良好的教书育人环境；加强企业治理，为企业营造良好社会环境；加强社团治理，更好地促进社团健康发展。

全会强调，要全面抓好自治区党委十二届十次全会精神的贯彻落实，解放思想，专班推进，挂图作战，真抓实干，督查考核，一盯到底、一抓到底，确保落地生根、见底见效,焕发基层治理的新动能新气象。

全会指出,决战脱贫攻坚、决胜全面小康到了最吃劲的时候,突如其来的新冠肺炎疫情更是加重了难度。要时刻牢记习近平总书记殷切嘱托,绷紧思想之弦,越是决战关头越要响鼓重锤,决不能有任何松劲懈怠思想;越是决胜时刻越要奋勇向前,决不能有任何消极畏难情绪;越是大考之际越要自信执着,决不能有任何等待观望想法,坚定决战必胜的信心决心,集中兵力,尽锐出战,发起最后总攻。

全会指出,当前已进入收官交账的倒计时,每一天都至关重要、每一刻都极其珍贵。要坚持精准方略不动摇,坚持目标标准不偏离,以"四查四补"为总抓手,持续发力防松劲、严把标准防闯关、巩固成果防返贫,一举攻下最后堡垒,高质量打赢脱贫攻坚战,如期实现"两个确保"目标。要加快补齐小康短板,达标指标抓提升、防止反弹,临界指标再加压、如期达标,低位指标挖潜力、缩小差距,与全区全国同步进入全面小康社会,确保一个民族、一个家庭、一个人都不少。要树牢和践行新发展理念,转变思维方式和发展方式,加快构建现代产业体系,持续激发市场主体活力,聚力项目建设"强引擎",打造生态经济新高地,守好"三条生命线",走出一条生态优先、绿色发展的高质量发展新路子,构建"五美融合"发展新格局,全面提升脱贫攻坚和全面小康质量。

全会要求,要坚持和加强党的全面领导,压紧压实责任,严明纪律作风,力戒形式主义和官僚主义,把各级组织、各行各业、各条战线的力量动员组织起来,万众一心夺取最后胜利,向党和人民交出合格答卷。

全会号召,全市各级党组织和广大党员干部,要更加紧密地团结在以习近平同志为核心的党中央周围,在自治区党委的坚强领导下,不忘初心、牢记使命,完善基层治理体系、提高基层治理能力,坚决夺取脱贫攻坚战全面胜利,与全区全国同步进入全面小康社会,奋力描绘好建设美丽新宁夏的固原画卷!

(原载于《固原日报》,2020年5月16日第1版)

中国共产党固原市第四届委员会第八次全体会议公报

(2020年8月11日,中国共产党固原市第四届委员会第八次全体会议通过)

中国共产党固原市第四届委员会第八次全体会议,于2020年8月11日召开。

出席这次全会的有市委委员43人,候补委员5人。市纪委常委、有关方面的负责同志,在固中共十九大代表、部分自治区第十二次党代会基层代表和市第四次党代会基层代表列席会议。各民主党派主要负责同志应邀列席会议。

全会由市委常委会主持。全会坚持以习近平新时代中国特色社会主义思想为指导,深入学习贯彻习近平总书记视察宁夏重要讲话精神,全面贯彻落实自治区党委十二届十一次全会精神,审议通过了《中共固原市委员会关于深入学习贯彻习近平总书记视察宁夏重要讲话精神全面落实自治区党委十二届十一次全会的实施意见》《中共固原市委员会关于建设黄河流域生态保护和高质量发展先行区美丽新固原实施方案》。自治区党委常委、固原市委书记张柱代表常委会作了讲话。自治区副主席、市委副书记、市长马汉成分析了上半年全市经济形势,就下半年经济工作作了安排部署。

全会指出,6月8日至10日,习近平总书记视察宁夏并发表重要讲话,全面、清晰、科学阐述了"新时代建设一个什么样的美丽新宁夏、怎样建设美丽新宁夏"这一重大理论和现实问题,饱含了对宁夏人民的亲切关怀,满怀了对宁夏各项事业的殷切期望,寄予了对宁夏党员干部的深情嘱托。自治区党委召开十二届十一次全会,对贯彻落实习近平总书记视察宁夏重要讲话精神进行全面动员、系统部署,提出明确要求。市委把学习宣传贯彻习近平总书记视察宁夏重要讲话精神作为首要政治任务,按照自治区党委部署要求,认真组织学习研讨,广泛开展宣传宣讲,迅速掀起了学习宣传贯彻热潮,全市上下笃定前行的意识更强了、发展的方向更明了、奋斗的信心更足了、干事的激情更高了,"两个维护"成为党员干部的思想自觉、政治自觉和行动自觉。全市各级党组织和广大党员干部要把学习宣传贯彻习近平总书记视察宁夏重要讲话精神作为当前首要政治任务和长期重大政治责任,坚决用习近平总书记视察宁夏重要讲话精神统一思想统揽全局统领发展,进一步增强"四个意识"、坚定"四个自信"、做到"两个维护",坚决把思想统一到习近平总书记重要讲话精神上来,坚决把行动落实到自治区党委十二届十一次全会部署上来,坚决把力量聚焦到建设先行区和继续建设美丽新宁夏上来,确保习近平总书记重要讲话精神和自治区党委十二届十一次全会精神在固原全面贯彻、全面见效。

全会指出，要自觉扛起时代使命，坚决推动习近平总书记视察宁夏重要讲话精神在固原落地生根。要聚焦完成脱贫攻坚这个底线任务，保持清醒头脑，严格目标标准、突出重点对象、扭住薄弱环节，保持政策稳定、深化“四查四补”、坚持未贫先防，持续发力防松劲、严把标准防闯关、巩固成果防返贫，一举攻克最后堡垒脱真贫，全面巩固提升成果真脱贫，彻底解决问题实现稳得住，坚决翻越脱贫路上的六盘山，交出固原脱贫圆满答卷。要把解决相对贫困问题作为长期任务，统筹纳入乡村振兴战略，跑好脱贫攻坚与乡村振兴的接力赛。要聚焦推进高质量发展这个战略任务，坚持以新发展理念为引领，坚持生态优先、绿色发展，加快转变发展方式和思维方式，加快产业结构调整，加快产业转型升级，加快新旧动能转换，做好“六稳”工作、落实“六保”任务，构建创新引领、协同发展的产业体系，走出“为种而种为养而养”传统路径，实现经济发展量的合理增长和质的稳步提升。要聚焦用好改革开放这个重要法宝，坚持制度建设主线，坚持市场化改革方向，坚持用改革办法防范化解风险，推动改革往深里走、往实里落；坚持内外结合、东西联动，构建开放平台，创新开放机制，优化开放环境，切实增强发展动力活力。要聚焦扛起先行区建设这个时代重任，统领全市生态文明建设，围绕“三山五河”生态坐标，构建“一区五城”发展布局，筑牢六盘山生态屏障，打赢污染防治攻坚战，打造生态经济新高地，加快推进山绿与民富共赢，建设美丽宜居新家园，坚决守好改善生态环境生命线，努力建设黄河流域生态保护和高质量发展先行区美丽新固原。要聚焦保障改善民生这个短板弱项，持续增进民生福祉，促进民族团结，维护国家安全，加强创新社会治理，努力让人民群众过上更加美好的生活。要聚焦抓好党的建设这个重要保证，认真贯彻落实新时代党的建设总要求，加强党的建设种好“责任田”，传承红色基因筑牢“压舱石”，强化正风肃纪绷紧“高压线”，完善激励机制提振“精气神”，全面推进从严治党向纵深发展。

全会要求，要矢志激发奋斗精神，为谱写建设先行区和继续建设美丽新宁夏的固原篇章汇聚磅礴力量。要坚持解放思想不停步，“知势”谋局，“蓄势”储能，“借势”发力，以思想大解放推动经济社会大发展。要坚持真抓实干不懈怠，埋头苦干，真拼实干，善谋巧干，用实际行动推动固原发展行稳致远。要坚持砥砺作风不松劲，传承奋斗到底的担当精神，传承建功有我的责任情怀，传承一心为民的宗旨意识，努力创造经得起历史、实践和人民检验的业绩。

全会要求，要以鲜明的政治态度直面大考，坚守“忠”字至上的政治品质，锤炼“硬”字为要的干事本领，拿出“拼”字当先的攻坚精神，负重拼搏、大干快上，交出圆满答卷。要让在一线落实成为自觉习惯，坚持在一线谋划发展，在一线检视问题，在一线推动落实，真正让一线成为推动落实的“主阵地”、检验成效的“试验田”、锤炼干部的“赛马场”。要把科学方法贯穿工作始终，突出抓领导、领导抓，抓重点、重点抓，抓问效、问效抓，用科学的方法推动固原发展取得新突破。

全会强调，要坚决贯彻习近平总书记重要讲话精神和自治区党委部署要求，慎终如始抓好常态化疫情防控工作，把外防输入作为首要工作，把内防反弹作为底线任务，打好疫情防控主动仗，坚决防止疫情传播蔓延扩散，确保不出现疫情反弹。要建立疫情防控和经济社会发展工作中长期协调机制，实现稳增长和防风险长期均衡。

全会号召，全市各级党组织和广大党员干部要更加紧密地团结在以习近平同志为核心的党中央周围，在自治区党委的坚强领导下，牢记嘱托、感恩奋进，决战脱贫攻坚、决胜全面小康，奋力谱写建设先行区和继续建设美丽新宁夏的固原篇章，为实现“两个一百年”奋斗目标、实现中华民族伟大复兴的中国梦作出新的更大贡献。

（原载于《固原日报》，2020年8月12日第1版）

固原市人大常委会工作报告

——在固原市第四届人民代表大会第四次会议上

（2020年1月8日）

固原市人大常委会主任　罗永红

2019年的主要工作

2019年,在市委的坚强领导下,市人大常委会坚持以习近平新时代中国特色社会主义思想为指导,深入学习贯彻中共十九大、十九届三中、四中全会和习近平总书记视察宁夏时的重要讲话精神,坚决贯彻习近平总书记对地方人大及其常委会工作的重要指示,全面落实党中央和区市党委决策部署,紧紧围绕全市中心工作,依法行使宪法和法律赋予的职权,有效发挥了地方国家权力机关的职能作用,为推动全市经济社会发展和民主法治建设作出了积极贡献。

一、坚持党的领导,牢牢把握正确政治方向

常委会始终坚持党的领导、人民当家作主、依法治国有机统一,强化政治责任,保持政治定力,筑牢了做好人大工作的思想政治基础。

（一）强化理论武装,着力提高政治站位。坚持以党的政治建设为统领,始终把深入学习贯彻习近平新时代中国特色社会主义思想作为首要政治任务,深刻领会这一思想的科学体系、精神实质、实践要求,用以武装头脑、指导实践、推动工作。组织开展专题学习交流,邀请专家教授讲座,系统学习了习近平总书记关于坚持和完善人民代表大会制度的重要思想,围绕“十个坚持”进行专题研讨,深化对新时代坚持和完善什么样的人民代表大会制度、怎样坚持和完善人民代表大会制度重大理论和实践课题的认识,把学习成果转化为做好本职工作、推动事业发展的生动实践。持续深入地加强理论学习和思想武装,增强“四个意识”、坚定“四个自信”、做到“两个维护”,强化坚持和完善人民代表大会制度的责任感和使命感。

（二）严守纪律规矩,带头维护党委权威。坚持把党的领导贯穿于人大工作全过程,全力维护市委总揽全局、协调各方的领导地位。制定立法计划和开展重要活动均向市委请示,对执法检查、专题调研、代表视察中发现的重大问题及时向市委报告。充分发挥常委会党组把方向、管大局、保落实的重要作用,第一时间传达学习市委相关会议文件精神,研究提出贯彻意见,统筹推进监督、立法、自身建设等工作。市委对人大工作高度重视,及时协调解决工作中遇到的困难和问题,为常委会履职行权提供了坚强的后盾。

（三）依法履行职权,保证实现党的主张。通过地方立法推动、依法监督促动、代表履职联动的有效形式,紧紧围绕打赢“六场硬仗”、建设“四个示范市”的工作部署,精准选择监督主题和立法议题,着力推动市委重大决策部署贯彻落实。认真落实市委《关于健全人大讨论决定重大事项制度、政府重大决策出台前向本级人大报告的实施意见》,作出《关于批准2018年市本级财政决算的决议》《关于批准2019年市本级财政收支预算变动调整的决议》等6项决议决定。坚持党管干部原则和人大依法任免有机统一,严格执行任命人员供职报告、投票表决、宪法宣誓等制度,任免国家机关工作人员69人(次),补选自治区人大代表2名。常委会班子成员围绕中心、服务大局,以高度的政治责任感,深入基层宣讲党的十九届四中全会精神,扎实做好脱贫攻坚督查、扫黑除恶督导、“不忘初心、牢记使命”主题教育巡回指导、重点信访事项包案化解、联系乡村和重点企业等工作,得到了市委的充分肯定,促进了各项重点工作任务的圆满完成。

二、精准有效监督,助力改革发展稳定大局

常委会坚持依照法定职责、限于法定范围、遵守法定程序开展监督工作,在做好经常性监督的同时,突出高质量发展、预算监督、脱贫攻坚和司法领域热点问题等重点。一年来,召开常委会会议9次,听取审议“一府两院”工作报告21个,组织开展执法检查6次、专题询问2次、专题调研16项,提出审议意见48条,确保宪法法律有效实施,助推“一府一委两院”改进工作。

（一）聚焦高质量发展开展监督。认真贯彻新发展理念,紧紧围绕高质量发展这条主线,听取审议“十三五”规划纲要实施情况中期评估报告,就精准研判走势、提升发展质效、确保各项目标任务按时序高质量完成提出明确的审议意见。审议计划、预算执行情况及审计工作报告,建立预算审查监督专家库,积极推进预算联网监督，重点关注预算支出和政策落实情况，提高财政资金使用绩效。完善审查监督机制，防范化解政府债务风险。举办环境保护法律法规讲座，开展“防治水污染、保护水环境”环保世纪行活动；组织代表对全市“四个一”林草产业发展情况、“清河行动”实施情况进行视察；对全市水利工程建设、农村公路、工业经济、市属国有企业资产管理、乡村旅游工作进行专题调研，助力高质量发展。

（二）紧扣民生事业开展监督。坚持以人民为中心，把实现人民对美好生活的向往作为监督的出发点和落脚点。紧扣脱贫富民目标任务，配合自治区人大对农村扶贫开发条例实施情况进行了执法检查，邀请自治区扶贫办专家举办脱贫攻坚政策专题讲座，认真聆听并组织研讨市委主要领导关于“坚决打好精准脱贫攻坚战、与全国同步建成全面小康社会”的专题党课。全力以赴落实脱贫攻坚帮扶任务，深入乡镇村组宣讲扶贫政策，协调帮扶资金，在原州区脱贫摘帽、西吉县贫困村脱贫出列复查复审、彭阳县脱贫工作巩固提升及脱贫政策落实专项治理等工作中，做了大量艰苦细致的工作。坚持民有所呼、我有所应，组织对六盘山机场航班情况进行调研，市委主要领导对调研报告作出批示，政府积极主动协调，加密了西安、银川航班。组织代表视察国家卫生城市创建和城市管理工作，对全市医疗卫生、民生实事办理等工作进行专题调研并听取审议专项工作报告。对医疗保障、城市管理工作分别进行专题询问，询问情况在固原主流媒体全面报道，监督医保部门收足、用好、管好医保基金，推动城市管理工作提档升级。

（三）围绕公平正义开展监督。始终站在人民群众的立场上加强对依法行政、公正司法的监督。对安全生产法、禁毒法的贯彻实施情况开展执法检查，并采取上下联动的形式，与自治区人大执法检查组联合，对旅游法及自治区旅游条例、水污染防治法的贯彻实施情况进行执法检查，保证法律法规在全市的正确实施。组织开展全市“七五”普法决议中期执行情况视察，推动宪法及相关法律法规的学习宣传和贯彻实施。对全市法院执行、刑事审判工作和检察院公益诉讼工作进行调研，听取审议相关工作情况的报告，努力让人民群众在每一个司法案件中感受到公平正义。结合扫黑除恶专项斗争新要求，听取市扫黑办关于全市扫黑除恶专项斗争情况的通报，坚决支持政法机关和行政执法部门重拳扫黑除恶治乱，创新社会治理，不断提升人民群众的获得感、幸福感、安全感。

（四）创新方式方法开展监督。树立寓监督于支持的工作理念，把监督、服务、支持有机结合，正确把握依法监督的规律和特点，创新监督方式，增强监督实效。注重监督程序创新，修订完善《固原市人大常委会调研视察执法检查工作办法》，进一步加强和规范了调研视察执法检查工作。注重监督方式创新，组织开展专题询问和专项工作报告测评，市政府分管领导和政府有关部门负责人到会应询，基层代表应邀列席并提问，测评结果当场公布并在媒体公开，对提高人大监督效果，推进问题解决起到了积极作用。注重制度创新，报请市委审定印发《市人民政府向市人大常委会报告国有资产管理情况的意见》《人大常委会预算审查监督重点向支出预算和政策拓展的实施意见》，进一步建立健全了经常性财经监督制度，为管好用好国有资产和重大项目资金支出加上一道“安全门”。探索开展监督工作跟踪问效机制，听取审议了审计部门关于2018年审计发现问题整改情况的报告，紧盯重点问题依法督促整改，对审议意见落实情况开展跟踪检查，巩固监督成果。按照“审慎稳妥、依法有序”的原则，注重加强与监察委员会的工作交流与联系，开展工作调研，推进制度优势逐步向治理效能转化。

三、突出地方特色，发挥立法保障引领作用

常委会稳步推进科学立法、民主立法、依法立法，充分发挥人大在立法工作中的主导作用，着力发挥立法对全市经济社会发展的保障和引领作用。

（一）不断完善立法机制。进一步建立完善地方立法科学运行机制，制定《固原市人大常委会立法协调制度》《固原市地方性法规立项办法》，为推进地方立法提供了制度保障。健全法规立项、起草、论证、审议机制，突出重点环节，细化工作流程，调整充实立法专家咨询库，立法机制体制逐步完善，立法科学化、精细化、规范化水平进一步提升。通过媒体公示、专家咨询、调研、座谈等多种形式，广泛征求社会各界的意见建议，确保法规顺应群众期待、突出地方特点、解决实际问题。重视加强立法人员培训，先后参加了全国人大和自治区人大举办的立法培训班，立法能力不断提升。

（二）有序推进地方立法。注重发挥立法在表达、平衡、调整社会利益方面的作用，因法施策、对症下药，突出立法工作的实效性，确保法规立得住、行得通、真管用，使立法工作更好适应重点工作的需要。在深入调研论证的基础上，制定颁布《固原市红色文化遗址保护条例》，召开条例实施工作座谈会，推动我市红色文化遗址保护走上法治化道路，推进红色文化转化为“不忘初心、牢记使命”的不竭动力。审议通过《关于进一步加强大气污染防治的决议》，以法律的武器治理环境污染，用法治的力量保卫碧水蓝天。组织开展城市环境卫生管理、“四个一”林草产业发展、海绵城市建设管理等立法调研，为下一步实现高质量立法奠定基础。积极参与上级人大组织的《中华人民共和国城市维护建设税法》《宁夏回族自治区禁牧封育条例》等立法调研活动,充分反映和表达基层群众的意愿。

(三)强化规范性文件备案审查。对各类规范性文件进行备案审查,是宪法法律明确规定的制度,是符合中国国情、具有中国特色的立法监督制度和宪法监督制度。常委会坚持"有件必备、有备必审、有错必纠"原则,严格落实《固原市人大常委会规范性文件备案审查工作办法》,健全完善衔接联动机制,对市人民政府和县(区)人大常委会报送的《固原市深化改革推进出租汽车行业健康发展的实施意见》《固原市建立残疾儿童康复救助制度的实施意见》等21件规范性文件进行合宪性、合法性审查,听取审议法工委关于规范性文件备案审查工作情况报告,充分发挥了人大法律监督职能作用。

四、拓展联系渠道,支持保障代表依法履职

常委会坚持把加强代表工作作为履职的重要基础,全力支持代表依法参与管理国家事务,推动代表更好地依法履职、为民尽责。

(一)加强代表履职能力建设。制定《关于加强和改进市人大代表工作的意见》,明确代表职责,强化服务保障,发挥代表作用。围绕全市工作大局和常委会议题,有计划地安排220余名代表参加履职学习、专题调研、执法检查活动和列席常委会会议;围绕代表依法履职、执行职务,组织100名代表赴北京全国人大培训中心和井冈山干部培训学院参加履职培训。邀请自治区扶贫办、环保厅、市委党校等专家教授,在常委会会议期间举办习近平总书记关于坚持和完善人民代表大会制度重要思想、意识形态、民族宗教政策等5次专题讲座。通过培训学习,为代表更好执行职务奠定了基础。

(二)丰富闭会期间代表活动。深入开展常委会组成人员联系代表、代表联系选民"双联"活动,畅通同人大代表、人民群众的联系渠道。组织开展"走基层、访代表、听民声""发挥人大代表主体作用、助力脱贫攻坚""创建全国卫生城市、人大代表在行动"等主题活动,积极参加"政府开放日"、旁听法院庭审等活动,代表们积极参与、主动作为,展现了人大代表履职尽责的担当精神。连续三年有重点地召开全市基层人大代表工作座谈会,交流工作,总结经验,提高代表履职实效,提升人大工作水平。在固原电视台《代表之声》、《固原日报》、"代表风采"栏目宣传人大代表依法履职先进事迹14期,充分展示代表新风貌,传播人大好声音。

(三)增强议案建议办理实效。认真办理代表议案建议,既重视在"提得好"上下功夫,探索代表小组集体会商把关办法,提高议案建议本身质量;又重视在"交得快"上求突破,建立人代会代表建议快速办理机制,常委会以最短的时间、最快的速度完成代表议案建议交办;更重视在"办得成"上出实效,采取跟踪督办、定期催办和现场督办形式,推动"答复满意"向"结果满意"转变。市委、政府继续将议案建议办理工作纳入全市效能目标管理考核内容,办理效率和质量进一步提高。市四届人大三次会议确定的2件议案全部办结,14件建议办复率100%,一些事关人民群众切身利益的问题得到有效解决。

五、全面从严治党,切实加强常委会自身建设

常委会坚持以提升履职能力和议事水平为重点,抓班子、带队伍,纠"四风"、正作风,扎实推进工作机关、代表机关建设。

(一)强化思想政治建设。常委会党组高度重视、精心部署,扎实开展"不忘初心、牢记使命"主题教育,开展集中学习26次,举办6次专题研讨交流和1次调研成果交流会,开展"不到长城非好汉"革命传统等五项教育,召开民主生活会、组织生活会和对照党章党规找差距专题会议,严肃认真地开展批评与自我批评,检视整改问题23条,达到了理论学习有收获、思想政治受洗礼、干事创业敢担当、为民服务解难题、清正廉洁做表率的目标。加强能力建设,增强学习本领,注重经济、政治、文化、社会、生态文明和党的建设理论与实践知识水平的全面提升。深入贯彻新时代党的建设总要求,深化机关党建"三强九严"工程,严肃党内政治生活,不断增强贯彻民主集中制的自觉性,保障常委会组成人员依法行使民主权利,切实维护人民的根本利益、长远利益、整体利益。

(二)积极推进制度建设。按照宪法和法律规定,结合实际完善了常委会会议、主任会议和机关党组三项议事规则,进一步健全执法检查选题、组织、报告、审议、整改、反馈"全链条"工作流程。修订了《固原市人大常委会会议列席人员规定》等常委会工作、机关管理一揽子制度,将实践创新成果上升到制度层面。严格按制度办文、办会、办事,严格遵守常委会会议召开的法定程序,根据会议需要邀请列席人员,合理安排分组审议和大会审议。通过加强制度建设,促进了常委会工作的规范化、制度化。

(三)持续加强作风建设。把调查研究作为履职基本功,力求把情况吃透、问题找准、原因弄清,提出有针对性的对策建议,使监督、立法等各项工作始终接地气、聚民意、求实效。常委会、工作委员会开展30多次调查研究,其中常委会成立的9个调研组形成了《全市投融资公司监管情况》《全市农业产业扶贫的思考》等高质量调研报告,为市委决策提供科学依据,推动人大工作更好体现实践发展和人民要求。认真学习贯彻党内法规,落实落细全面从严治党主体责任,严格遵守中央八项规定及实施细则精神和市委相关规定要求,以永远在路上的恒心和韧劲,持续纠"四风"、转作风、树新风。下大力气改进会风,制定人大会议"八不准",严肃会议纪律,常委会会议出席率保持在95%以上。认真对待群众来信来访,着力提高信访工作效能。

(四)密切工作交流联系。保障全国人大常委会领导在固原开展的脱贫攻坚、乡村文化旅游等调研活动,协助自治区人大常委会在固原开展检查视察工作。加强对外工作交流,先后组织18名常委会组成人员和代表赴福建、江苏、山西等地考察地方立法、监察监督等工作,接待福建、内蒙古等人大工作考察组9批,交流工作经验,推动事业发展。与福建省人大常委会办公厅签订对口交流合作协议,就工作考察互访、代表履职培训、立法工作指导等达成共识。注重人大理论研究和宣传工作,加强意识形态管控,办好固原人大网站,在《宁夏工作研究》《宁夏人大》等杂志发表理论文章5篇。重视县乡人大建设,密切联系,依法指导,通过上下联动开展执法检查、专题调研和观摩交流等形式,对特色亮点工作进行总结推广,推动形成县乡人大工作创新发展、完善提高的良好局面,全市乡镇(街道)人大工作规范化、制度化水平显著提升。

各位代表,过去一年取得的成绩,是市委坚强领导的结果,是全体人大代表、常委会组成人员依法履职、主动作为的结果,是市政府、市监委、市中级人民法院、市人民检察院和县区人大紧密配合、同向发力的结果,是全市人民充分信任、热忱支持的结果。在此,我代表市人大常委会表示衷心感谢!

过去的一年,工作虽然有进步、有成效,但也有差距、有不足,主要是:依法监督的力度不够,开展有效监督的举措需要不断创新;立法工作力量薄弱,立法工作的质量和效率需要进一步提升;密切同代表和人民群众联系的制度机制需要进一步落细落实;常委会组成人员和机关工作人员的履职能力有待进一步提升。我们要高度重视这些问题,虚心听取各方面的意见建议,不断加强和改进各项工作。

2020年的主要任务

2020年是全面建成小康社会和"十三五"规划的收官之年,也是脱贫攻坚的决胜之年。市人大常委会工作思路是:坚持以习近平新时代中国特色社会主义思想为指导,深入学习贯彻党的十九届四中全会和习近平总书记对地方人大及其常委会工作的重要指示精神,全面贯彻落实自治区党委十二届八次、九次全会和市委四届五次、六次全会精神,坚持党的领导、人民当家作主、依法治国有机统一,紧扣脱贫攻坚和全面小康目标任务,围绕市委关于抓住"三个着力"重点,坚决打赢三大攻坚战,持续实施三大战略,守好三条生命线,走出一条生态优先、绿色发展的高质量发展路子,构建"五美融合"发展新格局的工作总要求,切实担负起宪法法律赋予的各项职责,全面提升监督、立法和代表工作水平,立足"两个机关"职能定位,努力开创人大工作新局面。

一、在加强思想政治建设上务求新高度。要把不忘初心、牢记使命作为思想政治建设的永恒课题、作为各级人大代表的终生课题,切实增强"四个意识"、坚定"四个自信"、做到"两个维护"。把学习贯彻习近平新时代中国特色社会主义思想、党的十九届四中全会精神作为首要政治任务,深刻领会习近平总书记关于坚持和完善人民代表大会制度重要思想的核心要义和精神实质,不断丰富和拓展地方人大及其常委会的实践特色、时代特色。坚持党对人大工作的领导,把市委的要求贯穿于履职行权的全过程,始终保持人大工作坚定正确的政治方向。以高度的思想自觉引领行动自觉,进一步增强斗争本领,强化责任担当,提升履职水平,自觉做人民代表大会制度的维护者、实践者、推动者,扎实推进新时代地方人大工作高质量发展。依法行使重大事项决定权,使党的主张通过法定程序成为人民意志。坚持党管干部原则与人大依法任免有机统一,准确贯彻市委人事安排,为人大和"一府一委两院"工作提供组织保证。

二、在正确实施有效监督上取得新成效。坚持正确监督、有效监督,综合运用多种监督手段,重点在科学选题、深入调研、提高审议质量、强化跟踪落实上下功夫,增强监督工作的针对性和实效性,有力支持和促进"一府一委两院"工作,凝聚起深化改革、加快发展的强大合力。一要全力保障法律法规正确实施,落实宪法宣誓制度,组织好国家宪法日活动,全面完成"七五"普法决议任务。对道路交通安全法及其实施细则和固原市烟花爆竹燃放管理条例等法律法规的实施情况进行执法检查,抓住重点问题和薄弱环节,提出中肯意见,推动问题解决。二要加强和改进预算监督,深化人大预算审查监督重点向支出预算和政策拓展,加强预算联网监督工作,提高财政资金使用绩效和政策实施效果。三要坚定不移贯彻新发展理念,围绕决胜全面建成小康社会和脱贫富民实施监督,在经济领域重点对打赢脱贫攻坚战、政府债务风险防控、乡村振兴、生态林业、招商引资等工作进行调研,继续开展中华环保世纪行主题活动;在社会领域,对义务教育优质均衡发展、稳定和促进就业等工作进行调研;在法治领域,听取审议法院民事审判、检察院践行“绿色检察”等工作情况报告,推进依法行政、公正司法。四要围绕人民群众普遍关心的热点难点问题,开展专题询问,问出责任、问出担当、问出成效,回应人民群众的关注关切。

三、在推进地方立法工作上迈出新步伐。充分发挥人大在法规立项、起草、审议等环节的主导作用,结合市情实际、突出问题导向、坚持质量第一,重点做好《固原市城市环境卫生管理条例》《关于加强“四个一”林草产业发展的决定》《关于加强海绵城市建设管理的决议》的立法,助力国家卫生城市创建、“四个一”林草产业发展和海绵城市建设与管理。探索建立法规起草、论证、实施后评估等制度,有序扩大社会公众参与立法工作,使之更加符合客观实际和人民意愿。加快规范性文件备案审查信息平台建设,做到有件必备、有备必审、有错必纠,切实维护法制统一。

四、在发挥代表主体作用上实现新拓展。正确把握“代表机关”的职责定位,加强常委会组成人员与人大代表、人大代表与人民群众的联系,更加到位地做好代表履职引导、服务和管理工作,推进代表工作体制机制创新。更有针对性地组织开展代表培训工作,积极探索有差别、更精准的方式方法,着力强化代表依法履职意识,拓宽代表知情知政渠道。继续邀请代表列席常委会会议,让更多有专业特长的代表参与立法修法、执法检查、专题调研等活动。充分发挥“人大代表之家”作用,有主题、有计划、有重点、有实效地组织代表开展闭会期间活动,支持和推动各级人大代表创新联系群众的方式方法,广泛听取和充分反映人民群众的意见和诉求。持续强化代表议案建议交办督办工作机制,开展代表意见建议办理“回头看”,努力提高办理质量和代表满意度。深入宣传优秀人大代表履职事迹,用典型事例和榜样力量鼓舞代表、影响群众,传递社会正能量。

五、在提高依法履职能力上展现新作为。把加强人大及其常委会建设作为新形势下坚持和完善人民代表大会制度的重要任务抓紧抓实抓好,持续加强理论武装,切实增强运用法治思维和法治方式解决问题的能力。统筹推进常委会党的各项建设,严格执行党章党纪党规,进一步建立完善常委会党组工作、议事、决策等制度规则,充分发挥党组在人大工作中把方向、管大局、保落实的领导作用。深入开展“担当新使命、展现新作为”学习实践活动,进一步解放思想、真抓实干、奋力追赶。严格落实党风廉政建设各项规定,深入改进工作作风,力戒形式主义、官僚主义,把更多精力放到推进高质量发展上。提升自治区级文明单位创建成果和机关管理科学化、精细化水平,激励干部干事创业,抓好干部监督管理。自觉接受人大代表和人民群众监督,在不断改进优化中提高常委会工作的法制化、规范化、科学化水平。深化人大新闻宣传工作,强化人大制度理论阐释与工作实践典型报道。更加密切与上下级人大的全方位联系,加强纵向工作指导与交流。注重与外省人大的横向联系,认真落实与福建省人大对口交流协议,推动地方人大工作迈出新步伐、取得新成效。

各位代表!时代号角催人进,风正扬帆再启航。让我们更加紧密地团结在以习近平同志为核心的党中央周围,在市委的坚强领导下,担当新使命,展现新作为,鼓足干劲,依法履职,为夺取脱贫攻坚全面胜利、确保与全国全区同步建成小康社会和“十三五”规划圆满收官、描绘好建设美丽新宁夏的固原画卷作出更大贡献!

固原市人民政府工作报告

——在固原市第四届人民代表大会第四次会议上

(2020年1月7日)

自治区副主席、固原市市长　马汉成

2019年工作回顾

2019年,我们满怀喜悦礼赞新中国成立70周年,辉煌的成就极大提振了实现中华民族伟大复兴中国梦的奋斗信心。市人民政府在自治区党委、政府和市委的坚强领导下,高举习近平新时代中国特色社会主义思想伟大旗帜,深入学习贯彻中共十九大、十九届四中全会和习近平总书记视察宁夏时的重要讲话及指示批示精神,统筹推进"五位一体"总体布局,协调推进"四个全面"战略布局,全面落实区、市党委决策部署,实施"三大战略",打好"六场硬仗",经济运行稳中有进、社会事业稳中向好。预计完成地区生产总值340亿元,增长7%;地方一般公共预算收入16亿元,同口径增长8%;城乡居民人均可支配收入分别达到28979元、10608元,分别增长8.5%和11%。

一年来,市人民政府坚持政治建设第一要求,坚定理想信念。作为革命老区、民族地区、贫困地区,我们坚定不移把党的领导贯穿政府工作全过程、各领域,从政治、思想和情感上高度认同习近平新时代中国特色社会主义思想,这是战胜困难的思想旗帜、行动指针、根本保证。扎实开展"不忘初心、牢记使命"主题教育,加强政府系统政治建设,树牢"四个意识",坚定"四个自信",做到"两个维护",自觉在思想上政治上行动上同以习近平同志为核心的党中央保持高度一致。坚持推动发展第一要务,扛起主体责任。紧紧围绕习近平总书记视察宁夏时的重要讲话和指示批示精神,贯彻新发展理念,统筹抓好稳增长、促改革、调结构、惠民生、防风险、保稳定工作,建立任务、项目、责任"三个清单",实行挂图作战,着力推进经济持续健康发展,农业特色优势产业达到86%,产业投资提高21个百分点,科技进步贡献率51.5%。坚持担当作为第一责任,提升政府效能。认真落实市委四届四次、五次全会要求,重点工作有亮点,创新工作有突破。"放管服"改革利企便民,"慵懒散"治理见事见人。从严执行中央八项规定精神及实施细则精神,减少文件36%、会议压缩43%。自治区党委常委集体调研时指出:"固原脱贫攻坚为全区作出了贡献,生态建设为全区树立了榜样,广大干部干事创业的精气神为全区广大党员干部作出了榜样。"

这里,我把一年来的主要工作给大家"报个账":

(一)聚焦精准,脱贫攻坚取得新进展

全年销号贫困村24个,减贫3.86万人,贫困发生率下降到0.55%。原州区具备脱贫摘帽条件,西吉县硬件条件也全部达标。

补齐短板。整合涉农扶贫资金40.5亿元,用于补齐基础设施短板和发展产业。自来水入户新增1.17万户,实现安全饮水全普及;改造危窑危房9142户,实现贫困户危房全清零;新修村道1008公里,实现行政村"两通"全覆盖。彭阳县"互联网+人饮"模式和隆德县农村饮水管理体制得到水利部肯定并在我市召开现场会。

增加收入。新培育农民专业合作社100家;建成扶贫车间100个;开展职业技能培训3.86万人,转移就业31.6万人,创收67.9亿元。建档立卡贫困人口收入增长13%。西吉县"全赠半返+返租代养"产业扶贫模式入选第二届中国优秀扶贫案例。

建强机制。建设金融扶贫示范村200个,贫困户愿贷尽贷,贷款覆盖面81%。原州区金融精准扶贫模式被人民日报评为"民生示范工程"优秀案例。脱贫不脱帮扶的机制更加完善。西吉县涵江村第一书记秦振邦获全国脱贫攻坚贡献奖。深化闽宁对口协作、定点帮扶,福建到位资金1.86亿元,实施项目193个,新建产业园2个,提升示范村30个;结成"一对一"帮扶214对,闽宁协作高位推进、高质发展。国铁集团等社会帮扶更加精准有效。

增强动力。新建新时代文明实践中心32个,建设民风示范村100个,表彰脱贫光荣户100户;新培育"两个带头人"643人,累计带动8.1万户20.5万人脱贫。乡村文明实践积分卡"兴盛模式"在全区推广,进一步激发了脱贫奔小康的内生动力。

(二)聚焦提质,产业升级迈出新步伐

深化供给侧结构性改革,优化存量、扩大增量、提升质量。

农业“接二连三”破题起步。推进“质量兴农、品牌强农”,粮食总产87.3万吨,再创新高。肉牛饲养量达到110.8万头,六盘山冷凉蔬菜产量突破210万吨。融侨肉牛、山东水发、凤集等龙头企业补链延链项目落地建设。培育农产品电商企业10家、电商扶贫示范村20个。“固原黄牛”“西吉马铃薯”喜获中国农产品区域公用品牌,西吉县入选国家农产品质量安全县,原州蔡川村、西吉大岔村和彭阳小石沟村跻身全国“一村一品”示范村行列。

工业“无中生有”提效升级。完成工业园区体制机制改革,推进低成本化改造,新增规上企业10家。金昱元“填平补齐”项目建成投产,王洼选煤厂二期扩建等项目有序推进。制定民营经济发展16条,培育“专精特新”中小企业22家,新增国家级高新技术企业2家。丰源纺织创成自治区级数字化车间,明德中药获自治区级制造业示范企业。

全域旅游四季皆景如画。六盘山旅游公路投运,彭阳梯田花儿节、泾源冰雪文化旅游节丰富了旅游业态,扩大了旅游影响,宣传了美丽固原。全年接待游客650万人次,旅游社会收入45亿元,分别增长20%和16%。泾源县入选2019中国最美县域榜单,西吉龙王坝、隆德红崖村、新和村入选全国乡村旅游重点村。

(三)聚焦治理,生态建设实现新变化

践行绿水青山就是金山银山的理念,固原的天更蓝、山更绿、雨更多、水更清。

守护好六盘山。完成造林绿化65万亩,清水河、渝河、茹河河岸绿化改造工程全面完成,全市森林覆盖率达到28.4%。治理水土流失264平方公里,治理程度达到76.2%。完成六盘山水泥厂搬迁拆除、三关口矿区生态修复。泾源县创成国家园林县城。

打好污染防治战。开展“清河行动”,五河出境断面水质均为Ⅳ类及以上。坚持“四尘同治”,整治“散乱污”企业67家,实施燃煤锅炉改造、工业堆场治理等项目24个,PM_{10}、$PM_{2.5}$分别下降12.3%和10.3%,空气优良天数达到93.4%。农业面源污染治理得到加强,畜禽养殖废物综合利用率94.5%,残膜回收率95%。环保督察反馈问题整治完成年度清零任务。

建好“四个一”林草产业。新建500亩以上示范点57个,推广86个品种,发展林草产业163.6万亩,苹果、大果榛子等经济林适应性试验基本成熟,海棠、红枫等景观树种布局到城市园林、美丽乡村、全域旅游、庭院经济,大生态与大扶贫、大产业、大旅游正在加速融合,得到国家领导人、有关部委和自治区党委、政府的充分肯定。

(四)聚焦宜居,城乡面貌焕发新气象

完善城乡基础设施功能,美丽家园血脉更畅、颜值更高。

改善基础设施。泾河源至双疙瘩梁高速基本建成,西吉至老君坡高速顺利推进,机场至上海路等干线公路建成通车;六盘山机场开通广州、昆明航线,旅客吞吐量近38万人次。黄河水调蓄工程开工建设;完成6座水库除险加固,新增高效节水灌溉面积3.6万亩。4G信号行政村全覆盖。

改靓城乡面貌。完成城市总规、控规及总体城市设计、综合交通体系等专项规划修编。海绵城市建设项目基本完工,解决了群众反响强烈的有“面子”少“里子”的问题;改造棚户区1091户、老旧小区12个;新建改造城市道路49条,建成临时停车场6个、城市公厕24个,市民出行难、停车难、入厕难得到缓解。创建国家卫生城市取得明显成效,共建共治共享机制逐步完善。建成原州河川、西吉马建等9个美丽小城镇和隆德神林、泾源上桥、彭阳任湾等31个美丽村庄。实施乡村振兴战略,综合整治农村人居环境,建成污水处理设施24个、卫生厕所1.86万座,生活垃圾处理率50%。

(五)聚焦民生,社会事业得到新改善

践行以人民为中心的发展思想,9项20件民生实事全部办结、见到成效。

社会事业全面进步。新(改)建幼儿园24所、中小学校舍25所,新增园位4890个、学位8000个,政府购买学前教师服务岗位500个;落实“立德树人”根本任务,上好思政课,给孩子心灵埋下真善美的种子。综合医改稳步推进,组建市域内医联体12个,建成优势重点科室15个、名医工作室16个;“互联网+医疗健康”远程诊疗网络初步形成;与全国31个省2.3万家医疗机构实现异地就医费用直接结算。评选“六盘英才”20名。改造完成文化大院22家,村级综合文化活动中心实现全覆盖。

社会保障稳步提高。培育创业实体1671户,安置公益性岗位1871个,新增城镇就业9313人,城镇登记失业率3.58%。基本实现社会保险法定人员全覆盖,城乡居民住院费用实际报销比例达到80.3%。配租配售公租房1.08万套。城乡低保应保尽保,新(改)建城乡社区服务站55个,建成残疾人康复中心4个、托养中心3个。

社会治理有力有效。深入开展扫黑除恶专项斗争,打掉涉黑涉恶团伙25个、村霸5个,治乱工作得到中央督导组和自治区党委肯定。荣获全国“七五”普法中期先进城市称号。食品药品监管持续加强,安全生产形势总体稳定。集中化解信访积案850件。隆德李士村、泾源杨岭村获评全国乡村治理示范村。

民族宗教和谐稳定。提升全国民族团结进步示范市创建成果,六盘山红军长征纪念馆、将台堡红军长征会师纪念园被命名为国家民族团结进步教育基地,原州区和润村荣获全国民族团结进步模范集体称号。宗教事务和活动法治化规范化管理水平进一步提升,全市民族团结、宗教和顺、社会和谐。

（六）聚焦亲商,改革开放激发新活力

突出问题导向,扭住关键环节,纵深推进改革开放。

营商环境全面优化。制定了“1+9”行动计划,按照理念、流程、数据再造要求,建立“163”政务服务模式,一窗受理、要素审批、多图一审等模式在全区推广,社会、政府项目全流程审批时限分别减到70个和90个工作日以内,网上可办率80%以上。为企业协调贷款129亿元,清偿民企欠款14.4亿元,清欠比例74.8%,为中小微企业减税降费4.6亿元。

重点改革不断深化。全面完成政府机构改革。创建农村土地股份制改革示范村10个、财政支农资金“投改股”试点示范村19个,成立土地股份合作社39家,农民土地入股2.6万亩、现金入股1387万元,增收再添好路子。实施供水价格改革,完成生活、生产、生态用水价格调整,建立了农业水价形成机制和节水奖励机制。

对外合作持续强化。加强与俄罗斯加里宁格勒市互访交流。组团参加进博会、中阿博览会等活动,举办第28届西部商品交易会。全年招商引资到位资金121亿元。

创新机制防风险。推进防范化解重大风险攻坚战,建立了政府债务管控、偿还和预防风险机制,减少债务45亿元。金融风险防控取得阶段性成效,依法清理注销“四类公司”382家,立案查处非法吸收公众存款案件19件、3.9亿元。

双拥共建、统计调查、防震减灾、人防气象、粮食储备等工作扎实推进,地方志、工青妇等工作取得新成效。

各位代表,过去的一年,每一个看似简单的数字、每一件看似平凡的工作、每一项看似普通的荣誉,都闪耀着习近平新时代中国特色社会主义思想的光芒,饱含着自治区党委、政府的关怀,体现着市委的坚强领导,凝聚着市人大、政协的支持,倾注着全市人民的心血汗水。在此,我代表市人民政府,向各位代表、各位委员,向所有关心支持固原发展的社会各界,表示崇高的敬意和衷心的感谢!

盘点一年来的工作,仍然存在许多不足,主要有:一是对标高质量发展要求,培育经济发展动能有差距。市场主体弱,抗风险能力差,金融服务实体经济机制不全;优势产业有特色少品牌、有规模少链条,工业规上企业少且倚重倚能占比大,新动能新业态新模式培育不足。二是对标群众美好生活向往,主动为民排忧解难有差距。贫困群众稳定可持续增收的机制还不完善,防返贫任务艰巨;群众就近“上好学”“看好病”的愿望强烈,化解群众关切的住房安置、居住环境、农村交通等方面还有很多不如意的地方。三是对标“不忘初心、牢记使命”要求,重点工作落地落实有差距。一些部门和干部干事创业精气神不足,制度意识、法治思维不强,不作为、慢作为、乱作为现象仍有发生;一些领域不正之风和腐败问题依然存在。我们将采取有效措施,认真加以解决。

2020年主要工作任务

2020年,习近平总书记吹响了决胜全面建成小康社会的冲锋号。我们万众一心加油干、坚决打赢脱贫攻坚战,“西海固”将告别绝对贫困、奔向全面小康,这是时代之幸、民族之幸、人民之幸,我们真诚感恩中国共产党和以习近平同志为核心的党中央英明领导,我们由衷自豪中国特色社会主义制度无比优越,我们充分自信中华民族伟大复兴的第一个百年目标定会实现。自治区党委十二届八次全会作出“守好三条生命线,走出一条高质量发展新路子”的新部署、新要求,回答了宁夏发展之问、回应了各方期待、反映了共同心声、提振了干部信心。按照市委四届六次全会部署,政府工作的总体要求是:以习近平新时代中国特色社会主义思想为指导,深入学习贯彻党的十九届四中全会、中央经济工作会议和习近平总书记视察宁夏时的重要讲话精神,全面落实自治区党委十二届八次、九次全会精神,紧扣脱贫攻坚和全面小康目标任务,坚持稳中求进工作总基调,坚持新发展理念,坚持以供给侧结构性改革为主线,坚持以改革开放为动力,担当新使命、展现新作为,牢牢抓住“三个着力”重点,坚决打赢三大攻坚战,持续实施三大战略,统筹推进稳增长、促改革、调结构、惠民生、防风险、保稳定,守好三条生命线,走出一条生态优先、绿色发展的高质量发展新路子,构建“五美融合”发展新格局,夺取脱贫攻坚全面胜利,确保与全国全区同步建成全面小康社会和“十三五”规划圆满收官,奋力描绘好建设经济繁荣民族团结环境优美人民富裕美丽新宁夏的固原画卷。

主要目标是:全市地区生产总值增长6.5%,全社会固定资产投资增长5%,地方一般公共预算收入增长2%,社会消费品零售总额增长5%,城乡居民人均可支配收入分别增长7.5%、9%。完成自治区下达的各项约束性指标。

确定上述目标,考虑了风险底线和小康预期,兼顾了人民需要和政府责任。完成这些目标,我们必须真懂真用习近平新时代中国特色社会主义思想;必须巩固提升“不忘初心、牢记使命”主题教育成果;必须把思想和行动统一到党中央对当前形势判断和经济工作大政方针上来,统一到自治区党委对“形与势”“危与机”“供与需”

的分析研判和决策部署上来,统一到市委四届六次全会实现“山水美、业态美、城乡美、环境美、生活美”融合发展新格局的工作要求上来;必须进一步解放思想、真抓实干、奋力追赶,明确守好三条生命线的重点任务、责任清单,建立高质量发展的产业体系、重大项目和保障机制,书写好固原答卷。这里就重点工作向人民立下“军令状”:

(一)决战决胜三大攻坚战,守好高质量发展底线

三大攻坚战的战果,事关全面建成小康社会的成色、底色和本色。

打赢脱贫攻坚战。坚决杜绝“过关”“闯关”思想,让剩余贫困人口全部脱贫,确保西吉县脱贫摘帽。巩固脱贫成果,落实“四摘四不摘”要求,建立防返贫长效机制。提升产业扶贫质量,培育壮大新型农业经营主体示范点30个,新建金融扶贫示范村100个、扶贫车间80个,提升闽宁示范村35个;转移就业30万人以上,创收68亿元以上。建成全国脱贫攻坚外宣基地,争创全国脱贫攻坚示范市。

打胜污染防治攻坚战。持续推进五河流域综合治理、系统治理,实施葫芦河上游段等3项河道治理和清水河二期整治修复工程,新建市第三污水处理厂和彭阳第二污水处理厂,确保清水河等五河水质稳定达标。打好蓝天保卫战,确保空气质量优良天数稳定在90%以上。综合治理工业固废、建筑垃圾、生活垃圾、危险废物,系统防控农业面源污染。

打好防范化解风险攻坚战。通过结构调整、盘活资产、平台转置、项目优化等有效措施化解政府债务,市本级减少债务20亿元。规范民间借贷行为,严厉打击非法金融活动。规范国有企业担保、抵押贷款行为,确保国有资产安全和保值增值。落实安全生产责任制,完善应急预案,加强应急体系和救援队伍建设,提升应急救援能力。纵深推进扫黑除恶专项斗争,持续整治重点领域社会乱象,严厉打击各类违法犯罪活动,建设更高水平的平安固原。

(二)贯彻新发展理念,引领高质量发展航向

新发展理念是我们解决结构不优、质量不高的战略指针和普遍实践。

崇尚创新让业态美。下决心调整产业结构,按比较效益调优农业种养结构、供给模式,按生态优先布局工业产品结构、创新模式,按市场需求发展文旅业态结构、消费模式。推进科技创新,依托国家农业科技示范园、宁夏师范学院等大专院校和科研院所,建设特色产业研究院,建成草业、肉牛、油料、小杂粮4个试验示范站和“四个一”林草产业技术创新、明德中药材研究、饲草肉牛产业发展3个技术中心。推进“646”人才工程,引进组建专家服务团队,更好服务产业转型升级。推进模式创新,抓农业质量变革,加快推进布局区域化、经营规模化、生产标准化、发展产业化,打造“5个10亿元农业产业集群”,建设农牧交错带产业结构调整、草畜产业、肉牛改良3个农业示范区。按照六盘山农产品区域品牌标准,种植“宁夏菜心”5万亩、小杂粮(油料)20万亩,养殖中蜂8.5万群。抓工业效率变革,实施2025工业“十强双百”行动,新增规上工业企业10家。开工中达传20万锭纺纱织布、建成丰源20万锭纺纱二期项目,加快培育纺纱、织布、服装加工等现代纺织产业链;延长盐化工下游产业链。推进业态创新,以红色游、乡村游、避暑游、康养游、冰雪游带动旅游升级,加快全域旅游示范市、全国旅游标准化试点城市创建;加强与宁夏旅游投资集团战略合作,创建长征5A级景区,全年接待游客750万人次,实现旅游社会收入50亿元以上。支持发展健康养老、家政服务、夜间经济、假日经济等新业态,促进不同产业嫁接改造、跨业发展,形成新的消费热点。推进制度创新,加快农村“三权分置”改革,新增集体产权制度改革示范点15个、土地经营权示范点10个。加快建立现代企业制度,完善国有资本授权经营体制和法人治理结构,提高市属国有企业经营能力和效率。

注重协调让城乡美。坚持生态园林和文化旅游城市定位。加快城市集约发展,改造棚户区500户、老旧小区30个,招商建设满足新消费的综合体。系统推进市域城市海绵化改造,提升城市海绵化功能。集中打造5个中心小镇。运营数字城管平台,精细化、智能化管理城市,深化“以克论净·深度保洁”,统筹推进“七城联创”,创成国家卫生城市。加快县域经济发展,完善工业园区聚集功能,支持县(区)布局和建设一批高质量发展的产业项目,带动发展结构合理、增收明显的“雁阵式”产业集群,不断增强县域经济综合实力。加快乡村振兴发展,促进产业、人才、文化、生态、组织“五个振兴”,以建设20个美丽示范村牵引农村环境综合整治“五清三改一绿化”工程,建成更多幸福小院,建设卫生厕所3万座,让乡村更加美丽、宜居、和谐。加快精神文明和物质文明协调发展,深入开展群众性精神文明创建活动,推广乡村文明实践积分卡模式,提升区级文明城市创建成果。健全退役军人服务管理和帮扶工作制度,争创国家双拥模范城市。

倡导绿色让山水美。把最宝贵的生态优势变成金山银山。高标准实施“四个一”林草产业工程,打造千亩以上示范点68个,推广大果榛子、海棠、优质苜蓿等品种175万亩;完成庭院经果林5万亩,形成一批多彩梯田综合体,促进生态与文旅产业融合发展,配套产业链、提升价值

链。倡导绿色消费,培育环保产业、生态产业、节能产业,试行垃圾分类制度,建成投产天楹垃圾发电项目;开展城市中水回用试点,健全水资源"一体化"管控机制,建设资源节约型、环境友好型固原。严守生态保护红线,坚定不移走生态优先、绿色发展道路。

厚植开放让环境美。打开大门、拆除围墙谋发展,同建设、共赢利。优化营商环境,全面落实优化营商环境条例和我市"1+9"行动方案,完善"163"政务服务模式并在全市推广。严格落实中央和区、市支持民营经济发展的政策措施,建立领导干部联系重点民营企业、企业评价部门服务制度,完善政银企对接联席机制,设立转贷纾困基金,在为企业解困、减负降本上见真章。持续扩大开放,主动融入"一带一路"和宁夏内陆开放型经济试验区建设,加强与京津冀、长三角、福建等东部地区对接,主动承接产业梯度转移。鼓励企业对外开展经贸往来、技术合作,借势发展。建立健全多途径、多形式精准务实高效的招商引资机制,落实项目代办和全程高质量服务制度,力争全年招商到位资金130亿元以上。畅通开放通道,争取早日开工建设宝中铁路扩能改造、银昆高速南坪至高寨塬段,建成西吉至老君坡高速,争取开通北京、成都等航线。新建5G基站300个、改造存量基站1200个。

推进共享让生活美。坚持发展为了人民,发展成果由人民共享。推动教育医疗资源共享,借助"互联网+教育",让城市优质教育资源进乡村,提高教育教学质量;借助"互联网+医疗健康",开展基层检查、上级诊断、上下联动诊疗服务。推动文化服务共享,抓好精品文艺创作、文化产业发展、"非遗"传承推广工作,通过国家公共文化服务体系示范区评估验收;推进公共文化服务、公共文化活动、公共数字文化进乡村,让乡亲们共享文化大餐。推动大数据共享,加快智慧固原建设进度,打通数据信息共享壁垒,对接"我的宁夏"App,拓展"固原通"App应用领域,实现政务服务事项"一网通办",网上可办率稳定在90%以上。

（三）守好三条生命线,筑牢高质量发展基石

擦亮民族团结、政治安全、生态优美名片,打牢高质量发展的基础工作。

像珍爱心脏一样守好促进民族团结生命线。全面贯彻党的民族政策,坚持不懈开展马克思主义祖国观、民族观、文化观、历史观大宣讲,深化民族团结进步创建和"拥护核心感党恩、同心携手奔小康"教育活动,筑牢中华民族共同体意识,让"三个离不开""五个认同"思想深深扎根各族人民心中,进一步巩固全国民族团结进步示范市成果,争取西吉、隆德创建全国民族团结进步示范县。

像珍爱大脑一样守好维护政治安全生命线。贯彻总体国家安全观,坚决防范和严厉打击敌对势力渗透破坏颠覆分裂活动,坚决维护国家政权安全、制度安全、意识形态安全,筑牢维护政治安全的铜墙铁壁。全面贯彻党的宗教工作基本方针,依法管理宗教活动、宗教事务,积极引导宗教与社会主义社会相适应。严格落实领导包案化解重点信访问题制度,深入排查各类风险隐患和矛盾,及时有效妥善处置,严防矛盾碰头叠加、蔓延升级并向政治安全领域传导。

像珍爱肝肺一样守好改善生态环境生命线。尽到守好六盘山西北重要生态屏障责任,按规划项目统筹推进山水林田湖草系统治理。建立政府引导、市场运作、全民参与的国土绿化机制,完成造林绿化65万亩;提升六盘山水源涵养工程,控制地下水超采,利用地表水发展,各县(区)开展流域水库联蓄联调工程,建成投运黄河水调蓄工程。治理水土流失面积300平方公里。加大六盘山、火石寨、党家岔自然保护区管护力度,巩固"绿盾"行动成果,建立六盘山水资源补偿机制,争创国家生态文明示范市。

（四）办好民生实事,彰显高质量发展本质

为民排忧、解困,是我们义不容辞的职责。

办好一批民生实事。坚持尽力而为、量力而行,投入11.37亿元,认真办好就业创业、教育文化、卫生健康、城市供热等10件民生实事。丰富群众文化生活,建成原州区、西吉县文化馆和图书馆,改造提升文化大院22个。举办全市首届体育运动会和第五届农民运动会。

解决一批民生难事。针对返乡青年"就业难",深化"双创"行动,培育创业实体1500个,带动新增就业8000人;精准培训新生代城乡劳动力3万人,实现更高质量、更充分就业。针对就近"上好学难",新(改)建幼儿园9所、中小学校25所,加快推进学前教育普及普惠、义务教育优质均衡。针对就近"看好病难",建成投用市中医院和妇幼保健院改扩建项目,创建三级医院;深化与北京、福建等三甲医院对口协作,继续开展医师素质和医疗质量"双提升"工程。统筹解决好老旧小区改造难、物业服务难等问题。

谋划一批民生好事。结合编制"十四五"规划,围绕城乡居民增收、托育养老护理、老旧小区改造等,调研论证、对接争取实施一批重大民生项目,让群众的生活更有"质感",让人民的小康更有"温度"。

（五）提升治理效能,保障高质量发展见效

行动是最好的表态,落实是最有力的回答。抓好"担当新使命,展现新作为"学习实践活动,只争朝夕、不负韶华。

进一步解放思想提效能。将学习作为政府工作创

新提效的基础,对标“五个过硬”要求,持之以恒学科学理论、先进理念、成功经验、创新做法,落实“三个基本”工作方法,加快补齐知识盲区、能力不足、本领短板,努力提高治理能力,创造更多“固原模式”“固原经验”。坚持科学发展不动摇,要以人民为中心谋发展、做决策、办事情,始终同人民群众想在一起、干在一起,围绕新时代推进西部大开发形成新格局指导意见谋划综合交通、城镇基础设施重大项目,围绕黄河流域生态保护和高质量发展国家战略谋划产业转型升级、生态保护修复、水污染综合治理、水资源节约集约利用和文化保护传承重大项目,围绕六盘山生态经济区建设谋划特色农业、全域旅游、“四个一”林草产业重大项目,借智借力共同高水平编制“十四五”经济社会发展规划,建立高质量发展项目库,争取一批支撑发展、积蓄后劲的关键政策、重大项目进入国家和自治区规划大盘子。坚持创新理念不松劲,要改变眼睛向内看、向后看的思维定势,冲破不敢干、不会干的观念围墙,破除资源禀赋依赖、传统路径束缚的小农意识,紧盯中央宏观经济走向、项目资金投向、产业发展导向,在全国全区的大局中思考谋划和推进固原工作。认真贯彻落实十九届四中全会和自治区党委十二届八次全会精神,毫不动摇坚持和巩固显著优势制度,与时俱进完善和发展重点任务,坚定不移遵守和执行制度规则,梳理政府各项规章制度,做好“废改立”工作,加快构建系统完备、科学规范、运行有效的制度体系,切实把显著制度优势转化为政府治理效能。

进一步真抓实干促发展。政府的本职就是抓好落实,推动发展。聚力经济平稳运行,加强经济运行监测分析调度,确保经济实现量的合理增长和质的稳步提升。聚力项目提速提效,围绕60个高质量发展重点项目,扎实开展“准备之冬”,力争80%的新建项目3月底前开工。树立过“紧日子”的思想,压缩一般性支出和“三公”经费30%以上,财政资金重点用于保工资、保运转、保基本民生和支持高质量发展重点项目、重大产业。落实全面从严治党要求,认真履行党风廉政建设责任,增强斗争精神,强化审计监督,决策必须依法,违法必究;办事必须依规,违规追责;花钱必须问效,无效问责。坚决惩治和查处损害群众利益的不正之风和腐败问题。主动接受市人大法律监督、政协民主监督,落实好人大决议和政协民主协商计划,自觉接受舆论监督和社会监督;完善“331”规范化智能管理平台,畅通政民沟通渠道。积极支持市纪委监委、法检“两院”开展工作。

进一步奋力追赶奔小康。对标先进和人民期待,形势逼人,缺乏比学赶超、争创一流的精气神就会被奋进的时代抛弃,即便跨过小康的门槛,前行的道路上也会步履蹒跚。提振精神奋力干,始终保持“不到长城非好汉”的豪气,万众一心加油干,越是艰险越向前,在逆势中创造机遇、在困境中寻找出路,努力创造经得起实践、人民和历史检验的业绩。紧盯目标奋力干,重点围绕全面建成小康社会和“十三五”规划目标,逐项查漏补缺、填平补齐,确保全市全面建成小康社会实现程度提高到90%以上、“十三五”规划圆满收官。转变作风奋力干,坚决治理“新官不理旧账”问题,大力发扬“三苦”作风,把政府工作落实到政治站位、理念创新、思路谋划、深化改革、制度完善、作风建设上,实行挂图作战、“清单化”管理、“项目化”推进,确保党中央决策、自治区党委部署和市委要求不折不扣落到实处。

各位代表,汗水浇灌收获,实干笃定前行。让我们更加紧密地团结在以习近平同志为核心的党中央周围,在自治区党委、政府和市委的坚强领导下,以必胜的信念,昂扬的斗志,坚毅的行动,决胜全面脱贫,共圆伟大梦想,奋力描绘好经济繁荣民族团结环境优美人民富裕美丽新宁夏的固原画卷!

中国人民政治协商会议固原市第四届委员会常务委员会工作报告

——在政协固原市第四届委员会第四次会议上

（2020年1月6日）

固原市政协党组书记、主席　马玉芳

2019年工作回顾

2019年，是新中国成立70周年，也是人民政协成立70周年。这一年，人民政协迎来了许多大事、要事和喜事，中共中央首次召开中央政协工作会议，习近平总书记出席会议并发表重要讲话，中共中央出台《关于新时代加强和改进人民政协工作的意见》，为新时代人民政协事业发展提供了根本遵循。这一年，自治区召开党委政协工作会议，陈润儿书记在讲话中对我市“大家来商量”协商形式给予充分肯定，我们倍受鼓舞。自治区政协切实加强对我市政协工作的指导，崔波主席3次专程来固调研，对我市政协工作创新提出更高要求。这一年，中共固原市委高度重视政协工作，多次听取市政协党组工作汇报，研究解决委员增补、干部使用、人员编制事宜。张柱、马汉成等党政领导对《关于全市养老服务体系建设情况》等7篇协商调研报告亲自批阅，并给予充分肯定。这一年，也是市政协探索创新、务实奋进的一年，我们代表宁夏五市政协参加了全国地方政协经验交流会，作了题为《建言资政、凝聚共识，为打好脱贫攻坚战贡献政协力量》的交流发言。成功举办了六盘山片区精准扶贫推进会第五次会议，并代表五省区市级政协交流经验，充分展示了我市精准扶贫工作的成就和市政协助推脱贫攻坚的担当作为。

一年来，在中共固原市委的坚强领导下，常委会坚持以习近平新时代中国特色社会主义思想为指导，深入学习贯彻中共中央、自治区党委政协工作会议精神，充分发挥专门协商机构作用，坚持发扬民主和增进团结相互贯通、建言资政和凝聚共识双向发力，为全市走出一条生态优先、富民为本、绿色发展的高质量发展之路作出了积极的贡献。

（一）强化思想政治引领，筑牢共同思想政治基础。把坚持和发展中国特色社会主义作为巩固共同思想政治基础的主轴，引导广大委员和政协工作者在学思践悟中增强“四个意识”，坚定“四个自信”，坚决做到“两个维护”。一是不断加强理论武装。把深入学习贯彻习近平新时代中国特色社会主义思想作为首要任务，把贯彻落实习近平总书记关于加强和改进人民政协工作的重要思想作为重中之重。制定年度学习计划，围绕贯彻落实中共十九届四中全会，中央政协工作会议，全国地方政协经验交流会议，区、市党委全体会议，自治区政协系统党的建设工作座谈会议，深入开展集中学习研讨；对标对表中央和自治区党委政协工作会议、中共中央和自治区党委文件精神，明确努力方向，推动学习贯彻落实落细、走深走实。二是切实强化政治引领。积极开展新中国和人民政协成立70周年系列庆祝活动，组织党派团体负责人和政协离退休老干部观摩全市重点工作和重大项目建设，召开市政协庆祝新中国和人民政协成立70周年暨“不忘初心、牢记使命”主题教育座谈会，强化各党派团体、无党派人士对中国特色新型政党制度的认同，坚定为实现“两个一百年”奋斗目标接续奋斗的决心和信心。组织开展宗教界委员界别活动，教育引导政协委员巩固和提升全市民族团结进步创建成果，激发委员积极投身新时代固原高质量发展新征程。评选表彰年度优秀政协委员，组织57名政协委员到中山大学进行“委员履职能力提升”专题培训，邀请市政府、市纪委监委、市政法委、市中级法院、检察院通报全市经济形势、脱贫攻坚、党风廉政建设、扫黑除恶专项斗争等工作，更好地凝聚广大委员共识和力量。三是创新完善学习机制。以中心组理论学习为引领，同步推进党组学习、主席会议学习、常委会学习、专委会学习、界别学习和机关学习，建立功能型党支部常态化学习制度，实现学习多样化、多层化和全覆盖。全年召开党组会议12次，党组理论学习中心组会议22次，常委会议7次，主席会议12次，其他形式学习会议8次，学习频次、学习覆盖面和针对性、有效性得到进一步强化，增强了机关干部和广大委员做好新时代人民政协工作的思想自觉和行动自觉。

（二）坚持党的全面领导，以党建统领政协事业发展。牢固树立做好政协工作必须首先抓好政协党建的理念，全面贯彻落实中共中央和区、市党委加强新时代政协党的建设的要求。一是扎实开展“不忘初心、牢记使命”主题教育。聚焦强化理论武装、解决思想根子问题，把“四项重点措施”融汇贯通，紧扣学习贯彻习近平新时代中国特色社会主义思想这条主线,认真开展“五项教育”和“五个一”初心体验活动,集中专题研讨5次,专题辅导2次,讲党课10场次,召开调研成果集中交流会2次,形成专题调研报告7篇;通过对照党章党规找差距专题会议和专题民主生活会,检视问题21条,建立台帐,列出清单,明确责任,整改落实,达到了提振作风、凝聚人心、推动工作的目的。二是坚持党对政协工作的领导。坚定不移地在中共固原市委的领导下开展工作,以强化思想政治建设为统领,努力提升政协党组把方向、管大局、保落实的领导能力。坚持和完善在市委领导下制定政协年度协商计划制度,邀请市委、政府领导参加政协会议活动制度,执行落实请示报告制度,先后就召开市政协四届三次、四次全体会议等重大事项向市委请示13次,提交报告11份,确保政协履职与市委工作同心同向、同频共振。三是实现政协党的组织全覆盖。加强政协机关党组和党支部规范化建设,召开市县(区)政协党的建设工作推进会、市政协功能型党支部工作会议,推动市县(区)政协全面设置功能型党支部,把党建工作和履行职能结合起来,建立党员委员联系党外委员制度,召开功能型党支部组织生活会,实现了全市政协系统党的组织和党的工作全覆盖。

(三)聚焦全市中心工作,为推动高质量发展建言资政。围绕全市经济社会高质量发展,深入开展协商议政活动,强化“双向发力”质量,增强协商民主实效。一是围绕重大决策部署集中建言。充分发挥全体会议协商的龙头作用,聚焦“一府两院”工作报告,围绕“四个一”林草产业、精准扶贫、民营经济发展等中心工作和教育、医疗、社保、养老等民生事业精准建言,提交大会发言21篇,委员联组讨论、小组讨论提出意见建议163条。围绕“如何实现稳定可持续脱贫”,班子成员带队分专题赴五县(区)全面调研,形成的《关于固原市实现稳定可持续脱贫的调研报告》,市委主要领导签批并以党办通报印发各县(区)参考。在自治区政协专题议政常委会议上作了题为《要高度重视老弱病残特殊群体稳定可持续脱贫》的发言,引起了自治区政协及有关领导的关注。二是聚焦稳定可持续脱贫主动作为。政协委员情系脱贫,无私奉献,全年共捐资捐款累计达533万元。市政协机关持续助力西吉县红耀乡井湾村脱贫,积极争取科技部门支持,对接重庆大学产业学院,推动井湾村建立功能农业,拓展稳固马铃薯外销渠道和产业链延伸;多方筹资20余万元购置青贮设备,助力提升村级产业化发展水平,2019年年底,村集体经济收入突破50万元。组织开展“送政策送医疗送文化党建互联助脱贫”活动,切实提升贫困群众内生动力。三是针对优化营商环境精准建言。聚焦制约民营经济发展的难题,围绕深化“放管服”改革深入调研协商,赴河南、山东两省考察学习,组织开展“走基层、进企业、访民情、促发展”调研走访活动,在自治区专题议政常委会上积极建言,提出着力破解企业融资难题、建立精准对接联系服务企业机制等意见建议,推动中央和区市党委关于支持民营企业发展的政策措施落地见效。自治区党委常委、固原市委书记张柱同志在《关于“走基层、进企业、访民情、促发展”活动情况的报告》上批示:“这份报告很好!一是立意好,围绕中心工作、重点工作,当好‘四大员’,政协工作有作为;二是质量好,源于实践,又高于实践,不是简单的问题堆积,而是归纳总结提升了企业当前普遍存在的共性问题,提出了解决问题的建议。”四是紧扣美丽固原建设积极建言。着眼推进全市美丽经济建设,围绕“四个一”林草产业发展深入全市30个示范园调研,提出深化思想认识,进一步加大示范推广力度等意见建议。围绕固原市创建国家卫生城市及海绵城市建设工作,选择“加强市区广场公园管护亮化和卫生工作”这一民生热点,开展了“大家来商量”,邀请政府分管领导出席会议,与委员、专家、学者、相关部门单位和群众代表一起协商交流,达成共识,所提意见建议被相关部门落实,公园广场路灯亮化、卫生洁净有了明显提升。五是紧盯民生保障和社会建设专题建言。围绕全市学前教育深化改革规范发展情况,深入全市15所公办和民办、城区和乡村不同类型幼儿园开展调研,提出11条意见建议,助推实现学前教育健康有序发展。围绕全市社会养老服务体系建设情况开展调研协商,提出统筹安排、加快推进养老服务设施建设等意见建议。

(四)发挥民主监督作用,助推工作部署落地落实。寓监督于调研、视察和提案办理等履职全过程,构建协商式监督新格局。一是督导监督助力落实。按照市委安排部署,班子成员包案化解巡视反馈信访积案9件;三位副主席分别担任扫黑除恶、主题教育、脱贫攻坚等工作督导组长,完成有关督导工作任务,先后报送专项督查报告6份,做到在参与中监督,在监督中支持。二是专项监督助推落实。围绕降低工业实体经济企业成本、重点水利工程建设、扫黑除恶专项斗争、民办教育发展、卫生城市创建等开展监督性调研视察,提出扩大对中小微企业的政策惠及面、加大“互联网+人饮”推广力度等意见建议。三是重点提案督办落实。组织召开提案办理协商座谈会,深入开展协商办理。围绕《关于统筹规划建好市区停车场和划定停车位管理的建议》等重点提案,市委、政府主要领导领衔督办,相关领导跟踪督办,有力地带动了其他提案的办理落实,一批民生实事得到有效解决。四是民主监督推动落实。召开民主监督员工作会议,围绕生态文明示范市建设、就业创业等重点民生领域确定监督重点,开展民主监督,推动市委政府决策部署的贯彻落实;组织民主监督员赴平凉、庆阳等地考察学习,积极开展民主监督小组“互观互学互促”界别活动,不断提升民主监督工作水平。同时,组织委员400余人次参与主题教育成效测评、电视问政、民主评议机关等活动,扩大监督覆盖面。

(五)坚持大团结大联合,汇聚改革发展磅礴力量。把凝聚共识、汇聚力量摆到更加重要位置,正确处理一致性和多样性的关系。一是促进党派合作。支持和保障各民主党派、工商联、无党派人士积极参与政协履职活动。一年来,各党派团体提交提案和大会发言比重分别达31%和76%,参与各类调研、视察、考察及协商座谈35场次。深入贯彻党的民族宗教政策,走访联系宗教界委员,引导宗教与社会主义相适应;走访慰问帮扶村和社区困难党员,积极宣传党的政策,汇聚强大正能量;建立班子成员联系界别委员制度,增强政协组织凝聚力,努力画出最大同心圆。二是深化联动协作。配合全国、自治区政协完成“如何加强贫困地区生态环境建设”等9个专题调研,围绕“如何实现稳定可持续脱贫”“优化营商环境”等,开展区、市、县(区)三级联动调研;先后接待海南、辽宁等省市政协来固考察21批次,在交流交往中宣传固原,推介固原。三是强化宣传引导。围绕政协《固原文史丛书》编纂、政协委员履职主题,在固原电视台编播《政协视点》8期,《固原日报》刊发《委员建言》22篇;整理编报《政协工作》38期,在《人民政协报》《华兴时报》等刊发各类宣传文章信息140余篇,认真讲好固原文化故事,展现政协履职责任与担当。

(六)探索创新工作机制,推动履职工作提质增效。顺应新时代、新担当的要求,完善建立新机制。一是搭建委员履职新平台。创新协商载体,搭建“大家来商量”平台,明确协商原则、内容和主体,建立“4+3+X”协商机制,规范协商流程,推动协商民主制度化发展;创建“大家来听讲”平台、创设界别委员工作室、创立三级政协委员联络小组,依托各个活动阵地,调动政协委员履行职能的积极性、主动性,更好地建言献策、凝聚共识。二是创新提案工作新办法。学习借鉴云南、四川、深圳等省、市提案工作先进经验,创立提案工作“一规定三办法一清单”机制;召开提案办理协商座谈会,评选和表彰优秀提案及先进提案承办单位,扎实推进提案“双向评议”,促进提案办理质量和提案质量双提升。三是规范政协履职新机制。对照中央和区市党委要求,系统梳理完善政协工作制度,规范工作程序,完善运行机制。完善和修订政协党组议事规则、党员考核等制度26项。

各位委员,过去一年市政协取得的成绩,是中共固原市委高度重视,坚强领导的结果,是自治区政协精心指导的结果,是市人大常委会、市政府和社会各界大力支持帮助的结果,也是政协各参加单位、县(区)政协和广大委员共同奋斗的结果。在这里,我代表政协固原市第四届委员会常务委员会,向关心支持政协工作的同志们、朋友们,表示崇高的敬意和衷心的感谢!

过去一年的工作,让我们深刻体会到,要高质量做好人民政协工作,必须旗帜鲜明讲政治,始终坚持党对政协工作的全面领导;必须深入学习贯彻落实习近平总书记和党中央关于加强和改进人民政协工作新部署新要求,始终坚持正确的政治方向;必须深刻把握人民政协性质定位,始终坚持围绕中心、服务大局履职尽责;必须紧紧抓住建言资政和凝聚共识双向发力,始终坚持把协商民主贯穿履职全过程;必须高度关注民生,始终坚持人民政协为人民;必须注重履职能力提升,始终坚持把人民政协制度优势转化为治理效能。

同时,我们也清醒地认识到,工作中还存在一些薄弱环节和不足之处,主要表现在:协商民主制度化建设还需进一步推进;建言资政和凝聚共识双向发力质量还需进一步提高;界别优势和委员主体作用还需进一步发挥;政协机关干部队伍建设和服务委员能力还需进一步加强等。对这些问题和不足,我们将认真研究,切实加以改进。

2020年工作任务

2020年是全面建成小康社会和“十三五”规划的收官之年。市政协工作的总体要求是:在中共固原市委的坚强领导下,以习近平新时代中国特色社会主义思想为指导,深入贯彻落实中共十九届四中全会、中央和自治区党委政协工作会议精神,深入贯彻落实自治区十二届八次、九次全会及市委四届五次、六次全会精神,把加强思想政治引领、广泛凝聚共识作为中心环节,坚持团结和民主两大主题,提高政治协商、民主监督、参政议政水平,更好凝聚共识,担负起把中共中央、区市党委决策部署和对人民政协工作要求落实下去,把各族各界智慧和力量凝聚起来的政治责任,助力守好三条生命线,走出一条生态优先、绿色发展的高质量发展新路子,构建“五美融合”发展新格局,夺取脱贫攻坚全面胜利,为确保与全国全区同步建成小康社会,奋力描绘好建设经济繁荣民族团结环境优美人民富裕美丽新宁夏的固原画卷作出新贡献。

实现新一年的目标任务,我们要以学习增进思想共识,引领履职实践,切实担负起新时代赋予的新使命,着力抓好以下工作:

（一）强化理论武装，着力坚持和发展好人民政协制度。要旗帜鲜明讲政治，把贯彻落实中共十九届四中全会作为一项重要的政治任务，与学习贯彻习近平新时代中国特色社会主义思想和中共十九大精神结合起来，与学习贯彻中央政协工作会议和自治区党委政协工作会议精神结合起来，与学习贯彻自治区党委十二届八次、九次全会精神结合起来，与学习贯彻市委四届五次、六次全会精神结合起来，持续在学懂弄通做实上下功夫，进一步增强“四个意识”、坚定“四个自信”、坚决做到“两个维护”，不断巩固团结奋斗的共同思想政治基础。要完善以政协党组理论学习中心组学习为引领的学习体系，落实习近平新时代中国特色社会主义思想学习座谈会制度，制定年度学习计划，提高学习的针对性和实效性。要持续推动习近平总书记关于加强和改进人民政协工作的重要思想学习研讨活动走深走实，切实做到学思用贯通、知信行统一。要对标对表习近平总书记重要讲话和中共中央、自治区党委文件精神，进一步查找薄弱环节，制定工作清单，全力把中共中央和区市党委对人民政协的工作要求落实好。

（二）加强思想政治引领，着力广泛凝聚共识和力量。在坚持和加强党对各项工作领导的重要阵地、用党的创新理论团结教育引导各族各界代表人士的重要平台、在共同思想政治基础上化解矛盾和凝聚共识的重要渠道作用上下功夫。广泛开展走访看望委员、界别委员学习座谈、专委会委员会议和党外委员专题视察，发挥委员界别工作室和三级委员联络小组服务界别作用，不断强化思想政治引领，把党的主张转化为社会各界共识，引导各族各界委员统一思想和步调，协助市委政府做好协调关系，理顺情绪、化解矛盾的工作。

（三）围绕工作重心，着力为决胜全面建成小康社会献计出力。紧紧围绕市委发展美丽经济、推动高质量发展的决策部署，谋划和组织好市政协重点履职工作。围绕“一府两院”工作报告，召开全体会议进行协商；围绕“健康固原建设”“完善山绿与民富共赢的推进机制”召开专题议政性常委会议协商；围绕旅游和文化融合发展、科技投入及科技扶贫、民营经济发展等重大问题，开展专题协商；围绕生态环境保护、农村产业发展、社会综合治理等选准议题，开展对口和界别协商；选择体检项目个性化、城市停车难等民生问题，持续开展“大家来商量”；发挥协商式监督优势，围绕“163”政务服务平台规范化运行管理等开展专项监督。聚焦脱贫攻坚，深入推进政协系统脱贫攻坚帮扶工作，千方百计动员有条件、有能力的委员和委员企业积极参与，倾力奉献，为决胜脱贫攻坚献计出力。

（四）坚持协商民主，着力加强专门协商机构建设。积极加强与自治区和县（区）政协对接，探索完善协商制度机制建设。规范协商议题提出机制，坚持党委会同政府、政协制定年度协商工作计划机制。规范协商形式，推动流程再造，完善政协全体会议、常委会议、专题协商会议协商机制。依托委员“履职通”平台，积极开展网络议政、远程协商，探索界别协商的有效形式。提高协商质量，严格落实“不学习不调研、不调研不协商”的要求，把开展学习、组织调研作为各类协商活动的必经程序，把调研的过程作为沟通思想、凝聚共识的过程，切实改进调研方式方法。规范协商互动环节，完善各类协商会议专家、学者、界别委员、群众代表参与机制和发言遴选机制，完善协商成果凝结报送机制。

（五）注重提质增效，着力推动政协工作高质量发展。要把各项履职活动从注重“做了什么”“做了多少”向“做出了什么效果”转变，切实把提质增效贯穿政协工作全过程。加强市政协智库建设，遴选聘用各方面专家，为建言献策提供人才保障和智力支持；依托新时代文明实践中心，办好办活“大家来听讲”委员讲堂；探索建立部门情况通报制度，为知情参政创造条件；坚持完善党政领导领衔督办提案和提案工作“一规定三办法一清单”机制，提高集体提案比重，增强提案办理实效。大力提升社情民意信息质量和采用率。积极探索建立市县（区）政协联动、邀请民主党派参加，开展联合调研、视察和协商，构建市县（区）政协联合协商调研机制，实现市县（区）政协联动、资源整合、作用发挥、工作衔接及高质量履职的有机统一。

（六）突出党的建设，着力坚持党对政协工作的全面领导。认真践行新时代党的建设和加强新时代人民政协党的建设的总体要求。进一步发挥政协党组把方向、管大局、保落实的领导作用，全面落实中共中央、区市党委会议和文件要求，重大事项和重要情况及时向市委请示汇报，确保中共中央大政方针和自治区党委、市委决策部署的贯彻落实。加强机关党组、机关党支部和功能型党支部建设。创新建立功能型党支部党员反向监督亮黄星实施办法，切实解决党员委员作用发挥不充分等问题。建立完善党员委员参加双重组织生活制度和党组成员联系界别、党员委员联系党外委员制度。

（七）恪守初心使命，着力加强人民政协自身建设。健全政协办公室、各专门委员会向主席会议报告工作，主席会议向常委会议报告工作制度。推动专门委员会自身建设，积极支持专委会创造性地开展工作，更好发挥专委会在政协工作中的基础作用。进一步加强委员学习培训和服务管理，抓好教育培训，继续在中组部确定的外省市院校举办1期委员培训班。强化委员履职考核，引导委员做好“委员年度作业”，落实委员履职工作规则,健全委员履职档案、履职情况统计、履职评价激励等制度;探索建立委员正向激励、反向监督和退出机制,更好发挥委员主体作用,当好政协委员"娘家",促进委员更好履职。巩固深化主题教育成果,开展"担当新使命,展现新作为"学习实践活动,大力推进机关作风建设,强化服务意识、提高服务水平,打造"信念过硬、政治过硬、责任过硬、能力过硬、作风过硬"的政协干部队伍。

各位委员,征程万里风正劲,重任千钧再扬鞭!让我们更加紧密地团结在以习近平同志为核心的党中央周围,在中共固原市委的坚强领导下,团结一心,奋发进取,为助推我市夺取脱贫攻坚全面胜利,确保与全国全区同步建成小康社会,奋力描绘好建设美丽新宁夏的固原画卷作出新的更大的贡献!

中国共产党固原市第四届纪律检查委员会第五次全体会议公报

(2020年4月3日,中国共产党固原市第四届纪律检查委员会第五次全体会议通过)

中国共产党固原市第四届纪律检查委员会第五次全体会议,于2020年4月3日召开。出席这次全会的市纪委委员27人,列席173人。

自治区党委常委、市委书记张柱出席全会并讲话。市委、人大、政府、政协领导班子成员,市中级人民法院院长,市人民检察院检察长出席了会议。

全会由固原市纪律检查委员会常务委员会主持。全会以习近平新时代中国特色社会主义思想为指导,深入贯彻中共十九大和十九届二中、三中、四中全会,中央纪委四次全会、自治区党委十二届八次、九次全会、自治区纪委四次全会及市委四届五次、六次全会精神,回顾2019年纪检监察工作,部署2020年任务,审议通过了纳冰代表固原市纪委常委会所作的《坚守初心使命 忠诚履职尽责 为决胜脱贫攻坚全面建成小康社会提供坚强保障》工作报告。

全会传达学习了习近平总书记在十九届中央纪委第四次全会上的重要讲话和赵乐际的工作报告主要精神,学习了陈润儿书记在自治区纪委十二届四次全会上的讲话和艾俊涛的工作报告精神。习近平总书记在十九届中央纪委四次全会上的重要讲话,站在"实现两个一百年"奋斗目标的历史交汇点上,深刻总结新时代全面从严治党的历史性成就,深刻阐释我们党实现自我革命的成功道路、有效制度,深刻回答管党治党必须"坚持和巩固什么、完善和发展什么"的重大问题,对以全面从严治党新成效推进国家治理体系和治理能力现代化作出战略部署。赵乐际同志的工作报告,对坚持和完善党和国家监督体系、为全面建成小康社会提供坚强保证作出具体安排,对坚持稳中求进、巩固发展反腐败斗争压倒性胜利,实现纪检监察工作高质量发展提出了新要求新举措,是做好新时代纪检监察工作的重要指导性文件。陈润儿同志的讲话全面贯彻习近平总书记在十九届中央纪委四次全会上的重要讲话精神,对一以贯之坚持全面从严治党、毫不动摇加强党风廉政建设、坚定不移推动"两个责任"落实作出全面部署,为深入推进我区党风廉政建设和反腐败工作提供了重要指导。艾俊涛同志的工作报告全面总结了我区2019年纪检监察工作,部署了2020年党风廉政建设和反腐败工作重要任务,主题鲜明,重点突出,措施有力。全市各级党组织和纪检监察机关要深入学习领会,把思想和行动统一到中央纪委和自治区纪委的工作要求上来,把"严"的主基调长期坚持下去,以高度的政治自觉把党中央和自治区决策部署落到实处。

全会认为,张柱同志在固原市纪委四届五次全会上的讲话,充分肯定了过去一年全市党风廉政建设和反腐败工作取得的成效,对2020年全面从严治党工作提出明确要求,为推动新时代我市纪检监察工作高质量发展指明了方向。全市各级党组织和纪检监察机关要把学习贯彻张柱同志讲话精神与学习贯彻中央纪委、自治区纪委四次全会精神结合起来,统一思想认识,积极担当作为,努力开创我市全面从严治党新局面。

全会指出,2019年,在以习近平同志为核心的党中央和自治区党委的坚强领导下,固原市委统筹推进"五位一体"总体布局,协调推进"四个全面"战略布局,落实新时代党的建设总要求,以党的政治建设为统领,坚定不移推进全面从严治党,反腐败斗争压倒性胜利不断巩固发展,党的建设得到进一步加强,党风廉政建设取得新成效。在自治区纪委监委和市委的坚强领导下,全市各级纪检监察机关坚守初心使命,忠诚履职尽责,精准发力深化监督,持之以恒正风肃纪,旗帜鲜明惩治腐败,蹄疾步稳深化改革,一体推进不敢腐不能腐不想腐,重点工作有新亮点、难点工作有新突破、各项工作有新进展。在肯定成绩的同时,全会客观分析了我市全面从严治党面临的形势和纪检监察工作的薄弱环节,要求高度重视、认真解决。

全会强调,2020年是全面建成小康社会、实现第一个百年奋斗目标和“十三五”规划收官之年,是全市脱贫攻坚决战决胜年。纪检监察工作要以习近平新时代中国特色社会主义思想为指导,深入贯彻中共十九大和十九届四中全会,十九届中央纪委四次全会,自治区党委十二届八次、九次全会,自治区纪委十二届四次全会和市委四届五次、六次全会精神,增强“四个意识”,坚定“四个自信”,做到“两个维护”,坚持稳中求进,忠诚履行党章和宪法赋予的神圣职责,坚持和完善党和国家监督体系,强化对权力运行的制约和监督,在推进治理体系和治理能力现代化中充分发挥监督保障执行、促进完善发展作用,一体推进不敢腐、不能腐、不想腐,巩固发展反腐败斗争压倒性胜利,建设高素质专业化纪检监察干部队伍,为决胜全面建成小康社会、决战脱贫攻坚,推动固原高质量发展提供坚强保障。

第一,坚持把初心使命铭之于心、践之于行,不断增强“两个维护”的自觉性坚定性。持之以恒学懂弄通做实习近平新时代中国特色社会主义思想,不断提高运用党的创新理论指导实践、推动工作的能力。坚持和加强党对纪检监察工作的领导,推进政治监督具体化常态化,严肃查处有令不行、有禁不止、阳奉阴违行为,确保党中央和区市党委重大决策部署落到实处。

第二,坚守以人民为中心的根本政治立场,巩固拓展群众身边腐败和作风问题整治成果。深化扶贫领域腐败和作风问题专项治理,促进建立解决相对贫困的长效机制,深化运用“331”监管机制、“一县一策、一乡一策、一村一策”等长效机制,强化源头治理、系统治理和综合治理,有力削减存量、遏制增量。深入整治民生领域侵害群众利益问题,纵深推进扫黑除恶“打伞破网”,督促主管部门健全完善长效机制。

第三,持续深化纪检监察体制改革,推动制度优势更好转化为治理效能。严格落实双重领导体制,探索创新监督方式方法,构建纪律监督、监察监督、派驻监督、巡察监督统筹衔接工作机制,强化纪委监委监督的协助引导推动功能。出台市直部门党委(党组)和派驻机构日常监督工作规范、审查调查简易流程,压紧压实党委(党组)全面从严治党主体责任和派驻机构监督责任。出台与政法机关协作配合制度办法,用制度机制保障执纪执法贯通、有效衔接司法。

第四,全面履行纪委监委监督专责,强化对权力运行的制约和监督。完善发现问题、纠正偏差、精准问责的有效机制,加强对全市政治生态的整体把握和监测评估,强化“一把手”监督和同级监督。规范运用监督执纪“四种形态”,实现主体责任和监督责任贯通联动、同向发力。坚持严管与厚爱并重,为受到不实举报的干部澄清正名,为受处分干部及时提供教育帮助。依规依纪严肃问责、规范问责、精准问责、慎重问责,增强问责的严肃性和公信力。持续强化日常监督长期监督,督促引导村务监督委员会发挥作用。

第五,坚决打好作风建设持久战,严肃党风政风带动社会风气全面好转。深化治理贯彻党中央和区市党委决策部署只表态不落实、维护群众利益不担当不作为等形式主义、官僚主义突出问题。紧盯国有企事业单位、金融机构、县乡基层等薄弱环节,严查享乐、奢靡问题,防范和查处隐形变异问题,管出习惯,化风成俗。强化对窗口单位和服务行业的监督,为推动高质量发展营造良好环境。坚持纠“四风”和树新风并举,以优良的党风政风带动民风社风不断向好。

第六,完善巡察上下联动贯通机制,推动巡察工作高质量发展。高质量推进巡视全覆盖,完成3轮对19个市直部门(单位)党组织的巡察,对8个脱贫攻坚和国有企业已巡察党组织“回头看”。完善巡视巡察一体化监督格局,出台巡察组组长负责制实施办法,推进巡察信息化建设,提升巡察工作规范化水平。加强与纪检监察机关、组织、审计、信访等部门协作配合,形成系统集成、协同高效的监督工作机制。

第七,一体推进“三不”体制机制,进一步巩固和发展反腐败斗争压倒性胜利。把“严”的主基调长期坚持下去,对中共十八大以来不收敛不收手,严重阻碍党的理论和路线方针政策贯彻执行、严重损害党的执政根基,成为全面从严治党障碍的腐败问题从严查处,对主动投案者依规依纪依法从宽处理。深化金融领域腐败治理,加大国有企业反腐力度,严肃查处医疗机构内外勾结欺诈骗保行为。做实同级同类干部警示教育,加强思想道德和党纪国法教育,推进廉洁文化建设和家风建设。

第八,对标高素质专业化要求,锻造忠诚干净担当敢于善于斗争的战士。加强市纪委常委会建设,坚持民主集中制,带头维护制度权威,不断提高纪检监察机关治理能力。组织开展“干部培训年”活动,建立全覆盖、常态化全员培训制度,提升干部依规依纪依法履职能力。健全自身权力运行机制和管理监督制约体系,修订完善纪检监察干部行为规范,建立纪检监察检举举报平台和纪检监察干部评价、考核和轮岗交流机制,经常性打扫庭院,维护好干部队伍纯洁性和肌体健康。

全会号召,要紧密团结在以习近平同志为核心的党中央周围,在市委和自治区纪委监委的坚强领导下,初心如磐、使命如肩,只争朝夕、不负韶华,以高质量的纪检监察工作推进全面从严治党、党风廉政建设和反腐败工作向纵深发展,为决战决胜脱贫攻坚、全面建成小康社会,推动固原高质量发展提供坚强保障!

(固原市纪律检查委员会办公室供稿)

条例及决定

固原市城市环境卫生管理条例

（2020年10月30日固原市第四届人民代表大会常务委员会第三十次会议通过，2020年11月25日宁夏回族自治区第十二届人民代表大会常务委员会第二十三次会议批准）

第一章 总则

第一条 为了加强城市环境卫生管理，创造整洁、优美、文明的城市环境，根据国务院《城市市容和环境卫生管理条例》，结合本市实际，制定本条例。

第二条 本条例适用于本市行政区域内的城市环境卫生监督管理工作。

第三条 市人民政府城市管理部门负责本行政区域内城市环境卫生监督管理工作。

县（区）人民政府有关部门或者城市综合执法单位应当按照各自职责分工，做好环境卫生管理相关工作。

第四条 鼓励、支持环境卫生的科学技术研究，推广运用先进技术和智能系统，逐步建立垃圾收集、运输、处置信息平台，提高城市环境卫生管理水平。

第五条 国家机关、企事业单位、社会团体，应当加强环境卫生的宣传教育。

广播、电视、报刊等大众传播媒介应当加强环境卫生方面的公益性宣传，并对违反环境卫生管理法律、法规的行为进行舆论监督。

第二章 环境卫生管理

第六条 环境卫生管理实行责任区和责任人制度。责任区由城市管理部门划定。责任人在划定责任区域内负责做好环境卫生工作。

（一）城市主次干道路、隧道、人行天桥等区域的环境卫生，由城市管理部门或者相关部门负责；

（二）国家机关、团体、部队、企事业单位的管理区域，由本单位负责；

（三）居民住宅区由物业服务企业负责；未实行物业管理的居民住宅区由所在地乡（镇）人民政府、街道办事处负责；

（四）湖泊、流经城市的渠、沟、河等水域及沿岸的管理范围，由管理单位负责；

（五）未纳入城市清扫保洁的街巷按照属地管理原则，由所在地乡（镇）人民政府、街道办事处负责；

（六）商品交易市场、会展场所、便民摊点，由开办单位或者经营管理单位负责；

（七）临街门店按照门前三包范围由物业管理者或者经营者负责；

（八）机场、车站、停车场、公园、广场、景区、文化体育娱乐场所、公共绿地、绿化带等公共场所，由管理单位或者经营者负责；

（九）储备土地由管护单位负责，建设用地由土地使用权人负责，建筑工地由施工单位负责；

（十）公共厕所、垃圾中转站及其他环境卫生设施，由环境卫生专业管理单位或者产权人负责。

责任人或者管理人应当定期对易生蚊蝇、鼠害、病媒生物孳生的场所及设施进行消毒防疫。

除第一款规定区域外，其他建（构）筑物或者设施、场所的使用人为环境卫生责任区的责任人，但所有权人、管理人或者使用人之间约定管理责任的，由约定的责任人负责。

第七条 环境卫生责任区的责任标准是：

（一）保持环境卫生责任区整洁，无乱设摊、乱搭建、乱张贴、乱涂写、乱刻画、乱吊挂、乱堆放等行为；

（二）环境卫生责任区无暴露垃圾、粪便、污水，无污迹、杂草，无渣土、积雪；

（三）保持环境卫生设施整洁、完好。

第八条 在城市道路、广场中发生路面塌陷、破损、隆起等影响环境卫生的情况，责任单位应当及时修复。

在城市道路或者其他公共设施场所设置的井盖、沟盖、篦子等设施发生缺失、破损、移位的，责任单位应当设立警示标志，并及时修复。

第九条 城市公共区域内的环境卫生实行机械化保洁作业。

第十条 城市管理部门按照规定设置垃圾容器。

机场、车站、停车场、公园、广场、体育场、集贸市场等场所，应当设置环境卫生设施并负责维护和保洁。

第十一条 遇有降雪结冰,市、县(区)人民政府、城市管理部门、街道办事处、村(居)委会应当及时组织单位和个人清除公共区域内的积雪积冰。

第十二条 从事车辆清洗、修理的单位和个人,不得向道路、雨水排放口排泄污水、污染物或者堆放垃圾。

公共绿地的养护单位或者作业单位在道路两侧栽培修剪树木、花草或者花卉等产生的枝叶、泥土应当及时清除。作业单位或者个人在城市道路上进行作业产生的污物,作业单位应当随时清运,并负责清洗被污染的路面。

第十三条 市、县(区)人民政府城市管理部门为本市城市生活垃圾分类管理的主管部门,会同有关部门负责组织编制生活垃圾分类管理标准,对生活垃圾分类工作进行指导、监督。本市实行城市生活垃圾分类管理,有序推进垃圾分类管理工作。

第十四条 城市生活垃圾分为可回收物、有害垃圾、易腐垃圾和其他垃圾。

(一)可回收物,指适宜回收和可循环再利用的生活废弃物,主要包括废纸、废塑料、废金属、废玻璃、废织物、废弃家具、废弃电器电子产品等;

(二)有害垃圾,指对人体健康、自然环境造成直接或者潜在危害的生活废弃物,主要包括废电池、灯管、废药品、温度计、血压计和废油漆、杀虫剂、消毒剂及其包装物等;

(三)易腐垃圾,指从事餐饮服务、食品生产加工、集体供餐、市场经营等活动产生的易腐性生活废弃物(餐厨垃圾),居民家庭产生的易腐性生活废弃物(厨余垃圾),主要包括废弃的食材、剩菜剩饭、蔬菜瓜果、肉类、水产品等;

(四)其他垃圾,指除可回收物、有害垃圾和易腐垃圾之外的其他生活废弃物。

城市生活垃圾实行分类收集、分类运输、分类处置。

第十五条 单位和个人应当按照规定的时间、地点、方式,分类倾倒、投放废弃物,不得随意倾倒、抛撒、堆放。

生活垃圾由产生垃圾的单位或者个人按照城市管理部门指定的地点分类投放。

处置建筑垃圾的单位,应当向城市管理部门提出申请,获得城市建筑垃圾处置核准后方可处置;单位和个人应当将装饰装修房屋产生的建筑垃圾单独运送、投放到指定场所,不得随意倾倒、抛撒、堆放或者混入生活垃圾。

住宿、餐饮以及机关、院校等单位产生的餐厨垃圾,应当单独收集和处置,或者委托有关单位收集和处置,不得直接将餐厨垃圾倒入排水管网;餐饮业经营者应当配备使用地面防护及油烟净化设施,避免对地面和空气造成污染。

医疗单位、生物制品生产单位、屠宰场等产生的带有病毒、病菌和其他有毒有害物质等特种垃圾,应当按照有关规定单独收集、运输,并集中进行无害化处理,不得混入生活垃圾。

清运垃圾采用分类、封闭方式,并按照规定的时间进行清运。做到日产日清、车走地净、容器整洁。

第十六条 市、县(区)人民政府合理规划设置公共厕所,公共厕所应当设置统一标志,保持内外整洁、设施完好。

提倡、鼓励和支持沿街单位内部厕所对外开放使用,广场、商场、公园、会展中心、车站等公共场所设置的公共厕所应当免费使用。

第十七条 禁止下列影响环境卫生的行为:

(一)随地吐痰、随处便溺;

(二)乱倒垃圾、粪便、污水,乱扔动物尸体;

(三)乱弃瓜果皮(核)、纸屑、烟蒂、口香糖、废旧电池、物品包装物等废弃物;

(四)从车内、室内向外抛洒垃圾等物品;

(五)在公共场所抛撒或者未使用容器就地焚烧丧葬、祭祀用品;

(六)散发小广告、擅自张贴、喷涂宣传品;

(七)向花坛、绿化带、窨井、雨水通道、湖泊、河道扫入或者倾倒废弃物;

(八)在垃圾站、垃圾箱(桶)内焚烧杂物和倾倒粪便、积雪、污水;

(九)在道路、广场以及居民区等露天场所焚烧废弃物及其他物品等;

(十)在非指定场所进行有烟烧烤;

(十一)在街巷和居住区从事屠宰家畜家禽和加工肉类、水产品等影响公共环境卫生的经营活动;

(十二)在街道两侧从事经营性废品收购和废弃物接纳作业;

(十三)在道路等公共场所冲洗各种机动车辆;

(十四)在禁止的时段和区域内燃放烟花爆竹;

(十五)将产生的垃圾、泔水排入雨水管道、污水排水管道、河道、公共厕所等地方;

(十六)其他影响环境卫生的行为。

第十八条 禁止在城市市区内饲养家禽家畜。

居民饲养信鸽、鹦鹉等宠物鸟的,应当采取措施防止影响居民生活和环境卫生。

限制居民饲养犬只,不得携犬进入市场、商场、饭店

(馆)、公园、公共绿地、医院、文化体育娱乐场所、展览馆等公共场所;不得携犬乘坐公共交通工具,导盲犬除外。携犬人应当及时清除犬只在户外排泄的粪便。

第十九条　城市内的工程施工现场应当符合下列规定:

(一)在批准的占地范围内设置硬质围档封闭作业,临街工地周围设置安全护栏和围蔽设施不低于1.8米;

(二)对垃圾、渣土、砂石、土方、灰浆等散装物体、物料等采取覆盖措施,保持施工现场及运输路段环境整洁;

(三)施工期间采取分段作业、择时施工、洒水抑尘、冲洗地面和车辆等措施,保持施工现场及运输车辆整洁;

(四)施工用水按照规定排放,不得外泄污染路面;

(五)停工场地及时整理并做必要的覆盖;

(六)工程竣工后及时清理和平整场地;

(七)有符合卫生要求的厕所和垃圾容器。

第二十条　经批准临时占用城市道路、公共场所举办节庆、宣传、文化、体育等活动的,举办方应当保持环境卫生整洁,对产生的垃圾应当及时清理。

第二十一条　海绵城市实行雨污分流措施。污水收集管网覆盖的区域,不得将污水排入雨水管网;尚未覆盖的区域,按规定未处理达标的污水不得直接排入水域或者地下。

第二十二条　单位和个人应当维护城市环境卫生,对破坏城市环境卫生、损坏环境卫生设施的行为有权劝阻和举报。

市、县(区)人民政府应当建立城市环境卫生举报、投诉、处理和反馈制度,及时核查处理有关违法行为。

第三章　环境卫生保障

第二十三条　市、县(区)人民政府应当将城市环境卫生事业纳入国民经济和社会发展规划,保障城市环境卫生事业所需经费,加强城市环境卫生基础设施建设。

第二十四条　市、县(区)人民政府应当根据城市总体规划和环境卫生设施标准配套建设环卫设施。

城市新建小区或者老旧小区改造,应当配套建设垃圾分类投放设施。

第二十五条　单位和个人不得侵占、损坏、封闭或者擅自拆除环境卫生设施及其附属设施,改变其用途。

因城市建设确需拆除、迁移环境卫生设施的,应当征得城市管理部门的同意,按照规定重建或者补建。

第二十六条　任何单位和个人不得妨碍、阻挠环境卫生工作人员作业。

第四章　法律责任

第二十七条　本条例规定的行政处罚由城市管理部门实施,法律、法规另有规定的,从其规定。

第二十八条　违反本条例第六条第(一)项至第(十)项规定行为之一的,由城市管理部门责令限期改正,给予警告,逾期拒不改正的,处一千元以上五千元以下的罚款。

第二十九条　对于违反本条例第八条规定的,由城市管理部门责令改正。

第三十条　单位或者个人违反本条例第十二条第一款规定的,由城市管理部门责令限期改正,给予警告,逾期拒不改正的,处一百元以上一千元以下罚款。

第三十一条　违反本条例第十七条第(一)项至第(五)项规定行为之一的,由城市管理部门责令改正,给予警告,并处五元以上一百元以下罚款。

违反本条例第十七条第(六)项规定的,由城市管理部门责令改正,给予警告,并处二百元以上一千元以下的罚款。

违反本条例第十七条第(七)项至第(十二)项规定行为之一的,由城市管理部门责令限期改正,给予警告,并处五十元以上五百元以下罚款。

违反本条例第十七条第(十三)项规定的,由城市管理部门责令限期改正,给予警告,并对责任人处一百元以上五百元以下罚款;对责任单位处一千元以上五千元以下罚款。

违反本条例第十七条第(十五)项规定的,由城市管理部门责令限期改正,给予警告,并处五百元以上两千元以下罚款。

第三十二条　违反本条例第十八条规定的,由城市管理部门责令改正,并处五十元以上二百元以下罚款。

第三十三条　违反本条例第十九条规定行为之一的,由城市管理部门责令限期改正,并处五百元以上一千元以下罚款。

第三十四条　违反本条例第二十条规定的,由城市管理部门责令改正;拒不改正的,由城市管理部门责令责任单位代为清理、拆除,所需费用由违法行为人承担。

第三十五条　违反本条例第二十四条第二款规定,未配套建设垃圾分类投放设施的,由城市管理部门责令改正。

第三十六条　违反本条例第二十五条第一款规定的,由城市管理部门责令限期改正或赔偿损失,并处二百元以上两千元以下罚款。

第三十七条　侮辱、殴打环境卫生工作人员,违反治安管理规定的,由公安机关给予治安管理处罚;构成犯罪的,依法追究刑事责任。

第三十八条　相关部门及其工作人员在环境卫生管理工作中滥用职权、徇私舞弊、玩忽职守或者有其他不履行、不正确履行职责行为的,由相关主管机关按照规定给予行政处分;构成犯罪的,依法追究刑事责任。

第五章　附则

第三十九条　本条例自2021年1月1日起施行。

（原载于《固原日报》,2020年11月28日第2版）

固原市人民代表大会常务委员会关于加快推进“四个一”林草产业发展的决定

（2020年8月28日固原市第四届人民代表大会常务委员会第二十九次会议通过）

为了深入贯彻中共十九大精神和习近平生态文明思想,践行“绿水青山就是金山银山”理念,落实自治区党委“生态立区”战略,守好改善生态环境生命线,努力建设黄河流域生态保护和高质量发展先行区,紧紧围绕市委“一棵树”(林果产业)、“一株苗”(苗木产业)、“一棵草”(草畜产业)、“一枝花”(花卉产业)(以下简称“四个一”)林草产业战略发展规划,深入实施“四个一”林草产业工程,走出一条生态优先、绿色发展的高质量发展新路子,实现山绿与民富双赢、生态美与百姓富的有机统一,根据《中华人民共和国森林法》和有关法律法规,结合本市实际,作出如下决定。

一、固原是西北重要的生态屏障区,加快推进“四个一”林草产业发展,对固原具有战略性、全局性、前瞻性的意义。市、县(区)人民政府应当进一步调动全社会力量参与“四个一”林草产业工程建设的积极性,一任接着一任干,一张蓝图绘到底,坚持不懈,久久为功,扎实推进生态文明示范市建设。

二、市、县(区)人民政府应当坚持生态优先、科学规划、分类推进的原则,以国土绿化、植树造林、生态修复为重点,坚持山水林田湖草沙综合治理,抓好森林、湿地、草原、流域、农田、城市等生态系统建设,形成结构合理、功能完善、稳定高效、质量保障的整体生态系统。

三、市人民政府应当组织编制《固原市“四个一”林草产业工程战略发展规划》,并与国民经济和社会发展规划相衔接;未经法定程序,单位和个人不得擅自修改和调整规划。

四、县(区)人民政府负责制定年度实施方案,组织实施本行政区内　“四个一”林草产业工程。市、县(区)自然资源局、农业农村局应当协调组织实施本行政区内“四个一”林草产业工程,乡(镇)人民政府应当配合有关部门做好相关工作。

五、实施“四个一”林草产业工程应当按照“一屏一带一线三区五城”和“四个融合产业”的规划进行总体布局。把庭院经济、规模经济、全产业链经济模式融合起来,与全域旅游、脱贫富民、乡村振兴结合起来,努力将建设生态向经营生态转变,真正种出产业、种出风景、种出财富。

六、市、县(区)人民政府应当制定土地、财政等优惠政策,促进“四个一”林草产业发展。鼓励和引导企业、专业合作社、种植大户等生产经营者根据本地区自然条件和实际情况,以多种形式推动“四个一”林草产业工程建设,选育、引进、推广优良品种,发展名、特、优品种。鼓励有序发展绿色能源、生态旅游、特色种养、康养产业等,带动林果、林药、林蜂、林菌、林旅等相关产业协同发展,坚持山绿与民富共赢的绿色发展之路,增加农民收入。鼓励多种方式推进观光休闲产业园区建设,支持建设以产业品牌、信息服务、生态旅游、科普教育为一体的现代产业园区,形成“一业带多业,一二三产业融合发展”的新格局。

七、市、县(区)人民政府应当推广“四个一”林草产业技术,引种、驯化、试验、推广适合固原种植的一棵树,适合市场需求的一株苗,与草畜产业配套的一棵草,与旅游结合、适宜高海拔地区种植的一枝花,分类布局到绿化造林、城市园林、美丽乡村、庭院经济等领域。

八、市、县(区)人民政府有关部门应当加强对“四个一”林草产业树、苗、草、花的检疫、检验工作。

九、鼓励和支持企业、专业合作社、种植大户等生产经营者在适宜区域发展“四个一”林草产业,推进规模化、标准化种植模式,建立农业绿色发展的长效机制,提高经济、社会、生态效益。鼓励、引导生产经营者按照互惠互利原则,以资金、技术、劳动力等生产要素入股,培育壮大龙头企业,培育农村林草产业合作组织,推进生产、加工、贮藏、运输一体化建设,延伸产业链条。鼓励生产经营者通过土地流转、土地入股等方式进行规模化开发。

十、企业、专业合作社、种植大户等生产经营者种植的树、苗、草、花的所有权和使用权受法律保护。生产经营者按照“四个一”林草产业规划在承包土地、荒滩、荒山种植的树、苗、草、花等地上附着物可以依法继承或者转让。农民在家庭庭院、房前屋后、退耕还林地等种植的树、苗、草、花等地上附着物归个人所有,可以依法继承或者转让。生产经营者种植树、苗、草、花占用的土地承包经营权不变,土地经营权可以依法流转。

十一、鼓励“四个一”林草产业生产经营者依据法律法规等规定,依法申请地理标志产品、新品种权等保护,注册集体、证明等商标和其他认证标识,提高“四个一”林草产业产品的知名度。“四个一”林草产业生产经营者依法取得标志、新品种权、商标权等受法律保护,县级人民政府应当给予奖励。

十二、市、县(区)人民政府应当发挥财政资金扶持引导作用。市、县(区)财政每年安排专项资金用于“四个一”林草产业在基础设施建设和土地流转、示范基地建设、引种苗木、融合产业发展等环节给予支持和以奖代补。鼓励金融机构加大对“四个一”林草产业的信贷投放。鼓励引进社会资金,形成政府投入、金融支持和社会投资合力。

十三、市、县(区)人民政府应当加快“四个一”林草产业技术队伍建设和人才培养,坚持“走出去,请进来”原则,推动东西部协作,破解产业发展关键技术难题;加强院地合作,支持科研机构、高等院校开展学术研究、人才培养,壮大“四个一”林草产业人才队伍,推广和应用成熟的林草科技成果。

十四、市、县(区)人民政府应当建立和完善“四个一”林草产业的市场风险防范机制。可以参照农业保险办法,推进“四个一”林草产业保险体系建设,提高生产经营者的风险防范能力。对发生重大自然灾害等突发事件,造成重大损失的,市、县(区)人民政府可以依照国家有关规定予以帮助扶持。

十五、市人民政府应当建立健全“四个一”林草产业考评督办机制,将“四个一”林草产业发展纳入考核范围,定期进行考核,对促进“四个一”林草产业发展方面成绩显著的生产经营者给予表彰和奖励。

本决定自公布之日起施行。

(原载于《固原日报》,2020年9月1日第2版)

固原市人民代表大会常务委员会关于加强海绵城市建设的决定

(2020年8月28日固原市第四届人民代表大会常务委员会第二十九次会议通过)

2016年4月,固原市成功申报国家第二批海绵建设试点城市,并于2019年12月通过国家财政部、住房和城乡建设部、水利部三部委的绩效评价考核验收。经过三年海绵城市试点建设,固原市在组织机制保障、顶层设计系统谋划、流域治理方面进行了探索与实践,城市面貌显著变化,城市居民生活质量明显提高,城市生态环境明显改善,清水河综合治理效果显著,城市公用设施水平和综合服务能力得到极大提升。针对固原市地势坡度大、土壤湿陷性等级高、经济基础薄弱、基础设施落后等突出特点,采用精细诊断、存量管理,风险识别、洪涝防治,规划管控、竖向优先,集中渗蓄、多级回用等多种创新技术与外聘代管、部门联动等组织方式,实现老城区合流溢流管控、城市洪涝风险管控、城市管网系统精细管理、湿陷性黄土技术改造等一系列关键性突破,成功地摸索出了一套适应西北干旱半干旱湿陷性黄土地区的海绵城市建设新模式。

为了贯彻落实生态文明建设、推进绿色发展,加快海绵城市建设,规范城市规划建设管理,充分发挥建筑、道路和绿地、水系等生态系统对雨水的吸纳、蓄渗和缓释作用,有效控制雨水径流,实现自然积存、自然渗透、自然净化,修复城市水生态、涵养水资源,增强城市防涝能力,扩大公共产品有效投资,提高新型城镇化质量,促进人与自然和谐发展,根据《国务院办公厅关于推进海绵城市建设的指导意见》《宁夏回族自治区人民政府办公厅关于加快推进海绵城市建设的实施意见》等有关规定,结合本市实际,作如下决定:

一、市、县(区)人民政府应当组织有关部门编制海绵城市专项规划。

(一)海绵城市专项规划应统筹城市涉水相关专项规划,协调衔接城市建设用地竖向、绿地系统、道路交通、城市街区等各类城市建设专项规划;范围应以城乡规划建设区域为整体,兼顾山、水、林、田、湖、草等自然生态要素的完整性,并与国土空间规划相衔接。

(二)修编控制性详细规划和修建性详细规划,加强对蓝绿线空间、天然沟道的保护,提出对城市竖向规划管控要求。

（三）应当组织编制海绵城市建设实施方案，严格按照海绵城市建设实施方案落实建设任务，指导海绵城市建设项目实施。

二、市、县（区）人民政府有关部门负责海绵城市项目审批管理，各部门履行以下职责。

（四）住房和城乡建设部门负责海绵城市建设及其监督管理工作，严格按照国家法律法规加强海绵城市建设项目工程质量监督管理。

（五）自然资源部门在城市建设用地供应（出让、划拨）时，应当将海绵城市建设要求和指标纳入规划设计条件。

（六）发展改革与审批服务部门负责在建设项目规划方案审查时，应当同步进行海绵城市专项审查，排水去向、竖向布局等要求和雨水径流控制指标应作为建设项目规划设计条件。

（七）项目建设或管理单位在编制海绵城市建设项目建议书、可行性研究报告、初步设计等文件时应当明确海绵城市建设要求，坚持分类施策、因地制宜，特别在湿陷性黄土地区利用不同类型海绵设施，处理好雨水净化、利用、渗透、排放与构筑物和建筑防渗的关系，保障城市基础设施与海绵设施安全运行；同时应当严格按照国家有关规定办理工程质量监督、施工许可和竣工验收备案等手续；未经验收或者验收不合格的，不得交付使用。

（八）施工图设计文件审查机构应当依法对海绵城市设计内容进行专项审查，未审查或审查未达到海绵城市建设要求的，不得出具施工图设计文件审查合格书。

（九）其他职能部门按照职责分工，协同推进海绵城市建设管理工作。

三、海绵城市建设后应当符合下列要求。

（十）雨水年径流总量控制率符合规划要求，雨水积存滞蓄和收集利用能力提高。

（十一）雨水资源回收利用率达到规划目标，水资源短缺状况得到有效缓解。

（十二）新建城区雨污分流，建成区结合污染评估、实施难度、经济对比、市民接受度等因素分析，可采取雨污分流、末端截流或合流溢流控制等手段实现污染总量控制，消除城区黑臭水体。

（十三）城市防洪排涝能力提升，城市易涝点基本消除。

（十四）城市河、湖水系得到保护，受损水域生态系统得到恢复，城市热岛效应得到缓解。

四、市、县（区）人民政府应当明确海绵设施的运营维护主体，并对运营维护工作实行绩效考核。

（十五）市政设施、公园绿地、道路广场等建设项目的海绵设施由项目管理单位或者行业管理部门运营维护；政府购买服务模式的海绵城市建设项目，运营维护按照合同或专项运营协议约定执行；公共建筑、住宅小区等开发项目的海绵设施由产权人或者其委托的物业服务单位维护管理。

（十六）运营维护主体可委托专业化单位承担运营维护工作，承担具体运营维护工作单位应编制运营维护方案，明确维护工作要点、维护标准和频次、设施保护、安全风险管理等要求，保障设施安全运行。

（十七）运营维护单位应当建立健全运营管理制度，加强日常巡查、维修和养护，确保设施正常运行。

（十八）任何单位和个人不得擅自挖掘、拆除、改动、占用或损坏海绵设施。确因工程建设等需要，挖掘、拆除、改动或者占用海绵城市设施的，应当依照权限报市、县（区）人民政府海绵城市管理部门，并承担设施恢复或改建费用。

（十九）市、县（区）人民政府应当组织对海绵城市建设项目的运营维护效果进行绩效考核，并将考核结果向社会公布。

五、市、县（区）人民政府负责海绵城市建设的组织、实施和监督管理工作。

（二十）市、县（区）人民政府应当制定海绵城市建设政策、制度、规划和标准，将海绵城市建设纳入生态文明建设、新型城镇化建设目标考核，建立部门联动工作机制，统筹推进海绵城市建设和管理。

（二十一）市、县（区）人民政府投资建设的海绵城市建设项目，其建设和运营维护的资金应纳入政府年度财政预算；社会投资建设的海绵城市建设项目，应明确建设和运营维护资金来源；鼓励采用特许经营、政府购买服务等形式，吸引社会资本参与海绵城市建设和管理。

（二十二）市、县（区）人民政府负责建设海绵城市信息平台，对海绵城市规划、项目库、建设进度、设施监测、应急抢险进行综合管理；建立本行政区的海绵城市监测体系，并组织实施相关监测工作。

（二十三）市、县（区）人民政府应当鼓励支持海绵城市建设的创新研究，推广应用先进适用技术、工艺、设备和材料，发挥科学技术在海绵城市建设和管理中的作用。

（二十四）市、县（区）人民政府应当加强对海绵城市建设管理相关专业人员的技术培训。

（二十五）市、县（区）人民政府应当运用报刊、电视、网络等新闻媒体以及专题讲座、培训等方式宣传和普及海绵城市建设及其相关知识，系统展示海绵城市建设成果，总结交流各地海绵城市建设实践经验，形成可复制、可推广的建设经验。

本决定自公布之日起施行。

（原载于《固原日报》，2020年9月1日第2版）

机构和组成人员

（2020年12月31日在职）

中国共产党固原市第四届委员会

自治区党委常委、固原市委书记	张　柱
自治区政府副主席、固原市委副书记、固原市人民政府市长	马汉成（回族）
固原市委副书记	杨　刚（7月调离）
	王学军（7月任职）
常委（原州区委书记）	杨　文（回族）
常委（固原市纪委书记、监委主任）	纳　冰（女,回族）
常委（西吉县委书记）	王学军
常委（固原市政府副市长、党组副书记、宁夏固原经济技术开发区党工委书记）	李志达
常委（固原市委宣传部部长、固原市政法委书记）	吴会军
常委（固原市委组织部部长、市直属机关工委书记 ）	余剑雄
常委（固原军分区司令员）	苏开吉
常委【固原市政府副市长（挂职）】	黄水木
常委【固原市政府副市长（挂职）】	孟卫东（7月调离）
常委【固原市政府副市长（挂职）】	左鹏飞（7月调离）
常委【固原市政府副市长（挂职）】	马煜洲（7月任职）
常委【固原市政府副市长（挂职）】	周恭伟（7月任职）
常委（固原市委统战部部长）	周文贵（回族,8月任职）
常委（彭阳县委书记）	赵晓东（9月任职）
固原市委秘书长	杨自平（8月调离）
	何永吉（8月任职）
固原市委副秘书长	李建平
	马天峡（回族）
	杜鸿雁（8月调离）
	马六一（回族,4月任职）
	李　芊
	陈　启（回族,8月任职）
	张　明（8月任职）

固原市第四届人民代表大会常务委员会

党组书记、主任　罗永红
党组副书记、副主任　杨大素（回族）
副主任　范　霞（女）　云生元（回族）　朱培忠　童全成（回族）　成世杰　李志菊（女，回族）
秘书长　王晓明（女）
副秘书长　王克虎　周世民（回族）

委　员（5名，共28名，按姓氏笔划为序）

马一平（女，回族）　马克礼（回族）　马丽亚（女，回族）
马保相（回族）　马烈虎（回族，5月调离）

委　员（23名，共28名，按姓氏笔划为序）

马崇礼（回族）　马　强（回族）
王少波（1月任职）　王世明（回族）
王志中　王克虎　王　勇
王　峰　王　萍（女）　田育林
李光明（回族）　李　聪　李　珺
杨风军　余连全（回族）　张文学
张　军（1月任职）　张志海　张　佐（1月任职）
郭兆虎　董永强（1月任职）
蒙会林　赫　程（回族）

固原市第四届人民政府

党组书记、市长　马汉成（回族）
常务副市长　李志达
副市长　马煜洲（挂职，7月任职）
孟卫东（7月调离）
左鹏飞（7月调离）
李云峰
周文贵（回族）
任立新（回族，7月任职）
周恭伟（挂职，7月任职）
童　东（10月任职）
王新军
吴　璞
黄水木
党组成员　何永吉
秘书长　何永吉（8月调离）
宋新宇（8月任职）
副秘书长　邱开养（挂职）
郑宜成
任永峰（回族，8月调离）
张永奎
戴耀骞
张守忠
王成录（8月任职）
李树荣（回族，8月任职）
虎　俊（回族，8月任职，挂职）

中国人民政治协商会议固原市第四届委员会

党组书记、主席　马玉芳（女，回族）
党组副书记、副主席　马　莲（女，回族）
副主席　呼延俊杰　马宝福（回族）　杨彦文　杨志荣　杨自平　王政权　何学虎（回族）
秘书长　张　骞
副秘书长　马忠学（回族）

常务委员（15名，共47名，按姓氏笔画为序）

马玉明（回族）　马立凯（回族）　马忠学（回族）
马树田　马继伯（回族）　王志伟
王　军（经济界）　王黎君　王彦翠（女）
王　军（文学艺术界）　石明义　白　梅（女，回族）
司继平　师淑莲（女）　刘　媚（女）

常务委员（32名，共47名，按姓氏笔画为序）

刘小萍（女）　刘生珍（回族）　许正虎（回族）
孙雪玲（女，回族）　李　海　李建博
杨　勇（回族）　杨冬青　杨建军（回族）
吴清芳（回族）　何学良（回族）　余再东（回族）
张　立　张玉智　张庆雷
张理国　陈玉明　虎久强
周彦虎　赵万刚（回族）　赵克祥
殷建宝　高云海　郭　隗（回族）
剡小平（回族）　海连鹏（回族）　黑良慈（回族）
释星慈（女）　蒲海生　解娟芳（女）
鲜碧玉（回族）　薛志娟（女）

中国共产党固原市第四届纪律检查委员会

书　记　纳　冰（女，回族）
副书记　杨耀峰
吴　勤
马　辉（8月调离）
马永宝（回族，8月任职）
常务委员会委员
纳　冰（女，回族）　杨耀峰
吴　勤　马永宝（回族，8月任职）
李佐田　张永祯
蔡文刚　范克钧
尹效东（8月任职）

委　员（共29名，按姓氏笔画为序排列）
马永宝（回族）　马全忠（回族）
马秀梅（女，回族）　马彦秀（回族）　王维强
尹效东　安克仁　李永花（女）
李佐田　李春生　杨耀峰
吴　勤　何宏勤　张永祯
张怀文　张炳乾　张彩虹（女）
张翔宇（回族）　邵春霞（女）　纳　冰（女，回族）
范克钧　赵永刚　郭　隗（回族）
黄选存　曹红周　董永强
景清海　蔡文刚　樊大学

固原市监察委员会

主　任　纳　冰（女，回族）
副主任　杨耀峰
吴　勤
马　辉（10月调离）
马永宝（回族，10月任职）
委　员　张永祯
蔡文刚
范克钧
尹效东（10月任职）

纪委监委各室主任
案件审理室主任　张永祯
办公室主任　蔡文刚
信访室主任　范克钧
宣教（政策法规研究）室主任　李国栋（8月任职）
党风政风监督室主任　胡巧琴（女）
案件监督管理室主任　蒋建荣（女，回族）
第一监督检查室主任　李小勇（8月任职）
第二监督检查室主任　魏剑峰（8月任职）
第三监督检查室主任　刘晓翔（回族，8月任职）
第四审查调查室主任　刘国堂（8月任职）
第五审查调查室主任　丁海东（回族，8月任职）
纪检监察干部监督室主任　董生刚（8月任职）

派驻纪检监察组组长
派驻第一纪检监察组组长　王维民（8月任职）
派驻第二纪检监察组组长　倪万枢（8月任职）
派驻第三纪检监察组组长　黄选存（8月任职）
派驻第四纪检监察组组长　曹红周（8月任职）
派驻第五纪检监察组组长　李润良（8月任职）
派驻第六纪检监察组组长　柴　勇（回族，8月任职）
派驻第七纪检监察组组长　安克仁（8月任职）
派驻第八纪检监察组组长　李　生（回族，8月任职）
派驻第九纪检监察组组长　金西平（8月任职）
派驻第十纪检监察组组长　崔燕林（8月任职）
派驻第十一纪检监察组组长　郭满林（回族，8月任职）
派驻第十二纪检监察组组长　柳全忠（8月任职）
固原市直机关纪检监察工作委员会书记
杨文义（8月任职）
固原经济开发区纪工委书记　魏长军（10月任职）

固原市中级人民法院

党组书记、院　长　董　军
党组成员、副院长　马占明（回族）
穆存忠（回族）
张尚祎（10月任职）
党组成员、纪检组长　柳全忠
党组成员、政治处主任　王维强
专　委　慕　蓉（女）
张世平

固原市人民检察院

党组书记、检察长 樊百安
党组副书记、副检察长 李永花(女)
党组成员、副检察长 白万钧(回族)
张静隆
党组成员、纪检组长 郭满林(回族)
党组成员、政治处主任 王东强
党组成员、三级调研员 李国良
检察委员会专职委员 马贵福(回族)
冯 喆(8月任职)

中共固原市委工作部门

中共固原市委员会办公室
市委秘书长 杨自平(8月调离)
何永吉(8月任职)
市委副秘书长 李建平
马天峡(回族)
杜鸿雁(8月调离)
马六一(回族)
李 芊
陈 启(回族,8月任职)
张 明(8月任职)
办公室主任 李建平
办公室副主任 韩建国
朱建兵(8月任职)
王一凡(8月任职)
保密办主任、市国家保密局局长
李建平
保密办副主任、市国家保密局副局长
朱建兵(8月任职)
机要局局长 韩建国
市委督查室主任 宋兆璐(8月任职)

中共固原市委组织部
组织部长 余剑雄
常务副部长 董永强
副部长 郭 隗(回族,8月调离)
靳华斌(8月任职)
张亚萍(女)
杨 军(8月任职)
周宝林
张占军
公务员局局长 周宝林

非公经济组织和社会组织工委书记
杨 军(8月任职)
专职副书记 张雯萍(女)
部务委员 倪金栋(8月任职)
白国东(回族,8月任职)

中共固原市委宣传部
部 长 吴会军(8月任职)
常务副部长 李志坚(8月调离)
祁 强(8月任职)
副部长 王志贤(9月调离)
马 宁(回族,9月任职)
孙建军(回族)
霍进财(12月调离)
马生林(回族)
文明办主任 李志坚(8月调离)
祁 强(8月任职)
文明办专职副主任 高亚强(女)
新闻出版局局长 孙建军(回族)

中共固原市委统战部
部 长 周文贵(回族,8月任职)
副部长 剡小平(回族)
杨立慧(女,8月任职)
田元文(女)
张 帆
白 瑞(回族,8月任职)
民族宗教事务局局长 剡小平(回族)
政府侨务办公室主任 田元文(女)
市委港澳台工作办公室主任
张 帆

民族宗教事务局副局长　白　瑞（回族，8月任职）
张劲华

中共固原市政法委员会
书　记　吴会军
副书记　顾　英
王旭东
马文山（回族）
综治办副主任　任鹏达

中共固原市委政策研究室
主　任　马天峡（回族）
副主任　柳永良
牛治忠
改革办专职副主任　程新伟

中共固原市委网络安全和信息化委员会办公室
主　任　杜鸿雁（8月任职）
副主任　樊　勇
王刘纪

中共固原市委机构编制委员会办公室
主　任　靳华斌（8月任职）
副主任　张　波

中共固原市委直属机关工作委员会
书　记　余剑雄
副书记　王少波
张秀桂（女）

中共固原市委巡察工作领导小组办公室
主　任　李佐田
副主任　张冰河
副组长　耿承志
袁伟勤
李征平（8月任职）

中共固原市委老干部局
局长、离退休干部党工委书记
张亚萍（女）
副局长　张炳乾
郑厚强
关工委办公室主任　张炳乾
离退休干部党工委副书记
沙广学（回族）

中共固原市委直属事业单位

中共固原市委党史研究室
主　任　陈　显
副主任　祁悦章（8月任职）
苏明珠（回族，8月任职）

中共固原市委党校（固原市行政学院）
党校（行政学院）校长（院长）
余剑雄（9月任职）
常务副校长　虎正中（回族）
行政学院副院长　虎正中（回族）
副校长（副院长）　陈　伟
雷　宁
马东升

固原市新闻传媒中心
党委书记、主任　马　宁（回族，8月任职）
党委副书记、总编辑　古　原（回族，8月调离）
文丽荣（8月任职）
副主任、副总编辑　张天星
王健保（8月任职）
潘　江（8月任职）
固原日报社社长　马　宁（回族，8月任职）

固原市人大常委会工作部门

人大办公室
秘书长、机关党组书记、主任
王晓明
副秘书长　王克虎
周世民（回族）

人大法制委员会
副主任委员　田育林

法制工作委员会
主　任　赫　程（回族）

副主任　马耀发（回族）
财政经济工作委员会
主　任　蒙会林
副主任　刘　珍（女，回族）

农业与环境资源保护工作委员会
主　任　司继平（8月任职）
副主任　虎少臣（回族）
教育科学文化卫生工作委员会
主　任　王志中
副主任　马志宝（回族）

代表工作委员会
主　任　马一平（10月免职）
副主任　李亚莉

监察和司法工作委员会
主　任　张志海（8月调离）
马学明（8月任职）

固原市政府工作部门

固原市人民政府办公室
秘书长、机关党组书记、主任
何永吉（8月调离）
宋新宇（8月任职）
副秘书长、机关党组成员
邱开养（挂职）
郑宜成
任永峰（回族，8月调离）
张永奎
戴耀骞
张守忠
王成录（8月任职）
李树荣（回族，8月任职）
虎　俊（回族，8月任职，挂职）
副主任　韩　英（8月任职）
唐瑞生（7月调离）

固原市发展和改革委员会
党组书记、主　任　任立新（回族，8月调离）
魏志刚（8月任职）
党组成员、副主任　柳应彪
陈　涛
祁　刚
张新全（挂职）
党组成员、纪检组长　黄选存（8月任职）

固原市教育体育局（市教育工委）
教育工委书记　马凤贤（回族）
教育工委专职副书记　张国文
教育体育局党组书记、局长
马凤贤（回族）
党组成员、副局长　杨维东（回族，6月任职）
张树宏
魏冠南
党组成员　张国文
政府教育督导委员会主任督学
马凤贤（回族，8月任职）
政府教育督导委员会副主任督学
强　兵（回族，8月任职）
政府教育督导室主任　张　毅

固原市科学技术局
党组书记　马有芳（回族）
局　长　周建设
党组成员、副局长　马有芳（回族）
赵永刚
李雅娟（女）

固原市工业和信息化局
党组书记、局　长　高文斌
党组成员、副局长　杨　荣（回族）
张小荣
王宏志（10月调离）

固原市公安局
党委书记、局长、督察长　李云峰（10月调离）
童　东（10月任职）
党委副书记、政委　马彦秀（回族）
党委委员、常务副局长　蒲怀礼
党委委员、副局长　杨佐义
王兆林（回族）
祁应祖

党委委员、副局长　王　晗(回族)
党委委员、政治部主任　王金平
党委委员、市纪委第十一派驻纪检组组长
崔燕林(8月任职)
指挥部主任　戴小维(8月任职)

国内安全保卫支队支队
国内安全保卫支队支队队长
王生琦
国内安全保卫支队政委　何永斌(8月任职)
刑事侦查局局长　李思学
刑事侦查局政委　李　伟
治安管理局局长　麻建博(回族)
治安管理局政委　吴　毅(8月任职)
巡特警支队支队长　俞利平(6月任职)
特警支队政委　杨立成(回族)
交警支队(交通警察分局)支队长(局长)
李全德(回族)
交警支队(交通警察分局)政委
张怀彪
经济开发区分局局长　王进忠
开发区分局副处级侦查员(政委)
马圣贤(6月调离)
看守所(监察留置所)所长
张　锐
看守所(监察留置所)政委
马志军(8月任职)
禁毒委员会办公室专职副主任
高金昌(回族)

固原市民政局
党组书记、局长　马晓华(女,回族)
党组成员、副局长　王泽稷
尹聚仁(4月退休)
马秀梅(女,回族)
党组成员、老龄办专职副主任
李延宏

固原市司法局
党组书记、局长　马学明(8月调离)
李志坚(8月任职)
党组成员、副局长　乔晓安
王勇强
李晅宁

固原市财政局
党组书记、局长　王成明
党组成员、副局长　任远景
李秉强
王永刚

固原市人力资源和社会保障局
党组书记、局长　马正学(回族)
党组成员、副局长　马国栋(回族)
王　斌
王建军(8月任职)
就业创业服务中心主任　尹正兴
固原市人民政府驻新疆办事处主任
王国栋

固原市自然资源局
党组书记、副局长　陈胜远
党组副书记、局长　苏厚贤(回族)
党组成员、副局长　曹广安
李江宁
宋世军
陈　洁
辛雪峰
李耀星
市自然资源和不动产确权登记中心主任
张　斌

固原市生态环境局
党组书记、局长　岳　华
党组成员、副局长　马进才(回族)
马小路
赵克祥

固原市住房和城乡建设局
党组书记、局长　陶文科
党组成员、副局长　李彦科
刘晓军(8月任职)
张　立(12月调离)

固原市交通运输局
党组书记、局长、交通战备办公室主任
李占科
党组成员、副局长　祁德才
孙旭芳
刘　强(回族)

党组成员、副局长　　蒙彦智
交通运输综合执法支队支队长
　　惠治文

固原市水务局

党组书记、局　长　　宋新宇(8月调离)
　　李国帅(8月任职)
党组成员、副局长　　周广阳
　　樊银军
　　丁亚南

固原市农业农村局

党组书记、局　长　　安　祯
党组成员、副局长　　杨自远(8月调离)
　　田建明
　　任军孝
　　辛四辈(8月任职)

固原市商务和投资促进局

党组书记、局　长　　翟敬军
党组成员、副局长　　杨立慧(女,8月调离)
　　李旭东
　　陈广洲
　　魏志斌(8月任职)

固原市文化旅游广电局

党组书记、副局长　　李鹏霄
党组副书记、局长　　喜晓林(女,回族)
党组成员、副局长　　赵　静(女,回族)
　　王悦琴(女)
　　郭　宁
　　杜彦荣
　　王文阁
文物局局长　　喜晓林(女,回族)
旅游发展委员会党组副书记、副主任
　　王乔松(回族)
文化市场综合执法支队支队长
　　张发祥

固原市卫生健康委员会

卫生健康工委书记　　杨银梅(女)
卫生健康委员会党组书记、主任
　　杨银梅(女)
党组成员、副主任　　胡秉平
　　杜彦远
党组成员、副主任　　马红英(回族,8月调离)
　　王海清(8月任职)
卫生和计划生育局党委书记、副局长
　　马银轩

固原市退役军人事务局

党组书记、局　长　　张怀文
党组成员、副局长　　胡有忠
　　马志彪(回族)

固原市应急管理局

党委书记、局　长　　张翔宇(回族)
副局长　　李学仕
　　杜得汇
　　王社宝(8月任职)

固原市审计局

党组书记、局　长　　景清海
党组成员、副局长　　蒙卫斌
　　虎　伟
副局长　　杨　升

固原市市场监督管理局

党组书记、局　长　　马全忠(回族)
党组成员、副局长　　王一平
　　刘　煜
　　高泽胜

固原市国有资产监督管理委员会

党委书记、主　任　　魏志刚(8月调离)
　　海　丽(女,回族,8月任职)
党委委员、副主任　　安希平(女)
　　乔金虎
金融工作局局长　　安希平(女)

固原市统计局

党组书记、局　长　　李　林
党组成员、副局长　　计发斌
　　夏崎峰(8月任职)

固原市扶贫开发办公室

党组书记、主　任　　陈宇青
党组成员、副主任　　李永明
　　任　伟
　　宋保童(8月任职)

党组成员、副主任　　张　杰(8月调离)
　　周时亮(11月调离)

固原市审批服务管理局
党组书记、局　长　　李国才
党组成员、副局长　　李世贵(回族)
　　邢慧璧
党组成员、政务服务中心主任
　　贾立权

固原市城市管理局
党组书记、局　长　　吴　璞(8月调离)
　　朱红社(8月任职)
党组成员、副局长　　高建军(回族)
　　陈学伟

固原市信访局
党组书记、局　长　　李白虎(回族)
党组成员、副局长　　马辉春(回族)
　　张文科

固原市医疗保障局
党组书记、局　长　　海连鹏(回族)
党组成员、副局长　　杨晓曦(女)
　　杨俱和

固原市粮食和物资储备局
党组书记、局　长　　杨百慧(回族)
党组成员、副局长　　李守玲(女)
　　吴晓伟

固原市人民防空办公室
党组书记、主　任　　朱连续
党组成员、副主任　　蔡　立
　　于秀龙(回族)

固原市机关事务管理局
党组书记、局　长　　刘继强
党组成员、副局长　　马德明(回族)
　　邓玉平
机关事务服务中心主任　　台喜平(8月任职)

固原市政府派出机构

固原经济开发区管委会
党工委书记　　李志达
党工委副书记、管委会常务副主任
　　张恭昌(10月任职)
党工委副书记　　殷正旗(10月任职)
党工委委员、管委会副主任
　　马　武(回族,10月任职)
　　尚学鹏(10月任职)
管委会副主任　　梁振华(挂职,9月调离)

固原市六盘山旅游扶贫试验区开发建设管委会
专职副主任　　何永吉(7月任职)
办公室专职副主任　　袁继安(8月任职)

宁夏固原国家农业科技园区管委会
主　任　　刘世贤
专职副主任　　金　琳(回族)

固原市政府直属事业单位

固原市地震局
党组书记、局长　　吴秉银
党组成员、副局长　　乔金龙

固原市六盘山林业局
党组书记、副局长　　刘志安
党组副书记、局长　　于华学(回族)
党组成员、副局长　　王克祥
　　于文有(回族)
　　王双贵

固原市投资促进服务中心
党组书记、主　任　　赵延军(8月调离)
　　何学义(回族,8月任职)
党组成员、副主任　　陈　伟
　　党锁锁(8月任职)

党组成员、副主任　薛　霞（女，8月任职）
柳春梅（女，8月调离）

固原市住房公积金管理中心

党组书记、主　任　杨志林（回族）
党组成员、副主任　佘三才
程旭杰

固原市公共资源交易中心

党组书记、主　任　李国安
党组成员、副主任　朱林祥
党组成员、副主任　卫晋华

固原市社会保险事业管理中心

主　任　王　伦
副主任　王志彪（回族）
高　科（8月任职）

固原市林业草原发展服务中心

党组书记、主　任　杨生智（8月任职）
党组成员、副主任　郑小义（8月任职）
海　钦（回族，8月任职）

固原市政协办公室及各工作委员会

市政协办公室

机关党组书记、主任　张　骞（12月调离）
办公室副主任　黄占刚（回族）
冯　刚

提案委员会

主　任　陈彦杰
副主任　丁汉福（回族）

经济委员会

主　任　张宏伟（回族）
副主任　马志强（回族）

教科文卫体委员会

主　任　杨冬青
副主任　秦文学（回族）

社会法制和资源环境委员会

主　任　杨晓静（女、回族）
副主任　马　莉（女、回族）

民族宗教和港澳台侨联络委员会

专职副主任　王世明（回族，9月任职）

文史和学习委员会

专职副主任　古　原（回族，9月任职）

农业和农村委员会

专职副主任　张玉智

民主党派

民盟固原市委员会

主任委员　师淑莲（女）

民进固原市委员会

主任委员　高云海（5月退休）
主任委员　虎久强（9月任职）

九三学社固原市委员会

主任委员　马保相（回族）

群众团体

固原市总工会

党组书记、主　席　呼延俊杰
党组副书记、副主席　王志贤（9月任职）
党组成员、副主席　李维龙
党组成员、经审委主任　陈雪芬（女）

中国共产主义青年团固原市委员会

书　记　邵春霞（女）

副书记　穆小平(回族)
郑　超

固原市妇女联合会
党组书记、主　席　王　萍(女)
党组成员、副主席　高秀萍(女,回族)
李慧琴(女)

固原市科学技术协会
党组书记、主　席　郑淑琴(女)
党组成员、副主席　王社宝(回族,8月调离)
高云霞(女,回族)
马海鹏(回族,8月任职)

固原市工商业联合会(总商会)
主　席　何学虎(回族)

党组书记、副主席　司继平(8月调离)
杨立慧(8月任职)
党组成员、副主席　冯宝荣(回族)
张　强

固原市文学艺术界联合会
党组书记、主　席　杨风军
党组成员、副主席　单永珍(回族)
马金莲(回族,10月任职)

固原市残疾人联合会
党组书记、理事长　李荣善
党组成员、副理事长　王启鹏
李　军(回族)

固原市红十字会
党组书记　马红英(女,回族,8月任职)

固原市有关部门管理单位

固原市档案馆
局(馆)长　曹　芳(女)
副馆长　南殿堂
林莉萍(女,8月任职)

中共固原市委讲师团
团　长　刘　东
副团长　海明贵(回族)

固原市伊斯兰教协会
会　长　吴清芳(回族)
副会长　宝举海(回族)
黑桂森(回族,9月任职)

固原市地方志研究室
党支部书记、主　任　马平恩(回族,8月退休)
张志海(8月任职)
副主任　杨永成
吴红红(女,8月任职)

固原市人民医院
党委书记、副院长　穆宏强 (8月任职)
院　长　张　立 (8月任职)
党委委员、副院长　张建钢
褚万银
徐海军
党委委员、工会主席　李晓辉(女)
总会计师　张丽君(女)

固原市卫生监督所
所　长　王　东

固原市疾病预防控制中心
主　任　张　立(8月调离)
郭旭东(8月任职)

固原市妇幼保健院(儿童医院、原州区妇幼保健院)
院　长　王彦翠(女)

固原市中医院
院　长　穆宏强(8月调离)
李　珺(8月任职)

院　校

固原市职业技术学校(宁夏六盘山高级技工学校)
党委书记、副校长　孙剑锋(回族)
党委副书记、院长　赵万仓(回族,8月任职)
党委副书记、副校长　严忠成
副校长　任　清
党委委员、副校长　安启刚
党委委员、工会主席　赵晓云(女)
党委委员、副校长　高　岳
马金成(8月任职)

固原一中
党委书记、副校长　韩映顺(8月调离)
慕　力(8月任职)
党委副书记、校长　张文学
党委委员、副校长　何成江(回族)

固原二中
副书记、校　长　赵万仓(回族,8月调离)
韩映顺(8月任职)

宁夏师范学院附属中学
校　长　慕　力(8月调离)
任　皓(8月任职)

固原八中
校　长　马树田(8月调离)

中央、自治区驻固各单位

宁夏师范学院
党委书记　李　静(10月调离)
张治荣(12月任职)
院　长　马宗保(回族)
党委委员、副书记　吴　孝
党委委员、纪委书记　虎玉赟(女)
党委委员、副院长　钟正平
梅　军(9月调离)
韩惠丽(12月任职)
党委委员、副院长、统战部部长
田富军(回族)

固原市国家税务局
党委书记、局　长　郑　荣(10月调离)
韩铁伟(10月任职)
党组成员、副局长　王　宏(11月调离)
孟　宾(11月调离)
贾勤俭(11月调离)
党组成员、纪检组长　顾德仓(回族,10月调离)
党组成员、副局长　林东升
党组成员、总会计师　秦福贵(回族)
稽查局局长　晁晓东(回族)
固原市经济技术开发区税务局党委书记、局长
杨明民

国家统计局固原调查队
党组书记、队　长　程振卿
党组成员、副队长　李荣智
二级调研员　崔存良
纪检组长　杜正龙(8月任职)
陈志德(8月调离)

固原市邮政管理局
党组书记、局　长　马永福(回族)

宁夏公路管理中心固原分中心
党委副书记、副主任　王维庄
党委委员、副主任　王立强
刘军义
党委委员、纪委书记　王　通

固原车务段
党委书记　武雄文(11月调离)
刘永江(11月任职)
党委副书记、纪委书记　韩　鹏
段　长　陈　敏
党委委员、副段长　王国军
宋安定

党委委员、副段长　杨晓宏
　曹国祥
　吴占伏
工会主席　罗录存
团委书记　马　娟

固原市交通运输综合执法支队

党总支书记、支队长　惠治文（9月任职）

固原市气象局

党组书记、局　长　杜　鑫
党组成员、副局长　杨志莲(女,回族)
　饶彤华
党组成员、纪检组组长　高建文

宁夏储备粮固原储备库(有限公司)

书　记、总经理　虎久春
副书记　武　强
副总经理　吕　涛

固原博物馆

馆　长　王效军
副馆长　王泽华
　张　强

宁夏农林科学院固原分院

党委书记　余治家
党委副书记、院　长　杨建国
党委副书记、纪委书记、副院长
　张建兴
党委委员、副院长　张国辉
副院长　王克雄
　杨　琳(7月任职)

宁夏水文资源勘测局固原分局

党支部书记、局长　米占贵
党支部副书记、副局长　蔺海红
支部组织委员、副局长　徐　海
支部宣传委员、副局长　张文会

中国人民银行固原市中心支行

党委书记、行　长　梁非哲
党委委员、纪委书记　马长喜(回族)
党委委员、工会主任　王永锋
党委委员、副行长　辛志兵

党委委员、副行长　李成林
　魏志华

固原银保监分局

党委书记、局　长　张学义
党委委员、副局长　李向军
　刘文刚
党委委员、纪委书记　史耀文

中国农业发展银行固原市分行

党委书记、行　长　朱　明
党委副书记、副行长　马旺升(3月任职)
党委委员、副行长　刘雪霞(女)
　王世涛

中国建设银行固原分行

党委书记、行　长　张志锋(9月调离)
　马进福(9月任职)
党委委员、纪检组组长　沈　泉
党委副书记、副行长　姜　君
党委委员、副行长　王　垚
　屈文杰
　丁艳娟

中国农业银行固原分行

党委书记、行长　柳　鹏
党委委员、纪委书记　田术东(回族)
党委副书记、副行长　杨　华(9月调离)
　詹登科(9月任职)
党委委员、行长助理　张　军
　文佐东(7月任职)

中国工商银行固原分行

党委副书记、副行长　潘　超(壮族)
党委委员、纪委书记　邵忠宁
党委委员、副行长　田　兴
　马三利
　吴　骅(回族)

固原市农村商业银行

党委书记、董事长　虎秉铎
党委副书记、行长　王学辉
党委委员、监事长　冯富贵
党委委员、纪委书记　杨　智
党委委员、副行长　丁　伟(回族)

党委委员、副行长　　杨瑞刚
　　　　　　　　　　张文有

宁夏银行固原分行

党总支书记、行　长　　斯琴巴图(蒙古族)
党总支委员、副行长　　薛树明(9月调离)
党总支委员、副行长、营业部总经理
　　　　　　　　　　杨鸿礼
党总支委员、纪检员　　朱新荣(9月任职)

中国邮政储蓄银行固原市分行

党委书记、行　长　　王东明
纪委书记、副行长　　党凤萍(11月任职)
　　　　　　　　　　赵　斌(11月调离)
党委委员、副行长　　陶伟众(12月任职)
党委委员、工会主席、副行长
　　　　　　　　　　杨晓蓉(12月任职)
　　　　　　　　　　罗宗霞(11月调离)

石嘴山银行固原分行

党支部书记、行　长　　龚东战
副 行 长　　郭文慧(女)

国网固原供电公司

党委副书记、总经理　　王　华
党委书记、副总经理　　刘晓宏
党委委员、纪委书记、工会主席
　　　　　　　　　　池长斌
党总支书记　　张明虎
党总支委员、总经理　　王　莹
党委委员、副总经理　　史光杰
　　　　　　　　　　侯春生(3月任职)
党委委员、总会计师　　康国林
党委委员、总工程师　　王国功

六盘山水务有限公司

党委书记、执行董事　　张忠智
党委副书记、总经理　　王建军
党委委员、纪委书记、工会主席
　　　　　　　　　　秦有财
党委委员、副总经理　　倪万户
　　　　　　　　　　李　刚
　　　　　　　　　　张廷华
　　　　　　　　　　王　谦
　　　　　　　　　　张佑林

中铝宁夏王洼煤业集团

党委书记、执行董事、总经理
　　　　　　　　　　王海瑞
党委副书记、副总经理　　欧朝阳
党委委员、总工程师　　方运买
党委委员、副总经理　　王　强
纪委书记、工会主席　　刘学东
公司副总经理　　杨贵祥
公司财务总监　　王汉栋

中铝宁夏能源集团六盘山热电厂

党委副书记、厂长　　周永青
党委书记、副厂长　　张立政
纪委书记　　贾新军
财务总监　　张宏吉
副厂长、安全总监　　张　静
总工程师　　吴　洋
工会主席　　贾新军(9月免职)
　　　　　　　　　　吴　洋(11月任职)

中盐宁夏盐业有限公司固原分公司

书记　　陈正坤
副书记、经　理　　冯　涛(回族)
副经理　　马润峰(回族,10月调离)

固原市烟草专卖局(公司)

党组书记、局长(经理)　　王　伟
党组成员、副局长　　苏文军(回族)
党组成员、副经理　　魏世君
党组成员、纪检组长　　白启荣(回族,12月调离)
　　　　　　　　　　段晓云(12月任职)

中国电信股份有限公司固原分公司

党委书记、总经理　　郭　明(4月任职)
党委委员、纪委书记　　孙　恒
工会主席　　孙　恒(1月任职)
党委委员、副总经理　　李有成
　　　　　　　　　　马　斌
　　　　　　　　　　张让琼 (4月任职)

中国移动宁夏公司固原分公司

党委书记、总经理　　温红兵
党委委员、纪委书记、副总经理、工会主席
　　　　　　　　　　海　河(回族)
党委委员、副总经理　　马国栋(回族)

党委委员、副总经理　马立建(回族)
副总经理　吴林春
党委委员、总经理助理　黄　杰(6月任职)

中国联合通信公司固原分公司
总经理　马武波
副总经理　蒽　爱
　海　军(回族)
　周小东(回族)
派驻纪检组组长　武元明

铁塔公司
党支部书记、总经理　蒽　博(12月调离)
副总经理　赵生献
　晁建军
　李国诏

中国邮政集团公司固原市分公司
党委副书记、总经理　马晓芹(回族,女,12月任职)
党委成员、副总经理　杨正忠(9月任职)

中国石油宁夏固原销售分公司
党委书记、副经理　何彦亮(3月调离)
　杨永昆(3月任职)
党委副书记、经理　伏世宽(3月任职)
纪委书记、工会主席　杨永昆(3月任职)
副经理　牛铁军
　王　斌
副经理、安全总监　于　彬

中国人民财产保险股份有限公司固原分公司
党委书记、副总经理　陈生杰
党委委员、总经理助理、纪委书记
　刘俊国

中国人寿保险股份有限公司固原分公司
党支部书记、总经理　王克刚
副经理　曹志文
　董学宏（4月任职）
　尚玉香(女,4月任职)

中国太平洋财产保险股份有限公司固原中心支公司
党委书记　谢　强
总经理　王小兵
见习总助　李贵芳(女)

工业园区

宁夏西吉工业园区
党工委书记　杨生俊(回族)
党工委副书记、管委会主任
　马耀宏(回族)

隆德县六盘山工业园区
党工委书记　刘　斌(2月任职)
党工委副书记、纪工委书记
　袁亚亚(女)
党工委委员、管委会副主任
　杜　斌
　穆　清(回族)
办公室主任　崔国强
党工委委员、经济发展局局长
　师军生
党工委委员、规划建设局局长
　董平章

彭阳县轻工产业园区管理委员会
党工委书记　刘启冬(9月任职)
党工委副书记、管委会主任
　王志会(9月任职)
党工委副书记、纪工委书记、管委会副主任
　张明山
管委会副主任　张　涛

泾源县轻工业园区
党工委副书记、管委会主任
　于　雷(回族)

市属重点国有企业

固原市供销合作社联合社
主　任　　虎久强
副主任　　王元明(5月任职)

固原六盘山机场
党委书记、总经理　　马春惠
副总经理、纪委书记　　赵　伟(7月调离)
　　徐　科(7月任职)
副总经理、工会主席　　徐　科(7月调离)
　　牛成平(7月任职)

固原市九龙城市建设集团有限公司
党委书记、董事长　　夏　强
党委副书记、总经理　　刘　强

宁夏六盘山旅游集团
党委书记、董事长　　王　周(5月调任)
　　韩　文(5月任职)

宁夏六盘山交通集团有限公司
党委书记、董事长　　陈　昊
党委副书记、总经理　　魏文彬

宁夏六盘山产业扶贫开发投融资集团有限公司
党支部书记、董事长　　宁少文
党支部副书记、总经理　　戴旭红

固原经济技术开发区投资发展有限责任公司
党支部书记、总经理　　马国文

原州区

中共原州区委
书　记　　杨　文(回族)
副书记　　米　广
　　沈瑞华(挂职)
常　委(纪委书记、监委主任)
　　李春生
常　委(统战部部长)　　马仲尧(回)
常　委(组织部部长)　　李育龙
常　委(政府副区长)　　刘世贤
常　委(宣传部部长)　　武殿盛
常　委(政法委书记)　　杨天峰
常　委　　刘杏萍(女)
常　委(政府副区长)　　袁云福(挂职)

原州区人民代表大会常务委员会
党组书记、主　任　　郭兆虎
党组副书记、副主任　　马国明(回族)
　　张俊孝
　　庞英丽(女,回族)
　　尹利民

原州区人民政府
党组副书记、副区长　　刘世贤
副区长　　袁云福(挂职)
　　马　英(女,回族)
　　拜春晖(回族)
　　曾新富
　　魏志斌(8月免职)
　　王统一
　　王国军(挂职)
　　田玉铭(回族,9月任职)
副区长(公安分局局长)　　曾新富
原州区区长助理　　宋　阳(挂职)
　　陈　翔(挂职)

中国人民政治协商会议原州区委员会
党组书记、主　席　　何　锟(回族)
党组副书记、副主席　　张玉峰
副书记　　马仲尧(回族,3月任职)
副主席　　李广平
　　李宏霞(女)
　　金占海(回族,8月任职)

中国共产党原州区纪律检查委员会(监察委员会)
纪委书记、监委主任　李春生

原州区人民法院
党组书记、院　长　殷志刚(回族)

原州区人民检察院
党组书记、检察长　黄　浩(10月任职)

宁夏固原国家农业科技园区管委会
专职副主任　金　琳(回族)

西吉县

中共西吉县委
书　记　王学军
副书记(县长)　杨生俊(回族)
副书记　李国英(女,8月任职)
副书记　潘存国(挂职,3月任职)
副书记(政法委书记)　杨生智(4月任职)
常　委(统战部部长)　马保师(回族)
常　委(纪委书记、监察委主任)
宋亚俊(9月任职)
常　委(吉强镇党委书记)刘克虎(回族)
常　委(组织部部长)　高耀明
常　委(宣传部部长)　王万龙
常　委(副县长)　张　哲(挂职)
刘基棠(挂职)
常　委(公安局党委书记、局长)
李　平

西吉县人民代表大会常务委员会
党组书记、主　任　李　聪
副主任　郭满福(回族)
马桂英(女,回族)
吴建雄
高月琴(女)

西吉县人民政府
党组书记、县　长　杨生俊
副县长　李国英(女,4月任职)
张　哲(挂职)
刘基棠(挂职)
副县长　李喜生
马耀军(回族)
张永强
李晓东
马天峰(回族)
杨建仁 (8月任职)
县长助理　李跃腾(挂职)

中国人民政治协商会议西吉县委员会
党组书记、主　席　马天英(女,回族)
副主席　刘东海(回族)
宋兆吉
李西平
张国义(回族)

中国共产党西吉县纪律检查委员会(监察委员会)
纪委书记、监委主任　王维强(9月调离)
宋亚俊(9月任职)

西吉县人民法院
党组书记、院　长　张尚祎

西吉县人民检察院
党组书记、检察长　穆存祥(回族)

西吉县公安局
党委书记、局　长　杨建仁(3月任职)
政　委　杨建仕

隆德县

中共隆德县委

书 记	袁秉和
副书记(县长)	潘建宁
副书记	杨 超(回族,挂职)
副书记(政法委书记)	李国帅(8月调离)
	马金平(回族,8月任职)
常 委(副县长)	樊学双(挂职)
	海 丽(女,回族,8月调离)
	马 龙(挂职)
	谢国玉(8月任职)
常 委(组织部部长)	马成文(10月调离)
常 委(纪委书记、监委主任)	徐万廷
常 委(统战部部长)	赵文福(回族)
常 委(宣传部部长)	马晓红(女,回族)

隆德县人民代表大会常务委员会

党组书记、主 任	王 勇
副主任	马国强
	刘 玲(女)
	杨智军
	柳国仁(1月任职)

隆德县人民政府

党组书记、县 长	潘建宁
副县长	樊学双(挂职)
	海 丽(女,回族,8月调离)
	马 龙(挂职)
	祁 忠
	谢国玉
	陈国栋
	柳春梅(10月任职)
副县长(公安局局长)	石永忠
县长助理	朱小珊(挂职)

中国人民政治协商会议隆德县委员会

党组书记、主 席	王 升
副主席	毕世喜(回族)
	任小红
	任慧琴(女)

中国共产党隆德县纪律检查委员会(监察委员会)

纪委书记、监委主任	徐万廷

隆德县人民法院

党组书记、院 长	陈君礼

隆德县人民检察院

党组书记、检察长	张贤儒

泾源县

中共泾源县委

书 记	张立君
副书记(县长)	马威虎(回族,9月调离)
	徐 龙(9月任职)
副书记(政法委书记)	祁 强(8月调离)
副书记	高继飞(8月任职)
常 委	高继飞
	丁继伟
	马永宝(回族,8月调离)
	赖大庆(挂职)
	邓彦辉(8月离任)
	李 刚(8月任职)
常 委(纪委书记、监委主任)	张 毅(8月任职)
常 委(政府副县长)	王 燚(挂职,4月调离)
常 委(组织部部长)	王淑玲(女)
常 委(统战部部长)	兰秀全(回族)
常 委(宣传部部长)	任永峰(8月任职)

泾源县人民代表大会常务委员会

党组书记、主 任	李光明(回族)
副主任	孙阿娜(女)
	禹恩宽(回族)
	鄢志杰(回族)
	鄢生勇(回族)

泾源县人民政府

党组书记、县　长　马威虎（回族，9月调离）
　　徐　龙（9月任职）
副县长　高继飞（8月调离）
副县长　王　燚（挂职，4月调离）
　　赖大庆（挂职）
　　王成录（回族，8月调离）
　　李　刚
　　马艳梅（女，回族）
　　杨继宏（回族，9月任职）
　　马义杰（9月任职）
　　李　杰（4月任职，挂职）
副县长（公安局局长）　贾国炜
县长助理　叶伟昭

中国人民政治协商会议泾源县委员会

党组书记、主　席　胡秀德（回族）
副主席　禹红霞（女，回族）
　　石　荣
　　马占宏（回族，1月任职）

中国共产党泾源县纪律检查委员会（监察委员会）

纪委书记、监委主任　马永宝（回族，8月调离）
　　张　毅（8月任职）

泾源县人民法院

党组书记、院　长　尹　鹏

泾源县人民检察院

党组书记、检察长　李宏涛

泾源县公安局

局　长　贾国炜（10月任职）

彭阳县

中共彭阳县委

书　记　赵晓东
副书记（县长）　刘启冬
副书记　靳华斌（8月调离）
　　陆　芳（女，挂职）
　　郭　隗（8月任职）
常　委（纪委书记、监委主任）
　　张彩虹（女）
常　委（城阳乡党委书记）
　　刘　旭
常　委（组织部部长）　张利军
常　委（宣传部部长）　马　宁（9月调离）
　　邓彦辉（8月任职）
常　委（副县长）　林其煌（挂职）
　　荆瑞芳（挂职）
　　朱红社（8月调离）
　　何少庸（8月任职）
　　张　杰（8月任职）
常　委（统战部部长）　丁志刚（回族）

彭阳县人民代表大会常务委员会

党组书记、主　任　张　佐
党组副书记、副主任　晁建勇
党组成员、副主任　张文军
　　陈玉玲（女，回族）
　　王　儒

彭阳县人民政府

党组书记、县长　刘启冬
党组副书记、副县长　朱红社（8月调离）
　　何少庸（9月任职）
党组副书记　张　杰（9月任职）
党组成员、副县长　林其煌（挂职）
　　荆瑞芳（挂职）
　　徐　虎
　　何少庸（9月调离）
副县长　赫丽娟（女，回族）
　　王继讲（8月任职）

党组成员、副县长（公安局局长）
张 学
县长助理 张晓晨（挂职）

中国人民政治协商会议彭阳县委员会

党组书记、主 席 杨志杰（回族）
党组副书记、副主席 李廷枢
党组成员、副主席 韩淑兰（女）
副主席 杨志让

中国共产党彭阳县纪律检查委员会（监察委员会）

纪委书记、监委主任 张彩虹（女）

彭阳县人民法院

党组书记、院 长 魏 凯
党组副书记、副院长 武应龙
党组成员、副院长 米占廷

彭阳县人民检察院

党组书记、检察长 黄占斌
党组副书记 秦 春（回族,5月任职）
副检察长 秦 春（回族）
党组成员、副检察长 刘 广

彭阳县公安局

党委书记、局长 张 学
党委副书记、政委、 王继祖（6月调任）
张 宝（6月任职）

（吴红红 李荣）

统计资料

固原市2020年国民经济和社会发展统计公报

固原市统计局　国家统计局固原调查队
（2021年5月25日）

2020年是全面建成小康社会的决胜之年，是"十三五"规划收官之年，是极不平凡的一年。在面对新冠肺炎疫情影响严重、市场供需严重失调、投资拉动严重减弱、内生动力严重不足、下行压力不断加大等情况下，市委政府带领全市人民，攻坚克难，真抓实干，锐意进取，砥砺前行，扎实做好"六稳"工作，全面落实"六保"任务，抓项目兴产业，补短板强弱项，多措并举减压力，集中力量保增长，千方百计惠民生，统筹推进稳增长，谱写了一曲曲战天斗地的战疫史，脱贫攻坚战斗史，全面小康奋斗史，全市经济在逆境中不断得到淬炼，呈现出"持续改善、稳中有进"的基本态势。

一、综合

初步核算，2020年全年全市实现生产总值352.46亿元，按可比价格计算，比上年增长5.6%。其中，第一产业增加值71.95亿元，增长4.1%；第二产业增加值69.13亿元，增长12.3%；第三产业增加值211.38亿元，增长3.9%。经济结构由上年的18.5∶19.3∶62.2转变为2020年的20.4∶19.6∶60，第一产业比重提高1.9个百分点，第二产业比重提高0.3个百分点，第三产业比重下降2.2个百分点。

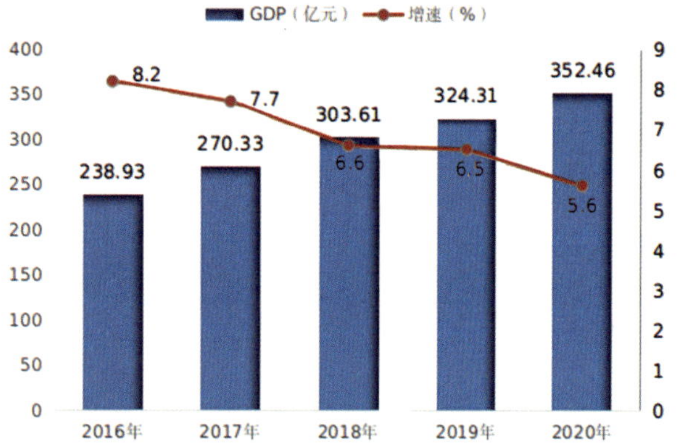

图1　2016—2020年固原市地区生产总值和增长速度

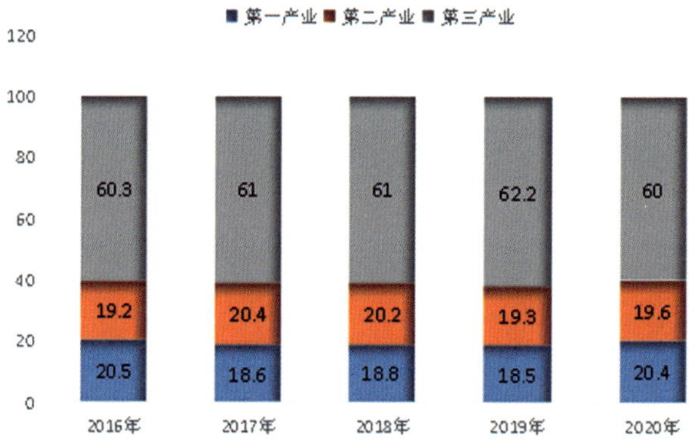

图2　2016—2020年固原市三次产业增加值占地区生产总值比重（%）

2020年固原市生产总值和增速

表1

指标	绝对值（亿元）	比上年增长（%）
地区生产总值	352.46	5.6
农林牧渔业	76.74	3.8
工业	38.83	8.4
建筑业	30.29	18.0
批发和零售业	22.19	-0.9
交通运输、仓储和邮政业	25.32	3.6
住宿和餐饮业	5.67	-8.7
金融业	18.86	4.1
房地产业	15.30	3.6
其他服务业	119.26	6.1
第一产业	71.95	4.1
第二产业	69.13	12.3
第三产业	211.38	3.9

2020年城镇新增就业9092人,比上年减少221人。年末城镇登记失业率为3.26%,比上年下降0.31个百分点。全市共完成劳务输出33.14万人,比上年增长4.9%;实现劳务总收入71.57亿元,比上年增长5.4%。

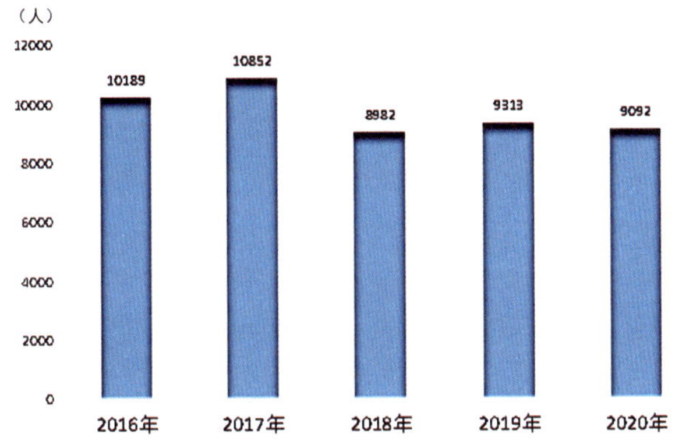

图3 2016—2020年固原市城镇新增就业人数

全年全市居民消费价格比上年上涨1.8%,工业生产者出厂价格下降1.5%,工业生产者购进价格下降0.7%。

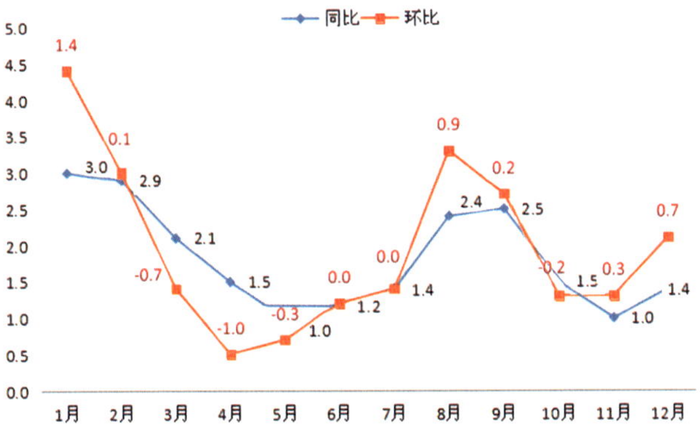

图4 2020年固原市居民消费价格月度涨跌幅度

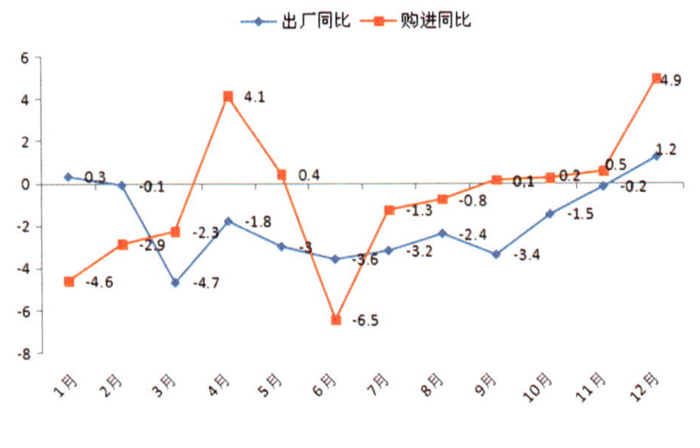

图5 2020年固原市工业生产者出厂价格和购进价格月度同比涨跌幅度

2020年12月固原市居民消费价格指数

表2

指标名称	环比	同比	1~12月累计
居民消费价格总指数	100.7	101.4	101.8
其中:食品烟酒	102.3	103.9	106.1
衣着	99.9	98.5	98.7
居住	100.0	100.4	100.2
生活用品及服务	99.8	100.0	100.1
交通和通信	100.3	97.7	96.4
教育文化和娱乐	99.6	102.4	101.0
医疗保健	99.9	101.8	102.3
其他用品和服务	99.6	101.7	103.0

二、农业

全年全市粮食种植面积314.94万亩,比上年增加12.04万亩。其中,小麦种植面积60.32万亩,增加0.21万亩;玉米种植面积125.01万亩,增加0.15万亩;马铃薯种植面积94.86万亩,增加8.34万亩。蔬菜种植面积44.86万亩,减少2.84万亩。

全年全市粮食总产量91.31万吨,比上年增加4万吨,增长4.6%。其中,夏粮产量12.58万吨,增长1.1%;秋粮产量78.73万吨,增长5.2%。全年全市小麦产量11.59万吨,增长3.4%;玉米产量43.4万吨,下降0.9%;马铃薯产量31.93万吨,增长11.7%。全年全市蔬菜产量197.20万吨,比上年下降0.58%。全年全市肉类总产量7.62万吨,比上年增长0.5%。其中,猪肉产量1.57万吨,增长6.3%。牛肉产量4.14万吨,增长1.6%;羊肉产量1.42万吨,下降0.8%;禽肉产量0.49万吨,下降18.2%;禽蛋产量1.26万吨,下降28.3%。年末全市生猪存栏17.92万头,增长12.2%;生猪出栏19.35万头,增长3.6%;肉牛存栏57.26万头,增长25.9%;牛出栏26.35万头,增长4.0%。羊存栏78.49万只,增长3.9%;羊出栏76.59万只,下降4.6%;家禽存栏154.63万只,下降3.1%;活家禽出栏220.19万只,下降22.5%。

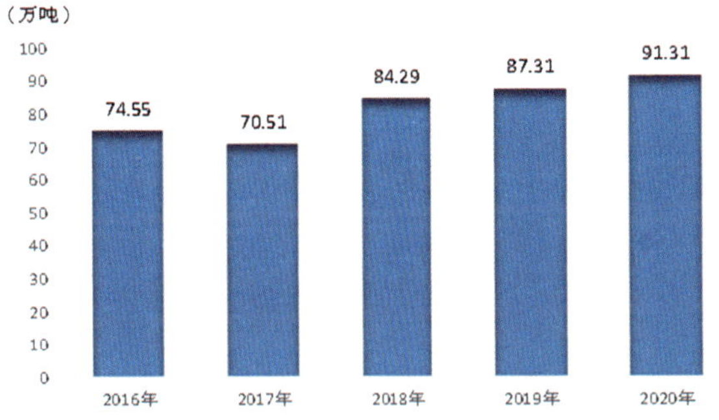

图6 2016—2020年固原市粮食产量

三、工业和建筑业

全年全市全部工业增加值38.8亿元,比上年增长8.4%。规模以上工业增加值增长8.3%。在规模以上工业中,分轻重工业看,轻工业增加值增长7.7%,重工业增长8.4%;分经济类型看,国有控股企业增加值增长5.8%,股份制企业增长8.5%,国有企业增长5.2%,外商及港澳台商投资企业下降2.4%,私营企业增长41.5%,非公有制工业增长11.5%;分门类看,采矿业增加值增长5.6%,制造业增长16.7%,电力、热力、燃气及水生产和供应业增长0.8%。

全年全市规模以上工业中,化学原料和化学制品制造业增长21.9%、医药制造业增长33.9%、农副制品加工制造业增长20.9%、水的生产和供应业增长56%、煤炭开采和洗选业制造6.4%、非金属矿采选业下降2.7%、食品制造业下降8.2%、纺织制造业0.2%、文教工美体育制品制造业下降36.7%、橡胶和塑料制品制造业下降6.1%、非金属矿物质制造业下降7.5%、电力热力生产和供应业下降3.5%、燃气生产和供应业下降2.4%。工业产品销售率为97.7%。

全年全市规模以上工业企业实现利润7.8亿元,比上年下降30.7%。分经济类型看,国有控股企业实现利润3.0亿元,下降30.2%;股份制企业7.6亿元,下降29.6%,外商及港澳台商投资企业0.4亿元,下降20.0%。分门类看,采矿业实现利润2.7亿元,下降33.3%;制造业3.3亿元,下降32.7%;电力、热力、燃气及水的生产和供应业1.8亿元,下降18.2%。

2020年固原市主要供应产品产量及其增长速度

表3

指标	单位	产量	比上年增长(%)
发电量	万千瓦时	432532	-2.3
原　煤	吨	9121493	17.2
水　泥	吨	777359	11.9
初级形态塑料	吨	438346	24.13
塑料制品	吨	5495	-28.32
商品混凝土	立方米	675982	-12.12
自来水生产量	万立方米	2616	39.37
烧碱(折100%)	吨	279941	19.51
原盐	吨	908878	-1.6
钢化玻璃	平方米	85084	95.69
夹层玻璃	平方米	16966	85.68
中空玻璃	平方米	112538	676.34
纱	吨	1954	-1.84
碳化钙(电石,折300升/千克)	吨	327195	12.05
饲料	吨	9433.45	-6.27
鲜、冷藏肉	吨	4213.32	-9.91

全市具有资质的总承包和专业承包建筑业企业68家,全年完成建筑业总产值41.9亿元,比上年增长21.7%。建筑业企业房屋建筑施工面积110万平方米,同比下降12.7%;房屋竣工面积64.3万平方米,同比下降9.1%;竣工产值15.5亿元,同比增长11.5%。

四、固定资产投资

全年全市固定资产投资(不含农户)下降9%。在地方固定资产投资中,第一产业投资比上年增长2.6%,第二产业投资下降31.9%,第三产业投资下降23.6%。工业投资下降31.9%,占固定资产投资(不含农户)的比重为19.2%。基础设施投资下降29.4%,占固定资产投资(不含农户)的比重为22.4%。民间固定资产投资下降44.5%,占固定资产投资(不含农户)的比重为9.8%。

全年全市房地产开发投资40.8亿元,比上年下降2.6%。其中,住宅完成投资30.2亿元,同比增长3.8%;办公楼完成投资0.22亿元,同比下降74.7%;商业营业用房完成投资8.5亿元,同比下降23.4%。

2020年固原市房地产开发和销售主要指标完成情况及其增长速度

表4

指　标	单位	绝对数	比上年增长(%)
房地产开发投资	亿元	40.8	-2.6
房屋施工面积	万平方米	398.48	-24.4
其中:住宅	万平方米	290.53	-13.3
其中:本年新开工面积	万平方米	66.35	-39.8
房屋竣工面积	万平方米	49.08	-67.3
其中:住宅	万平方米	40.01	-56.5
商品房销售面积	万平方米	82.35	2.4
其中:住宅	万平方米	68.19	4.6
商品房待售面积	万平方米	71.98	-14.8
其中:住宅	万平方米	16.18	-3.5
商品房销售额	亿元	40.95	13.8
其中:住宅	亿元	32.59	22.6
本年实际到位资金	亿元	35.64	-2.3
其中:国内贷款	亿元	0.91	11.0
自筹资金	亿元	11.44	-0.2
其他资金来源	亿元	23.29	-3.7

五、国内贸易

全年全市社会消费品零售总额120.82亿元,比上年下降5.3%。按经营地统计,城镇消费品零售额下降5.3%;乡村消费品零售额下降5.4%。按行业类型统计,批发业下降11.7%,零售业下降1.9%,住宿业下降6.2%,餐饮业下降15.6%。

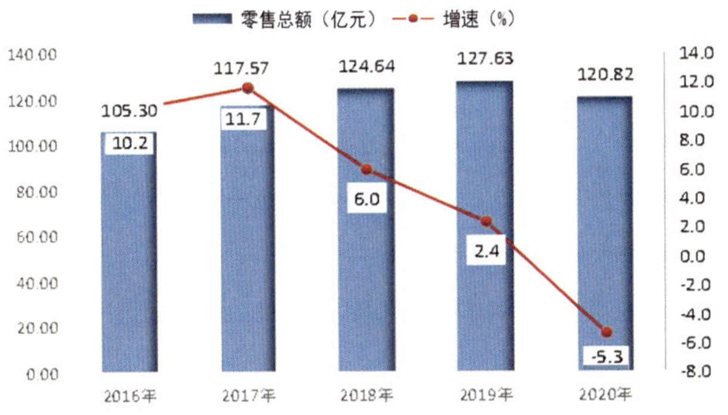

图7 2016—2020年社会消费品零售总额和增速

在限额以上单位商品零售额中,粮油、食品类零售额比上年增长51.7%,饮料类下降8.3%,烟酒类增长1.0%,服装、鞋帽、针纺织品类下降18.7%,化妆品类下降35.1%,金银珠宝类下降73.5%,日用品类下降20.7%,家用电器和音像器材类下降增长7.0%,中西药品类增长18.6%,文化办公用品类增长27.9%,石油及制品类增长24.7%,汽车类增长0.7%。

六、交通、邮电和旅游

据交通部门统计,到2020年年底,全市公路通车总里程10714千米,其中高速公路327千米(国家高速公路156.514千米、地方高速公路170.231千米)、一级公路142千米、二级公路902千米、三级公路1305千米、四级公路8038千米。

年末民用车辆拥有量达到27.86万辆,其中:载客汽车15.05万辆,载货汽车4.77万辆,其他汽车0.44万辆。全市摩托车1.01万辆,拖拉机5.96万辆,挂车0.6万辆。全市营运车辆2.79万辆,非营运车辆25.06万辆。

全年全市完成邮政业务总量1.29亿元,比上年增长25%。邮政业完成邮政寄递服务1369.5万件,快递业务量357.5万件,快递服务收入7970万元。

全年全市完成电信业务总量128.34亿元,增长22.7%。年末固定电话用户数4.1万户,移动电话用户数119万户,其中4G移动电话用户数96万户。固定宽带接入用户数36.1万户,其中光纤接入用户数35.5万户,物联网用户数8万户。

2020年全市共有旅游景区14个,拥有AAAA级旅游景区6个,拥有AAA级旅游景区6个,AA级旅游景区2个。全市有28个注册旅行社,注册导游33人。全年共接待国内游客542.3万人次,接待海外游客506人次;接待国内游客总收入25.76亿元,国内游客人均花费475元。农家乐接待游客119.36万人次,农家乐总收入0.37亿元,农家乐人均花费31元。

七、财政、金融和保险

全年全市实现地方财政收入22.4亿元,比上年增长0.76%,其中:地方一般公共预算收入14.49亿元,同比下降10.56%,政府性基金收入7.91亿元,增长31.23%。一般公共预算收入中,税收收入8.22亿元,下降14.9%,非税收入6.27亿元,下降4.15%。地方财政总支出272.2亿元,增长1.15%,其中:一般公共预算支出254.03亿元,增长7.73%。教育支出42.33亿元,科学技术支出1.55亿元,节能环保支出8.44亿元,农林水支出71.95亿元,社会保障和就业支出29.6亿元。

据人民银行统计,全市金融机构人民币各项存款余额519.28亿元,比上年增长4.5%,其中:住户存款余额337.9亿元,同比增长16.8%;人民币各项贷款余额446.71亿元,同比增长13.7%,住户贷款余额273.3亿元,同比增长20.1%。

据保险行业协会统计,全市各类保险保费收入13.92亿元,比上年增长10.1%,其中:财产险收入6.7亿元,增长8.7%,人寿险收入7.23亿元,增长11.4%;保险赔付支出5.13亿元,下降7.55%,其中:财产险赔付支出3.3亿元,下降9.55%,人寿险赔付支出1.84亿元,下降3.73%;保险赔付率为36.88%,其中:财产险赔付率49.25%,人寿险赔付率25.41%。

八、科技、教育、文化和卫生

全市共争取自治区科技专项资金6028万元,市、县区安排科技项目资金4744万元(其中市本级1980万元),2019年全社会R&D经费投入1.42亿元,投入强度0.44%。实施科技型企业梯队培育计划,新增国家高新技术企业家3家(现有8家)、自治区科技型小巨人企业3家(现有7家)、自治区农高新企业1家,国家级科技型中小企业24家、自治区科技型中小企业达到72家、市级科技型中小企业达到133家。获批自治区工程技术中心3个,实现了固原市依托企业组建工程技术研究中心的零突破,备案组建自治区技术创新中心13个。科技专家库专家达到383名,全市科技特派员达到777名。

2020年年末全市各级各类学校939所,教职工21190人。全年全市学前教育毛入园率86%,小学学龄人口入学率100%,初中生毛入学率122.34%,小学六年巩固率98.70%,初中三年巩固率为98.63%,九年义务教育完成率80.24%。

2020年固原市各级教育招生、在校、毕业人数

表 5

类别	校数（所）	招生数（人）	在校学生数（人）	毕业学生数（人）
普通高等学校	1	2564	9924	2045
中等职业教育学校	5	4013	11141	3613
普通中学	70	29771	92927	31267
高中	14	11192	31729	9203
初中	56	18579	61198	22064
普通小学	424	18616	116350	18551
特殊教育学校	3	42	320	33
幼儿园	436	25364	46554	21671

2020年年末全市文化系统共有艺术表演团体8个，博物馆9个。全市共有公共图书馆 6个、文化馆6个、档案馆6个。全市有线广播电视在册用户数8.97万户，广播节目综合人口覆盖率为98%，电视节目综合人口覆盖率为97%。

2020年年末全市共有医疗卫生机构1172个，其中二级以上公立医院16个；民营医疗机构190家，其中民营医院21家，个体诊所169家；基层医疗卫生机构954个，其中卫生院68个，城市社区卫生服务机构25个，村卫生室861个；专业公共卫生机构12个，其中疾病预防控制中心6个，卫生监督机构6个。年末全市卫生技术人员8347人，其中执业医师和执业助理医师3699人，注册护士4455人。全市医疗卫生机构实有床位7350张，其中医院5927张，基层医疗卫生机构1423张。全年全市总诊疗人次348.52万人次，入院人数13.39万人次。

九、人民生活和社会保障

2020年固原市全体居民人均可支配收入16708.4元，比上年增长9.0%。按常住地分，城镇居民人均可支配收入30052元，增长4.6%；农村居民人均可支配收入11951元，增长12.1%。

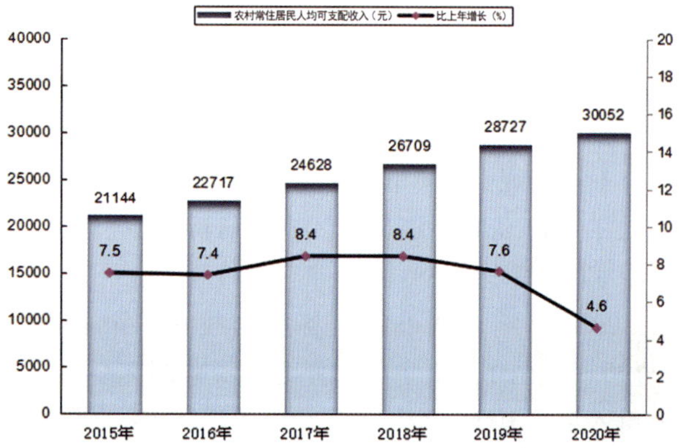

图8 2015—2020年固原市城镇常住居民人均可支配收入及其增长速度

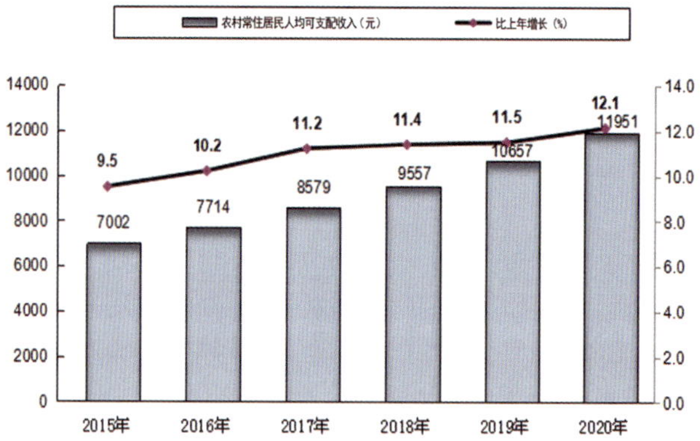

图9 2015—2020年固原市农村常住居民人均可支配收入及其增长速度

全年固原市居民人均消费支出12680.4元，比上年增长9.7%。按常住地分，城镇居民人均消费支出21041.4元，增长6.6%；农村居民人均消费支出9699.2元，增长11.4%。

2020年年末全市参加城镇职工基本养老保险人数10.3万人，比上年末增加0.63万人。参加城乡居民基本养老保险人数65.99万人，增加4.4万人。参加基本医疗保险人数134.08万人，增加5.47万人。其中，参加城镇职工基本医疗保险人数10.87万人，增加1.48万人；参加城乡居民基本医疗保险人数123.21万人，增加3.99万人。参加失业保险人数7.47万人，增加0.68万人。参加工伤保险人数10.97万人，增加1.31万人。参加生育保险人数8.26万人，增加1.74万人。

十、能源消耗、环境保护和应急管理

初步核算，全年全市能源消耗总量为270.09万吨标准煤，比上年增长9.43%；单位GDP能耗同比增长3.64%。其中规模以上工业能耗144.1万吨标准煤，同比增长17.2%，单位工业增加值能耗同比增长8.2%。

全市环境空气有效监测天数366天，其中优良天数355天，占有效监测天数的97%（未剔除沙尘天气影响），固原市城市建成区范围内共有126个区域环境噪声网格。2020年固原市城市区域昼间平均等效声级为58.8分贝，城市区域声环境质量总体水平等级为三级（一般）。

全年全市累计发生各类生产经营性事故12起，同比持平，死亡11人，下降26.7%。亿元GDP生产安全事故死亡人数为0.031人，下降32.6%。道路交通万车死亡率为0.315人，下降42.1%。煤矿百万吨死亡人数为0.002人，同比持平。

注:

[1]本公报中数据均为初步统计数。

[2]2020年常住人口数以固原市第七次全国人口普查公报数据为准,本公报中不再单独发布人口相关数据。

[3]地区生产总值、各产业增加值和人均地区生产总值绝对数按现行价格计算,增长速度按不变价格计算。根据第四次全国经济普查结果及有关制度规定,对2000—2018年地区生产总值进行了修订。

[4]2017年农业相关数据为第三次农业普查修正数据。

[5]自2018年起,不再公布固定资产投资总量。

[6]根据第四次全国经济普查结果及有关制度规定,对1992—2019年社会消费品零售总额数据进行了修订。

[7]资料来源:本公报中就业、养老保险、失业保险、工伤保险数据来自市人社局;生育保险、医疗保险数据来自市医保局;环境数据来自市生态环境局;交通数据来自市交通局;邮政数据来自市邮政管理局;电信数据来自自治区通信管理局;财政数据来自市财政局;金融数据来自人民银行固原支行;保险业数据来自固原银保监分局;科学技术数据来自市科技局;教育数据来自市教育局和宁夏师范学院;医疗卫生数据来自市卫健委;文化、广电、旅游和体育数据来自市旅游文体广电局;城市建设数据来自市住建局;气象数据来自市气象局;生产安全数据来自市应急管理局;其余数据均来自市统计局和国家统计局固原调查队。

文件目录

2020年中共固原市委员会发文选目

表6

文件名称	文号	发文日期
中共固原市委2020年工作要点	固党发〔2020〕1号	1月9日
中共固原市委 市人民政府关于进一步应对新型冠状病毒感染肺炎疫情防控工作的决定	固党发〔2020〕2号	1月28日
中共固原市委 市人民政府关于表彰全市劳动模范和先进工作者的决定	固党发〔2020〕4号	5月2日
中共固原市委 市人民政府关于印发《固原市国土空间总体规划编制工作方案》的通知	固党发〔2020〕5号	6月2日
中共固原市委 市人民政府关于印发《全面落实"六保"任务工作方案》的通知	固党发〔2020〕6号	6月16日
中共固原市委印发《关于探索建立"三不"治理机制切实加强市管干部监督管理的实施意见》的通知	固党发〔2020〕8号	8月12日
中共固原市委关于深入学习贯彻习近平总书记视察宁夏重要讲话精神全面落实自治区党委十二届十一次全会《决定》的实施意见	固党发〔2020〕9号	8月18日
中共固原市委关于建设黄河流域生态保护和高质量发展先行区美丽新固原实施方案	固党发〔2020〕10号	8月18日
中共固原市委关于新时代加强和改进人民政协工作的实施意见	固党发〔2020〕11号	10月15日
中共固原市委 市人民政府印发《关于贯彻自治区〈建立更加有效的区域协调发展新机制〉及〈建立健全城乡融合发展体制机制和政策体系〉任务清单》的通知	固党发〔2020〕12号	10月9日
中共固原市委关于印发《市委贯彻〈党委(党组)落实全面从严治党主体责任规定〉措施及任务分工方案》和《市委落实全面从严治党主体责任清单》的通知	固党发〔2020〕13号	10月22日
中共固原市委 市人民政府关于印发《固原市全面实施预算绩效管理实施方案》的通知	固党发〔2020〕14号	12月9日
中共固原市委 市人民政府印发《关于进一步扶持发展壮大村集体经济的指导意见》的通知	固党发〔2020〕15号	12月24日

2020年中共固原市委办公室发文选目

表7

文件名称	文号	发文日期
中共固原市委办公室印发《关于全市开展“担当新使命 展现新作为”学习实践活动的实施方案》的通知	固党办发〔2020〕1号	1月2日
关于贯彻落实陈润儿同志在新型冠状病毒感染的肺炎疫情防控视频调度会上讲话精神的通知	固党办发〔2020〕2号	1月25日
中共固原市委办公室 市人民政府办公室关于评选推荐全国、自治区及固原市劳动模范和先进工作者的实施方案	固党办发〔2020〕3号	2月1日
中共固原市委办公室 市人民政府办公室关于印发《市委、政府2020年重点工作任务分工》的通知	固党办发〔2020〕4号	2月25日
中共固原市委办公室 市人民政府办公室关于在全市各行各业各条战线广泛开展“我身边的战疫模范”推选活动的通知	固党办发〔2020〕5号	3月5日
中共固原市委办公室 市政府办公室 市政协办公室关于印发《市政协2020年协商计划》的通知	固党办发〔2020〕6号	3月1日
关于认真贯彻执行自治区党委《贯彻党组讨论和决定党员处分事项工作程序(试行)实施细则》的通知	固党办发〔2020〕7号	2月28日
中共固原市委办公室关于印发《固原市全面深化改革委员会2020年工作要点》的通知	固党办发〔2020〕9号	3月1日
中共固原市委办公室关于印发《2019年度地级市党委和自治区各行业系统党工委书记抓基层党建述职评议考核反馈问题整改方案》的通知	固党办发〔2020〕10号	3月1日
中共固原市委办公室 市人民政府办公室关于印发《固原市深化交通运输综合行政执法改革实施方案》等4个改革实施方案的通知	固党办发〔2020〕11号	3月12日
中共固原市委办公室 市人民政府办公室关于印发《固原市2020年工作任务清单》的通知	固党办发〔2020〕12号	3月13日
中共固原市委办公室 市人民政府办公室印发《关于加大劳动力转移就业助力打赢脱贫攻坚战的措施》的通知	固党办发〔2020〕13号	3月13日
中共固原市委办公室关于印发《2020年固原市全面从严治党党风廉政建设和反腐败工作主要任务分工方案》的通知	固党办发〔2020〕17号	4月8日
中共固原市委办公室 市人民政府办公室关于印发《固原市大干200天确保西吉县脱贫摘帽行动方案》的通知	固党办发〔2020〕18号	4月13日
中共固原市委办公室 市人民政府办公室关于印发《固原市优化营商环境2020年行动计划》的通知	固党办发〔2020〕19号	4月1日
中共固原市委办公室 市人民政府办公室关于转发《党委和政府及有关部门生态环境保护责任》的通知	固党办发〔2020〕20号	4月13日
中共固原市委办公室 市人民政府办公室关于2019年度县(区)、部门(单位)效能目标考核结果的通报	固党办发〔2020〕24号	4月28日

续表 7

文件名称	文号	发文日期
中共固原市委办公室印发《关于聚焦脱贫攻坚深化“干部作风转变年”活动的工作方案》的通知	固党办发〔2020〕29号	5月18日
中共固原市委办公室关于印发《2019年党风廉政建设责任制、意识形态工作责任制检查考核和领导班子领导干部考核发现问题整改方案》的通知	固党办发〔2020〕31号	5月18日
中共固原市委办公室 市人民政府办公室关于印发《固原市脱贫攻坚成果展示工作方案》的通知	固党办发〔2020〕34号	5月22日
中共固原市委办公室印发《中共固原市委关于弘扬长征精神发扬“三苦”作风的意见分工方案》的通知	固党办发〔2020〕35号	5月28日
关于认真学习宣传贯彻习近平总书记视察宁夏重要讲话精神的通知	固党办发〔2020〕38号	6月16日
中共固原市委办公室 市人民政府办公室关于印发《固原市2020年督查检查考核计划》的通知	固党办发〔2020〕39号	6月18日
中共固原市委办公室关于印发《习近平总书记视察宁夏重要讲话精神宣传宣讲工作实施方案》的通知	固党办发〔2020〕40号	7月7日
中共固原市委办公室 市人民政府办公室关于印发《固原市创建国家森林城市实施方案》的通知	固党办发〔2020〕41号	7月8日
中共固原市委办公室关于印发《2020年持续整治形式主义突出问题为基层减负重点任务清单》的通知	固党办发〔2020〕43号	7月13日
中共固原市委办公室 市人民政府办公室关于印发《固原市决战决胜脱贫攻坚决胜全面建成小康社会考核办法》的通知	固党办发〔2020〕48号	7月16日
中共固原市委办公室关于印发《固原市直机关创建“让党中央放心、让人民群众满意的模范机关”实施方案》的通知	固党办发〔2020〕49号	7月29日
中共固原市委办公室转发《市委宣传部、组织部关于认真组织学习习近平谈治国理政第三卷的通知》的通知	固党办发〔2020〕50号	7月31日
中共固原市委办公室 市人民政府办公室关于印发《固原市开展统计造假弄虚作假专项整治工作方案》的通知	固党办发〔2020〕52号	8月5日
中共固原市委办公室关于中共固原市委书记、副书记、常委和秘书长工作分工的通知	固党办发〔2020〕53号	8月12日
中共固原市委办公室关于学习“时代楷模”闽宁对口扶贫协作援宁群体先进事迹的通知	固党办发〔2020〕55号	8月19日
中共固原市委办公室 市人民政府办公室印发《落实关于深入学习贯彻习近平总书记视察宁夏重要讲话精神全面落实自治区党委十二届十一次全会决定的实施意见分工方案》和《落实关于建设黄河流域生态保护和高质量发展先行区美丽固原的实施方案重点任务清单》的通知	固党办发〔2020〕56号	8月26日
中共固原市委办公室 市人民政府办公室关于印发《固原市全面整改自治区环保督查反馈问题打赢污染防治攻坚战工作方案》的通知	固党办发〔2020〕57号	9月3日
中共固原市委办公室 市人民政府办公室关于印发《固原市创建国家森林城市实施方案》的通知	固党办发〔2020〕41号	7月8日
中共固原市委办公室关于印发《2020年持续整治形式主义突出问题为基层减负重点任务清单》的通知	固党办发〔2020〕43号	7月13日

续表7

文件名称	文号	发文日期
中共固原市委办公室印发《贯彻落实〈关于深化习近平新时代中国特色社会主义思想进教材进课堂进师生头脑工作实施方案〉任务清单》的通知	固党办发〔2020〕58号	10月23日
中共固原市委办公室印发《坚决扛起政治督查责任持续深入推进习近平总书记视察宁夏重要讲话精神全面贯彻落实的实施方案》的通知	固党办发〔2020〕59号	9月16日
中共固原市委办公室 市人民政府办公室印发《关于巩固公共文化“脱贫攻坚”成果推动高质量发展的意见》的通知	固党办发〔2020〕60号	9月21日
中共固原市委办公室印发《贯彻落实〈关于实施“六项行动”进一步加强全区基层党建工作的意见〉重点任务清单》和《关于开展农村党建“抓乡促村、整乡推进、整县提升”示范县乡创建行动的实施方案》的通知	固党办发〔2020〕61号	9月21日
中共固原市委办公室关于印发《中国共产党固原历史第三卷（1978—2012）编撰工作方案》的通知	固党办发〔2020〕63号	10月2日
中共固原市委办公室 市人民政府办公室关于印发《2020年度固原市效能目标管理考核方案》的通知	固党办发〔2020〕64号	10月12日
中共固原市委办公室印发《关于贯彻执行〈中国共产党党内法规执行责任制规定（试行）〉的实施方案》的通知	固党办发〔2020〕65号	11月4日
中共固原市委办公室 市人民政府办公室印发《关于建立市级领导包抓产业工作机制方案》的通知	固党办发〔2020〕67号	11月4日
关于印发《全市党的十九届五中全会精神宣讲工作方案》的通知	固党办发〔2020〕71号	11月18日
中共固原市委办公室 市人民政府办公室关于印发《固原市全域创建食品药品安全区工作方案》的通知	固党办发〔2020〕73号	11月16日
“中共固原市委办公室 市人民政府办公室关于做好全市村（社区）‘两委’换届工作的通知”	固党办发〔2020〕74号	11月23日
中共固原市委办公室 市人民政府办公室关于印发《固原市贯彻落实自治区党委 人民政府关于新时代宁夏推进西部大开发的实施意见任务清单》的通知	固党办发〔2020〕75号	12月8日
中共固原市委办公室 市人民政府办公室印发《关于进一步完善多元解纷机制加强诉源治理的实施意见》的通知	固党办发〔2020〕76号	12月14日
中共固原市委办公室 市人民政府办公室关于做好2021年元旦春节期间有关工作的通知	固党办发〔2020〕77号	12月29日
中共固原市委办公室 市人民政府办公室关于印发《固原市各级党委和政府及市直有关部门生态环境保护责任》的通知	固党办发〔2020〕78号	12月31日

2020年固原市人民政府发文选目

表8

文件名称	文号	发文日期
固原市人民政府关于2019年度安全生产履职情况的报告	固政发〔2020〕1号	1月14日
固原市人民政府关于延续宁夏中南部城乡饮水安全工程水源价格补贴政策的请示	固政发〔2020〕2号	1月19日
固原市人民政府关于下达固原市本级2020年度地方财政收支预算的通知	固政发〔2020〕4号	2月25日
固原市人民政府印发《关于应对新冠肺炎疫情影响强化政策落实促进重点服务业升级的措施》的通知	固政发〔2020〕6号	3月12日
固原市人民政府关于表彰2019年度安全生产工作先进集体和先进个人的决定	固政发〔2020〕7号	3月19日
固原市人民政府关于2019度法治政府建设情况的报告	固政发〔2020〕8号	3月24日
固原市人民政府关于2019度法治政府建设情况的报告	固政发〔2020〕9号	3月24日
固原市人民政府关于印发《固原市创建国家生态文明建设示范市规划（2019—2022年）》的通知	固政发〔2020〕12号	4月14日
固原市人民政府关于印发《固原市人民政府工作规则》的通知	固政发〔2020〕13号	4月23日
固原市人民政府关于批准宁夏固原经济开发区整合优化规划用地范围的请示	固政发〔2020〕14号	4月28日
固原市人民政府关于聘请招商代理机构和招商顾问的通知	固政发〔2020〕15号	5月19日
固原市人民政府关于固原市2020年第一批次城镇建设用地的请示	固政发〔2020〕16号	7月17日
原市人民政府关于固原市2020年第二批次增减挂钩建新区项目建设用地的请示	固政发〔2020〕17号	7月17日
固原市人民政府关于固原市2020年第三批次城镇建设用地的请示	固政发〔2020〕18号	7月17日
固原市人民政府关于提请公布固原市征收农用地区片综合地价的请示	固政发〔2020〕19号	7月27日
固原市人民政府关于印发市长副市长党组成员等工作分工的通知	固政发〔2020〕20号	7月28日
固原市人民政府关于审定固原市原州区、隆德县和泾源县乡镇级及以下集中式饮用水水源地（暨千吨万人农村水源地）保护区划分方案的请示	固政发〔2020〕21号	7月29日

续表8

文件名称	文号	发文日期
固原市人民政府关于加快推进六盘山片区中卫至固原至平凉至庆阳铁路项目建设进度的报告	固政发〔2020〕22号	8月13日
固原市人民政府关于固原经济开发区新材料产业园污水提升泵站工程建设用地的请示	固政发〔2020〕23号	8月13日
固原市人民政府关于将固原市产业技术研究院纳入闽宁协作议题的请示	固政发〔2020〕24号	8月14日
固原市人民政府关于给予我市重大项目能耗单列考核政策的请示	固政发〔2020〕25号	8月19日
固原市人民政府关于印发《固原市法治政府建设补短板抓整改促提升实施方案》的通知	固政发〔2020〕26号	8月31日
固原市人民政府关于固原市2020年第一批次集体农用地转为集体建设用地的请示	固政发〔2020〕27号	8月31日
固原市人民政府关于固原市2020年第四批次城镇建设用地的请示	固政发〔2020〕28号	8月31日
固原市人民政府关于宁夏丰源纺织有限公司银团贷款有关事项的请示	固政发〔2020〕29号	9月1日
固原市人民政府关于原州区2020年农民宅基地建设用地的请示	固政发〔2020〕30号	9月7日
固原市人民政府关于恳请自治区安排产业基金支持固原招引深圳博磊达公司钛酸锂电池扩产项目的请示	固政发〔2020〕31号	10月10日
固原市人民政府关于固原经济开发区创建自治区高新技术产业开发区的请示	固政发〔2020〕32号	10月13日
固原市人民政府关于固原市2020年第五批次城镇建设用地的请示	固政发〔2020〕33号	10月14日
固原市人民政府关于固原市2020年第六批次城镇建设用地的请示	固政发〔2020〕34号	10月14日
固原市人民政府关于固原市2020年第七批次增减挂钩建新区项目建设用地的请示	固政发〔2020〕35号	10月14日
固原市人民政府关于同意银川至昆明高速公路（G85）彭阳段项目边开工边报批建设用地的请示	固政发〔2020〕36号	10月19日
固原市人民政府关于申报将宁夏固原经济开发区认定为自治区高新技术产业开发区的请示	固政发〔2020〕37号	11月4日
固原市人民政府关于固原市2020年第八批次城镇建设用地的请示	固政发〔2020〕38号	12月1日
固原市人民政府关于国务院办公厅督查泾源县人口普查工作反馈问题整改情况的报告	固政发〔2020〕39号	12月2日
固原市人民政府关于调整原州区2020年新增一般债券资金（第二批）项目的请示	固政发〔2020〕40号	12月15日

2020年固原市人民政府办公室发文选目

表9

文件名称	文号	发文日期
固原市人民政府办公室关于印发《2020年〈政府工作报告〉重点任务分工方案》的通知	固政办发〔2020〕1号	1月19日
固原市人民政府办公室关于印发贯彻落实全国和全区深化"放管服"改革优化营商环境电视电话会议精神重点任务分工方案的通知	固政办发〔2020〕2号	2月17日
固原市人民政府办公室关于印发《固原市建立健全推动高质量发展政策体系任务落实方案》的通知	固政办发〔2020〕3号	2月19日
固原市人民政府办公室关于兑现2019年度安全生产目标责任奖的通知	固政办发〔2020〕4号	2月19日
固原市人民政府办公室关于印发2020年自治区民生实事和固原市10件民生实事任务分工的通知	固政办发〔2020〕5号	2月25日
固原市人民政府办公室关于成立合并规范撤销固原市有关议事协调机构的通知	固政办发〔2020〕6号	2月5日
固原市人民政府办公室关于印发固原市2020年高质量发展重点建设项目落实清单的通知	固政办发〔2020〕7号	3月9日
固原市人民政府办公室关于加强疫情防控和复工复产期间安全防范工作的通知	固政办发〔2020〕8号	3月11日
固原市人民政府办公室关于启用固原市投资促进服务中心等印章的通知	固政办发〔2020〕9号	3月16日
固原市人民政府办公室关于印发《固原市养老综合服务中心公建民营实施方案》的通知	固政办发〔2020〕10号	3月18日
固原市人民政府办公室关于启用固原市应急管理指挥部及其办公室印章的通知	固政办发〔2020〕11号	3月19日
固原市人民政府办公室关于印发《固原市人民政府2020年立法工作计划》的通知	固政办发〔2020〕12号	4月7日
固原市人民政府办公室关于印发《固原市突发环境事件应急预案》的通知	固政办发〔2020〕13号	4月10日
固原市人民政府办公室关于印发《固原市5G通信网络建设实施方案》的通知	固政办发〔2020〕14号	4月13日
固原市人民政府办公室关于转发市水务局2020年固原市水量分配及调度计划的通知	固政办发〔2020〕15号	4月13日

续表 9

文件名称	文号	发文日期
固原市人民政府办公室关于做好金融扶贫示范村建设和巩固提升工作的通知	固政办发〔2020〕16号	4月13日
固原市人民政府办公室关于印发固原市2019年耕地保护督察反馈问题整改方案的通知	固政办发〔2020〕17号	4月13日
固原市人民政府办公室关于开展各级各类巡视督察（查）反馈问题整改"回头看"工作的通知	固政办发〔2020〕18号	4月13日
固原市人民政府办公室关于印发《固原市辐射事故应急预案》的通知	固政办发〔2020〕19号	3月31日
固原市人民政府办公室关于印发《固原市创建国家生态文明建设示范市工作实施方案》的通知	固政办发〔2020〕20号	4月17日
固原市人民政府办公室关于虎俊同志工作分工的通知	固政办发〔2020〕21号	4月17日
固原市人民政府办公室关于开展市政府系统贯彻落实党中央、国务院和自治区党委、政府及市委重大决策部署情况"回头看"的通知	固政办发〔2020〕22号	4月28日
固原市人民政府办公室关于认真做好区、市人大议案建议和政协提案办理工作的通知	固政办发〔2020〕23号	5月11日
固原市人民政府办公室关于认真贯彻落实《自治区人民政府关于应对新冠肺炎疫情影响进一步做好稳定就业工作的实施意见》的通知	固政办发〔2020〕24号	5月14日
固原市人民政府办公室关于进一步加强统计基础工作的实施意见	固政办发〔2020〕25号	6月4日
固原市人民政府办公室关于市长副市长和秘书长工作分工的通知	固政办发〔2020〕26号	6月4日
固原市人民政府办公室关于印发《固原市"十四五"规划编制工作方案》的通知	固政办发〔2020〕27号	7月13日
固原市人民政府办公室关于印发《市政府系统贯彻落实党中央、国务院和自治区党委、政府及市委重大决策部署问题整改清单》的通知	固政办发〔2020〕28号	7月13日
固原市人民政府办公室关于印发《固原市人民政府2020年履行教育职责实施方案》的通知	固政办发〔2020〕29号	8月24日
固原市人民政府办公室关于印发《宁夏政务协同办公平台固原市管理细则（试行）》的通知	固政办发〔2020〕30号	9月7日
固原市人民政府办公室关于市政府副秘书长、办公室主任和副主任等工作分工的通知	固政办发〔2020〕31号	9月21日

续表 9

文件名称	文号	发文日期
固原市人民政府办公室关于印发固原市红十字会改革方案的通知	固政办发〔2020〕32号	9月19日
固原市人民政府办公室关于规范和优化市区商品房预售许可证办理有关事项的通知	固政办发〔2020〕33号	9月24日
固原市人民政府办公室关于印发《固原市开展产业精准招商百日行动实施方案》的通知	固政办发〔2020〕34号	9月27日
固原市人民政府办公室关于印发《固原市自然资源统一确权登记总体工作方案》的通知	固政办发〔2020〕35号	9月30日
固原市人民政府办公室关于印发《固原市农村房屋安全隐患及自然灾害风险排查整治方案》的通知	固政办发〔2020〕36号	11月4日
固原市人民政府办公室关于调整部分副市长工作分工的通知	固政办发〔2020〕38号	11月4日
固原市人民政府办公室关于开展全市自然灾害综合风险普查工作的通知	固政办发〔2020〕39号	11月19日